로마서 주석

로마서 주석

김근수 지음

꽃자리

일러두기

1. 성서 본문은 다음을 참고했다.

   구약성서 원문 *Septuaginta: Das Alte Testament Griechisch*, Rahlfs, A./Hanhart, R, (Hg.), 2014.

   신약성서 원문 *Novum Testamentum Gräce*, Aland, B./Aland, K, (Hg.), 2015(28판).

   《공동번역》(대한성서공회, 개정판, 1999)

2. 일부 신약성서 구절은 저자가 임의로 번역하기도 했다.

3. 우리말 번역문은 가능한 한 존댓말로 다듬었다.

4 지명과 인명 표기는 《새번역》에 나오는 명칭을 따랐지만, 잘못 표기된 부분은 저자가 바로잡았다.

(고) 최창모 교수님께 이 책을 바칩니다.

차례

—

인간 평등을 선포한 로마서

바울은 왜 로마서를 썼을까

로마서를 썼던 공통년 56년 무렵, 50대의 바울은 생애 말년에 이르렀다. 지중해 동쪽 지역에서 자신의 복음 전파 활동을 마감할 때가 되었다고 생각했다. 지중해 서쪽 끝 스페인까지 가서 복음을 전하고 싶었다. 그러나 바울을 둘러싼 상황은 갈수록 악화되었다. 로마 군대의 식민지에서 해방하려는 유다인의 민족주의는 더 강력해졌다. 유다인이 아닌 사람에게 주로 선교했던 바울은 예수를 받아들이지 않았던 유다인에게 민족 배신자로 몰렸다. 예수를 받아들인 유다인 대부분은 바울의 선교 방식에 불만이 많았다. 바울에 대한 부정적인 소문과 평가는 예루살렘뿐 아니라 로마에도 있었다. 예수 운동 안팎에서 오는 압력과 비판은 바울을 궁지에 몰아넣고 있었다.

그리스 지역 예수 운동 공동체들이 예루살렘의 가난한 성도들을 위해 모금한 돈을 전달하러 바울은 예루살렘을 방문하고 싶었다. 사실, 바울이 예루살렘을 방문할 필요는 없었다. 그러나 바울은 예루살렘을 몸소 방문하기로 결단했다. 자신의 복음 전파 방식이 틀리지 않았음을 예수 운동 예루살렘 공동체에게 확인받고 싶었다. 예루살렘 공동체가 헌금을 받아준다면, 바울과 예루살렘 공동체의 친교는 재확인되는 셈이다. 그 소문은 로마에도 곧 전해질 것이다. 그 후, 바울은 로마를 거쳐 스페인 선교에 나서려 했다. 유다교 공동체도 없고 그리스어가 통용되지 못하는 스페인은 바울 선교에 어려움이 있는 곳이다. 바울은 로마 공동체에서 돈과 사람을 지원받고 싶었다. 바울은 예루살렘 공동체뿐 아니라 로마 공동체에게 자신에 대한 오해를 해명하고 호의를 얻고 싶어 로마서를 썼다.

로마서는 인간 평등 선언

로마서에서 바울은 인간은 평등하다고 선언했다. 죽음은 인간을 평등하게 만든다. 죽음 말고 또 무엇이 인간을 평등하게 만드는가. 누구나 예수 그리스도를 믿을 수 있기 때문에 인간은 또한 평등하다. 죄가 죽음을 낳지만, 죄와 죽음이 인간에게 마지막 말은 아니다. 예수 그리스도가 인간에게 마지막 말이다. 예수 그리스도 안에서 인간을 구원하려는 하느님의 은혜와 사랑이 결정적으로 드러났다. 우리가 예수 그리스도 안에 있고 예수 그리스도가 우리 안에 있다. 예수 그리스도를 믿고 따르는 사람은 희망으로 구원을 선물처럼 얻는다. 하느님과 인간을 갈라놓았던 죄와 죽음의 힘은 사라졌다.

새로운 피조물이 된 인간은 하느님과 동료 인간을 새롭게 볼 수 있다. 하느님에 대한 사랑과 인간에 대한 사랑은 새 인간의 특징이다. 인간은 더 이상 교만과 우월감의 포로가 아니다. 하느님을 안다고 해서 유다인이 우월감을 가질 필요가 없듯이. 예수 그리스도를 믿고 따른다고 해서 그리스도인이 우월감을 가질 필요는 없다. 구약성서가 유다인만의 책이 아니듯이, 로마서는 그리스도인만의 책이 아니다. 로마서는 믿음이나 종교를 근거로 가지는 우월감을 비판하고 있다.

로마서를 마치고 바울은 동지들과 함께 예루살렘으로 떠났다. 그러나 헌금은 결국 전달되지 못했다. 바울은 예루살렘에서 체포되어 로마로 압송되었다. 로마의 느슨한 감옥생활에서도 바울은 복음을 계속 전파할 수 있었다. 로마에서 바울의 재판이 어떻게 진행되었는지 우리는 알 수 없다. 바울은 로마 공동체의 도움을 받지 못했고 스페인에도 가지 못했다. 바울은 예루살렘 공동체뿐 아니라 로마 공동체에서도 이해받지 못했다. 바울은 인생 말년에 객지 로마에서 쓸쓸히 처형되었던 것 같다. 1세기 예수 운동 공동체에서는 일치보다 갈등이 더 심했던 듯하다.

로마서는 희생자에게 관심이 많다

바울은 가해자와 죄인의 고통에 관심이 많았다. 마악 태동하기 시작한 예수 운동 사람들을 보호하고 격려하는데 관심이 많았다. 바울에게 가난한 사람들의 고통보다 예수 운동의 생존이 더 시급했다. 당시 시대 상황과 예수 운동 처지가 그랬다. 바울이 하느님 나라에 대해 무관심했다는 말이 아니다. 예수운동의 생존이 위태로운 상황에서, 바울은 예수의 하느님 나라 메시지를 예수와는 다른 언어와 문법을 사용하여 하느님 나라를 소개하였다.

로마서에서 바울과 예수의 연결뿐 아니라 바울과 예수의 단절이 또한 드러난다. 예수는 가난한 사람들의 고통에 관심이 많았다. 바울은 십자가에 처형된 예수에게 관심이 많았다. 예수는 하느님 나라를 선포했지만, 바울은 하느님 나라를 선포한 예수에게 관심이 많았다. 당시 사람들은 예수의 십자가 죽음과 부활을 납득하기 어려웠다. 부활뿐 아니라 예수의 십자가 죽음이 우선 이해하기 힘들었다. 하느님 나라 메시지보다 예수의 죽음과 부활을 먼저 해명해야 하는 운명이 1세기 예수 운동에서 사실상 바울 혼자에게 주어졌다. 바울이 겪은 고뇌와 갈등은 예수의 십자가처럼 무거웠다.

바울이 하느님 나라에 관심이 적었다기보다 예수의 십자가 죽음과 부활을 먼저 해명해야 했다. 바울이 역사의 예수보다 예수의 죽음과 부활을 더 강조할 수밖에 없었던 시대 상황을 우리가 놓치면 안 된다. 바울이 역사의 예수를 외면한 것은 아니다. 예수를 직접 만나고 함께 운동했던 베드로와 제자들이 바울보다는 역사의 예수를 정직하고 정확하게 소개하는데 유리했을 것이다. 그 역할을 베드로와 제자들에게 기대하면서, 바울은 겸손하게 기다린 듯하다.

로마서는 지금까지 주로 가해자를 위한 책으로, 죄의 용서와 칭의론으로 소개되었다. 로마서에는 칭의론 말고도 화해, 그리스도와 일치 등 아름다운 생각이 많이 있다. 빈부격차가 심하고 불평등이 만연한 우리 시대에는, 로마서가 피해자와 희생자와 가난한 사람들을 위한 책으로 강조될 필요가 더욱 커졌다. 가난한 사람들의 눈으로, 역사의 희생자의 눈으로 로마서를 보려는 시도가 최근 활발해지고 있다. 로마서는 가해자, 즉 죄인을 일방적으로 변호하기 위한 책은 아니다. 가해자, 즉 죄인 탓에 생긴 억울한 피해자와 희생자, 그리고 가난한 사람들을 변호하는 책이기도 하다. 바울과 로마서 연구에서 하느님 나라와 가난한 사람들에 대한 바울의 관심을 좀 더 적극적으로 소개하고 강조할 필요가 있다.

나는 왜 로마서 주석을 쓰는가

1986년 광주가톨릭대학에 입학하여 성서신학에 맛들이기 시작한 지 30년도 더 흘렀다. 로마서 주석을 쓰고 싶은 생각은 그때부터 평생 소원 중 하나가 되었다. 배움이 모자라고 지혜가 얕은 탓에, 그 동안 여러 번 시도에만 그치고 말았다. 그저 그렇고 그런 이 책을 이제야 조심스레 내민다.

로마서를 읽기 전에, 로마서는 중요하고 어렵다는 말을 먼저 들었다. 로마서는 유다교와 그리스도교를 갈라놓은 책이고, 개신교를 낳은 책이라고도 들었다. 로마서를 공부하기도 전에 로마서를 읽지 못하게 방해하는 말이 적지 않았다. 로마서는 정말 이해하기 어려운 책일까. 로마서는 정말 분열의 책일까.

독일에서 신약성서를 배우면서, 독일 성서학자들의 엄밀한 연구와 업적에 매료되었다. 그러나 그들의 성서 연구에서 가난한 사람들에 대한 관심은 큰 비중을 차지하지 못했다. 그 후 남미 엘살바도르에서 해방신학을 배우면서, 가난한 사람들에 대한 관심이 성서 연구에도 중요하다는 사실을 새삼 깨달았다. 성서 전체가, 로마서가 새롭게 보이기 시작했다. 독일에서 로마서는 순수한 연구 문헌이었다면, 남미에서 로마서는 피와 눈물이 가득한 역사 현실로 다가왔다.

바울이 로마서를 쓴 이유가 편지 내용보다 우선 궁금했다. 로마서보다 바울이란 인물이 먼저 알고 싶었다. 1미터 곁에서 바울을 지켜보듯 상상했다. 바울과 수백 시간을 마음으로 대화하였다. 바울에 대한 성서학계의 연구 성과를 계속 주목했다. 바울은 사람들에게 무엇을 말하고 싶었을까. 1세기 사람들은 로마서를 듣고 읽으면서 무슨 생각을 했을까.

바울과 우리 사이에는 2,000년의 시차가 있다. 지금 우리에게 바울은 어떤 편지를 쓰고 싶을까. 이 질문을 앞에 두고, 나는 바울을 비판하기 전에 바울을 먼저 이해하려 했다. 바울의 한계를 지적하기 전에 바울의 가치를 먼저 음미하고 감사하려 애썼다. 성서학자의 눈으로 로마서를 이해하려 했다. 가난한 사람들의 처지와 21세기 한반도 상황을 잊지 않았다. 독일어권과 영어권의 주요한 로마서 주석과 문헌을 두루 참고했다. 1세기 예수 운동 역사, 바울 전기, 바울 사상 등 세 권의 책이 곧 나온다. 함께 참고하면 바울과 1세기 예수 운동을 더 잘 이해하는데 도움이 될 것이다.

우둔한 저를 가르치고 도움 주신 분들이 많다. 김중배 선생, 김영 교수, 강기석 선생, 조헌정 목사에게 감사드린다. 이요한 신부, 오상선 신부, 김상식 신부, 안철문 신부, 최종수 신부, 지성용 신부, 조 프란치스카 화가에게 감사드린다. 김창규 목사, 최갑성 목사, 국산 목사, 정안석 목사, 백은경 목사, 최우상 목사에게 감사드린다. 청전 스님, 도정 스님, 허정 스님에게 감사드린다. 제주 사는 박성화 목사, 정성학 목사, 이정훈 목사, 김진호 목사, 이석재 목사, 홍성직 원장, 윤순자 선생, 백남이 시인, 박성인 선생, 강홍림 선생, 김송기은 선생에게 감사드린다. 친구 임갑식, 김영섭, 이형범, 이양구, 박종철, 이호근, 윤태욱에게 감사드린다. 전주고 55회, 연세대 철학과 78학번, 광주가톨릭대학 86학번 친구들에게 감사드린다. 독일과 남미 친구들과 지인들에게 감사드린다. 남양주 성요셉수도회, 제주 성클라라수녀회에 감사드린다.

하늘 나라에 계실 채현국 선생, 최창모 교수에게 감사드린다. 친형처럼 지내던 최창모 교수에게 이 책을 바친다. 인간적으로나 학문적으로 최창모 교수에게 받은 은혜를 나는 잊을 수 없다. 뜨거운 토론과 조언으로 격려와 도움을 주신 이정만 목사에게 감사드린다. 좋은 책을 만들어주신 꽃자리 출판사 대표 한종호 목사에게 감사드린다. 여기에 이름을 밝히지 못한 은인들이 많이 있다. 독자들에게도 미리 감사드린다. 우리 모두에게 하느님 축복이 가득하시길 기도드린다.

사랑하는 딸 호수, 아들 준한, 아내 지숙에게 감사드린다. 어머니, 한동수 삼촌을 비롯한 가족과 지인들에게 감사드린다. 김지혜(미리암), 김지연(로사) 두 처형수녀의 끈질긴 기도에 감사드린다.

하느님 찾아가는 길을 우리는 지상에서 함께 걷고 있다.

2022년 3월 제주에서

서문(1:1-7)과
감사 기도(1:8-17)

서문(1:1-7)

1 그리스도 예수의 종, 나 바울이 이 편지를 씁니다. 나는 사도로 부르심을 받아 하느님의 복음을 전하는 특별한 사명을 띤 사람입니다. 2 이 복음은 성서에 있는 바와 같이 일찍이 하느님께서 당신의 예언자들을 통하여 약속하신 것입니다. 3 그것은 다름 아닌 하느님의 아들에 관한 소식입니다. 그분은 인성으로 말하면 다윗의 후손으로 태어나신 분이며 4 거룩한 신성으로 말하면 죽은 자들 가운데서 부활하심으로써 하느님의 권능을 나타내어 하느님의 아들로 확인되신 분입니다. 그분이 곧 우리 주 예수 그리스도이십니다. 5 내가 은총으로 사도직을 받은 것도 그분을 통해서였습니다. 이것은 모든 이방인들에게 하느님을 믿고 복종할 것을 가르침으로써 그분의 영광을 드러내기 위한 것이었습니다. 6 여러분도 그들과 함께 예수 그리스도의 부르심을 받았습니다. 7 하느님께서 사랑하셔서 당신의 거룩한 백성으로 불러주신 로마서의 교우 여러분에게 문안 드립니다. 하느님 우리 아버지와 주 예수 그리스도께서 내리시는 은총과 평화가 여러분에게 깃들기를 빕니다.

로마서 서문은 바울의 다른 편지에서처럼 세 부분으로 이루어졌다. 편지 보내는 사람의 자기 소개superscriptio(1:1-6), 받는 사람 부름adscriptio(1:7a-c), 인사salutatio(1:7d) 구조는 그리스식 편지보다 동방식 편지 양식에 의지하고 있다.[1] 그리스식 편지에서 서문은 보통 한 문장이다. 동방식 편지 서문은 두 문장이고(다니엘 3:31), 둘째 문장에서 편지 받는 사람이 언급된다. 바울식 서문을 가진 편지도 있다.(베드로전서 1:1-2, 베드로후서 1:1-2, 요한2서 1:1-3, 요한계시록 1:4-5) 그와 다르게 그리스식 편지 서문 양식을 보여주는 편지도 있다.(사도행전 15:23, 23:26, 야고보서 1:1)

로마서에서 편지 쓰는 사람의 자기 소개가 거창한 점이 다른 편지 서문보다 두드러진다. 72개의 단어를 사용한 로마서 서문은 신약성서 편지 서문에서 두 번째로 긴 갈라디아서 서문보다 2.5배(26 단어)가 많고, 가장 짧은 편지 서문을 가진 데살로니가전서 서문보다 14배(5단어)나 많다. 바울이 자신을 소개(1:1-6)하는 대목에는 로마서 15장 15-21절과 겹치는 단어가 많다.[2] 복음의 내용을 언급하는 중간 부분(1:2-4절)을 1절과 5-6절이 앞뒤에서 감싸고 있다.

사도로서 바울은 자신의 사명을 두 방향으로 나눈다. 하느님의 복음(1:1) 내용은 2-4절에서 하느님의 아들, 우리 주, 예수 그리스도로 바울 사도의 활동의 내용이 자세히 소개된다. 사도의 활동 목적은 모든 이방인들에게 하느님을 믿고 복종할 것을 가르침으로써 그분의 영광을 드러내기 위한 것(1:5-6)이다. 바울의 사명을 잘 드러내는 두 단어는 '복음'과 '믿음'이다. 하느님의 복음이 예수 그리스도를 통해 인류에게 나타났고 인간은 믿음으로 기쁘게 응답한다. 먼저 하느님의 복음이 있고 그 다음 인간의 믿음이 있다.

하느님의 아들(1:3a)과 예수 그리스도, 우리 주(1:4b) 사이에 바울이 유다계 그리스도인들의 신앙고백을 받아들여 적었다는 의견이 오랫동안 일관되게 받아들여졌으나[3] 다른 의견도 있다.[4] 바울이 받아들였다는 전승을 원래대로 재구성하려는 시도는 많았지만[5] 성공하지는 못했다. 전해 받은 전승과 바울의 창작이 뒤섞여 나눌 수 없게 되었다고 보는 편이 더 나은 듯하다.[6]

바울은 데살로니가전서 1장 1절을 제외하면 편지 서문에서 하나의 호칭만 써서 자신을 소개한다. 부름 받은 그리스도 예수의 사도(고린도전서 1:1), 그리스도 예수의 사도(고린도후서 1:1), 사도(갈라디아서 1:1), 그리스도 예수의 종(빌립보서 1:1, 디모데와 함께), 그리스도 예수를 위해서 갇혀 있는(빌레몬서 1:1) 등이다. 로마서에서만 바울은 세 단어를 나란히 놓아 자신을 아주 중요한 인물로 드러낸다. 세 호칭은 5절에서 바울 자신과 7절에서 편지 받는 사람들과 연결하고 있다. 유형사類型史로 보면 호칭 부여intitulatio겠다. 편지 받는 사람은 편지 보내는 사람이 누구인지 어떤 역할을 하는지 편지 서문에서 알아야 한다.

1절 Παῦλος δοῦλος Χριστοῦ Ἰησοῦ는 《200주년 기념성서》에서만 로마서에 나온 순서를 충실히 따랐다. 그리스도 예수의 종(《공동번역》), 예수 그리스도의 종(《개역개정》), 그리스도 예수님의 종(《성경》). 로마서의 본문 첫 단어는 예수도 아니고 그리스도도 아니고 종도 아니고 바울Παῦλος이다. 하느님과 당신 백성 사이에 하느님의 종이라고 표현되는 중재자가 있었다. 아브라함(70인역 시편 104:42), 이삭(70인역 다니엘 3:35), 모세(열왕기하 18:12), 여호수아(여호수아 24:31), 다윗(사무엘하 7:5), 예언자들(열왕기상 15:29, 아모스 3:7, 예레미야 7:25)이다. 바울은 하느님께서 당신 백성에게 중재자로 보냈던 그 인물들을 자신이 따른다고 이해하였다.

종 비유에 복종 의존 의미만 있는 것은 아니다. 종은 주인이 맡긴 일만 하는 주인의 도구다. 바울은 자신이 종이라는 사실뿐 아니라 어떤 종인지 밝히고 있다. 사도ἀπόστολος는 보내진 사람이나 단체로서 도시나 백성을 대표한다.(이사야 6:8; 사무엘하 12:1; 요한복음 13:16; 빌립보서 2:25) 보냄 받은 사람들이 가지고 가는 물건이나 서류 편지를 뜻하기도 한다.

1절에서 부르심을 받아κλητὸς, 복음을 전하는ἀπόστολος, 사명을 띤ἀφωρισμένος이라는 이 세 단어의 주어는 똑같이 하느님이다. 바울의 다마스커스 체험을 같은 단어로 표현했다.(갈라디아서 1:15; 고린도전서 9:1, 15:8-9) 전치사 εἰς에서 바울의 복음 선포 사명의 내용뿐 아니라 그 활동까지 나타내고 있다. 하느님의 복음은 전해지는 내용이지만 또한 전하는 활동이기도 하다.

복음εὐαγγέλιον이란 단어는 그리스 시인 호머Homer 때부터 기록이 있다.[7] 기쁜 소식뿐 아니라 기쁜 소식을 낳은 업적을 가리킨다. 단수 명사로 사용되는 사례는 드물었고 복수가 주로 쓰였다. 바울의 복음 명사 언급이 그리스 통치자 숭배에서 사용되던 경우[8]와 이어지는지 또는 구약성서 유다고 전승과 연결되는지는[9] 성서학계에서 논란이 있어 왔다. 슈넬레Schnelle는 복음이 그리스 통치자 숭배에서 중요한 역할을 했고 바울이 정치, 종교적 차원에서 이를 이용했다고 주장한다.[10] 그러나 그렇게 사용된 경우는 아주 드물었다.

바울이 하느님의 복음εὐαγγέλιον θεοῦ(로마서 15:16, 고린도후서 11:7,

데살로니가전서 2:2)이라고 말한 사실이 중요하다. 그리스도의 복음 εὐαγγέλιον τοῦ Χριστοῦ(로마서 15:19; 고린도전서 9:12; 고린도후서 2:12; 갈라디아서 1:7), 그분의 아들에 관한 복음εὐαγγελίῳ τοῦ υἱοῦ(로마서 1:9, 《공동번역》은 1:10에 배치해 놓았다.), 그리스도의 영광스러운 복음εὐαγγελίου τῆς δόξης τοῦ Χριστοῦ(고린도후서 4:4)도 있다. 하느님의 복음, 그리스도의 복음, 나의/우리 복음(로마서 2:16, 16:25, 고린도후서 4:3, 데살로니가전서 1:5)은 뜻이 같다. 바울에 따르면, 하느님의 구원 행위가 예수 그리스도에게 말해졌기 때문에 언제나 그리스도의 복음이고 하느님 구원 의지가 예수 그리스도를 통해 전해졌기 때문에 언제나 하느님의 복음이다. 하느님은 복음의 근원genitivus originis[11]이자 창시자 genitivus auctoris[12]이다.

2절 2절의 문법상 주어는 복음이지만 실제 주어는 하느님이다. 하느님이 복음을 주셨기 때문이다. 후대에 구약성서라고 그리스도인이 부르는 성서ἐν γραφαῖς ἁγίαις는 한 번 더 나온다.(ἱερὰ γράμματα, 디모데후서 3:15) 당신의 예언자προφητῶν αὐτοῦ(역대기하 20:20; 시편 105:15; 누가복음 1:70; 사도행전 3:21)는 하느님의 도구다. 예언자들은 하느님의 복음을 역사 사건에서 미리 알려주었다. 미리 알려주다προεπηγγειν 라는 단어는 신약성서에 한 번 더 나온다.(고린도후서 9:5) 예언자들이 복음을 선포했다는 말보다 바울의 복음이 이스라엘 역사와 계속 연결된다는 뜻이다.

바울은 자신의 사도직이 구약의 예언자들, 특히 이사야 예언자와 비슷하다고 여겼다.[13] 바울은 1장 17절에서 "의로운 사람은 그의 신실함으로써 살리라"(하박국 2:4)를 인용하면서 복음 내용과 복음 선포가 예언자들을 통하여 내리신 하느님 약속의 완성이요 결과라는 사실을 강조하기 시작한다. 이스라엘 대부분이 질투하고(신명기 32:21; 로마서 10:19), 얼빠지게 되어(이사야 29:10; 로마서 11:7-9) 복음 선포를 거부하였고(이사야 53:1; 로마서 10:16), 이방인들이 하느님 백성으로 받아들여지게 되었다(호세아 2:1, 2:25; 로마서 9:25-26)는 설명이다.

바울의 적대자들은 바울이 역사의 예수를 알지 못했다는 사실을 근거로 그의 사도직을 비판했다고 추측한다.[14] 바울은 자신의 어떤 편지에서보다도 더 로마서에서 예수 그리스도를 이스라엘 백성 역사 안에 분명히 자리잡게 하려고 애썼다.[15] 바울이 쓴 일곱 편지에서 구약성서를 인용한 횟수의 절반 이상을 로마서가 차지한다. 2절은 로마서 전체를 다시 읽을 것을Relecture 제안하는 셈이다. 구약 시대 예언자들이 역사 사건에서 미리 알려준 하느님의 약속을 바울이 선포하는 복음에서 다시 읽고 발견하고 확인하는 것이다. 예언서도 다시 읽고 로마서도 다시 읽는 일이다.

3-4절 바울이 선포하는 복음 내용이 벌써 잘 요약되고 있다. 편지 서문에 해당되는 부분인지 논문 결론인지 혼동할 정도다. 앞으로 차차 증명해야 할 결론을 이미 다 증명된 결론처럼 전제하고 논의를 시작하는 느낌까지 준다. 3a와 4b는 하느님의 아들이 어디서 유래했고 그 운명은 어떤지 안내한다.

결론은 호칭 셋이다.

첫째, 하느님의 아들υἱοῦ αὐτοῦ(1:3) 둘째, 그리스도Χριστοῦ(1:4) 셋째, 우리 주κυρίου ἡμῶν(1:4)다.

그리고 근거는 둘이다. 첫째, 인성으로 말하면 다윗의 후손으로 태어나신 분τοῦ γενομένου ἐκ σπέρματος Δαυὶδ κατὰ σάρκα(1:3) 둘째, 거룩한 신성으로 말하면 죽은 자들 가운데서 부활하심으로써 하느님의 권능을 나타내어 하느님의 아들로 확인되신 분τοῦ ὁρισθέντος υἱοῦ θεοῦ ἐν δυνάμει κατὰ πνεῦμα ἁγιωσύνης ἐξ ἀναστάσεως νεκρῶν(1:4)이다.

인성으로 말하면κατὰ σάρκα, 거룩한 신성으로 말하면κατὰ πνεῦμα ἁγιωσύν은 인간학적으로 예수의 두 존재방식[16]이나 지상과 천상처럼 두 영역[17]으로 이해하면 안 된다.[18] 다윗의 후손으로 태어나신 분(1:3b)에서 유다인에 대한 예수 의미를 강조하여 이스라엘의 메시아를 말하고, 죽은 자들 가운데서 부활하심으로써 우리 주(1:4b)에서 이방인에 대한 예수 의미를 강조했다[19]고 보기는 어렵다. 우리 주(1:4b)도 이방인뿐 아니라 이스라엘 역사와 연결되고 다윗의 후손으로 태어나신 분(1:3b)도 이스라엘뿐 아니라 이방인과 이어진다. 인성으로 말하면κατὰ σάρκα은 예수와 인류의 일치(로마서 9:5)를, 거룩한 신성으로 말하면κατὰ πνεῦμα ἁγιωσύν은 예수와 하느님의 일치(고린도전서 2:14)를 뜻한다고 말할 수 있다.

다윗의 후손σπέρμα Δαυὶδ(사무엘하 22:51; 열왕기상 2:33; 요한복음 7:42)은 신약성서에서도 받아들여졌다.(마태복음 1:6-16; 누가복음 1:32; 요한복음 7:42; 사도행전 2:30-32) 예수 추종자들이 부활 이후 예수를 이스라엘의 메시아 왕으로 보기 시작하면서 예수가 다윗 가문 출신이고 베들레헴 출생이라는 말이 생긴 것 같다.[20] 그리스도가 사람이 되심을 강조[21]하고 예수의 메시아 혈통(민수기 24:7)을 주목[22]하려는 뜻이겠다.

예언자 나단이 야훼 하느님께 받아 다윗에게 전한 말씀을 보자.

"네가 살 만큼 다 살고 조상들 옆에 누워 잠든 다음, 네 몸에서 난 자식 하나를 후계자로 삼을 터이니 그가 국권을 튼튼히 하고 나에게 집을 지어 바쳐 나의 이름을 빛낼 것이며, 나는 그의 나라를 영원히 든든하게 다지리라. 내가 친히 그의 아비가 되고 그는 내 아들이 되리라. 만일 그가 죄를 지으면 나는 사람이 제 자식을 매와 채찍으로 징계하듯 치리라."(사무엘하 7:12-14)

이 말씀은 쿰란Qumran 공동체에 받아들여지고(4Q174 3:10-13) 완세론完世論(종말론)적으로 해석되었다. 바울은 이 말씀을 예수 부활에 적용시킨 것 같다.[23] 누가복음 1장 32-33절과 사도행전 13장 23절, 히브리서 1장 5절도 사무엘하 7장 12-14절을 인용했다. 바울은 모든 인간의 부활을 가리킨 것은 아직 아니고 죽은 자 가운데 예수의 부활을 말하고 있다.(로마서 4:24, 6:4, 8:11, 갈라디아서 1:1)

4절에서 전치사 ἐξ를 어떻게 번역하면 좋을까. 시간적으로 부활한 후에?[24] 원인과 결과로 부활하심으로써?[25] 군이 양자택일할 필요는 없지 않을까? 부활과 높이 들어올림은 두 개의 동떨어진 사건이 아니라 한 사건의 두 모습이다.(누가복음 24:26; 빌립보서 2:8-9; 히브리서 1:13) 신약성서 저자들은 시편 110편 1절에서 자극받고 인용하였다.(마가복음 14:62; 누가복음 22:69; 로마서 8:34) 수동태 분사 ὁρισθέντος는 전문 용어로 신적 수동태passivum divinum다. 문장에서 주어가 빠졌지만 실제 주어는 하느님을 나타낼 때 성서 저자들이 즐겨 쓰는 방법이다. 시편 2편 7절, "너는 내 아들, 나 오늘 너를 낳았노라."는 구절이 큰 역할을 했다. 돌아가신 예수가 스스로 무덤을 박차고 부활한 것이 아니다. 하느님은 예수를 죽은 자들 가운데 부활시키시고 또한 하느님의 아들로 높이 들어올리신 분이다.

권능ἐν δυνάμις은 구약성서에서 하느님의 특징을 나타내는 단어 중 하나다.(신명기 3:24; 역대기상 29:11; 예레미야 16:21) 권능을 아들에게 연결한 것은 죽은 자들 가운데서 부활하신 하느님 쪽에 예수 그리스도를 위치시키려는 뜻이다. 거룩한 영(신성)πνεῦμα ἁγιωσύνης은 인용된 곳이 드문 편이다.[26] 바울은 여기서 하느님의 영을 생명과 부활을 선사하시는 하느님의 힘으로 강조(에스겔 37:4-10; 요한복음 6:63; 로마서 8:2)[27]하려는 것 같다.

5절 1장 3-4절에서 바울과 독자들이 자신을 그리스도인처럼 여겼다면, 1장 5-6절에서는 사도처럼 느끼게 된다. 바울은 문장 주어를 복수로 쓰면서 그런 효과를 노리고 있다.(3:5, 4:1, 8:31) 바울은 그분을 통해서δι' οὗ 사도가 되었다. 바울은 다마스커스 체험을 기억하고 있다.

"하느님께서는 내가 나기 전에 이미 은총으로 나를 택하셔서 불러주셨고 당신의 아들을 이방인들에게 널리 알리게 하시려고 기꺼이 그 아들을 나에게 나타내 주셨습니다."(갈라디아서 1:15-16)

5절에서 은총과 사도직χάριν καὶ ἀποστολὴν이 서로 다른 두 개는 아니다.(시편 83:12) 히브리어(출애굽기 22:26; 느헤미야 9:17; 시편 111:4), 독일어, 한국어의 경우와 다르게 고대 그리스어에는 은총χάρις의 형용사 형태가 없었다. 그래서 형용사 은혜로운이 필요할 때 은총과 사도직χάριν καὶ ἀποστολὴν처럼 수식하는 명사 앞에 은총을 놓아 쓸 수밖에 없었다. χάριν καὶ ἀποστολὴν은 은총으로 사도직《공동번역》이나 은총과 사도직《200주년 기념성서》은 결국 같은 뜻이다.

A와 B라는 표현은 A와 B가 다름을 나타낼 때도 있지만 A와 B가 연결됨을 가리키기도 한다. 남자와 여자, 하느님과 인간이라는 표현에서 다름과 연결이 동시에 포함되듯 말이다. 문법이 존재와 사실을 제대로 다 드러내지 못하는 경우가 많다. 언어는 신비를 조금 드러내기도 하고 크게 가리기도 한다. 언어의 한계는 삶에서도 성서신학에서도 언제나 기억되어야 한다.

은혜χάϱις는 하느님, 신, 지배자의 행동을 가리키는 단어다. 은총 χάϱις은 윗 사람이 아랫 사람에게 하는 행동이다. "야훼께서는 교만한 자를 업신여기시고 겸손한 사람에게 은혜를 베푸신다."(잠언 3:34; 야고보서 4:6; 베드로전서 5:5) "헤롯이 로마 황제에게 은총을 받았다."[28] 바울은 자신의 사도직을 그냥 은총이라고 표현하기도 한다.(로마서 12:3, 15:15; 고린도전서 3:10; 갈라디아서 2:9)

바울은 5절에서 믿음을 존중(복종)이라고 소개했다.(로마서 10:16; 사도행전 6:7; 히브리서 11:8) 믿음과 존중이란 주제는 구약성서에서도 여러 모습으로 나타나고 있다. 들음을 존중하다(창세기 16:2, 22:18; 이사야 66:4)로 보거나 믿다(예레미야 25:8), 또는 응답하다(사무엘하 22:35, 42)로 보기도 한다. 5절에서 믿음은 응답(갈라디아서 3:2, 5)에 가깝다. 믿음이란 우리말 단어 하나에 너무 사로잡힐 필요는 없다. 믿음과 응답은 같은 단어라기보다 서로 해석해준다. 믿으니까 답하고, 답하니까 믿는다.

나는 우리말 성서에서 복종 또는 순종으로 옮겨진 단어는 존중으로 모두 바꾸었다. 인간이 자신의 생각과 의지를 없애기를 하느님이 바란다고 상상하는 것은 큰 착각이다. 하느님은 인간이 자기 의지를 충분히 발휘하고 고뇌하여 하느님을 믿기를 원하신다. 복종 또는 순종이란 단어는 21세기 민주주의 시대에 불필요한 연상 작용을 일으킬 수 있다. 교회에는 복종, 순종이 필요하지 않고 상호 존중이 필요하다.

바울은 믿음의 존중으로 자신이 선포하는 하느님의 복음을 동의하고 받아들이기를 바랐다. 당시 선교 상황이 그 배경이다.[29] "우리에게 들려주신 이 소식을 누가 곧이 들으랴?"(이사야 53:1)를 떠올리며 탄식하지 않았을까. 5절은 믿음을 특히 이방인(로마서 1:8, 15:18, 16:19; 베드로전서 1:14)과 연결하고 있다. 하느님은 예수 그리스도를 통하여 구원의 복음을 모든 인간에게 선포한다는 뜻이다. 예수 그리스도와 이방인, 두 단어가 유다교와 논쟁이 될 만한 주제다.

5절의 ἐν πᾶσιν τοῖς ἔθνεσιν을 어떻게 번역해야 좋을까. 유다인을 포함하는 뜻에서 '모든 백성'이라고 해야 하나. 유다인을 제외한 '모든 이방인'을 가리키는가. 1장 6a와 1장 13절을 생각하면 유다인을 제외한 모든 이방인을 뜻하겠다.(로마서 15:11에서 시편 116:1 인용, 갈라디아서 3:8에서 창세기 18:18 인용) 바울은 자신이 이방인의 사도임을 여러 차례 분명히 밝히고 있다.(로마서 11:13, 15:16; 갈라디아서 2:2; 데살로니가전서 2:16) 바울은 이방인을 설득하여 유다교에 들어오게 하고 싶었을까? 유다교를 개혁하여 이방인에게 문을 더 활짝 열게 하고 싶었을까? 새로운 종교, 그리스도교를 만들고 싶었을까?

5절 마지막 부분인 ὑπὲρ τοῦ ὀνόματος αὐτοῦ을 어떻게 번역해야 될까?《공동번역》은 '그분의 영광을 드러내기 위한'으로 의역했다.《개역개정》은 '그의 이름을 위하여'로,《신약성경》은 단어 그대로 '그분의 이름을 위하여'라고 직역하였다. 물론 번역보다 이해가 더 중요하다. 그러면 ὑπὲρ τοῦ ὀνόματος αὐτοῦ을 어떻게 이해해야 좋을까? 세 가지 가능성이 있다.[30] 첫째, 예수 이름 대신에, 그분 부탁으로[31] 바울이 예수 그리스도를 대신하여 활동한다는 뜻이다.(고린도후서 5:20; 고린도전서 14:37) 둘째, 예수 이름에 유리하게[32]로 바울이 예수 이름을 널리 알려 사람들이 그 이름을 믿게 한다(사도행전 3:16)는 뜻이고 셋째는 예수 이름 때문에, 예수 이름이 있기에[33]라는 뜻이다.

흔히 셋째로 번역하지만, 나는 여러 뜻을 가진 전치사 ὑπὲρ를 존중하고 싶다. 셋 중 하나를 선택하지 않고 두루 포함하여 이해할 수 있다.(로마서 15:20; 사도행전 9:15; 요한3서 7) 바울은 예수 이름뿐 아니라 복음 선포의 내용도 예수를 대신하고 있다. 초대 교회의 예수 추종자 공동체에서 널리 쓰이던 표현임을 기억하는게 더 중요하다. 초대 교회나 초대 그리스도교라고 하지 않고 예수 추종자 공동체라고 내가 말한 이유는 무엇일까. 바울이 로마서를 쓰던 당시에 예수 추종자들이 아직 유다교에서 완전히 탈퇴하거나 추방되어 그리스도교라는 새로운 공동체를 따로 만들지는 않았다. 이 사실을 한국 그리스도인들은 흔히 잊고 있다.

6절 6절의 ἐν οἷς ἐστε καὶ ὑμεῖς κλητοὶ Ἰησοῦ Χριστοῦ은 어떻게 번역할까. "여러분도 그들 가운데에서 부르심을 받고 예수 그리스도의 사람이 되었습니다."《신약성경》, "너희도 그들 중에서 예수 그리스도의 것으로 부르심을 받은 자니라."《개역개정》, "그 중에 여러분도 예수 그리스도의 부르심을 받았습니다."《200주년 기념성서》

는 예수 추종자들이 모든 백성 중에서 특별히 선택되어 뽑혔다는 인상을 주고 있다. "여러분도 그들과 함께 예수 그리스도의 부르심을 받았습니다."《공동번역》가 좀 더 나은 번역이다.

6절은 바울이 편지 받는 사람들에게 하는 말이지만 바울 자신을 소개하는 말이기도 하다. 그들과 함께ἐν οἷς ἐστε καὶ에서 로마서에 있는 예수 추종자들과 이방인들을 연결하고 있다. 단어 ἐν οἷς καὶ에서 온 표현이다.(마가복음 15:40; 사도행전 17:34) 로마서에 있는 예수 추종자들이 자기 자신만 생각하진 말라는 뜻이겠다. 그들도 이방인들과 함께 이방인처럼 예수 그리스도의 부름을 받았다. 21세기 한국 그리스도인들도 이방인들과 함께 이방인처럼 예수 그리스도의 부름을 받았다. 한국 그리스도인들만 예수 그리스도의 부름을 받은 것이 아니고 온 세상 민족 중에 특별히 부름 받은 것도 아니다.

예수 추종자들을 일컫는 단어로 바울은 부름 받은 사람들κλητοί을 썼다.(로마서 1:7, 8:28; 고린도전서 1:2) 바울에게 부르다καλεῖν의 주어는 언제나 하느님이시다.(로마서 8:30, 9:24; 고린도전서 1:9; 갈라디아서 1:6) 소유격 예수 그리스도의Ἰησοῦ Χριστοῦ는 "당신의 아들 우리 주 예수 그리스도와 친교κοινωνία를 맺게 해주셨습니다."(고린도전서 1:9), "그리스도의 모든 교회ἐκκλησία"(로마서 16:16)라는 뜻과 가깝다.

7절 바울은 편지 서문 마무리에서 로마에 사는 예수 추종자들을 교회ἐκκλησία라고 부르지 않았다. 왜 그랬을까? 로마 공동체에 사도의 기초가 없어서[34] 그랬을까. 바울이 로마 공동체를 방문하여 사도의 기초를 놓으면 그후 비로소 로마 공동체는 교회 명칭을 얻게 되는가. 바울은 그런 교회 개념을 갖진 않았다. 로마 공동체의 신도 숫자가 상당히 많아서 하나의 공동 성찬례를 지낼 수 없어 단수 명사 교회ἐκκλησία를 쓰지 못했다고[35] 보아야 하나. 그렇진 않은 것 같다. 그런 경우라면 갈라디아서 1장 2절처럼 복수 명사를 쓸 수 있었지 않는가.

로마 공동체에게 하느님께 사랑받는 사람들ἀγαπητοῖς θεοῦ, 거룩한 백성으로 부름 받은 사람들κλητοῖς ἁγίοις이라는 호칭이 주어졌다. 사랑받은ἀγαπητοί, 부름받은κλητοί, 거룩한ἅγιοι 세 형용사가 선사된 셈이다. 모두 구약성서와 유다고 전통에 연결되는 단어다. "너희를 사랑하시고"(신명기 7:8), "내 아들 이스라엘이 어렸을 때, 너무 사랑스러워"(호세아 11:1), "야훼께서는 사랑하시는 자에게"(시편 126/127:2), "주께서 사랑하시는 나무는 유다 백성이다.(이사야 5:7) 선택 개념으로 부름 받음은 "내가 불러 세운 이스라엘아!"(이사야 48:12)에 뚜렷하다.(이사야 41:9, 43:1, 51,2; 요엘 3:5)

거룩함은 무엇보다도 먼저 하느님 백성으로 선택받은 이스라엘의 특징이었다. 이스라엘의 거룩함은 하느님 자신의 거룩함에 참여하는 뜻으로 이해되었다. "너는 이스라엘 백성 온 회중에게 이렇게 일러주어라. 나 야훼 너희 하느님이 거룩하니, 너희도 거룩한 사람이 되어라."(레위기 19:2; 출애굽기 19:5; 신명기 14:2) 바울의 표현인 거룩한 백성으로 부름 받은 사람들κλητοῖς ἁγίοις은 하느님 백성의 모임 κλητὲ ἁγία(출애굽기 12:16; 레위기 23:3; 민수기 28:18)에서 온 것 같다.

이스라엘의 거룩함은 모세오경Tora을 충실히 이행하여 생긴 것이 아니라 하느님의 유일한 선택에 있다. 이 사실을 21세기 한국의 많은 그리스도인들이 망각하거나 오해하고 있다. 로마서 공동체를 하느님께 사랑받는 사람들ἀγαπητοῖς θεοῦ, 거룩한 백성으로 부름 받은 사람들κλητοῖς ἁγίοις이라고 부를 때, 바울은 이스라엘 백성과 예수 추종자들의 연결과 일치를 분명히 생각하고 강조했다. 바울의 이 깊은 뜻을 21세기 한국의 그리스도인들은 잘 알고 깨닫고 있을까. 유다교와 그리스도교는 서로 다른 점이 있기 이전에 이미 깊이 연결되고 일치되어 있다. 유다교가 더 이상 하느님의 사랑받는 백성이 아닌 것이 결코 아니다. 이방인이 유다인처럼 하느님의 사랑받는 백성에 포함되었다는 뜻이다.

로마에 살던 예수 추종자 중에 유다인 출신은 바울 편지의 세 형용사 표현을 낯설지 않게 금방 이해했을 것이다. 그들은 거룩함을 어렵지 않게 이해하고 받아들였다. 이방인 출신 예수 추종자는 이해하기에 적지 않은 설명이 필요했을 것이다. 바울은 한 걸음 더 나아가고 있다. 이스라엘 백성에게만 주어졌던 단어 '거룩함'을 예수 그리스도를 받아들인 이방인에게도 선사하였다. "하느님의 사랑을 받고 있는 교우 여러분, 우리는 하느님께서 여러분을 택해 주셨다는 것을 알고 있습니다."(데살로니가전서 1:4; 골로새서 3:12) 이스라엘 백성 사이에서만 적용되던 이웃 개념을 예수가 온 세상 사람으로 확장했듯이, 이스라엘 백성 사이에서만 주어지던 거룩함 개념을 바울이 온 세상 사람으로 확장하고 있다. 예수는 이웃 개념을 확대했고, 바울은 거룩함 개념을 확대했다. 실로 엄청난 개혁이다.

끝인사salutatio에 해당하는 1장 7b 문장과 그리스어 단어가 신기하게도 똑같은 곳이 있다.(고린도전서 1:3; 고린도후서 1:2; 갈라디아서 1:3; 빌립보서 1:2; 빌레몬서 1:3) 바울 이전의 편지 어디서도 발견되지 않는 인사말이다. 바울 작품이 틀림없다.[36]는 사실을 보여준다. 바울이 쓰지 않았지만 바울 영향을 자칭한 편지에서 이 인사말을 본뜬 흔적이 보인다.(에베소서 1:2; 골로새서 1:2; 데살로니가후서 1:2; 디도서 1:4; 디모데전서 1:2; 디모데후서 1:2)

1장 7b의 은총과 평화χάρις καὶ εἰρήνη는 유다교 축복 양식에서 본뜬 것 같다. 유다교 축복 양식에서는 '은총χάρις과 평화εἰρήνη'보다 '자비ἔλεος와 평화εἰρήνη'라는 표현도 자주 보인다.(민수기 6:25; 이사야 54:10; 갈라디아서 6:16) 은총χάρις과 자비ἔλεος를 뜻하는 히브리어 단어가 언어적으로 겹치기 때문에 그리스어로 함께 썼을 수도 있다. 평화εἰρήνη는 구약시대부터 만남이나 편지에서 널리 쓰인 단어다.(사사기 6:23; 다니엘 3:31; 마카베오하 1:1)

무엇보다도 로마서 서문은 아주 긴 자기 소개가 두드러진다. 바울은 자신의 그 어떤 편지에서보다도 더 자신을 상세히 소개한다. 로마서는 바울이 개인적으로 알지 못하는 사람들에게 쓴 유일한 편지다. 그는 자기 자신이 어떤 사람인지, 어떤 생각을 갖고 있는지 상세히 친절하게 설명한다. 서문에는 로마서에서 앞으로 다룰 주제가 미리 언급되고 있다. 바울이 이방인에게 선포하는 예수 그리스도의 믿음 안에서 하느님께서 택하신 당신 백성 이스라엘에게 주신 약속이 이방인에게도 어떻게 실현 가능한지, 바울은 이 주제로 로마서 전체에서 씨름할 예정이다.

감사 기도(1:8-17)

8 나는 먼저 여러분의 믿음이 온 세상에 널리 알려지고 있다는 사실에 대하여 예수 그리스도의 이름으로 나의 하느님께 감사 드립니다. 9 나는 기도할 때마다 언제나 여러분을 기억하며 여러분을 찾아갈 기회를 하느님께서 나에게 허락해 주시기를 간구하고 있습니다. 10 이 사실이 거짓이 아니라는 것을 하느님께서 잘 알고 계십니다. 그 하느님은 내가 그분의 아들에 관한 복음을 전함으로써 성심껏 섬기고 있는 바로 그분이십니다. 11 내가 여러분을 애타게 만나보려는 것은 여러분과 함께 영적인 축복을 나눔으로써 여러분에게 힘을 북돋아주려는 것입니다. 12 다시 말하면 우리가 함께 지내면서 여러분과 내가 피차의 믿음을 통하여 서로 격려를 받으려는 것입니다. 13 자매형제 여러분, 나는 여러분을 찾아가려고 여러 번 계획을 세웠으나 지금까지 길이 막혀 뜻을 이루지 못했다는 것을 알아주시기 바랍니다. 나는 다른 이방인들에게서와 같은 전도의 성과를 여러분에게서도 거두려고 했던 것입니다. 14 나는 문명인에게나 미개인에게나 또 유식한 사람에게나 무식한 사람에게나 똑같이 전도할 책임을 지고 있습니다. 15 그러므로 로마에 계신 여러분에게도 복음을 전하는 것이 나의 간절한 소원입니다. 16 나는 그 복음을 부끄럽게 여기지 않습니다. 복음은 먼저 유다인들에게, 그리고 이방인들에게까지 믿는 사람이면 누구에

게나 구원을 가져다 주시는 하느님의 능력입니다. **17** 복음은 하느님
께서 인간을 당신과 올바른 관계에 놓아주시는 길을 보여 주십니다.
인간은 오직 믿음을 통해서 하느님과 올바른 관계를 가지게 됩니다.
성서에도 "믿음을 통해서 하느님과 올바른 관계를 가지게 된 사람은
살 것이다." 하지 않았습니까?

8절 8-17절 단락을 뭐라고 부를까. '편지 감사말'[37]이라 할까. 더
정확히 말하면, 바울은 감사말을 하기보다 감사말에 대한 소식을
전하고 있다. 머리말proöium이라 할까.[38] 그러나 고대 편지 양식의
일부로 머리말 부분은 없었다.[39] 듣는 사람이 선의로benevolum, 주
의깊게attentum, 관심있게docilem 들을 준비하고praeparare 받아들
이도록accommodatier 하는 역할을 하는 부분은 고대 수사학에 있었
다.[40] 그와 연결된다고 보아 머리말이라고 하는게 좋겠다.

바울은 다른 편지에서처럼 머리말을 감사 소식부터 시작하고 있
다.(고린도전서 1:4; 빌립보서 1:3; 데살로니가전서 1:2) 감사말을 바울 편지
고유의 특징[41]으로 보기도 하고 신약성서 외부 문헌의 영향[42]으로
보기도 한다. 기도 안내는 편지 서문과 본문 사이에 다른 파피루스
편지에도 자주 보인다. 감사말은 8절에만 해당된다. 8-12절을 감사
말, 13-15절을 바울의 자기 추천으로 나누기[43]는 어렵다고 생각한
다. 감사말 다음에 바울은 9-15절에서 로마 공동체와 자신의 연대
를 드러낸다.

바울의 다른 편지 머리말에서도 로마서 머리말처럼 두 공통점이
있다. 첫째는 기도 안에서 끊임없이 생각하기(로마서 1:9a-10a; 에베소

서 1:16; 빌립보서 1:3; 골로새서 1:3; 데살로니가전서 1:2; 디모데후서 1:3; 빌레몬서 4장)이고 둘째는 편지받는 사람을 만나려는 생각이다.(로마서 1:11a; 빌립보서 1:8; 디모데후서 1:4; 데살로니가전서 3:6) 두 생각은 신약성서 외부 문헌에도 널리 보인다. 이른바 우정 편지의 특징이다. 바울이 고대의 우정 윤리를 로마서 머리말에 끌어들였다.

16-18절도 머리말에 포함하는 것이 좋겠다. 8-15절처럼 바울의 자기 소개가 이어지고, 15절에서 말한 복음에 대한 설명으로 계속 진행되기 때문이다. 1장 16b 이후 바울의 자기 소개는 중단되고 복음과 믿음이라는 신학 주제로 중심이 옮아가기는 했다. 그 이유로 16-17절을 편지 머리말에서 떼어놓는 성서학자도 있다.[44] 그렇게 본다면 로마서 전체를 고대 재판의 변론genus iudiciale으로 오해할 수 있다. 로마서를 재판 변론보다는 편지로 보는게 더 낫지 않을까.

바울이 하느님께 드리는 기도를 소개한 대목은 바울 편지들에 있다.(고린도전서 1:4; 빌립보서 1:3; 골로새서 1:3; 데살로니가전서 1:2; 데살로니가후서 1:3; 빌레몬서 4; 디모데후서 1:3) 그와 달리 8절은 바울 자신이 직접 하느님께 기도를 바치는 형식은 아니다. 간접적인 찬양으로써 편지받는 사람들의 선의에 호소captatio benevolentiae하는 의도를 갖고 있다. 하느님은 3인칭 단수로 말해지고 있다. 예수 그리스도를 통해 감사가 전해진다는 기도 형식은 초대 공동체에서 널리 알려졌다.(로마서 7:25; 골로새서 3:17) 예수는 하느님과 사람 사이에서 기도를 전달하는 중재자다.(로마서 16:27; 고린도후서 1:20; 히브리서 13:15; 베드로전서 2:5)

여러분의 믿음πίστις ὑμῶν(로마서 1:12; 고린도전서 2:5; 고린도후서 1:24;

빌립보서 2:17)은 특별한 믿음 이해에 기초하고 있다. 믿음이 개인의 결단에 의지할 뿐 아니라 공동체의 특징이다. 유다교에서 모세오경을 따름과 같은 역할을 그리스도교에서 믿음이 하고 있다. 예수를 믿는 사람들을 바울은 일반적으로 믿는 사람들οἱ πιστεύοντες(로마서 3:22, 4:11; 고린도전서 1:21; 갈라디아서 3:22)로 부르고 있다. 온 세상에ἐν ὅλῳ τῷ κόσμῳ는 모든 사람들에게(로마서 3:6, 5:12, 11:12; 고린도전서 1:20)와 비슷한 뜻이다. 나의 하느님θεῷ μου(고린도전서 1:4; 빌립보서 1:3; 빌레몬서 4)은 구약성서, 특히 시편에서 따왔다.(시편 30:13, 71:22, 118:28) 고대 근동에서는 널리 알려졌지만 그리스 세계에서는 알려지지 않은 표현이다.[45]

9-10절 9-10절은 문장으로 보나 내용으로 보나 서로 연결되었다. 바울은 자신의 기도 습관을 소개한다. 바울은 9-10절에서 자신의 기도 내용이 진실하며 그것을 하느님께서 보증해주시리라는 맹세를 느닷없이 들고 나온다. 바울은 "하늘을 두고도 맹세하지 마시오."(마태복음 5:34; 야고보서 5:12)라는 예수의 맹세 금지 발언을 몰랐을까. 바울이 정말 몰랐을 수도 있고, 예수를 간접적으로 인용(고린도전서 7:10, 9:14)하여 맹세 금지 발언을 슬쩍 비켜 지나갈 수도 있다.[46] "이 사실이 거짓이 아니라는 것을 하느님께서 잘 알고 계십니다."(로마서 1:10)라는 고백은 바울의 자기 확신이 지나쳐 하느님 보시기에 경솔한 말 같기도 하다.

1장 9b의 단어 섬기는λατρεύω은 그리스계 유다교에서 출애굽기 3장 12절(70인역) 이후로 쓰이던 하느님 찬미를 드러낸다. "너는 나의 백성을 이집트에서 이끌어낸 다음 이 산에서 하느님을 예배하리라."(출애굽기 3:12) 종교의식에서 바쳐지는 제물(출애굽기 10:26; 마카베오상 1:43)뿐 아니라 축제에 참석(출애굽기 13:5), 단식과 기도(누가복음 2:37; 사도행전 26:7)와 연결된다. 이 예배를 바울은 자신의 복음 선포를 통해 바치고 있다. 바울의 복음 선포는 일종의 사제적 행위(로마서 15:16)이기도 하다. 복음을 선포하는 사람은 누구나 사제적 실천을 하는 셈이다.

9절에서 내 영으로ἐν τῷ πνεύματί μου를 어떻게 이해해야할까. 여러 제안이 있지만[47] 바울이 여기서 하느님의 영(빌립보서 3:3)을 말하지는 않는다. 바울이 하느님의 영을 나의 영이라고 말한 적은 없다. 복음 선포에서 기도[48]를 말하지도 않는다. 인간의 내적 자아(로마서 8:16; 고린도전서 14:14; 데살로니가전서 5:23)를 가리키는 것 같다. 바울이 복음을 선포할 때 외적으로 봉사할 뿐 아니라 온 마음을 다하여 봉사하는 자세를 강조하는 것 같다.[49]

11-12절 지금까지 바울이 로마를 방문하지 못했던 것은 바울의 책임이 아니라 하느님의 뜻에 따른 결과다. 11-12절에서 바울은 이미 존재하고 있는 공동체를 튼튼하게 만들고στηριχθῆναι 싶었다.(로마서 16:25; 데살로니가전서 3:2; 데살로니가후서 2:17; 베드로후서 1:12) 수동태 στηριχθῆναι(로마서 1:11c)의 주어는 하느님이다. 바울이 로마 공동체에게 힘을 북돋아준다는 것이 아니라 하느님이 그렇게 하신다는 뜻이다. "여러분에게 힘을 북돋아주려는"(《공동번역》), "여러분의 힘을 북돋아주려는"(《신약성경》), "여러분이 굳세어지게 하려는"(《200주년 기념성서》), "너희를 견고하게 하려는"(《개역개정》) 번역들은 모두 하느님이 주어임을 독자들이 알아차리기 어려운 번역이다.

영적 축복χάρισμα πνευματικόν은 바울이 하느님께 받은 은총이라는 선물(로마서 5:15, 6:23, 11:29, 12:6)을 가리킨다. 바울은 받은 은총을 전해주는(누가복음 3:11; 에베소서 4:28; 데살로니가전서 2:8) 심부름꾼에 불과하다. 바울은 은총의 주인이 아니다.

12절은 바울과 로마 공동체가 서로 격려를 주고 받는다[50]는 말이 아니라, 로마 공동체가 바울과 함께 하느님의 위로를 받는다[51]는 뜻이다.

여기서 서로의έν άλλήλοις(마가복음 9:50; 요한복음 13:35; 로마서 15:5)와 신뢰πίστεως는 무슨 뜻일까. πίστεως는 믿음Glaube보다 신뢰Vertrauen[52]라고 우리말로 좀 더 정확히 옮기는게 좋겠다. πίστεως가 신약성서에서 언제나 믿음Glaube이라는 뜻을 가지고 있지는 않다.(마태복음 23:23; 로마서 3:3; 고린도전서 12:9; 갈라디아서 5:22) 바울이 로마 공동체를 신뢰하고 로마 공동체가 바울을 신뢰하는 인간적 상호신뢰를 가리킨다. 바울과 로마 공동체는 서로 신뢰의 대상이지 신앙의 대상이 아니다. 신앙의 대상은 바울이나 로마 공동체처럼 사람이 아니라 하느님이시다.

13절 이 구절은 이른바 '폭로 양식Disclosure-Formel'[53]을 이용하여 바울의 지난 상황을 소개하고 있다. 무엇이 누가 바울의 로마 방문을 방해했는지 말하진 않았다. 로마 제국 동쪽 지방에서 전한 복음 선포(로마서 15:19-22)를 한 가지 이유로 들고 있긴 하다. 과거 어떤 의도로 여러 번 로마를 가려고 했었는지 이제야 밝히고 있다.

1장 13d, 15절에서 여러분ύμϊν을 로마에 있는 그리스도인이라고 이해한다면, "그리스도의 이름이 아직 알려지지 않은 곳에서만 복음을 전하려고 애써 왔습니다."(로마서 15:20)와 모순되는 것처럼 보인다. 유랑 선교자로서 바울은 설교로 로마 공동체의 믿음을 튼튼히 할 생각을 했고, 그 열매로 스페인 선교를 의도[54]한 것일까.

열매καρπὸν는 복음 선포의 성과를 가리킨다.(빌립보서 1:22; 골로새서 1:6) "나는 다른 이방인들에게서와 같은 전도의 성과를 여러분에게서도 거두려고 했던 것입니다."(1:13b)는 로마의 그리스도교 공동체에서 전한 바울 설교가 아니라 아직 예수를 모르는 로마 시민들에게 바울이 전할 복음 선포를 가리킨 것[55]일까. 로마서가 거의 완성될 때 로마서 15장 20절과 로마서를 쓰기 시작할 무렵인 1장 13절에서 바울의 생각은 서로 다를 수 있다.

14절 단어 ὀφειλέτης에는 경제 용어인 빚(마태복음 18:24; 로마서 15:27)이라는 뜻이 있다. 선교 책임(로마서 15:16; 고린도전서 9:16)을 나타내는 비유적 표현이다. 바울이 복음을 전파할 사람들에게 이미 무엇을 받았다거나 갚아야 할 의무가 있다는 것은 아니다. 문명인에게나 미개인에게나Ἕλλησίν καὶ βαρβάροις, 유식한 사람에게나 무식한 사람에게나σοφοῖς καὶ ἀνοήτοις는 남자와 여자, 하늘과 땅처럼 모든 사람을 나타내는 문학적 표현이다. 헤로도투스Herodot와 에우리피디스Euripidis 이후로 쓰이던 문명인에게나 미개인에게나Ἕλλησίν καὶ βαρβάροις는 인류를 둘로 나눈 표현이다. 문명인Ἕλλησίν은 그리스 사람을 가리키는 단어가 아니라 그리스어와 문화에 익숙한 모든 사람을, 미개인βαρβάροις은 그렇지 못한 모든 사람을 가리킨다.

'유식한 사람에게나 무식한 사람에게나σοφοῖς καὶ ἀνοήτοις'라는 표현은 문명인에게나 미개인에게나Ἕλλησίν καὶ βαρβάροις처럼 모든 인간을 나타내는 뜻으로 자주 쓰이진 않았다. 고대 문헌에서도 드물었다. 바울은 자기 사명이 이방인 전체를 향하고 있다는 확신을 드러내기 위해 당시 흔히 쓰이던 표현을 그저 빌어온 것에 불과하다. 바울이 지식을 기준으로 사람을 분류하거나 경멸한 것은 전혀 아니다. 바울이 여기서 스페인을 미개인βαρβάροις과 무식한 사람이 사는 곳으로 생각했다[56]고 말할 수는 없다. 14절을 '로마서의 열쇠'[57]라고 말하는 것은 지나치다.

15절 15절은 13-14절을 요약하고 있다. '로마에 계신τοῖς ἐν Ῥώμῃ'이 없는 사본도 있다. 로마서 서문에서 바울과 로마 공동체의 우정을 강조하는 것이 중요하다. 기도 안에서 끊임없이 생각하고(1:9c-10a), 그리움(1:11a), 상호 신뢰(1:12)처럼 바울은 소원πρόθυμος(1:15)이란 단어를 쓰고 있다. 바울은 로마서 독자들을 로마 공동체 소속 사람으로 보기보다 로마에 거주하는 시민으로 본다.[58]

16절 바울은 자신과 편지 독자들의 관계가 아니라 자신과 복음의 관계를 이야기한다. 바울은 복음을 부끄럽게 여기지 않는다Οὐ γὰρ ἐπαισχύνομαι τὸ εὐαγγέλιον고 고백한다.(마가복음 8:38; 누가복음 12:8; 디모데후서 1:12) 복음εὐαγγέλιον 뒤에 '그리스도의τοῦ Χριστοῦ'가 추가된 사본도 있다. 후대에 어느 필사자가 복음과 그리스도의 연결을 강조하기 위해 끼워넣은 것 같다.[59] 자기를 변호하는 바울의 모습을 엿볼 수 있다. 바울이 여기서 "멸망할 사람들에게는 십자가의 이치가 한낱 어리석은 생각에 불과하지만"(고린도전서 1:18)을 떠올렸다[60]고 보아야 할까. 바울의 복음이 당시 유다교의 구원 개념과 모순되는 점을 가리킨다[61]고 할까. 나는 후자 의견에 동의하고 싶다.

복음은 바울의 선포 내용과 대상(1:1, 9)을 가리킬 뿐 아니라 바울의 선포 자체를 뜻한다[62]는 사실이 로마서 전체를 이해하는 데 매우 중요하다. 복음은 하느님을 소개할 뿐 아니라 구원을 가져온다. 복음은 하느님의 능력을 말하고 증거할 뿐 아니라 하느님의 구원 능력이라고 바울은 설명한다. 복음이 하느님의 능력δύναμις θεοῦ(1:17)이라는 바울의 표현은 구약성서에 근거하고 있다. "주님의 위력을 나타내신 것과 같은 일을 하늘이나 땅에 있는 어떤 신이 할 수 있겠습니까?"(신명기 3:24; 역대기상 29:11; 예레미야 16:21; 시편 117:16-17) 바울이 선포하는 복음을 하느님이 친히 행하시는 사건(고린도전서 1:18; 고린도후서 4:7; 데살로니가전서 1:5)으로 본다는 뜻이다. 복음에 말씀의 힘 verbum efficax이 있다.(창세기 1:3; 이사야 9:7; 예레미야 23:29; 호세아 6:5)

구원σωτηρία(1:16)이라는 단어는 폭이 넓다. 바울이 여기서 구체적으로 어떤 내용을 말하고 있는지 알기는 어렵다. 미래에 하느님의 분노의 심판에서 구출한다는 뜻[63]일까. 로마 제국이 시민들에게 한 구원 약속에 거리를 두는[64] 표현일까.

"믿는 사람이면 누구에게나 구원을 가져다 주시는 하느님의 능력입니다."(1:16b)는 두 가지 주제가 섞여 있다. 첫째는 바울 복음에 대한 판단이고 둘째는 판단하는 사람에 대한 바울 복음의 효과이다. 믿음은 복음보다 앞서지 않고 언제나 복음에 의존한다. 믿음은 복음에 대한 반응이고 2차적이다. 복음은 1차적이고 하느님 차원이다. 믿음은 2차적이고 인간 차원이다. 복음과 믿음은 같은 차원에 있지 않다. 복음이 태양이라면 믿음은 해바라기다. 복음과 믿음은 다른 존재 차원에 있다.

표현 차원에서, 즉 존재 차원과 다르게 바울은 믿음을 복음의 구원 능력을 위한 충분 조건으로 내걸었다. 충분 조건은 이미 필요 조건을 포함한다는 뜻이다. 필요 조건은 충분하지 않을 수 있지만 충분 조건은 필요 조건을 이미 충족시키고 있다. 누구나pas의 의미는 무엇일까. 믿는 사람은 누구나παντὶ τῷ πιστεύοντι(1:16b)를 가리킨다. 유다인이나 그리스인이나 똑같이 해당된다. 하느님의 구원 능력을 받는 필요 충분 조건으로 믿음이 제시되었다. 믿음 안에서 유다인과 그리스인의 차이는 신학적으로 무의미해졌다. 믿음 안에서 개신교 성도와 가톨릭 신자의 차이는 신학적으로 무의미하다.

"모든 인간을 향한"이 말이 중요하다.(로마서 3:20; 10:4; 갈라디아서 2:15) 바울이 14절에서 그리스 관점에서 인간을 문명인과 미개인 Ἕλλησίν καὶ βαρβάροις으로 말했다면, 16절에서는 유다 관점에서 유다인과 이방인Ἰουδαίῳ καὶ Ἕλληνι(로마서 2:9, 3:9, 10:12; 고린도전서 1:22; 갈라디아서 3:28)을 언급하고 있다. 같은 뜻으로 유다인과 이방인Ἰουδαῖοι καὶ ἔθνη(로마서 3:29; 고린도전서 1:23; 갈라디아서 2:15), 이스라엘과 이방인Ἰσραὴλ καὶ ἔθνη(로마서 11:25), 할례받은 사람이나 할례를 받지 않은 사람περιτομὴ καὶ ἀκροβυστία(로마서 2:26, 3:30; 고린도전서 7:19; 갈라디아서 2:7), 할례받은 사람들과 이방인들περιτομὴ καὶ ἔθνη(로마서 15:8-9)이 있다. 믿음에는 민족 차별이 없다.

단어, 먼저πρῶτον가 없는 사본도 있다. 마르키온(85-160)의 영향으로 원래 있었던 그 단어를 어느 성서 필사자가 삭제해버린 것 같다.[65] 마르키온은 바울 한 사람만 예수를 올바르게 받아들이고 계승했다고 믿었다. 바울 편지만 참된 믿음의 보물이라고 선언했다. 바

울 편지들에서도 유다교를 연상시키는 내용은 바울이 아닌 다른 사람들의 손질로 여겨 삭제하였다.[66]

먼저πρῶτον(로마서 2:9-10)라는 말이 이방인에 비해 유다인의 특별한 지위를 나타내어 평등 사상을 유다인에게 유리하게 왜곡하는가. 예수 그리스도의 복음이 먼저 유다인에게 선포되고 그 다음 이방인에게 전해진다는 뜻은 아니다. 16절 전체가 현재형 문장이니 그런 시간적 순서는 벌써 무의미하다. 예수 그리스도의 복음을 믿는 조건을 바울이 유다인에게 유리하게 만든 것도 아니다. 이스라엘 민족이 하느님과의 독특한 역사 덕분에 예수 그리스도의 복음으로 주어지는 구원을 좀 더 가깝게 알아보리라는 말이다.[67]

17절 17절은 "믿는 사람이면 누구에게나 구원을 가져다 주시는 하느님의 능력"(1:16)이 왜 생기는지 그 이유를 밝혀준다. 관건은 δικαιοσύνη γὰρ θεοῦ ἐν αὐτῷ ἀποκαλύπτεται ἐκ πίστεως εἰς πίστιν(1:17a)의 해석이다. 결정적 논거는 하느님의 의로움 δικαιοσύνη γὰρ θεοῦ이 아니라 믿음에 대한 부분ἐν αὐτῷ ἀποκαλύπτεται ἐκ πίστεως εἰς πίστιν 해석이다. 바울이 하박국 2장 4절을 그 뒤에 인용한 것은 믿음이란 단어가 결정적임을 알려준다.

그 안에서ἐν αὐτῷ는 누구 또는 무엇을 가리킬까. 믿는 사람들[68]을 가리킨다면, 바울의 설명은 동어반복이 되어버린다. 복음을 가리킨다고 보는 게 옳겠다. 알리다, 계시하다δικαιοσύνη는 17절에서 누구에게라는 3격 명사 없이 쓰였다.(누가복음 17:30; 로마서 8:18) 어떤 특정한 사람에게 알리고 계시하지만 다른 사람에게는 감추어진다(마태복음 16:17; 누가복음 10:21)는 경우와 다르다. "야훼께서 그 거두신 승리를 알려주시고 당신의 정의를 만백성 앞에 드러내셨다."(시편 98/97:2) 하느님의 계시가 드러나서 현실이 된다.(마태복음 6:33; 야고보서 1:20; 로마서 3:5, 10:3)는 내용은 바울의 하느님 의로움을 논의할 때 꼭 기억하면 좋겠다.

ἐκ πίστεως εἰς πίστιν에 대한 올바른 번역과 이해에는 언제나 논쟁이 있었고 지금도 그렇다.[69] (a) "하느님의 충실함에서 인간의 믿음으로",[70] (b) "그리스도의 충실함에서 인간의 믿음으로",[71] (c) 옛 계약의 믿음에서 새 계약의 믿음으로,[72] (d) 믿음의 성장을 나타내는 표현,[73] (e) 믿음의 배타성을 강조[74] 등 여러 견해가 있다.

볼터Wolter의 해설을 주목하고 싶다.[75] 믿음에서부터 믿음으로ἐκ πίστεως εἰς πίστιν에서 주어가 둘 있다고 생각하기는 문법상 어렵다. 그렇다면 (a), (b), (c)는 제외된다. 1장 16b와 17a의 논리적 연결로 보아 믿는 사람이면 누구에게나παντὶ τῷ πιστεύοντι의 주어가 믿음에서부터ἐκ πίστεως와 믿음으로εἰς πίστιν의 주어가 될 수밖에 없다. 주어는 믿는 사람이면 누구나παντὶ τῷ πιστεύοντι의 믿음이다. 믿음에서부터ἐκ πίστεως와 믿음으로εἰς πίστιν는 같은 뜻이 아니다. 믿음의 근원ἐκ과 목적εἰς 또는 처음과 끝을 가리킨다. 처음부터 끝까지 믿음이란 뜻이겠다. 하느님의 의로움이 복음에서 실현되게 하고 구원을 주는 하느님의 힘이 펼쳐지게 만드는 조건은 처음부터 끝까지 믿음이고 오직 복음이다.

구약성서에서 믿음으로 의로움을 연결할 수 있는 구절은 "그가 야훼를 믿으니, 야훼께서 이를 갸륵하게 여기시어"(창세기 15:6)와 "의로운 사람은 그의 신실함으로써 살리라."(하박국 2:4《공동번역》)는 겨우 두 곳에 불과하다. 히브리어 구약성서와 바울의 구약성서 인용 사이에는 상당한 거리가 있다.[76] 히브리어 본문에는 "의로운 사람은 자기 충실함을 통해 생명에 머물리라."(하박국 2:4), 그리스어 70인역에는 "의로운 사람은 하느님의 충실함으로 살리라."(하박국 2:4)로 나온다.[77] 그 차이는 성서 필사자가 아마도 히브리어 단어를 잘못 읽었거나 점 하나를 실수로 다르게 붙인데서 생긴 것 같다.[78]

여기서 17절에 대한 우리말 번역을 보자. "인간은 오직 믿음을 통해서 하느님과 올바른 관계를 가지게 됩니다."(《공동번역》), "실상 이 복음 안에 하느님의 의로움이 신앙에서 신앙으로 계시됩니다."(《200주년 기념성서》), "복음 안에서 하느님의 의로움이 믿음에서 믿음으로 계시됩니다."(《신약성경》), "복음에는 하나님의 의가 나타나서 믿음으로 믿음에 이르게 하나니."(《개역개정》)

"인간은 오직 믿음을 통해서 하느님과 올바른 관계를 가지게 됩니다."(《공동번역》)라는 번역은 원문을 지나치게 의역하였다. 17절에서 인간이란 단어는 나오지 않고 의미상 주어도 아니다.

바울은 로마서를 쓸 때 구약성서 70인역 그리스어 번역본을 참조하였다. 바울은 하박국 2장 4절을 갈라디아서 3장 11절과 로마서 1장 17b에 인용하면서 원문에 있던 소유대명사 μου를 삭제하여 자신의 신학 토론에 이용하였다. 의로운 사람에게 주어지는 생명의 약속이 하느님 자신의 충실함에 근거한다는 하박국 2장 4절의 본래 뜻이 로마서 1장 17b에서는 믿는 사람 자신이 갖고 있는 믿음으로 변해버렸다. 믿음은 믿는 사람 누구에게나 주어지는 하느님의 구원 능력이라는 바울 자신의 주장을 지탱하는 근거로 바울이 손질한 하박국 2장 4절이 사용된 것이다. 바울은 의로움δίκαιος(1:17b)으로써 예수 그리스도를 가리켰다는 의견[79]이 있지만, 본문에서 그 근거를 찾기는 불가능하다.

1장 17b에서 믿음에서ἐκ πίστεως는 의로움ὁ δίκαιος이나 살 것입니다ζήσεται에도 문법상 연결될 수 있다. 의로움ὁ δίκαιος과 이어진다[80]고 보는 학자도 있고, 살 것입니다ζήσεται와 이어진다[81]고 보는 학자도 있고, 둘 다 선택한 학자[82]도 있다. 로마서 1장 17b와 갈라디아서 3장 11절에만 인용된 하박국 2장 4절의 맥락으로 보면, 믿음에서ἐκ πίστεως는 의로움ὁ δίκαιος과 연결된다는 의견에 동의하고 싶다.

로마서를 끝까지 다 읽었거나 특히 15장 22-33절을 기억하는 독자들은 1장 8-15절이 로마 방문을 위한 준비라고 이해할 수 있다. 로마서 서문과 머리말까지만 읽은 사람은 로마 방문을 포기하고 대신 쓴 글로 이해할 수도 있다. 로마서를 아직 잘 모르는 독자는 머리말을 읽으면서 바울이 로마는 잠시 방문하고 스페인 선교를 생각한다고 여길 수 있다.

8-17절을 읽는 21세기 한국 그리스도인은 어떤 당혹스러움을 느낄 수 있을까. 헬라어 δικαιοσύνη는 가톨릭 번역에서 '의로움'으로 개신교 번역에서는 '의'로 번역되었다. 의로움, 의가 죄와 반대되는 뜻인지 불의와 반대되는 뜻인지 이해하는 데 어려움을 겪을 수 있다. 의로움, 의가 하느님을 가리키는 단어인지 사람을 가리키는지 혼동할 수도 있다. 의로움, 의가 세상에서 흔히 말해지는 정의 또는 불의와 어떤 관계가 있는지 정확한 설명을 듣고 싶을 수 있다.

구원σωτηρία은 21세기 한국 사회에서 흔히 쓰이는 어휘에 속하진 않는다. 우리 문화와 정서에 친숙한 용어인 것도 분명 아니다. 그리스도교에서 주로 언급되는 단어다. 일상에서 잘 사용되지 않는 종교 언어를 사람들은, 신도들은 어떻게 이해할 수 있을까? 언어 장벽뿐 아니라 문화 장벽도 있다. 이천 년 전 유다 사회와 그리스로마 사회에서 쓰이던 언어를 지금 우리 사회에서 어떻게 합리적으로 설득력과 매력을 선사하며 설명해야 할까. 성서학자들과 신학자들의 끈질긴 노력이 요청된다.

인간 삶의 심각한 불화를 믿음의 눈으로 바라본 작품이 창세기 타락 설화다(창세기 3:14-19). 그런데, 타락 설화 직후 놀랍게도 남자의 선언이 곧바로 등장한다. "아담은 그의 아내를 하와('생명')라 불렀다. 그녀는 모든 살아있는 자들의 어머니가 되었기 때문이다."(창세기 3:20) 여자를 생명이라 이름짓는 것은 일종의 신앙 행위이다. 흙으로 돌아가는 죽음은 드디어 모성에서 희망을 찾게 된다는 남자의 고백이다. 흙adama에서 나온 인간adam은 범죄 이후 여인(hawwa 생명)에게서 비로소 희망을 찾는다는 것이다.

죄는 남자에게서 시작되었고 생명은 여인에게서 시작된다. 창세기 타락 설화 이전에도 노동은 인간에게 이미 주어졌다. "야훼 하느님께서 남자를 데려다가 에덴('기쁨') 동산 안에서 그 동산을 갈고 돌보게 하셨다."(창세기 2:15) 인간이 범죄했기 때문에 노동이 마치 형벌처럼 인간에게 강요된 것은 아니다. 노동은 형벌이 아니라 기쁨으로 인간에게 선사되었다. 기쁨인 노동을 형벌인 노동으로 바꿔버린 악한 사람들은 누구인가. 세상에 존재하는 악의 세력을 두 눈 부릅뜨고 지켜보고 저항해야 한다.

남자의 노동은 여인에게서 에덴을, 즉 기쁨을 찾아야 한다. 구원은 여인에게서 모성母性에서 시작된다. 예수라는 한 남자에게서 구원이 이루어졌다고 선포하는 그리스도교는, 모성이 인류 구원의 핵심이라는 사실을 항상 기억해야 한다. 예수라는 남자만 기억하고 또다른 남자인 아담의 고백을 잊으면 될까. 남자가 되지 못한 2급 인간 정도로 여성을 취급하는, 신학적으로 어리석은 생각과 관행이 그리스도교에서 언제쯤 확 사라질까. "남자나 여자나 아무런 차별이 없습니다."(갈라디아서 3:28) 2,000년 전 바울이 말한 이 진실이 그리스도교에서 언제나 제대로 실현될까. 답답하다.

나는 가끔 예수를 남자가 아니라 여자로, 바울을 남자가 아니라 여자로 생각하는 연습을 한다. 예수Jesus가 아니라 예사Jesa, 바울Paulus이 아니라 바울라Paula라고 여성 명사 이름으로 바꿔 발음한다. 하느님을 남성der Gott, 성령을 남성der Geist으로 부르는 독일어 문법을 어기고 여성 명사 die Gott, die Geist로 바꾸는 것도 마찬가지다. 예수의 열두 남자 제자를 열두 여자 제자들로 바꾸어 생각하는 것도 마찬가지다. 언어를 바꿔야 생각과 제도가 바뀌지기 시작한다.

1부
죄 지은 인간의 비참한 현실
(1:18-3:20)

모든 인간은 죄를 지었다(1:18-32)

18 하느님의 진노가 불의한 행동으로 진리를 가로막는 인간의 온갖 불경과 불의를 치시려고 하늘로부터 나타납니다. 19 사람들이 하느님께 관해서 알 만한 것은 하느님께서 밝히 보여주셨기 때문에 너무나도 명백합니다. 20 하느님께서는 세상을 창조하신 때부터 창조물을 통하여 당신의 영원하신 능력과 신성과 같은 보이지 않는 특성을 나타내 보이셔서 인간이 보고 깨달을 수 있게 하셨습니다. 그러니 사람들이 무슨 핑계를 대겠습니까? 21 인간은 하느님을 알면서도 하느님으로 받들어 섬기거나 감사하기는커녕 오히려 생각이 허황해져서 그들의 어리석은 마음이 어둠으로 가득 차게 되었습니다. 22 인간은 스스로 똑똑한 체하지만 실상은 어리석습니다. 23 그래서 불멸의 하느님을 섬기는 대신에 썩어 없어질 인간이나 새나 짐승이나 뱀 따위의 우상을 섬기고 있습니다. 24 그 때문에 하느님께서는 사람들이 자기 욕정대로 살면서 더러운 짓을 하여 서로의 몸을 욕되게 하는 것을 그대로 내버려두셨습니다. 25 사람들은 하느님의 진리를 거짓과 바꾸고 창조주 대신에 피조물을 예배하고 섬겼습니다. 그러나 영원히 찬양을 받으실 분은 창조주이십니다. 아멘. 26 인간이 이렇게 타락했기 때문에 하느님께서는 그들이 부끄러운 욕정에 빠지는 것을 그대로 내버려두셨습니다. 여자들은 정상적인 성행위 대신 비정상적인 것을

즐기며 27 남자들 역시 여자와의 정상적인 성관계를 버리고 남자끼리 정욕의 불길을 태우면서 서로 어울려서 망측한 짓을 합니다. 이렇게 그들은 스스로 그 잘못에 대한 응분의 벌을 받고 있습니다. 28 인간이 하느님을 알아보려고도 하지 않았기 때문에 하느님께서는 그들이 올바른 판단력을 잃고, 해서는 안 될 일들을 하게 내버려두셨습니다. 29 그래서 인간은 온갖 부정과 부패와 탐욕과 악독으로 가득 차 있으며 시기와 살의와 분쟁과 사기와 악의에 싸여서 없는 말을 지어내고 30 서로 헐뜯고 하느님의 미움을 사고 난폭하고 거만하며 제 자랑만 하고 악한 일을 꾀하고 부모를 거역할 뿐더러 31 분별력도, 신의도, 온정도, 자비도 없습니다. 32 그런 모양으로 사는 자는 마땅히 죽어야 한다는 하느님의 법을 잘 알면서도 그들은 자기들만 그런 짓들을 행하는 게 아니라 그런 짓들을 행하는 남들을 두둔하기까지 합니다.

로마서는 머리말(1:1-17), 본문(1:18-15:13), 맺음말(15:14-16: 27) 세 부분으로 나눌 수 있다. 본문을 내용에 따라 여러 부분으로 나누기도 한다. 죄를 지은 인간의 비참한 현실(1:18-3:20), 예수 그리스도를 통해 나타난 하느님의 의로움(3:21-5:21), 죄에서 해방된 인간의 새로운 삶(6:1-8:39), 이스라엘의 운명(9:11-11:36), 그리스도인의 실천과 거룩함(12:1-15:13) 다섯 부분으로 나는 본문을 구분하고 싶다.

죄를 지은 인간의 비참한 현실이 슬프게 펼쳐진다.(1:18-3:20) 불교는 인간의 현실을 고통으로 보았고 바울은 죄로 보았다. 고통이나 죄가 원인일까 결과일까. 원인이든 결과든, 고통과 죄는 인간 탓이라고 불교와 그리스도교는 보는 것 같다. 고통과 죄에서 해방되는 방식이 다를 뿐이다. 바울은 왜 인간과 역사 현실을 죄에서부터 보려 했을까. 그것이 궁금하다.

유다인뿐 아니라 이방인도 죄를 지었다. 이방인뿐 아니라 유다인도 죄를 지었다. 하느님을 아는 사람이나 모르는 사람이나 똑같이 죄를 지었다. 하느님을 아는 사람도 모르는 사람도 하느님의 심판을 피할 길이 없다. 모두 죄를 지었다. 모두 죽을 운명이다. 죄를 지은 모든 인간의 비참한 현실이 슬프게 드러난다.(1:18-3:20) 1장 18절은 1장 18절부터 3장 20절까지에서 제목처럼 쓰이고 3장 9-20절은 요약처럼 보인다.

1장 18절이 제목이라면 1장 19-32절은 1장 18절에 대한 자세한 해설이다. 1장 19-32절에서 중심은 1장 21-31절이다. 주어 인간(1:21, 25, 28a)과 주어 하느님(1:24a, 26a, 28a)이 교대로 인간의 행동과 하느님의 반응을 설명한다. 인간의 죄(1:21-23, 25)는 갈수록 짧게, 하느님의 벌(1:24, 26-27)은 더 길게 출애굽기 32장의 금송아지 사례를 들어 번갈아 소개되고 있다.(사도행전 7:41-42) 인간이 하느님을 하느님으로 존중하기를 거절한 탓(1:21a)에 인간의 품위조차 사라지게 되었다.(1:24) 하느님의 진리를 거짓으로 교체했기 때문에 인간의 자연스런 성관계가 뒤틀리게 되었다는 비유가 등장한다.(1:26) 하느님을 알아보려는 노력에 가치를 두지 않은 탓에 인간은 올바른 판단력을 잃게 되었다.(1:28b)

인간의 손상된 품위, 뒤틀린 성관계 비유, 잃어버린 판단력 이 셋의 공통점은 하느님 존중을 거절한 것이다. 유일하고 참된 하느님을 마땅히 존중하지 않음이 인간의 기본 죄로 여겨지고 있다. 바울은 서양 사람답게 결론부터 먼저 이야기하는 두괄식 논리를 쓴다. 결론을 맨 마지막에 듣는 데 익숙한 한국인에게는 조금 낯선 논증이 진행되고 있다. 하느님을 마땅히 존중하지 않음이 인간의 기본 죄라는 문장은 이미 증명된 전제라기보다 앞으로 차차 증명되어야 할 전제이자 결론으로 보는 게 한국인에게는 좀 더 적절하겠다. 바울의 주장을 기억하고 로마서를 보자.

18절 18절의 첫 단어는 나타나다ἀποκαλύπτεται이다. 앞 단락의 1장 17a와 연결되고 있다. 나타나다ἀποκαλύπτεται는 말은 진실이 드러난다는 뜻일 뿐 아니라 감추어진 진실이 폭로된다는 뜻도 있다. 종교뿐 아니라 언론, 학계, 정치·경제계도 마땅히 주목해야 할 단어다. 바로 앞 1장 16-17절의 낙관적 분위기가 1장 18절에서 느닷없이 비관적 분위기로 바뀌었다. 인간의 구원에서 하느님의 심판으로, 하느님의 의로움에서 인간의 하느님 외면과 불의로 주제가 급히 변하고 있다. 접속사 γὰρ를 어떻게 해석해야 할까. 그렇기 때문에? 그러나? 성서학자 대부분은 첫째 해석, 그렇기 때문에를 선호한다.[1] 1장 16b-17절과 1장 18절의 관계가 3장 21-22a와 3장 22b와 23절 사이에서 또 생긴다. 유다인과 이방인Ἰουδαίῳ καὶ Ἕλληνι(1:16)이 인간 ἀνθρώπων(1:18)으로 넓혀지고 일반화된다.

바울 논증에서 중요한 점은 무엇일까. 유다인과 이방인이 차이 없음은 바울 복음 선포의 결과일 뿐 아니라 바울 복음 선포와 관계없이 이미 있는 현실이라는 점이다. 유다인과 이방인이 차이 없음을 바울이 맨처음 발견한 것이 아니다. 누구나 이미 알고 있던 사실을 바울이 신학 주제로 크게 내걸었을 뿐이다. 인간 평등 사상을 바울이 처음 주장한 것은 아니다. 아주 먼 옛날 아시아, 아프리카, 남미 대륙의 어느 원시인도 인간 평등을 이미 생각했을 것이다. 인간 평등의 근거를 불교는 고통으로, 그리스도교는 죄로 즉 부정적인 모습에서 찾아냈다는 사실이 슬플 뿐이다.

분노ὀργή(1:18)는 하느님의 정서나 감정을 나타내는 것이 아니라 심판을 외둘러 표현하는 말이다. 바울은 심판을 멸망으로 이해하는 고대의 야훼 전쟁 전승(스가랴 14장)[2]을 받아들여 자기 편지에 사용했다.(로마서 2:5, 5:9; 데살로니가전서 1:10) 1장 18절의 첫 단어, 나타나다ἀποκαλύπτεται는 1장 17a처럼 3격 목적어가 없다.(누가복음 17:30; 로마서 8:18) 하느님의 심판이 특정한 사람이 아니라 모든 사람에게 나타난다는 뜻을 담고 있다. 하느님의 심판을 바울이 결정하거나 심판 날짜를 바울이 지정한다는 말은 전혀 아니다. 나타나다 ἀποκαλύπτεται는 미래의 의미를 갖고 있다. 바울의 복음 선포와 동시에 하느님의 심판이 드러났다는[3] 뜻은 아니다.

불경과 불의(《공동번역》, 《200주년 기념성서》, 《성경》), 경건하지 않음과 불의(《개역개정》)로 옮겨진 단어 ἀσέβεια καὶ ἀδικία는 무슨 뜻일까. 바울은 그 주변에서 흔히 쓰이던 단어를 빌려왔다. 네 가지 구분이 가능하다.[4] 첫째, 형용사로 명사를 수식하는 대신에 두 동의어 명사를 연결하여 강조하는 방식Hendiadyoin(욥기 16:11; 에스겔 21:29), 둘째, 불경不敬ἀσέβεια은 하느님께 반대를, 불의ἀδικία는 인간에게 반대를 나타냄,[5] 셋째, 하나가 다른 것의 잘못된 결과나 현상으로 나타남(시편 10:5; 호세아 10:13), 넷째, 불의ἀδικία는 불경ἀσέβεια이 더 커진 상태로 봄. 처음 세 설명은 모두 1장 18절 이해에 적용되겠다.

바울은 인간의 불경과 불의 탓에 지상에서 벌어지는 인간의 상황을 묘사하고 있다. 여기서 진리ἀλήθεια와 불의ἀδικία가 반대의 뜻으로 사용되는 곳을 기억하자.(로마서 2:8; 고린도전서 13:6; 데살로니가후서 2:12; 말라기 2:6) 불의ἀδικία는 인간의 행위를, 진리ἀλήθεια는 하느님의 진리를 가리킨다. 인간이 저지르는 불의가 하느님의 뜻과 질서를 어기기 때문에 불의인 것이다. 인간의 불의는 인간 자신과 서로에 대한 공격이기 전에 하느님에 대한 반항이다. 진리에 대한 반대말은 거짓 이전에 불의다. 거짓은 사실이냐 아니냐를 넘어 죽음이냐 생명이냐의 문제다. 거짓은 죽음을 낳는다. 언론, 사법, 종교에서 거짓은 사람을 죽음으로 몰아넣는다.

19절 18절에서 진리를 가로막는 인간의 행동을 언급한 바울은 인간이 진리를 인식할 수 있음을 전제하였다. 하느님이 인간에게 진리를 이미 보여주셨기 때문에(1:19) 인간이 진리를 알 수 없다고 핑계댈 수도 없다.(1:20c) 인간이 "선과 악을 알게 하는"(창세기 2:9) 것처럼 하느님이 하느님임을 인간은 알 수 있다τὸ γνωστὸν τοῦ θεοῦ. (1:19, 2:4, 9:22) 인간 자신의 힘으로 하느님을 알 수 있다는 말이 아니라 인간이 하느님을 알 수 있도록 하느님이 인간을 만드셨다. 하느님은 인간에게 하느님 자신을 드러내셨을 뿐 아니라 인간이 하느님을 알 수 있도록 인간을 만드셨다. 인간이 하느님을 알 수 있느냐 하는 문제는 인간의 능력 문제가 아니라 의지 문제다. 인간에게 하느님을 알 수 있는 능력이 있느냐 여부가 아니라 이미 하느님께 받아서 하느님을 알 수 있는 능력을 사용하느냐 마느냐 하는 문제다.

하느님은 인간에게 선물을 보내셨고 하느님 자신이 인간에게 선물이다. 하느님은 인간에게 선물을 보내셨다기보다 선물을 들고 선물로서 인간을 몸소 찾아오셨다.

20절 바울은 하느님의 보이지 않는 특징으로 능력과δύναμις 신성神性θειότης 두 가지를 내세웠다.(1:20) 하느님의 능력과δύναμις가 신성神性θειότης은 인간의 눈이 아니라 인간의 생각으로 볼 수 있다. "당신은 하느님을 볼 수 없습니다deum non vides… 하느님의 작품으로부터 하느님을 알 수 있습니다deum agnoscis ex operibus eius."[6] "하느님은 눈을 벗어납니다, 하느님은 생각으로 보아야 합니다effugit oculos, cogitatione visendus est."[7] 인간의 무지를 핑계로 하느님의 심판을 모면할 길은 없다는 말이다.

20절 ἀπὸ κτίσεως κόσμου에서 전치사 ἀπὸ를 어떻게 해석해야 할까. 세상을 창조하신 때부터?[8] 세상 창조로부터?(마가복음 13:28; 마태복음 7:16, 20)[9] 문법상 둘 다 가능하지만 시간을 가리키는 뜻이 더 적절하다.[10] 바울은 플라톤 스토아 학파의 전통을 따라 자연 세계를 관찰하여 피조물을 통해 하느님을 알 수 있다고 주장한다. 단어 ποιήματα는 창조된 피조물뿐 아니라 역사에서 하느님의 행위(이사야 43:8-11; 열왕기상 8:43; 시편 82:19)를 포함한다.

21-22절 인간은 왜 하느님께 마땅한 존중을, 히브리어 성서 표현처럼 영광(사무엘상 6:5; 이사야 42:12; 예레미야 13:16)을 드리지 않을까. 바울은 이스라엘 역사에서 드러난 사례를 소개한다. 특히 다니엘 예언자가 벨사살 왕에게 경고한 말과 가깝다. "금은동철이나 목석으로 만든 신상들, 보지도 듣지도 못하고 아무것도 알지 못하는 신

들을 찬양하셨습니다. 그러시면서 임금님의 목숨을 손안에 쥐고 계시는 하느님, 임금님의 일거일동을 지켜보시는 하느님을 공경하지 않으셨습니다."(다니엘 5:23) 바울은 불경ἀσέβεια의 원인으로 인간의 악함보다 어리석음(에베소서 4:17-18)을 말하고 있다. 우상 숭배는 구약성서에서 인간 지성의 실패로 규정되었다.(예레미야 10:14; 이사야 44:18-19; 시편 93:11-)[11]

21절에서 ἐματαιώθησαν은 해석이 까다롭다. 연결된 단어인 형용사 μάταιοι는 허무한(고린도전서 3:20)으로 옮겨도 좋겠다. 인간에게 숭배받지만 사실 아무것도 아닌 이방신을 μάταιοι라고 불렀다.(레위기 17:7; 열왕기상 16:2; 사도행전 14:15) 첫째 계명에 어긋나는 행위를 뜻하는 단어로도 쓰였다.(사무엘상 13:13; 열왕기상 20:25) 하느님 아닌 다른 신을 숭배하는 사람은 생각이 허무한 사람ματαιόφρονες(이사야 44:9; 예레미야 2:5)라고 불렀다. 단어, ἐματαιώθησαν은 허망한 생각을 한다는 뜻보다 이방신을 섬긴다는 뜻이다.

단어 분석보다 중요한 것은 바울 생각을 우리가 알아차리는 일이다. 1장 20a-b에서 인간은 창조와 역사에 나타난 하느님의 진실을 알게 되었다. 그러나 1장 21b-c에 언급된 인간 지식의 부족함 탓에 인간은 하느님의 진실을 올바로 읽어내지 못했다. 바울은 마찬가지로 복음에 대한 이스라엘 백성의 반응을 로마서 11장 8절에서 "하느님께서 그들에게 혼미한 정신을 주셔서 오늘날까지 그들은 눈을 가지고도 보지 못하고 귀를 가지고도 듣지 못하게 되었다."(이사야 6:9-10; 마가복음 4:12; 요한복음 12:40)고 설명한다. 창조와 역사에 나타난 하느님의 진실을 인간이 알아내지 못하는 것이나 복음을 이스라엘 백성들이 알아차리지 못하는 것에 공통점이 있다.

"인간은 스스로 똑똑한 체하지만 실상은 어리석습니다."(1:22)에서 바울이 지혜를 찾는 그리스인(고린도전서 1:22)을 비판하는 것은 아니다. 모든 인간에게 "이 세상의 지혜는 하느님이 보시기에는 어리석은 것입니다."(고린도전서 3:19)라는 말을 하고 싶은 것이다. 하느님의 진실 앞에서 지혜로운 사람의 지혜는 어리석음에 불과하다는 말이다.(고린도전서 1:18-25; 이사야 19:11)

23절 바울은 23절에서 하느님 대신 인간이나 동물을 섬기는 행위가 인간 지성을 실패하게 만드는 원인이라고 말한다. 인간 존중이나 동물 사랑 자체를 반대하는 말이 아니다. 하느님 자리에 인간이나 동물을 가져다 놓는 일을 가리킨다. 바울은 출애굽기 32장과 연결된 시편 106편 20절을 생각하고 있다. "하느님을 섬기는 그들의 영광을 풀을 먹는 황소 상과 바꾸어버렸다." 이스라엘 백성을 탓하던 시편 106편 20절이 모든 인간과 연결되고 있다. 썩어 없어질 인간과 동물이 불멸의 하느님과 대조되고 있다. 동물 숭배가 이집트 사람들만 비판하는 것은 아니다. 비판 대상에서 물고기(창세기 1:20-22; 신명기 4:15-18)가 빠져 있다. 새나 짐승이나 뱀(로마서 1:23)은 "온갖 네 발 가진 짐승과 땅을 기어다니는 짐승과 하늘의 날짐승"(사도행전 10:12, 11:6)처럼 흔히 함께 인용된 것 같다.

24절 고대 그리스어에서 간접목적어 3격(누구에게) 대신 전치사 안에ἐν를 쓰기도 한다.(열왕기하 3:18; 호세아 8:10) 넘겨주다, 내맡기다 παραδίδωμι ἐν는 가해자가 자신의 몸에 피해를 입히는(마태복음 5:25;

요한복음 19:16; 고린도전서 5:5) 상태를 가리킨다. 인간이 하느님을 존중하지 않은οὐχ ὡς θεὸν ἐδόξασαν(로마서 1:21) 결과로 인간의 몸의 가치가 손상το ἀτιμάζεσθαι(로마서 1:24)되었다. 하느님이 인간을 처벌한 것이 아니라 인간 스스로 자신을 처벌하였다. 인간이 자신을 처벌하는 모습을 하느님이 막지 않으실 뿐이다.

25절 25절에서 썩어 없어질 인간 동물과 불멸의 하느님 대조가 창조주와 피조물의 대립으로 확대되고 있다. 거짓으로 하느님의 진리를 바꿔치기하고 창조주 대신 피조물을 숭배하는 것은 두 개의 다른 행위가 아니라 똑같은 하나의 행위다. 창조주 아닌 피조물 숭배는 진리를 거짓으로 바꾸는 일이다. 하느님 아닌 것을 하느님으로 보는 행위가 곧 거짓이다. 여기서 하느님의 진리ἀλήθεια θεοῦ는 무슨 뜻일까. 어쩔 수 없이 조금 전문 용어를 동원하여 구분한다면, 하느님이 드러내는 진리genitivus subjectivus 또는 하느님에 대한 진리genitivus objectivus가 아니라 하느님은 하느님이라는 진리genitivus materiae 또는 하느님 자신으로서 진리genitivus appositivus를 뜻한다.[12] 하느님을 하느님으로 존중하는 일이 진리다.

단어 σεβάξομαι(1:25b)는 그리스 성서에 여기 밖에 없다. 파생어 σεβαστός는 라틴어 Augustus의 그리스어 번역이다. Augustus는 로마 초대 황제 옥타비아누스(기원전 27) 이후 모든 로마 황제에게 바치는 경칭(사도행전 25:21, 25)이다. 단어 σεβάξομαι는 하느님 아닌 것을 하느님처럼 숭배하는 모든 행위를 가리킨다. 로마 황제는 피조물 중 한 사람에 불과하기 때문에 황제 숭배는 우상 숭배다. 바울은 이 단어로 로마 황제 숭배를 비판하고 있다.[13] 하느님 대신 미국 대통령을 숭배하는 일은 우상 숭배요 거짓이다. 하느님 대신 정치 권력이나 돈을 숭배하는 일은 우상 숭배요 거짓이다. 둘 다 십계명 중 첫째 계명을 어기는 일이다.

"영원히 찬양을 받으실 분은 창조주이십니다."(1:25c)는 구약성서에 뿌리를 두고 있다.(역대기상 29:10; 토빗기 11:14; 시편 105:48) 창조주를 찬양하여 우상 숭배를 멀리 하려는 바울의 생각이 담겨 있다.(로마서 9:5; 고린도후서 11:31) 아멘이란 단어 때문에 초대 공동체 전례에서 사용되었던 표현이라고 단정할 필요는 없다. 강조할 때 자주 쓰이던 말이다.(로마서 11:36; 갈라디아서 6:18; 빌립보서 4:20)

26-27절 1장 26a는 제목 같다. 이어지는 설명을 요약하고 있다. 26-27절은 사람들이 창조주가 아닌 피조물을 숭배했기 때문에 생긴 결과를 소개한다. 바울은 명사 여성, 남성을 쓰지 않고 형용사 여성적인, 남성적인 단어를 써서 사회적 성gender보다 생물학적 성sex을 앞에 내세우고 있다. 바울은 사회적 성gender보다 생물학적 성sex의 관점에서 남자와 여자의 성행위를 자연φυσις에 상응하느냐 여부로 본 것 같다. 바울은 플라톤 스토아 철학의 관점[14]에서 성행위를 출산과 연결하여 보았다. 출산에 유리한 성행위는 자연에 따른 φυσικός(1:26) 행위로, 출산에 어긋나는 성행위는 자연을 거스르는 παρὰ φύσιν(1:26) 행위로 보고 있다.

바울이 성행위를 사용χρῆσις(1:26b, 27a)으로 표현한 것은 그리스 성서 전체에 여기 뿐이다. 성서밖 문헌에는 흔히 보이는 단어였다. 성행위를 파트너 사이의 동등한 행위로 보지 않고 능동적인 남자가 수동적인 여자를 이용하고 착취하는 권력 관계의 일종으로 보았던 당시 문화가 이 단어에 반영되어 있다.[15] 성행위를 출산과 반드시 연결하고 성행위를 착취하는 권력 관계의 일종으로 보았던 당시 문화의 한계와 어두움을 바울 역시 벗어나지 못했다.

바울은 여기서 왜 여성을 남성보다 먼저 언급할까. 여자의 성행위 관행이 남성의 성행위 관행보다 훨씬 덜 알려졌기 때문[16]일까. 고대 사회에서 여성의 성이 억압된 문제를 바울이 아직 잘 몰랐기 때문일까. 결국 바울이 말하고자 한 것은 남자들의 성행위 관행이라는 사실이 27절에서 드러난다. 26절에서 여성들이 즐기는 비정상적인 성행위가 무엇인지 언급하지 않았다. 바울은 당시 유행하던 대중철학 차원에서 일반적으로 말했을 뿐이다. 대부분의 성서학자들은 바울이 여성 사이의 동성애 관계를 가리켰다고 보고 있다.[17] 이성 사이의 임신을 피하는 성행위를 가 가리킨다고 보기도 한다.[18] 레위기 18장 23절을 인용하며 동물과의 성행위[19], 남편을 성행위에서 학대하는 아내[20], 성행위에서 적극적인 여성[21] 등 바울이 어떤 특정한 성행위를 가리키지는 않은 것 같다. 자연을 거스르는 παρὰ φύσιν(1:26) 성행위를 하는 여성들이 있다는 사실만 말했을 뿐이다.[22]

27절의 부사 역시 ὁμοίως도 바울은 여성을 남성에 빗대어 말하는게 아니라 남성을 여성에 빗대어 말하고 있다. 거꾸로 이해[23]하면 안 된다. 바울은 여성들의 비정상적인 성행위가 무엇을 가리키는지 뚜렷이 말하지 않았다. 그러나 남자들의 경우엔 다르다. 남자들 사이의 동성애라고 분명히 말하고 있다. 모든 남성이 이성 사이의 정상적인 성행위를 포기했다거나 동성애와 이성애는 서로 배제한다는 말은 아니다. 유다교 율법에 남성 동성애는 금지(레위기 18:22;

20:13)되었기 때문에 바울의 동성애 비판이 마치 이방인들을 향하는 것으로 이해하면 곤란하다. 이방인 사회에서도 남자 동성애 비판은 있었다.[24] 남성 사이의 성행위에서 적극적인 역할을 하는 남자와 수동적인 역할을 하는 남자가 구분되어 사회의 권력 관계를 반영한다는 현실을 바울은 무시했거나 뛰어넘었던 것일까. 서로 어울려서 불태우다ἐξεκαύθησαν ἐν τῇ ὀρέξει αὐτῶν εἰς ἀλλήλους(1:27b-c)는 상호 존중하는 평등이라는 뜻를 갖고 있다.

26-27절은 동성애 주제에서 최근 많은 관심을 받아왔다. 그러나 이 구절을 동성애 토론 자료로 이용하는 데 주의할 점이 적지 않다. 자연에 따른φυσικός, 자연을 거스르는παρὰ φύσιν이라는 단어는 바울이 당시 사회에서 성행위에 대한 통념을 구분한 것에 불과하다. 다수에 해당하는 관행을 정상으로, 소수에 해당하는 관행을 비정상으로 가치 판단할 필요는 없다. 문화적 표현을 신학적 표현으로 확장 해석할 필요도 없다. 바울의 표현을 소수를 차별하려는 의도로 이용하면 안 된다. 성에 대한 생각은 자기 시대 문화 전체의 일부로서 고뇌할 문제다. 바울 시대의 성문화가 후대 성문화의 기준이 되어야 할 의무는 없다.

다양한 성 정체성은 그 자체로 존중받아야 한다. 동성애나 이성애 모두 하느님의 선한 창조에 속한다. 동성애는 창조 질서의 비극적인 왜곡[25]으로 보는 것은 신학적으로 잘못된 판단이다.[26] 동성애를 대할 때 이성애를 대하는 것과 똑같이 존중하는 태도가 요청된다. "이웃을 사랑하는 사람은 이웃에게 해로운 일을 하지 않습니다."(로마서 13:10), "누구든지 자신의 이익을 구하지 말고 남의 이익을 도모해야 합니다."(고린도전서 10:24), 동성애자나 이성애자 모두 존중받고 차별받지 않으며 하느님의 사랑스런 자녀들이다.[27]

28절 인간의 죄가 자초한 벌이 어떻게 펼쳐지는지 18-32절 단락에서 다시 나오고 세 번째로 28-32절에서 소개된다. 1장 28a는 1장 21-23절, 25a에서 말한 내용을 다른 말로 바꾸어 설명한다. 바울은 인간이 하느님을 알아보지 못했다고 말하는 것이 아니다. 인간 자신의 독자적인 결단에 의해 하느님 인식을 제대로 보존하지 못했다는 비판이다. 인간의 잘못된 결단이 불러들인 벌이 1장 28b-31절에 자세히 나타난다. 1장 28b-c는 제목처럼 보이고 1장 29-31절은 해설이다. 바울은 올바른 지식은 올바른 행동의 전제라는 스토아 철학 전통을 따르고 있다.

의무καθήκοντα는 스토아 철학에서 중요한 역할을 하던 윤리 용어다.[28] 인간 본성에 걸맞는 사회적 행동을 가리키는 단어였다. 그 라틴어 번역어는 officium이다. 스토아 철학에서 윤리 교육은 하느님 인식과 관계없었다. 바울은 그 점에서 스토아 철학과 다르다. 스토아 철학에서 의무καθήκοντα와 반대되는 사례들이 연구되었고, 그 사례들을 악습lasterkataloge이라 불렀다. 그리스 문헌에 보이고 초대 그리스도교에서 받아들였던 윤리 덕목을 가리킨다. 악습 목록은 그리스도교의 창작품은 아니다. 악습은 윤리적 완덕完德을 향한 노력을 목표로 한다.

신약성서에 악습 목록은 여러 곳에 있다.(마가복음 7:21-22; 로마서 13:13; 고린도전서 6:9-10; 갈라디아서 5:19-21) 여러 악습 목록은 내용상 서로 겹친다. 29-31절의 목록은 반대자나 외부 사람들을 겨냥하여 작성된 악습 목록(고린도전서 5:10-11; 디모데전서 1:9-10; 요한계시록 22:15)에 문학 유형상 더 가깝다. 29-31절은 윤리를 가르치려는 의도가 아니라는 점에서 다른 목록과 차이가 있다. 바울은 여기서 여러 종류의 인간 모습을 사례로 등장시켰을 뿐이다. 악습 목록에 흔히 보이던 성 윤리나 종교 윤리 항목이 29-31절에 없는 것이 특이하다. 앞 부분에서 이미 다루었기 때문일까.

29절 악습 목록에 불의πάση ἀδικίᾳ가 처음 등장하는 것은 우연이 아니다. 18-32절에서 제목이자 요약처럼 행세하는 18절에서 핵심 두 단어 중 하나로 불의가 이미 나왔다. 부패πλεονεξίᾳ는 신약성서에서 흔히 나오는 단어(마가복음 7:22; 고린도전서 5:10; 에베소서 5:3; 골로새서 3:5)로 사회의 조화를 해치는 악덕으로 여겨졌다. 악의κακοηθεία는 유다교 역사가 요세푸스Josephus[29]와 철학자 필로Philo[30]의 글에 보인다. 아첨ψιθυρισταί(고린도후서 12:20; 시편 40:8; 사무엘하 12:19)도 나왔다.

30절 하느님의 미움을 사고θεοστυγεῖς(1:29a)는 그리스 유다교 문헌에 없는 단어다.[31] 허풍ἀλαζόνες(디모데후서 3:2)은 종말 시대의 특징이다. 악을 도모하는 자ἐφευρετὰς κακῶν는 히브리인들을 괴롭히려고 온갖 종류의 재난을 꾸며낸(마카베오하 7:31) 정치적 비판의 뜻으로 쓰이기도 하였다. 부모를 존중하지 않는 사람γονεῦσιν ἀπειθεῖς은 디모데후서 3장 2절에서 또한 종말의 특징이다.

31절 신의 없는 자ἀσυνθέτοι는 하느님에게서 다른 신 숭배로 돌아선 이스라엘 사람들을 가리키는 단어였다.(에스라 9:2; 시편 72:15; 예레미야 3:7) 사랑할 줄 모르는 자ἀστόργοι는 디모데후서 3장 3절에도 보인다. 구약성서 그리스어 번역본Septuaginta과 유다 그리스 문헌에는 없는 단어다. 무자비한 사람ἀνελεήμονες은 하느님 없는 사람의 특징이다.(잠언 12:10; 욥 6:21, 19:13)

대표적인 이방인 악습들도 빠져 있다. 19-27절을 읽은 독자들은 바울이 작심하고서 이방인을 혼내는 줄로 오해할 수도 있었다. 바울은 29-31절에서 모든 인간을 향해 글을 쓰고 있다. 유다인과 이방인 모두 악습을 저지르고 있고, 악습을 행하는 점에서 차이가 없고 평등하다는 뜻이다. 유다인 입장에서 보면 유다인이 특별히 뛰어난 것도 아니다. 이방인 입장에서 보면 이방인이 특별히 모자란 민족이 아니다. 바울은 평등을 말하고 있다.

여기서 우리는 무엇을 배울 수 있을까. 그리스도인이 이웃 종교인보다 특별히 뛰어나지도 않고 유난히 모자라지도 않다. 한국인이 이웃 민족보다 특별히 뛰어나지도 않고 유난히 모자라지도 않다. 우월의식도 나쁘고 열등감도 나쁘다. 종교에도 민족의식에도 마찬가지다. 인간은 평등하고 민족도 평등하고 종교도 평등하다.

32절 32절은 악습 목록뿐 아니라 18-31절까지 전체를 마무리한다. 하느님의 법δικαίωμα τοῦ θεοῦ이 특정한 법을 가리키는 것은 아니다. 바울이 여기서 모세오경만 생각하거나 이방인의 마음에 새겨진 율법(로마서 2:15)까지 떠올리는 것은 아니다. 죽음을 부르는 불경과 불의ἀσέβεια καὶ ἀδικία를 저지른 사람들을 1장 32b에서 꾸짖으려 한다. 죽음은 아담의 범죄 이후 세상에 들어온 생물학적 죽음(로마서 5:12)만 가리키는 것은 아니다. 세상 완성(종말) 때 죽음, 즉 하느님 심판에서 구원받지 못하는 상태를 뜻한다.(요한계시록 2:11, 20:6, 14)

창세기 3장은 이 구절과 관계 있다[32]고 보기는 어렵다고 나는 생각한다.

1장 32c에서 바울의 분노는 더 높아지고 있다. 악을 행하는 사람은 악을 저지르는 다른 사람을 두둔하기까지 한다는 말이다. 악을 저지르는 다른 사람을 두둔하는 행위가 악을 저지르는 행위보다 더 나쁘다는 말은 아니다. 악을 행하는 사람은 악을 저지르는 사람을 감싸는 경향이 있다는 경고다. "덕 있는 사람은 외롭지 않으며 반드시 이웃이 있다."(德不孤必有鄰《논어》里仁篇)는 말은 절반의 진리다. 악인은 악인끼리 어울리며 외롭지 않게 지낸다. 1장 32c은 2장 1절을 준비하고 있다. 악을 행하고 또 다른 악인을 두둔하는 사람(1:32c)과 남의 잘못에 찬성하지 않지만 자기 죄가 있는 사람(2:1)이 대조되고 있다.

18절에서 하느님의 분노와 인간의 불경과 불의가 대조되어 드러났다. 그런데 19-32절에서 인간의 불경과 불의는 너무도 자세히 폭로되었지만 하느님의 분노는 사실상 언급되지 않았다. 19-32절에서 인간은 주어 아니면 목적어로 등장하고 있다. 또한 바울은 모든 인간의 종교적, 윤리적 잘못을 고발했지만 유다인 입장에서 이방인을 비판하는 듯한 논조를 취하고 있다. 그래서일까. 바울이 1장 18-32절에서는 유다인 입장에서 이방인의 잘못을 비판하고 2장 1절에서부터 유다인을 비판한다는 오해를 받기도 했다. '이방인의 불경과 그 결과',[33] '이방인의 불의',[34] '하느님 분노 아래 있는 이방인',[35] '이방인 세계에 대한 분노'[36] 등과 같은 제목은 적절하다고 보기 어렵다. 바울은 유다인과 이방인의 차이를 19-32절에서 일관되

게 없애버렸다.[37]

18-32절은 얼핏 보면 예언적 판결문[38] 또는 고발장[39]처럼 보일 수 있다. 그런데 편지 처음에 그런 부분을 읽게 되리라 기대할 독자가 있었을까. 독자들을 회개로 초대하는 '선교 설교'[40]라고 하기도 좀 그렇다. 로마서 의도와 바울 신학에서 차지하는 위치를 생각한다면, 18-32절은 하느님 앞에 선 인류의 상황을 소개하고 구원의 복음과 하느님의 분노를 대조시킨 글이라는 볼터Wolter의 의견[41]에 나는 찬성하고 싶다.

하느님의 공정한 심판(2:1-16)

1 그러므로 남을 판단하는 사람이라 하더라도 자기는 죄가 없다고 말할 수는 없습니다. 남을 판단하면서 자기도 똑같은 짓을 하고 있으니 결국 남을 판단하는 것은 바로 자기 자신을 단죄하는 것입니다. 2 이런 짓을 일삼는 자들에게는 하느님께서 마땅히 심판을 내리신다는 것을 우리는 알고 있습니다. 3 자기도 같은 짓을 하면서 남이 그런 짓을 한다고 심판하는 자가 있는데, 그런 자가 하느님의 심판을 면할 것 같습니까? 4 더구나 사람을 회개시키려고 베푸시는 하느님의 자비를 깨닫기는커녕 오히려 그 크신 자비와 관용과 인내를 업신여기는 자가 있다니 될 말입니까? 5 그러고도 마음이 완고해서 회개할 생각도 하지 않으니 이런 자는 하느님의 공정한 심판이 내릴 진노의 날에 자기가 받을 벌을 쌓아올리고 있는 것입니다. 6 하느님께서는 각 사람에게 그 행실대로 갚아주실 것입니다. 7 꾸준히 선을 행하면서 영광과 명예와 불멸의 것을 추구하는 사람들에게는 영원한 생명을 주실 것이고 8 자기 이익만을 생각하면서 진리를 물리치고 옳지 않은 것을 따르는 사람들에게는 진노와 벌을 내리실 것입니다. 9 악한 일을 행하는 사람이면 누구든지 궁지에 몰리고 고통을 당하게 될 것입니다. 먼저는 유다인들이 당하고 그 다음에는 이방인들까지 당할 것입니다. 10 그러나 선한 일을 행하는 사람이면 누구나 영광과 명예와 평화

를 누리게 될 것입니다. 먼저는 유다인들이 누리고 그 다음에는 이방인들까지 누릴 것입니다. 11 하느님께서는 모든 인간을 차별없이 대하시니 말입니다. 12 율법을 가지지 못한 채 죄를 지은 사람들은 율법과는 관계없이 망할 것이고 율법을 가지고도 죄를 지은 사람들은 그 율법에 따라 심판받을 것입니다. 13 하느님과 올바른 관계를 가질 수 있는 사람은 율법을 듣기만 하는 사람이 아니라 율법대로 실행하는 사람입니다. 14 이방인들에게는 율법이 없습니다. 그러나 그들이 본성에 따라서 율법이 명하는 것을 실행한다면 비록 율법이 없을지라도 그들 자신이 율법의 구실을 합니다. 15 그들의 마음속에는 율법이 새겨져 있고 그것이 작용하고 있다는 것을 알 수 있습니다. 16 내가 전하는 복음이 말하는 대로 하느님께서 예수 그리스도를 통하여 사람들의 비밀을 심판하시는 그날에 그들의 양심이 증인이 되고 그들의 이성이 서로 고발도 하고 변호도 할 것입니다.

1절 하느님 심판은 유다인과 이방인 사이에 아무 차이도 없다는 말은 유다인에게 해야 의미가 있다. 유다인은 그런 차이를 당연히 생각하고 있기 때문이다. 할례(2:25-27)와 율법(2:12-15, 17-20, 23:25-27)을 근거로 유다인과 이방인(2:9b, 10, 14a, 17a-b)이 대조되고 있다. 1-29절은 내용의 흐름에 따라 1-16절과 17-29절 둘로 나눌 수 있다.

1-16절은 세 부분으로 나눌 수 있다. 모든 인간은 예외없이 하느님 심판을 받는다(2:1-5), 모든 인간은 자기 행실대로 하느님께 심판받는다(2:6-11), 율법을 가졌고 들은 사실이 중요하지 않고 율법의

실행이 중요하다.(2:12-16) 바울은 "하느님께서 예수 그리스도를 통하여 사람들의 비밀을 심판하시는 그날"(2:16)을 "하느님의 공정한 심판이 내릴 진노의 날"(2:5)이라고 말하면서 세 부분으로 이루어진 1-16절을 요약하고 있다.

바울은 2인칭 단수를 써서 가상의 대화 상대에게 말하고 있다. 바울은 두 명의 다른 사람에게 말하고 있는 것일까, 아니면 같은 한 사람에게 말하고 있을까. 1절의 ἄνθρωπος πᾶς ὁ κρίνων이 누구를 가리키는지에 답이 있다. 2장 1절과 2장 17절에서 스스로 의롭다고 생각하는 유다인을 가리킨다[42]는 의견이 대부분이다. ἄνθρωπος πᾶς ὁ κρίνων은 전체 인류를 가리키고 2장 17절부터 유다인을 가리킨다[43]는 견해도 있다. 바울이 어느 쪽을 선택하지 않고 일부러 모호하게 말하는 수법을 사용했다[44]고 보아도 좋을까. 1-5절에서 유다인 연극 배우가 인류 전체를 대표하여 바울 앞에 등장하는 것 같다.(로마서 7:14-25)

접속사 그러므로διὸ는 앞에 나온 내용을 결론짓지만 앞의 내용을 더 확장하는 데 쓰이기도 한다.(로마서 2:1, 15:22; 갈라디아서 4:31) 바울이 남을 판단하는ἐν ᾧ κρίνεις τὸν ἕτερον(2:1) 것이 무엇을 뜻하려 하는지 분명하지 않다. 로마서 14장 22절처럼 판단의 근거가 되는 사실을 가리킬 수 있다.[45] 마태복음 7장 2절처럼 남을 판단하면 동시에 자기 자신을 판단한다는 사실을 표현할 수도 있다.[46] 2장 1절의 핵심은 2장 1c에 있다. 가정법이 아니라 직설법이다. 판단하는 행위 안에 이미 자기 자신이 판단받는다는 말이 포함되고 있다.

인간은 악이 무엇인지 알고 있다. 악을 행한 사람을 하느님이 심판하리라는 사실도 알고 있다. 그런데도 인간은 악을 저지르고 남을 판단하는 데 그치지 않고 자신도 판단받은 사람처럼 똑같이 악을 저질러 버린다는 말이다.(누가복음 6:42-43; 로마서 7:13-25) 로마 최고 부자이자 철학자였던 세네카Seneca의 말이 떠오른다. "죄 없는 고발자가 어디 있겠는가quotus quisque accusator vacat culpa."[47] 바울이 여기서 구체적으로 어떤 행위를 가리키는지 우리가 알기는 어렵다.

2절 2절에서 주어는 복수 1인칭이다. 바울의 의견에 찬성하는 사람뿐 아니라 로마에 있는 그리스도인 독자들도 주어에 포함되고 있다. 2절에서 κατὰ ἀλήθειαν이 어떻게 번역되어야 할까. 진리 또는 사실 두 의미를 지닌 단어 ἀλήθεια다. 하느님의 심판이 진리를 향한다는 사실을 나타낸다는 의견이 우세하다.[48] 남을 판단하는 사람도 하느님 심판에서 제외되지 않는다는 뜻도 있다.[49] 남을 판단하는 사람이 자기 자신은 판단받지 않으리라는 감추어진 야심을 하느님은 보기 좋게 물리친다는 말이다. 여기서 심판κρίμα은 객관적인 재판 절차(로마서 5:16, 11:33; 고린도전서 6:7)를 가리키는 것이 아니라 단죄받는 처벌(로마서 3:8, 13:2; 고린도전서 11:29)을 뜻한다.

3절 질문과 내용은 "다가오는 진노를 피하라고 누가 너희에게 일러 주더냐?"(누가복음 3:7)에서 멀리 있지 않다. "아브라함을 조상으로 모시고 있다는 말은 꺼내지 마라."(누가복음 3:8)는 세례자 요한의 말은 하느님의 심판에서 유다인의 특권을 인정하지 않고 있다.

4절 4-5절은 연결된 구절이다. 바울은 유다교 회개 설교에서 멀리 떨어져 있지 않다. 바울은 4절에서 하느님의 특징을 나타내는 세 단어를 사용한다. 자비χρηστότης와 관용μακροθυμία과 인내ἀνοχῇ이다. 자비와 관용은 다른 데서도 보인다.(시편 144:8-9; 고린도전서 13:4; 고린도후서 6:6; 갈라디아서 5:22) 자비χρηστότης는 구약성서 그리스어 번역본에서 자비ἔλεος 단어 옆에 자주 등장한다.(시편 24:7, 105:1; 예레미야 40:11) 인내ἀνοχῇ는 마카베오상 12장 25절을 제외하면 그리스 성서에 로마서 2장 4절과 3장 26a에만 있다. 자비χρηστότης와 관용μακροθυμία이라는 하느님의 특징 덕분에 인내ἀνοχῇ라는 하느님의 행동이 나온다. 하느님의 자비, 관용, 인내를 강조하기 위해 바울은 4절에서 풍부한πλούτου이란 단어를 썼다.[50] 하느님의 풍부함은 성서에서 로마서와 에베소서에만 나오는 표현이다.(로마서 2:4, 9:23, 11:33; 에베소서 1:7, 2:4, 7)

자신이 아직 심판받지 않았다는 사실을, 앞으로도 결코 심판받지 않을 것으로 사람은 오해할 수 있다. 하느님이 회개하기를 기다리고 있고 그래서 아직 심판하지 않고 있다는 사실을 무시하는 일이다. 하느님이 자신을 심판하지 않으리라고 확신하는 죄인은 하느님의 자비를 업신여기고 있다. 하느님의 자비를 진정으로 깨달은 사람은 자기 죄를 뉘우치고 회개한다. 하느님의 자비는 죄인의 회개를 기다리고 있다. 죄인은 하느님을 잘못 알고 있을 뿐 아니라 진정으로 알고 있지도 못한다.

5절 바울은 5절에서 회개를 거부한 사람을 전제하고 말한다. 굳어짐σκληρότης은 가르침과 경고를 통해서도 잘못된 길에서 벗어나지 않는 인간 상태를 가리킨다. 이스라엘과 하느님의 관계(신명기 9:27; 출애굽기 33:3)뿐 아니라 이스라엘 민족의 행실에도 적용되는 단어다.(역대기하 36:13; 열왕기하 17:13-14; 예레미야 4:4) 이집트 왕 바로의 마음도 굳어졌었다.(출애굽기 7:3, 8:15, 9:12)

심판 날은 사람이 쌓아올린 죄를 계산하는 날이다. 바울은 하느님의 분노가 나타나는 날(로마서 1:18)을 생각하고 있다. 일ὀργή은 회개를 거부하는 자에게 내리는 하느님의 심판이 주는 불행한 운명을 가리킨다. 불운의 날ἡμέρα ὀργῆς, 즉 심판 날은 구약성서 그리스역에서 인용되었다.(욥기 20:28; 에스겔 22:24; 예레미야애가 1:12) 바울은 공정함δικαιοκρισία이라는 드물게 쓰이는 단어를 하느님 심판에 연결했다. 하느님은 의로운 심판관(시편 7:12; 예레미야 11:20; 마카베오하 12:6)이기에 하느님의 심판은 당연히 공정하다.(요한복음 5:30; 데살로니가후서 1:5; 요한계시록 16:7)

6절 6-11절은 하느님의 심판은 왜 의로운가 설명한다. 6-8절은 a-b-c-d-e 순서로 내용이 전개되고, 9-11절은 e-d-c-b-a 순서로 진행된다. 하느님은 그 사람이 누구인가 보시지 않고 그 행실만 보신다. 하느님의 심판은 사람의 행실에 따라 구원(2:7, 10) 또는 멸망(2:8, 9)으로 나뉜다. "사람에게 그 행실대로 갚으라는 말씀"(시편 62:12; 이사야 3:11; 욥기 34:11; 마태복음 16:27)에 가깝다.

7절 꾸준히 선을 행하면서καθ᾽ ὑπομονὴν ἔργου ἀγαθοῦ(2:7a)는 꾸준한 희망(데살로니가전서 1:3)을 기억나게 한다. 바울이 어떤 선행을 가리키는지 여기서 중요하지 않다. 율법 실행을 가리키는 것 같지는 않다. 선을 행하고 악을 피하라는 일반적인 상식을 뜻하는 것 같다.(로마서 13:3-4; 갈라디아서 6:10) 선을 행하고 악을 피하라는 말은 유다인이나 이방인이나 충분히 긍정할 수 있다. 이 공통점을 바울은

여기와 뒤에서 계속 말할 작정이다.[51]

　선행을 한 사람에게 생명을 준다는 말에도 이방인이나 유다인이나 어렵지 않게 동의할 것이다. 영광δόξα, 명예τιμή, 불멸 ἀφθαρσία(2:7b) 이 세 명사 조합은 선행을 한 사람에게 세상 완성날에 주어지는 구원의 선물이다. 영광δόξα과 명예τιμή는 함께 등장한 경우가 많았다.(시편 28:1, 95:7; 베드로전서 1:7; 요한계시록 4:9) 지상의 삶에서 선물이 아니라 세상 완성날에 주어질 선물임을 불멸이라는 단어가 알려주고 있다. 불멸이란 단어는 요한계 문헌에만 있다(고린도전서 15:42; 에베소서 6:24; 디모데후서 1:10) 영원한 생명ζωὴν αἰώνιον(2:7b)은 불멸과 비슷한 표현으로 유다교(다니엘 12:2)와 요한복음(요한복음 3:15, 16:36)과 바울 문헌(로마서 5:21, 6:22; 갈라디아서 6:8)에 나온다. 동사 찾다ζητεῖν는 마태복음 6장 33절과 골로새서 3장 1절에서도 쓰였다.

　8절 이익ἐριθεία(2:8a)이 무엇을 뜻하는지 분명하지는 않다.[52] 공동체의 이익보다 자기 자신의 이익을 높이 여기는 태도를 가리키는 것 같다.(고린도후서 12:20; 갈라디아서 5:20; 빌립보서 1:17) 바울은 여기서 자기 이익을 먼저 생각하는 태도를 모든 사람이 반대한다고 말하고 싶었다. 분노와 벌ὀργὴ καὶ θυμός(2:8b)은 다른 뜻이 아니다. 비슷한 단어를 두 개 연속 이어서 뜻을 강조하는 어법이다.(신명기 29:22, 27; 이사야 13:9, 30:30; 예레미야 7:20, 21:5)

　1장 18절에서 바울이 표제어처럼 반대 자리에 있던 두 단어 진리ἀλήθεια와 불의ἀδικία가 2장 8절에서 다시 등장한다. 진리를 거부하는 사람은 불의를 따른다는 뜻이다. 진리의 반대말은 거짓뿐 아니라 불의라는 사실을 명심하면 좋겠다. 진리를 거절하면 거짓말만 하는 것이 아니라 불의를 저지르게 된다. 언론, 사법부, 학계, 종교 에서 진리를 거절하면 거짓말뿐 아니라 불의를 행하고 만다.

9-10절 9-10절은 7-8절과 내용은 같지만 행동과 결과 순서는 거 꾸로 소개된다. 7절에서 선행을 하는 사람에게 영광과 명예와 불멸 이 주어졌는데 9절에서 영광과 명예와 희망이 주어진다. 영광과 명 예는 그대로 있고 불멸이 희망εἰρήνη으로 바뀌었다. 구약성서와 유 다교에서 세상 완성의 기쁨을 나타내는 단어로 평화가 바울에 의해 등장한 것이다.

누구든지πᾶσαν ψυχὴν ἀνθρώπου(2:9)는 소유격 명사가 형용사 역할 을 하는 히브리어 방식의 표현이다.(창세기 9:5; 레위기 24:17; 민수기 9:6; 이사야 13:7) 누구나παντί(2:10)와 같은 뜻이다. 심판에서 개인의 중요 성이 강조되고 있다. 바울은 유다인과 그리스인을 대조한 적이 있 었다.(고린도전서 1:18-25) 9-10절에서 개인의 선행과 악행이 심판의 근거로 제시되었다면, 고린도전서 1장 18-25절에서는 십자가에 대 한 개인의 태도가 핵심이었다. 십자가의 말씀이 비위에 거슬리고 이방인들에게는 어리석게 보이는지(고린도전서 1:23b), 하느님의 힘이 며 지혜(고린도전서 1:24)인지 오직 개인에게 달려 있다.

바울은 고린도전서 1장 18-25절과 로마서 2장 9-10절에서 유다 인이 하느님의 심판에서 아무런 특혜도 받을 수 없다는 점을 말하 고 싶었다. 민족, 종족, 인종, 국가, 종교 등 집단에 소속된 사실이 하 느님의 심판에서는 아무런 역할을 하지 못한다.[53] 하느님의 심판에 서는 교회와 성당을 다니는 사람에게 아무런 특혜도 베풀어지지 않는다. 선행과 십자가에 대한 태도가 하느님 심판의 자료로 사용되며 또한 모든 인간이 평등하다는 근거Gleichmacher로 제시되고 있다.

11절 "하느님께서는 모든 인간을 차별없이 대하십니다."(2:11) 얼마나 고맙고 기쁜 말씀인가. 사회적 지위나 신분이 재판에서 차별이나 특혜 근거가 되지 않는 공정한 재판관 전승(레위기 19:15; 신명기 1:17)이 있었다. 그 전승이 하느님을 보는 바울의 눈에 바탕이 되고 있다. 하느님의 공정한 심판이라는 생각이 모든 인간은 평등하다는 사상에 근거가 되었다.

대한민국에서 모든 인간은 법 앞에 평등한가. 말로는 모든 인간이 법 앞에 평등하다지만 사실상 인간은 법 앞에서 차별 받고 있지 않은가. 부자와 권력자는 법 앞에서 특혜를 받는다는 말이 현실에 가깝지 않는가. 대한민국 검찰은 공정하게 수사하고 있는가. 대한민국 법원은 공정하게 판결하고 있는가. 재판 거래 같은 나쁜 짓은 대한민국에 없었는가. 대한민국 법조인 모두는 하느님의 가혹한 심판을 기다려야 할 것이다.

대한민국에서 모든 인간은 종교 안에서 평등한가. 말로는 모든 인간이 종교에서 평등하다지만 사실상 인간은 종교 안에서 차별받고 있지 않는가. 직업 종교인, 부자 신자, 권력자 신자는 우대받고 가난한 신자, 여성, 평신도는 차별받고 있지 않는가. 평등이란 단어가 종교에서처럼 드물게 사용되는 집단이 어디 또 있을까. 대한민국 종교인 모두는 하느님의 가혹한 심판을 기다려야 할 것이다.

행실에 따른 심판(2:6-11)은 "율법을 지키는 것으로는 아무도 하

느님과 올바른 관계를 가질 수 없습니다."(로마서 3:20; 갈라디아서 2:16)
이나 "사람은 율법을 지키는 것과는 관계없이 믿음을 통해서 하느
님과 올바른 관계를 맺는다."(로마서 3:28, 4:5-6, 9:32, 11:6)와 모순되지
는 않는가.[54] 율법대로 실행한 사람은 의롭게 될 것(로마서 2:13)이라
는 말은 바울 의화론의 핵심과 반대되지 않는가?[55] 로마서 연구에
서 언제나 궁금한 의문이다. 이 질문은 2장 6-11절의 의도와 맥락
을 알아야만 올바로 이해될 수 있다.

2장 6-11절에서 율법 실천은 1장 16-17절에서 믿음과 똑같은
기능을 갖고 있다. 믿음처럼 율법 실천은 하느님 심판에서 유다인
과 이방인의 차이를 없애고 평등하게 만든다Gleichmacher. 바울은 2
장 13b에서 루터의 율법 이해를 기초로 말한 것은 아니고 율법 문
제를 이스라엘 문제와 연결해서 다루고 있다.[56] 루터는 당시 가톨릭
의 일부 빗나간 실행을 의식하여 율법 문제를 꺼냈지만, 바울은 예
수 그리스도 이후 이스라엘의 운명을 의식하여 율법 문제를 다루고
있다. 여기서 바울은 행업에 따른 구원이라는 주제를 말하는 것이
아니고 율법에 대한 유다인의 실천 문제를 말하고 있다. 2장 13b와
3장 20a는 서로 모순되지 않는다. 3장 20a는 하느님 심판의 실제
결과를 말했고 2장 13b는 하느님의 심판의 기준을 말했다.

2장 6-11절에서 선행과 악행은 율법의 실행(로마서 3:20; 갈라디아
서 2:16, 3:2)과 같은 것은 아니다. 바울은 율법 실행을 모세오경이 요
구하고 유다인이 실천하여 이방인과 다름을 내세울 수 있는 자료로
이해했다. 선행을 통한 구원 획득은 바울에게 그저 이론상 가능성
에 속할 따름이다. 모든 사람이 죄인이기 때문에 선행을 통해 구원

을 얻겠다고 감히 나설 사람이 실제로 있겠느냐는 반문이겠다. 모든 사람이 죄인이라는 말에서 유다인도 이방인도 또한 21세기 한국 그리스도인도 제외되지 않는다. 율법의 요청을 다 실천할 수 있는 유다인이 있느냐는 질문이다. 그런 유다인이 없기 때문에 예수 그리스도가 유다인에게 하느님의 심판에서 구원될 유일한 기회(로마서 5:9)라는 것이다. 바울의 이 생각을 우리가 기억하는 것이 중요하다.

12절 바울은 6-11절에서 모든 인간이 그 행실에 따라 심판받기 때문에 유다인과 이방인 사이에 아무런 차별이 없다고 주장하였다. 유다인 입장에서 유다인과 이방인을 결정적으로 차이 지으며 심판에서 이방인의 멸망을 유다인이 피할 수 있는 근거인 율법(신명기 4:8)을 바울은 12절에서 꺼내기 시작한다. 유다인의 반론이 있었던 것은 아니고 바울 자신이 이 주제를 본격적으로 논의한다. 바울은 율법 문제를 언제나 이스라엘 문제 안에서 고뇌하고 있었다. 12절에서 결론은 이렇다. 율법을 가졌든 가지지 않았든, 죄는 죄다. 유다인은 율법을 가졌고 이방인은 율법을 가지지 않은 차이는 있지만, 죄를 지었다는 점에서 이방인이나 유다인이나 공통이다.

13절 바울은 12절에서 이방인ἀνόμως과 유다인ἐν νόμῳ을 대비시킨 후 13절에서 유다인의 입장을 묻는다. 율법을 듣는 사람과 실천하는 사람이 대조되고 있다. 율법을 듣는 것이 전부가 아니라 들은 것을 실천해야 한다는 것은 유다교에서는 오래된 전통이요 상식이다.(신명기 5:27, 6:3; 에스겔 33:31) 하느님의 심판παρὰ [τῷ] θεῷ(2:13)은 최후의 심판에서 하느님이 내리실 심판(욥기 9:2; 갈라디아서 3:11; 데살로니가후서 1:6)을 가리킨다. 의롭다고 평가받는다δικαιωθήσονται는 미래

뜻을 갖고 있다.[57]

율법을 실천하는 사람들πoιηταὶ νόμου(2:13)은 구약성서 마카베오서와 연관이 있다. 기원전 160년 경 유다와 예루살렘에서 그리스 문화에 동화되려는 보수파 유다인의 움직임에 마티아스를 비롯한 마카베오 가문과 그 추종자들이 저항하였다.(마카베오상 2:67) 그 중 일부가 쿰란 공동체에 가담하였다. 쿰란 공동체는 스스로를 율법을 실천하는 사람이라고 불렀다. 13절과 가장 가깝게 해석한 구절이 쿰란 문헌에 있다.[58]

14절 유다인이 율법을 안다는 사실이 유다인의 율법 실행을 보장하지는 않는다. 율법 자체를 갖고 있지 않는 이방인의 경우는 어떻게 되는가. 율법 대신 본성에 따르면τὰ τοῦ νόμου(2:14) 된다. 유다인에게 율법이 있다고 해서 유다인이 율법 실행을 다 하진 않듯이, 이방인에게 본성이 있다고 해서 이방인이 본성을 다 따르지 않을 수 있다. 유다인이 율법 덕분에 율법 없는 이방인에게 우월감을 가질 수 없고, 이방인이 율법 없다고 해서 유다인에게 열등감을 가질 이유도 없다. 바울은 무엇보다도 유다인의 우월감이 근거없음을 밝히고 비판한다.[59]

율법을 가지지 않았음에도 왜 이방인이 멸망하는지(2:12) 바울이 설명[60]하려는 것은 아니다. 이방인이 스토아 철학에서 말하는 자연법 사상을 이미 갖고 있다고 주장하는 것도 아니다. 이방인이 유다인의 율법이 요구하는 규정을 실천한다고 하더라도, 그것은 이방인이 유다인의 율법에 상응하는 어떤 근거를 가졌기 때문은 아니라고 바울은 말하고 싶을 뿐이다. 아우구스티누스,[61] 루터,[62] 칼 바르트[63]

는 이방인ἔθνη(2:14)이 이방인 출신 그리스도인을 가리킨다고 주장했다. 오늘도 그 의견은 사라지지 않았다.⁶⁴ 이방인과 유다인의 관계를 다루는 이 단락에서 그 생각은 받아들이기 어렵다.⁶⁵

"그들이 자신들에게는 율법이 됩니다ἑαυτοῖς εἰσιν νόμος."(2:14)라는 말씀과 아주 비슷한 말이 아리스토텔레스가 쓴 책에도 있다.⁶⁶ 본성에 따라 자신이 율법 구실을 하는 이방인이 심판에서 구원받는다는 말을 바울이 하는 것은 아니다. 유다인이나 이방인이나 결국 율법의 일부만 실행할 뿐이다. 심판에서 율법을 실행한 사람으로 인정받을 유다인과 이방인은 없다는 뜻이다.

15절 유다인의 율법을 가지지 않은 이방인이 어떻게 율법에 맞게 행동할 수 있다는 말일까. 바울은 15절에서 모든 이방인을 생각한 것이 아니라 본성에 따르는τὰ τοῦ νόμου 이방인을 가리키고 있다. 바울은 당시 널리 퍼졌던 대중 철학에서 말한 '쓰여지지 않은 율법ἄγραφος νόμος'을 언급한다. 이 단어를 "그들의 가슴에 새겨줄 내 법"(예레미야 31:33)과 연결하기는 어렵다. 이스라엘과 유다의 가문과 맺을 새 계약(예레미야 31:31)을 가리키기 때문이다. 당시 쓰이던 필기도구(파피루스, 동물 가죽, 돌, 나무, 도자기 등)가 아니라 사람의 마음에 쓰여진 법을 가리킨다.⁶⁷ 바울에 따르면 율법은 이성이 아니라 심장에 새겨진다.(잠언 3:3, 7:20; 이사야 51:7)

바울은 당시 그리스로마 철학에서 유행하던 단어인 양심συνείδησις(2:15)이 이방인에게 있다고 말한다.⁶⁸ 양심은 마음의 법정에서 개인에게 좌우되지 않는 공정하고 독립적인 증인, 검사(고린도후서 1:13), 판사 역할을 한다고 믿었다. 15절에서 바울은 양심의 증인 역할을 내세운다. 증언하다συμμαρτυρεῖν(2:15)는 그리스 성서에서 로마서에만 나타난다.(로마서 8:15, 9:1) "양심은 천 명의 증인과 같다 conscientia mille testes."는 속담도 있었다.[69] 바울은 유다인과 이방인 의 차이를 인정하지 않으려 애쓰고 있다.

16절 13절에서 유다인의 입장을 대변하고 14-15절에서 이방인 의 입장에서 말한 바울은 16절에서 두 입장을 요약한다. 15절에 서 말한 모든 것은 최후의 심판에서 밝혀질 것이다. 사람의 마음속 에 있지만 다른 사람에게 감추어진 것이 심판날에 드러난다는 생각 은 유다교(전도서 12:14; 마카베오하 12:41)와 초대 그리스도교(고린도전서 3:13; 고린도후서 5:10; 누가복음 8:17)에 널리 퍼져 있었다. "주님께서 오 시면 어둠 속에 감추어진 것을 밝혀내시고 사람의 마음속 생각을 드러내실 것입니다."(고린도전서 4:5)가 16절과 가장 가깝다.

2장 1절에서 가상의 상대와 시작한 바울의 대화는 16절에서 1장 1-5절과 16-17절을 기억한다. 핵심은 예수 그리스도를 통하여διὰ Χριστοῦ Ἰησοῦ다. 하느님은 최후의 심판에 재판관 역할을 예수에게 위임한다.(사도행전 10:42, 17:31; 고린도전서 4:5; 고린도후서 5:10) 내가 전하 는 복음이 말하는 대로κατὰ τὸ εὐαγγέλιόν μου(2:16)는 심판의 기준을 가리키는 것[70]이 아니라 '예수 그리스도를 통하여'를 가리킨다.[71] 세 상 완성날 재판관은 그리스도임을 선포하는 것이 곧 바울이 전하는 복음이다. 내 복음(16:25), 하느님의 복음(1:1, 15:16), 그리스도의 복음 (15:19)은 모두 같은 내용을 말하고 있다.

유다인과 이방인에 대한 바울의 설명을 그리스도인은 어떤 자세 로 보아야 할까. 바울의 말이 이방인과 유다인에게만 해당될까. 예수가 최후의 심판을 할 뿐 아니라 그 심판이 지금도 이루어지고 있다는 사실을 바울은 강조하고 있다. 감추어진 것이 심판 날에 드러난다는 말은 유다인과 이방인뿐 아니라 21세기 한국 그리스도인에게도 당연히 해당된다. 유다인이 율법을 가졌다는 사실이 심판에서 그들의 운명에 아무런 특혜가 되지 않듯이, 세례받은 사실이 한국 그리스도인에게 심판에서 아무런 특혜도 되지 못한다. 개인이 선행을 하는 순간 자기 운명을 구원으로 사실상 결정하는 셈이다. 개인이 악행을 하는 순간 자기 운명을 멸망으로 사실상 결정하는 셈이다. 예수의 심판이 내 행동을 바꾸는 것이 아니고 내 행동이 정한 내 운명을 예수가 재확인할 뿐이다.

바울은 인간의 죄라는 질문과 예수 그리스도를 통한 구원이라는 해답을 언제나 함께 생각하고 있다. 그러나 바울은 예수 그리스도를 통한 구원이라는 해답을 인간의 죄라는 질문보다 먼저 생각하고 있다. 이 점을 유다교 학자 샌더스는 강조한다.[72] 믿음을 통한 의로움을 말한 바울이 윤리(로마서 12:17b; 고린도후서 12:20; 갈라디아서 5:19-23)를 또한 강조한다. 윤리는 유다인과 이방인 모두에게 중요하다. 믿음을 통한 의로움, 믿음에 따른 행동에 대한 심판은 서로 떼어놓을 수 없이 연결되어 있다.[73] 믿음을 통한 의로움이 이미 있기 때문에 믿음에 따른 행동은 필요 없거나 중요하지 않다고 생각하는 그리스도인이 한국에 의외로 많다. 바울 신학과 로마서를 한참 잘못 이해한 그리스도인이 여전히 많다.

율법을 따르는 사람만 유다인이다 (2:17-29)

17 자기가 유다인이라는 것을 내세우는 사람이 있습니다. 그는 율법에 전적으로 의지하고 하느님을 자랑하고 **18** 하느님의 뜻을 알고 율법을 배워서 사리를 분별할 줄도 알고 **19** 눈먼 사람에게는 길잡이가되고 어둠 속을 헤매는 사람에게는 빛이 될 수 있다고 자신합니다. **20** 그리고 그 율법에서 모든 지식과 진리의 근본을 터득하였으므로 무식한 사람에게 지도자가 되고 철없는 자들의 스승이 될 수 있다고 자신합니다. **21** 그런 사람이 남을 가르치면서 왜 자기 자신은 가르치지 못합니까? 또 남더러는 도둑질을 하지 말라고 설교하면서 자신은 도둑질을 합니다. **22** 남더러는 간음을 하지 말라고 하면서 자신은 간음을 합니다. 또 우상을 미워한다고 하면서 그 신전의 물건은 훔쳐냅니다. **23** 율법을 가졌다고 자랑하는 사람이 율법을 범하여 하느님을 욕되게 합니다. **24** 성서의 말씀대로 "당신들 때문에 하느님의 이름이이방인들 사이에서 비방을 받고 있습니다." **25** 할례는 율법을 지키는 사람에게만 가치가 있고 율법을 지키지 않는 사람은 할례를 받았다하더라도 받으나마나 한 것입니다. **26** 그러므로 할례를 받지 않은 사람이라도 율법이 명하는 것을 잘 지키기만 한다면 하느님께서는 그사람도 할례받은 사람이나 다름없이 보아주실 것이 아닙니까? **27** 실제로 할례를 받지 않고도 율법을 잘 지키는 사람은 오히려 할례를 받

고 기록된 율법을 갖고 있으면서도 그 율법을 어기는 사람을 심판할 것입니다. 28 그러므로 유다인의 겉모양만 갖추었다 해서 참 유다인이 되는 것도 아니고 몸에 할례의 흔적을 지녔다고 해서 참 할례를 받았다고 할 수도 없습니다. 29 오히려 유다인의 속 마음을 가져야 진정한 유다인이 되며 할례도 법조문을 따라서가 아니라 성령으로 말미암아 마음에 받는 할례가 참 할례입니다. 이런 사람은 사람의 칭찬을 받는 것이 아니라 하느님의 칭찬을 받습니다.(2:17-29)

17절 무엇이 누가 유다인을 유다인으로 만드는가. 17-29절의 주제다. 가상의 상대는 모든 유다인을 대표하고 있다. 24절에서 바울이 인용한 시편 구절로 보아 단순히 유다인 율법학자의 대표로 보는 것[74]은 아니다. 율법없는 이방인이 본성에 따라 율법을 실천(2:14-15)하고, 율법이 있지만 실행하지 못하는 유다인(2:17-29)이 대조되고 있다. 17-29절은 유다인의 말과 행동의 모순(2:17-24), 할례가 유다인을 만들지 않는다(2:25-29)는 두 부분으로 나눌 수 있다. 하느님은 유다인을 이방인 취급하실 수 있고 이방인을 유다인 취급하실 수 있다.(2:25c, 26b) 누가 진짜 유다인인지 사람이 정하지 못하고 오직 유일하게 하느님이 정하신다.

17-20절은 내용상 한 문장이나 다름없다. 17절은 제목이고 18-20절은 제목을 설명하고 있다. 유다인이 이방인과 다른 네 가지 특징을 소개한다. 유다교 내부에서 하느님의 백성으로서 유다인의 정체성 둘(2:17b-18b), 유다교 밖에서 이방인에 비교한 유다인의 특징 둘(19b-20c)이 있다. 2장 17a-18b, 19b-20c에서 다섯 가지 특징

을 두 번 늘어놓았다고 보고 모세오경을 의식한다고 보는 의견[75]은 받아들이기 어렵다.

2장 17a는 조건문으로 쓰였지만 서술문으로 해석해도 된다. 바울은 단수명사 유다인Ἰουδαῖος을 대표적인 유다인의 본보기로 로마에 사는 그리스도인에게 소개한다. 2장 17b-c에서 유다인의 두 특징은 하느님과 율법이다. 다음 문장에 뒤따라오는 다른 특징은 이 두 특징에 근거한다. 하느님과 율법은 서로 연결된다. 하느님은 민족 중에서 이스라엘 민족을 선택하시고 당신 백성으로 삼으셨다. 당신의 거룩함에 이스라엘 백성이 참여하도록 어느 다른 민족도 가지지 못한 율법을 주셨다.(레위기 11:44-45, 19:2-37; 신명기 7:6-8) 이스라엘 민족의 정체성Identität인 하느님, 이스라엘 민족의 에토스Ethos인 율법은 깊이 연결되었다.[76]

이스라엘 민족은 마땅히 율법에 의지한다. "예루살렘의 어른이라는 것들은 돈에 팔려 재판을 하고 사제라는 것들은 삯을 받고 판결을 내리며 예언자라는 것들은 돈을 보고야 점을 친다. 그러면서도 야훼께 의지하여, '야훼께서 우리 가운데 계시는데, 재앙은 무슨 재앙이냐?' 하는구나!"(미가 3:11) 유다인 지배층이 악행을 저지를 때에도 겉으로는 율법을 의지한다고 다짐할 정도로 율법에 의지한다. 유다인이 하느님을 자랑하는 것은 당연하다.(신명기 10:21; 시편 5:12; 열왕기상 16:35; 예레미야 9:22, 17:14) 그리스도인도 하느님을 자랑한다.(로마서 5:11; 고린도전서 1:31; 고린도후서 10:17) 자랑καυχᾶσαι(2:17c)이 인간의 죄 가득한 이기적 태도라는 불트만Bultmann의 해설[77]은 이해하기 어렵다. 바울이 여기서 유다인 동료들을 비판하는 것은 아직 아니다. 유다인이 하느님과 율법을 의지하고 자랑하는 것은 마땅하고 옳은 일이다.(신명기 4:6-8) 하느님을 배신하고 율법을 실천하지 못함이 부끄러운 일이다.

18절 하느님의 뜻을 알고γινώσκεις τὸ θέλημα(2:18)에 가까운 구절은 시편에 있다. "모세에게 당신의 뜻을 밝혀주시고 이스라엘 자손에게 그 장한 일을 알리셨다."(시편 103:7) 뜻θέλημα(시편 142:10; 누가복음 12:47; 요한복음 9:31; 사도행전 22:14; 골로새서 1:9)은 율법 규정을 가리키는 용어다. 사리를 분별할 줄도 알고δοκιμάζεις τὰ διαφέροντα(2:18b)는 "옳은 것이 무엇인지를 가릴 수 있게"(빌립보서 1:10)에 가깝다. 지식과 분별력ἐπίγνωσις καὶ αἴσθησις(빌립보서 1:9)을 기초로 그리스도의 날에 넘어지지 않도록 공동체가 처신하는 일을 가리켰다. 차이τὰ διαφέροντα(2:18b)는 스토아 철학에서 빌려온 단어다. 선악에 관계되는 일에 무관심하지 않은 태도를 가리킨다.[78]

19-20절 19-20절은 율법을 아는 유다인의 다섯 가지 특징을 소개한다. 2장 19b-c는 회개를, 2장 20a-b는 가르침을 이야기한다. 2장 19b-c는 하느님께서 하느님의 종에게 주신 과제를 기억하고 있다. "너는 만국의 빛이 되어라. 소경들의 눈을 열어주고 감옥에 묶여 있는 이들을 풀어주고 캄캄한 영창 속에 갇혀 있는 이들을 놓아주어라."(이사야 42:6-7)

못보는 사람들에게 빛이 되라는 말이다. 이방인에게 유다인은 그런 역할을 해야 했었다. 이방인이 유다교로 오는 일은 눈먼 사람이 빛을 보는 것에 비유되곤 했었다. 눈먼 사람에게 길잡이(2:19)는 바리새인들이 스스로를 즐겨 칭하던 용어 같다.(마태복음 15:14, 23:16,

24) 눈먼 길잡이들이다. "눈먼 사람이 눈먼 사람을 인도하면 둘 다 구렁에 빠진다."(마태복음 15:14)며 예수는 바리새인들을 비판했다.

바울은 율법을 스승(갈라디아서 3:24)에 비유하기도 한다. 지식 γνῶσις과 진리ἀλήθεια(2:20)는 그리스 철학에서 한 쌍으로 즐겨 언급되던 단어였다.[79] 바울은 당시 철학에 무지하지 않았다. 율법은 추상적인 지식과 진리를 삶에서 구체적인 모습으로 표현μόρφωσις(로마서 2:20; 디모데후서 3:5)하는 것(신명기 4:6)으로 바울은 정확하게 이해하고 있다. 바울은 그리스 철학을 이용하여 유다교의 가르침을 설명하고 있다.

21-22절 21-22절은 대부분 성서와 우리말 번역본 성서 전부 의문문 형식으로 옮겨놓았다. 23절을 의문문이 아니라 서술문으로 옮긴다면, 그럴 필요는 없다. 의문문에는 아직 일어나지 않은 사실을 추측하는 뜻이 있기에 이미 생긴 사실을 가리키는 서술문으로 번역하는 것이 바울의 의도에 더 가깝다고 나는 생각한다. 최근 일부 주석서는 의문문으로 하지 않았다.[80] 율법을 자랑하는 유다인이 자기 말과 행동에 차이가 크다는 사실이 21-23절에서 바울에게 사정없이 비판받고 있다.

남을 가르치면서 자기 자신은 가르치지 못하는 사람(2:21) 이야기는 세상 어디에나 있을 것이다. "올바로 살아야 한다고 다른 사람에게 가르치면서 자신은 그렇게 살지 않는 사람들처럼 인류를 더 악하게 망가뜨린 사람은 없다qui aliter vivunt quam vivendum esse praecipiunt."[81] 로마 제국 최고 부자요 철학자인 세네카Seneca의 말이다. "그들이 말하는 것은 다 실행하고 지켜라. 그러나 그들의 행실은 본받지 마라. 그들은 말만 하고 실행하지는 않는다."(마태복음 23:3) 남을 고치지만 자기 병을 고치지 못하는 의사(누가복음 4:23)와 연결된다. 모두 입 닫으라는 말은 아니다. 아무도 남을 가르치지 말고 비판하지 말라는 뜻은 아니다. 남을 업신여기지 말고 우월감 가지지 말라는 뜻이다. 부족한 사람이 부족한 사람을 가르치는 것이 인생이고 역사고 종교 아닌가.

2장 21b-22절에서 바울은 말과 행동 사이의 모순을 세 가지 사례를 들어 설명하고 있다. 바울의 실제 경험에서 나온 말[82]보다 일반적인 경우를 대표로 내세운 것 같다. 처음 두 사례는 일곱째 계명 (2:21b)과 여섯째 계명(2:22a)을, 2장 22b는 첫째 계명(출애굽기 20:4; 신명기 5:8)을 연결하는 것 같다.[83] 그보다는 바울이 그리스 철학에서 흔히 말하는 개념을 빌어 여기에서 사용했을 수도 있다.[84] 신전 물건 도둑질(2:22b) 이야기는 이해하기 조금 까다롭다.

신전 물건ὁ βδελυσσόμενος τὰ εἴδωλα을 우상 숭배 금지(출애굽기 20:4; 신명기 5:8)와 연결한다면 단어, 훔치다Ἱεροσυλεῖν(2:22b)를 어떻게 이해해야 할까. 신전 물건 도둑질이나 성물 훔치기sacrilegium는 고대에 가장 나쁜 범죄 중 하나로 여겨졌다.[85] 우상 숭배를 거부하는 유다인이 이방인 신전에 있는 물건을 과연 훔칠까 하는 반문이 나올 수 있겠다. 초대 그리스도교 주변에 있던 반反유다 풍조에서 유행하던 근거없던 비난을 바울이 가져올 수 있었다. 기원전 1, 2세기 리시마쿠스Lysimachus는 예루살렘Ἱεροσόλυμα을 비슷한 철자 예루쉴라 Ἱερόσυλα, 도둑놈으로 바꾸어 유다인은 도둑놈이라고 모욕했다.[86] 예수 시절 갈릴리 사람은 반란을 잘 일으키는 놈이라는 비난을 자주 받았다. 전두환 독재 시절 전라도 사람은 배신 잘 한다는 비방을 많이 듣고 살았다.

훔친다는 말이 하느님을 배신하고 하느님의 거룩함에 반대되는 행동으로 흔히 사용되기도 했다. 바울은 2장 22b에서 이 경우를 가리킨 것 같다.[87]

"너희는 내 앞에서 다른 신을 모시지 못한다. 너희는 위로 하늘에 있는 것이나 아래로 땅 위에 있는 것이나, 땅 아래 물 속에 있는 어떤 것이든지 그 모양을 본떠 새긴 우상을 섬기지 못한다. 그 앞에 절하며 섬기지 못한다."(출애굽기 20:3-5)를 위반한 사례를 가리킨다[88]고 보아야 할까. 어떤 경우를 택하든 결국 바울의 의도가 중요하다. 율법이 요청하는 행동을 실행하기 어렵다는 사실이다. 유다인이 율법을 자랑하는 것으로는 아직 충분하지 않다.

23절 23절은 21-22절과 연결되지만 다른 점이 하나 있다. 말과 행동 사이의 모순을 단순히 인간 차원의 일로 여기지 않고 인간과 하느님의 연관에서 보라는 말이다. 인간의 말과 행동 사이의 모순은 인간에게 자괴감을 줄 뿐 아니라 하느님을 모욕하는 일이다. 바울은 여기서 율법을 다 실행하지 못함[89]이 아니라 율법 위반을 비판하고 있다. 2장 23b는 율법 실행을 통해 의로움을 구하는 노력이 아니라 율법 위반이 하느님을 욕되게 하고 있다고 말한다.

24절 두 문장을 비교해보자. "나의 이름은 날이면 날마다 멸시당하고 있구나."(이사야 52:5c), "당신들 때문에 하느님의 이름이 이방인들 사이에서 비방을 받고 있습니다."(로마서 2:24) 바울이 구약성서 그리스어 번역Septuaginta을 그대로 인용한 것은 아니고 조금 고쳤다. 바울은 날마다 δια παντὸς를 없애고, 소유격 나의 μου를 하느님의 τοῦ θεοῦ로 바꾸었다. 하느님의 이름 τὸ ὄνομα τοῦ θεοῦ을 문장 맨 앞으로 옮겨 그 단어를 강조할 뿐 아니라 인용문 전체를 23절의 결론인 하느님을 욕되게 하다 τὸν θεὸν ἀτιμάζεις에 연결시켰다. 성서 말씀대로 καθὼς γέγραπται를 문장 맨 앞(로마서 1:17, 10:15; 고린도전서 1:31; 고린도후서 9:9)에 놓던 바울의 습관과는 다르게 맨 뒤로 옮겼다.

내용에서 어떤 변화가 생겼는지가 더 중요하다. 히브리어 성서와 그리스어 번역에서 이스라엘 백성이 이방인의 포로로 끌려간 사실 때문에 하느님 이름이 이방인 사이에서 모욕을 당했었다. 하느님의 무능(에스젤 36:20, 23)이 조롱의 대상이었다. 하느님의 이름이 이방인 사이에서 모욕을 당하고 있기 때문에 하느님이 이스라엘 백성을 구출하겠다는 뜻을 나타내는 맥락에서 나온 구절이었다.(이사야 52:6-12)

2장 23b에서는 유다인이 율법을 위반하여 하느님 이름이 이방인 사이에서 모욕을 당하고 있다. 유다인이 율법을 잘 지켜 이방인 사이에서 하느님 이름이 칭송받게 하라는 말이다. "여러분도 이와 같이 여러분의 빛을 사람들 앞에 비추어 그들이 여러분의 착한 행실을 보고 하늘에 계신 아버지를 찬양하게 하시오."(마태복음 5:16)도 같은 맥락의 말이다. 바울은 독자를 2인칭 단수 이스라엘에서 2인칭 복수 모든 인간으로 확장하여 모든 인간에게 해당되는 말로 바꾸었다. 그래서 24절을 23절의 단순한 반복[90]으로 보기는 어렵다.

25절 25절은 a-b-b-a 순서로 말한다. 새로운 주제를 꺼내는 방법인데 2장 12절을 닮았다. 12절은 율법을, 25절은 할례라는 새 주제를 시작한다. 바울 자신이 할례받았고 율법을 지켜온 당사자이기 때문에 느낌이 강한 논증이다. 유다인에게 남다른 주제다.(로마서 1:16-17, 2:9-11, 12-13) 할례는 아주 오래전 이스라엘 백성이 이집트 탈출 이후 실행해온 관습이다.[91] 유다인다운 자부심과 이방인과 다른 차이를 확인하는 계기였다. 땅, 제사, 왕권을 빼앗긴 이후 시대에도 할례는 이스라엘 백성을 단합시키던 배타적 특징에 속한다.

"네 집에서 난 씨종이나 돈 주고 산 종도 반드시 할례를 받아야 한다. 그러면 내 계약이 영원한 계약으로서 너희 몸에 새겨질 것이다."(창세기 17:13)

유다인 남자는 유다인 전체를 대표했다는 당시의 아픈 현실을 기억하자. 할례는 하느님과 이스라엘 백성 역사의 처음에 제정되었을 뿐 아니라 영원한 계약에 속한다. 할례는 가톨릭식으로 말하면 성사적 행위에 속했다. 바울은 왜 율법과 할례를 마치 서로 대립되는 특징인 것처럼 떼어놓으려 했을까. 율법 준수에 관계없이 할례만으로도 유다인 되기에 충분하다고 주장할 유다인은 아무도 없을 텐데 말이다. 할례는 유다인 되기에 필요조건이지 충분조건은 아니라는 것이 바울 생각이다. 바울 의견에 반대하는 유다인은 없을 것이다.

25절은 할례를 가리키는 추상적 단어 περιτομή와 구체적 단어 ἀκροβυστία를 구분하여 썼다. 우리말 번역 성서들에는 그 차이가 뚜렷하게 드러나지 않고 할례라는 명사를 같이 쓰고 있다. 율법을 지키지 않은 유다인의 몸에서 할례 흔적이 사라진다는 말은 당연히 아니다. 율법을 지키지 않은 유다인은 할례의 효력을 잃어버리고 하느님의 심판에서 이방인처럼 취급될 것이라는 말이다. 바울에게서만 할례라는 단어가 이방인 전체를 가리키는 집합명사pars pro toto로 쓰이기도 했다. 오직 바울 편지에서만 그 표현이 보인다.(로마서 3:30; 갈라디아서 2:7; 에베소서 2:11)

26절 2장 14절에서 바울은 율법이 없지만 본성에 따라 율법이 명하는 것을 실행하는 이방인의 예를 들었다. 26절에서 할례받지 않았지만 율법이 명하는 것을 실행하는 이방인을 소개한다. 율법을 지키다δικαιώματα φυλάσσειν는 구약성서 그리스어 번역의 단어와 특징을 본뜬 방식septuagintismus이다. 하느님 백성 이스라엘에게 주어진 내용을 정확하게 가리킨다.(창세기 26:5; 출애굽기 15:26; 신명기 4:40) 말해질 것이다λογισθήσεται는 신적神的 수동태passivum divinum 표현으로 실제 주어는 하느님이다. 일반적인 진리를 나타내는 미래 시제gnomisches Futur[92]가 아니라 최후의 심판에서 하느님의 판결[93]을 가리키는 것 같다.

율법 실행이 하느님이 바라는 진짜 할례이고 영원한 계약을 약속받은 진짜 유다인에 속하는지 결정한다는 말이다. 그리스도를 믿음이 율법의 완성이란 말을 바울이 한 것[94]은 아니다. 바울이 여기서 이방인 그리스도인 이야기를 하는 것[95]도 아니다. 바울이 26-27절에서 하고픈 말은 이렇게 요약할 수 있겠다. "할례를 받았거나 안 받았거나 그것은 문제가 되지 않습니다. 오직 하느님의 계명을 지키는 것만이 중요합니다."(고린도전서 7:19)

27절 "실제로 할례를 받지 않고도 율법을 잘 지키는 사람은 오히려 할례를 받고 기록된 율법을 갖고 있으면서도 그 율법을 어기는 사람을 심판할 것입니다."(2:27) 2장 27b에서 유다인은 기록된 율법을 가지고서 율법을 위반한 사람으로 그려지고 있다. 바울은 정말 할례받지 않고 율법을 잘 지키는 사람이 할례를 받고 율법을 갖고도 율법 어기는 사람을 심판할 것이라고 생각했을까. 그랬을리 없다.[96] 율법을 어긴 유다인에게 할례와 유다인이라는 사실이 심판에서 아무런 도움도 되지 않는다는 말을 바울은 하고 싶은 것이다.

예수가 마귀의 두목 바알세불의 힘을 빌려 마귀들을 쫓아낸다고 말하는 사람들이 있었다.(누가복음 11:19-23; 마태복음 12:22-32) 마귀의 두목 바알세불의 힘을 빌려 예수가 마귀들을 쫓아낸다고 비난하는 사람들을 마귀 쫓는 사람들이 심판하리라고 예수는 정말 생각했을까. 노아는 자기 믿음이 있었으므로 믿지 않은 세상을 정말 심판(히브리서 11:7) 했을까. 최후의 심판에서 그렇다는 말을 하는 것은 아니겠다. 그와 다르게 최후의 심판을 가리키는 장면이 있다. 심판 날이 오면 남쪽 나라의 여왕과 니느웨 사람들이 이 세대 사람들과 함께 일어나 이 세대를 단죄할 것이다.(누가복음 11:31; 마태복음 12:41) 지금 박해받는 성도들이 죄인과 악인을 심판하게 되리라(고린도전서 6:2; 요한계시록 20:4)는 전승이 27절에 깔려 있지는 않은 것 같다.

28-29절 유다인의 할례가 가치 없고(2:25c), 하느님은 이방인을 할례받은 사람으로 보아줄 수 있다(2:26b)는 설명에서 겉, 몸, 쓰여진 것과 감추어짐, 마음, 성령이 대비되었다. 바울 주장의 근거는 28-29절에서 결론적으로 설명된다. 먼저 주장을 내놓고 나중에 근거를 제시하는 방식이다. 2장 29c에서 인간의 칭찬과 하느님의 칭찬이라는 새로운 근거가 덧붙여진다. 겉, 몸, 쓰여진 것이 인간의 현실로, 감추어짐, 마음, 성령이 하느님의 진실로 대비되고 있다. 진실

한 유다인을 그리스도교로 개종한 유다인으로, 진짜 할례를 그리스도교 세례로 보는 것[97]은 본문과 관계없는 엉뚱한 해석이다.

바울이 유다인과 할례 자체를 부정하거나 무시하는 것이 아니다. 바울은 유다인과 할례를 어떻게 이해하고 무엇을 가리키는지 기준을 문제삼고 있다. 하느님과 인간은 그 기준을 보는 눈에서 다르다는 말이다. 인간은 겉모양을 보지만 하느님은 마음속을 보신다.(사무엘상 16:7; 열왕기상 8:39; 마태복음 6:4) 마음속 할례περιτομὴ καρδίας (2:29b)는 구약성서와 유다교 문헌에서 사용된 전승(레위기 26:41; 신명기 10:16; 예레미야 4:4; 에스겔 44:7)에 연결된다.

겉모습과 속마음의 비교를 율법γράμμα과 성령πνεύμα의 대립(로마서 7:6; 고린도전서 3:6)으로 놓은 것은 바울의 특징이다. 유다교 문헌과 유다교 밖 문헌에서 율법과 성령의 대립적 표현은 찾아볼 수 없다.[98] 여기서 성령이나 율법은 일종의 보는 방식을 가리키는 용어로 사용되었다.(로마서 1:4; 갈라디아서 4:29; 고린도전서 2:11-16; 베드로전서 2:5)

인간의 현실과 하느님의 진실은 바울의 편지에서 자주 대비되었다. 하느님의 이스라엘(갈라디아서 6:16)과 겉모습 이스라엘(고린도전서 10:18), 이스라엘 사람이라 해서 다 이스라엘 사람은 아니며(로마서 9:6)에서 하느님과 이스라엘을 적대 관계로 확대 해석하거나 오해하면 안 된다. 2장 17-29절에서 바울은 유다인 개인을 상상의 대화 상대로 보고 있을 뿐이다. 바울은 개인에 대해 말하고 있는 것일 뿐 민족, 인종, 종교를 일반화해서 평가하고 있지 않다. 바울을 반反유다주의자라고 낙인찍으면 안 된다. 바울은 유다인 개인이 아니라 그리스도인 개인에 대해서도 말할 수 있었다.

인간의 눈으로는 할례받은 유다인이 진짜 유다인처럼 보이지만, 하느님의 눈으로 보면 그렇진 않다. 인간의 눈으로는 할례받지 않은 이방인은 유다인이 아니지만, 하느님의 눈으로 보면 이방인은 할례받은 유다인으로 여겨질 수 있다. 인간의 눈으로는 세례받은 그리스도인이 진짜 그리스도인처럼 보이지만, 하느님의 눈으로 보면 그렇진 않다. 인간의 눈으로는 세례받지 않은 사람은 그리스도인이 아니지만, 하느님의 눈으로 보면 세례받지 않은 사람들이 세례받은 사람으로 여겨질 수 있다.

바울의 논증에서 우리가 배울 점이 적어도 두 가지 있다. 첫째, 유다인들도 겉모양으로 율법과 할례를 보는 것에 끊임없이 경고해 왔다. 둘째, 바울이 유다인에게 한 말을 그리스도인에게도 해야 한다. 예수, 바울만 유다인의 겉모습에 대해 비판한 것은 아니었다. 유다교 내부에서도 개혁의 목소리는 언제나 있어 왔다. 유다인을 겉모습에 치우친 사람들로 일반화해서는 안 된다.

2장 17-29절에서 단어, 유다인 자리에 그리스도을 넣고 읽어보았다. 유다인 대신 목사, 신부를 넣고 읽어보았다. 단어, 율법 자리에 성경이나 세례를 넣어보았다. 느낌이 확 달랐다. 그리스도인, 목사, 신부 그런 거 사실 자랑할 일이 아니다. 그리스도인, 목사, 신부로서 제대로 살지 않는다면, 그리스도인, 목사, 신부라는 사실이 우리 자신을 더 부끄럽게 만들 뿐이다. 율법없는 이방인 앞에서 율법 있는 유다인이 창피 당하듯, 세례받지 않은 무신론자 앞에서 세례받은 그리스도인이 창피 당할 수 있다. 우리 잘못 때문에 사람들 사이에서 예수라는 이름이 비난받을 수 있다.

유다인의 가치(3:1-8)

1 그러면 유다인의 나은 점이 무엇이며 할례의 이로운 점이 무엇이겠습니까? 2 과연 여러모로 많이 있습니다. 무엇보다도 하느님께서 유다인들에게 당신의 말씀을 맡겨주셨다는 사실입니다. 3 그런데 어떤 유다인들이 신의를 저버렸다고 합시다. 그렇다고 해서 하느님께서도 신의를 저버리시겠습니까? 4 절대로 그럴 수 없습니다. 세상 모든 사람이 거짓말쟁이라 하더라도 하느님만은 언제나 진실하십니다. 성서에도, "당신의 말씀에는 언제나 정의가 드러나고 재판을 받으시면 반드시 이기십니다."라는 말씀이 있지 않습니까? 5 우리의 불의가 오히려 하느님의 정의를 드러낸다고 하면 어떻게 되겠습니까? 그렇다면 우리에게 진노를 내리시는 하느님을 옳지 않다고 말할 수 있겠습니까? 이것은 사람의 생각으로 하는 말이지 6 절대로 그럴 수 없습니다. 사실 그렇다면 하느님께서 어떻게 세상을 심판하시겠습니까? 7 또 "나의 허위가 오히려 하느님의 진실을 더욱 드러내고 하느님의 영광에 보탬이 된다면 왜 내가 죄인으로 단정을 받아야 하느냐?" 하고 물을 수도 있겠습니다. 8 그뿐 아니라 "아예 선을 드러내기 위해서 악을 행하자." 하는 말이 나옴직도 합니다. 사실 내가 바로 그런 말을 한다고 하면서 나를 비방하는 사람들이 있습니다. 그들이야말로 단죄를 받아 마땅합니다.

1절 단락 첫문장을 의문문으로 만들어 주제를 소개하는 방법은 바울에게 익숙하다.(로마서 4:1, 6:1, 11:1) 유다인의 강한 반대 질문에 바울이 반응하는 것[99]일까. 유다인 바울이 사도 바울에게 하는 질문에 대답하는 것[100]일까. 유다인 바울이 사도 바울에게 유다인과 이방인이 하느님 앞에서 정말로 아무런 차이가 없다고 생각하느냐고 묻고 있다. 1절의 두 질문에 바울은 즉시 2절에서 대답한다. 하느님의 신의와 유다인의 불충실(3:3-4), 하느님 정의와 인간의 불의(3:5-6), 하느님의 진실과 나의 거짓(3:7)이 질문과 답변 형식으로 대조되어 드러난다. 하느님은 재판에서 상대방 증인(3:3-4)으로 판사(3:5-6)로 그려지고 있다. 3장 1-8절을 바울(3:2-3, 5, 7-8, 9b)과 대화 상대(3:1, 4, 6, 9a)로 나누자는 제안[101]은 설득력이 적다.[102] 3장 1-8절은 2장 1-5절, 17-29절처럼 2인칭 단수로 진행되지 않기 때문이다.[103]

2장 17-29절에서 바울이 가상의 유다인 개인과 대화했다면, 3장 1-8절에서는 모든 유다인(로마서 1:16, 2:9, 10:12; 갈라디아서 3:28)에게 말한다. 주어가 2인칭 단수에서 보편성을 뜻하는 3인칭 단수로 바뀌었다. 할례περιτομή(3:1b)는 모든 유다인 남자의 계약의 상징(창세기 17:1-4)이다. 바울의 이 구절은 도마복음 53장에 흔적을 남긴 것 같다.[104] 유다인의 장점περισσὸν(잠언 6:11; 마태복음 5:47; 로마서 5:17)과 할례의 이익ὠφέλεια(시편 29:10; 욥기 21:15) 두 질문이 나왔다. 유다인의 장점과 할례의 이익이 없다면, "나는 너와 네 후손의 하느님이 되어 주기로, 너와 대대로 네 뒤를 이을 후손들과 나 사이에 나의 계약을 세워 이를 영원한 계약으로 삼으리라."(창세기 17:7)는 하느님 말씀이 의미없게 된다. 이 질문을 바울은 로마서 9-11장에서도 다룬다.

2절 2장 28-29절을 기억한다면, 3장 1절의 질문에 바울은 곧바로 부정적인 답을 해야 맞다.[105] 놀랍게도 바울은 유다인의 장점과 할례의 이익이 많이πολὺ(3:2) 있다는 긍정적인 답을 내놓는다. 율법 실행에 관계없이 있고, 그것도 어느 정도가 아니라 많이 있다는 말이다. 단어 많이πολὺ를 더구나 문장 맨 처음에 갖다 놓아 강조했다.

맡기다ἐπιστεύθησαν(3:2b)는 복수로 표현되어 모든 유다인에게 하느님의 말씀이 맡겨졌음을 또 강조하였다. 하느님 말씀τὰ λόγια τοῦ θεοῦ(3:2b)은 바울이 창조한 용어가 아니고 구약성서 그리스어 번역본에서 가져온 표현이다.(민수기 24:4, 16; 시편 106:11; 신명기 33:9) 특별한 개인에게 주어진 하느님 말씀(민수기 24:4, 16)을 가리키기도 한다. 말씀λόγια에는 하느님께 부탁받았다는 신탁神託의 의미가 있었다.[106] 초대 공동체는 예배에서 말씀 선포와 예언을 가리켰다.(히브리서 5:12; 베드로전서 4:11)

하느님 말씀τὰ λόγια τοῦ θεοῦ(3:2b)은 율법과 예언서로 이루어진 구약성서 전체를 가리키는 것[107]은 아니다. 선택과 약속을 포함하는 성서 뒤에 있는 사건[108]을 가리킨다고 보는 것이 좋겠다. 선택에는 실행해야 할 임무가 주어진다. 말씀을 맡겨둔다는 말은 말씀에 대한 이스라엘 백성의 역할(사무엘상 3:21; 누가복음 16:11, 갈라디아서 2:7)이 담겨 있다는 뜻을 포함한다.

3절 3절의 주제는 선택받은 이스라엘 백성의 불충실ἀπιστία에 대조되는 하느님의 진실πίστις이다. 하느님께서 유다인에게 하느님 말씀을 맡겨주신 사실이 유다인의 존재와 할례에 이익이 된다 하더라도, 유다인에게 하느님에게 충실하지 않으면 무슨 소용일까. 유다인이 하느님에게 충실하지 않는다 해도 유다인이라는 사실과 할례를 들이대면 이익이 되는가. 유다인이 하느님에게 충실하지 않았기 때문에 하느님도 유다인에게 충실하지 않으시는가.

바울이 여기서 말하는 유다인의 불충실은 모세오경이 요청하는 의무를 지키지 않은 역사가 아니라 예수를 믿지 않은 사실을 가리킨다[109]고 보아야 할까. 문맥상 그렇게 보기 어렵다.[110]

어떤τινες(로마서 3:3, 11:17; 고린도전서 10:7-10) 유다인, 즉 일부 유다인이 신의를 저버렸다고 해서 하느님께서 모든 유다인들을 싸잡아 비판할 수 있는가. 일부 유다인의 불충실에 보복하는talionisch 뜻으로 대응하실까. 그런 대응을 하느님의 신의(신명기 7:9; 하박국 2:4; 예레미야애가 3:23)라고 할 수 있는가. 유다인이 하느님에게 충실하지 않았기 때문에 하느님도 유다인에게 충실하지 않으셔야 옳은가. 이런 질문으로 바울이 계속 고뇌하고 있다. 그 고뇌를 21세기 한국 그리스도인도 하고 있는가.

단어 πίστις에는 믿음Glaube뿐 아니라 충실, 신의Treu라는 뜻이 있다. 믿음이란 단어가 한국인에게 간단하게 이해될 수 있지는 않다. 믿는 내용was이 무엇인가, 믿는 태도는 어떤가wie, 믿는 사람이 누구wer인가 하나하나 다 따져보아야 한다. 무엇을 믿는지는 모르지만 뜨겁게 믿는다는 사람도 있고, 무엇을 믿는지 좀 알겠는데 미지근하게 믿는 사람도 있고, 무엇을 믿는지 어떻게 믿는지 의식하긴 하지만 믿는 자신이 누군지 모르는 사람도 있다.

4절 그럴 수 없습니다μὴ γένοιτο(3:3)는 바로 앞의 잘못된 결론 의문문에 항의할 때 바울이 즐겨 쓰는 표현이다.(로마서 3:6, 6:2, 7:7, 11:1)

신약성서 밖 그리스 문헌에도 쓰이던 어법이다. 일부 유다인의 신의 없음이 하느님의 신의를 손상시킬 수 없다는 말이다. 유다인의 신의 없음과 관계없이 유다인의 장점과 이익은 그대로 유지되며 유다인에게 맡겨진 하느님 말씀도 계속 맡겨진다. 하느님의 진리, 진실함ἀλήθεια은 하느님에 대해 이스라엘 백성이 갖고 있는 기본 확신에 속한다.(출애굽기 34:6; 시편 31/30:6, 89/88:2, 6, 9)

하느님의 진실함은 인간의 진실함과 차원이 다르다. 인간과 다르게 하느님은 진실하지 않을 수 없다. 하느님의 진실함은 바꿀 수 있는 성격이 아니라 바꿀 수 없는 본질에 속한다. 유다인의 불충실에 하느님이 불충실로 응답한다면 하느님과 인간의 차이는 없어지고 말 것이다. 하느님의 진실함은 인간의 충실과 불충실에 따라 움직이지 않는다. 하느님이 자신의 충실함에 충실한 것은 하느님의 하느님다움Gott-Sein Gottes에 속한다.

놀라운 일은 바울이 하느님과 유다인 관계(3:2b-3)를 하느님과 인간 관계(3:4b-c)로 확대하고 옮겼다는 사실이다. 하느님 앞에 유다인의 특별한 지위를 다루다가 인간 일반으로 논의를 확대하는 모습은 바울의 특징이다.(로마서 2:1-16, 2:25-29, 3:28-30) 바울은 세상이 어떤지 설명하는 것이 아니라 이스라엘은 어떤지 설명하고 있다. 이스라엘이라는 특별한 경우에 하느님이 어떻게 처신하시는지 세상에 알리려는[111] 것이 아니라, 이스라엘도 세상에 속한다는 사실을 말하려 했다.[112] 이스라엘의 불충실은 하느님과 인간 사이의 차이를 그저 대표적으로 드러냈을 뿐이다. 일부 유다인이 불충실했다는 말이 아니라 모든 인간이 불충실했다는 말이다. 바울이 유다인을 공격하는 것이 아니라 유다인의 예를 들어 모든 인간의 불충실을 고발하고 있다.

바울은 인간의 불충은 하느님과 인간의 차이를 드러낼 뿐이라는 말을 하려고 시편 51편 4절 후반부를 로마서 3장 4절에서 인용했다. 바울은 "당신께, 오로지 당신께만 죄를 얻은 몸, 당신 눈에 거슬리는 일을 한 이 몸, 벌을 내리신들 할 말이 있으리이까?"(시편 51:4a)도 떠올렸음에 틀림없다. 재판받는다κρίνεσθαι(3:4b)에서 하느님이 재판관으로 등장했다[113]고 생각하면 안 된다. 하느님이 죄많은 인간을 고발하여 소송을 제기했다. 하느님이 판사가 아니라 원고(예레미야 2:9)로 등장한 재판에서 이긴다는 뜻이다. 4절은 바울 의화론 전체에서 결정적인 대목 중 하나[114]라고 보아도 좋겠다.

5절 3장 1-8절에서 첫 번째 질문과 응답(3:3-4)에서 유다인의 불충不忠과 하느님의 충실함이 주제였다. 두 번째 질문과 응답(3:5-6)에서는 인간의 불의와 하느님의 정의가 주제다. 불충ἀπιστία과 충실πίστις에서 불의ἀδικία와 정의δικαιοσύνη로 주제어가 바뀌고 있다. 하느님은 재판에서 원고(3:3-4)이고 판사(3:5-6)이기도 하다. 세상 심판에서는 그럴 수 없겠다. 하느님은 어떻게 원고이기도 하고 동시에 판사일 수도 있는가.[115] 하느님의 공정함을 바울이 입증해야 할 차례다.

입증하다, 보여주다συνίστησιν(3:5a)는 행동을 통하여 알게 된다는 뜻으로 쓰였다.(로마서 5:8; 고린도후서 6:4; 갈라디아서 2:18) 하느님이 당신의 행동을 통하여 자신의 공정을 입증하는 것이 아니라 인간의 불의가 하느님의 정의를 입증한다는 점이 3장 5a의 특징이다. 여기서 하느님의 정의는 이스라엘 백성과 계약을 가리킨다[116]고 보기 어렵고 하느님의 하느님다움[117]을 가리킨다. 하느님과 이스라엘이 아니라 하느님과 인간이 이 구절의 주제다.

무엇이라고 말해야 합니까τί ἐροῦμεν(3:5a)는 로마서에만 있는 표현이다.(4:1, 6:1, 7:7, 8:31) 앞쪽에 나온 잘못된 결론에 반대하면서 던지는 질문 형식의 말이다. 인간의 불충이 하느님의 신의를 망가뜨릴 수 있느냐(3:3b-c)는 질문에서 인간의 불의가 하느님의 정의를 망칠 수 있느냐(3:5c)는 주제로 바뀌었다. 사람의 생각으로 하는 말κατὰ ἄνθρωπον λέγω(로마서 3:5b, 6:19a; 고린도전서 9:8; 갈라디아서 3:15)은 인간이 일반적으로 형식논리로 말함을 가리킨다.[118]

6절 "그래서야 하느님께서 어떻게 세상을 심판하실 수 있겠습니까?"(3:6b)는 3장 4b-c의 질문과 뜻하는 바가 같다. 하느님이 당연히 세상을 마땅히 심판하신다는 말이다. 심판은 이스라엘 백성도 애타게 기다려온 믿음(이사야 66:16; 시편 94:1-2, 96:13)에 속하기 때문에 바울은 반문反問 형식으로 표현했다. 세상κόσμος(3:6b)은 인간 전체(로마서 1:8, 3:19, 5:12, 11:12)를 가리킨다. 하느님과 인간(3:4b-c)의 대립은 하느님과 세상(3:6b)의 대립으로 바뀌었다. 하느님의 하느님다움이 인간의 인간다움과 대립되고 있다. 인간이 행위하는 방식대로 하느님도 행동하리라는 인간의 추측은 틀렸다고 바울은 말하고 있다. 하느님은 공정하시고 하느님의 판단은 옳다. 그러므로 하느님이 원고와 판사를 동시에 겸해도 잘못이 없다.

7-8절 하느님의 신의, 정의, 진실은 서로 연결되어 있다. 하느님의 신의(3:3c), 하느님의 정의(3:5a)에 이어 하느님의 진실(3:7-8)에서

세 번째 질의응답에서 다루어진다. 내용은 3장 5a에서 인간의 불의 ἀδικία와 하느님의 정의δικαιοσύνη가 대립했다면, 7-8절에서는 하느님의 진실ἀλήθεια과 인간의 거짓ψεῦσμα이 대립된다. '진실'은 특히 구약성서 그리스어 번역본 시편에 자주 나오고(시편 24:5, 25:3, 29:10, 35:6) '거짓'은 그리스어 성서에서 여기에만 있다.

7절에서 주어 '나'는 누구에게 속하는지 분명하지 않다. 3장 5a에서 우리에 해당하는 뜻에서 유다인 나를 가리킬까. 모든 인간을 가리킨다[119]고 보는게 나을 것 같다. 바울은 하느님의 하느님다움과 인간의 인간다움을 맞서게 한다. 선을 드러내기 위해 악을 행하자고 부추기는 사람(3:8b)을 겨냥하고 있다. 선을 드러내기 위해 악을 행하는 사람이 왜 죄인으로 판정받아야 하는지 그 이유를 바울이 밝혀야 할 차례다. 그리스어 대명사 무엇τί(3:7b)이 이유를 나타내는 뜻으로 번역되는 경우가 있다.[120] (로마서 9:19, 14:10; 고린도전서 10:30, 갈라디아서 5:11) 8절의 주어 '우리'는 7절의 주어 나, 3장 5a의 주어 우리와 같지 않다는 점을 놓치지 말아야 한다.

3장 7b에서 주어 '나'는 죄인으로 판단받아서는 안 된다는 입장이다. 3장 8b에서 선이 나오게 하려고 악을 행했을 뿐이라며 핑계를 대고 있다. 그 사람의 거짓말이 바로 그 사람의 악이었다. 로마서 6장 1절과 15절, 갈라디아서 2장 17절을 보면, 선한 목적을 위한 수단으로 바울이 죄를 악용하고 있다고 유다인이 뒤집어씌울 수도 있겠다.[121] 선을 드러내기 위해 악을 행하자고 부추기는 사람을 하느님이 지금 심판하신다는 말을 바울이 하는 것은 아니다. 그런 사람을 하느님이 심판함은 옳다고 바울은 말한다. 단죄ἔνδικόν(3:8b)는 그리스 성서에서 히브리서 2장 2절에 한 번 더 나온다. 저주라고 번역[122]하는 것은 바울의 의도와는 거리가 멀다.

바울은 3장 1-8절에서 이방인과 비교하여 유다인의 여전히 유효한 가치를 논하고 있다. 9-11장에서도 바울은 같은 주제를 다시 다룬다. 그러나 9-11장에서 바울은 예수 그리스도를 받아들이지 않는 유다인의 운명과 가치를 토론한다. 바울은 "여러모로 많이 있습니다."(3:2)처럼 "하느님께서 한 번 주신 선물이나 선택의 은총은 다시 거두어가시지 않습니다."(11:29)라는 똑같은 답을 말하고 있다. 하느님이 유다인과 맺은 약속은 계속 유지된다는 뜻이다. 21세기 한국 그리스도인은 바울의 이 말을 잊지 말아야 한다.

바울은 한편으로 유다인과 이방인이 차이 없음을 강조하고 다른 한편으로는 이방인에 비해 유다인이 갖고 있는 특징과 장점을 외면하지 못하고 있다. 바울은 로마서에서 끝까지 이 문제를 고뇌하고 있다. 바울은 이 곤경Aporie에서 해방될 수 있을까. 성공하지 못했다는 의견도 있다.[123]

인간은 모두 죄인이다(3:9-20)

9 그러면 우리 유다인이 나은 점이 무엇입니까? 아무것도 없습니다. 이미 내가 지적했듯이 유다인들이나 이방인들이나 다같이 죄에 사로잡혀 있는 사람들입니다. **10** 성서에도 이런 말씀이 있습니다. "올바른 사람은 없다. 단 한 사람도 없다. **11** 깨닫는 사람도, 하느님을 찾는 사람도 없다. **12** 모두가 비뚤어져 쓸모없게 되었다. 선한 일을 하는 사람은 없다. 단 한 사람도 없다. **13** 그들의 목구멍은 열린 무덤이며 그들의 혀는 거짓을 말하고 입술에는 독사의 독이 흐르니 **14** 그들의 입은 저주와 독설로 가득하다. **15** 그들의 발은 피 흘리는 일에 날쌔며 **16** 간 데마다 파괴와 비참을 남긴다. **17** 그들은 평화의 길을 알지 못하고 **18** 그들의 눈에는 하느님을 두려워하는 기색이 없다." **19** 우리가 알다시피 율법 아래 사는 사람들은 그 율법이 명령하는 모든 것의 지배를 받습니다. 그래서 결국 모든 사람은 말문이 막히게 되고 온 세상은 하느님의 심판에 복종하게 된 것입니다. **20** 그러므로 율법을 지키는 것으로는 아무도 하느님과 올바른 관계를 가질 수 없습니다. 율법은 단지 무엇이 죄가 되는지를 알려줄 따름입니다.

9절 9절을 앞 단락에 속한 것으로 보는 학자도 있다.[124] 그러나 10절의 연결부사 처럼καθὼς 때문에 10절을 9절과 분리할 수 없다. 3

장 9-20절 단락을 9절과 19-20절이 앞뒤로 감싸고, 중간에 구약성서 인용문(3:10-18)이 여럿 이어진다. 로마서에서 죄ἁμαρτία라는 단어가 3장 9절과 3장 19-20절에 처음 나온다. 유다인들이나 이방인들이나 다같이Ἰουδαίους τε καὶ Ἕλληνας πάντας(3:9)가 다시 등장하고 모든 사람들πᾶς(3:19)은 세 번이나 반복된다. 모든 사람, 죄 두 단어가 이 단락에서 중요하다.

그러면 무엇입니까τί οὖν(로마서 3:9a, 6:15, 11:7)는 플라톤[125] 이후 고대 문학에서 앞 단락을 요약할 때 널리 쓰이던 표현이다. 민수기 16장 15절과 로마서 3장 9a에만 있는 단어 προεχόμεθα 이해에는 세 가지 가능성[126]이 있다. 첫째, 우리 유다인이 장점을 가지고 있습니까? 여기서 우리는 바울을 포함하는 유다인 복수를 가리킨다. 둘째, 우리가 앞서가고 있습니까? 여기서 우리는 누구를 가리키는지 일치하지 않고 있다. 복음을 전하는 사람들(3:8a-b)[127], 우리 인간[128], 그리스도인 우리[129] 등의 의견이 있다. 셋째, 우리가 약점이 있습니까? 여기서 우리는 유다인 우리를 가리킨다.[130]

우리말 번역본 성서들을 보자. "우리 유다인이 나은 점이 무엇입니까?"《공동번역》, "우리 유다인들이 뛰어난 게 있습니까?"《200주년 기념성서》, "우리가 유다인으로서 나은 점이 있습니까?"《신약성경》, "우리는 나으냐 또는 그들만 못하뇨."《개역개정》.《공동번역》은 첫째를, 가톨릭 측의 다른 두 번역도 첫째의 입장을 택했다. 개신교의《개역개정》은 첫째와 셋째, 두 가지 번역 가능성을 제시했지만, 우리가 누구를 가리키는지 분명히 말하고 있지 못하다. 나는 볼터 Wolter의 셋째 주장을 따르겠다.

위 세 가능성에는 각각 약점이 있다. 첫째처럼 단어 προεχόμεθα 가 적극적으로 이해된 사례를 찾아볼 수 없다. 둘째처럼 προεχόμεθα 가 자동사로 쓰인 사례를 찾을 수 없다. 셋째가 타당하려면 우리는 유다인 우리가 아니라 복음을 전하는 사람들을 가리켜야 한다.[131] 우리가 약점이 있습니까?(3:9a)는 2장 25-29절과 3장 1-2절 사이의 긴장과 연결되어 있다. 하느님의 선택으로 유다인 존재와 할례가 특별하다는 주장을 바울이 한다면, 유다인 존재와 할례는 오직 율법을 충족해야만 가치있다는 자신의 말과 모순되지 않느냐는 것이다. 이 질문은 다른 사람이 바울에게 하는 것[132]은 아니고 바울 자신이 스스로 꺼내는 질문이다. 바울은 이 곤경을 벗어나지 못하고 로마서 끝까지 두 의견을 왔다갔다 계속한다.

죄ἁμαρτία라는 단어가 로마서에서 3장 9절에서 처음 나왔다. 모든 사람이 죄 아래ὑφ' ἁμαρτίαν(3:9b) 있다는 말에서 죄는 개인의 개별적인 범죄 행위를 가리키는 것이 아니라 모든 인간을 억압하고 있는 힘을 가리킨다. 바울은 인간이 어떻게 이런 상황에 빠지게 되었는지condicio humana 설명한다.(로마서 5:12-14; 갈라디아서 3:22) 죄 아래 있는 인간의 상황condicio humana을 알게 된 것이 로마서 1장 19절-2장 24절에서 얻는 결론이다.

바울은 3장 10-18절에서 여러 성서구절을 인용하고 있다.

3장 10b;전도서 7장 20절에 기초했다.

3장 10절;시편 13편 2절을 고쳐 인용했다.

3장 12절;시편 13편 3절을 단어 그대로 인용했다.

3장 13a-b;시편 5편 10절을 단어 그대로 인용했다.

3장 13c;시편 139편 4절을 단어 그대로 인용했다.

3장 14;시편 9편 28절을 조금 고치고 주어를 단수에서 복수로 바꾸었다.

3장 15-17;시편 35편 2절을 거의 단어 그대로 인용했다.

3장 15; 시편 35편 2절을 거의 단어 그대로 인용하고 주어를 단수에서 복수로 바꾸었다.

3장 10-18절은 두 부분으로 나눌 수 있다. 3장 10b-12절에 다섯 번 나오는 그런 사람들은 없다οὐκ ἔστιν(3:10b, 11a, b, 12b, c), 모든 사람들πάντες(3:12a) 등 모든 인간을 칭하는 인용 구절로 이루어졌다. 3장 13절부터 리듬과 내용이 달라진다. 여기서부터 인간은 그 행위로 특징지워진다. 목, 혀, 입술, 입, 발, 눈 등 몸의 일부를 비유로 들어 사람의 행위를 그려내고 있다. 2인칭 복수 소유대명사(αὐτῶν: 13a-c, 15, 16, 18; ὧν: 13)를 동원하여 모든 유다인과 이방인(3:9d)을 가리킨다. 3장 16-17절은 이사야 59장 7a, 8a를 인용하여 발-길(시편 119:59; 이사야 41:3; 누가복음 1:79) 비유를 말한다. 3장 18절은 인간 행위가 아니라 하느님에 대한 두려움을 말하고 있다.

3장 10-18절 인용문은 어떻게 생겨났을까. 크게 세 가지 의견이 있다. 첫째, 유다교나 그리스도교에서 쓰던 성서 발췌집이 있었다.[133] 둘째, 전례(성례전)에서 사용되던 죄 고백문이 있었다.[134] 셋째, 바울이 로마서 집필 전에 인용문을 스스로 작성했다.[135] 바울이 로마서에서 긴 단락을 인용문으로 마무리(9:25-29, 10:18-21, 11:26-27, 15:9-12)하는 경우를 보면, 바울이 3장 10b-18절을 로마서를 집필할 때 직접 쓴 것 같다.[136]

3장 10b-18절은 어떤 죄가 세상에 있느냐보다 누가 죄를 지었느냐에 더 관심이 있다. 인용 구절 각각을 분석하기보다 전체적으로 어떤 의도에서 인용되었는지 아는게 중요하다. 바울은 로마에 사는 그리스도인뿐 아니라 독자를 의식하고 있다. 고대 그리스 수사학 Rhetorik의 3요소인 품성Ethos, 정서Pathos, 논리Logos[137] 중에서 바울은 여기서 분명히 정서Pathos에 호소하고 있다. 죄가 무엇인지 토론하거나 죄에 대해 우리가 어떤 태도를 가질 것인지 설명하려는 것은 아니다. 죄가 인간에게 어떤 영향을 끼치는지 소개하였다.

3장 9-18절에서 3장 19절로 넘어가는 과정은 2장 6-11절에서 2장 12절로 건너가는 모습과 비슷하다. 유다인과 이방인 사이에 차이가 없음을 내세운 뒤 바울은 율법을 논의한다. 3장 30절에서 3장 31절로, 4장 11b에서 4장 13절로, 5장 12d에서 5장 13-14절로 옮아가는 과정도 마찬가지다. 우리는 압니다οἴδαμεν… ὅτι(로마서 2:2, 7:14, 8:22; 고린도전서 8:1)라는 표현은 로마서 독자뿐 아니라 유다인 대화상대도 포함한다. 바울은 3장 19b에서 자신도 유다인임을 강조한다. 3장 10b-18절에서 말하는 사람은 유다인임을 가리킨다.

3장 19b는 마치 재판정에서의 고발장처럼 보인다. 모든 인간은 피고인이며 하느님의 심판에서 자기를 변호할 수 없고 침묵해야 한다. 유다인도 이방인도 마찬가지다. 자신의 죄를 아는 사람은 침묵해야 한다.(마태복음 22:12; 욥기 5:16; 시편 63:12, 107:42) 로마법의 재판에서는 피고의 죄목이 낭독된 후 피고의 침묵non respondens은 자기 죄를 인정confessus하는 태도로 여겨졌다.[138] "빌라도는 예수에게 '보시오. 사람들이 저렇게 여러 가지 죄목을 들어 고발하고 있는데 당신은 할 말이 하나도 없습니까?' 하고 다시 물었다. 그러나 예수는 빌라도가 이상하게 여길 정도로 아무런 대답도 하지 않았다."(마가복음 13:3-5)에서 예수는 자기 죄를 시인한 것으로 로마법은 이해한다.

20절 "율법을 지키는 것으로는 누구를 막론하고 하느님 앞에서 의롭게 되지 못할 것입니다. 올바른 관계를 가질 수가 없기 때문입니다."(3:20b)는 갈라디아서 2장 16절에 이미 나왔다. 공통년 48년 여름 안디옥에서 바울은 베드로와의 논쟁(사도행전 15:35)에서 우리도, 즉 베드로와 바울도 유다인으로서 공통으로, "율법을 지킴으로써가 아니라 그리스도를 믿음으로써 하느님과 올바른 관계를 가지려고 그리스도 예수를 믿은 것"(갈라디아서 2:16)이라고 고백했다. 로마서 3장 20b와 갈라디아서 2장 16절에서 율법으로 하느님 앞에서 의롭게 되지 못할 것이라는데 같지만[139] 그 배경과 이유가 서로 다르다. 바울이 율법을 어기는 것보다 율법을 따르는 것을 더 나쁘게 보았다[140]는 말은 물론 아니다.

갈라디아서는 고린도전후서가 쓰여진 후 로마서가 쓰여지기 직전 사이 공통년 55년 가을 마케도니아에서 쓰여진 것 같다.[141] 로마서는 공통년 56년 초 고린도에서 쓰여진 것 같다.[142] 갈라디아서와 로마서는 1년도 안 되는 짧은 기간에 쓰여졌다. 베드로와 바울이 안디옥에서 논쟁을 벌인지 10년도 지나지 않은 시점이다.

갈라디아서에서 율법과 믿음 문제는 그리스도교 내부 문제의 일이었다. 유다교 율법이 신도들에게 의무로 제시되지 않고 예수 그리스도에 대한 믿음을 받아들인 갈라디아 공동체에서 율법을 통한 의로움의 길은 아예 없었다. 그러니 갈라디아에서 처음부터 믿음만 강조되면 충분했다.(갈라디아서 2:16, 3:11-12) 왜 유다교 율법이 의로움의 길(레위기 18:5)이 아닌지를 그리스도교 신도들에게 따로 특별히 설명할 필요도 없었다.

하지만 로마서에서는 사정이 다르다. 유다교 내부 논쟁[143]이라고 하기도 곤란하다. 그리스도를 받아들인 유다인 출신 그리스도인, 이방인 출신 그리스도인과 유다인 사이의 논쟁이었다. 단순히 그리스도교 내부 문제가 아니고 예수를 받아들이지 않는 유다인을 포함한, 요즘 말로 하자면, 종교간 대화 차원의 문제였다. 율법을 실행하는 사람은 의롭게 된다(로마서 2:13)는 말을 바울은 이미 해버린 상태다. 율법과 믿음이 의로움의 길로 함께 제시된 상황에서 믿음을 다루는 토론이다. 로마서에서 처음부터 믿음만 강조해서 될 일은 아니었다.

3장 20a는 전체적으로 보면 1장 18절-3장 19절까지 그를 요약했다고 볼 수 있다. 율법 지키는 길을 통한 의로움의 기회는 인간에게 없기 때문에 바울에게 남은 방법은 예수 그리스도를 통한 믿음밖에 없다. 3장 20a에서 이른바 행업 원리를 거부했다고 말하기는 어렵다. 인간이 율법을 다 지킬 가능성이 없기 때문에 율법을 통한 의로움의 기회가 인간에게 없다고 한다면, 인간이 믿음을 평생 잘 유지할 가능성이 없기 때문에 믿음을 통한 의로움의 기회도 없다고 보아야 하는가. 그렇진 않다.

단어 ἔργα νόμου(3:20a)를 우리말로 어떻게 이해해야 할까. 올바른 번역 단어를 찾는 것 뿐 아니라 무엇을 정확히 가리키는지 아는 게 중요하겠다. 이미 번역된 사례를 살펴보자. 율법을 지키는 것(《공동번역》), 율법의 행업《200주년 기념성서》), 율법에 따른 행위《성경》), 율법의 행위《개역개정》) 등으로 번역하였다. 단어 ἔργα νόμου는 바울만 사용했던 전문 용어(로마서 2:15, 3:20, 28; 갈라디아서 2:16[3번], 3:2, 5, 10)이며 네 복음서에는 한 번도 나오지 않는다. 예수는 ἔργα νόμου를 쓰지 않았다.

칼뱅Calvin도 ἔργα νόμου이 지식인 사이에서 논란될 것이라고'Opera Legis' quae dicantur, ambigitur etiam inter eruditos 썼다.[144] 어떤 사람은 율법 전체를 따름을 가리킬 것ad universae Legis observationem이고, 다른 사람들은 단순한 의식儀式ad solas ceremonias을 가리키는데 그칠 것이라고 칼뱅은 말했다.[145] 새로운 관점New perspective 주창자인 던Dunn이 칼뱅과 거의 비슷한 의견을 내세웠다. 모세오경의 모든 규정이 아니라 하느님 백성으로서 유다인의 정체성을 드러내고identy markers 외부와 다른 특징을 나타내는boundary markers 일부 규정, 특히 할례, 식사, 축제만 가리킨다는 것이다. 그것은 유다인의 공동체 특징covenant membership으로 기능한다.[146] 초대 교회부터 예식 규정 또는 전례 규정으로 불렸던 것에 해당한다.[147] 칼뱅과 던의 주장에 반대하면서 ἔργα νόμου는 언제나 모세오경의 규정 전체를 가리킨다는 의견도 만만치 않다.[148]

위 두 입장과 다르게 루터는 ἔργα νόμου를 이스라엘이 하느님 백성으로 스스로 나타낼 수 있는 모세오경(창세기, 출애굽기, 레위기, 민수기, 신명기)의 모든 규정을 특별히 가리킨다고 여기지 않았다. 루터에게 ἔργα νόμου는 은총(은혜) 아닌 모든 것이다. 은총 아닌 것은, 법률로서 국가 권력에 속하든, 성례전(전례)으로서 교회 질서에 속하든, 십계명이든 그 무엇이든 ἔργα νόμου에 해당한다.[149] 인간 의지를 기초로 믿음 밖에서 생기는 것Opera legis sunt, quae extra fidem fiunt voluntate humana은 ἔργα νόμου이다.[150] 루터의 이 말은 지금까지 개신교의 바울 이해를 결정지어 왔다.[151] 바르트Barth는 3장 20절을 인간의 행위Werkn des Menschen와 연결시켰다.[152] 불트만Bultmann은 유다인이든 이방인이든 역사적으로 생긴 모든 법령 전체[153]를 가리킨다고 주장한다. 유다인은 종교적 인간의 대표로, 인간의 행위 영성Leistungsfrömmigkeit의 전형으로 그려졌다.[154]

바울은 ἔργα νόμου에서 할례, 식사, 축제 규정뿐 아니라 모세오경이 요구하는 행위 전체를 가리키고 있다. 새로운 관점 학파의 주장과 다른 점이다. 바울은 일부 규정과 모세오경을 분리하여 말하지 않는다. 바울에게 ἔργα νόμου는 언제나 이스라엘의 문제[155]와 관계가 있다. 이스라엘 문제를 넘어서는 ἔργα νόμου 이해에 있어 루터, 불트만, 바르트의 ἔργα νόμου 의견은 바울과 거리가 있다.

ἔργα νόμου가 모세오경에 쓰여진 규정만 가리키는지 또는 규정을 지키기 위한 행동까지 포함하는지 의문이 있었다. 두 해석 중 어느 한 가지가 모든 구절에 다 해당되지는 않는다. 규정을 가리키는 구절(로마서 2:15, 10:5; 갈라디아서 3:10, 5:4)도 있고 행동까지 포함하는 구절(로마서 3:20a, 28; 갈라디아서 2:16, 3:2, 5)도 있다.

3장 20b도 여전히 최후의 심판 장면을 전제하고 있다. 죄인식 ἐπίγνωσις ἁμαρτίας(3:20b)은 "율법이 아니었던들 나는 죄를 몰랐을 것"(7:7)에서 설명하는 경우가 많다.[156] 그러나 3장 20b과 7장 7절 사이에 차이가 있다. 7장 7절에서 인간이 죄인이 되기 전에 어떤 행동이 죄인지 율법을 통해 알게 된다. 3장 20b에서는 죄지은 다음 율법의 도움으로 이미 저지른 죄를 죄로 알게 되는 경우를 말하고 있다. 3장 20b에서 주어는 죄지은 인간이 아니다. 원고와 판사를 겸하는 하느님이 주어로서 재판정에서 죄 지은 인간에게 죄를 알려주는 역할을 한다.

3장 9-20절은 1장 18절부터 3장 8절까지를 요약하고 있다. 3장 9-20절은 두 차원이 겹치고 있다. 한편으로 바울은 로마에 사는 그리스도인에게 자신을 소개하고 자신이 전하는 복음이 무엇인지 설명한다. 바울이 세운 로마 공동체가 아니다. 얼굴도 모르는 로마 공동체 사람들에게 가르침이나 훈계는 어울리지 않는다. 더구나 바울에 대한 나쁜 소문을 그들도 이미 들었을 수 있다. 바울은 최대한 친절하고 겸손하게 자신을 해명하는 편지를 써야 할 입장이다. 다른 한편으로 바울은 가상의 유다인 대화 상대 또는 독자를 의식하고 있다. 유다인과의 대화dialogus cum Iudaeis다. 예수 그리스도의 복음을 전하는 사도 바울이 유다인 바울과 상상의 대화를 하고 있다.

바울은 가상의 유다인 대화 상대에게 무슨 말을 하고 있을까. 유다인과 이방인이 똑같이 죄인이기 때문에 하느님 앞에서 아무 차이 없다.(로마서 2:9, 10, 11, 12:25-29, 3:9-18:19-20a) 바울이 율법 문제를 그렇게 애절하게 다루는 이유가 있었다. 바울 자신이 과거에 하느님 백성으로서 이스라엘의 거룩함을 지키기 위해 율법을 열렬히 지키려고 애썼던 사람이었다.(갈라디아서 1:13-14; 빌립보서 3:5-6) 그리스도 믿음이 유다인 그리스도인과 이방인 그리스도인 사이에 신학적으로 아무 차이 없다는 바울의 주장이 많은 갈등(갈라디아서 2:11-14, 5:1-

12, 6:12-13)을 일으켜왔기도 했다.

바울은 로마에 사는 이방인 출신 그리스도인이 로마서를 읽는 상황을 또한 의식하지 않을 수 없었다. "복음은, 믿는 이라면 누구를 막론하고 먼저 유다인 그 다음에는 헬라인도 구원으로 인도하는 하느님의 능력"(1:16)은 1장 18절부터 3장 20절까지 함께 읽어야 한다고 말하고 싶었다. 모든 사람이, 무엇보다도 유다인이 복음과 예수 그리스도를 향해야 한다고 바울은 분명히 말하고 싶었다. 그 답을 바울은 3장 21절부터 상세히 소개할 작정이다.

바울은 인간의 비참한 현실을 설명하기 이전에 벌써 그 위기에서 해방될 답을 알고 있었고 가지고 있었다.[157] 복음과 믿음은 오직 이방인을 위한 구원의 길이며, 유다인에게는 모세오경이 유다인을 여전히 하느님 선택 안에 머무르게 할 것이라는 의견[158]은 바울의 생각과는 거리가 멀다.

빨갱이, 전라도, 사회주의자 등과 같은 편견이 내용을 억압하는 단어들이 한국 사회에 적지 않다. 종교에도 마찬가지다. 유다교나 유다교의 율법이 한국 개신교, 가톨릭 신자들에게 제대로 공정하게 소개되어 왔을까. 행업, 행위, 더 나아가 실천에 대한 한국 개신교 성도들의 정서적 거리감은 신학적으로 올바르고 건강한가. 유다교, 율법, 행업, 행위에 대한 적절한 설명과 이해가 로마서를 가까이 하는 전제 조건 아닐까. 오염된 단어들을 로마서 이해와 토론의 자료로 삼기는 곤란하다. 비유로 말하자면, 단어 자체를 깨끗이 세척할 필요가 있다. 또한 단어를 보는 우리 눈을 맑은 물로 씻을 필요가 있다.

베드로는 가톨릭 대표, 바울은 개신교 대표나 창시자로 잘못 알고 있는 사람이 여전히 많다. 베드로를 꺼려 하는 개신교 성도와 바울을 멀리 하는 가톨릭 신자가 아직도 없지 않다. 로마서는 개신교의 독점 소유물이 아니라 가톨릭과 개신교 공통의 유산에 속한다. 루터의 눈으로 로마서를 보기보다 바울의 눈으로 로마서를 보는 자세가 먼저 필요하다. 그 다음에 루터가 로마서 해석을 통해 개신교에 준 소중한 유산과 가톨릭에 준 아픈 교훈을 생각하는 것이 바람직하겠다. 종교 개혁이 남긴 갈등과 앙금을 마치 로마서 이해에서 포기할 수 없는 교파적 유산처럼 삼는다면, 올바른 로마서 이해는 쉽지 않고 뒤틀릴 수도 있다.

우리가 유다교에 대해 지금까지 잘못 알아왔던 내용이 있었을까. 만일 있었다면, 그것은 무엇일까. 개신교에 대해 가톨릭 신도들이 지금까지 잘못 알아왔던 내용이 있었을까. 그것은 무엇일까. 가톨릭에 대해 개신교 신도들이 지금까지 잘못 알아왔던 내용이 있었을까. 그것은 무엇일까. 로마서가 유다교와 그리스도교 사이에 분열의 문서가 아니라 화해의 문서가 되면 어떨까. 로마서가 개신교와 가톨릭 사이에 분열의 문서가 아니라 화해의 문서가 되면 어떨까. 로마서를 바라보는 우리의 시각에 혁명적 변화가 생겼으면 좋겠다.

바울의 현실 분석은 너무 우울한가. 우리 시대의 인류 분석은 바울의 현실 분석보다 좀더 희망적이 될 수 있을까. 희망은 인류에게 영원히 불가능한 꿈인가. 바울의 현실 분석이 너무 우울하다고 탓하기에는 우리 시대의 인류 현실이 너무 암담하기만 하다.

2부
예수 그리스도를 통해 나타난
하느님의 의로움
(3:21-5:21)

예수 죽음을 통한 믿는 이들의 구원(3:21-31)

21 그러나 이제는 하느님께서 인간을 당신과 올바른 관계에 놓아주시는 길이 드러났습니다. 그것은 율법과는 아무 관계가 없습니다. 율법서와 예언서가 바로 이 사실을 증명해 줍니다. 22 하느님께서는 믿는 사람이면 누구나 아무런 차별도 없이 당신과 올바른 관계에 놓아주십니다. 그것은 예수 그리스도를 믿음으로써 이루어지는 것입니다. 23 모든 사람이 죄를 지었기 때문에 하느님이 주셨던 본래의 영광스러운 모습을 잃어버렸습니다. 24 하느님께서는 그리스도 예수를 통해서 모든 사람을 죄에서 풀어주시고 당신과 올바른 관계를 가질 수 있는 은총을 거저 베풀어주셨습니다. 25 그리스도를 믿는 사람에게는 죄를 용서해 주시려고 하느님께서 그리스도를 제물로 내어주셔서 피를 흘리게 하셨습니다. 이리하여 하느님께서 당신의 정의를 나타내셨습니다. 과거에는 하느님께서 인간의 죄를 참고 눈감아 주심으로 당신의 정의를 나타내셨고 26 오늘날에 와서는 죄를 물으심으로써 당신의 정의를 나타내셨습니다. 이렇게 해서 하느님께서는 당신이 올바르시다는 것과 예수를 믿는 사람이면 누구든지 당신과 올바른 관계에 놓아주신다는 것을 보여주십니다. 27 그러니 우리가 내세울 만한 것이 무엇입니까? 아무것도 없습니다. 우리가 어떻게 해서 하느님과 올바른 관계를 되찾게 되었습니까? 율법을 잘 지켜서 그렇게 된

것입니까? 아닙니다. 그것은 믿음을 통해서 이루어진 것입니다. 28 사람은 율법을 지키는 것과는 관계없이 믿음을 통해서 하느님과 올바른 관계를 맺는다고 우리는 확신합니다. 29 하느님은 유다인만의 하느님이신 줄 압니까? 이방인의 하느님이시기도 하지 않습니까? 과연 이방인의 하느님도 되십니다. 30 하느님은 오직 한 분 뿐이셔서 할례를 받은 사람이나 받지 않은 사람이나 다같이 그들의 믿음을 통해서 당신과 올바른 관계를 갖게 해주십니다. 31 그러면 우리가 믿음을 내세운다고 해서 율법을 무시하는 줄 아십니까? 절대로 그렇지 않습니다. 오히려 율법을 존중합니다.

21절 길을 걷다가 가끔 지도를 볼 필요가 있다. 로마를 걷고 있는 우리는 지금 어디쯤 있을까. 이 책 서문에 있듯이, 로마서 본문 제2부를 시작할 참이다. 1부 죄를 지은 인간의 비참한 현실(1:18-3:20)에 이어 2부 예수 그리스도를 통해 나타난 하느님의 의로움(3:21-5:21)을 다룰 차례. 3부는 죄에서 해방된 인간의 새로운 삶(6:1-8:39)이 주제다. 예수 그리스도를 통해 나타난 하느님의 의로움(3:21-5:21)을 말하기 위해 바울은 예수 죽음을 먼저 다룬다. 예수 죽음을 통해 믿는 사람들에게 구원이 선사되었다.(3:21-31)

　3장 21절-5장 21절은 특히 1장 16-17절과 연결된다. 하느님 의로움δικαιοσύνη θεοῦ(3:21)과 믿음πίστις(3:21)이라는 단어가 돋보인다. 믿음은 유다인과 이방인 사이의 차이를 없앤다는 바울의 주장을 다시 강조한다. 아브라함의 믿음(4:9-12, 16-17a)을 살펴본 후 모세오경이 구원 가치가 없음을 말한다.(3:21,27-, 4:13-16, 5:13-14a, 20) 모세오경과 거리를 둔 후 바울은 1장 18절-3장 20절을 연결한다. 예수 그리스도에 대한 믿음(3:22), 그리스도 예수 안에서 이루어진 구원 (3:24), 우리 주 예수 그리스도를 통하여(5:1, 11) 논의된다. 하느님의 구원 활동이 소개되는 3장 27절-4장 25절이 중심 단락이다.

4장 25절과 5장 1절 사이를 단락이 나뉘는 곳으로 보아야 할까. 대부분 주석서와 논문에서 그 입장을 취하고 있다. 5장 11절과 5장 12절을 나누기도 한다.[1] 또한 5장 21절과 6장 1절 사이를 나누기도 한다.[2] 5장 1-21절이 앞 부분과 내용이 깊이 연결되어 있고, 6장 1절-9장 30절에서 믿음이란 주제는 일단 사라지기 때문에, 나는 마지막 입장에 동의하고 싶다.

그러나 이제νυνὶ δὲ(3:21a)는 겉으로 보면 내용상 커다란 변화를 가리키는 것처럼 보인다.[3] 큰 주제가 바뀐 것은 틀림없다. 하느님 의로움을 율법에서 분리시키고, 예수 그리스도를 믿음이 의로움의 근거임을 말할 것이다.(3:22a) 그러나 1장 18절의 내용은 3장 20a처럼 3장 21절-5장 21절에서 유지될 것이다.

현재완료형 동사, 드러났다πεφανέρωται(3:21a)는 하느님 의로움 δικαιοσύνη θεοῦ(3:21a)이 사건으로 역사 안에 발생했다고 말한다. 하느님 의로움이 그저 개념에 머무르거나 미래의 꿈으로 멀리 있는게 아니다. 하느님 의로움은 예수 그리스도에게서 이미 발생한 사건이고 현재도 진행되는 현실이라는 뜻이다. 역사에 이런 시간이 인류에게 있었다. 율법과 예언서νόμος καὶ προφητεια(3:21a)는 이스라엘의 성서 전체를 가리키는 집합 명사다.(마카베오하 15:9; 마태복음 5:17; 요한복음 1:45) 여기서 율법은 3장 21a와 다르게 모세오경이 말하는 규정이 아니라 창조부터 모세의 죽음까지 역사를 기록한 책을 가리키는 문학 개념으로 쓰였다.(로마서 3:19a; 고린도전서 14:21) 이스라엘 성서도 하느님 의로움은 율법 없이 나타남을 증거한다고 바울은 주장한다.

증명한다μαρτυρουμένη(3:21b)는 법정에 증거 자료를 제출한다는 식으로 해석하는[4] 것은 곤란하다. 바울이 성서 구절을 인용한다는 말이겠다. 바울은 구약성서와 그리스도교의 연결을 약속과 성취의 관점에서가 아니라 하느님의 구원 행동이라는 눈으로 보는 것 같다.

22절 바울은 3장 22a에서 하느님의 의로움δικαιοσύνη θεοῦ을 자세히 설명하려고 예수 그리스도에 대한 신앙을 통해διὰ πίστεως Ἰησοῦ Χριστοῦ, 모든 믿는 이들을 위한εἰς πάντας τοὺς πιστεύοντας 두 전치사 어구를 덧붙였다.(로마서 9:30; 고린도전서 2:6; 갈라디아서 2:2; 빌립보서 2:8) 신앙을 통해διὰ πίστεως라는 표현이 문장 가운데 있는 곳이 바울 편지에 있다.(로마서 3:25; 갈라디아서 3:26; 에베소서 3:17) 단어 순서를 조금 바꾼 곳도 있다.(에베소서 3:11-; 골로새서 2:12; 베드로전서 1:5) 신앙을 통해διὰ πίστεως라는 표현이 각 문장에서 어떤 역할을 하는지 물을 수 있겠다. 신앙을 통해라는 도구적instrumental인 뜻으로 번역된다.(3:22a) 그러나 3장 25절에서는 신앙의 모습이라는 모양을 나타내는modal 뜻이 더 어울린다.(갈라디아서 3:6; 골로새서 2:12; 베드로전서 1:5)[5] 그리스도 믿음이 결국 하느님 의로움을 위한 뜻을 나타내기에 더 좋다.

최근 특히 미국 성서학자들 사이에서 πίστεως (Ἰησοῦ) Χριστοῦ (로마서 3:22a, 26; 갈라디아서 2:16, 20; 3:22; 빌립보서 3:9; 에베소서 3:12)를 주

격 소유격genitivus subjectivus으로 보고 그리스도의 믿음, 신뢰, 충실, 충성[6] 등으로 번역하는 경우가 있다. 예수의 고난과 죽음을 아버지에 대한 아들의 사랑 가득한 충성 행위[7]로 이해한다면, 그것은 바울의 생각을 오해한 것이다. 바울에게 예수의 고난과 죽음을 특징짓는 유일한 것은 그리스도에 대한 믿음을 갖는 그리스도인의 믿음이다. 단어 πίστεως (Ἰησοῦ) Χριστοῦ을 그리스도의 믿음이 아니라 그리스도를 믿음이라는 뜻의 목적 소유격으로 무조건 번역해야 한다는 말은 아니다. 한 가지 더 보충되어야 한다. 예수를 믿음은 예수 사건에 대한 믿음을 포함하고 가리킨다. 단어 πίστεως Χριστοῦ를 주격 소유격 또는 목적 소유격으로 번역해야 하느냐 하는 양자택일에서 벗어나 그리스도인 믿음Christic Faith[8]으로 번역하는 것이 바울 의도에 가장 가깝지 않을까.[9] 바울은 그리스도인 믿음πίστεως Χριστοῦ을 그리스도 사건에서 인간을 구원으로 이끄는 하느님의 행동을 알아차리는 그리스도인의 믿음으로 이해한다. 이것이 3장 22b에서 믿는 사람은 누구나εἰς πάντας τοὺς πιστεύοντας를 가리킨다.

23절 "하느님의 의로움은 모든 믿는 이들을 위한 것"(3:22b)이라는 구절은 사실상 1장 16절-3장 20절을 요약하고 있다. 행동에서 유다인과 이방인 모두 죄인으로 결판났기 때문에, 하느님 구원은 인간의 믿음 외에는 이제 기대할 것이 없게 되었다. 3장 23b는 죄가 낳은 결과를 소개한다. 인간의 죄 때문에 하느님의 영광(창세기 1:27)에서 인간이 멀어지게 되었다는 유다교 전승을 바울은 이어받고 있다.[10]

24절 바울은 24절에서 하느님 의로움과 인간 의화義化를 긴

밀하게 연결시킨다. 모든 사람πάντες(3:23a)과 의롭게 되었다 δικαιούμενοι(3:24a)가 연결된다. 바울은 하느님의 구원 행위를 특징짓는다. 거저δωρεὰν(3:24a)와 은총으로τῇ αὐτοῦ χάριτι(3:24a)는 서로 해석해준다.(로마서 5:17; 에베소서 3:7) 유다교 문헌에도 거저 주다δωρεὰν와 은총으로τῇ χάρις는 자주 연결되었다.[11]

속량을 통하여διὰ τῆς ἀπολυτρώσεως에서 보석금Loskauf을 연상하면 안 된다. 바울은 속량贖良, 해방 비유에서 노예, 전쟁 포로, 채무자를 돈 받고 풀어주는(출애굽기 21:8) 뜻으로 말한 것이 아니다. 해방ἀπολύτρωσις에서 이스라엘 민족의 이집트 해방이나 바빌론 유배에서 해방을 뜻한 것(신명기 7:8; 이사야 41:14; 미가 6:4)도 아니다. 구원을 멸망에서 해방으로 강조하고 있다.(다니엘 4:34; 누가복음 21:8; 히브리서 11:35) 3장 23a, 25c를 보면 단순히 죄에서 해방(골로새서 1:14; 에베소서 1:7; 히브리서 9:5; 요한계시록 1:5)을 뜻하고 있는 것 같다. 바울은 3장 24절의 해방ἀπολύτρωσις에서 예수 죽음 의미를 말하는 것은 아직 아니다. 믿기 이전의 운명과 비교하여 예수를 믿는 사람들이 죄에서 구원받는 상황을 소개하고 있다.

25a 지금부터 50년 훨씬 전부터 대부분 성서학자들은 바울이 적어도 3장 25-26절에서 그리스계 유다인 그리스도인들에서 연유한 전승[12] 또는 양식Formel[13]을 인용했다고 여겼다. 로마서에서 자신의 생각을 보충하기 위해서 그랬다는 것이다. 그 의견에 의심을 품는 학자도 있었다.[14] 바울 이전 전승이 어떤 단어인지 그 범위는 어디까지인지 알아내려는 학자들의 노력이 그후 계속되었다.[15] 그러나 바울이 전승을 보충할 것이라는 추측만 하고 전승을 줄일 것이라는

가능성을 생략한 탓에 그 시도는 실패할 수밖에 없었다. 바울 이전 또는 같은 시대에 다른 곳에서 돌아다니던 전승을 바울이 가져와 3장 24-25절에 사용했다는 추측 정도로 우리는 지금 만족해야 하겠다.[16]

25절은 단어 하나하나가 다 진지한 토론 대상이 되었다. 어떤 방식으로 그리스도 예수가 하느님 구원 행위의 수단이 되었는지 바울은 설명한다. 단어 προέθετο는 예정되었다[17], 공개적으로 내어놓다[18]라는 두 의견이 있다. 공개적으로 내어놓다는 의견을 내는 학자들은 예루살렘 성전에서 제단에 차려놓은 빵(출애굽기 39:17; 레위기 24:5; 마가복음 2:26)을 가리키고 있다.[19] 단어 προέθετο는 직접 목적어와 간접 목적어를 함께 요구하는 동사임을 알아야 뜻을 알 수 있다. 둘 중 어느 뜻을 선택하든, 그 단어가 의미에 집중하는지 어떤 특정한 대상이나 물건을 뜻하는지 또 가려야 한다.

바울은 3장 24-25절에서 그리스도 예수라고 표현된 모든 사건을 하느님께서 제물ιλαστήριον로 삼으셨고 예수 죽음을 통해 인간의 죄를 사해주셨다고 설명한다. 그리스도 예수는 나사렛 예수라는 사람뿐 아니라 나사렛 예수가 한 말과 행동 모두를 포함한다는 사실을 잊지 말아야 하겠다. 거룩한 사람 엘레아자르Eleazar는 순교하기 직전 "하느님 백성의 깨끗함을 위한 도구로 내 피를, 하느님 백성의 행동을 대신하여 내 목숨을 받아주소서" 하고 하느님께 기도를 바쳤다.(마카베오4서 6:29) 바울은 예수 죽음을 그 피 안에서ἐν τῷ αὐτοῦ αἵματι(3:25)라고 표현했다. 피는 폭력에 당한 예수 죽음(로마서 5:9)을 가리킨다. "많은 왕들과 지도자들은 절망의 시대에 자기 피를 통해

백성을 구하기 위해 스스로 자기 목숨을 바쳤다.”(클레멘스1서 55:1)

문장론으로 보면 그 피 안에서ἐν τῷ αὐτοῦ αἵματι는 제물의 나타남προέθετο ἱλαστήριον에 달려 있다. 제물ἱλαστήριον이 문장에서 무엇을 뜻하는지 먼저 알아야 한다. 바울의 편지에서 명사화된 형용사 ἱλαστήριον은 여기 밖에 없다. 어미 -ήριον은 하느님께서 죄를 사해주시는 장소 또는 수단을 뜻한다. 예루살렘 성전 지성소에 있는 125cmx75cm 크기의 황금빛 상자를 덮는 케루빔 천사 모양의 뚜껑(출애굽기 25:17-22; 레위기 16:13-15; 민수기 7:89; 히브리서 9:5)을 가리켰다. 뚜껑이 아니라 받침(에스겔 43:14, 17, 20)이라고 한 곳도 있고, 히브리어 단어를 잘못 읽어서 제단(아모소 9:1)을 가리킨 곳도 있다. 25절처럼 사람의 죽음을 가리키는 유일한 곳이 있다.(마카베오4서 17:21-22)

단어 제물ἱλαστήριον은 어떻게 이해하면 좋을까. 첫째, 유다고 화해의 날에 거행하는 피 의식(레위기 16:15-17)으로 볼 수 있다.[20] 대제사장이 예루살렘 성전 지성소에 있는 황금빛 상자의 뚜껑에 수컷 염소의 피를 뿌려서 이스라엘의 죄를 깨끗이 하는 의식이다. 둘째, 엘레아자르Eleazar 순교(마카베오4서 6:29) 맥락에서 예수 죽음을 표현하는 해석이다.[21] 순교자의 죽음으로 이스라엘 백성을 그들의 죄에서 해방시킨다는 뜻이다. 셋째, 축성祝聖 의식에 비유하기도 한다.[22] 사람이 하느님에게 축성 의식을 바치는 것이 아니라 거꾸로 하느님이 사람에게 축성 의식을 바친다는 뜻이다. 넷째, 어떤 특정한 뜻이 아니라 첫째, 둘째의 뜻을 포함하여 일반적인 속죄 의식을 가리킨다.[23]

셋째 의견은 설득력이 적다. 바울은 레위기 16장 15-17절에 나오는 속죄일의 피 의식 거행을 생각한 것 같다. 바울은 그 피 안에 서ἐν τῷ αὐτοῦ αἵματι를 통해 속죄일 피 의식을 예수 죽음과 연결하였다. 피 의식뿐 아니라 뿌려진 피를 가리킨다[24]고 보기는 어렵다. 이 피 의식을 모든 사람이 자기처럼 생각할 것이라고 바울은 여기지 않았다. 예수 죽음을 제물ἱλαστήριον로 받아들이는 사람만 그들이 자신의 죄에서 벗어난다고 믿게 만들 수 있다. 모든 믿는 자들(3:22a)과 오직 믿는 그들(3:26c)에게만 예수 죽음이 구원의 현실이 되는 것이다.

25b 3장 25b에서 바울은 3장 22b-23절로 돌아간다. 이미 저지른 죄를 다루고 있다. 나타냄, 증거ἔνδειξις(3:25b)는 나타났다 πεφανέρωται(3:21a)가 뜻한 바를 반복한다. 하느님은 예수 죽음을 제물ἱλαστήριον로 만들어서 하느님 의로움이 인간에게 현실이 되게 하셨다는 말이다. 믿음으로 받아들여진 그리스도 사건은 하느님 의로움의 나타남이란 뜻이다. 명사 지나감πάρεσις은 그리스 성서의 고유 단어hapaxlegomenon다. 파생어 동사 지나가다παρίημι는 누가복음 11장 42절과 히브리서 12장 12절에 있다.[25] 그 의로움이 나타났다 εἰς ἔνδειξιν τῆς δικαιοσύνης αὐτοῦ(3:25b) 이해에 단어 지나감πάρεσις 해석이 결정적으로 중요하다.

성서학자들의 의견이 아직 일치되지 않고 있다. 첫째, 예수 죽음을 통해서 사해질 죄를 그저 잠시 임시로 못 본 척 지나침을 뜻한다.[26] 하느님께서 과거에 하신 태도를 가리킨다. 둘째, 죄 용서를 뜻한다. 라틴어 번역성서 불가타Vulgata도 그런 의미로 번역했다.propter remissionem praecedentium delictorum[27] 3장 24a-25절에 소
개된 하느님의 처신을 가리킨다. 둘 중 어느 쪽 의견인지 결정하지
않은 학자도 있다.[28] 개인의 잘못에 처벌을 면제한다는 뜻뿐 아니라
경제적 의미에서 채무를 잊은 척 한다는 의미도 있다.

면제하든 잊은 척 하든 어느 쪽이든 작은 문제겠다. 지나감πάρεσις
이 하느님과 연결된다는 것이 중요하다. 인간이 과거에 저지른 죄
를 하느님은 모른 체 하시겠다는 말이다. 하느님 의로움은 죄 용서
에 있다는 말은 구약성서에도 이미 있었다. "주 우리 하느님은 자
비하시고 용서를 베푸시는 분이십니다."(다니엘 9:9; 출애굽기 34:7; 요한
1서 1:9)

26절 26절을 우리말 번역으로 먼저 살펴보자. "오늘날에 와서는
죄를 물으심으로써 당신의 정의를 나타내셨습니다. 이렇게 해서 하
느님께서는 당신이 올바르시다는 것과 예수를 믿는 사람이면 누구
든지 당신과 올바른 관계에 놓아주신다는 것을 보여주십니다."(《공
동번역》), "하느님께서는 참고 계셨던 것입니다. 그것은 바로 지금 이
시대에 당신의 의로움을 보여 주기 위함이며 또한 당신이 의로우시
고 예수께 대한 신앙으로 사는 이를 의롭게 하신다는 것을 보여 주
기 위함이었습니다."(《200주년 기념성서》), "이 죄들은 하느님께서 관용
을 베푸실 때에 저질러졌습니다. 지금 이 시대에는 하느님께서 당
신의 의로움을 보여 주시어, 당신께서 의로우신 분이며 또 예수님
을 믿는 이를 의롭게 하시는 분임을 드러내십니다."(《성경》) "곧 이때
에 자기의 의로우심을 나타내사 자기도 의로우시며 또한 예수 믿는
자를 의롭다 하려 하심이라."(《개역개정》) "하느님의 너그러움 덕분

에, 하느님은 의로우시고 예수 믿는 사람을 의롭게 만드는 분이시라는 하느님 의로움이 지금 나타납니다."(김근수) 성서 번역이 얼마나 중요한지 독자들은 금방 느낄 수 있을 것이다.

하느님의 너그러움 덕분에ἐν τῇ ἀνοχῇ τοῦ θεοῦ(3:26a)는 두 가지로 이해될 수 있다.[29] 첫째, 하느님께서 처벌을 참아주시던 시간으로 바울이 이해한 시간, 즉 믿음 이전 시간을 가리킬 수 있다.[30] 둘째, 믿는 사람들이 저지른 죄를 하느님께서 못 본 체 하심을 가리킬 수 있다.[31] 나는 둘째 의견을 따르겠다. "나는 야훼다. 야훼다. 자비와 은총의 신이다. 좀처럼 화를 내지 아니하고 사랑과 진실이 넘치는 신이다. 수천 대에 이르기까지 사랑을 베푸는 신, 거슬러 반항하고 실수하는 죄를 용서해 주는 신이다."(출애굽기 34:6-7; 디모데전서 1:15-16)에 있던 전승을 따르는 것 같다.

바울은 3장 26b-c에서 21-22a를 떠올리며 21-26절 단락을 요약하고 있다. 바울은 그 생각을 이미 창세기 15장 6절에서 얻었다. 바울은 하느님 의로우심이 드러났다는 사실뿐 아니라 예수 안에서 드러났음을 강조하고 싶었다. 하느님 의로우심이 예수에 이르러 처음 나타났다는 말은 아니다. 하느님 의로우심은 언제나 이미 있었다.(시편 11:7, 116:5, 129:4, 145:17) 하느님 의로우심을 바울이 유다인에게 굳이 다시 반복할 필요는 없었다. 예수 안에서 드러난 하느님 의로우심은 그 전과 다르다는 말이다. 예수 안에서 드러난 하느님 의로우심은 로마서가 쓰여질 때까지만 가리키는 것은 아니다. 로마서와 바울뿐 아니라 예수 이야기가 널리 퍼진 다른 곳과 다른 선교사를 모두 포함하는 말이다. 예수를 믿는 사람은 누구나 하느님 의로우심은 예수를 믿는 사람은 누구나 -유다인뿐 아니라- 경험할 수 있는 현실이 되었다.

3장 21-26절은 1장 1절-3장 20절에서 소개한 세 가지 내용을 다시 압축하였다.[32] 첫째, 예수 그리스도는 하느님의 복음 내용이다.(1:3-4) 둘째, 믿는 사람은 누구든지 구원으로 이끄는 능력인 하느님 의로우심이 이 복음에 있다. 셋째, 모든 인간은 죄 아래 있고 그래서 하느님 분노의 심판을 앞두고 있다.(1:18-3:20) 바울은 인간을 구원으로 이끄는 믿음이 왜 예수 그리스도를 믿음인지 설명하려 한다. 바울은 예수 그리스도에 대한 믿음을 이미 소개했지만 3장 25절에 이르러 믿음 내용을 예수 죽음이라고 분명히 밝힌다. 하느님이 예수 죽음을 죄를 없애는 제물, 즉 은총의 수단ἱλαστήριον으로 만들었다는 뜻이다.

하느님 외면과 불의 탓에 모두에게 닥친 하느님의 분노 아래 있는 인간의 비참한 운명이 먼저 소개되었다.(1:18-3:20) 로마서는 그렇게 시작되었다. 이제 예수 그리스도를 통해 나타난 하느님의 구원 의지를 설명한다. 극적인 반전이다. 바울의 친절한 설명에도 불구하고 우리의 질문은 당연히 계속되어야 한다. 예수를 믿음과 예수의 죽음은 어떻게 연결되는가. 첫째, 역사에 딱 한 번 있었던 예수 죽음이 인류 역사에 수많은 사람들의 구원과 도대체 무슨 관계가 있을까. 둘째, 예수의 죽음은 예수 임종 순간만 가리키는가 예수 삶의 모든 시간을 포함하는가. 셋째, 예수의 죽음은 예수와 비슷하게 살았고 비슷하게 죽임을 당했던 수많은 희생자들의 죽음과 어떤 관계가 있는가. 로마서 내용을 죄의 용서로만 좁게 이해하는 사람은 로마서의 풍부한 에너지를 억압하고 있다.

예수의 죽음은 말씀으로 전해졌지만 사건으로 먼저 이해되어야 한다. 안타깝게도 그리스도교 역사에서 예수의 죽음은 성서와 미사, 예배를 통해 말씀으로 전해지고 이해되어 왔지만 사건으로서 예수의 죽음은 덜 강조되거나 자주 잊혀져 왔다. 예수의 죽음이 강조되고 기억되었다 하더라도, 예수와 비슷하게 살았고 죽임 당했던 희생자들의 죽음과 예수의 죽음이 어떤 관계가 있는지 깊이 고뇌하지 못했다. 2,000년 전 예수는 왜 어떻게 죽임 당했는가 정확히 이해해야 하겠다. 예수가 죽음 당한 이후 수많은 예수 사건이 또 생겼고 예수의 죽음이 반복되고 있다는 사실도 잊지 말아야 하겠다. 인류 역사에서 예수 혼자 십자가에서 죽임 당한 것은 아니다.

엘레아자르, 세례자 요한, 나사렛 예수, 체 게바라, 본회퍼 목사, 로메로 대주교뿐일까. 전봉준, 안중근, 전태일, 이한열, 조성만뿐일까. 신천 학살, 여순 항쟁, 보도연맹, 제주 4·3, 광주 5·18, 세월호 희생자뿐일까. 그 시대 그 자리에 있었다는 이유로 억울하게 죽어간 한반도 역사의 수많은 희생자들은 어떤가. 오늘도 시리아에서 아프리카에서 난민, 이민, 범죄 희생자들은 어떤가. 경제 불평등과 신자유주의에 희생된 사람들은 어떤가. 그들 모두 예수 사건에 마땅히 포함되어야 하지 않겠는가. 그들의 억울한 죽음은 인류의 죄를 없애는데 아무 역할도 없다고 말하면 되겠는가. 억울한 죽음이 신학적으로 의미있다고 말해야 하지 않겠는가.

27절 27-31절의 절반 이상을 여섯 질문이 차지하고 있다. 질문은 바울이 만들었다. 독자 입장에서 생각하고 질문을 만들어내는 실력은 저자에게 중요하다. 바울은 "자랑은 어디 있습니까?που οὖν ἡ καύχησις?"(3:7)라는 질문으로 유다인임을 자랑하는 유다인에게 묻는다. 유다인은 하느님(2:17)과 율법(2:23)을 자랑했다καυχᾶσαι. (2:17) 바울은 그 주제를 다시 가져와 율법(3:27c-28), 하느님(3:29-30), 율법(3:31)을 다룬다. '믿음'이라는 단어가 다섯 번이나 나온다.(3:27d, 28, 30b(2번), 31a)

가능한 자랑거리를 찾아서 하느님 뜻을 행동 원리로 타락시킨 유다인 같은 종교적 인간[33]을 바울은 여기서 내세웠을까. 그런 오해는 루터[34] 칼뱅[35]에게만 있었던 것은 아니다.[36] 바울이 율법 준수를 자랑하는 유다인을 여기서 의식(2:17, 23)한 것은 아니다. 이방인보다 앞선다는 유다인의 자기 확신(3:1)을 지적하고 있다.

바울이 어떤 뜻으로 여기서 믿음의 법νόμου πίστεως(3:27c)이라는 표현을 썼는지 바울 연구자들 사이에서 논란이었다.[37] 아우구스티누스Augustinus는 "행위의 법은 협박으로 명령되고, 믿음의 법은 신뢰로 요청된다.quod operum lex minando imperat, hoc fidei lex credendo impetrat"[38]는 유명한 말을 했다. 행위의 법에서는 하느님이 인간에게 '내가 명하는 것을 하라.'고 말씀하시고, 믿음의 법에서는 인간이 하느님께 '당신이 명령하실 것을 제게 주십시오.' 하고 말한다.per hoc lege operum dicit deus: 'fac quod iubeo', lege fidei dicitur deo: 'da quod iubes.'[39] 루터Luther는 이 해석을 따랐다.[40] 칼뱅Calvin은 믿음의 법에서 법이란 단어가 부적절하다improprie고 썼다.[41]

20세기 후반 이 단어를 둘러싼 토론은 프리드리히Friedrich에 의해 영향받았다. 행위의 법은 토라Tora(창세기, 출애굽기, 레위기, 민수기, 신명기 다섯 권을 가리키는 용어:모세오경)에서 요구하는 행위를 가리키고, 믿음의 법은 토라가 가리키는 증거 역할을 뜻한다는 의견을 내놓았다. 성서로 이해된 모세오경이 하느님께서 믿음으로 의롭게 하신다는 사실을 증거한다.[42] 죄와 죽음에서 해방된 사람들에게 마땅히 나타나야 할 법,[43] 모세오경에서 그 표현이 있듯이 하느님 뜻에 알맞은 행동,[44] 믿음에 소속된 법[45] 등 다양한 제안이 나와 있다.

28절 믿음과 의로움은 3장 26c에서 연결되었다. 믿음과 의로움이 연결된 이유를 28절에서 바울이 설명할 차례다. 이스라엘의 자랑에서 무엇이 되었느냐는 문제겠다. 28절은 27절과 29-30절을 이어주는 다리 역할을 한다. 이스라엘은 선택을 자랑(2:17, 23)할 필요는 없다. 28절이나 27절의 믿음은 예수를 믿는다는 뜻이다. 예수 죽음에서 하느님의 구원 행위가 진정으로 받아들여졌다. 믿음을 통해 표현 앞에 루터가 붙인 단어 오직[46]은 적절하다. 바울에게 믿음은 의로움을 위한 충분조건이자 필요조건이다.

29절 유다인의 하느님이란 고백을 거절하는 유다인은 없을 것이다. 바울은 유다인의 배타적 유일신론(이사야 43:10-11, 45:14; 시편 47:9)을 받아들였다.[47] 인간이 율법을 다 지키지 못하기 때문에 인간이 평등할 뿐 아니라 하느님이 하느님다우시기 때문에 인간은 평등하다고 바울은 강조한다. 하느님은 한 분이시기 때문에 유다인과 이방인은 인간이다.

30절 30절에서 바울은 이스라엘의 기본 고백인 "너, 이스라엘아 들어라. 우리의 하느님은 야훼시다. 야훼 한 분뿐이시다."(신명기 6:4)를 가져왔다. 전치사 때문에εἴπερ는 29절에 근거한다. 주로 바울 편지들에 자주 쓰인 전치사다.(로마서 3:30, 8:9, 17; 고린도전서 8:5) 하느님은 한 분뿐이시기 때문에 하느님은 유다인의 하느님일 뿐 아니라 이방인의 하느님이시다. 하나의 인류가 한 분 하느님과 마주 하기 때문에 하느님은 인간을 평등하게 대할 수밖에 없다. 하느님은 모든 인간의 의로움을 위해 유다인과 이방인에게 차별 없이, 예외 없이 믿음을 제시한다. 하느님의 유일함이 유다인과 이방인을 구분하지 않는 하느님의 의로움에서 하느님의 유일함이 나온 것[48]이 아니라 그 반대다. 하느님이 유일하시기 때문에 모든 인간을 평등하게 대하신다.[49]

30절의 할례 받은 이들도 믿음으로 의롭게 하고περιτομὴν ἐκ πίστεως와 할례 받지 않은 이들도 믿음을 통하여ἀκροβυστίαν διὰ τῆς πίστεως에서 전치사 ἐκ와 διὰ는 같은 뜻일까. 차이를 말하지 않고 표현만 바꾸었다.non ad aliquam differentiam dictum est, …sed ad varietatem locutionis[50] 표현을 바꾸어 같은 뜻을 나타냈다.videtur oblectatus varietate sermonis in eadem re indicanda[51]고 보아야 할까. 다른 뜻을 나타냈다[52]고 보아야 좋을까. 두 전치사 모두 도구적 의미로 통하여, ~으로써 등으로 같은 뜻을 나타냈다고 보고 싶다.

31절 30절에서 31절로 넘어가는 모습은 2장 11절에서 2장 12절, 3장 9-18절에서 3장 19절, 4장 11b-12절에서 4장 13절, 5장 12d에서 5장 13-14절로 건너가는 모습과 비슷하다. 유다인과 이방인 사이에 아무 차이 없다고 확실히 말한 후에 율법 문제로 건너가는 것이다. 바울이 율법을 없애다νόμον καταργοῦμεν(3:31a)와 율법을 세우다νόμον ἱστάνομεν(3:31a)를 대립시킨 사실을 어떻게 이해할지 논란이 되고 있다.

없애다καταργεῖν는 바울이 즐겨 쓰는 단어다. 누가복음 13장 7절과 히브리서 2장 14절을 제외하면 전부 바울의 편지에만 나오는 단어다. 로마서, 고린도전서와 고린도후서, 갈라디아서에만 무려 22번이나 쓰였다. 세우다ἱστάνειν는 주로 구약성서 그리스어 번역본에 자주 나온다. 규정을 만든다는 뜻으로 쓰였다.(사무엘상 15:11; 열왕기하 23:24; 느헤미야 5:13; 예레미야 42:16) 로마서 3장 31절을 제외하면, 없애다καταργεῖν와 세우다ἱστάνειν를 대립시킨 표현이나 없애다καταργεῖν와 율법νόμος을 연결시킨 표현은 그리스 문헌에 찾아볼 수 없다.[53] "여러분은 그 전통을 지킨다는 구실로 교묘하게 하느님의 계명을 어기고 있습니다."(마가복음 7:9) 또는 "율법에 대한 열성이 있고 우리 조상들이 맺은 계약을 지키려고 하는 사람"(마카베오상 2:27)이 31절의 두 단어 대립과 가까운 쓰임새로 볼 수 있다. 세우다ἱστάνειν(3:31c)는 존재하지 않았던 율법을 바울이 새로 만든다는 뜻이 전혀 아니다. 지금껏 이미 있었던 율법을 존속시킨다는 뜻이다.

28절에서 주장했던 그리스도에 대한 믿음이 유다교 율법을 폐기처분한다는 오해를 3장 31a-b에서 막으려 한다. 그리스도에 대한 믿음으로만 의롭게 된다는 주장과 유다교 율법 사이에 연속성이 있다는 사실을 3장 31c에서 강조하고 있다. 28절에서 율법νόμος은 모세오경이 요구하는 모든 행업 규정을 가리키지만, 31절에서 율법은 창세기에서 신명기에 이르는, 구약성서의 첫째 부분 책을 가리킨다. "율법으로 살기를 원하는 여러분, 한 가지 물어보겠습니다. 여러분은 율법을 들어보지 못했습니까?"(갈라디아서 4:21)라고 해놓고 바울은 행업 규정이 아니라 아브라함 이야기를 하고 있다. 이처럼 바울은 율법을 행업 규정과 역사 이야기 두 가지 뜻으로 혼란스럽게 섞어 쓰고 있다.

독자들은 당황할 수도 있겠다. 율법을 무자비하게 공격해왔던 바울이 느닷없이 율법을 존중한다고 하니, 이것이 대체 무슨 말일까. 우리가 바울의 말을 제대로 이해하지 못한 것이 아니라 바울의 섬세하지 못한 단어 사용이 우리를 헷갈리게 만들고 말았다. 우리 독해력 부족이 문제가 아니라 바울 해설 능력 부족에 문제가 있다고 보면 어떨까. 로마서가 이해하기 쉽지 않은 이유 중 하나는 바울 자신에게도 있다. 내 스승 해방 신학자 혼 소브리노Jon Sobrino의 말이 떠오른다. 소브리노는 수업 시간에 "여러분 잘 이해하셨습니까?"라고 단 한 번도 묻지 않았다. "제가 설명을 제대로 했습니까?"라고 물었다. 설명이나 설교를 엉망으로 해놓고서 학생과 신도를 탓하는 질문을 하면 되겠는가.

바울이 3장 21-31절에서 말하는 내용은 두 가지로 요약할 수 있다. 첫째, 그리스도 믿음과 하느님의 하느님다움에 근거하여 유다인과 이방인의 차이는 없어졌다. 둘째, 유다인과 이방인의 차이가 없다는 그리스도교의 인간 평등 사상은 유다교와 연결된다. 인간 평등은 예수가 처음 개발한 사상이 아니라 이미 유다교에 있는 사상이라는 뜻이다. 인간 평등 사상에서 유다교와 그리스도교는 깊이 이어져 있다. 로마서를 마치 그리스도교가 유다교에게 결별 선언을 하는 책으로 오해하는 그리스도인은 없는가. 그렇게 교회와 성당에서 잘못 알고 가르치고 배우지는 않았는가. 로마서는 유다교와 그리스도교가 어떤 점에서 다른가 소개한 책이기도 하지만 유다교와 그리스도교가 서로 깊이 연결되어 있음을 고백한 책이기도 하다. 둘 다 잊지 말아야 한다.

바울이 유다인에게 자랑은 어디 있습니까? 묻는다면, 지금 우리는 누구에게 그렇게 물어야 할까. 그리스도인 자신에게 우리 자랑은 어디 있습니까? 물어야 할 것이다. 유다인이 하느님과 율법을 자랑했다면, 그리스도인은 예수 그리스도와 세례를 자랑해야 하는가. 하느님은 돌에서 유다인도 만들고 풀에서 그리스도인을 만드실 수 있는 분이다. 유다인이여, 유다인임을 이방인에게 자랑하지 말라. 그리스도인이여, 그리스도인임을 자랑하지 말라.

아브라함의 믿음(4:1-25)

1 우리 민족의 조상 아브라함의 경우는 어떠했습니까? 2 만일 아브라함이 자기 공로로 하느님과 올바른 관계를 얻었다면 과연 자랑할 만도 합니다. 그러나 그는 하느님 앞에서 자랑할 것이 없었습니다. 3 성서에 "아브라함은 하느님을 믿었고 하느님께서는 그의 믿음을 보시고 그를 올바른 사람으로 인정해 주셨다." 하지 않았습니까? 4 공로가 있는 사람이 받는 보수는 자기가 마땅히 받을 품삯을 받는 것이지 결코 선물로 받는 것은 아닙니다. 5 그러나 아무 공로가 없는 사람이라도 하느님을 믿으면 믿음을 통해서 하느님과 올바른 관계를 얻게 됩니다. 하느님께서는 비록 죄인일지라도 올바른 사람으로 인정하실 수 있는 분이십니다. 6 그래서 다윗도 선행과는 관계없이 하느님께로부터 올바른 사람으로 인정받은 사람의 행복을 이렇게 읊었습니다. 7 "하느님께서 잘못을 용서해 주시고 죄를 덮어두신 사람들은 행복하다. 8 주께서 죄없다고 인정해 주시는 사람도 행복하다." 9 이러한 행복은 할례를 받은 사람만이 누리는 것입니까? 그렇지 않으면 할례를 받지 않은 사람도 누리는 것입니까? 우리는 앞에서 "하느님께서는 아브라함의 믿음을 보시고 그를 올바른 사람으로 인정해 주셨다." 하였습니다. 10 언제 그렇게 되었습니까? 그가 할례를 받은 후입니까? 받기 전입니까? 할례를 받은 후가 아니라 받기 전의 일입니다. 11 아

브라함은 할례를 받기 전에 믿음을 통해서 하느님과 올바른 관계를 가지게 되었습니다. 그 뒤 그것을 확인하는 표로 그는 할례를 받았던 것입니다. 이리하여 할례를 받지 않고도 믿음으로써 올바른 사람이라고 인정받은 모든 사람의 조상이 되었습니다. 12 또 아브라함은 할례받은 사람들의 조상이기도 합니다. 여기서 할례받은 사람들이란 그저 할례를 받는 데 그치지 않고 우리 조상 아브라함이 할례받기 전에 보여준 믿음을 본받아 사는 사람들을 가리킵니다. 13 하느님께서는 아브라함과 그의 후손들에게 세상을 물려주겠다고 약속하셨는데 그것은 아브라함이 율법을 지켰다 해서가 아니라 하느님께서 그의 믿음을 보시고 그를 올바른 사람으로 인정하셨기 때문에 하신 약속이었습니다. 14 만일 율법을 지키는 사람들만이 상속자가 될 수 있다면 믿음은 무의미하게 되고 그 약속은 무효가 됩니다. 15 법이 없으면 법을 어기는 일도 없게 됩니다. 법이 있으면 법을 어기게 되어 하느님의 진노를 사게 마련입니다. 16 그러므로 하느님께서는 사람의 믿음을 보시고 그를 상속자로 삼으십니다. 이렇게 하느님께서는 은총을 베푸시며 율법을 지키는 사람들에게만 아니라 아브라함의 믿음을 따르는 사람들에게까지, 곧 아브라함의 모든 후손들에게 그 약속을 보장해 주십니다. 아브라함은 우리 모두의 조상입니다. 17 성서에 "내가 너를 만민의 조상으로 삼았다." 하지 않았습니까? 그는 죽은 자를 살리시고 없는 것을 있게 만드시는 하느님을 믿었던 것입니다. 18 아브라함은 절망 속에서도 희망을 잃지 않고 믿어서 마침내 "네 자손은 저렇게 번성하리라." 하신 말씀대로 "만민의 조상"이 되었습니다. 19 그의 나이가 백 세에 가까워서 이미 죽은 사람이나 다름없이 되었고 또 그의 아내 사라의 몸에서도 이제는 아기를 바랄 수 없다는 것을 알았지만 그는 믿음을 가지고 희망을 잃지 않았습니다. 20 그는 끝내 하느님의 약속을 믿고 의심하지 않았을 뿐만 아니라 더욱 굳게 믿으며 하느님을 찬양하였습니다. 21 그리고 그는 하느님께서 약속하신 것을 능히 이루어주시리라고 확신하였습니다. 22 하느님께서는 이런 믿음을 보시고 아브라함을 "올바른 사람으로 인정하셨습니다." 23 "올바른 사람으로 인정하셨다." 하는 말씀은 비단 아브라함만을 두고 하신 것이 아니라 24 우리를 두고 하시는 말씀이기도 합니다. 곧 우리 주 예수를 죽은 자들 가운데서 다시 살리신 분을 믿는 우리들까지도 올바른 사람으로 인정해 주신다는 말씀입니다. 25 예수는 우리의 죄 때문에 죽으셨다가 우리를 하느님과 올바른 관계에 놓아주시기 위해서 다시 살아나신 분이십니다.

1절 3장 22절, 26절, 28-30절에서 다루었던 주제인 '믿음으로 의로움'에서 바울은 아브라함 이야기를 언젠가 꺼낼 수밖에 없었다. 갈라디아 공동체에서 이방인 그리스도인에게 창세기 17장을 내세우며 할례를 요구했던 유다인 출신 그리스도인들과의 논쟁에서 바울은 갈라디아서에서 창세기 15장 6절을 재해석하여 이 주제를 발전시킨다.[54] 아브라함은 하느님에 대한 그의 믿음으로 의롭다고 인정받았다.(갈라디아서 3:6) 아브라함의 믿음뿐 아니라 구원역사적 가치 때문에 바울은 아브라함 이야기를 본격적으로 다루어야 했다. 아브라함은 모든 민족 중에서 당신 민족으로 하느님이 선택한 이스라엘 민족의 선조였기 때문이다.

로마서에서 유다인과 이방인의 차이는 1장 16-17절에서 언급되었다. 편지 서문에서 벌써 이야기된 것이다. 아브라함 문제는 로마서 어디선가 깊이 다룰 수밖에 없다. 그 적절한 곳이 로마서 4장이다. 기다렸던 주제가 드디어 등장했으니, 독자들이 크게 놀랄 일은 아니겠다. 하느님은 믿음을 통해서 의롭다고 선언하실 뿐 아니라 하느님 백성 이스라엘의 선조인 아브라함에게서도 이미 그렇게 하셨다는 사실을 바울은 소개하고 있다. 로마서 4장에서 아브라함은 두 얼굴의 주인공이다. 이스라엘 백성의 선조로서 유다교를 대표하고, 믿는 사람으로서 모든 믿는 자들을 대표한다. 아브라함은 유다 백성뿐 아니라 이방인을 포함한 모든 인간을 대표한다. 생물학적으로 대표하는 것이 아니라 신학적으로 대표한다.

로마서 4장이 1-3장에서 비롯되었음은 3장 21-31절뿐 아니라 1장 16절-3장 20절까지 자주 나타난 여러 단어를 보면 잘 알 수 있다. 바울은 4장뿐 아니라 로마서 다른 장에서도 구약성서를 자주 인용한다. 인용 대부분은 창세기 15장 6절의 재해석과 관계 있다.

4장 1-12절 단락에서 1절은 1-12절의 제목으로 볼 수 있다. 2-8절은 창세기 15장 6절을 해석한다. 믿음으로가 행업으로가 아님을 바울은 입증하려 애쓴다. 4장 2c부터 하느님과 하느님의 특징이 언급되고 하느님의 행동을 나타내는 신적神的 수동태passiva divina 동사들이 계속 나타난다. 9-12절은 할례περιτομή와 할례받지 않음ἀκροβυστία을 대비시켜 아브라함처럼 믿는 모든 비할례자는 아브라함을 아버지로 모실 수 있다고 주장한다.

1절에서 얻다εὑρηκέναι가 없는 사본이 있고 ἡμῶν 뒤에 있는 사본도 있다. 두 경우보다 Barbara und Kurt Aland 28판 그리스어 신약성서에 나오는 문장을 선호하는 학자들이 많다. 1절을 문장 구조상 까다롭게 여기는 학자[55]도 있고, 단순하게 분석하는 학자도 있다.[56]

바울은 의문대명사 무엇τί을 두 번 사용한다. 말하다ἐροῦμεν의 목적어로 쓰여질 때 번역은 "우리는 무엇을 말해야 합니까?"이다. 얻다εὑρίσκειν의 목적어로 쓰여질 때 번역은 "아브라함은 무엇을 얻습니까?"이다. 두 번 반복을 막기 위해 의문대명사 무엇τί은 한 번은 생략되었다. 얻다εὑρίσκειν는 "이삭은 그 땅에 씨를 뿌려 그 해에 수확을 백 배나 올렸다."(창세기 26:12) "애써 정의와 신의를 좇아 살면 존경을 받으며 복되게 산다."(잠언 21:21) "그래야 평안을 얻으리라."(예레미야 6:16)처럼 인간의 형편을 찾아 얻다 등으로 어떤 특정한 행동의 결과를 나타낸다. 아브라함은 하느님을 믿었기 때문에 의로움을 얻었다고 3-5절은 말한다.

혈육으로κατὰ σάρκα(4:1)는 얻다εὑρηκέναι와 연결된다[57]고 보는 의견도 있는데, 그것은 본문에서 멀리 떨어진 해석이다. 선조 προπάτορα[58](로마서 1:3b, 9:3, 5; 갈라디아서 4:23, 29)를 가리킨다. 소유격 우리의ἡμῶν 단어로 "나는 네 자손을 땅의 티끌 만큼 불어나게 하리라."(창세기 13:16a, 15:5, 17:4-6, 22:17)를 떠올리며 그리스도를 받아들이지 않는 유다인까지 포함시킨다. 이스라엘은 아브라함의 씨앗 σπέρμα(역대기하 20:7; 이사야 41:8; 시편 105:6)이다.

2절 4장 2a는 비현실적 조건문이고 4장 2b-c는 현실적 조건문이다. "우리 조상 아브라함은 자기 아들 이삭을 제단에 바친 행동으로 말미암아 하느님과 올바른 관계를 가지게 된 것이 아닙니까?"(야고보서 2:21; 느헤미야 9:8; 마카베오상 2:52; 히브리서 11:17-19))와 바울은 씨름하고 있다. 그 성서 구절들은 아브라함이 하느님 계명과 요구를 존중하는 행동으로 의로움 받았다[59]고 주장한다.

바울은 아브라함이 자신의 행업을 자랑[60]할 근거를 갖고 있다는 사실을 부인하는 것은 아니다. 아브라함이 자신의 행업을 자랑할 수 있어도 행업을 근거로 의로움 받았다고 주장[61]하는 것은 아니다. 행업은 아브라함의 자랑을 알아차리는 근거이지 아브라함이 의로움 받은 근거는 아니라는 뜻이다. "하느님 앞에서는 없었습니다ἀλλ' οὐ πρὸς θεόν."(4:2c)는 아브라함의 자랑이 하느님과 하느님의 의로우신 행동에 아무 역할도 하지 못한다고 알려준다. 아브라함의 행업 중에 자랑할 만한 것이 아무것도 없었다는 말은 아니다. 하느님이 아브라함을 의롭다 하셨을 때 아브라함의 행업을 참고하지 않는다는 뜻이다.

3절 "성서는 무엇이라고 말하였습니까?τί γὰρ ἡ γραφὴ λέγει?"(4:3)는 바울의 편지 밖에서는 찾을 수 없는 표현이다.(로마서 11:2; 갈라디아서 4:30) 바울이 3절에서 인용하는 창세기 15장 6절은 구약성서 그리스어 번역본 70인역Septuaginta과 조금 다르다. 70인역에서 연결사 그리고καὶ로 시작되는 문장이 바울에게서 반대의 뜻을 나타내는 그러나δὲ로 시작한다. 4장 2a에서 행업으로 의로움이라는 부분과 반대 뜻을 강조[62]하는 것이다. 의로움은 인간이 아니라 하느님에게 달려 있다. 창세기 15장 6절을 바울처럼 해석하는 것은 유다교 랍비 문헌에서의 해석과 정반대가 되었다.[63]

4-5절 4절과 5절은 첫 단어들이 "행업 있는 사람τῷ δὲ ἐργαζομένῳ" (4:4)과 "행업 없는 사람τῷ δὲ μὴ ἐργαζομένῳ"(4:5)으로 거의 비슷하게 시작하는 반대 평행문antithetischen Parallelismus이다. 두 문장이 비슷한 표현을 써서 반대 뜻을 나타내는 방법이다. '행업 하는 사람 ἐργάζεσθαι'과 '믿는 사람πιστεύειν'이 대조되고 '보상μισθός'과 '의로움δικαιοσύνη'이 대조된다. 4절과 5절에서 술어는 똑같이 참작하다 λογίζεται이다. 행위와 그에 따른 결과가 어떻게 되는지 대조되고 있다.

"일을 한 사람에게 품삯이란, 은혜로 셈하는 것이 아니라 당연한 보수로 셈하는 것입니다."(4:4)는 "아브람이 주님을 믿으니, 주님께서 그 믿음을 의로움으로 인정해 주셨다."(창세기 15:6)를 해석하고 있다. 4절은 창세기 15장 6절 모습과 반대 상황을 그리고 있다. 일한 사람은 고용주의 은혜가 아니라 자신의 노동에 대한 정당한 보수로 품삯을 셈하길 바라고 있다. 채무에 따라κατὰ ὀφείλημα(4:4)는 고대 그리스 문헌 어디에도 없는 표현이다.[64]

단어 ὀφείλημα는 빚, 채무, 죽음으로 번역할 수 있다. 고용주는 노동자에게 반드시 일한 대가를 되돌려주고 갚아야한다는 뜻이 담겨 있다. "너를 위하여 일해 준 사람이 누구든지 간에 그의 품삯을 당장에 처러 주고 다음날까지 미루지 마라."(토빗 4:14), "일꾼이 품삯을 받는 것은 당연한 일이다."(디모데전서 5:18), "당신들은 당신들의 밭에서 곡식을 거두어들인 일꾼들에게 품삯을 주지 않고 가로챘습니다. 그 품삯이 소리를 지르고 있습니다. 또 추수한 일꾼들의 아우성이 만군의 주님의 귀에 들렸습니다."(야고보서 5:4) 고용주의 임금

체불은 단순한 빚이 아니라 노동자를 죽음으로 이끌 수 있다는 뜻까지 포함되어 있다.

5절 5절에서는 인간 사이에 일어난 노동과 품삯 교환이 아니라 인간과 하느님 사이의 관계를 다룬다. 하느님에 대해 아무 일ἔργα도 하지 않았지만 하느님을 믿은 사람에 대한 이야기다. 바울이 일을 금지하거나 일이 의로움에 방해된다는 말을 하는 것이 아니다.[65] 바울은 믿음이 의로움에 충분조건(로마서 1:17, 3:26, 28, 30)이라는 말을 하고 싶을 뿐이다. 하느님은 사람처럼 채무 원칙에 따라κατὰ ὀφείλημα가 아니라 은총에 따라κατὰ χάριν(로마서 4:4, 11:6) 행위하신다.

경건하지 않은 자τὸν ἀσεβῆ를 의롭게 하시는 분(4:5)이라는 표현은 유다교 생각과 완전히 반대되지 않는가. "나는 악인을 죄 없다고 하지 않는다."(출애굽기 23:7) "악인을 무죄라 하는 자, 의인을 유죄라 하는 자 주님께서는 둘 다 역겨워하신다."(잠언 17:15) "악인에게 '너는 무죄다!' 말하는 자 백성들이 그를 저주하고 민족들이 그에게 악담한다."(잠언 24:24) "나는 악인을 죄 없다고 하지 않는다."(출애굽기 23:7)를 인용하며 그렇게 주장하는 학자도 있다.[66] 바울이 곧바로 4장 7-8절에서 유다교가 인정하는 구약성서 시편 31편 1-2절을 인용하는 것을 보면, 경건하지 않은 자τὸν ἀσεβῆ를 의롭게 하시는 분이라는 표현이 유다교 생각과 완전히 반대된다고 말하기는 조심스럽다.

무엇을 믿다πιστεύειν (ἐπὶ+목적격 명사)(사도행전 9:42, 11:17; 히브리서 6:1)는 바울에게는 로마서 4장 5절과 24c에만 나오는 드문 표현이다. 믿음은 회개를 뜻한다는 말을 에둘러 표현하는 것 같다.[67] 여기서 바울이 아브라함을 경건하지 않은 자τὸν ἀσεβῆ로 보았다거나 아브라함의 의로움을 죄인의 구원iustificatio impii으로 이해[68]한다고 보기는 어렵다.[69] 바울은 이 문장에서 오직 하느님 이야기만 하고 있다. 아브라함 이야기는 4장 9c에서 다시 나온다.

바울은 창세기 15장 6절에 대한 자기 해석을 뒷받침하기 위해 시편 31편 1-2a를 인용한다. 동사 참작하다λογίζεται가 창세기 15장 6절과 시편 31편 1-2a에 동시에 나오는 것으로 보아 성서 한 본문으로 다른 본문을 해석하는 이른바 게제라 샤바gezerah shawah 방법을 쓴 것일까. 히브리어 gezerah shawah는 '같이 놓다', '같은 문장'이라는 뜻의 단어다. 예수 시대 유명한 두 랍비 학파 중 하나를 이끌었고 직업이 날품팔이였던 랍비 힐렐Hillel(기원전 30-기원후 9)이 사용했던 일곱 가지 성서해석 방법 중 두 번째 방법이다.[70] 같은 개념이 나오는 성서 두 문장에 근거하여 뜻을 이끌어낸다.

힐렐이 창시했던 게제라 샤바gezerah shapwah는 "이스라엘 자손들은 정해진 때에 파스카 축제를 지내야 한다."(민수기 9:2)와 "너희는 내가 받을 예물, 곧 향기로운 화제물로 내가 받을 양식을 정해진 때에 바치도록 명심하여라."(민수기 28:2) 해석에 기초한다. 두 구절에 정해진 때라는 단어가 나온다. 힐렐에 따르면 안식일 번제燔祭(민수 28:10)가 안식일보다 앞서듯이, 파스카 축제는 안식일보다 우선이다.[71] 로마서 4장 7-8절에서 인용된 시편 31편 1-2a은 모세오경에 속하지 않기 때문에 게제라 샤바gezerah shawah가 사용되었다고 보기는 어렵다. 바울의 편지에서 게제라 샤바gezerah shawah가 쓰여진 곳(고린도전서 3:18-20, 9:9-10; 갈라디아서 3:6-14)은 있다.[72] 한국 교회와 성당에서 가장 많이 쓰이고 있는 성서해석 방법은 무엇일까. 아무말 대잔치 또는 횡설수설 방법 아닐까. 설교를 보면 그런 생각이 든다.

6절 접속사 처럼καθάπερ은 보통 문장 처음에 나온다. 신약성서에서 히브리서 4장 2절을 제외하면 바울 편지에만 있다.(로마서 1:17, 2:24, 4:17, 9:13) 뒤에 있는 그리고καὶ와 함께처럼καθάπερ 앞부분에서 말한 내용을 처럼καθάπερ 뒷부분에서 재확인하는 역할이다. 바울은 다윗의 시편을 어떻게 알았을까.(로마서 4:6a, 11:9) 구약성서 그리스어 번역본 시편 31편 1절에서 다윗에 연관이란 단어를 보았을 수 있다. 시편을 가리키는 명칭으로 다윗이란 단어가 바울 당시 유행하기도 하였다. 행복μακαρισμός은 문학 장르를 가리키는 것은 아니다. 바울은 로마서 4장 6b에서 다시 창세기 15장 6절을 떠올린다. 바울은 행업 없는 의로움을 이미 강조했었다.(로마서 3:21, 28; 4:2-3)

7-8절 7-8절에서 바울은 구약성서 그리스어 번역본 70인역의 시편 31편 1b-2a를 글자 그대로 인용했다. 시편 31편 1b-2a 두 문장은 세 번에 걸쳐 하느님의 행동을 소개한다. 7절에서 동사는 두 번이나 신적神的 수동태가 사용되었다. 죄를 용서하고 잘못을 덮어주는 하느님이 문장 주어다. 하느님이 인간의 죄를 용서하신다면, 행업을 참작하지 않는 의로움이 생긴다는 것이 바울의 주장이다. 바울은 창세기 15장 6절과 시편 31편 1-2절이 자신의 해석을 뒷받침한다고 생각했다.

인간이 지은 죄를 하느님께서 무죄로 여긴다는 뜻은 아니다. 죄를 못 본 척하고 처벌하지 않겠다는 말이다. "주님께서 그 죄를 아니 따지시는 사람"(《200주년 기념성서》), "주님께서 죄를 헤아리지 않으시는 사람"(《성경》)이 "주께서 그 죄를 인정하지 아니하실 사람"(《개역개정》), "주께서 죄 없다고 인정해 주시는 사람"(《공동번역》)보다 훨씬 나은 번역이다.

9-10절 1-8절에서 대조되었던 믿음과 행업 대신 9-12절에서 할례와 할례받지 않음이 대조된다. 믿음과 행업의 대조는 9-12절에서도 계속 유지되지만 새로운 주제가 소개된다. 아브라함이 인류의 신학적 선조로서 구원 역사에서 차지하는 역할이다. 1장 16-17절에서 처음 소개된 유다인, 이방인 주제를 다시 가져온 것이다. 4장 9a, 12a에서 유다인과 이방인을 포함한 인류 전체가 언급되고, 4장 10b-11a, 12b, c에서 실제로 할례받은 사람과 그렇지 않은 사람이 언급된다.

시편 32편 1절은 오직 유다인에게 해당된다는 말인가. 유다인은 당연히 그렇게 믿고 있다. 속죄의 날을 기억하기 때문이다. 바울은 이방인에게도 해당된다는 말을 하고 싶어서 다시 창세기 15장 6절을 인용하였다. 아브라함이 하느님에 대한 믿음으로 의로움을 인정받았을 때 그는 할례받지 않았었다. 그렇다면 시편 31편 1-2절도 아브라함처럼 할례받지 않은 이방인에게도 해당되어야 한다.

11-12절 11-12절은 사실상 한 문장이다. 바울은 4장 11b-c에서 아브라함이 이방인과 연결하여 조상이고 12절에서 유다인과 연결하여 조상이라고 설명한다. 할례는 계약의 표징(창세기 17:11)이다. 바울은 아브라함의 할례를 똑같이 표징(4:11)이라 부르지만 바뀐 점이

하나 있다. 바울은 계약의 표징이라는 표현은 쓰지 않고 할례라는 표징σημεῖον περιτομῆς(4:11a)이라고 불렀다. 바울 해석에서 창세기 17장 11절과 로마서 4장 11절은 서로 차이가 있다. 창세기 17장 11절에서 아브라함 자손은 계약의 표징으로 할례받는다. 로마서 4장 11절에서 아브라함의 할례는 아브라함의 믿음과 연결된다. 창세기 17장 11절에서 할례는 아브라함의 자손이라는 미래를 바라보지만, 로마서 4장 11절에서 할례는 아브라함의 믿음이라는 과거를 되돌아본다.

당시 유다교에도 도장 표현은 널리 퍼진 듯하다. 바울은 할례를 도장σφραγίς(로마서 4:11; 디모데후서 2:19; 고린도전서 9:2; 요한계시록 9:4)이라고 비유적으로 표현했다. 하느님은 도장을 가지고 다니는 분이시다. 하느님께 도장 받은 사람은 특별한 신분과 지위를 인정받는다. 아브라함의 의로움은 하느님께 인정받았다. "하느님 아버지께서 사람의 아들을 인정하셨기 때문입니다."(요한복음 6:27)도 직역한다면, "하느님 아버지께서 사람의 아들이라고 도장 찍었기ἐσφράγισεν 때문입니다."라고 옮겨진다.

바울은 아브라함을 믿음의 조상으로 소개하고 싶었다. 아브라함은 믿음을 가졌기 때문에 할례받게 되었지 할례받았기 때문에 믿음 가진 것이 아니다. 할례는 믿음의 근거가 아니라 믿음의 표징이라고 말할 수 있다. 할례는 아브라함이 믿음을 가졌다는 사실을 아는 근거라는 뜻이다. 바울이 아브라함의 믿음을 설명하면서 아버지와 자녀 관계라는 비유를 전제하였지만, 새로운 사상이 또한 드러났다.

아버지와 자녀 관계는 유전이 아니라 믿음이라는 행동에 기초한다는 것이다. 할례받지 않은 사람으로 하느님을 믿음으로 의로움을 인정받은 아브라함은 할례받지 않은 모든 이방인에게 믿음의 조상이 된다. "아브라함은 하느님을 믿었고 하느님께서는 그의 믿음을 보시고 그를 올바른 사람으로 인정해 주셨습니다. 그러므로 여러분은 믿음으로 사는 사람만이 아브라함의 참 자손이 된다는 것을 알아야 합니다. 하느님께서는 이방인들도 믿기만 하면 당신과 올바른 관계를 가지게 해주시리라는 것을 성서는 미리 내다보았습니다."(갈라디아서 3:6-8)라고 바울은 로마서 집필 2년 전에 쓴 갈라디아서에서 이미 말하였다.

바울 편지들을 상세하게 아는 독자들은 갈라디아서와 로마서가 내용상 아주 가깝다는 사실을 눈치챘을 것이다.[73] 갈라디아서 논의 순서를 기억하면 로마서 이해에 큰 도움이 된다.

갈라디아서 1:15-16	로마서 1:1-5	이방인의 사도로 파견된 바울
갈라디아서 2:15-21	로마서 3:19-28	믿음으로 의로움
갈라디아서 3:6-25, 29	로마서 4:1-5	아브라함
갈라디아서 3:26-28	로마서 6:3-5	세례
갈라디아서 4:1-7	로마서 8:12-17	노예와 자유
갈라디아서 4:21-31	로마서 9:6-13	율법과 계약
갈라디아서 5:13-15	로마서 13:8-10	사랑안에서 자유
갈라디아서 5:17	로마서 7:15-23	의지와 행동의 갈등
갈라디아서 5:16-26	로마서 8:11ff	성령안에서 삶

인간은 아버지의 일을 행하는 분을 보았다.(요한복음 8:41, 44) 아버지의 일을 행하는 사람이 곧 믿음의 자녀가 된다.(누가복음 6:23c, 35c, 36) 예수 믿는 이방인들은 믿음과 할례받지 않음에서 아브라함과 공통이다. 아브라함이 할례받지 않은 상태에서 믿음으로 구원받았듯이, 예수 믿는 이방인들이 아브라함처럼 할례받지 않은 상태에서 믿음으로 구원받게 되었다. 예수 믿는 이방인들은 아브라함처럼 믿음을 받아들이는 행동을 하였기 때문에 아브라함처럼 구원이라는 똑같은 결과를 얻게 되었다.

12절 11절에서 예수 믿는 이방인들과 아브라함의 관계가 설명되었고, 12절에서 유다인과 아브라함의 관계가 소개될 차례다. 그런데 4장 12a와 4장 12b가 썩 잘 어울리지는 않는다. 4장 12a는 할례뿐 아니라 믿음이 아브라함의 관계에 조건으로 제시하였고, 4장 12b는 믿음으로 이미 충분하여 할례의 의미를 약화시키고 있다. 4장 12a는 사람들과 아브라함의 관계를 좁히고 있고, 4장 12b는 넓히고 있다. 이 문제는 결국 두 가지로 좁혀진다.[74] 첫째, 4장 12a와 4장 12b가 같은 대상자에게 말하고 있는가. 둘째, 만일 서로 다른 대상자에게 말하고 있다면 그들은 누구인가.

대부분 성서학자들은 바울이 4장 12a에서 유다계 그리스도인에게 말하고 있다고 생각한다. 할례뿐 아니라 아브라함처럼 믿은 사람에게만 아브라함은 아버지가 된다는 뜻이다.[75] 바울이 두 그룹에게 말한다고 주장하는 의견에는 세 종류가 있다. 유다계 그리스도인과 이방인 그리스도인,[76] 그리스도인 아닌 유다인과 그리스도를 믿는 유다인,[77] 유다인과 이방인 그리스도인[78]이다. 그리스도를 믿는 유다인만 아브라함을 아버지로 모실 수 있다는 생각은 바울과 거리가 멀다. 모든 유다인뿐 아니라 그리스도를 믿는 이방인도 아브라함을 아버지로 모신다고 바울은 생각했다.

13절 13-17절은 왜 언약은 율법으로 성취될 수 없는가(4:13-15), 아브라함과 그 후손은 왜 믿음으로만 언약을 받을 수 있는가(4:16), 결론(4:17) 세 부분으로 이루어졌다. 바울은 아브라함 이야기를 17절까지는 현재에 연결해왔다. 17절부터 아브라함 자신의 믿음을 다시 언급한다. 13-17절에서 바울은 율법νόμος과 언약ἐπαγγελία이라는 새로운 단어를 등장시킨다.

바울은 로마서보다 약 3년 전, 즉 55년 가을에 쓴 갈라디아서 3장 17절부터 18장 21절에서 율법νόμος과 언약을 연결했었다. 아브라함(약속)과 율법(모세)은 약 430년 차이가 난다.(갈라디아서 3:17; 출애굽기 12:40) 바울은 갈라디아서에서 약속과 율법에 대해 두 가지를 말하고 싶었다. 첫째, 약속이 율법보다 우선이라는 사실은 사라지지 않는다.(갈라디아서 3:17, 21) 둘째, 땅 상속κληρονομία(갈라디아서 3:18)은 율법이 아니라 약속에 근거한다.

율법 개념은 행업(4:2-8)뿐 아니라 이스라엘 문제(4:9-12)를 다루고 있다. 이스라엘은 할례뿐 아니라 모세오경Tora에서도 이방인과 구별된다.(로마서 2:12-15, 17-24, 25-29, 3:28-30) 언약 주제는 땅 약속과 연결된다.(창세기 12:7, 13, 15, 17:8) 아브라함과 그 후손이 상속 받을(창세기 15:7, 28:4) 땅이다. 신약성서에서 이 주제는 갈라디아서(3:16-18, 29; 4:23, 28), 사도행전(7:17, 13:32, 26:6), 히브리서(6:13-15, 7:6)에서 다루어졌다.

바울은 여전히 땅에 대해 말하지만 땅을 언약이라는 보편 개념으로 넓히고 있다. 아브라함과 그 후손을 세상κόσμος(4:13)의 상속자로 또 확장한다. 땅에서 세상으로의 확장은 아브라함 후손의 확장과 연결되었다.(4:9-12) 약속이 주어진 할례받은 유다인뿐 아니라 믿음으로 아브라함의 자손이 된 이방인을 바울은 생각하고 있다. 이스라엘 땅을 넘어선 세상이라는 넓혀진 새로운 상속을 뜻한다.(로마서 1:16-17, 3:22, 28-30)

갈라디아서 3장 17-18절, 21절과 다르게 로마서 4장 13절에서 언약은 상위 개념이다. 바울은 로마서 4장 13절에서 약속이냐 율법이냐 둘 중 하나를 선택하라고 요구하진 않는다. 율법을 믿음으로 구원과 대비시키고 있다. 하느님은 당신의 약속을 율법 충족에 종속시키는 것이 아니라 믿음으로 정의에 연결하신다. 약속과 율법 관계라는 유다교 개념(창세기 26:4-5)에 바울이 거리를 두려는 의도가 보인다.

여기서 독자에게 한 가지 제안하고 싶다. 예수를 따르는 그리스도인이 하느님 이름을 분명히 부르는 갸륵한 정성과 선한 의도를 나는 마땅히 인정한다. 그렇지만 하느님 이름 부르기를 삼가는 유다인 형제자매들의 거룩하고 고귀한 마음도 우리가 존중할 필요가 있다. 내 책에서 하느님 단어가 보이면 하느님을 야훼 또는 그분이라고 바꾸어 부르거나 아예 부르지 않는 것도 의미 있겠다. 예배, 미사, 기도, 성서공부에서도 마찬가지다. 로마서를 읽으면서 유다인과 그리스도인과의 일치를 거듭거듭 기억하는 것이 좋겠다.

14절 14절에서 율법을 지키는 사람들οἱ ἐκ νόμου을 유다인이나 이스라엘과 단순한 동의어[79]로 생각하면 충분하진 않다. 바울이 그리스도를 믿지 않는 유다인은 상속에서 제외된다고 말하는 것은 아니다. 아브라함에 대한 약속이 율법 완성자를 생각하고 있다는 것은 아니라고 말할 뿐이다. 바울은 아브라함의 믿음뿐 아니라 그 후손의 믿음을 근거로 제시한다. 만일 하느님이 약속을 율법 완성과 연결시켰다면 믿음은 허무해질κεκένωται(4:14) 것이다. 율법을 다 지킬 사람은 없을 것이기 때문이다.

그리스어 동사 κενόω는 '텅 비다, 허무하다'는 뜻으로 신약성서에서 바울에게만 나온다.(고린도전서 1:17, 9:15; 고린도후서 9:3; 빌립보서 2:7) 바울은 율법 가치를 믿음으로써 신학적으로 약화시키고 있다.(로마서 3:27, 4:2-3; 갈라디아서 3:11-12)

15절 15절은 분노(1:18)와 행업으로 정의 없다(3:20)를 합쳐놓은 듯하다. 여기서 분노ὀργή(4:15)는 상속의 반대말처럼 소개되었다. 모든 사람이 율법을 어기고 하느님의 분노를 일으켰기 때문에 율법과 연결되는 약속의 효력은 상실되었다. 율법νόμος(4:15)은 모세오경뿐 아니라 모세오경에 있는 모든 규정을 아울러 가리킨다.(로마서 7:1; 갈라디아서 5:23) 이스라엘 민족뿐 아니라 모든 민족이 가지고 있는 이른바 법률 때문에 비로소 법률 위반παράβασις(4:15)이 생기게 된다.(로마서 2:23, 5:14; 갈라디아서 3:19)

16절 바울이 3장 24절과 4장 4절에서 언급했던 은총χάρις이 4장 16절에서 다시 나오고 있다. 하느님은 인간의 행동에κατὰ ὀφείλημα(4:4) 반응하여 약속하시지 않았고, 오직 하느님 자신의 하느님다움에 근거하여 자발적으로 은총을 베푸신다. 하느님 약속의 특징은 약속이

반드시 이루어진다는 데 있다.(15:8)

16절에서 바울은 누구를 향해 말하는가. 율법을 지키는 사람들ἐκ τοῦ νόμου μόνον, 아브라함의 믿음을 따르는 사람들ἐκ πίστεως Ἀβραάμ 두 그룹은 누구를 가리키는가. 성서학자들은 이 주제를 오랫동안 토론해왔지만 의견의 일치를 보지 못하고 여러 의견을 내놓고 있다. 첫째, 그리스도를 믿는 유다인과 믿지 않는 유다인을 한편에, 이방인 그리스도인을 다른 편에 놓는 의견,[80] 둘째, 그리스도를 믿지 않는 유다인을 한편에, 그리스도를 믿는 유다인과 이방인을 다른 편에 놓는 의견,[81] 셋째, 그리스도를 믿는 유다인을 한편에, 그리스도를 믿는 이방인을 다른 편에 놓는 의견[82]이 있다. 바울은 그리스도를 믿지 않는 유다인도 여전히 하느님의 사랑을 받는다는 생각을 갖고 있다. 아브라함과 그 후손에게 선사된 하느님의 약속은 지금은 핏줄로만κατὰ σάρκα(4:1) 아브라함과 연결된 유다인들에게도 유효하다. 볼터Wolter[83]처럼 나도 둘째 의견을 존중하고 싶다.

바울은 아브라함은 이방인 그리스도인에게도 아버지라는 생각을 소개한다. 16절에서 우리 모두는 그리스도를 믿지 않는 유다인, 유다인 그리스도인, 이방인 그리스도인을 포함한다. 하느님 약속과 이방인 사이의 연속성을 바울은 창세기 17장 5절에서 꺼내왔다. 그렇다고 바울이 그리스도를 믿지 않는 유다인을 아브라함과 떼어놓는 것은 전혀 아니다. 이방인 그리스도인을 아브라함과 연결하려는 생각이 이 단락에서 바울의 주요 관심사다.

17절 4장 17b-22절은 역사의 아브라함 이야기다. 역사의 예수라는 표현이 있듯이 역사의 바울, 역사의 아브라함이란 단어를 쓰려는 뜻이다. 4장 17b-22에서 아브라함은 문법이나 문장 구조상 주어다. 바울은 이 단락에서 "아브라함이 하느님을 믿었다.(창세기 15:6a)는 말이 무슨 뜻인가?"라고 질문한다. 믿음이란 무엇인가. 이 질문은 4장 11b-c, 16-17a에서 준비되었다. 이방인 그리스도인들이 아브라함처럼 믿었기 때문에 아브라함을 아버지로 모신다 해도, 그들과 아브라함의 믿음 사이에는 차이가 있다. 아브라함은 예수 그리스도를 알지 못했고 당연히 예수 그리스도를 믿을 수 없었다. 이방인 그리스도인들의 믿음과 아브라함의 믿음을 이어주는 끈을 바울은 4장 17b-22에서 만들려고 한다.

죽은 자를 살리시는ζῳοποιοῦντος τοὺς νεκροὺς(로마서 4:17b; 요한복음 5:21a; 고린도후서 1:9) 하느님은 유다교 18 기도문 중 제2번 기도 끝에 나오는 표현이다.[84] 이 표현으로 바울은 아브라함의 믿음과 그리스도인의 믿음을 연결하고 있다. "우리 주 예수를 죽은 자들 가운데서 다시 살리신 분을 믿는 우리들까지."(로마서 4:24) 바울이 4장 17b에서 모든 죽은 자들의 세상 완성 날 부활이 아니라 예수 부활을 생각하고 있다.

4장 17b에서 바울은 마카베오하 7장 28-29절을 떠올린다. "하늘과 땅을 바라보아라. 그리고 그 안에 있는 모든 것을 살펴라. 하느님께서 무엇인가를 가지고 이 모든 것을 만들었다고 생각하지 말아라. 인류가 생겨난 것도 마찬가지다. 이 도살자를 무서워하지 말고 네 형들에게 부끄럽지 않은 태도로 죽음을 달게 받아라. 그러면 하느님의 자비로 내가 너를 너의 형들과 함께 다시 맞이하게 될 것이다." 무無에서 만물을 창조하신 하느님을 기억하는 것은 하느님께서 율법에 충실한 순교자들을 죽음에서 부활시킨다는 희망과 연결하고 있다. 순교자의 죽음은 죽음이 아니라 부활이요 생명이다. 4장 17b와 24c에서 바울은 예수 부활이 하느님 자신의 하느님다움에 근거한다고 설명한다. 그렇다면, 그리스도인의 부활 신앙도 하느님의 하느님다움이라는 본질에 근거하고 있다.

18절 아브라함의 믿음은 세상 잣대로는 절망인 상황에서 약속을 지키시는 하느님에 대한 희망이었다.(창세기 17:5) 바울은 희망을 아브라함 믿음의 특징으로 소개한다. "그들이 하느님을 믿지 아니하고 그 구원을 믿지 않은 탓이다."(시편 78:22) "우리는 그리스도를 믿음으로써 지금의 이 은총을 누리게 되었고 또 하느님의 영광에 참여할 희망을 안고 기뻐하고 있습니다."(로마서 5:2) "우리는 하느님께서 우리의 믿음을 보시고 성령을 통해서 우리를 당신과 올바른 관계에 놓아주시리라는 희망을 가지고 있습니다."(갈라디아서 5:5) 아브라함은 하느님의 약속을 믿고 희망하면서 믿기 이전에 갖고 있지 않았던 희망을 새로 갖게 되었다.

19절 19절에서 바울은 믿음이 약해지다ἀσθενήσας τῇ πίστει(4:19a)를 의심하다διεκρίθη로 자세히 풀어 설명한다. "아브라함은 땅에 얼굴을 대고 엎드려 있으면서도 속으로는 우스워서 '나이 백 살에 아들을 보다니! 사라도 아흔 살이나 되었는데 어떻게 아기를 낳겠는가?' 하고 중얼거렸다."(창세기 17:17)를 보자. 아브라함의 웃음을 의심으로 보지 않고 희망과 기쁨magna spe adimpletus[85]의 표현으로 본 유다교 문헌이 있다.[86] 아브라함과 사라가 나이 탓에 자녀를 가질 수 없는 상태를 바울은 일종의 죽음으로 설명한다. 히브리서 11장

12절도 마찬가지다. 죽음에서 생명으로 이끌어주시는 분, 당신이 하신 말씀을 그대로 실행할 수 있는 분은 하느님이시다.(이사야 55:11; 예레미야 1:12)

20-21절 20-2절1은 창세기 15장 5-6절을 다시 한 번 연결하고 있다. 하느님의 약속에 대한 아브라함의 믿음을 아브라함이 하느님께 영광 드린다로 바울은 해석하고 있다. "인간은 하느님을 알면서도 하느님으로 받들어 섬기거나 감사하기는커녕 오히려 생각이 허황해져서 그들의 어리석은 마음이 어둠으로 가득 차게 되었습니다."(로마서 1:21)는 아브라함의 태도와 정반대다. "야훼가 무슨 일인들 못 하겠느냐?"(창세기 18:14)라고 야훼께서 아브라함에게 하신 말씀을 아브라함은 잊지 않았다. "아브라함은 하느님께서 죽었던 사람들까지 살리실 수 있다고 믿고 있었습니다."(히브리서 11:19) 아브라함은 하느님을 하느님으로 존중한 최초의 인간이 되었다.

22절 아브라함의 정의는 그 믿음의 결과라고 바울은 해석한다.

23절 하느님은 그때처럼 δι' αὐτὸν(4:23) 지금도 δι' ἡμᾶς(4:24) 똑같은 분이시다. 하느님의 말씀을 믿는 사람들에게(로마서 1:1-5:16, 10:14-17; 데살로니가전서 2:13) 정의를 선사하신다. 하느님은 아브라함(창세기 15:6)뿐 아니라 아브라함처럼 믿어서 아브라함과 연결된 모든 사람에게도 정의를 선사하신다. 바울은 "우리를 두고 하시는 말씀"(4:23)이라는 표현을 고린도전서 9장 10절에도 썼다. 예수 그리스도를 믿는 오늘날 그리스도인도 포함되겠다.

24절 예수를 죽은 자들 가운데서 다시 살리신 분(4:24)을 바울은 그리스도 신앙의 결정적 내용으로 여러 곳에서 강조한다.(로마서

10:9; 고린도전서 15:14, 17; 데살로니가전서 4:14) 하느님에 대한 믿음(이사야 28:16; 데살로니가전서 1:8)과 그리스도를 믿음은 두 가지 서로 다른 내용이 아니라 똑같은 믿음의 두 측면을 가리킨다. 예수를 죽은 자들 가운데서 다시 살리신 분이라는 표현은 예수에 대한 말보다 하느님에 대한 말이다. 예수 부활에 대해 신약성서에서 가장 오래된 표현으로 관계 문장(데살로니가전서 1:10) 또는 분사구문(로마서 4:24; 고린도후서 4:14; 갈라디아서 1:1) 형식으로 전해졌다.[87]

'예수를 죽은 자들 가운데서 다시 살리신 분'이라는 표현은 하느님의 행동이 역사 안에서 드러난다는 유다교 생각을 이어받았다. "하늘과 땅을 만드신 지극히 높으신 하느님"(창세기 14:19, 22; 역대기하 2:11; 시편 115:15), "너희를 이집트 땅 종살이하던 집에서 이끌어낸 하느님"(출애굽기 20:2; 레위기 11:45; 신명기 5:6)과 연결되는 표현이다. 죽은 자를 다시 살리신 하느님은 하느님이 누구신가라는 질문에 이어진다. 예수 부활은 천지창조와 해방의 역사 바탕에 자리잡고 있다. 부활을 창조와 연결하여 생각하는 글이나 설교는 많지만 부활을 해방과 연결하여 생각하는 경우는 그리스도교에 많지 않다. 안타까운 일이다.

25절 25절은 바울이 4장 1-25절의 내용을 요약한 표현이다. 25절은 바울 이전에 있었던 신앙고백을 바울이 인용한 것이다.[88] 예수 구원의 죽음을 부활과 연결시킨 구절은 또 있기는 하다.(로마서 5:9-10; 고린도전서 15:3-5; 고린도후서 5:15) 로마서 8장 32절에서는 4장 25절처럼 부활 사건에서 하느님이 능동적으로 소개된다. 갈라디아서 1장 4절에서는 "우리 죄를 짊어지시고 당신 자신을 제물로 바치셨습니다."라고 예수가 능동적으로 소개되었다.

그러나 전체적으로 보면, 25절에서 예수 구원의 죽음은 신약성서에서 같은 사례를 찾아볼 수 없는 구절이다.[89] 예수 죽음을 이사야서 53장에 연결하여 해석한 유다계 그리스도교에서 바울이 빌어온 표현인지 또는 바울이 처음으로 이사야 53장과 연결하여 해석했는지 알기는 어렵다. 아마도 이사야 53장 12c의 영향을 받지 않았을까.[90]

바울은 3장 31b에서 내놓은 가설을 4장 1-25절에서 좀 더 확장하여 설명했다. 하느님은 모든 인간을 오직 믿음에서만 정의롭게 만드신다(3:28-30)는 것이다. 바울은 그 좋은 사례 하나를 아브라함에서 발견하였다. 그렇다면 예수를 믿는 사람은 어떤 식으로든 아브라함과 연결하는 것이 필요하겠다. 예수 믿는 사람은 아브라함을 비켜 지나갈 수 없다. 예수 믿는 사람은 아브라함을 통해 하느님과 연결되고 하느님 백성 즉 이스라엘 백성과도 연결되겠다. 그리스도교와 유다교는 바울에서 로마서에서 이처럼 아름답게 연결되고 있다.

아브라함 문제는 갈라디아서에서 이미 다루었다. 유다계 그리스도인들은 창세기 17장 9-14절을 들어 이방인 그리스도인에게 할례를 요구했다. 그들에 맞서 바울은 창세기 15장 6절을 들어[91] 아브라함처럼 믿고 예수 그리스도에 속한 사람은 아브라함의 자녀요 상속자라고 주장했다.(갈라디아서 3:6-29) 갈라디아서 3장 6-29절과 로마서 4장 1-25절 사이에는 공통점과 차이점이 있다.[92] "아브람이 주님을 믿으니, 주님께서 그 믿음을 의로움으로 인정해 주셨다."(창세기 15:6)는 두 편지에서 공통이다.(갈라디아서 3:7-9; 로마서 4:11b-12, 16-17a) 그리스도인은 아브라함의 후손σπέρμα이요 상속자κληρονόμοι

다.(갈라디아서 3:29; 로마서 4:13-14, 16c) 그리스도인은 유다인처럼 하느님 백성의 일부가 되었다.

그런데 바울은 로마서 4장에서 창세기 15장 6절을 해설할 때 갈라디아서 3장에서 인용한 창세기 구절이 아닌 다른 구절을 인용하였다. 바울은 갈라디아서 3장에서 창세기 12장 3절과 18장 18절을 인용하여 해설했다면(갈라디아서 3:8), 로마서 4장에서 70인역 시편 31편 1-2절(로마서 4:6-8), 창세기 17장 5절(로마서 4:17a), 창세기 15장 5절(로마서 4:18)을 인용했다. 그에 따라 로마서 4장에서는 축복(갈라디아서 3:14) 언급이 없어졌다. 갈라디아서와 달리 로마서에서는 믿음과 율법이 서로 대립적이 아니라 연결된 것으로 해설되었다. 아브라함의 믿음과 그리스도인의 믿음 사이의 연결도 다르게 해설되었다. 하느님의 약속이 그리스도에게 연결되기 때문에 그리스도인의 믿음이 아브라함의 믿음과 연결된다.(갈라디아서 3:16; 창세기 13:15, 17:8) 아브라함의 믿음은 그리스도인의 믿음에 일반적인 선례 Vorform로 나타나기 때문에 아브라함의 믿음과 그리스도인의 믿음은 연결된다.(로마서 4:17b, 24b)

로마서 4장에서 바울의 주제는 결국 하느님이다.[93] 유다계 그리스도인과 이방인 그리스도인 모두 하느님께 선택된 아브라함과 연결되어 있다. 유다계 그리스도인과 이방인 그리스도인 모두 아브라함에게 선사된 하느님의 약속을 희망할 수 있게 되었다. 예수 그리스도를 받아들이지 않는 유다인을 아브라함 자손에서 제외하려는 의도는 바울에게 당연히 없었다.[94]

그리스도를 통한 하느님과의 화해(5:1-11)

1 이렇게 우리는 믿음으로 말미암아 하느님과 올바른 관계를 가졌으므로 우리 주 예수 그리스도를 통해서 하느님과 평화를 누리게 되었습니다. 2 우리는 그리스도를 믿음으로써 지금의 이 은총을 누리게 되었고 또 하느님의 영광에 참여할 희망을 안고 기뻐하고 있습니다. 3 그뿐만 아니라 우리는 고통을 당하면서도 기뻐합니다. 고통은 인내를 낳고 4 인내는 시련을 이겨내는 끈기를 낳고 그러한 끈기는 희망을 낳는다는 것을 우리는 알고 있습니다. 5 이 희망은 우리를 실망시키지 않습니다. 우리가 받은 성령께서 우리의 마음속에 하느님의 사랑을 부어주셨기 때문입니다. 6 우리 죄 많은 사람들이 절망에 빠져 있을 때에 그리스도께서는 당신의 때가 이르러 우리를 구원하시려고 죽으셨습니다. 7 옳은 사람을 위해서 죽는 사람은 별로 없습니다. 혹 착한 사람을 위해서는 죽겠다고 나설 사람이 더러 있을지 모릅니다. 8 그런데 그리스도께서는 우리 죄 많은 인간을 위해서 죽으셨습니다. 이리하여 하느님께서는 우리들에게 당신의 사랑을 확실히 보여주셨습니다. 9 우리가 이제 그리스도의 피로써 하느님과 올바른 관계를 얻었으니 그리스도의 덕분으로 하느님의 진노에서 벗어나게 될 것은 너무나 분명합니다. 10 우리가 하느님의 원수였던 때에도 그 아들의 죽음으로 하느님과 화해하게 되었다면 하물며 그분과 화해가 이루어

진 지금에 와서 우리가 살아 계신 그리스도를 통해서 구원받으리라는 것은 더욱 확실한 일이 아니겠습니까? **11** 게다가 우리를 하느님과 화해하게 해주신 우리 주 예수 그리스도의 덕분으로 우리는 지금 하느님을 섬기는 기쁨을 누리게 되었습니다.

로마서 5장 1-21절은 1-11절과 12-21절 두 부분으로 이루어졌다. 그리스도를 통하여διὰ Χριστοῦ(5:1)라는 표현이 로마서에서 여기에 처음 등장한다. 비슷한 표현이 집중적으로 5장에 나온다. 바울의 편지 어느 곳에서도 그렇게 자주 나타나진 않았다. 5장 1-11절과 12-21절 두 부분은 정의 개념으로 자주 연결되고 있다. 5장 1-11절은 1장 18절-3장 20절과 대응하는 단락으로 볼 수 있다. 1장 18절-3장 20절에서 모든 인간이 죄를 지어 하느님의 분노에 빠진 상태가 설명되었다. 5장 1-11절에서는 믿음으로 하느님께 정의롭다고 인정된 인간의 상태를 해설한다.

1절 1절에서 어떤 사본들은 '우리가 평화를 갖게 합시다εἰρήνην ἔχωμεν.'라는 권유형 동사로 되어 있고, 어떤 사본들은 '우리는 평화를 갖게 되었습니다εἰρήνην ἔχομεν.'라는 서술형 동사로 되어 있다. 바울은 로마서를 받아 적게 했다(16:23). 그런데 ἔχωμεν과 ἔχομεν은 듣기에 차이가 없다. 즉 듣기 실수로 단어를 잘못 적을 가능성이 있었다. 똑같은 경우가 또 있다.(로마서 3:9, 6:1, 6:2, 6:15; 고린도전서 15:49) 바울의 의도를 추측하여 우리가 둘 중 하나를 선택하는 수밖에 없겠다. 1절에서 권유형 동사를 고른 학자도 있다.[95] 나는 볼터Wolter의 제안을 따라 우리는 평화를 갖게 되었습니다εἰρήνην ἔχομεν.

서술형 동사를 선택하겠다.[96]

바울은 그리스도를 통하여διὰ Χριστοῦ라는 표현을 언제나 세 가지 내용에만 연결하였다.[97] 첫째, 하느님의 행동과 하느님의 행동이 믿는 자들에게 미치는 영향(로마서 2:16, 5:2; 갈라디아서 6:14), 둘째, 바울의 자기 이해와 사도의 역할(로마서 1:5, 15:30; 갈라디아서 1:1), 셋째, 성찬례에서 감사 표현을 할 때(로마서 1:8, 7:25; 고린도후서 1:20)이다.

그리스도를 믿는 우리가 하느님과 관계를 회복했다는 확신의 기쁨이 로마서 5장 1-11절 주제다. 죄로 잃어버린 하느님의 영광(3:23)을 우리가 미래에 되찾을 수 있다. 우리의 이런 상황을 바울은 과거, 현재, 미래로 나누어 설명한다. 우리는 과거에 약했고(5:6a), 하느님 없이 살았고(5:6b), 죄인(5:8b)이었으며, 원수(5:10a)였다. 지금 우리는 정의롭게 되었고(5:1a, 9a), 하느님과 평화를 누리며 화해하여(5:1b, 10a, b, 11b), 하느님의 은총을 받아, 하느님의 영광(5:2c)과 고통(5:3a)과 하느님(5:11a)을 찬미하고 있다. 미래에 우리는 하느님의 영광에 참여하고(5:2c), 하느님의 분노에서 벗어날 것이다.(5:9b, 10b)

믿음으로 정의롭게 된 우리Δικαιωθέντες οὖν ἐκ πίστεως(5:1)는 3장 21-26절을 요약한다. 정의롭게 된 우리Δικαιωθέντες는 하느님 수동태passivum divinum로 사실상 그 문장 주어가 하느님임을 가리킨다. 예수 그리스도를 믿기로 결심한 사람들에게 과거에 일어났던 믿음으로의 전환Bekehrung[98]을 정의롭게 된 우리Δικαιωθέντες는 포함하고 있다. 믿음으로 전환하기 이전에 그들은 죄 지은 인간의 비참한 현실(1:18-3:20)에 갇혀 있었다. 이제 믿음으로 정의는 예수 죽음으로 가능하게 되었다. 바울은 예수 죽음을 구원 사건(3:25)으로 이해했다. 믿음과 구원은 언제나 연결되어 해설된다.

예수의 죽음을 구원 사건으로 이해하여 예수 그리스도를 믿어 정의롭게 된 인간에게 우선 무엇이 달라졌을까. 하느님과의 새로운 관계다. 정의롭게 된 인간의 정서나 심리 상태를 가리키는 말은 아니다. 예수 그리스도를 믿어 정의롭게 된 인간과 하느님 사이의 관계를 가리킨다. 이스라엘 민족의 희망이 이미 다 이루어졌다[99]고 말하는 것도 아직 아니다. 로마 제국이 제시하는 신들의 평화pax deorum[100]를 가리키는 것도 아니다.

2절 입장, 등장προσαγωγή(로마서 5:2; 에베소서 2:18, 3:12)은 제사 의식에서 나온 단어다. 하느님 앞에 선다는 뜻으로 성소에서 제사 지내기 위해 성소 안으로 들어가는 사람을 가리킨다.(레위기 7:35; 민수기 8:9-10; 에스겔 44:13) 특별한 입장 조건을 충족한 일부 개인에만 해당되는 특별한 권리였다.(출애굽기 19:22; 레위기 10:9; 민수기 16:5) 로마 황제를 알현하기 위해 왕궁에 들어가는 경우에 쓰기도 했다.[101] 바울은 이 은혜에 입장εἰς τὴν χάριν ταύτην(5:2a)이라는 표현을 썼다. 예수 그리스도를 믿어 정의롭게 된 인간이 하느님 계신 곳을 방문하여 하느님을 직접 만나듯 그려졌다. 정의롭게 인정된 사람에게 평화가 공짜로 주어져 하느님의 정의는 현실이 되었다.

(믿음으로) 은총에 서 있음ἐσχήκαμεν [τῇ πίστει] εἰς τὴν χάριν(5:2b)은 현재완료 형태다. 은총 상태가 계속 유지된다는 뜻이다. 바울은 믿음 안에 서 있고στήκω(로마서 11:20; 고린도전서 16:13; 고린도후서 1:24), 복음 안에 서 있으며(고린도전서 15:1), 주님 안에 서 있다.(빌립보서 4:1; 데살로니가전서 3:8) 바울은 공간 개념을 이용하여 은총의 상태를 표시

하였다. 입장προσαγωγή, 은총χάρις이라는 단어는 고대 황제 숭배 문화에 속한 단어였다. 황제는 알현하는 사람에게 언제나 선물을 주었다.(히브리 4:16) 하느님은 정의를 인정받은 사람을 구원의 공간에 입장하게 허락하신다는 2절의 비유다. 정의를 인정받는 사람의 새로운 특징을 바울은 희망ἐλπίς(5:2c)으로 설명했다. 바울은 희망이라는 특징을 지닌 아브라함의 믿음(4:18)을 그리스도인의 믿음과 연결하려는 것 같다. 믿음 덕분에 희망을 갖게 된 아브라함과 믿음 덕분에 정의롭게 되었고 희망을 갖게 된 그리스도인과의 차이도 기억하면 좋겠다. 희망이라는 주제는 11절까지 계속된다. 볼터에 따르면 바울의 설명에는 두 가지 특징이 있다.

먼저 희망이 바라보는 대상은 하느님 영광δόξα θεοῦ(5:2)이다. 인간이 저지른 죄의 결과는 하느님의 영광 상실이라는 3장 23절을 떠올리고 있다. 희망은 하느님의 영광을 회복하는 것이다.(로마서 8:17, 18:21; 고린도전서 15:43) 거룩한 사람들이 세상 완성 날에 얻을 구원을 종합적으로 표현한 단어가 곧 하느님 영광이었다.(이사야 40:5, 60:1-2) 둘째, 하느님의 영광을 회복할 확신이 바울은 뚜렷했다. 그래서 세상 완성 날에 얻을 희망을 마치 현재에 누리는 상태처럼 표현했다. 희망을 가지지 못하는 다른 사람들οἱ λοιποί(데살로니가전서 4:13)과 달리 그리스도인은 확실한 희망을 지니고 있다.

3-4절 바울은 믿음으로 정의, 하느님의 평화는 그리스도인들이 그들의 고통θλίψεις(5:3)을 찬양할 수 있게 한다고 생각했다. 공동체를 떨게 했던 그 고통(데살로니가전서 3:3-4, 1:6)을 가리킨다. 희망이 구원의 현재 상태이기 때문에 그리스도인이 지금 겪고 있는 고통조

차 희망 안에서 바라볼 수 있다는 말이다. 바울은 초기 유다교에서 유행하던 고통 해석 전통을 이용하여 고통θλῖψις, 인내ὑπομονή, 끈기δοκιμή, 희망ἐλπίς이라는 네 개의 추상명사를 차례대로 언급하고 있다. 고대 수사학에서 점층법gradatio이라 불리던 방법이다.(로마서 8:29-30, 10:14-15; 야고보서 1:15) 의롭고 정의로운 사람들은 억울하게 겪는 고통 속에서도 하느님에 대한 존경심을 흔들림 없이 간직한다. 하느님은 시험을 잘 통과한 그들에게 약속한 구원을 베풀어주신다.(시편 65:10; 로마서 12:12; 야고보서 1:3)

이 설명에서 로마서 5장 3-4절, 야고보서 1:2-4절, 베드로전서 1장 6-7절이 아주 비슷하다. 세 문헌이 서로 어떤 관계가 있는 것 같진 않다. 세 문헌의 저자가 각자 이전 전승을 받아들여 자기 문헌에 받아들인 것 같다.[102] 바울의 의견은 이렇다. 첫째, 고통이 있다는 것이 그리스도인의 희망을 꺾지는 못한다. 둘째, 고통은 오히려 그리스도인의 희망을 더욱 굳세게 한다.

5절 희망은 이루어질 것이며 헛되지 않다.(시편 21:6, 24:20, 30:2; 예레미야 31:13) 희망이 이루어질 것이라는 확신의 근거를 바울은 5장 5b-c에서 해설한다. 여기서 성령이 느닷없이 등장한 것은 아니다. 믿음(5:1, 2a)이나 희망(5:2c, 3b, 5a)처럼 성령은 그리스도인 존재의 기본에 속하기 때문이다. 믿지 않거나 희망하지 않는 그리스도인이 없는 것처럼, 하느님이 성령을 부어주시지 않은 그리스도인은 없다.(로마서 8:15; 고린도전서 2:12; 갈라디아서 3:2) 5장 5c에서 하느님은 주시는 주어로 전제되었다. 여기서 바울이 세례를 연결했다고[103] 보기는 어렵다. 성령은 하느님의 영이기 때문에 거룩하시다. 하느님이 거룩하시기에 성령도 거룩하시다.(시편 51:13; 이사야 63:10-11) 성령을 받은 그리스도인도 하느님의 거룩함에 참여한다.

5절에서 성령을 하느님의 사랑과 연결한 것이 바울의 성령 해설의 특징이다. "우리의 마음속에 부어주셨기 때문입니다ἐκκέχυται ἐν ταῖς καρδίαις ἡμῶν."는 당시 사용되던 표현은 아니다. 바울은 인간에 대한 하느님의 행위를 나타내는 구약성서의 두 표현을 연결했다.[104] 하느님이 분노를 부어넣다(이사야 42:25; 예레미야 7:20; 호세아 5:10), 축복을 부어넣다(말라기 3:10), 영을 부어넣다(이사야 44:3)라는 사례가 있었다. 하느님이 지혜(출애굽기 31:6, 36:2; 열왕기상 10:24), 하느님 경외(예레미야 32:40)를 사람 마음에 주셨다는 표현이 또 있었다. 하느님이 당신 법을 당신 백성 심장에 주시리라 약속하셨다.(예레미야 31:33; 고린도후서 1:22; 갈라디아서 4:6)

5절에서 성령이 하느님의 사랑을 믿는 사람들에게 전달하는 단순한 도구로 사용되는 것은 아니다. 바울이 성령에 대해 설명한 것처럼 사랑에 대해 설명하는 것이다. 성령을 통해 하느님의 사랑이 믿는 사람들에게 주어진다기보다 성령과 함께 하느님의 사랑이 믿는 사람들의 심장에 부어진다. 우리 안에 계신 성령은 인간을 변화시키는 하느님 사랑의 대표, 즉 사랑의 성령이 되신다. 하느님의 사랑은 하느님 곁에 머무르지 않고 인간 안으로 들어와 인간의 일부가 되었다. 하느님의 사랑은 하느님께 사랑받는 사람의 겉만 바꾸는 것이 아니라 그 심장과 내면을 바꾼다.

6절 6-8절은 한 덩어리로 볼 수 있다. 6절의 내용은 8절에서 단어가 아주 비슷하게 다시 언급된다. 6-7절은 로마서에 원래 없었고

후대에 누가 끼워넣은 구절이라는 의견[105]은 근거 없는 것 같다.[106]

6절은 깔끔하게 쓰인 문장은 아니다. 아직ἔτι κατὰ καιρὸν(5:6b)이라는 표현이 어떤 단어를 가리키는지 분명하지 않다. 신약성서 어디에도 이 표현이 또 쓰인 곳은 없다. 그리스도께서 그럴 필요가 없는데도 인간을 위해 죽으셨다는 말을 다시 강조하기 위해서일까.[107] 바울 이전에 초대 예수 운동에서 이미 생기고 전해진 전승 두 개를 바울은 받아들였다. 그리스도께서 우리를 위해(로마서 8:32; 고린도후서 5:21; 갈라디아서 3:13), 우리 죄를 위해(고린도전서 15:3; 갈라디아서 1:4; 로마서 4:25) 당신 목숨을 바치셨다. 그리스도께서 우리를 위해, 우리 죄를 위해 죽으셨다는 확신은 바울 이전 초대 그리스도교의 교리에 속했다.

그러나 그리스도께서 우리를 위해, 우리 죄를 위해 죽으셨다는 확신이 그리스도께서 불경不敬한 자들을 위하여ὑπὲρ ἀσεβῶν 돌아가셨습니다(5:6b)처럼 하나로 연결된 곳은 신약성서 어디에도 다시 없다. 표현 ὑπὲρ ἀσεβῶν은 윤리적으로 경건하지 못한 사람들보다 신학적으로 하느님 없이 사는 사람들이라고 번역하고 이해하는게 더 낫겠다.

7절 예수가 하느님 없이 사는 사람들을 위해 목숨을 바친 사건이 얼마나 평범하지 않은 일인지 바울은 7절에서 강조하고 있다. 구약성서에서 잘 알려진 대조, 즉 하느님 없이 사는 사람들과 정의로운 사람들의 대립(창세기 18:23; 신명기 25:1; 잠언 10-15장)을 떠올리고 있다. "의인이 구원받을 수 있지만, 악인과 죄인은 어디서 구원받으랴?"(잠언 11:31; 베드로전서 4:18)와 5장 6b-7a는 연결된다.

친구, 가족, 도시, 국가를 위해 기꺼이 죽을 수 있다는 그리스 사상이 7절의 배경이 된 것 같다.[108] 그런 죽음은 사랑의 행위로 존중되었다. 바울은 유다교 사상뿐 아니라 그리스 철학과 문학과도 가까이 지냈다. 최근 성서신학에서 바울과 유다교 관계는 논의가 활발해졌지만 바울과 그리스로마 사상과 관계는 아직도 초보 단계인 것 같다.

7절을 바울이 썼다는 가정에서, 선한 사람τοῦ ἀγαθοῦ이라는 표현으로 바울은 누구 또는 무엇을 가리키려 했을까. 크게 다섯 가지 제안이 있다.[109] 첫째, 7절에서 정의로운δίκαιος과 선한ἀγαθός은 동의어로 같은 뜻을 강조하려 했다.[110] 둘째, 바울은 선한 사람을 정의로운 사람보다 더 가치있게 생각했다.[111] 셋째, 부정 관사로 수식된 정의로운 사람보다 정관사로 수식된 선한 사람은 더 많은 선행 의무가 있는 개인을 가리킨다.[112] 넷째, 하느님을 가리킨다.[113] 다섯째, 중성 명사 선을 가리킨다.[114]

처음 네 제안에서 τοῦ ἀγαθοῦ는 남성명사, 즉 선한 사람으로, 다섯째 제안은 중성 명사 선善으로 이해했다. 바울은 어떤 사람에게 선하다는 형용사를 쓴 적은 없다.[115] 바울은 남성 형용사 ἀγαθός를 동사로 쓰지 않고 언제나 중성 추상 명사로 썼다.(로마서 2:10, 7:13; 갈라디아서 6:10) 그래서 다섯째의 제안을 택하는 것이 가장 설득력 있겠다.

8절 8절은 5장 5b-6절을 다시 말한다. 단어 약한 사람ἀσθενεῖς(5:6a)과 하느님 없는 사람ἀσεβεῖς(5:6b)이 죄인ἁμαρτωλοί(5:8b)으로 바뀌었다. 하느님 없는 사람과 죄인 사이에 뜻의 차이는 없다. 구약성서 70인역 그리스역Septuaginta에는 두 단어의 근원을 같은 히브리어에서 가져왔다. ἀσεβεῖς(창세기 18:23; 출애굽기 9:27; 시편 1:1; 예레미야 12:1), ἁμαρτωλοί(시편 3:8; 이사야 14:5; 에스겔 33:8) 죄인을 위한 예수 죽음에서 우리는 하느님 사랑을 알아차릴 수 있다. 죄인을 위한 죽음으로 우리의 믿음 안에서 해석된 예수의 죽음은 하느님이 믿는 우리를 사랑하신다는 사실을 알아차리는 근거가 되었다. 초대 그리스도교는 개종 종교Bekehrungsreligion[116]임을 볼터Wolter는 강조하고 있다. 로마서 독자들은 다른 종교에서 그리스도교로 건너온 그리스도인이라는 것이다. 그들은 로마서를 읽으면서 그리스도교로 오기 전 다른 종교에 있던 자신을 돌아볼 것이다. 21세기 한국 그리스도인들은 바울 당시 로마서 독자들의 상황과 비슷한가?

9절 바울은 왜 희망이 희망하는 자들을 실망시키지 않는다(5:5a)고 확신했을까. 죄인으로서 과거와 정의롭다고 인정받은 사람의 현재가 대조된다. 믿음으로 정의롭게 되었다(5:1)고 말한 바울은 예수의 죽음으로 정의롭게 되었다(5:9, 3:25)고 말한다. 예수 죽음을 죄인을 위한 죽음으로 해석하는 것이 곧 믿음이다. 바울은 믿음과 예수 죽음을 하나로 연결할 수 있었다. 5장 9a는 3장 24-25절을 요약하는 셈이다.

예수가 우리를 위해 죽어서 우리가 구원받았는가. 예수가 우리를 위해 죽었다는 사실을 우리가 믿고 받아들임으로써 우리가 구원받게 되었는가. 둘 중 하나를 선택하라는 질문이 아니다. 예수가 우리를 위해 죽었기 때문에 우리는 구원받을 수 있게 되었다. 예수가 우리를 위해 죽었다는 사실을 우리가 믿고 받아들임으로써 우리가 구원받게 되었다는 사실을 우리가 알게 되었다. 예수가 우리를 위해 죽었고, 예수의 죽음은 우리를 구원하는 능력이 있다. 예수가 우리를 위해 죽었고 예수의 죽음은 우리를 구원하는 능력이 있음을 우리는 믿을 수 있다. 바울은 이 내용을 인류에게 설명하고 알려주고 싶었다. 예수 죽음은 구원의 객관적 조건, 예수 죽음이 구원하는 능력이 있음을 우리가 믿는 행위를 구원의 주관적 조건이라고 표현하면 어떨까.

정의롭게 된 사람은 하느님의 분노에서 벗어나게 되었다. 5장 9b는 1장 18절과 연결되었다. 분노ὀργή(5:9)는 세상 끝날 심판을 가리킨다. 바울은 분노ὀργή라는 단어를 로마서와 데살로니가전서에서만 사용한다. 믿는 자들과 정의롭게 된 사람들은 심판의 분노에서 보호받을 것이다.(데살로니가전서 1:10, 5:9) 심판에서 어떻게 보호받는다는 것인지 바울은 설명하지는 않았다. 그리스도인의 현재를 과거의 관점에서 보고 또 미래를 보는 두 방향을 바울은 πολλῷ μᾶλλον(5:9a)이라는 단어를 써서 해설한다.

바울이 유다교 랍비 교육을 받은 흔적이 잘 드러나는 사례 중 하나가 바로 9-10절이다. 바울이 쓴 이 방법은 바울의 편지(로마서 5:15, 11:12; 고린도후서 3:9)나 복음서(누가복음 11:13, 12:28; 마태복음 10:25)에도 보인다. 9-10절에서 사용된 바울의 논법이 유다교 랍비 문헌에서 자주 보인다는 사실이 9-10절 해석에서 지금까지 큰 역할을 해왔다.[117] 랍비 힐렐Hillel(서기전 30-서기 7년)의 일곱 가지 해석 방법 중 첫 번째인 콸 바쇼메Qal Wachomer(쉬운 것과 어려운 것)로 불렸다.[118] 예를 하나 들어 보자. "여자와 말을 많이 하지 말라. 지혜로운 사람들은 자기 아내에 대해 그렇게 말했다. 이웃집 여인에 대해서 얼마나 더 그렇겠는가."(mAv 1:5; mNeg 12:5)

이 논법이 그리스 문학에도 널리 퍼졌던[119] 사실이 그리스도교에서 그동안 잘 알려지진 않았다. 고대 수사학에서도 비교 논법에 '작은 것에서 큰 것으로argumentum a minori ad maius', '큰 것에서 작은 것으로argumentum a maiori ad minus'라는 두 방법이 있었다. 신약성서에서도 사용된 방법이다. "오늘 피었다가 내일이면 아궁이에 던져질 들꽃도 하느님께서 이처럼 입히시거든 하물며 여러분에게야 얼마나 더 잘 입혀주시겠습니까?"(누가복음 12:28)는 전자의 예로, "원래 야생 올리브 나무 가지였던 여러분이 잘려서 제 나무가 아닌 딴 좋은 올리브 나무에 쉽사리 접붙여졌다면 잘려 나갔던 가지들이 제 올리브 나무에 다시 접붙여지는 것이야 얼마나 더 쉬운 일이겠습니까?"(로마서 11:24)는 후자의 예로 들 수 있다.

9-10절에서 어느 방법이 사용되었는지 정확히 말하기는 쉽지 않다. 죄인을 위해 죽는 일과 정의로운 사람을 위해 죽는 일 중 어느 것이 더 크고 어느 것이 더 작을까. 그러나 바울의 의도는 분명하다. 죄인을 위해 죽는 일이 정의로운 사람을 위해 죽는 일보다 가능성이 적을 것이라는 뜻이다. 바울은 예수의 죽음을 그렇게 보았다. 9-10절에서 어려운 것에서 쉬운 것으로 진행하는 논증argumentum ex difficilioribus ad faciliora을 썼다고 보면 어떨까.

10절 10절은 8-9절을 좀 더 자세히 해설하며 요약하고 있다. 바울은 정의의 결과는 화해라는 새 비유를 가져온다. 하느님께 정의롭다고 인정받은 인간은 하느님과 새로운 관계에 있게 된다. 여기에는 초대 공동체 사람들의 개종 체험Bekehrungserfahrung[120]이 배경에 있다. 화해 비유는 유다교에서 인간과 하느님과의 관계를 나타내는데 이미 사용되었음을 기억해야 하겠다.(마카베오하 1:5, 5:20, 7:33, 8:29)

유다교에서 화해하는 분이나 화해시키는 분이 언제나 하느님이었다면, 바울은 화해가 인간 편에서 이루어짐을 강조했다. 한때 하느님의 원수로 자신을 드러냈던 인간이, 좀 더 정확히 말하자면 하느님을 믿게 된 사람들이, 이제는 하느님과 화해하게 되었다는 말이다. 인간의 이러한 변화는 그리스도의 죽음으로 인해 생겼다. 예수의 죽음이 인간에게 구원을 선사하는 죽음이라는 뜻이겠다. 인간을 변화시키는 것은 예수 그리스도에 대한 믿음이다. 그것이 바울의 생각이었다.

예수의 죽음이 인간에게 구원을 선사하는 죽음이 된 것은 오로지 하느님의 사랑 덕분이다. 하느님의 사랑 없이 인간이 저절로 구원받은 것이 아니다. 초대 공동체 사람들은 예수의 죽음뿐 아니라 예수의 부활에서 믿는 이들의 구원을 확신하였다. 그리스도에 속한 이들은 그리스도의 부활 운명에도 속한다.(로마서 6:5, 8:11; 데살로니가전서 4:14)

11절 바울은 11절에서 그리스도를 믿는 사람들의 특징을 하느님과 화해한 사람뿐 아니라 하느님을 찬양하는 사람으로 하나 더 추가한다. 인간은 하느님과 화해했을 뿐 아니라 하느님을 기쁘게 찬미한다. 바울은 여기서 "그대는 자신을 유다인이라고 부르면서 율법에 의지하고 하느님을 자랑하며"(2:17)를 기억하고 있다. 하느님을 찬양하는 사람으로서 그리스도인과 유다인은 서로 깊이 연결되어 있다는 뜻이다. 바울은 한편으로 유다인과 이방인의 차이를 없애면서(3:27), 다른 한편으로 여전히 유다인의 특권을 잊지 않는다.(2:17) 바울은 2장 17절과 3장 27절 사이의 긴장과 모순을 로마서 끝까지 유지하고 있다.[121]

우리 주 예수 그리스도를 통하여διὰ τοῦ κυρίου ἡμῶν Ἰησοῦ Χριστοῦ (5:11)는 전례(성례전)에서 예수 그리스도의 역할을 가리킨다[122]고 보아야 하는가? 그분의 피(5:9a), 그분을 통하여(5:9b), 그분 아드님의 죽음으로(5:10a), 그 아드님의 생명으로(5:10b)와 같은 비슷한 표현이 등장하고 있다. 전례(성례전)에서 예수 그리스도의 역할을 의식하기보다 하느님을 찬양하는 그리스도인의 특징을 가리킨다[123]고 보고싶다.

5장 1-11절은 1장 18절-3장 20절과 대응하는 단락이다. 1장 18절-3장 20절에서 인간은 하느님 없이 불의하게 사는 존재로, 하느님은 분노하시는 분으로 그려졌다. 5장 1-11절에서 인간은 믿음으로 정의롭게 인정된 존재로 그려진다. 바울은 5장 1-11절과 1장 18절-3장 20절에서 인간 현실뿐 아니라 세상 끝날의 완성도 내다보고 있다. 3장 21-26절은 1장 18절-3장 20절과 5장 1-11절을 대칭으로 만드는 경계선 역할을 하고 있다. 바울은 5장 1-11절에서 언급했던 예수의 죽음을 3장 21-26절에서, 특히 3장 24-25절에서 다루고 있다.

바울은 1장 18절-3장 20절에서 그려진 인간의 비참한 상황이 하느님의 정의가 나타남으로 어떻게 바꾸어졌는지 5장 1-11절에서 말하려 했다. 그런데 바울은 누구에게 그 내용을 전하고 싶었을까? 바울은 로마서 독자, 아니 로마서 청취자뿐 아니라 바울 자신과 자기 시대 그리스도인에게 소개하고 있다. 5장 11절에서 바울은 믿음으로 정의롭게 된 사람들을 하느님께서 선택하신 이스라엘 백성과 함께 언급하고 있음을 우리는 잊지 말자.

5장 1-11절이 믿음으로 정의롭게 된 사람들의 과거와 현재만 대조하는 것은 아니다. 그들의 현재와 미래 사이의 관계를 또한 살피고 있다. 이 관계를 바울은 희망ἐλπίς(5:2)이라는 단어로 연결한다. 희망은 잃어버린 하느님의 영광(5:2)을 되찾고 하느님의 분노에서 해방(5:9)된 상태를 가리킬 뿐만 아니라 희망 자체가 이미 구원의 선물이다. 희망은 아직 다 완성되지는 않은 구원을 가리킬 뿐 아니라 이미 이루어진 구원의 일부를 당당하게 드러내고 있다. 희망을 가졌기 때문에 미래의 구원을 지금 기다리는 것이 아니라 이미 구원받았기 때문에 희망으로 현재를 살 수 있다는 뜻이다.

과거, 현재, 미래의 세 차원을 바울은 결국 하느님의 사랑으로 연결하고 있다.(5:5b-c, 8a) 예수의 죽음이 죄인들에게 의미하는 것을 바울은 하느님 사랑의 증거라고 이해했다. 예수의 죽음은 하느님을 믿는 사람들에게는 하느님 분노의 심판에서 보호한다는 말로 여겨졌다는 뜻이다. 바울은 이 논리를 8장 32-39절에서 반복한다. 그리스도인의 희망은 하느님께 사랑받는다는 사실에 근거한다. 예수의 죽음은 하느님 사랑의 표현이라고 바울은 생각하고 살았다.

아담과 그리스도(5:12-21)

12 한 사람이 죄를 지어 이 세상에 죄가 들어왔고 죄는 또한 죽음을 불러들인 것 같이 모든 사람이 죄를 지어 죽음이 온 인류에게 미치게 되었습니다. 13 율법을 주시기 전에도 죄는 세상에 있었습니다. 다만 율법이 없었기 때문에 그 죄가 법의 다스림을 받지 않았을 뿐입니다. 14 그러나 죽음은 아담으로부터 모세에 이르기까지 모든 사람을 지배하였는데 아담이 지은 것과 같은 죄를 짓지 않은 사람들까지도 그 지배를 받았습니다. 그런데 아담은 장차 오실 분의 원형이었습니다. 15 그러나 하느님께서 내리시는 은총의 경우와 아담이 지은 죄의 경우와는 전연 비교가 되지 않습니다. 아담의 범죄의 경우에는 그 한 사람 때문에 많은 사람이 죽었지만 하느님의 은총의 경우에는 예수 그리스도 한 사람의 덕분으로 많은 사람이 풍성한 은총을 거저 받았습니다. 그러니 하느님의 은총의 힘이 얼마나 더 큽니까! 16 하느님께서 거저 주시는 은총과 아담의 죄는 그 효과에 있어서 서로 비교가 되지 않습니다. 아담의 경우에는 그 한 사람 때문에 모든 사람이 유죄 판결의 심판을 받게 되었지만 은총의 경우에는 죄지은 많은 사람이 은총을 거저 입어 무죄 판결을 받았습니다. 17 아담의 범죄의 경우에는 그 한 사람 때문에 죽음이 군림하게 되었습니다. 그러나 은총의 경우에는 한 사람 예수 그리스도의 공로로 풍성한 은총을 입어 하느

님과 올바른 관계를 거저 얻은 사람들이 생명의 나라에서 왕노릇 할 것입니다. 그러니 하느님의 은총의 힘이 얼마나 더 큽니까! 18 그러므로 한 사람이 죄를 지어 모든 사람이 유죄 판결을 받은 것과는 달리 한 사람의 올바른 행위로 모든 사람이 무죄 판결을 받고 길이 살게 되었습니다. 19 한 사람의 불순종으로 많은 사람이 죄인이 된 것과는 달리 한 사람의 순종으로 많은 사람이 하느님과 올바른 관계를 가지게 될 것입니다. 20 법이 생겨서 범죄는 늘어났지만 죄가 많은 곳에는 은총도 풍성하게 내렸습니다. 21 그래서 죄는 세상에 군림하여 죽음을 가져다 주었지만 은총은 군림하여 우리 주 예수 그리스도로 말미암아 모든 사람을 하느님과 올바른 관계에 있게 하고 영원한 생명에 이르게 합니다.

12절 5장 12-21절은 5장 1-11절의 '그리스도를 통하여'라는 표현을 받아들이고 더 해설한다. 5장 1절과 9절에서 정의 개념을 5장 16, 19, 21절에서 받아들여 연결한다. 5장 12-21절은 내용상 5장 1-11절과 이어진다. 5장 12-21절은 한 사람 행위의 결과가 모든 사람의 운명에 연결되어 있다는 논리로 채워진다. 아담과 예수 그리스도의 공통점(5:12, 14c, 18-19)과 차이(5:15-17)가 비교되고 있다.

그러므로Διὰ τοῦτο(5:12)는 앞 단락을 결론짓는 표현[124]이 아니라 다음 부분으로 넘어감을 나타내는 신호로 보는 것이 좋겠다.[125] 바울은 '그리스도를 통하여'라는 표현이 무슨 뜻인지 설명하려 한다. 한 사람을 통하여δι᾽ ἑνὸς ἀνθρώπου(5:12)는 아담을 가리킨다. 바울은 창세기 2장 16-17절, 3장 1-24절의 범죄 이야기를 생각하고 있다.

고린도전서 15장 21절에 비슷한 표현이 있지만, 바울은 거기서 한 사람이라는 숫자를 쓰진 않았었다. 아담이 인류 죄의 근원이라는 해석은 유다교 문헌에도 있었고, 하와를 죄의 원인으로 보는 문헌[126]도 있었다.[127]

바울이 아담을 한 인간으로 보고 세상의 죄가 생긴 책임을 아담 혼자에게만 뒤집어씌우는 것은 구약성서의 죄 역사 이야기 줄거리와 어긋난다. 오직 로마서 5장에서만 아담은 개인으로 나타나고, 다른 어디에서도 아담은 개인으로 소개되지 않았다. 바울은 아담을 예수와 비교하기 위해 아담을 한 인간으로 본 것 같다. 개인 예수를 통해 구원이 세상에 왔음을 주장하려면 개인 아담을 통해 죄가 세상에 왔다고 주장할 수밖에 없는 논리겠다. 모든 인간이 죄를 지었다는 전제에서 바울은 아담을 죄지은 첫째 인간으로 제안하였다. 바울이 여기서 그리스-유다적, 특히 영지주의적 원인간原人間신화 Urmenschmythos를 생각했다는 가설[128]은 성서학계에서 그동안 포기되었다.[129]

세상 κόσμος(5:12)은 피조물 전체가 아니라 인간 세상을 가리킨다.[130] 이 세상에 죄가 들어왔고ή ἁμαρτία εἰς τὸν κόσμον εἰσῆλθεν (5:12)는 죄가 세상 밖에서 세상 안으로 들어왔다는 뜻이 아니라 죄가 인간 세상 안에서 생겼다는 말이다.(요한복음 18:37; 클레멘스1서 3:4) 전치사 통하여διὰ(5:12)는 도구나 수단이 아니라 원인이나 원인을 낳은 사람을 가리킨다.[131] 바울은 최초 인간 아담만 생각하는 것은 아니고 아담 이후 모든 인간을 의식하고 있다.

아담의 죄가 죽음의 결과를 낳았다는 생각은 창세기 2장 17절, 3

장 3절에 있었다. 죄가 아담 이후 인간의 존재 방식에 속하듯이, 죽음은 아담 이후 모든 인간의 존재 방식에 속하게 되었다. 아담 이후 죽음을 맞이하지 않는 인간은 없다. 인간 조건의 일부인 죽음이 최초 인간 아담의 죄에만 그 원인이 있는 것이 아니라 각 개인이 저지른 죄의 결과임을 바울은 5장 12절에서 잊지 않고 있다. 모든 사람이 죄를 지었다는 사실이다.

5장 12d의 ἐφ' ᾧ 해석은 초대교회부터 논란이 되어 왔다.[132] 신학 역사에서 가장 영향력이 센 해설은 그리스어 ἐφ' ᾧ가 in quo로 번역된 라틴어 성서 번역에 기초한 아우구스티누스의 글이었을 것이다. 그는 quo를 남성 관계대명사로 이해하여 quo가 아담을 가리키는 것으로 보았다.[133] 이 해석에 기초하여 서방교회는 이른바 원죄 peccatum originale originatum 교리를 내놓았다. 모든 인간이 아담으로부터 이어졌기 때문에, 인간은 자신이 저지른 죄 없이도 탄생 순간부터 아담의 죄를 이어받는다는 설명이다.[134] 개신교 역시 아담 이후 모든 인간은 죄중에 잉태되고 출생한다고 선언했다.[135]

최근 성서학자들은 ἐφ' ᾧ를 아담과 연결하는 것은 찬성할 수 없다는 입장에서 출발하고 있다. 한 사람을 통하여δι' ἑνὸς ἀνθρώπου (5:12a)를 아담과 연결할 근거가 약하다는 것이다. 한 사람ἑνὸς ἀνθρώπου이 아담을 가리킨다고 볼 근거가 부족하다는 말이다. 표현 ἐφ' ᾧ는 세상κόσμος을 가리킨다는 의견[136]도 근거가 약하다. 새 주석서 대부분은 ἐφ' ᾧ를 원인을 나타내는 접속법kausale Konjunktion 으로 보고 '그 이유로aus welchem Grund, 때문에weil'라고 해석한다.[137] 피츠마이어는 고대 문헌에 ἐφ' ᾧ가 원인을 나타낸 경우가 없다고 주장하며 결과 접속사konsekutive Konjunktion로 보아 그 결과로with the result of, 그래서so that로 보자고 제안하였다.[138]

5장 12d의 ἐφ' ᾧ 해석은 크게 세 가지로 나눌 수 있겠다. 아우구스티누스는 '아담 안에서in quo', 원인 접속법으로 보는 성서학자는 '아담이 죄를 지었기 때문에', 결과 접속사로 보는 학자는 '아담이 죄를 지은 결과로' ἐφ' ᾧ를 본다는 뜻이다. 결과 접속사로 보는 의견에 치명적인 약점이 있다. 그 해석에서는 죄가 죽음의 원인이 아니라 죽음이 죄의 원인이라는 엉뚱한 이해가 나올 수 있다. 원인 접속법으로 해석하는 것이 가장 타당한 것 같다.[139] 고린도후서 5장 4절과 빌립보서 3장 12절도 ἐφ' ᾧ를 원인 접속법으로 보고 있다. 다른 두 해석으로는 바울 논증을 제대로 이해하기 곤란하다.

13-14절 모든 죄πάντες ἥμαρτον(5:12d)로 바울은 3장 23절에서 쓴 내용을 반복하며 1장 18절-3장 20절을 요약한다. 유다인과 이방인 모두 죄를 지었기 때문에 그들 사이에 아무런 차이가 없다(3:22)는 말이었다. 먼저 유다인과 이방인을 합쳐서 언급한 뒤에 바울은 13절에서 유다인의 율법 주제로 넘어간다. 2장 6-11절에서 2장 12절로, 3장 9-18절에서 3장 19절로, 3장 30절에서 3장 31절로, 4장 11b-12절에서 4장 13절로 넘어갈 때 바울은 같은 방식을 사용했다. 1장 16절에서 처음 제안한 이후 바울은 유다인과 이방인 사이에 하느님은 아무 차별도 두시지 않는다는 말을 계속하고 싶었다.

유다인은 율법을 내세워 유다인의 특별함을 자랑하는데 바울은 모든 사람이 죄를 지었다고 말하며 유다인의 자랑을 부끄럽게 만들었다. 만일 그리스도교가 예수와 교회를 내세워 그리스도인의 특별함을 자랑한다면, 그리스도인이나 비그리스도인이나 모두 죄를 지었으니 그리스도인의 자랑이 부끄럽게 되겠다. 바울의 논리에서 그리스도교가 자기 반성을 왜 찾아내지 못할까.

아담의 죄와 모세 이후 인간의 죄는 같은가. 아담과 모세 이후 인간은 하느님의 계명을 어긴 점에서 그 죄가 같다. 아담과 모세 이후 인간은 서로 다른 계명을 어겼기 때문에 그 죄가 다르다. 14절의 ἀλλά는 그러나 보다 '그럼에도 불구하고'라고 번역하는 것이 더 좋겠다. 셈하다, 계산하다ἐλλογεῖται 단어는 5장 13b와 빌레몬서 18절을 제외하면 고대 유다교 문헌이나 유다교 이외의 문헌에는 보이지 않는다. 비석과 파피루스에서 널리 쓰이던 상업 전문용어였다. 바울은 죄를 상업 용어에 비유하여 말하려 했다. 마치 하늘의 공책에 인간의 죄가 낱낱이 기록되고 셈하게 된다는 뜻이다.(마태복음 6:12, 18:23-35; 골로새서 2:14) 유다교에서 천사들이 사람의 죄를 기록한다는 표현은 있었다.(다니엘 7:10)

바울은 13-14절에서 무엇을 말하려 했을까. 죄는 율법과 관계없음을 강조하려 했다.[140] 아담과 모세 사이에 살았던 사람들은 율법이 없어서 그들의 죄가 기록되진 않았지만 죄의 결과인 죽음(창세기 2:17)을 맞이했다. 아담과 모세 사이 사람들은 율법이 없던 때에도 죄는 있었다는 사실을 증거한다. 율법 없이도 죄는 이미 있었다. 문제는 율법이 있느냐의 여부가 아니라 죄를 짓느냐의 여부다. 율법이 죽음을 낳았다기보다 죄가 죽음을 낳았다.

죽음이 율법이 없을 때 죄지은 사람에게 영향을 끼친다면 율법이 있을 때 죄지은 사람에게야 당연히 영향을 끼치겠다. 그렇다면

13-14절에서 바울은 유다인에게 주어진 토라Tora의 의미를 상대화하고 줄이려 했다. 유다인과 이방인의 차이는 율법에서 차이난다고 유다인은 주장했다. 그런데 알고 보니 죽음에서 율법이 있냐 없냐는 결국 아무런 차이가 없다는 말이다. 죽음 앞에서 율법은 차이를 만들지 못한다.

바울은 τύπος 유형을 비유로 사용했다.[141] 때리다τύπος는 때리는 도구와 맞아 생긴 자취를 둘 다 포함한다. 표현 도구와 표현 내용 둘 다 가리킨다는 말이다. 단어 τύπος는 따라야 할 표본Modell이란 뜻과 표본에 따라 만들어진 제품이란 뜻이 함께 있다.(창세기 25:9, 40; 디모데전서 4:12; 데살로니가전서 1:7) 바울은 5장 14c에서 그리스도 사건의 의미를 아담을 인용하여 생생하게 보여주고 싶은 것이다. 아담과 그리스도의 공통점은 무엇이고 어떤 점에서 아담이 그리스도의 표본이 되는지 바울은 설명하고 있다. 바울이 5장 14c에서 아담과 그리스도의 관계를 단어 τύπος 유형으로 표현한 것은 바울이 성서 해석이나 역사 해석에서 어떤 해석 원칙을 제시하자는 것은 결코 아니었다.[142] 그런데 고펠트가 유형론 또는 유형적 성서 해석이란 명칭으로 바울 연구를 엉뚱한 길로 안내했다.[143] 5장 14c 해석에서 적지 않은 학자들이 그 뒤를 따라갔다.[144]

15절 15절과 16-17절은 문장 구조상 평행 구조다. 문장 내용은 평행이 아니다. 바울은 아담과 그리스도 사건의 다른 점을 말하려 한다. 죄παράπτωμα(5:15)는 아담의 행위뿐 아니라 그 행위로 모든 인류에게 생긴 결과도 포함한다. 바울은 아담의 죄와 하느님의 은총χάρισμα(5:15)을 대조한다. 은총의 주체는 그리스도가 아니라 하느님이다. 15절에서 죄와 은총의 대조에서 아담과 그리스도가 아니라 아담과 하느님이 마주 서 있다. 은총은 언제나 하느님의 은총이다. 은총은 그리스도 사건에서 하나인 인간 예수 그리스도의 운명을 통해 많은 사람에게 하느님의 은총이 자비롭게 선사된다.

5장 15b를 정확하게 번역하지 못하여 오해가 생길 수 있다. 우리말 번역을 보자.

εἰ γὰρ τῷ τοῦ ἑνὸς παραπτώματι οἱ πολλοὶ ἀπέθανον, πολλῷ μᾶλλον ἡ χάρις τοῦ θεοῦ καὶ ἡ δωρεὰ ἐν χάριτι τῇ τοῦ ἑνὸς ἀνθρώπου Ἰησοῦ Χριστοῦ εἰς τοὺς πολλοὺς ἐπερίσσευσεν.(5:15b)

"아담의 범죄의 경우에는 그 한 사람 때문에 많은 사람이 죽었지만 하느님의 은총의 경우에는 예수 그리스도 한 사람의 덕분으로 많은 사람이 풍성한 은총을 거저 받았습니다. 그러니 하느님의 은총의 힘이 얼마나 더 큽니까!"《공동번역》

"사실 그 한 사람의 범죄로 많은 사람이 죽었지만, 하느님의 은총과 예수 그리스도 한 사람의 은혜로운 선물은 많은 사람에게 충만히 내렸습니다."《신약성경》

"실상 한 사람의 범행으로 많은 이들이 죽게 되었지만, 하느님의 은총과 또한 예수 그리스도 한 사람의 은총으로 말미암은 은혜는 많은 이들에게 더욱 더 넘쳤습니다."《200주년 기념성서》

"곧 한 사람의 범죄를 인하여 많은 사람이 죽었은즉 더욱 하나님

의 은혜와 또한 한 사람 예수 그리스도의 은혜로 말미암은 선물은 많은 사람에게 넘쳤느니라."《개역개정》

《200주년 기념성서》와 《개역개정》은 은총(은혜)은 하느님과 예수 그리스도가 공동으로 주는 선물인 것처럼 오해할 수 있게 번역했다. 《공동번역》과 《신약성경》 번역은 그 오해를 피했지만 정확한 번역이라고 보기는 어렵다. 나는 이렇게 번역하고 싶다.

"한 사람의 범죄를 통해 많은 사람이 죽게 되었다면, 하느님께서 한 사람 예수 그리스도를 통하여 많은 사람에게 주시는 하느님의 은혜가 얼마나 은혜 가득한 선물이 되겠습니까!"

그리스도 사건에서 생긴 구원의 결과는 아담 사건에서 생긴 멸망의 결과를 훨씬 뛰어넘는다. 예수 죽음에 하느님의 구원 은혜가 작용한다는 것을 인정하는 믿음이 구원의 전제 조건이다.(3:25) 많은 사람πολλῷ(5:15)은 누구일까. 정의롭다 인정받은 사람들(5:1, 9), 화해된 사람들(5:9)이다. 하느님의 은혜는 정의(5:1, 9), 하느님과의 평화(5:1), 하느님의 영광에 참여할 희망(5:2), 화해(5:10, 11)에 있다.

16절 5장 16a-c는 아담과 그리스도의 차이를 분명히 하기 위해 새로운 비교를 내세웠다. 아담과 그리스도의 차이는 심판과 은혜의 차이다. 인류 전체를 죽음으로 몰아넣는데 단 한 사람 아담의 범죄로도 충분했다.(5:12b-d) 그런데 많은 사람들이 저지른 많은 죄는 멸망이 아니라 구원을 낳게 되었다. 죄인의 숫자가 늘었고 죄가 늘었는데도 말이다. 어떻게 그런 결과가 가능할까. 아담의 시대보다 지금은 구원이 더 힘들게 되었다.[145] 그런데 죄인의 숫자가 늘고 죄가 늘었는데도 예수에게 구원이 나타났다는 것이다. 구원은 멸망을 단순히 극복하는 정도가 아니다. 구원은 멸망과 다른 차원에 있다.

한 사람이 죄를 지어 모든 사람이 유죄 판결을 받은 것과는 달리 한 사람의 올바른 행위로 모든 사람이 무죄 판결을 받고 길이 살게 되었다(5:18)는 설명은 바울 시대에는 환영받는 해설인지 모르겠다. 그러나 개인의 자유와 책임의식을 교육받은 21세기 현대인들이 바울의 설명을 잘 이해하고 찬성할 수 있을까. 한 사람이 죄를 지었는데 왜 모든 사람이 유죄 판결을 받아야 한다는 말일까. 억울하게 생각되지 않을까. 한 사람의 올바른 행위로 모든 사람이 무죄 판결을 받는다는 말도 받아들이기 쉬울까. 왜 다른 사람이 내 죄를 내 대신 떠맡고 책임져준다는 것일까. 내 인격과 책임은 무시당해도 좋다는 뜻인가.

바울의 설명을 억울하고 불쾌하게 생각할 사람도 있을 것 같다. 그 항의를 가볍게 보거나 무시하면 안 된다. 하느님의 은총을 고맙게 생각하고 받아들이는 한편 인간 개인의 존엄성을 존중하는 합리적인 설명이 우리 시대에 새로 나타나야 한다. 2,000년 전에 아무 항의없이 받아들여진 설명이 왜 우리 시대에는 받아들이기 어려운지 그 이유와 배경을 깊이 고뇌할 필요가 있다.

17절 17절이 5장 15e-k를 단순히 반복하는 것은 아니다. 바울은 그리스도 사건으로써 과거로 돌아보는 것을 넘어 미래로 향하게 하고 싶었다. 그리스도 사건은 아담이 인류에게 가져온 죽음(5:12a-b)을 극복한다.(고린도전서 15:26) 그러나 죽음이 아직도 현재에도 세상을 지배하고 있기 때문에 죽음의 궁극적 극복은 미래에 유보되어 있다.

생명 안에서ἐν ζωῇ(5:17f)는 죽은 자가 부활하여 누리는 영원한 삶
(로마서 2:7, 5:21, 6:22)을 가리킨다. 그리스도 사건이 낳은 구원은 멸망
이 아니고 생명이며 또한 영원한 생명이다.(로마서 3:24; 5:10) 지금 억
압받는 거룩한 사람들과 의로운 사람들이 마지막 날에는 세상을 지
배하는 하느님의 활동에 동참할 것이다.(다니엘 7:18, 27) 세상이 완성
되는 마지막 날에 현재의 세상 질서가 완전히 뒤집어진다는 유다인
의 생각을 바울은 그대로 받아들였다. 죽음이 더 이상 세상을 지배
하지 못할 것이다.

18절 18-19절에서 바울은 아담과 그리스도를 단순히 또 비교하
는 것은 아니다. 19절은 18절을 근거짓는다. 비교는 수단이지 목
적은 아니다. 바울은 아담 사건과 비교하여 그리스도 사건이 낳은
의미와 영향을 설명한다. 무엇 때문에 아담과 그리스도 사이에 차
이가 생겼는가.(5:15-17) 어디에 아담과 그리스도는 공통점이 있는
가.(5:18-19) 한 사람의 행동이 인류 전체의 운명을 결정지었다는 점
에서 아담과 그리스도는 공통이다. 아담은 죽음을 가져왔고, 그리스
도는 생명이라는 의로움을 가져왔다.

그래서Ἄρα οὖν(5:18a)는 결론을 이끌어낼 때 바울이 즐겨 쓰는 표
현이다. 바울의 편지(로마서 7:3, 8:12, 12:19)에만 있고, 그리스 문헌이
나 유다교 문헌에는 찾기 어렵다. 의로운 행동δικαίωμα(5:18b)은 구
원을 낳은 예수의 행동을 가리킨다. 하느님의 의로운 행동이 모든
사람에게 구원을 가져왔다고 바울이 말했다면(3:28, 20), 예수의 의로
운 행동이 모든 사람에게 구원을 가져왔다고 말한다.(5:18) 모든 사

람에게 영향을 미친다는 점에서 아담과 예수는 같다.

19절 예수의 죽음은 하느님의 뜻에 따른 것임을 바울은 강조한다. 믿음은 예수의 죽음이 하느님의 뜻에 따른 것임을 받아들이는 것이다. 예수의 죽음이 하느님의 뜻에 따른 것임을 믿는 사람은 누구나 의롭다는 선언을 받게 되었다.(1:16, 3:28-30)

20절 13-14절에서 언급되었던 율법이 5장 20a-b에서 다시 나왔다. 들어오다$\pi\alpha\varrho\epsilon\iota\sigma\tilde{\eta}\lambda\theta\epsilon\nu$(로마서 5:20a; 갈라디아서 2:4)라는 단어는 신약성서에서 바울의 편지에만 있다. 바울은 율법이 아담과 그리스도 사이에, 죄와 의로움 사이에, 죽음과 생명 사이에 끼어들었다고 생각했다[146]라고 보아야 할까. 13-14절을 보면, 율법은 죄와 죽음에 이어 세상에 끼어들어왔다. 율법이 있기 전에도 죄와 죽음은 세상에 이미 있었다. 죄와 죽음이 이미 있던 세상에 율법이 끼어들어 상황은 더 악화되었다. 율법이 생겨서 범죄가 더 늘어났다.(5:14b, 16b)

율법이 죄를 생산했다는 말이 아니라, 율법 덕분에 더 많은 죄를 발견하게 되었다는 뜻이다. 최신 의료 기계는 과거보다 병을 더 잘 발견하는 것이지 없는 병을 새로 생산하는 것은 아니다. 발견 도구와 생산 도구를 혼동하거나 동일시하면 안 된다. 율법은 죄를 발견하는 도구이지 죄를 생산하는 도구는 아니다. 문제는 나쁜 짓을 하는 인간이지 율법이 아니다. 사람이 죄짓는 것이지 율법이 죄 짓는 것은 아니다.

아담은 계명을 딱 하나 어겼지만, 인간은 율법이 나타난 후에 더 많은 계명을 알았고 더 많은 위반을 하게 되었다. 율법이 죄를 줄이지도 못했다. 그렇지 않아도 죄와 죽음에 율법까지 끼어들어 더 악화된 인간 현실을 바울은 한탄하고 있다. 그러나 이런 슬픈 현실에 하느님의 고마운 뜻이 작용하고 있다. 죄가 많아진 곳에 은혜는 넘쳐흘렀다.(5:19b) 죄가 많아졌기 때문에 은혜가 반드시 넘쳐흘러야 한다는 말[147]은 아니다. 바울이 은혜의 전제 조건으로 율법을 말한 것[148]도 아니다. 죄와 죽음으로 고통받는 인간 현실을 율법은 좀 더 생생하게 드러낼 뿐이다. 은혜가 퍼지도록 율법이 간접적으로 준비한 것은 아니다.[149]

21절 21절은 12-20절을 요약한다. 바울은 지배하다βασιλεύειν(5:21a)는 개념을 동원하여 구원과 멸망을 비교한다. 멸망은 죄와 죽음으로(5:14a,17c), 구원은 은혜, 의로움, 생명으로(5:17f) 드러난다. 죽음은 죄를 통해 지배하듯이(5:14a, 17c), 죄는 죽음을 통해 지배한다.(5:21a) 은총과 의로움의 은혜를 풍부히 받은 이들은 생명 안에서 지배하듯이(5:17e-f), 의로움을 통해 영원한 생명에 이르는 것은 은혜(5:21b)다. 은혜는 하느님의 은혜(5:15i)이다. 의로움은 하느님께서 주시는 은혜의 선물(5:15i)이다. 은혜의 지배는 예수 믿는 사람들의 의로움으로 이미 현실에서 시작되었고, 영원히 지속될 것이다.(6:22-23)

12-21절은 1-11절을 보충하려고 덧붙여졌다. 그런데 죄와 은혜의 관계에 대한 하나의 논문처럼 확장되고 말았다. 바울은 아담과 그리스도가 인류적 차원의 역할을 했던 인물임을 밝혔다. 그리스도는 주연 배우로, 아담은 조연 배우로 바울의 설명에 등장했다. 아담은 아담이요, 그리스도는 그리스도다. 그뿐 아니다. 그리스도 사건을 하느님이 기획하셨다. 그리스도 사건을 통해 주신 은혜는 결국

하느님의 은혜다.

5장 12-21절에서 바울의 논리가 어떤 순서로 진행되었는지 차분히 살펴보자. 율법이 생기기 전에도(5:13-14) 아담 사건은 인류에게 죽음을 가져오는 영향력을 행사했다. 모세 이후 유다인과 유다인 아닌 사람을 갈라놓았던 율법이 죄와 죽음의 위험한 관계에서 아무런 역할도 하지 못했음을 바울은 분명히 했다. 바울이 율법을 깎아내린 것이 아니라 인류 역사 차원에서 율법을 보고 있다. 죽음은 율법 이전에도, 유다인과 유다인 아닌 사람에게 공통이었다. 죽음은 유다인과 유다인 아닌 사람의 차이를 무의미하게 만들었다.

바울은 율법의 의미와 중요성을 약화시키고 상대화한 다음, 그리스도 사건의 의미를 강조하였다. 그리스도 사건의 의미 덕분에, 유다인과 유다인 아닌 사람의 차이는 다시 한 번 무의미하게 되었다. 그리스도 사건은 모든 인간이 평등하다는 진리를 뒷받침한다. 예수 그리스도를 따르는 모든 인간은 서로 평등하다. 예수 그리스도를 따르는 인간과 따르지 않는 인간도 서로 평등하다. 예수도, 바울도, 예수 운동도, 그리스도교도 다함께 외친다. 모든 인간은 평등하다. 인간 사이에 어떤 차별도 있어서는 안 된다.

3부
죄에서 해방된 새로운 삶
(6:1-8:39)

세례는 죽음과 생명을 가져온다(6:1-11)

1 그러면 "은총을 풍성히 받기 위하여 계속해서 죄를 짓자."고 말할 수 있겠습니까? 2 절대로 그럴 수 없습니다. 우리가 이미 죽어서 죄의 권세에서 벗어난 이상 어떻게 그대로 죄를 지으며 살 수 있겠습니까? 3 세례를 받고 그리스도 예수와 하나가 된 우리는 이미 예수와 함께 죽었다는 것을 모르십니까? 4 과연 우리는 세례를 받고 죽어서 그분과 함께 묻혔습니다. 그래서 그리스도께서 아버지의 영광스러운 능력으로 죽은 자들 가운데서 다시 살아나신 것처럼 우리도 새 생명을 얻어 살아가게 된 것입니다. 5 우리는 그리스도와 같이 죽어서 그분과 하나가 되었으니 그리스도와 같이 다시 살아나서 또한 그분과 하나가 될 것입니다. 6 예전의 우리는 그분과 함께 십자가에 못박혀서 죄에 물든 육체는 죽어버리고 이제는 죄의 종살이에서 벗어나게 되었다는 것을 우리는 알고 있습니다. 7 이미 죽은 사람은 죄에서 해방된 것입니다. 8 우리가 그리스도와 함께 죽었으니 또한 그리스도와 함께 살리라고 믿습니다. 9 그것은 죽은 자들 가운데서 다시 살아나신 그리스도께서 다시는 죽는 일이 없어 죽음이 다시는 그분을 지배하지 못하리라는 것을 우리가 알고 있기 때문입니다. 10 그리스도께서는 단 한 번 죽으심으로써 죄의 권세를 꺾으셨고 다시 살아나셔서는 하느님을 위해서 살고 계십니다. 11 이와 같이 여러분도 그리스도

예수와 함께 죽어서 죄의 권세를 벗어나 그와 함께 하느님을 위해서 살아야 한다고 생각하십시오.

1절 바울은 모든 사람들이 죄를 지었다고 1장 18절-3장 20절에서 말했다. 그러나 예수 그리스도 안에서 하느님의 의로움이 나타났다고 로마서 3장 21절-5장 21절에서 소개했다. 로마서에서 3막에 해당하는 6-8장은 죄에서 해방된 사람들의 새로운 삶을 해설한다. 죄ἁμαρτία(6:1, 7:5, 8:2), 몸σῶμα(6:6, 7:24, 8:10)과 육σάρξ(6:7, 7:5, 8:3-9), 의로움δικαιοσύνη(6:13, 18-20, 8:10), 죽음θάνατος과 생명ζωή(6:2-5, 7:1-3, 8:10-13), 노예δουλεία(6:16-20, 7:26, 8:15), 성령πνεῦμα(7:6, 8:2, 13-16)이라는 단어가 자주 나온다. 6-8장에서 율법νόμος(6:14, 7:1-6, 8:2-4)은 일관된 주제다.

이 단락에서 2-4절과 9-11절은 예수처럼 죽고 사는 삶을 언급하고 있다. 5절과 8절은 예수의 죽음에 참여하면 예수의 부활에도 참여하는 셈이라고 말한다. 6-7절은 죄에서 해방됨을 가리킨다. 즉, A-B-C-B-A 순서로 내용이 짜여진 단락이다.[1] 결론은 가운데 C, 즉 6-7절에 있다.

은총을 풍성히 받기 위해 계속 죄 짓자고 말할 수 있겠냐는 1절의 질문은 법이 생겨 범죄는 늘었지만 죄 많은 곳에 은총도 풍성하게 내렸다.(5:20)는 말만 가리키는 것은 아니다. 바울은 "'선을 드러내기 위해 악을 행하자.' 하는 말이 나옴직 합니다. 사실 내가 바로 그런 말을 한다고 하면서 나를 비방하는 사람들이 있습니다. 그들이야말로 단죄를 받아 마땅합니다."(3:8)를 기억하고 있다. 바울의

예수 해석에 반대하는 유다인들의 질문을 다루는 것[2]은 아니다.[3] 유
다인 아니라 누구라도 그런 질문을 충분히 할 수 있다. 바울이 가상
의 대화 상대를 일부러 만든 것 같다.[4]

2절 절대로 그럴 수 없습니다 μὴ γένοιτο는 바울이 일부러 질문해
놓고 엉터리 결론을 끌어내어 반박할 때 쓰는 표현이다.(로마서 3:4,
7:7; 고린도전서 6:15; 갈라디아서 2:17) 바울은 2절에서 죄를 사람을 억압
하는 힘, 권세, 권력으로 보고 있다. 죄와 하느님은 대결한다.(6:10-
11) 예수를 따르는 사람은 죄에 빠져 살던 과거의 삶에서 벗어나 하
느님이 주시는 생명의 삶으로 연결된다. 어떻게 그것이 가능할까.

3-4절 바울은 세례를 들어 설명한다. 세례가 무슨 뜻인지 밝히
려는 것이 아니라, 예수를 따르는 사람이 왜 더 이상 죄 안에 살
지 않는지 설명한다. 예수를 따르는 사람 중에 세례받지 않은 사람
은 없다. 세례받은 사람의 삶은 세례 전과 세례 후로 나뉜다. 세례
βάπτισμα(6:4a)라는 단어는 예수 운동 이전 그리스어 문헌에는 보이
지 않는다. 바울이 처음 사용한 것 같다. 3절에서 바울이 세례 전승
을 인용했다는 가설[5]은 이제는 환영받지 못하고 있다.[6]

'예수에게 세례받았다 ἐβαπτίσθημεν εἰς Χριστὸν Ἰησοῦν.'(6:3a)는 예수
이름(마태복음 28:19; 사도행전 8:16, 19:5)으로 세례받았다는 뜻이다. 예
수 부활 이후 예수 운동은 세례자 요한의 세례 운동과 다르다는 사
실을 분명히 했다. 세례자 요한의 세례는 예수 운동처럼 부활과 연
결되지도 않는다. 예수 이름으로 받는 세례는 예수의 죽음과 이어
진다. 그래야 세례가 부활과 이어질게 아닌가.(고린도전서 15:3-4) 세
례를 예수의 죽음과 연결한 것은 바울의 업적이다. 그런데 바울은

예수의 죽음과 연결된다는 세례를 받는 사람은 '예수와 함께 묻힌 다συνθάπτειν.'는 표현을 들고 나왔다.

'함께 무덤에 묻힌다συνθάπτειν.'는 말은 이미 다른 시신이 모셔 진 무덤에 안치된다[7]는 뜻이다. 죽은 사람과 가까운 인연을 나타내 는 표징이었다. 고대 한반도에도 그런 사례가 있었다고 한다. 바울 은 이 단어를 써서 세례받은 사람과 예수의 관계를 강조하려 했다. 선조들과 함께 묻힌다는 공동성서 표현(창세기 49:29; 역대기상 14:31; 역 대기하 8:24)은 관계있는 듯하다.[8] 이미 묻힌 시신은 살아있는 사람 과 분리되듯이, 세례받기 전과 후 개인의 삶이 분리됨을 가리키기 도 한다.[9] 그런데 당시 독자들은 바울의 의도를 이해할 수 있었겠지 만, 꼭 그런 비유를 들어야 했을까. 비참한 학살 사건을 수없이 겪어 온 한민족이나 제3세계 사람들은 무덤 이야기만 들어도 치가 떨리 고 두렵다. 살아있는 채로 강제로 같이 묻히는 살아 있는 사람과 가 족의 심정은 어떠했을까. 다행히도 바울은 세례와 죽음을 이곳 6장 4-8절 말고는 어디서도 다시 연결하여 언급하지 않았다.

예수 부활에서 하느님은 당신 영광을 드러내셨다. 하느님은 자신 의 행동에서 당신의 영광을 사람들이 알아차리도록 하신다.(출애굽기 16:7; 신명기 5:24; 이사야 35:2) 세례받은 사람이 이미 예수와 함께 부활 했다고 바울이 말하지는 않았다. 그것은 미래의 일이다.(로마서 6:5b, 8b) 세례받은 사람은 지금 삶의 새로움καινότης(로마서 6:4b, 7:6; 역대 기상 8:53a; 에스겔 47:12)으로 변화한다περιπατειν. 이전 삶과 다를 뿐 아니라 생명으로 가득찬 삶이다. 아직 부활하지 않은 평범한 지금 의 삶에서도 부활한 예수와 연결되는 삶이다. 세례 이후 몸이 천사와 비슷하게 바뀌져 몸이 바라는 욕망이 무의미해지게 되는 것[10]은 아니다. 세례 이후에도 배고픔도 느끼고, 치과도 가야 하고, 욕심에도 시달리지만, 살아가는 방식이 확 달라진다는 뜻이다. 변화한다 περιπατειν라는 단어는 신약성서에서 바울의 편지(로마서 8:4; 고린도전서 3:3; 갈라디아서 5:16)와 요한복음 문헌(요한복음 8:12; 요한1서 1:6; 요한2서 1:4)에 자주 나온다.

5절 하나가 되었으니σύμφυτοι γεγόναμεν(6:5a)는 생물학 용어에서 왔다.[11] 신체 일부를 이식 수술 받고, 그 부분이 몸의 새로운 자연스런 일부가 된 것처럼 말이다. 세례받은 사람은 예수 그리스도의 몸의 일부를 자기 몸에 이식 수술받은 사람과 같다는 비유다.

그리스도와 같은 죽음ὁμοιώματι τοῦ θανάτου αὐτοῦ(6:5a)이라는 표현을 어떻게 해석할지 논란이 되고 있다.[12] 세례받은 사람은 세례받을 때 예수처럼 죽었지만, 예수와 달리 아직 신체적으로 살아 있다. 그리스도와 같은 죽음은 세례받은 사람과 예수의 공통점과 차이를 말하려는 듯하다.[13] 세례받은 사람은 죽은 후 예수 그리스도의 부활에 함께 참여하게 될 것이다. 그 약속을 세례받을 때 분명히 받았다.

6-7절 2-4절에서 세례받은 사람은 예수처럼 죽고 예수처럼 산다는 것이 설명되었다. 5절에서는 예수의 죽음에 참여하면 예수의 부활에도 참여하는 셈이라고 말한다. 이제 6-7절은 세례받은 사람이 죄에서 해방된다고 말할 참이다. "나는 그리스도와 함께 십자가에 달려 죽었습니다."(갈라디아서 2:19)라고 바울은 로마서 이전에 벌써 말했지만, 세례와 연결하진 않았었다. 죄의 몸σῶμα τῆς ἁμαρτίας(6:6b)은 세례받기 이전 살아가는 방식을 문학적으로 가리

켰다. 명사의 소유격은 형용사처럼 쓰이기도 한다. 죄의 몸은 죄지은 몸이라는 뜻이겠다. 바울이 인간의 몸을 나쁘게 부정적으로 보는 것은 전혀 아니다. 인간의 몸을 낮추어 보고 마음을 높이 보는 방식은 예수나 예수 운동과 아무 관계없다.

이미 죽은 사람은 죄에서 해방된 것(6:7)이라니, 대체 무슨 뜻일까. 세례받은 사람이 신체적으로 아직 살아있지 않은가. 여기서 바울은 법률 토론이 아니라 신학 토론을 하고 있다. 인간이 지은 모든 죄의 가장 험악한 최종 처벌은 죽음인데, 세례받은 사람은 세례로써 이미 죽었다는 것이다. 세례받은 사람은 신학적으로 죽은 사람과 다름없고, 그래서 죄의 지배에서 해방된 셈이다. 하느님의 은혜를 나쁘게 이용하는 사람이 나오듯이, 세례를 나쁘게 이용할 위험이 생길 수 있다. 값싼 은혜처럼 값싼 세례가 있을 수 있다. 세례받은 후 죄를 지으면, 다시 죄의 지배를 받게 된다.

8절 "우리가 그리스도와 함께 죽었으니 또한 그리스도와 함께 살리라고 믿습니다."(6:8)는 "우리는 그리스도와 같이 죽어서 그분과 하나가 되었으니 그리스도와 같이 다시 살아나서 또한 그분과 하나가 될 것입니다."(6:5)를 반복하고 있다. 그런데 바울은 그리스도와 함께 죽었으니ἀπεθάνομεν σὺν Χριστῷ와 συζήσομεν αὐτῷ그리스도와 함께 살리라는 관계를 우리는 믿습니다πιστεύομεν라는 단어로 방해하고 중단시켰다. 우리가 그리스도와 함께 죽었기 때문에 그리스도와 함께 살리라는 뜻이 아니라 우리가 믿었기 때문에πιστεύομεν ὅτι(로마서 10:9; 데살로니가전서 4:14) 그리스도와 함께 살리라는 말처럼 들리게 되고 말았다. 그리스도와 함께 살리라는 말은 미래의 일이고, 세례받은 사람의 현재는 믿음이 좌우한다는 뜻인가.

9절 9절에서 첫 단어 우리가 알기에εἰδότες는 앞 문장을 근거짓는 것[14]은 아니고 연결하여 설명[15]하고 있다. "죽음이 더 이상 그분을 지배하지 못합니다."(6:9c)는 14절, 17절을 반복하고 있다. 세례받은 사람이 벌써 그렇게 말할 수는 없다. 아직은 다른 사람들처럼 죽을 몸(로마서 6:12, 8:11; 고린도전서 15:53-54) 안에서 살고 있기 때문이다.

10절 10절에서 죽음의 두 의미와 삶의 두 의미를 가리키는 단어가 각각 사용되었다. 죽다ἀπέθανεν라는 단어는 예수의 죽음을 가리키고, 죄에 죽은 것τῇ ἁμαρτίᾳ ἀπέθανεν은 세례받은 사람이 죄와 분리됨을 말한다. 몸이 죽지 않고도 몸이 죄에서 분리될 수 있다. 삶ζῇ은 부활을 통해 예수가 얻은 생명을 가리키고, 하느님을 위해서 사는 것ζῇ τῷ θεῷ은 세례받은 사람이 예수처럼 부활하지는 않았지만 죽을 몸을 가지고도 하느님과 일치하는 삶을 말한다. 예수와 세례받은 사람은 공통점과 차이가 있다는 뜻이다. 예수는 실제로 죽었고 실제로 부활했다. 세례받은 사람은 실제로 아직 죽지 않았고 실제로 아직 부활하지 못했다. 세례받은 사람은 상대적으로 죄에 죽었고, 상대적으로 부활했다고 표현할까. 세례받은 사람은 부활을 통해 예수가 얻은 생명을 아직 얻지 못했지만, 죽기 전에 죄와 분리되어 하느님과 일치하는 삶을 살 수 있다.

11절 이와 같이 여러분도οὕτως καὶ ὑμεῖς(마가복음 13:29; 마태복음 23:28; 누가복음 17:10)라는 표현을 바울은 예수 전승에서 듣고 따라했을까.(고린도전서 14:9; 갈라디아서 4:3; 골로새서 3:13) 복음서 저자들이 바울 편지에서 얻은 것일까. 당시 누구나 흔히 쓰던 표현일까. 바울은 11절에서 2-10절을 다시 요약하고 있다. 세례받은 사람은 더 이상 죄편에 서지 말고 하느님 편에 서라는 말이다. 세례받은 사람이 다시 죄에 가담할 수 있다는 가능성을 전제한 말이다. 세례는 구원받는 학교에 들어가는 입학식에 불과할 뿐 최종적으로 구원받았음을 확인하는 보증 수표는 아니다.

그리스도 예수 안에ἐν Χριστῷ Ἰησοῦ서 전치사 ἐν은 장소가 아니라 생생한 현실을 뜻하는 단어(로마서 12:5; 고린도전서 11:11; 갈라디아서 2:4)다.[16] 세례받은 사람이나 성서 독자들이 죄 편에 서지 말고 하느님 편에 있으라는 바울의 싱싱한 권유다.

바울이 6장 1-11절에서 세례를 당시 유행하던 신비 종교Mysterienkulte 에 입문하는 의식이라고 보는 흐름에 맞서 논쟁하거나, 세례가 신비 종교의 입문 의식이지만 바울이 해석을 다르게 했다는 의견이 성서학계에서 강했다.[17] 20세기 중반 넘어서까지 종교사학파의 영향이 컸기 때문이었다. 지금은 두 의견 어느 것도 더 이상 환영받지 못하고 있다.[18]

죄에서의 해방(6:12-23)

12 그러므로 결국 죽어버릴 육체의 욕망에 굴복하지 마십시오. 그래야 죄의 지배를 받지 않을 것입니다. 13 또 여러분의 지체를 죄에 내맡기어 악의 도구가 되게 하는 일은 없어야 합니다. 오히려 여러분은 죽었다가 다시 살아난 사람으로서 여러분 자신을 하느님께 바치고 여러분의 지체가 하느님을 위한 정의의 도구로 쓰이게 하십시오. 14 여러분은 율법의 지배를 받는 것이 아니라 은총의 지배를 받고 있으므로 죄가 여러분을 지배할 수 없을 것입니다. 15 그렇다면 우리가 율법의 지배를 받지 않고 은총의 지배를 받고 있다고 해서 죄를 지어도 좋다는 말이겠습니까? 절대로 그럴 수 없습니다. 16 누구든지 자기 자신을 남에게 내맡겨서 복종하면 곧 자기가 복종하는 그 사람의 종이 된다는 것을 모르십니까? 죄의 종이 되어 죽는 사람도 있고 하느님께 순종하는 종이 되어 하느님과 올바른 관계를 가지게 되는 사람도 있다는 말입니다. 17 여러분이 전에는 죄의 종이었지만 이제는 진실한 가르침을 전해 받고 그것에 성심껏 복종하게 되었으니 하느님께 감사할 일입니다. 18 그리고 여러분은 죄의 권세를 벗어나서 이제는 정의의 종이 되었습니다. 19 여러분의 이해력이 미치지 못할까 하여 이렇게 인간사에 비추어 말하는 것입니다. 여러분이 전에는 온몸을 더러운 일과 불법의 종으로 내맡기어 불법을 일삼았지만 이제는

온몸을 정의의 종으로 바쳐 거룩한 사람이 되도록 힘써야 할 것입니다. 20 여러분이 죄의 종이었을 때는 여러분은 정의에 예속되지 않고 제멋대로 놀아났었습니다. 21 그때에 여러분이 얻은 것이 무엇입니까? 지금 생각하면 부끄러운 일들 밖에는 없지 않았습니까? 그런 생활은 결국 죽음을 안겨줍니다. 22 그러나 이제는 여러분이 죄에서 해방되어 하느님의 종이 되었습니다. 그 결과로 여러분은 거룩한 사람이 되었고 마침내 영원한 생명을 누리게 되었습니다. 23 죄의 대가는 죽음이지만 하느님께서 거저 주시는 선물은 우리 주 그리스도 예수와 함께 사는 영원한 생명입니다.

12절 6장 1-11절이 죄에서 죽고 하느님을 향해 살아가는 세례를 설명했다면, 6장 12절-7장 6절은 세례로 얻은 새로운 자유를 해설한다. 6장 12절-7장 6절은 죄에서 해방(6:12-23)과 율법에서 해방(7:1-6)으로 이루어졌다. 죄에서 해방(6:12-23)은 세 부분으로 나눌 수 있다. 세례로 얻은 새로운 존재에 걸맞게 삶에서 행동하라고 권유한다.(6:12-14) 그러나 바울은 인간이 여전히 어떤 지배 아래 있음을 각성시킨다.(6:15-18) 세례받은 사람이 세례받기 전과 후에 달랐던 삶이 윤리적으로 드러나도록 살라고 권유한다.(6:19-23) 죄와 구원, 과거와 현재가 자주 대조되고 있다. 바울은 세례를 죄에서 자유로의 변화라고 단정하지 않고 오히려 하나의 지배에서 다른 지배로의 전환이라고 설명한다.

세례받은 사람은 죄의 지배를 더 이상 받지 않으려 결심한 것이지 세상에 존재하는 죄를 없애버린 것은 아니다. 세례받은 사람은 자기 삶의 태도를 바꾼 것이지 세상을 바꾼 것이 아니다. 세상을 보는 눈이 바뀐 것이지 세상이 바뀐 것은 아니다. 내 생각을 바꾸든 바꾸지 않든, 세상은 그대로 있다. 세례받은 사람이 자기 삶의 태도를 바꾼 것이지 자기 삶이 바뀐 것도 아직 아니다. 죄는 세례받은 사람에게 영향을 계속 미치려고 호시탐탐 노리고 있다. 세례받은 사람은 들뜨지 말고 경거망동하지 말라고 바울은 말한다.

몸의 욕심ἐπιθυμίαι τοῦ σώματος은 바울이 특히 그리스 철학에서 빌려온 용어 같다.[19] 욕심ἐπιθυμία은 성욕뿐 아니라 전쟁,[20] 돈과 권력과 명예욕[21]도 가리킨다. 예수와 같은 시대를 살았던 유다인 철학자 필로Philo는 욕심은 모든 악의 근원[22]이라고 말한다. 또한 그리스 철학자들은 죄와 지배의 관계를 즐겨 언급했다.[23]

13절 현재 명령형 굴복하지 말라μηδὲ παριστάνετε는 더 이상 무엇을 하지 말라(마가복음 9:39; 누가복음 7:13, 23:27)는 뜻이다. 그러나 굴복하라ἀλλὰ παραστήσατε는 지금부터 당장 무엇을 하라는 말이다. 세례받은 사람과 독자들은 그동안 해오던 악한 것을 멈추고, 지금부터 선한 일을 하라는 말이다. 지체μέλη, 즉 신체는 행동하는 도구(로마서 7:5; 골로새서 3:5; 야고보서 3:6)로 비유되었다. 바울은 도구ὅπλα를 무기(로마서 13:12; 고린도후서 6:7; 데살로니가전서 5:8)로도 이해했다. 몸이 죄로 기우느냐, 하느님께 기우느냐는 행동에서 판가름난다. 죽었다가 다시 살아난 사람으로서ὡσεὶ ἐκ νεκρῶν ζῶντας는 비유다. 단어 ὡσεὶ를 비교[24]로 볼 것인지, 원인과 결과[25]로 볼 것인가. 둘 다 좋을 듯하다.

정의의 도구ὅπλα δικαιοσύνης(6:13c)에서 정의는 불의ἀδικία(6:13a)

와 반대되는 개념이다. 여기서 정의δικαιοσύνη는 하느님의 의로움을 가리키는 구원 개념이 아니라 사람의 윤리(로마서 14:17)를 가리킨다. 21세기 한국 그리스도인이 논어, 맹자 이야기를 학교나 사회에서 들으며 살듯이, 1세기 바울은 당시 유행하던 그리스 철학 이야기를 들으며 살았다. 그리스 철학에서 중요한 윤리 덕목 네 가지 중에 하나뿐 아니라 대표 덕목으로 플라톤[26]이 언급하기 시작했다. 아리스토텔레스는 정의가 모든 윤리의 종합이요 완성이다[27]고 말했다. 그리스 철학에서 인간의 윤리를 요약하는 두 덕목은 신에게 향하는 거룩함ὁσιότης/εὐσέβεια과 인간에게 향하는 정의δικαιοσύνη[28]였다. 바울은 6장 13c에서 정의를 하느님이 아니라 인간에게 적용하고 있다.

14절 죄가 지배하지 않을 것이다.οὐ κυριεύσει는 미래 명령형이 아니라 현재 서술형이라고 해석하는 것이 적절하다. 바울이 먼 미래에는 죄가 우리를 지배하지 않을 것이지만, 지금은 지배한다고 말을 하는 것[29]은 아니다. 인간이 지금도 여전히 죄의 힘 아래 살고 있지만, 세례받은 사람은 은혜의 지배를 받고 있기 때문에 지금 죄의 지배를 받지 않는다는 뜻이다. 세례받은 사람은 죄를 다시 지을 수 없다는 말이 아니라 세례받은 후 은혜 아래 있다는 말이다. 은혜를 잃지 말고 보존하라는 권고이기도 하다. 샌더스의 용어[30]를 빌린다면, 세례받은 사람은 하느님 은혜에 들어가려고get in 애쓰라는 말이 아니라, 하느님의 은혜에 계속 머무르려고stay in 애쓰라는 뜻이다.

율법 아래ὑπὸ νόμον라는 표현은 신약성서에서 바울의 편지(로마서 6:14, 15; 고린도전서 9:20; 갈라디아서 3:23)에만 있다. 모두 토라Tora를 가리킨다. 죄의 힘은 율법δύναμις τῆς ἁμαρτίας ὁ νόμος(고린도전서 15:56)이라며 율법이 인간을 죄와 죽음의 구렁텅이로 몰아넣고 있다고 바울은 몰아붙이고 있다. 은총 아래ὑπὸ χάριν라는 표현도 그리스 문헌에서 여기에만 있다.[31]

15-16절 율법의 지배를 받지 않고 은총의 지배를 받고 있다고 해서 죄를 지어도 좋다는 말이냐(6:15)는 은총을 풍성히 받기 위해 계속 죄 짓자고 말할 수 있겠냐(6:1)를 반복하고 있다. 어떻게 그렇냐 Τί οὖν(6:15) 어떻게 그렇게 말할 수 있냐Τί οὖν ἐροῦμεν(6:1)는 당연히 그럴 수 없다는 말이다. 바울은 지배하다βασιλεύειν(6:12), 다스리다 κυριεύειν(6:14)라는 뜻을 더 잘 이해시키려고 노예δοῦλοι(6:16)라는 단어를 끌어들였다. 바울이 여기서 노예와 자유인을 법률적으로 나눈 것[32]은 아니고 주인과 종이라는 사회적 계급 구조를 비유[33]로 말하고 있다. 그런데 2,000년 전 그리스로마 사회에서 종의 비유는 충분히 이해되는 단어였지만, 지배와 복종이라는 권력구조 냄새가 물씬 풍기는 단어들을 21세기 한국의 교회와 성당에서 꼭 들어야 할까.

인간은 언제나 하느님과 죄 사이의 긴장 속에 있기 때문에 세례 받은 사람도 다시 죄의 노예로 돌아갈 위험이 있다. "죄를 짓는 사람은 누구나 다 죄의 노예"(요한복음 8:34)다. 죄를 지을 때 사람은 자신이 죄의 노예임을 알 수 있다면(요한복음 8:34), 죄를 통해 사람은 자신이 죄의 노예가 되려 한다.(로마서 6:16) 노예δοῦλοι라는 단어를 가져온 바울이니 노예들의 특징이요 생존 전략인 복종ὑπακοή의 단어를 쓰지 않을 수 없다. 죄에 대한 복종εἰς θάνατον은 죽음을, 정의에 대한 복종εἰς δικαιοσύνην은 구원을 가져온다. 16절에서 죄ἁμαρτία

와 복종ὑπακοή을 대비시키고 죄의 노예들δοῦλοι ἁμαρτίας과 복종의 노예들δοῦλοι ὑπακοῆς을 대조시킨 것은 어색하다. 죄와 하느님이 아니라 죄와 복종이 대결하는 듯 보인다.

바울은 복종을 믿음으로 동일시한 것인가. 여기서 복종(로마서 10:4, 16:19; 고린도후서 7:15)이란 단어를 '믿음'으로 바꾸어 이해하는 것이 좋겠다.[34] 복종의 노예는 믿음의 노예ὑπακοὴν πίστεως(로마서 1:5, 15:18)를 가리킨다. 21세기 민주주의 사회에 사는 사람들은 복종이란 단어만 들어도 치가 떨린다. 바울 당시 공동체에 모였던 많은 노예들은 바울의 편지에서 복종이란 단어를 들을 때마다 얼마나 괴롭고 자괴심이 들었을까. 좋은 의도에서 나온 비유가 듣는 사람에게 불쾌감을 줄 수도 있다. 바울은 왜 경솔하게 복종이란 단어를 자주 썼을까. 우리는 바울보다 세심하고 지혜로워야 한다.

17절 17절에 처음에 나오는 하느님께 감사합니다χάρις τῷ θεῷ는 신약성서에 바울에서만 나오는 표현이다.(로마서 7:25; 고린도전서 15:57; 고린도후서 8:16) 마음으로부터ἐκ καρδίας라는 단어는 바울이 이스라엘의 하느님을 진심으로 향하라(신명기 4:29; 역대기하 15:12; 예레미야 3:10)고 강조한 듯하다. 이제는 진실한 가르침을 전해 받고 그것에 성심껏 복종하게 되었으니ὑπηκούσατε δὲ ἐκ καρδία εἰς ὃν παρεδόθητε τύπον διδαχῆς(6:17c)의 번역이 성서학계에서 논란이 되고 있다.[35] 가르침의 종류τύπος διδαχῆς라는 단어로 바울이 무엇을 말하려 했는지 우선 분명하지 않다. 세례받은 사람은 다른 사람들에게 어떤 가르침을 전해야만 한다는 뜻일까. 그리스 철학에서 τύπος διδαχῆς는 책이나 가르침에서 중요한 내용을 간단하게 표현한 문장[36]을 가리켰다. 바울은 거기서 그 표현을 가져온 듯하다.(16:17) 세례 교육 때 배운 교리 교재를 가리키는지, 믿음 고백문Credo 같은 것을 말하는지, 우리는 알 수 없다.

18절 18절은 17절을 설명하고 있다. 죄와 정의가 맞설 때(에스겔 33:14, 16; 잠언 13:6, 14:34), 정의의 노예로 복종해야만 죄에서 해방될 수 있다는 것이다. 바울의 뜻에서, 자유는 새로운 복종을 요구한다.

19절 "여러분의 연약한 몸을 참작해서 보통 사람의 방식으로 말한다."(6:19)는 표현은 바울의 설명을 듣는 사람들의 이해력이 부족하다고 탓하는 것이 아니다. 바울은 자신의 설명 능력도 부족하다는 사실을 잘 알고 있다. 연약한 몸ἀσθένειαν τῆς σαρκὸς은 인간의 윤리적 약점이 아니라 모자라는 인식 능력(마가복음 14:38)을 가리킨다. 세례받은 사람은 여전히 몸에 갇혀 있을 뿐 아니라 죄로 덮인 세상 안에 살고 있다. 언어의 한계와 자신의 이해력 부족은 세례받은 사람이나 바울이나 충분히 알고 있다. 바울은 하느님도 아니고 예수도 아니다. 뛰어난, 그러나 또한 평범한 신학자 중 하나일 뿐이다.

6장 19b와 19c는 세례받은 사람의 삶이 과거와 현재로 나뉘어 대비되고 있다. 세례받기 전에 더러운 일ἀκαθαρσίᾳ과 불법ἀνομίᾳ의 종이었지만, 세례받은 후 지금은 정의의 종으로 거룩한 사람이 되도록 힘써야 할 것이다. 세례받기 전후가 비유적으로 의인화擬人化되고 있다. 더러운 일과 불법은 하느님의 가르침을 위반한 행동을 통털어 가리킨다.(신명기 31:29; 미가 2:10; 이사야 27:9) 더러운 일과 불법은 유다인 아닌 사람의 특징이 아니다.[37] 예루살렘은 온통 거꾸로된 성, 입에 담기도 더러운 도시(에스겔 22:5)요, 이스라엘은 고약한 짓들을 해서 그 땅을 부정하게 만들었다.(에스겔 36:17) 하느님은 그들이 죄를 지어 부정을 탔기 때문에 그들을 외면하고 그들이 죄지은 그만큼 벌한 것이다.(에스겔 39:24)

바울은 세례받은 사람은 하느님의 부르심과 성령으로 그들에게 주어진 하느님의 거룩함에 참여하여(로마서 1:7a; 5:5c) 자신의 삶을 이끌라고 요청한다. 또한 바울은 하느님 나라와 영광에 참여하도록 부르시는 하느님의 뜻대로 살도록 훈계하고 격려하고 간청하였다.(데살로니가전서 2:12) 죄에 죽고 하느님께 살아있는 세례받은 사람을 바울이 거룩함으로 향하게 이끄는 것은 우연이 아니다. 세례받은 사람의 거룩함(로마서 6:1-11)은 이스라엘이 토라에 충실함(레위기 11:44, 19:2, 20:7)과 상응하기 때문이다. 세례받은 예수 운동 사람들은 할례받은 유다인에게 거룩함이 뒤떨어지면 안 된다는 뜻이다.

20절 네스틀레-알란트Nestle-Aland 판으로 불리는 그리스어 신약성서Novum Testamentum Graece 28판 책에서 21-22절은 문장 부호 위치에서 의문이 없지 않다.[38] 문법적으로 3격 정의에게τῇ δικαιοσύνῃ 보다는 2격 소유격이 사실 더 어울리겠다.(격 바꿈soloecismus per casus) "사실 여러분이 죄의 종이었던 그동안에는 정의에 대해 자유로웠습니다."(6:20)는 의아하게 들릴 수도 있다. 정의와 자유라는 두 긍정적인 단어가 충돌하는 듯 보일 수 있다. 바울은 여기서 자유 개념을 중립적으로 형식적으로 썼다.[39]

21절 열매καρπός는 인간 행동에서 나온 결과를 가리키는 단어 중 하나로 고대 사회에서 널리 쓰였다.(예레미야 12:2; 아모스 6:12; 마태복음 3:8; 갈라디아서 5:22) 단어 τέλος는 끝(고린도후서 3:13), 목적(로마서

10:4)으로 번역해야 옳지만 여기 6장 21c에서는 결과로 옮겨야 적절하다.

22절 6장 22a는 18절을 거의 단어 그대로 반복하고 있다. 정의의 종τῇ δικαιοσύνῃ이 하느님의 종τῷ θεῷ으로 바뀌었을 뿐이다. 죽음과 생명의 대조(로마서 5:17, 21; 6:22)가 아담과 예수, 과거와 현재로 연결되어 대조되고 있다.

23절 12-23절 단락을 23절은 요약하고 마감한다. 세 가지 대조가 드러났다. 보수ὀψώνια와 은혜χάρισμα, 죄ἁμαρτία와 하느님θεος, 죽음 θάνατος과 영원한 생명ζωὴ αἰώνιος의 대조다. 죄와 하느님의 대결은 6장을 이끌어가는 대표 패러다임이다. 죄와 하느님 말고 제3의 길은 없다. 예수 그리스도의 이름으로 세례받은 사람은 죄의 영역에서 하느님의 영역으로 옮겨왔다.Get in(6:1-11) 세례받은 사람은 하느님의 영역에서 사는 사람답게 삶을 이끌어야 한다.Stay in(6:12-23) 죄의 영역에서 살면 구원이 없고, 하느님의 영역에서 살면 구원이 있다. 하느님의 구원은 보수나 대가가 아니라 순수한 선물이요 은혜다.(로마서 5:15, 11:29, 12:6)

보수ὀψώνια는 군인 봉급을 가리키는 비유 단어로 쓰이던 군사 용어였다. 노동하고 받는 돈을 가리키기도 했다. 공로가 있는 사람이 받는 보수는 자기가 마땅히 받을 품삯을 받는 것이지 선물로 받는 것은 아니다.(로마서 4:4) 죄의 대가κατὰ ὀφείλημ는 죽음이고, 하느님의 선물κατὰ χάριν은 영원한 생명이다. 하느님께서 거저 주시는 선물은 그리스도 예수와 함께 사는 영원한 생명(로마서 6:23)이다. "우리가 그리스도와 함께 죽었으니 또한 그리스도와 함께 살리라고 믿

습니다."(로마서 6:8)

　6장 12-23절은 경고 발언Mahnrede이라고 볼 수 있다.[40] 바울은 6장 12-14절에서 사실상 할 말은 이미 다했다. 나머지는 동어반복일 뿐이다.[41] 교훈적인 말이 흔히 그렇듯이, 서술형 발언과 명령형 발언이 함께 나오고 있다.[42] '나는 그리스도인이다.'는 말은 그리스도인은 그리스도인답게 살아야 한다는 말이다. '나는 유다인이다.'는 말은 유다인은 유다인답게 살아야 한다는 말을 포함한다. 모순이지만 함께 하는 말Antinomie[43]인가. 율법 실천이 유다인을 하느님의 선택과 약속에 머물게 하듯이, 새로운 삶을 실천하는 것이 예수 운동 사람들을 예수 그리스도 안에서 하느님과 함께 머무르게 한다.

율법에서의 해방(7:1-6)

1 형제 여러분, 여러분이 법률에 정통한 사람들이니 말씀 드리는데, 법률이란 것은 사람이 살아 있는 동안에만 구속력을 가진다는 것을 모르십니까? 2 결혼한 여자는 남편이 살아 있는 동안에만 자기 남편에게 법적으로 매여 있습니다. 그러나 남편이 죽으면 그 남편에 대해서는 법적으로 제약을 받지 않습니다. 3 따라서 자기 남편이 살아 있는 동안에 다른 남자와 사는 여자는 간음한 여자라는 말을 듣게 됩니다. 그러나 남편이 죽으면 여자는 그 법의 제약을 받지 않기 때문에 다른 남자와 결혼하더라도 간음하는 것이 아닙니다. 4 친애하는 형제 여러분, 여러분도 이와 같이 그리스도와 한몸이 되어 죽음으로써 율법의 제약에서 벗어나 다른 분 곧, 죽은 자들 가운데서 살아나신 그리스도의 사람이 되고 하느님께 유용한 사람들이 되었습니다. 5 전에 우리가 육적인 생활을 하고 있을 때에는 율법 때문에 우리의 온몸에 죄스러운 욕정이 발동하여 죽음을 가져왔습니다. 6 우리는 율법에 사로잡혀 있었지만 이제 우리는 죽어서 그 제약을 벗어났습니다. 그래서 우리는 낡은 법조문을 따라서 섬기지 않고 성령께서 주시는 새 생명을 가지고 섬기게 되었습니다.

죄에서의 해방(6:12-23)이라는 주제는 누구나 기쁘게 듣고 싶은 설명이지만, 율법에서의 해방(7:1-6)이라는 주제는 사정이 다르다. 오늘 이 단락을 읽는 유다인은 어떤 생각을 할까. 우리 시대 그리스도인 또한 이해하기 쉬운 것은 아니다. 율법이란 단어가 복잡하고 바울이 여러 뜻으로 쓰기 때문만은 아니다. 유다교에만 율법이 있는가. 사람들이 지켜야 할 규칙이나 가르침을 말하지 않는 종교나 사회가 세상 어디에 있을까.

7장 1-6절은 6장 12-23절과 겹치기도 하지만 뒷 단락과 연결되는 곳도 있다.[44] 율법 비판(6:14-15)은 7장 7절부터 본격적으로 비판 대상이 된다. 6장 12-23절에 비해 율법이 예수의 죽음과 부활과 연결되고(7:4b, c), 몸σάρξ(7:5a)이 세례받기 이전 존재의 특징으로, 성령 πνεῦμα(7:6, 2:29, 5:5)은 세례받은 존재의 특징으로 새롭게 표현된다. 바울은 2장 29절에서 문자γράμμα와 성령πνεῦμα의 대립을 말했었다. 율법νόμος이라는 단어는 7장 1-6절에서 모든 절마다 나오고 모두 8번 있다.

1절 1절은 특정 상대를 두고 하는 실제 질문이 아니라 가상의 상대에게 하는 질문이다. 그러니 가상의 상대에서 실제 상대를 이끌어낼 수는 없다. 율법을 잘 아는 분들ἀδελφοί, γινώσκουσιν γὰρ νόμον을 유다계 예수 운동 사람들[45]이라고 추측해선 안 된다. 어떤 법률이든 사람이 생존하는 시간에만ἐφ' ὅσον χρόνον ζῇ(로마서 7:1b; 고린도전서 7:39; 갈라디아서 4:1) 따를 의무가 있다. 3세기 유다교 랍비 요하난Johanan도 그렇게 말했다.[46] 유다인뿐 아니라 어느 민족 사람이나 살아있는 동안에만 법률을 지킬 의무가 있다. 그런 뜻에서, 1절에서 율법νόμος은 토라Tora[47]가 아니라 일반적 의미의 법률[48]를 가리키는 듯하다. 7장 2-6절에서 율법은 토라를 가리킨다.

2-3절 바울은 살아 있는 동안에만 법률을 지킬 의무가 있다는 말을 해설하려고 유다교 혼인법을 인용한다. 결혼한 아내(고린도전서 7:39)와 남편은 각각 살아 있는 동안만 율법에 매여 있다고 삼단논법으로 각각 설명되었다.[49] 그러나 바울의 답안지는 철학과 시험에서 점수를 얻기는 어려울 듯하다. 죽은 남편이 율법에서 해방된 것이지 아직 살아있는 그 아내가 율법에서 해방된 것은 아니다. 그 아내는 자신의 죽음 후에 율법에서 해방된다. 바울의 논리적 모순을 해명하기 위해 갖가지 우화와 풍자가 초대교회 때부터 동원[50]되었지만, 누구도 바울을 구출하지는 못했다. 바울 설명의 모순을 정직하게 인정한 체, 죽음이 사람을 율법을 지킬 의무에서 해방시킨다는 바울의 의도를 말하는 수밖에 없다.

7장 2a를 두고 여러 번역이 제안되었다.[51] 첫째, 단어 νόμῳ을 도구적 뜻으로 보고 δέδεται는 τῷ ζῶντι ἀνδρὶ와 연결된다고 생각하면, 7장 2a를 "결혼한 여인은 율법을 통해 살아있는 남편에게 매어 있다."[52]로 번역할 수 있다. 둘째, 라틴어 번역성서 불가타Vulgata는 7장 2a를 vivente viro alligata est legi로 옮겼다. τῷ ζῶντι ἀνδρὶ를 시간을 나타내는 뜻으로, δέδεται를 τῷ ζῶντι ἀνδρὶ가 아니라 νόμῳ에 연결된다고 생각한 듯하다. 7장 2a를 "결혼한 여인은 살아있는 남편을 통해 율법에 매여 있다"[53]로 번역할 수 있다. 루터는 1522년에 WA.DB 7,48에서, 1545년에 WA.DB 7,49에서 라틴어 번역을 따랐다. 셋째, 단어 δέδεται를 자동사로 보고, νόμῳ을 도구적 뜻으로 보고, τῷ ζῶντι ἀνδρὶ를 시간의 뜻으로 본다면, 7장 2a를 "결혼한 여인은 율법에 매여 있다, 남편이 살아 있는 동안"으로 번역할 수 있다.[54] 나는 셋째 의견을 지지한다. 이제, 우리말 번역을 보자.

"결혼한 여자는 남편이 살아 있는 동안에만 자기 남편에게 법적으로 매여 있습니다."《공동번역》

"남편 있는 여인이 그 남편 생전에는 법으로 그에게 매인 바 되나."《개역개정》

"결혼한 여자란 남편이 살아 있는 동안만 법으로 매여 있습니다."《200주년 기념성서》

남편에게서 사랑과 보호와 요리 허가를 받아야만 결혼한 여인 ὕπανδρος γυνὴ(로마서 7:2a; 잠언 6:24; 민수기 5:19)으로 인정되었다.[55] 남편이 죽은 뒤 아내는 혼인법에서만 해방되는 것이지, 율법의 다른 의무와 규정에서 해방되는 것은 아니다.

4절 그리스도의 몸σῶμα τοῦ Χριστοῦ은 십자가에 매달린 예수의 몸[56]만 뜻하진 않는다. 예수 죽음과 그로 인한 구원 효과도 포함한다.[57] 율법에서의 해방은 예수 그리스도와 연결된 사람만 얻는다. 율법에서 해방되고 예수 그리스도에 속하는 순간부터 자유롭다.[58] 예수 그리스도에 속한 사람이 누구인지(6:2-11) 그 정서Ethos(6:12-23)에서 밝혀지듯이, 예수 그리스도에 속한 사람이 누구인지(7:4a-b) 그 정서 Ethos(로마서 7:4c)에서 밝혀진다.[59] 가르침에 합당한 실천은 가르침에 향기를 더해준다. 바울은 실천을 믿음과 반대로 놓지 않고 믿음을 지탱하는 기초로 보았다. "여러분 자신을 하느님께서 기쁘게 받아

주실 거룩한 산 제물로 바치십시오."(12:1)

5절 5-6절은 예전의 삶(6:20-22)과 지금의 삶(8:1-17)을 맞서게 하고 다시 대조한다. 예수를 따르는 사람들은 율법에 대한 태도 변화로써 과거와 현재의 삶이 다르게 되었다. 몸 안에 있을 때$\dot{\epsilon}\nu$ $\tau\tilde{\eta}$ $\sigma\alpha\varrho\kappa\acute{\iota}$는 아직 죽지 않은 상태(고린도후서 10:3; 갈라디아서 2:20)뿐 아니라 지금은 떨쳐버린, 과거에 붙잡힌 삶을 가리킨다. 육적인 생활을 하고 있을 때(《공동번역》), 또는 죄의 영향을 따르며 살 때라고 이해하는 것이 좋겠다. 예수를 아직 따르지 않는 사람들은 여전히 몸 안에 있을 때(7:1a)의 상태에 있다. 예수를 따르는 사람들은 "육체를 따라 사는 사람이 아니라 성령을 따라 사는 사람"(8:9)이다.

몸$\sigma\acute{\alpha}\varrho\xi$이란 단어는 오늘 그리스도교에서도 여전히 오해될 때가 많다. 바울은 당시 사회에서 흔히 사용한 단어 $\sigma\acute{\alpha}\varrho\xi$를 가져와 그대로 썼다. 몸$\sigma\acute{\alpha}\varrho\xi$은 피조물 인간의 허약함(시편 78:39; 이사야 40:6)[60]뿐 아니라 사악함을 포함하는 단어로 쓰였다. 몸은 약할 뿐 아니라 하느님에게 반대하는 힘이라고 이해되었다. 몸에서 고통$\pi\alpha\theta\acute{\eta}\mu\alpha\tau\alpha$(로마서 7:5, 8:18)이 나오고, 몸은 욕심$\dot{\epsilon}\pi\iota\theta\upsilon\mu\acute{\iota}\alpha\iota$(갈라디아서 5:16)을 일으키며 죄의 근원이 된다고 바울은 설명했다. 은둔 생활을 했던 쿰란 공동체도 죄를 바울처럼 이해했다.[61] 그러나 바울은 세례받은 후 과거의 삶에서의 단절을 육신의 감옥에서 영혼이 해방되는 영혼처럼 이해하진 않았다. 세례받은 후 몸에서 해방되는 것이 아니라 죄에서 해방되는 것이다. 사람에게 영향을 주는 주인이 세례받은 후 죄에서 하느님으로 바뀐 것이다. 세례받은 후에도 사람 몸은, 혈액형과 DNA는 세례받기 전과 똑같이 그대로 있다.

단어 τὰ παθήματα τῶν ἁμαρτιῶν에서 τῶν ἁμαρτιῶν은 소유격 명사이지만 형용사처럼 번역할 수 있다. 죄의 욕심은 죄스러운 욕심으로 옮길 수 있다는 말이다. 또한 결과적 용법으로도 번역할 수 있다. 죄의 욕심은 죄가 욕심에서 생겼다는 뜻으로 옮길 수 있다. 죄의 욕심, 죄스러운 욕심, 욕심에서 생긴 죄는 모두 같은 뜻이라는 말이다.

바울이 5절에서 인간의 욕심 자체를 죄라고 단정하거나 낙인 찍은 것은 아니다. 욕심에서 생긴 여러 결과 중에서 죄를 유난히 주목했을 뿐이다. 욕심에서 죄처럼 부정적인 결과만 꼭 나오는 것은 아니다. 인간의 욕심이 율법의 영향을 받으면 죄라는 부정적 결과가 나올 수 있지만, 인간의 욕심이 하느님의 영향을 받으면 사랑이라는 긍정적 결과를 만들 수 있다.

6절 율법에서의 해방은 죄에서의 해방(6:12-23)처럼 성령의 지배를 받을 때만 가능하다. 지배로부터 완전한 해방은 인간에게 없다는 말인가. 인간에게 지배자의 교체가 있을 뿐, 지배로부터의 해방은 없다.[62] 인간이 피부 밖으로 탈출할 수 없듯이 지배로부터 벗어날 수 없다면, 선한 하느님께 지배당하는 것이 좋다는 뜻이다. 지배라는 단어가 불쾌하게 들린다면, 다른 단어로 교체하거나 만들면 된다.

바울은 지배하다δουλεύειν는 비유(로마서 6:6, 16-20, 22)를 여기서 계속한다. 성령πνεῦμα과 문자γράμμα[63] 대립은 바울에게 이미 있었다.(고린도후서 3:6; 로마서 2:29) 2장 29절에서 성령과 문자 대립이 인간과 하느님의 다른 모습을 대조했다면, 7장 6b는 세례받은 전후를 대조했다.[64] 바울은 6장 1-23절은 죄에서 해방을 다루었고, 7장 1-6절은 율법에서의 해방을 다뤘다. 그래서 혹시 독자들이 죄에서의 해방과 율법에서의 해방이 서로 다른 분리된 주제인 줄 오해할 수도 있겠다. 그러나 율법에서의 해방은 죄에서의 해방이라는 더 큰 주제의 일부에 속한다.

율법과 죄(7:7-12)

7 그러면 율법이 곧 죄라고 말할 수 있겠습니까? 절대로 그럴 수 없습니다. 그러나 율법이 없었던들 나는 죄를 몰랐을 것입니다. 탐내지 말라는 율법이 없었더라면 탐욕이 죄라는 것을 나는 몰랐을 것입니다. 8 죄는 이 계명을 기화로 내 속에 온갖 탐욕을 일으켰습니다. 율법이 없다면 죄는 죽은 것이나 다름없습니다. 9 나는 전에 율법이 없을 때에는 살았었는데 계명이 들어오자 죄는 살아나고 10 나는 죽었습니다. 그래서 생명을 가져다 주어야 할 그 계명이 나에게 오히려 죽음을 가져왔다는 것을 깨달았습니다. 11 다시 말하면 죄가 계명을 기화로 나를 속이고 그 계명으로 나를 죽인 것입니다. 12 그러나 율법은 어디까지나 거룩하고 계명도 거룩하고 정당하고 좋은 것입니다.

7절 7-25절은 5절을 좀 더 자세히 설명하는 단락이다. 7d-11절은 과거시제로 해설되고, 14절부터 현재시제로 설명된다. 그 사이에 12-13절이 끼어 있다. 12절과 13절 사이에 단락을 나누자는 의견[65], 13절과 14절 사이에 나누자는 의견[66], 13절을 건너가는 구절로 보는 의견[67]이 있다. 바울은 자신이 앞에서 했던 설명이 일으킬 수 있는 오해를 해명하려 한다. 죄 해설(6:1-23)과 율법 해설(7:1-6)에서 생길 수 있는 질문, 즉 율법과 죄를 구분할 수 없지 않느냐는 질

문에 7-12절에서 답변하고, 생명을 준다는 율법이 죽음의 원인이
되었다는 9-11절에 대한 예상 질문에 13-25절에서 답변한다.

7-25절을 이해하기 위해 중요한 문제가 하나 있다. 7-25절에서
일관되게 등장하는 1인칭 단수 주어 나ἐγώ를 누구라고 보아야 하
나.[68] 7-12절과 13-25절에서 똑같은 1인칭 단수 주어가 다르게 답
하고 있기도 하다. 지금까지 나온 의견을 두 종류로 좁힐 수 있다.[69]
첫째, 나는 회개 이전의 바울 자신을 가리킨다.[70] 둘째, 바울뿐 아니
라 같은 처지에 있는 많은 사람, 즉 예수를 믿지 않는 모든 인간[71],
이스라엘[72], 예수 믿는 사람들[73]을 가리킨다. 둘째 의견에 바울도
포함되기 때문에 첫째와 둘째 의견이 서로 뚜렷하게 나눠지지는
않는다.

율법이 죄ὁ νόμος ἁμαρτία라는 번역이 옳을까. 율법이 주어이고 죄
가 술어임은 분명하지만, 술어 ἁμαρτία에 관사가 없다. 그래서 율
법과 죄를 마치 동일시하듯 번역하는 것은 곤란하다. 율법이 죄라
는 번역보다 율법이 마치 죄 같은 것이냐etwa dasselbe?[74]라는 번역
이 더 적절하다. 율법이 곧 죄인가? 바울이 그렇게 말하는 것은 아
니다. 죄 지으라고 부추길 율법이 세상 어디에 있는가. 율법 때문에
사람이 죄를 짓게 되었다는 뜻이 아니다. 율법 덕분에 죄를 죄라고
알아낼 수 있다는 말이다. 율법이 죄의 원인이거나 죄를 부추긴다
는 말이 아니다. 율법이 악용되고 있다는 말이다.

율법이 없었던들 나는 죄를 몰랐을 것이다? 바울이 그렇게 말하
는 것은 아니다. 율법이 없었다면, 나는 죄를 짓지 않았을 것이라는
말이 아니다. 율법이 없었다 하더라도 나는 죄를 지었을 것이 분명

하지만, 죄를 죄라고 내가 알아내지는 못했을 것이다. 탐내지 말라는 율법이 없었더라면 탐욕이 죄라는 것을 몰랐을 것이다(7:7d)도 정확히 이해해야 한다. 탐내지 말라는 율법이 없었더라면 내가 탐욕을 부리지 않았을 것이라는 말이 아니다. 탐내지 말라는 율법이 없었다면, 탐욕이 죄라는 것을 나는 몰랐겠지만, 아마 나는 탐욕을 부렸을 것이다. 사실 차원과 인식 차원을 혼동하면 안 된다. 율법이 사라진다면, 사람이 더 이상 죄를 짓지 않게 되겠는가. 그럴리 없다. 율법이 생기기 전에도 사람은 이미 죄를 지었다. 유다교 율법 때문에, 유다교 율법이 생긴 후 사람들이 죄를 짓기 시작했다는 뜻이 전혀 아니다.

탐내지 말라οὐκ ἐπιθυμήσεις(7:7d)는 표현은 바울이 공동성서(구약성서)에서 가져온 듯하다. 욕심ἐπιθυμία이라는 단어는 예수 운동 주변의 그리스 유다 문헌에 자주 보인다. 욕심은 인간의 여러 정서 중 하나가 아니라 마치 모든 죄의 근원[75]인 것처럼 비난받았다. 바울이 자신의 사춘기 시절을 기억해서 탐내지 말라는 구절을 인용했다[76]고 추측하는 것은 곤란하다.[77] 탐내지 말라(7:7d)는 말이 바울이 인용한 그대로 공동성서(구약성서)에 있었던 것은 아니다. 공동성서는 이웃 사람의 소유물을 탐내지 말라(출애굽기 20:17; 신명기 5:21)고 했지 욕심 자체를 금지한 것은 아니다. 그 많고 좋은 유다교 율법 규정 중에 바울은 왜 탐내지 말라는 구절을 인용했을까. 바울은 그 말이 율법과 죄의 관계를 가장 잘 드러내리라고 여긴 듯하다.[78] 만일 바울이 여기서 십계명의 다른 구절을 인용했다면, 율법과 죄의 관계를 설득력있게 해설하지는 못했을 것이다.[79]

욕심 때문에 인간은 하느님께 인정받으려 애쓰고 구원을 획득하려 한다.[80] 자기 주장을 노린다[81]는 의견처럼 7절에서 욕심 자체를 일반화하고 확대해서 비판하는 의견은 찬성하기 어렵다.[82]

8-10절 7장 끝까지 '나'는 토라에 부닥친 유다인이다. 바울은 8절에서 죄를 사람처럼 의인화fictio personae하여 죄가 인간 안에서 어떻게 활동하는지 설명한다. 기회가 왔다ἀφορμὴν δὲ λαβοῦσα는 표현은 신약성서에서 로마서 7장 8절과 11a에만 있다. 수동적으로 '기회가 왔다'로 번역할지 능동적으로 '기회를 만들었다'로 번역해야 할지 결정하기는 어렵다. 나는 능동적 번역을 지지한다. 계명에 의해διὰ τῆς ἐντολῆς를 기회를 만들었다ἀφορμὴν δὲ λαβοῦσα와 연결할지, 또는 낳았다κατειργάσατο에 속한다고 보아야 할지도 확실하지 않다. 대부분 첫째 의견에 기울지만, 둘째 의견을 지지하는 학자[83]도 있다. 바울은 휴화산처럼 활동하지 않고 사람 몸 속에 잠자고 있던 죄를 율법이 비로소 깨우고 활약하라고 부추기기 시작한 것처럼 해설한다. 금지하는 계명이 금지된 것에 대한 욕망을 오히려 자동적으로 자극하는 것처럼 바울은 말한다.[84] 그런데 바울의 이 생각이 꼭 옳은가. 금지하는 계명이 욕망을 적절히 통제하고 순화시킬 수는 없는가. 금지하는 계명이 사람을 좀 더 악에서 선으로 이끌 가능성은 없다는 말인가. 그렇다면, 그리스도교에서 사람들에게 왜 계명을 요구한다는 말일까. 교육으로 인간을 개선할 수 있다고 생각하는 사람들은 바울의 이 해설에 의아할 듯하다.

7장 8c-10절에서 죄와 나가 주인공이다. '죄와 나'라는 책 제목처럼 상상해도 좋겠다. 율법이 없었을 때, 죄는 죽었고(7:8c) 나는 살았다(7:9a). 그러나 계명이 왔을 때, 죄는 살아났고(7:9b) 나는 죽었다.(7:10a) 여기서 율법νόμος(7:8c, 9a)은 토라Tora를 가리키고, 계명 ἐντολῆς(7:9b)은 십계명의 한 예로 인용된(7:7f) 열 번째 계명을 가리킨다. 율법 없이 내가 아직 살아있던, 그러나 계명이 와서 끝나버린 때ποτέ(7:9a)는 어느 때를 가리킬까. 내가 율법을 만나기 이전을 뜻한다. 시내 산에서 토라를 받을 때를 가리키겠다. 율법 없이 내가 아직 살아있던 때는 "야훼 하느님께서 진흙으로 사람을 빚어 만드시고 코에 입김을 불어넣으시니, 사람이 되어 숨을 쉬었다."(창세기 2:7)와 "이 동산에 있는 나무 열매는 무엇이든지 마음대로 따먹어라. 그러나 선과 악을 알게 하는 나무 열매만은 따먹지 마라. 그것을 따먹는 날, 너는 반드시 죽는다."(창세기 2:16-17) 사이 시간를 가리킨다는 해석이 고대 교회에도 있었고[85] 오늘도 있긴 하다.[86] 바울이 7절에서 아담의 이 사건을 독자들이 기억하라고 했거나 또는 하와의 운명[87]을 말한 것 같지는 않다.[88]

내가 율법을 만나기 전에도 죄는 언제나 이미 있었다고 7장 9b는 전제하였다. "율법을 주시기 전에도 죄는 세상에 있었습니다."(5:13) 문장 χωρὶς γὰρ νόμου ἁμαρτία νεκρά에 동사가 생략되었다. 과거 동사를 넣는 것이 어울린다. "율법이 없다면 죄는 죽은 것이나 다름없습니다."(7:8b) 율법이 없다면, 죄를 죄로서 깨달을 근거와 기회가 없어진다는 말이지, 지었던 죄가 없어진다는 말이 아니다. '죄를 깨닫느냐'는 문제와 '죄가 있느냐' 하는 문제는 같은 차원의 질문이 아니다. "나는 전에 율법이 없을 때에는 살았었는데 계명이 들어오자 죄는 살아나고 나는 죽었습니다."(7: 9-10a) 율법이 주어지기 전에도 유다인은 육체적 죽음을 맞이했지만, 율법이 주어진 후 유다인은 구원을 상실할 위험에 처했다.(1:32, 6:21, 23) 율법을 어긴 나는 아직 내 목숨이 붙어있지만, 지금 사실상 죽음 상태에 있다는 말이다. 생명을 가져다 주어야 할 그 계명ἡ ἐντολὴ ἡ εἰς ζωήν(7:10b)에서 생명을ἡ εἰς ζωήν이라는 표현은 율법이 생명을 준다는 유다교 전승(신명기 4:1; 레위기 18:5; 에스겔 18:9)에서 빌어왔다.(갈라디아서 3:12; 로마서 10:5) 율법의 본래 기능이 지금 완전히 뒤집어졌다는 것이 바울의 생각이다.

11절 "죄는 이 계명을 기화로 내 속에 온갖 탐욕을 일으켰습니다."(7:8a)를 바울은 "죄가 계명을 기화로 나를 속이고ἐξηπάτησέν(7:8a, 16:18; 고린도후서 11:3) 그 계명으로 나를 죽인 것"(7:11b)으로 바꾸어 표현했다. 여기서 바울이 아담과 하와 이야기를 떠올리지 않을 수 있었을까. 아담은 핑계를 대었다. "당신께서 저에게 짝지어 주신 여자가 그 나무에서 열매를 따주기에 먹었을 따름입니다." 야훼 하느님께서 여자에게 물으셨다. "어쩌다가 이런 일을 했느냐?" 여자도 핑계를 대었다. "뱀에게 속아서ηπάτησέν 따먹었습니다."(창세기 3:12-13) 대부분 뱀이 하와를 속였다고 해석하지만, 그 해석에 의심하는 의견[89]도 있다.

아담과 하와가 죄에 빠진 이야기와 다른 곳이 바울의 해설에 있다. 뱀이 아니라 죄가 사람을 속인다는 것이다. 사람이 율법을 만나면 아담과 하와가 뱀을 만나듯이(창세기 3:1-7) 죄가 사람을 유혹한다는 뜻이다. 죄는 계명의 도움을 받아 사람 안에 욕심(7:8)을 일으킨다고 바울은 풀이했다. 그러나 계명이 나를 죽인 것이 아니라 계명을 도구처럼 악용한 죄가 나를 죽인 것이라며, 바울은 계명을 비난하지 않고 죄를 비난하고 있다. 내 구원 상실에 계명이 아니라 죄가 책임져야 한다고 바울은 분명히 말한다. 계명이 인간의 구원을 가로막은 것처럼 사람들이 바울의 설명을 오해할 가능성을 바울은 미리 짐작하고 해설했다.

12절 "그러나 율법은 어디까지나 거룩하고 계명도 거룩하고 정당하고 좋은 것입니다."(7:12) 율법ἐντολή(7:12b)은 십계명의 열 번째 계명(7:7e-f)뿐 아니라 토라Tora 전체를 가리킨다. 율법을 수식하는 거룩한ἅγιος, 정당한δίκαιος, 좋은ἀγαθός 세 형용사는 구약성서에서 율법을 가리키는데 사용되었다.(신명기 4:8; 마카베오하 6:23; 느헤미야 9:13) 하느님을 가리키는데 쓰였던 거룩한(레위기 20:26; 이사야 6:3), 정당한(역대기하 12:6; 시편 70인역 128:4), 좋은(역대기하 30:18; 시편 70인역 134:3) 세 형용사를 바울은 과감하게 율법을 가리키는데 사용하였다. 바울은 율법이 하느님에게 속해 있고, 그 누구도 아닌 바로 하느님께서 율법을 주셨다는 사실을 잊지 않았다.

죄에 억눌린 나(7:13-25)

13 그러면 그 좋은 것이 나에게 죽음을 가져왔다는 말입니까? 절대로 그렇지 않습니다. 사실은 죄가 그 좋은 것을 매개로 해서 나에게 죽음을 가져왔습니다. 그래서 죄는 죄로 드러나게 되고 계명으로 말미암아 그 죄가 얼마나 악독한 것인지가 드러나게 되었습니다. 14 우리가 아는 대로 율법 자체는 영적인 것입니다. 그런데 나는 육정을 따라 사는 사람으로서 죄의 종으로 팔린 몸입니다. 15 나는 내가 하는 일을 도무지 알 수가 없습니다. 내가 해야겠다고 생각하는 일은 하지 않고 도리어 해서는 안 되겠다고 생각하는 일을 하고 있으니 말입니다. 16 그런데 그런 일을 하면서도 그것을 해서는 안 되겠다고 생각하는 것은 곧 율법이 좋다는 것을 인정하는 것입니다. 17 그렇다면 그런 일을 하는 것은 내가 아니라 내 속에 도사리고 있는 죄입니다. 18 내 속에 곧 내 육체 속에는 선한 것이 하나도 들어 있지 않다는 것을 나는 알고 있습니다. 마음으로는 선을 행하려고 하면서도 나에게는 그것을 실천할 힘이 없습니다. 19 나는 내가 해야 하겠다고 생각하는 선은 행하지 않고 해서는 안 되겠다고 생각하는 악을 행하고 있습니다. 20 그런 일을 하면서도 그것을 해서는 안 되겠다고 생각하고 있으니 결국 그런 일을 하는 것은 내가 아니라 내 속에 들어 있는 죄입니다. 21 여기에서 나는 한 법칙을 발견했습니다. 곧 내가 선을 행하려 할 때에는

언제나 바로 곁에 악이 도사리고 있다는 것입니다. 22 나는 내 마음 속으로는 하느님의 율법을 반기지만 23 내 몸 속에는 내 이성의 법과 대결하여 싸우고 있는 다른 법이 있다는 것을 알고 있습니다. 그 법은 나를 사로잡아 내 몸 속에 있는 죄의 법의 종이 되게 합니다. 24 나는 과연 비참한 인간입니다. 누가 이 죽음의 육체에서 나를 구해 줄 것입니까? 25 고맙게도 하느님께서 우리 주 예수 그리스도를 통하여 우리를 구해 주십니다. 나는 과연 이성으로는 하느님의 법을 따르지만 육체로는 죄의 법을 따르는 인간입니다.

7장 14-16절은 율법이 받을 수 있는 오해와 혐의를 질문과 답변을 통해 벗겨준다. 7장 17-20절에서 바울은 죄가 마치 내 존재의 일부처럼 되어버렸다고 탄식한다. 내 의지와 행동 사이의 모순(7:15b-16a, 7:19-20a)을 설명한다. 그 좋은 율법이 나에게 죽음을 가져왔다면, 율법을 주신 하느님이 추궁당해야 한다. 사람이 대체 무엇이길래 하느님을 추궁한다는 말인가. 율법이 죽음을 가져온 것이 아니라 죄가 죽음을 가져왔다고 바울은 다시 강조한다. 죄가 율법을 악용하고 있다는 뜻이다. 여기서 죄는 사람처럼 표현되었다. 죄지은 사람이 법을 악용하고 있다는 말이다. 법을 악용하는 사람이 한국에는 없는가. 법을 안다는 법조인들이 법을 악용하는 경우는 없던가. 죄가 율법을 악용한다면, 죄가 성경을 악용할 수 있다. 성경을 악용하는 종교인은 없던가.

13절 13절은 문장 구조상 깔끔하지 않은 곳이 있다. 7장 13c-e에서 죄가 주절의 주어가 될 수 있다.[90] '죄가 선을 통하여 죽음을 나에게 가져왔다.' 정도로 번역된다. 7장 13e가 ~하기 위하여ἵνα 종속절 문장의 일부가 될 수도 있다.[91] '죄가 죄로서 나타나기 위하여 죄가 선을 통하여 죽음을 내게 일으켰다.' 정도로 번역된다. 그런데 7장 8b에서 죄가 욕심을 가져왔다고 했던 바울이 7장 13e에서 죄가 죽음을 가져왔다고 말한다. 어찌된 일인가. 죄가 얼마나 악독한 것인지 바울은 그저 말하고 강조하고 싶었다.

14절 14절에서 우리는 바울 자신과 독자를 모두 포함한다. 율법은 영적인 것(7:14b)이라는 표현이 구약성서에 직접 없었지만, 구약성서 정신에서 그렇게 볼 수 있다.[92] 율법이 영적이라는 말은 하느님이 인간 세상에 존재하고 활동하고 있다는 뜻이다. 하느님이 지금 우리 곁에 계신다. 율법이 영적이라는 표현은 율법이 하느님에게서 왔을 뿐 아니라 율법이 하느님의 뜻을 나타내고 있다는 말이다. 14절에서 나타난 영πνευματικός과 육σάρκινός의 대조는 "이집트인들은 사람이요, 신이 아니다. 그들이 타는 말은 고깃덩이요, 정신이 아니다."(이사야 31:3)에도 있다. 육을 따라 사는 나(7:14b)는 하느님에 반항하는 내가 아니라 나의 약함과 무능을 가리키는 듯하다.(마가복음 14:38; 로마서 6:19) 죄를 내 주인처럼 모시는 나는 죄의 종(이사야 50:1; 로마서 3:9; 갈라디아서 3:22)에 불과하다. 바울은 인간의 삶을 지배와 복종이라는 권력 개념에서 보고 있다. 인간은 지배와 복종이라는 틀에서 결국 해방될 수 없다는 말인가. 그리스도교 역시 인간의 삶을 지배와 복종의 관계로 본다는 뜻인가. 슬프다.

15절 단어 γινώσκειν(7:15a)는 모르는 내용을 새로 안다거나 이해한다보다 결심한다는 뜻이 더 어울린다. 의지와 행동 사이의 모순은 그리스 철학에서도 자주 논의되었다.[93] 인간은 언제나 자신의 윤리적 판단에 일치하게 행동하는가. 인간은 지식에도 불구하고 윤리적 판단을 지배하는 어떤 힘이나 이익에 더 끌려 선을 포기하고 악을 행하는가. 바울이 그리스 철학에서 벌어진 이 논쟁을 알고 있었는지, 우리는 알기 어렵다. 어쨌든 바울의 생각은 이 주제에서 맴돌고 있다. 의지와 행동 사이 모순을 고뇌하지 않은 사람이나 철학이나 종교가 어디 있을까. "해야겠다고 생각하는 일은 하지 않고, 해서는 안 되겠다고 생각하는 일을 하고 있다."(7:16)는 바울의 탄식과는 다르게 세상에는 해야겠다고 생각하는 일을 하고, 해서는 안 되겠다고 생각하는 일을 하지 않는 사람도 많다.

16절 바울은 16절에서 율법이 좋다는 것을 인정하는 것은 행동이 아니라 자신의 뜻이라고 말한다. 원하는 뜻은 율법과 일치하지만, 하는 행동은 율법과 일치하지 않는다는 것이다. 바울은 원하는 나와 행동하는 나를 분리시키고, 원하는 나를 율법 편에 놓았다. 여기서 율법은 토라Tora를 가리킨다. 율법이 좋다는 것은 율법이 하느님에게서 왔기 때문이다. 하느님 앞에서 선한 일을 해야 한다.(신명기 12:25, 28; 13:19)[94]

17절 더 이상 그렇지 않다νυνὶ δὲ οὐκέτι(7:17a)는 표현으로 바울은 17절에서 다른 주제를 내놓을 셈이다. 7장 15-16a는 원하는 나와 행동하는 나의 구분을 다루었다면, 17절은 그 구분을 넘어 행동하는 나를 다룬다. '죄와 나'라는 주제겠다. 죄와 나는 서로 반대하는 관계가 아니고 죄가 나를 지배하는 관계라고 바울은 주장한다. 죄는 나를 지배하고, 나는 죄에 복종한다. 죄가 나에게 행사하는 지배를 마치 악마적인 사로잡힘으로 표현한다. 죄는 나쁜 악마처럼 내 안에 도사리고 산다. 나는 자주성을 잃고 죄가 지시하는 데로 따른다. 내가 행동하는 것이 아니라 나를 지배하는 죄가 나를 움직인다. 나는 죄에 홀렸고 죄에 물들었다. 한국 문화에서 귀신에 홀렸다, 귀신 들렸다는 표현을 상상하자.

악마나 악령이 사람 몸에 있거나 쫓아낸다는 생각과 표현이 지중해 지역 고대 문화에 있었다.(마가복음 1:25, 5:8, 9:26; 누가복음 11:24-26) 어디 그곳에서만 그랬을까. 악령 추방 이야기에서 악령에 사로잡힌 사람이 말하는 것이 아니라 악령이 말하듯이, 바울 해설에서 죄에 사로잡힌 사람이 말하는 것이 아니라 죄가 말한다. 사람 안에 나쁜 영뿐만 아니라 하느님의 거룩한 영이 산다는 표현도 물론 있었다.(로마서 8:9; 고린도전서 3:16; 디모데후서 1:14) 모든 선한 사람 안에 신이 거주한다는 말도 있었다.[95]

18절 "내 속에 곧 내 육체 속에는 선한 것이 하나도 들어 있지 않다는 것을 나는 알고 있습니다."(7:18a-b) 바울의 이 말을 불쾌하게 생각할 사람이 하나둘일까. 건강한 상식을 지닌 사람이라면, 당연히 그럴 것이다. "마음으로는 선을 행하려고 하면서도 나에게는 그것을 실천할 힘이 없습니다."(7:18c-d) 바울의 생각과 달리, 인류 역사에 선을 행한 사람들은 바울 전에도, 바울 후에도 수없이 많았다. 바울의 우울한 인간학이 21세기 현대인에게 매력과 설득력을 얼마나 줄 수 있을까.

내 속에$\dot{\epsilon}\nu$ $\dot{\epsilon}\mu\text{o}\acute{\iota}$, 내 육체 속에$\dot{\epsilon}\nu$ $\tau\tilde{\eta}$ $\sigma\alpha\varrho\kappa\acute{\iota}$ $\mu\text{o}\nu$는 바울이 같은 뜻으로 쓰고 있다.(로마서 9:8, 10:6; 마가복음 27:46) 바울은 인간의 몸을 경멸하

지 않았다. 인간의 조건condicio humana을 몸이라고 대표적으로 비유한 것이지 인간의 몸 자체가 죄라고 정의한 것이 전혀 아니다. 몸 없는 인간 없듯이, 죄 없는 인간 없다는 말이다. 죄가 마치 몸의 일부처럼 인간에 속해 있다는 표현이겠다. 그런데 바울이 인간의 몸을 경멸하고 있다고 오해하는 사람들이 적지 않다. 바울이 잘못한 것이 아니라 바울이 쓴 단어가 잘못한 것인가. 바울이 잘못한 것이 아니라 바울 몸 속에 있는 죄가 잘못한 것인가. 바울의 단어가 바울을 지배하여 죄짓게 하였는가. 언어의 한계, 단어의 연상 작용, 독자의 상상력이 결합하면, 저자가 쓴 단어나 저자 의도와는 전혀 다른 해석이 생길 수도 있다. 단어에 속는 일이 얼마나 많던가.

바울의 해설에서 생길 수 있는 다른 문제가 또 있다. 내 안에 사는 죄가 나를 홀리고 지배해서 내가 죄짓게 만들었다면, 감옥에는 누가 가야 하는가. 나를 죄 짓게 만든 죄를 감옥에 가두고, 나는 감옥 밖에서 살면 되는가. 죄는 미워하되 사람은 미워하지 말라고 했으니, 죄는 감옥에 가두고 죄지은 사람은 감옥 밖에서 살면 되는가. 인간이 저항할 수 없는 엄청난 외부 힘과 존재를 느끼고 살았던 고대 사람들은 귀신이 나를 홀렸고 죄가 나를 홀렸다고 생각하고 살았다. 그런 시대를 배경과 무대로 한 바울의 설명을 21세기 대한민국에서 그대로 인용하고 써도 될지 나는 잘 모르겠다. 악한 사람과 세력이 바울의 해설을 악용하여 자신들이 지은 죄를 자기들 탓이 아니라 죄 탓으로 핑계대고 합리화할 구석이 적지 않다.

19-20절 19절은 7장 15b-c를 거의 글자 그대로 반복하였다. 20절은 17절에서 내세운 바울의 주장을 다시 반복redditio한다. 그 정

도면, 바울은 자신의 의견이 충분히 입증되었다고 생각하였다. 내가 죄에게 지배당한다(7:14d)를 넘어 죄가 내 존재의 일부가 되었다.(7:20) 죄가 내 밖에서 나에게 영향을 주는 정도를 지나 내 안에서 나를 조종한다는 뜻이다. 바울이 자기 행동에 책임지지 않아도 될 적절한 구실을 생각해 낸 것은 아니다. 죄에 휘둘리고 있는 인간의 처지를 한탄한 것이다. 인간이 자기 힘으로 죄에서 도망칠 수 없는 씁쓸한 상황을 문학적으로 표현하였다. 바울은 여기서 인간을 정의definitio하지 않고 비유metaphor하고 있다. 인간이 스스로 죄에서 해방될 수는 없으니 인간 밖에서 구원의 손길이 와야 한다는 뜻을 바울은 넌지시 알려주고 있다.

21절 21-23절은 14-20절을 요약한다. 7절부터 논의되었던 율법이 다시 중심에 등장한다. 21-23절에 율법νόμος이라는 단어가 다섯 번이나 나온다. 21-23절에서 주절의 주어는 모두 1인칭 단수이고, 발견하다εὑρίσκω(7:21a), 기뻐하다συνήδομαι(7:22a), 보다βλέπω(7:23a)가 각각 술어로 대응한다. 21-23절은 하나의 긴 문장으로 보아도 된다.

21절에는 14-20절에 나온 단어들이 여러 번 다시 나온다. 21절에서 내게 바라는τῷ θέλοντι ἐμοί(7:21b)은 발견하다εὑρίσκω와 연결된다고 보는 성서학자들이 많지만, 법칙νόμος에 연결된다는 의견[96]도 있다. 선을 행하기 원하지만 결국 악을 행하고 마는 경험을 내가 반복하다 보니, 그 경험이 마치 법칙처럼 여겨진다는 말이다.

22절 22절에 나오는 ὁ ἔσω ἄνθρωπος를 어떻게 번역해야 할까. 내 마음《공동번역》, 내 지체《개역개정》, 내적 인간《200주년 기념성서》)

등 여러 우리말 번역이 있다. 인간 안에 다른 인간이 있다는 생각은 그리스 철학자 플라톤[97]에게서 처음 발견된다. 세 부분의 영혼으로 이루어진 인간 안에 이성으로 움직이는 부분이 ὁ ἔσω ἄνθρωπος 다. 플라톤 사상의 영향을 받은 유다인 철학자 필로Philo는 인간 안에 진짜 인간이 우리 모두에게 있다고 주장했다.[98] 신약성서에도 비슷한 표현(고린도후서 4:16; 에베소서 3:16; 베드로전서 3:3-4)이 있다.[99]

내적 인간이 인간 속에 가장 중요한 부분이라는데 세 곳 모두 일치한다. 바울이 플라톤의 용어를 그대로 받아들여 썼는지 알기는 어렵다. 바울은 내적內的 인간에 빗대어 내적 유다인(2:28-29)이라는 용어를 쓰기도 했다. 22절에서 내적 인간은 하느님의 율법을 기뻐한다. "우리의 외적 인간은 낡아지지만 내적 인간은 나날이 새로워지고 있습니다."(고린도후서 4:16)라는 표현을 만든[100] 바울이 22절에서 다시 쓴 듯하다.

23절 하느님의 율법과 내 몸 속의 다른 법ἕτερος νόμος(7:23c)이 맞서고 있고, 다른 법이 자리잡고 활동하는 내 몸 속에τὰ μέλε μου(7:23d) 내 안의 인간ἔσω ἄνθρωπος(7:22b)이 있다. 내 안에서 벌어지는 의지와 행동의 갈등은 다른 법칙이 내 이성의 법칙νόμος τοῦ νοός(7:23b)을 공격하고 승리한다. 이성의 법칙은 다른 법칙의 노예가 된다. 그런데 바울이 22-23절에서 몇 개의 율법을 가리키고 있을까. 22-23절에 나오는 네 번의 율법 단어는 시내 산에서 이스라엘 백성이 받은 율법을 모두 가리킨다,[101] 모두 다른 율법을 가리킨다,[102] 토라(7:22, 23b)와 죄의 율법(7:23a,c)을 각각 두 번씩 가리킨다[103]는 의견이 있다.

24절 "나는 과연 비참한 인간입니다. 누가 이 죽음의 육체에서 나를 구해 줄 것입니까?"(7:24) 바울의 이 고뇌는 구원자를 향하고 있다. "이제 우리는 망했다. 누가 저 무서운 신들에게서 우리를 살려 내겠느냐?"(사무엘상 4:8) 바울처럼 출구가 없이 고뇌하는 모든 인간에게는 하느님께 애원이라는 가능성이 아직 남아 있다. 내가 나 자신을 구원할 수는 없으니, 구원은 내 밖에서 와야 한다. "사로잡혀 갔던 모든 사람들이 네 안에서 즐거워하고 비참하게 지내던 모든 사람들이 오고 오는 세대에 네 안에서 하느님의 사랑을 받게 되기를 비노라."(토비트 13:10).

7장 24b를 어떻게 번역해야 맞을까. "누가 이 죽음에서 나를 구해 줄 것인가?" "누가 이 육체에서 나를 구해 줄 것인가?" 둘 중에 어느 쪽 번역이 옳을까. 지시대명사 이것τούτου(7:24b)이 몸 σώματος[104]을 가리키는지, 라틴어 번역성서 불가타Vulgata처럼de corpore mortis huius 죽음θανάτου[105]을 가리키는지 문장에서 결정하기는 어렵다. 바울은 여기서 죄에 물든 육체σῶμα τῆς ἁμαρτίας(6:6)를 기억한 듯하다.

25절 "고맙게도 하느님께서 우리 주 예수 그리스도를 통하여 우리를 구해 주십니다."(7:25a) 죄에 억눌린 나(7:13-24)를 길게 설명했던 바울이 죄에서 해방되는 나를 결론처럼, 정답처럼 말하고 있다. 그런 바울이 느닷없이 7장 13-24절로 다시 돌아가는 듯한 문장을 그 뒤에 썼다. "나는 과연 이성으로는 하느님의 법을 따르지만 육체로는 죄의 법을 따르는 인간입니다."(7:25b) 7장 25a에 덧붙일 필요가 없을 듯한 7장 25b를 바울은 왜 썼을까. 7장 25b는 바울이 쓰지 않았고, 바울 후에 누군가 써넣었을 것이라는 의견이 나왔다.[106] 바울이 쓴 7장 25b는 23절과 24절 사이에 있었는데 나중에 어쩌다 7장 25b 자리로 옮겨졌다는 추측[107]도 있다. 위 두 의견에 거리를 두는 학자들도 있다.[108] 13-24절과 7장 25b 사이에 아무런 내용의 차이가 없는 것은 확실하다. 13-24절에서 말한 내용을 7장 25b에서 요약하고 싶었던 것[109]은 아닐까.

예수 그리스도에 속한 사람의 삶과 희망(8:1-39)

생명의 성령 안에서의 새로운 변화(8:1-17)

1 그러므로 이제 그리스도 예수와 함께 사는 사람들은 결코 단죄받는 일이 없습니다. 2 그것은 그리스도 예수와 함께 생명을 누리게 하는 성령의 법이 나를 죄와 죽음의 법에서 해방시켜 주었기 때문입니다. 3 인간의 본성이 약하기 때문에 율법이 이룩할 수 없었던 것을 하느님께서 이룩하셨습니다. 하느님께서는 당신의 아들을 죄 많은 인간의 모습으로 보내어 그 육체를 죽이심으로써 이 세상의 죄를 없이 하셨습니다. 4 이렇게 해서 육체를 따라 살지 않고 성령을 따라 사는 우리 속에서 율법의 요구가 모두 이루어졌습니다. 5 육체를 따라 사는 사람들은 육체적인 것에 마음을 쓰고 성령을 따라 사는 사람들은 영적인 것에 마음을 씁니다. 6 육체적인 것에 마음을 쓰면 죽음이 오고 영적인 것에 마음을 쓰면 생명과 평화가 옵니다. 7 육체적인 것에 마음을 쓰는 사람은 하느님의 율법에 복종하지도 않고 또 복종할 수도 없기 때문에 하느님의 원수가 되고 맙니다. 8 육체를 따라 사는 사람들은 하느님을 기쁘게 해드릴 수가 없습니다. 9 사실 하느님의 성령께서 여러분 안에 계시다면 여러분은 육체를 따라 사는 사람이 아니라 성령을 따라 사는 사람입니다. 그러나 그리스도의 성령을 모시

지 못한 사람은 그리스도의 사람이 아닙니다. 10 비록 여러분의 몸은 죄 때문에 죽었을지라도 그리스도께서 여러분 안에 계시면 여러분은 이미 하느님과 올바른 관계에 있기 때문에 여러분의 영은 살아 있습니다. 11 그리고 예수를 죽은 자들 가운데서 다시 살리신 분의 성령께서 여러분 안에 계시면 그리스도를 죽은 자들 가운데서 다시 살리신 분께서 여러분 안에 살아 계신 당신의 성령을 시켜 여러분의 죽을 몸까지도 살려주실 것입니다. 12 그러므로 형제 여러분, 우리는 과연 빚을 진 사람입니다. 그러나 육체에 빚을 진 것은 아닙니다. 그러니 우리는 육체를 따라 살 의무는 없습니다. 13 육체를 따라 살면 여러분은 죽습니다. 그러나 성령의 힘으로 육체의 악한 행실을 죽이면 삽니다. 14 누구든지 하느님의 성령의 인도를 따라 사는 사람은 하느님의 자녀입니다. 15 여러분이 받은 성령은 여러분을 다시 노예로 만들어서 공포에 몰아넣으시는 분이 아니라 여러분을 하느님의 자녀로 만들어주시는 분이십니다. 그래서 우리는 그 성령에 힘입어 하느님을 "아빠, 아버지!"라고 부릅니다. 16 바로 그 성령께서 우리가 하느님의 자녀라는 것을 증명해 주십니다. 또 우리의 마음속에도 그러한 확신이 있습니다. 17 자녀가 되면 또한 상속자도 되는 것입니다. 과연 우리는 하느님의 상속자로서 그리스도와 함께 상속을 받을 사람입니다. 우리가 그리스도와 함께 고난을 받고 있으니 영광도 그와 함께 받을 것이 아닙니까?

1절 예수 그리스도를 믿고(3:22) 예수 이름으로 세례받은 사람(6:3)은 하느님의 심판(1:18)과 판결(5:16)을 기다리지 않고 영원한 생명

(5:21)을 기다린다. 바울은 8장에서 성령의 도움으로 우리가 누리는 현재의 삶과 미래의 희망을 이야기한다. 1-13절에서 육체와 마음이, 죽음과 삶이 각각 맞선다. 14-17절은 하느님의 성령으로 사는 존재는 하느님의 자녀라고 말한다.

그리스도 안에서ἐν Χριστῷ(로마서 8:1a, 16:7; 고린도전서 1:30; 데살로니가전서 4:16)는 바울 신학을 대표하는 표현 중 하나다.[110] 예수 그리스도를 믿지 않는 사람과 구분하는 단어다. 그리스도 예수Χριστῷ Ἰησοῦ(로마서 8:1b, 3:22, 5:1)는 하느님의 활동이 그리스도 안에서 일어났다는 사실을 믿고 받아들인다는 표현이다. 그리스도 예수와 함께 사는 사람들은 단죄받는 일이 없다.(로마서 3:21-26, 5:18-21, 6:1-11)

2절 나를 죄와 죽음의 법에서 해방시킨 주인공은 성령의 법이다. 죄가 죽음을 낳았지만, 성령은 생명을 낳는다.(에스겔 37:5; 갈라디아서 6:8) 성령의 법, 죄와 죽음의 법은 무엇을 가리키는가. 유다교의 가르침Tora을 가리킨다,[111] 인간을 규정하는 원칙을 가리킨다[112]는 두 가지 의견이 있다. 죄와 죽음의 법이 유다교의 가르침Tora을 가리킨다고 보기는 어렵다고 나는 생각한다. 예수 그리스도를 믿는 우리가 해방될 율법은 내 몸 속에 있는 죄의 법(로마서 7:23c)이다.

2절에서는 성령과 죄가 각각 주체다. 해방 사건은 8장 2절과 6장 18, 22절이나 똑같다. 8장 2절에서 성령이 새롭게 덧붙여졌다. 빵나눔에서 예수 운동 사람들이 했던 성령 체험을 바울이 적용한 듯하다.[113] 그리스도 예수 안에서ἐν Χριστῷ Ἰησοῦ(8:2a)가 생명에τῆς ζωῆς 연결되는지[114] 해방시켰다ἠλευθέρωσέν에 연결되는지[115] 확실히 알기는 어렵다.

3절 3절은 술어가 없는 불완전한 문장이다. 주어인 하느님과 연결되는 '하다' 동사의 과거형을 넣어서 번역하면 되겠다.[116] 8장 3a에서 율법의 무능은 자신이 이루고 싶었던 본래 뜻, 즉 계명 완수를 할 수 없다는 사실에서 드러났다. 죄의 율법(7:23)에서 해방은 토라의 계명이 완수될 수 있는 결과를 낳았다. 하느님이 죄의 지배를 무너뜨린 후 율법의 무능은 극복되었고, 비로소 율법은 계명을 완수한 사람을 찾을 수 있게 되었다. 율법의 무능은 누구 책임일까. 율법의 무능은 율법 탓이 아니라 율법이 죄의 힘을 이겨내지 못하도록 방해하는 죄다. 8장 3절은 말하자면 7장 13-25절을 요약했다고 볼 수 있다.

8장 3b-c는 하느님이 어떻게 죄의 힘을 무너뜨렸는지 해설한다. 하느님이 예수를 세상에 보내셔서 πέμψας(로마서 8:3b; 마가복음 12:6; 갈라디아서 4:4-5; 요한복음 3:17) 죄를 없애셨다. '보내다' 동사에서 하늘에 계신 초월자 하느님과 인간 역사에 개입하시는 하느님이 함께 드러난 셈이다. 8장 3b에서 예수와 우리 인간의 공통점과 차이점이 밝혀진다.(로마서 1:23, 5:14, 6:5) 이 구절을 두고 고대 교회부터 육화 신학 토론이 활발했었다.[117] 예수가 하느님의 아들이고 죄의 종으로 팔린 몸(7:14)이 아니지만, 예수는 모든 인간과 똑같은 ὁμοιώμα(8:3c) 죄의 몸을 하고 있다.[118]

죄 때문에 περὶ ἁμαρτίας(8:3c)는 무슨 뜻일까. 바울은 예수를 죄의 제물(레위기 7:37, 4:3, 5:6)[119]이라고 나타내려 했는가. 아니면 예수가 죄를 없애기 위해(로마서 8:3b; 히브리서 10:17-18; 베드로전서 3:18;)[120] 세상에 보내졌다는 말일까. 두 해석이 다 가능하지만 3절에서 예수는 죄의 제물로 나타내려 한 듯하다. 하느님이 죄의 제물로 세상에 보낸 예수 그리스도를 믿는 사람에게 죄의 지배는 더 이상 통할 수 없다.

4절 율법의 요구δικαίωμα τοῦ νόμου라는 표현에서 바울이 율법을 윤리 규정과 종교 의식 규정으로 나누고 윤리 규정을 가리킨 것[121] 같지는 않다. 율법을 윤리 규정과 종교 의식 규정으로 분류하는 것은 우리 시대의 학문 감각에는 어울릴지 모르지만, 유다인은 율법을 이런저런 기준에 따라 나누지 않고 전체로 하나로 본다.[122] 율법의 요구가 모두 이루어졌다τὸ δικαίωμα τοῦ νόμου πληρωθῇ(8:4a)는 표현은 바울이 여러 번 썼다.(갈라디아서 5:14, 6:2; 로마서 13:8, 10) 그런데, 구약성서 그리스어 번역본은 율법의 요구가 이루어졌다는 표현을 쓰지 않았다.

예수 그리스도를 믿는 사람들이 율법의 요구를 다 따르고 지켜서 완성했다는 말이 당연히 아니다. "이웃을 사랑하는 사람은 이미 율법을 완성했습니다."(로마서 13:8)에 가깝다. 예수 그리스도를 믿는 사람들은 율법 규정을 지키지 않지만 율법의 요구를 완성한다. 바울은 육과 영을 맞서게 하고(갈라디아서 5:16-25, 6:8) 인간의 두 가지 존재 방식을 이미 설명했었다. 하느님의 영이 가득한 사람은 율법을 완성할 수 있다. "나의 영을 너희 속에 넣어주리니, 그리 되면 너희는 내가 세워준 규정을 따라 살 수 있고 나에게서 받은 법도를 실천할 수 있게 되리라."(에스겔 36:27) 하느님이 예수 그리스도를 믿는 모든 사람들에게 주신 영(로마서 5:5)에 따라 걷는(마가복음 7:5; 로마서 14:15; 고린도전서 3:3) 사람은 율법의 요구를 완성한다.

5절 육체를 따라κατὰ σάρκα(8:5a)는 육체적인σαρκικοί(고린도전서

3:3), 육체 안에서ἐν σαρκί(로마서 7:5a, 8:8)와 같은 뜻이다. 육체는 하느님을 반대하는 힘(로마서 7:5a, 8:7a)을 가리키는 추상 명사로 쓰였다. 성령을 따라 사는 사람들οἱ κατὰ πνεῦμα(8:5b)은 영적인 사람 πνευματικοι(고린도전서 3:1: 갈라디아서 6:1)과 같은 뜻이다. 5절에서 육체는 성령과 반대되는 개념으로 쓰였지, 마음이나 영혼과 반대되어 쓰이지 않았다. 바울이 사람의 몸을 나쁘게 말하는 것이 전혀 아니다. 바울이 뭐길래 하느님이 창조하신 인간의 몸을 감히 나쁘게 말하겠는가.

바울이 인간 하나를 몸과 마음으로 나누어 해부한 것이 아니라, 모든 인간을 두 종류로 나누어 대조하고 있다. 인간은 육체를 따라 사는 사람들과 성령을 따라 사는 사람들로 나눌 수 있다는 것이다. 하느님을 반대하며 사는 인간과 하느님을 따르며 사는 인간이 있다. 인간은 둘 중 하나에 속한다. 다른 가능성은 없다.

6절 마음φρόνημα(8:6b)이라는 단어는 신약성서에서 바울만 썼다.(로마서 8:6, 7, 27) 구약성서에는 마카베오하 7장 21절과 13장 9절에만 있다. 바울은 왜 이렇게 드물게 쓰이는 단어를 여기서 소개했을까. 바로 앞에서 마음을 썼다φρονοῦσιν(8:5a)는 단어가 나왔기 때문인 듯하다. 멸망(로마서 1:32, 6:16, 7:5)과 구원(로마서 2:7, 5:18, 6:22)의 관계를 바울은 죽음과 생명의 대조로서 비유(로마서 5:17, 21; 6:23)한다.

7절 7-8절은 육체를 따라 사는 사람들에 대한 설명이다. 육체를 따라 사는 삶이 왜 멸망에 이르고 마는가. 토라 안에 나타난 하느님의 뜻을 반대하기 때문이다. 그래서 결국 하느님과 관계가 깨지고 만다. 육체적인 것에 마음 쓰는 사람은 하느님을 미워한다. 하느님을 미워하는 사람이 하느님의 율법을 존중할리 없고 존중할 수도 없다. 육체적인 것에 마음썼기 때문에 하느님을 미워하게 되었고, 하느님을 미워할수록 더 육체적인 것에 마음쓰게 된다. 8장 7b에서 하느님의 율법에 복종했느냐(8:7b)를 보시고 하느님은 사람을 판단 하신다. 하느님의 율법을 따르기 원했느냐가 아니라 하느님의 율법 을 실천했느냐를 보신다.

8절 하느님을 기쁘게 해드릴 수 없다(8:8b)와 하느님을 미워하다 (8:7b)는 같은 내용을 다르게 표현한 것이다. 하느님을 기쁘게 하다 θεῷ ἀρέσαι(8:8b)는 표현을 바울은 구약성서에서 (레위기 10:19; 민수기 23:27; 이사야 59:15) 가져와 즐겨 썼다.(고린도전서 7:32; 데살로니가전서 2:4, 4:1)

9절 9-11절은 성령을 따라 사는 사람들을 설명한다. 9-11절에서 하느님을 그리스도와 연결하여 해설하는 특징이 돋보인다. 성령은 하느님의 영이요, 그리스도의 영(8:9b, c)일 뿐만 아니라 하느님의 성령이 여러분 안에 계시고 그리스도의 성령을 모신 사람(8:10a)이 다. 9-11절은 독자가 3인칭 복수에서 2인칭 복수로 바뀐다. 바울은 편지를 받는 로마 공동체 사람들과 독자들에게 강력하게 말하는 것 이다.

성령을 따라 사는 사람은 더러운 영에 사로잡힌 사람ἐν πνεύματι ἀκαθάρτῳ(마가복음 1:23, 5:2)이 아니다. 하느님은 예수 그리스도를 믿 는 모든 사람에게 거룩한 영을 주셨다.(로마서 5:5, 8:15; 고린도전서 6:19) 믿음뿐 아니라 성령이 예수 그리스도를 믿는 사람의 기본 특징이 다. 여러분 안에 산다οἰκεῖ ἐν ὑμῖν(8:9a)는 표현은 죄가 인간을 지배하는 비유(7:17, 20)로 바울이 이미 썼다. 성령이 예수 그리스도를 믿는 사람 안에 사는 것처럼 그리스도 또한 믿는 사람 안에 산다.(로마서 8:10a; 고린도후서 13:5; 갈라디아서 2:20) 요한복음에서도 예수 그리스도를 믿는 사람은 예수와 하느님 안에 있고(요한복음 6:56, 14:20, 17:21), 예수와 하느님은 믿는 사람 안에 있다.(요한복음 6:56, 14:20, 17:23)

8장 9a에서 여러분 안에ἐν ὑμῖν는 예수 운동 공동체(고린도전서 3:16, 14:25; 고린도후서 13:5)를 가리키는 것[123]은 아니고 예수 그리스도를 믿는 사람 개인을 말하는 듯하다. 예수 운동 공동체와 예수 그리스도를 믿는 사람을 모두 가리킨다[124]는 의견도 있다.

"만일 A하지 않는 사람은 B가 아니다εἰ…τις…οὐκ"는 문장(8:9c-d)은 신약성서에 여러 번 나온다.(누가복음 14:26; 데살로니가후서 3:10; 야고보 1:23) 예수 운동 공동체 내부에서 일부 사람을 다른 사람들과 나누어 놓으려는[125] 문장은 아닌 듯하다. 어떤 사람이 그리스도의 영을 가졌느냐 아니냐를 알아내는 기준을 말한 것[126]도 아닌 듯하다. 바울은 그리스도의 영을 가진 것이 예수 그리스도에 속하는 필수 조건임을 말하려 했다.[127]

10절 8장 10b-c에는 몸/영, 죽음/생명, 죄/의로움 등 세 가지 반대 개념이 등장한다. 정말로 몸은 죽었다τὸ μὲν σῶμα νεκρὸν(8:10b)를 잘 이해해야 이 문장을 제대로 이해할 수 있겠다. 인간이 아직 살아 있어도 몸은 이미 죽었다는 표현은 바울 당시에 널리 유행하였다.[128] 당시 유행하던 표현을 쓰긴 했지만, 바울은 죽은 몸이 자연스런 삶의 과정이 아니라 죄의 결과라고 해석했다. 그리스도를 믿는 사람은 믿기 전과 마찬가지로 죄 때문에 죽은 몸이라는 현실을 직면하고 있다.(로마서 5:12-21) 그러나 죄 때문에 사람의 몸은 죽었지만, 그리스도 덕분에 사람의 영은 살아 있다고 바울은 강조한다. 사람은 죄의 힘 아래 짓눌려 있지만, 그리스도를 믿는 사람은 생명의 영(로마서 8:2a) 안에 있기 때문이다. 죄άμαρτία와 의로움δικαιοσύνη을 바울이 문장 끝에서 대조(로마서 6:13, 18, 20)한 것은 하느님이 인간을 의롭다고 선언(로마서 3:26c, 4:5)했음을 바울이 독자들에게 기억시키려는 뜻에서 나왔다.

11절 11절에서 바울은 하느님의 영은 예수를 죽은 자들 가운데서 일으키신 분의 영이라고 자세히 돋보이게 말한다. 주어 하느님을 술어 예수를 죽은 자들 가운데서 일으키셨다로 예를 들어 설명하였다. 주어는 하나지만 술어는 수백 가지 있을 수 있다. 하느님은 예수를 죽은 자들 가운데서 일으키셨다(로마서 4:24c)는 말을 바울은 독자들에게 가장 먼저 하고 싶은 것이다. 우리 자신을 표현하는 수백 가지 술어 중에 어느 것이 우리 자신을 가장 잘 나타낼까. 하느님이 1분 안에 세 문장 이내로 내 삶을 정직하게 요약하라고 말씀하신다면, 나는 어떻게 말해야 할까.

하느님이 죽은 자들 가운데서 예수를 일으키셨다면, 그리스도를 믿는 사람도 죽은 자들 가운데 일으키실 것(고린도전서 6:14; 고린도후서 4:14; 로마서 8:11)이라고 바울은 확신한다. 죽음에서 생명으로 이끄는 힘이 영에게 있다는 사상은 유다교(에스겔 37:4-14)에도 있었다.[129] 에스겔 예언서에서 죽은 자들의 부활은 이스라엘 남북이 통일된다는 정치적 해방과 연결되었다.(에스겔 37:15-28) 여기서 바울이 유다교 전승과 다른 특징을 우리가 지나칠 수 없다. 생명의 영은 죽음 이전에 이미 그리스도를 믿는 사람에게 주어졌다는 사실이다.

12절 12절에서 바울은 이렇게 말한다. "그러므로 형제자매 여러분, 우리는 과연 빚을 진 사람입니다." 느닷없이 무슨 말인가. 우리가 누구에게 어떤 빚을 졌다는 말일까. 바울은 여기서 이미 그리스도를 믿는 사람들에게 말하고 있다. 그리스도를 믿는 사람들은 빚을 진 사람이라는 뜻이다. 육체에 빚을 진 것은 아니니 육체를 따라 살 의무는 없다.(8:12b) 전에 우리가 육적인 생활을 하고 있을 때(7:5)처럼 "결국 죽어버릴 육체의 욕망에 굴복하지 마십시오. 그래야 죄의 지배를 받지 않을 것입니다."(6:12) 우리가 육체를 따라 살 의무는 없다.(8:12b) 성령을 따라 살라는 말은 바울이 하지 않았지만, 사실상 한 것이나 다름없다.[130] 몸과 영의 관계는 죄와 의로움의 관계(6:12-23)와 같다. 그리스도를 믿는 사람은 성령을 따라 살라는 말에 빚 진 사람이다.

13절 그리스도를 믿고 세례를 받은 사람은 이미 구원을 얻은 것 아닌가. 바울은 왜 자꾸 이미 세례받은 사람에게 훈계하는가. 세례받은 사람이 여전히 죄에 빠질 가능성과 위험을 바울은 잘 알고 있다. 세례 승리주의는 바울에게 없다. 그래서 바울은 세례받은 사람에게 악의 도구가 되지 말라고 경고하는 것이다. 세례받은 사람들이 악의 도구로 날뛰는 모습이 지금 한국에도 얼마나 많은가. 육과 영의 대조는 죽음과 생명의 대조를 낳는다. 바울은 행동과 행동에 따른 결과를 비교하는 것이다. 하느님의 계명을 따르는 사람과 그렇지 않은 사람의 행동의 결과도 마찬가지다.(레위기 26:3-13; 신명기 28:1-14; 누가복음 6:46-49)

바울은 하느님의 계명을 따르는 사람보다 따르지 않는 사람이 얻는 결과를 먼저 말하고 있다. 육의 악한 행실을 따라 살면, 죄와 죽음의 법에서 해방시켜 준 성령의 법(8:2b)을 거부하는 것이다. 성령의 힘으로 성령을 따라 살면 우리는 살 수 있다. 여기서 죽음은 하느님의 계명을 따르지 않음을 가리키는 단어다. 육의 행실πράξεις τοῦ σώματος(8:13b)은 무엇을 가리키는가. 몸이 일으키는 일ἔργα τῆς σαρκός(갈라디아서 5:19), 모든 세속적인 욕망μέλη τὰ ἐπὶ τῆς γῆς(골로새서 3:5), 옛 생활παλαιὸν ἄνθρωπον(골로새서 3:9) 등 여러 비유가 있다. 본문에서 바울이 무엇을 가리키려 했는지 우리가 알기는 어렵다.[131] 여기서 바울이 육을 윤리적으로 중립에 놓았다[132]고 보기는 어렵다. 육의 행실(8:13b)은 육의 욕망ἐπιθυμίαις αὐτοῦ(6:12)에 연결하는 것이 더 낫겠다.[133]

14절 누구든지ὅσοι(8:14a)라는 단어는 모든 사람을 포함하는 넓은 뜻도 있지만, 오직 어떤 조건에 해당되는 사람만 가리키는 제한적인 뜻도 있다. 하느님의 영의 인도를 따라 사는 사람은 모두 하느님의 자녀지만, 하느님의 영의 인도를 따라 사는 사람만 오직 하느님의 자녀라는 뜻이겠다. 영의 인도πνεύματι θεοῦ ἄγονται(8:14a)는 사람의 모든 일상적인 부분을 포함한다. 영의 인도를 평범하지 않은 성령 체험에만 제한[134]하면 안 된다. 하느님의 영의 인도를 따라 사는 사람만 가리키기 위해 바울은 하느님의 아들이라는 단어를 썼다.

하느님의 자녀υἱοὶ θεοῦ(8:14b)가 여기서 핵심 단어다. 단어 그대로 번역하면 하느님의 아들이다. "너(모세)는 바로(이집트 왕)에게 말하여라. 야훼께서 이렇게 말씀하신다. 이스라엘은 나의 맏아들이다."(출애굽기 4:22) 이스라엘을 가리키던 하느님의 아들 호칭을 바울은 예수 믿는 사람들(8:19, 21; 9:26)을 가리키는 데 썼다. 하느님이 선택하신 이스라엘 백성에게 영을 다시 부어주셔서 이스라엘을 다시 일으키실 것이라는 기대(이사야 32:15; 에스겔 36:26-27; 요엘 3:1-2)가 있었다. 이스라엘은 이미 하느님의 자녀인 자신들에게 하느님의 영이 다시 오시리라 기대했다면, 바울은 하느님의 영이 주어진 사람이 비로소 처음으로 하느님의 자녀가 된다고 설명했다.

15절 바울은 노예의 두려움δουλείας εἰς φόβον(8:15a)이라는 표현을 당시 성행하던 노예 제도에서 가져왔다. 노예들은 언제나 두려움과 공포에 떨며 살아야 했다. "남의 종이 된 사람들은 그리스도께 복종하듯이 두렵고 떨리는 마음으로 성의를 다하여 자기 주인에게 복종하십시오."(에베소서 6:5) 노예의 두려움이란 표현에서 바울은 죄의 노예처럼 살았던 과거(로마서 6:17, 19, 20)와 하느님의 영이 주어진 지금 상태를 비교한다. 예수 믿는 사람들이 과거의 노예를 벗어나 새로운 주인의 노예로 산다는 표현(로마서 6:18, 19, 22; 7:6)을 바울은 여기서 언급하지 않았다. 예수 믿는 사람은 더 이상 노예가 아니라 하느님께 받아들여진 자녀라는 사실을 강조하고 있다. 바울은 당시 그리스 사회에서 유행하던 제도인 '아들로 받아들임υἱοθεσία'(8:15b)이라는 전문 용어를 가져왔다. 딸을 입양한다는 단어도 있었다. 입양이라는 단어는 그리스 문헌에는 드물지만, 비석이나 바울에게(로마서 8:23, 9:4; 갈라디아서 4:5) 자주 보인다.

바울은 선택된 이스라엘(로마서 9:4)을 가리키는 단어로 쓰기도 했다. 유다인과 예수 믿는 사람이 하느님과 연결되는 모습을 똑같은 단어로 비유한 것이다. 바울은 유다인과 예수 믿는 사람들이 하느님 안에서 서로 연결된다는 생각을 결코 잊지 않았다. 하느님은 유다인을 선택하여 하느님의 자녀로 만드셨고, 예수 믿는 사람에게 하느님의 영을 주시어 하느님의 자녀로 만드셨다. 유다인이나 예수 믿는 사람이나 모두 하느님의 자녀다.

아빠, 아버지$\alpha\beta\beta\alpha$ ὁ $\pi\alpha\tau\acute{\eta}\varrho$(로마서 8:15b; 갈라디아서 4:6)라는 호칭은 유다인 아닌 사람들이 모인 빵나눔에서 하느님을 부를 때 쓰던 단어다.[135] 예수가 사용한 아람어 단어 $\alpha\beta\beta\alpha$는 그리스어 아버지$\pi\alpha\tau\acute{\eta}\varrho$로 번역되었다. 호칭(아버지여!) 성격을 가진 주격 명사다.(마가복음 5:41; 요한복음 20:28; 요한계시록 6:10) 예수 전승이 담겼다.(마가복음 14:36; 누가복음 10:21; 요한복음 11:41) 금방 세례받은 사람뿐 아니라 모든 사람들이 함께 부른 호칭으로 여겨진다.[136] 성령에 힘입지 않으면 하느님을 "아빠, 아버지!"라고 부를 수 없다.

복음서에서 하느님을 아버지라 부른 사람은 예수가 유일하다. 예수 시대에도 유다인들은 기도에서 흔히 하느님을 아버지라고 불렀다.[137] $\alpha\beta\beta\alpha$는 어린이들만 쓰던 친근한 용어였고, 그래서 하느님을 $\alpha\beta\beta\alpha$라고 부른 예수를 당시 유다인은 이상하게 생각했다는 의견[138]이 한동안 성서학계에서 널리 받아들여졌다. 그러나 $\alpha\beta\beta\alpha$가 꼭 어린이가 아버지를 부를 때만 쓰던 호칭인 것은 아니었다.[139]

16절 "바로 그 성령께서 우리가 하느님의 자녀라는 것을 증명해 주십니다. 또 우리의 마음속에도 그러한 확신이 있습니다."(8:16,《공동번역》) 그런데, "또 우리의 마음속에도 그러한 확신이 있습니다."라는 부분이 《공동번역》 성서에 왜 덧붙여졌는지 의아하다. 삭제하는 편이 옳겠다. 하느님의 영이 우리가 빵나눔에서 하느님을 아빠, 아버지라고 큰 소리로 외치게 격려할 뿐 아니라, 우리의 영(로마서 1:9; 고린도전서 2:11; 고린도후서 2:13)에게, 즉 우리 인간에게 아빠, 아버지 αββα ὁ πατήρ의 뜻을 설명해준다. 하느님의 자녀임을 우리는 머리로만 깨닫는 것이 아니라 몸으로도 체험한다.

바울은 여기서 하느님의 아들들υἱοὶ θεοῦ(8:14b) 단어를 하느님의 자녀τέκνα θεοῦ(8:16)로 바꾸었다. 하느님의 자녀τέκνα θεοῦ는 신약성서에서 흔히 쓰이던 표현은 아니었다. 바울과 요한에게만 보인다.(로마서 8:21, 9:8; 요한복음 1:12, 11:52) 하느님의 아들들υἱοὶ θεοῦ이라는 표현 때문에 바울이 여성을 제외했느냐는 오해를 잠시 받을 수도 있었겠다.

17절 17절에서 바울은 청취자와 독자의 관심을 현재에서 미래로 향하게 한다. 예수 그리스도를 믿는 사람들은 하느님의 자녀에서 하느님의 상속자로, 하느님의 상속자에서 그리스도의 공동 상속자로 두 단계 나아간다. 노예와 달리 자녀들은 상속 권리를 가진다. "그러므로 여러분은 이제 종이 아니라 자녀입니다. 자녀라면 하느님께서 세워주신 상속자인 것입니다."(갈라디아서 4:7) 상속자 비유를 바울은 구약성서에서 가져왔다. 하느님의 구원이 이스라엘에게, 거룩하고 정의로운 사람에게 상속된다.(창세기 15:7; 출애굽기 15:17; 레위기 20:24) 바울은 하느님과 이스라엘의 관계를 하느님과 예수 그리스도를 믿는 사람들의 관계로 바꾸어 비유하고 있다.

예수 그리스도를 믿는 사람들은 그리스도와 공동 상속자다. 예수 그리스도를 믿는 사람들과 그리스도 사이에 차이는 여전히 있다.

하느님은 예수 그리스도를 죽은 사람들 가운데 부활시키고 하늘의 영광에 올렸지만, 예수 그리스도를 믿는 사람들은 그 상태를 아직 더 기다려야 한다. 그리스도와 공동 상속자이니 그리스도와 운명을 함께 함은 당연한 일이다. 그리스도와 운명을 함께 하는 한 사례를 바울은 세례(6:4-8)에서 설명했다. "우리가 그리스도와 함께 죽었으니 또한 그리스도와 함께 살리라고 믿습니다."(6:8)

그리스도와 공동 운명은 세례로 끝나는 것은 아니다. 일상 생활에서 그리스도와 함께 겪는 고통도 제외할 수 없다. 고통과 영광이라는 주제 앞에 바울도 예외는 아니었다. "이렇게 우리는 언제나 예수의 죽음을 몸으로 경험하고 있지만 결국 드러나는 것은 예수의 생명이 우리 몸 안에 살고 있다는 사실입니다."(고린도후서 4:10) 고통과 영광을 주제로 사람들 앞에서 강연하는 모습처럼, 바울은 자기 고통의 역사를 떠올리고 있다. 아담의 죄로 잃어버린 영광이 그리스도와의 공동 운명을 통해 인간에게 다시 주어졌다. 고통은 인간에게 마지막 말이 아니다.

"다만 우리가 그분과 함께 영광을 누리기 위해서는 그분과 함께 고난을 받아야 하는 것입니다."(8:17b,《200주년 기념성서》)라는 번역에 나는 의문이 있다. 우리가 그리스도와 함께 고난도 받고 영광도 받는다는 말이지, 함께 영광을 누리기 위해서는 반드시 고난을 받아야만 한다는 뜻은 아닌 듯하다. 바울이 예수 믿는 사람들에게 고통을 무조건 받아들이라고 강요하거나 고통을 찬미하라고 윽박지르는 것이 전혀 아니라는 말이다. 우리가 겪는 고통에 그리스도도 참여하고 있으며, 지금 우리의 고통은 무의미하지 않다는 것을 말하고 있다. 예수 십자가가 무의미하지 않은 것처럼, 우리 십자가도 무의미하지 않다. 바울의 고통 해석은 예수 믿는 사람뿐 아니라 모든 인간에게 하나의 좋은 사례. 인간의 고통은 아무도 알아주지 않는 쓸쓸한 고통이 아니다. 하느님께서 인간의 고통을 알아주신다.

이미 여기와 아직 아님(8:18-30)

18 장차 우리에게 나타날 영광에 비추어 보면 지금 우리가 겪고 있는 고통은 아무것도 아니라고 생각합니다. 19 모든 피조물은 하느님의 자녀가 나타나기를 간절히 기다리고 있습니다. 20 피조물이 제 구실을 못하게 된 것은 제 본의가 아니라 하느님께서 그렇게 만드신 것입니다. 그러나 거기에는 희망이 있습니다. 21 곧 피조물에게도 멸망의 사슬에서 풀려나서 하느님의 자녀들이 누리는 영광스러운 자유에 참여할 날이 올 것입니다. 22 우리는 모든 피조물이 오늘날까지 다 함께 신음하며 진통을 겪고 있다는 것을 알고 있습니다. 23 피조물만이 아니라 성령을 하느님의 첫 선물로 받은 우리 자신도 하느님의 자녀가 되는 날과 우리의 몸이 해방될 날을 고대하면서 속으로 신음하고 있습니다. 24 우리는 이 희망으로 구원을 받았습니다. 눈에 보이는 것을 바라는 것은 희망이 아닙니다. 눈에 보이는 것을 누가 바라겠습니까? 25 우리는 보이지 않는 것을 바라기에 참고 기다릴 따름입니다. 26 성령께서도 연약한 우리를 도와주십니다. 어떻게 기도해야 할지도 모르는 우리를 대신해서 말로 다할 수 없을 만큼 깊이 탄식하시며 하느님께 간구해 주십니다. 27 이렇게 성령께서는 하느님의 뜻을 따라 성도들을 대신해서 간구해 주십니다. 그리고 마음속까지도 꿰뚫어 보시는 하느님께서는 그러한 성령의 생각을 잘 아십니다. 28 하느님을

사랑하는 사람들 곧 하느님의 계획에 따라 부르심을 받은 사람들에게는 모든 일이 서로 작용해서 좋은 결과를 이룬다는 것을 우리는 압니다. 29 하느님께서는 이미 오래 전에 택하신 사람들이 당신의 아들과 같은 모습을 가지도록 미리 정하셨습니다. 그래서 그리스도께서는 많은 형제 중에서 맏아들이 되셨습니다. 30 하느님께서는 미리 정하신 사람들을 불러주시고 부르신 사람들을 당신과 올바른 관계에 놓아주시고, 당신과 올바른 관계를 가진 사람들을 영광스럽게 해주셨습니다.

바울은 인간의 조건condicio humana을 이미 다루었다.(1:19-3:20; 5:12-21, 7:7-25) 바울은 8장 1-17절에서 그리스도인의 조건condicio christiana을 다루었다. 이제 구원의 현재와 미래 사이의 긴장을 다룰 차례다. "장차 우리에게 나타날 영광에 비추어 보면 지금 우리가 겪고 있는 고통은 아무것도 아니라고 생각합니다."(8:18)는 8장 18-30절을 요약하는 주제처럼 처음에 등장했다. 피조물(8:19-22), 그리스도인의 행동(8:23-25), 성령의 활동(8:26-27)이라는 세 단계 해설이 뒤따른다. 피조물, 그리스도인, 성령은 모두 신음하고 있다. 피조물과 그리스도인은 기다리고(8:19, 23b, 25b), 희망을 가지고 있다.(8:20b, 24-25a) 피조물의 희망은 그리스도인을 향하고 있다.(8:19) 성령은 그리스도인을 위해 말없는 탄식으로 하느님께 기도하고 있다.(8:26c)

18절 17절에서 고통과 영광이라는 주제는 18절에서 현재와 미래라는 시간 차원으로 들어와 해설된다. 바울은 거룩하고 정의로운 사람도 고통을 겪는다는 유다교 전통을 받아들였다. "우리 형제들은 잠깐 동안 고통을 받은 후에 하느님께서 약속해 주신 영원한 생명을 실컷 누리겠지만 당신은 그 교만한 죄에 대한 하느님의 심판을 받아서 응분의 벌을 받게 될 것이오."(마카베오하 7:36) 거룩하고 정의로운 사람도 고통을 당한다는 이해할 수 없는 경험과 현실은 현재의 고통이 미래의 영광에 비하면 아무것도 아니라는 생각으로 조금 위안을 받기는 했다. 이 전승은 신약성서에도 이어진다.(고린도후서 4:17-18; 마가복음 10:29-30; 베드로전서 1:4-6)

미래의 영광이 현재의 고통을 보상하거나 상쇄할 수 있을까. 미래의 영광이 아무리 크고 화려하다 하더라도, 지금 사람에게 고통을 참아내라고 말하는 것이 과연 정의롭고 의미있는 일인가. 바울은 철학 명제를 제시하거나 고통에 대한 해답을 내놓으려는 것이 아니다. 예수 운동 사람들이 현재의 고통을 잘 견뎌내고 믿음을 버리지 않도록 권고하기 위해서(마가복음 4:17) 그렇게 말하는 것이다. 장차 나타날 영광μέλλουσαν δόξαν(8:18b)이, 다가오는 구원이 가깝다는 뜻(요한계시록 12:4)[140]인지 단순히 미래를 가리키는 것(갈라디아서 3:23)[141]인지 우리가 정확히 알기는 어렵다. 장차 우리에게 나타날 ἀποκαλυφθῆναι εἰς ἡμᾶς(8:18b)이라는 표현은 분명히 영광이 나타날 것(로마서 1:17a, 18; 누가복음 17:30)을 말할 뿐이다. 영광이 나타날 그 시간이 예수 운동 사람들에게는 알려질 것이라는 결론을 이끌어낼 수는 없다.

19절 단어 κτίσις(8:19a)로 바울이 누구를, 무엇을 가리키는지 한동안 성서학계에서 활발하게 논의되었다.[142] 그동안 창조

κτίσις(8:19a)는 하느님이 창조하신, 인간을 제외한 모든 피조물(로마서 1:25, 8:39; 고린도후서 5:17)을 가리킨다는데 대체로 의견이 모아졌다. 19절의 피조물에서 예수 운동 사람들이나 모든 인간은 제외(8:20b, 23)되기 때문에 19절에서 피조물이 예수 믿지 않는 사람들만 가리킨다는 의견[143]은 받아들이기 어렵다.

"피조물은 하느님의 아들들이 드러나기를 애타게 기다리고 있습니다."(8:19) 노아가 방주를 만들었을 때 하느님께서 오래 참고 기다리셨다.(베드로전서 3:20) 기다린다ἀποκαραδοκία(빌립보서 1:20)는 단어는 바울이 새로 만든 단어다.[144] 피조물은 하느님의 아들들이 영광스럽게(8:17e, 18b) 드러나기를 기다리고 있다. 하느님의 아들들인 예수 운동 사람들의 영광이 현재에는 아직 감추어져 있지만 장차 드러날 것이기 때문이다. 하느님의 아들들은 최후 심판에서 땅을 억압에서 해방시켜줄 천사를 가리킨다는 의견[145]은 받아들이기 어렵다.[146]

20절 피조물은 왜 하느님의 아들들이 드러나기를 기다리고 있을까. 죄의 결과로 영광이 드러나지 않기 때문이다. 아담이 지은 죄의 결과를 하느님의 아들들도 같이 져야 하기 때문에 영광이 드러나지 않고 있다. 여기서 바울은 창세기 설화를 떠올린 듯하다. "아담에게는 이렇게 말씀하셨다. '너는 아내의 말에 넘어가 따먹지 말라고 내가 일찍이 일러둔 나무 열매를 따먹었으니, 땅 또한 너 때문에 저주를 받으리라. 너는 죽도록 고생해야 먹고 살리라. 들에서 나는 곡식을 먹어야 할 터인데, 땅은 가시덤불과 엉겅퀴를 내리라.'"(창세기 3:17-18) 죄와 죽음의 지배 아래 생존해야 하는 인간의 삶은 팍팍하고 고될 수밖에 없다. 그런데 인간의 죄 때문에 엉뚱하게도 인간을 위해 창조된 땅, 즉 피조물까지도 하느님께 저주받은 결과가 되고 말았다. 피조물은 허무ματαιότης에 굴복했다.(8:20a)

피조물이 이런 처지가 되고 만 것은 피조물의 본래 뜻은 아니었다.οὐχ ἑκοῦσα(8:20b) 피조물이 그렇게 원하진 않았는데 그렇게 되고 말았다.οὐχ ἑκοῦσα ἀλλὰ διὰ τὸν ὑποτάξαντα(8:20c) 하느님께서 그런 조치를 내리셨다. 죄는 인간이 지었는데, 왜 벌을 피조물까지 받아야 하나. 하느님이 너무 심하신게 아닌가. 굴복시킨 분ὁ ὑποτάξας(8:20c)은 누구인가. 아담을 가리킨다는 의견[147]도 있지만, 하느님을 가리킨다고 보는 의견이 많다.[148] 피조물이 허무에 굴복한 것은 피조물의 잘못 때문이 아니라 하느님의 결정 때문이다.

바울은 희망에서ἐφ' ἐλπίδι(8:20c) 새로운 생각을 소개한다. 피조물이 허무에 굴복한 것이 피조물 자신의 잘못이 아니기 때문에, 피조물은 곧 허무에서 벗어날 희망을 하느님께 받을 것(고린도전서 9:10; 디도서 1:2)이다. 자신의 잘못 탓에 죄와 죽음의 지배 아래 생존해야 하는 인간의 처지는 피조물과 다르다. 인간은 그리스도와 성령을 기다려야(로마서 5:2-5, 8:24) 희망이 비로소 주어진다.

21절 바울은 접속사 διότι를 이유(로마서 1:19, 8:7; 고린도전서 15:9) 또는 결과(로마서 3:20; 데살로니가전서 2:18)를 나타내는데 썼다. 8장 21a에서 접속사 ὅτι는 이유와 결과를 함께 나타낼 수 있다. 즉, 피조물이 희망을 가진 이유를 나타내고 피조물이 가진 희망이 어떤 내용인지 또한 설명할 수 있다. 바울은 피조물의 희망을 그리스도를 믿는 사람들의 희망처럼 마치 노예살이δουλεία에서의 해방(로마서 6:18, 22; 8:2)으로 비유한다. 그러면 피조물도 그리스도를 믿는 사람들과 함께 자유에 참여할 것이다. 피조물 단독의 영광이 아니라 인간의 영광에 참여한다. 피조물이 허무에 굴복한 것도, 노예살이에서 해방된 것도 모두 피조물과 인간과의 관계에서 해석하고 있다. 바울은 인간중심주의 관점에서 피조물을 보고 있다. 인간과 관계없이도 피조물 자체에 왜 영광이 없겠는가. 피조물 자체가 영광스럽게 되어야 한다.[149] 그러나 바울은 인간과의 관계에서만 피조물은 온전한 영광을 누리게 될 것이라고 생각했다.

22절 22절에서 우리는 알고 있다οἴδαμεν… ὅτι는 문장(2:2, 3:19, 7:14)은 독자들이 바울의 의견에 찬성해주기를 기다린다. 신음하다 στενάζειν, 진통을 겪다ὠδίνειν는 동사는 서로 연결되어 사용되었다. 출산의 고통(예레미야 4:31, 22:23)을 표현할 때 쓰이기도 했다. 고통 체험이 출산의 고통에 비유되기도 했다.(출애굽기 15:14; 신명기 2:25; 이사야 13:8) 함께 신음하고 함께 진통을 겪다συστενάζει καὶ συνωδίνει는 표현은 신약성서에서 바로 여기 22절에만 있다. 그리스도를 믿는 사람들이 피조물과 함께 신음하고 진통을 겪는다[150]보다, 모든 피조물이 서로 함께 신음하고 진통을 겪는다[151]는 뜻 같다. 그리스도를 믿는 사람들이 생기기 전에도 피조물은 함께 신음하고 진통을 겪어 왔다.

바울은 왜 느닷없이 피조물 이야기를 꺼냈을까. 피조물이 인간 탓에 허무에 빠진 역사를 바울은 잊지 않았기 때문이다. 피조물에 대한 인간의 도덕적 책임을 바울은 알고 있다. 8장 19-22절은 피조물에 대한 그리스도인의 책임과 연결되어 환경 윤리 분야에서 즐겨 인용되고 있다. 8장 19-22절이 아니더라도 모든 인간과 그리스도인은 지구와 환경에 대한 책임과 윤리를 모르지 않는다. 피조물도 인간처럼 지금 신음하고 있다. 21세기를 사는 우리는 피조물의 신음을 갈수록 더 체험하고 있다. 피조물의 신음뿐 아니라 인간에 대한 피조물의 보복도 날마다 체험하고 있다. 하느님은 자비롭지만, 피조물은 무자비하다는 사실도 깨닫고 있다.

23절 8장 23a의 뿐만 아니라οὐ μόνον, 또한ἀλλὰ은 새 주제가 시작됨을 알려준다. 피조물이 아니라 피조물 곁에 있는 사람에 대해 말할 참이다. 성령을 하느님의 첫 선물로 받은 우리(5:5, 8:4, 9-11), 즉 그리스도를 믿는 사람들이 복수 주어로 등장한다. 단어 ἔχοντες(8:23b)는 가졌기 때문에[152] 또는 가졌음에도 불구하고[153] 두 가지로 번역할 수 있다. 둘 다 포함해서 읽어도 좋을 듯하다.[154]

바울은 그리스도를 믿는 사람들에게 주어진 성령을 첫 선물 ἀπαρχὴ(8:23a)이라고 말했다. 밭에서 난 만물 중에서 제일 좋은 것(출애굽기 23:19a)으로 처음 반죽한 떡반죽에서 한 덩이(민수기 15:20) 만물로 거둔 밀, 술, 기름, 처음 깎은 양털(신명기 18:4)을 야훼 하느님께 바쳐야 했다.[155] 바울은 이 비유를 여러 번(로마서 11:16, 16:5; 고린도전서 16:15) 사용했다. 그리스도는 죽은 자들 가운데서 다시 살아나셔서 죽었다가 부활한 첫 선물ἀπαρχὴ(고린도전서 15:20)이다. 첫 선물은 전체의 일부이며 추수의 시작을 알린다. 이스라엘 백성이 하느님께 바치는 첫 선물을 바울은 하느님이 그리스도를 믿는 사람에게 선사하시는 첫 선물로 바꾸어 버렸다. 사람이 하느님께 첫 선물을 바치는 것이 아니라 하느님이 그리스도를 믿는 사람에게 첫 선물을 바치신다. 천동설을 지동설로 바꾼 것이 코페르니쿠스 전환이라면, 사람이 하느님께 바치는 것이 아니라 하느님이 사람에게 바치는 선물이라는 바울 전환이다. 하느님께서 그리스도를 믿는 사람에게 첫 선물로 성령을 주셨다. 다음 선물은 무엇일까.

그런데 그리스도를 믿는 사람들이 성령을 하느님의 첫 선물로 받았기 때문에, 첫 선물로 받았음에도 불구하고, 속으로 신음하고 있다니(8:23c), 대체 무슨 말인가. 신음은 그리스도인에게 피조물처럼 기다림의 한 모습이다. 그리스도인은 하느님의 자녀가 되는 날을 신음하며 기다리고 있다. 신음은 기다림의 모습이지만 동시에 성령이 우리 안에 있다는 표징이기도 하다. 신음과 기다림으로 그리스도인은 피조물과 함께 한다. 신음과 기다림은 하느님이 그리스도인에게 가까이 있다는 표징이다. 신음과 기다림은 하느님이 없다는 절망의 표현이 아니라 하느님이 있다는 희망의 증거다. 세월호 유가족들은 오늘도 신음하며 기다리고 있다. 팔천 만 한민족은 오늘도 신음하며 평화와 통일을 기다리고 있다. 온 세상의 가난한 사람들은 오늘도 신음하며 하느님 나라를 애타게 기다리고 있다.

바울은 단어 $\dot{\alpha}\pi o\lambda\acute{v}\tau\rho\omega\sigma\iota\varsigma$를 전쟁 포로, 채무자, 이집트에서 탈출 등 자세한 설명 없이 3장 24절에서처럼 구원을 가리키는 일반적인 용어로 썼다. 오늘 한국인이 일상생활에서 거의 쓰지 않는 속량이란 단어를 우리가 여전히 써야 할까. 바울은 몸의 해방을 기다리는 것이지 몸에서 해방을 기다리는 것은 아니다. 몸의 해방을 몸에서 해방으로 동일시하거나 오해하는 사람이 교회와 성당에 적지 않다. 바울은 인간이 자기 피부 밖으로 탈출을 꿈꾸는 것이 아니라 피부를 포함한 내 몸 전체가 해방되기를 기다린다. 바울은 인간의 몸이 죄에 약하다는 사실을 잘 알고 있다. 영혼이 육신에서 벗어나는 생각이 아니라, 죄에 약한 몸이 성령의 도우심으로 죄에서 벗어나 하느님의 자녀가 되기를 기다린다. 바울은 몸의 해방(8:23c)에서 부활을 생각하고 있다. "이 썩을 몸은 불멸의 옷을 입어야 하고 이 죽을 몸은 불사의 옷을 입어야 하기 때문입니다."(고린도전서 15:53) 바울은 "우리의 비천한 몸을 당신의 영광스러운 몸과 같은 형상으로 변화시켜 주실 것입니다."(빌립보서 3:21)라고 믿고 있다.

8장 23c의 υἱοθεσίαν ἀπεκδεχόμενοι, τὴν ἀπολύτρωσιν τοῦ σώματος ἡμῶν 번역에서 '양자될 것 곧 우리 몸의 속량'《개역개정》), '아들의 신분을, 바로 우리 몸의 속량'《200주년 기념성서》 두 번역과 '하느님의 자녀가 되는 날과 우리의 몸이 해방될 날'《공동번역》에 차이가 있다. 하느님의 자녀가 되는 날과 우리의 몸이 해방될 날을 하나가 아니라 둘로 옮긴《공동번역》은 오해받을 수도 있겠다.

24절 "희망을 향하여ἐλπίδι 우리는 구원되었기 때문입니다."(8:24a) 구원의 현재 모습은 희망으로 나타난다는 말이다. 우리는 구원받았다ἐσώθημεν(8:24a)는 세례를 통한 구원 경험을 가리킨다. 그리스도를 믿는 사람이 희망을 가졌다는 사실은 그리스도를 믿기 전과 후를 나누는 중요한 특징이다.[156] 그리스도를 믿는 사람이 가진 희망을, 아직 그리스도를 믿지 않는 사람은 가지지 못했다. 피조물과 그리스도인은 희망으로 연결되어 있다. 피조물은 허무에서 극복되어 여전히 희망을 갖기를 고대하고 있지만, 그리스도인은 그리스도인이 되었을 때부터 이 희망을 이미 가지기 시작했다.

그 희망이 무엇인지 바울은 설명한다.(8:24b-c) 현재와 미래의 차이를 '보다'와 '희망하다'의 차이(히브리서 11:1)를 들어 풀이한다. 바울은 전쟁과 기근을 보다(예레미야 5:12), 죽음을 보다(누가복음 2:26) 등 보다를 '체험하다'는 뜻으로 여긴다. 희망은 구원에의 희망을 가리킨다. 그 희망은 현재에도 그리스도인은 느끼고 있지만, 희망의 완성은 아직 더 기다려야 한다. 희망이 지금 시작되었지만 아직 완성되지 않았다는 두 가지 사실을 바울은 그리스도를 믿는 사람들에게 말하고 싶었다.(로마서 5:5, 15:13; 갈라디아서 5:5)

25절 보이지 않는 것ὃ οὐ βλέπομεν(8:24a)은 영광도 그와 함께 받을 것(8:17), 장차 우리에게 나타날 영광(8:18), 하느님의 자녀가 나타나기(8:19), 우리의 몸이 해방(8:23)과 연결된다. 이 사건들이 아직 이루어지지 않았다는 현실을 그리스도를 믿는 사람은 날마다 체험하고 있다. 그래서 미래의 희망을 지금 미리 맛보는 희망으로 참을성 있게 기다릴 따름이다. 희망ἐλπίς과 인내ὑπομονή는 바울이 즐겨 쓰는 단어 조합이다.(로마서 12:12, 15:4; 고린도전서 13:7) 그 기다림은 희망을 기다리는 피조물의 심정(8:19, 23b)과도 같다. 여행할 장소에 아직 도착하진 않았지만, 여행을 준비할 때 여행의 기쁨을 미리 맛보듯 말이다.

26절 희망을 인내가 받쳐주고, 인내를 기도가 받쳐준다.(로마서 8:26, 12:12)**157** 우리가 어떻게 기도해야 할지 모르고 있다는 사실을 바울은 잘 안다. 모른다는 말은 못한다는 뜻이다. "무엇을 야훼께 드려 예배할지 모릅니다."(출애굽기 10:26b) "우리는 지금 어떻게 해야 할지 모르겠습니다. 다만 당신을 우러러볼 뿐입니다."(역대기하 20:12) 26절에서 어떻게 기도해야 할지 알지 못한다는 사실을 하느님 뜻과 연결[158]할 필요는 없겠다.

바울은 무슨 이유로 그리스도를 믿는 사람들이 올바로 기도할 줄 모른다는 말을 여기서 갑자기 했을까. 성령을 하느님의 첫 선물로 받은 그리스도를 믿는 우리들도 신음하고 있음(8:23b)을 성령은 알고 있다. 하느님께 부르짖는 신음(8:26c)은 하느님이 들어주실 것(출애굽기 6:5; 시편 78:11; 사도행전 7:34)이라는 신뢰가 전제되고 있다. "이스라엘 백성은 고역을 견디다 못하여 신음하며 아우성을 쳤다. 이렇게 고역에 짓눌려 하느님께 울부짖으니 하느님께서 그들의 신음소리를 들으시고 아브라함, 이삭, 야곱과 맺으신 계약을 생각하시어 이스라엘 백성을 굽어살펴 주셨다."(출애굽기 2:23b-25)

기도(8:26b)는 신음(8:23b)이다. 인간의 약함 탓에 우리는 제대로 기도할 줄 모른다. 인간이 무엇을 위해 기도해야 할 줄 모른다는 뜻[159]은 아닌 듯하다. 성령이 깊이 탄식하며 하느님께 대신 기도해 주신다는 바울의 말(8:26c)을 본다면, 인간은 하느님께 전달할 언어를 찾을 줄 모른다는 말 같다. 단어 ἀλαλήτοις(8:26c)를 어떻게 번역해야 좋을까. 말하다λαλεῖν 동사에서 나온 부사로서 능동적으로는 말할 수 없는, 수동적으로는 말없는 뜻을 둘 다 가지고 있다. 말할 수 없는(《개역개정》), 말로 다할 수 없을 만큼(《공동번역》), 말로 다할 수 없는(《200주년 기념성서》) 우리말 번역이 있다.

말할 수 없는 탄식στεναγμοῖς ἀλαλήτοις(8:26c)이 예수 운동 공동체 빵나눔에서 환상의 외침이나 방언을 가리킨다는 의견[160]이 한동안 강했다. 방언은 아니지만 빵나눔에서 하던 기도를 바울이 가리켰다는 의견[161]도 있다. 예수 운동 사람들의 기도가 아니라 우리가 하느님 앞에 크게 말하도록 도와주는 성령의 신음을 가리킨다[162]는 의견도 있다. 마지막 의견을 나는 찬성한다.

인간은 어쩔 수 없이 인간의 한계 안에서 기도할 수밖에 없다. 성령은 인간이 하지 못하는 기도를 하느님의 언어로 바꾸어 하느님께 기도한다는 뜻이겠다. 바울은 예수 믿는 사람들과 하느님 사이에 성령을 중재자처럼 소개하였다. 거룩하고 정의로운 사람의 기도는 천사(토비트 12:15; 요한계시록 8:3)나 중재자(욥기 5:1; 마카베오하 15:14)에 의해 하느님께 전해진다는 유다교 사상이 바울 설명에 전제되었다. 그러나 하느님의 영이 중재자 위치에 선다는 말은 유다교 문헌에 없었다. 바울이 처음으로 이 사상을 8장 26-27절에서 제안했다.[163]

27절 바울은 예수 믿는 사람들과 하느님을 중재하는 성령은 이제 사람 마음속 깊이 들어와 있다고 말한다. 하느님께 부르짖는 성령의 신음(8:26c)은 하늘에서 일어나지 않고 사람 마음속에서 일어난다는 것이다. 성령은 이제 예수 믿는 사람들과 하느님을 중재하는 분이기에 앞서 인간을 먼저 변호하는 분이다. 하느님은 사람 마음속까지도 꿰뚫어 보시는ὁ ἐραυνῶν τὰς καρδίας(8:27a) 분이시다.(역대기상 28:9; 예레미야 17:10a; 시편 17:3) 하느님은 성령의 신음을 들으신다.(로마서 5:5; 고린도후서 1:22; 갈라디아서 4:6) 하느님은 성령의 신음을 왜 이해하실 수 있을까. 성령이 하느님에 따라κατὰ θεὸν(8:27b), 즉 하느님에게 걸맞는 언어로써 신음을 표현하기 때문이다. 바울은 예수 믿는 사람들을 로마서 1장 7절 이후 처음으로 성도ἁγίων(8:27b)라고 다시 불렀다. 예수 믿는 사람들은 예수 믿지 않는 사람들과 다르다는 사실을 강조하고 있다.[164]

28절 28절은 예수를 받아들이지 않는 유다인도 모두 동의하는 내용이다. 28절 문장에서 주어가 무엇이고 누구인지 분명하지 않다.[165] 첫째, 술어 함께 일하여συνεργεῖ의 주어를 모든πάντα이라고 본다. 그러면, '모든 것은 하느님을 사랑하는 사람들이 좋은 결과를 이루도록 돕는다.'로 번역할 수 있다. 라틴어 성서 불가타Vulgata 또한 그 뜻으로 번역했다diligentibus Deum omnia cooperantur in bonum. 둘째, 술어 함께 일하여συνεργεῖ의 주어를 하느님이라고 보고, 원래 문장에 없던 하느님 단어를 의미에 맞게 끼워넣는다. 그러면, '하느님은 모든 것이 좋은 결과를 이루도록 도우신다.'로 번역된다.[166] 문장론으로 보면, 두 경우 다 가능하다. 바울이 이전 문장에서 주어를 하느님으로 했기 때문에, 여기서도 하느님을 주어로 보는 편이 적절하겠다.

"너, 이스라엘아 들어라. 우리의 하느님은 야훼시다. 야훼 한 분뿐이시다. 마음을 다 기울이고 정성을 다 바치고 힘을 다 쏟아 너의 하느님 야훼를 사랑하여라."(신명기 6:4-5) 오늘도 유다인은 매일 이 기도를 바친다. 하느님 야훼를 사랑하라는 말씀은 그리스도인에게도 유다인과 마찬가지다. 야훼를 사랑하라는 말씀과 율법을 지키라는 말씀은 유다교에서 언제나 연결되었다.(출애굽기 20:6; 신명기 5:10; 느헤미야 1:5)

바울은 하느님을 사랑하는 사람에게 하느님께서 구원을 베푸신다고 강조한다.(8:28a) 로마서를 듣는 청취자나 읽는 독자는 자신이 하느님을 사랑하는 사람이라는 사실을 명심하라는 말이다. 부르심을 받은 사람들τοῖς κλητοῖς(8:28b)은 구약성서의 하느님 백성 비유(이사야 41:9; 호세아 11:1; 요엘 3:5)에서 바울이 가져왔다.(로마서 1:6, 7; 고린도전서 1:2; 고린도후서 1:1) 하느님은 하느님을 사랑하는 그리스도인이 선을 이루도록 도우시고 구원을 베푸신다.

결심에 따라κατὰ πρόθεσιν(8:28b)라는 표현은 바울 당시에 흔히 쓰였다. 신약성서에서 바울 편지와 바울계 문헌에만 나온다.(로마서 9:11; 에베소서 1:1; 디모데후서 1:9) 천지창조 전에 하느님께서 생각하신 대로 사람을 부른다는 해석[167]은 8장 23절에서 이끌어내기 어렵다. 그리스도인은 하느님을 사랑하기 위해 부르심 받아 그리스도인이 되었다.[168] 그리스도인이 된 사람은 하느님의 계획 안에 있다. 하느님이 누구는 그리스도인으로 부르시고 누구는 부르시지 않는다는 예정설은 8장 23절에서 이끌어낼 수는 없다.[169]

29절 29-30절은 바울이 전승을 받아들여 작성[170]했을까. 근거는 찾기 어렵다. 29-30절을 온전히 바울이 다 창작하여 쓴 듯하다.[171] 미리 알다προέγνω(8:29a, 11:2)라는 표현은 바울이 구약성서 선택 개념에서 가져왔다.(민수기 16:5; 신명기 34:10; 호세아 12:1) "하느님께서 이미 오래 전에 택하신 사람들이 당신의 아들과 같은 모습을 가지도록 미리 정하셨습니다."(8:29a)에서 바울은 "죽은 자들 가운데서 부활하심으로써 하느님의 권능을 나타내어 하느님의 아들로 확인되신 분"(8:29a)을 기억하고 있다.[172]

같은 모습εἰκόν(8:29b)은 그리스도인이 그리스도와 똑같은 것은 아니고 모습이 비슷하다는 말이다.[173] 그리스도와 그리스도인 사이에 차이는 여전히 있지만, 그리스도인은 그리스도와 함께 한다. "우리가 흙으로 된 그 사람의 형상을 지녔듯이 하늘에 속한 그분의 형상τὴν εἰκόνα을 또한 지니게 될 것입니다."(고린도전서 15:49) "그리스도께서는 만물을 당신께 복종시킬 수 있는 능력을 가지고 오셔서 우리의 비천한 몸을 당신의 영광스러운 몸과 같은 형상으로 변화시켜σύμμορφον 주실 것입니다."(빌립보서 3:21) 바울은 세례 때 시작되는 변화[174]나 그리스도인의 현재의 상태[175]를 말하는 것이 아니라, 하느님의 자녀가 나타나기를(8:19a), 즉 그리스도인의 희망을 설명한다. 처음 낳은πρωτότοκος이라는 비유는 부활과 드높여진 그리스도를 가리킨다. 바울은 로마서를 쓰기 몇 년 전에 이렇게 말했다. "그리스도께서는 죽은 자들 가운데서 다시 살아나셔서 죽었다가 부활한 첫 사람ἀπαρχή이 되셨습니다."(고린도전서 15:20; 골로새서 1:18c; 요한계시록 1:5) "먼저 그리스도께서 살아나셨고 그 다음에는 그리스도를 믿는 사람들이 그리스도께서 다시 오실 때 살아나게 될 것입니다."(고린도전서 15:23) 바울은 여기서 시편 한 구절을 떠올렸음이 분명하다. "나는 그를 맏아들로 삼아 세상 임금 중에 가장 높은 임금으로 세우리라."(시편 89:27; 골로새서 1:18d) 그리스도가 맏아들이니, 그리스도의 형제자매인ἀδελφοῖς(로마서 8:29c; 히브리서 2:11-18)[176] 그리스도를 믿는 사람들은 그리스도의 영광을 함께 누리게 될 것이다.[177]

30절 30절에서도 하느님은 누가 하느님을 믿거나 사랑할지(8:28) 그리고 누가 하느님을 믿지 않고 사랑하지 않을지 미리 정하셨다는 예정설을 이끌어내서는 안 된다.[178] 하느님이 인간에 대해서가 아니라 하느님 자신의 계획을 미리 정하셨다는 말이다. 하느님을 믿을 사람을 부르시고(1:6, 9:24; 갈라디아서 1:6), 당신과 올바른 관계에 놓아주시고(3:24, 5:1, 9), 영광스럽게 해주시려는(5:2, 8:17e, 21, 24) 하느님 자신의 원래 계획에 따라, 하느님은 예정대로 차곡차곡 진행하고 있다. 하느님은 아직 안 해주신 것이 아니라 벌써 영광스럽게 해주셨다. 하느님의 실천이 아직 사람의 눈에 완전히 드러나지는 않았을 뿐이다.

8장 18-30절은 예수 그리스도에 속한 사람들이 확실히 구원받는다는 주제를 다루었다. 8장 18-30절은 5장 2-5절과 여러모로 연결된다. 그리스도인이 받을 영광(5:2)은 희망(5:2, 5)의 대상이라는 사실을 바울이 이미 다룬 적이 있었다.(5:2-5) 성령(5:5)이 그 희망을 확실히 뒷받침한다. 그리스도인의 희망은 고난의 경험과 함께 한다.(5:2-5)

바울은 '그리스도인은 지금 하느님의 구원을 체험할 수 있는가.' 하는 물음을 고뇌한 듯하다. 하느님의 구원은 지금 희망의 모습으로 존재한다고 바울은 생각했다. 아직 완전히 경험하지 못한 구원을 지금 조금이라도 맛볼 수 있다는 것이 바울 해설의 핵심 아닐까. 8장 18절이 아직 완전히 경험하지 못하는 구원을 다루었다면, 8장 30절은 지금 벌써 경험하는 구원을 설명한다.

구원의 확신(8:31-39)

31 그러니 이제 무슨 말을 더 하겠습니까? 하느님께서 우리 편이 되셨으니 누가 감히 우리와 맞서겠습니까? 32 우리 모든 사람을 위하여 당신의 아들까지 아낌없이 내어주신 하느님께서 그 아들과 함께 무엇이든지 다 주시지 않겠습니까? 33 하느님께서 택하신 사람들을 누가 감히 고소하겠습니까? 그들에게 무죄를 선언하시는 분이 하느님이신데 34 누가 감히 그들을 단죄할 수 있겠습니까? 그리스도 예수께서 단죄하시겠습니까? 아닙니다. 그분은 우리를 위해서 돌아가셨을 뿐만 아니라 다시 살아나셔서 하느님 오른편에 앉아 우리를 위하여 대신 간구해 주시는 분이십니다. 35 누가 감히 우리를 그리스도의 사랑에서 떼어놓을 수 있겠습니까? 환난입니까? 역경입니까? 박해입니까? 굶주림입니까? 헐벗음입니까? 혹 위험이나 칼입니까? 36 우리의 처지는, "우리는 종일토록 당신을 위하여 죽어갑니다. 도살당할 양처럼 천대받습니다."라는 성서의 말씀대로입니다. 37 그러나 우리는 우리를 사랑하시는 그분의 도움으로 이 모든 시련을 이겨내고도 남습니다. 38 나는 확신합니다. 죽음도 생명도 천사들도 권세의 천신들도 현재의 것도 미래의 것도 능력의 천신들도 39 높음도 깊음도 그 밖의 어떤 피조물도 우리 주 그리스도 예수를 통하여 나타날 하느님의 사랑에서 우리를 떼어놓을 수 없습니다.

31절 구원의 확신이 주제인 8장 31-39절 단락은 그리스도인과 하느님의 관계(8:31b-34a), 그리스도인과 그리스도의 관계(8:34b-37), 그리스도인과 하느님의 관계(8:38-39)를 설명한다. 8장 31-39절은 어떤 문학 유형에 속하는지 한동안 뜨겁게 논란이 되었다. 찬가 Hymnus,[179] 또는 기도,[180] 그리스 철학에서 흔한 비평Diatribe[181]에 가까운 논쟁[182] 등 여러 의견이 있다. 어쨌든, 편지의 중심 부분을 마무리하는 단락[183]이라고 볼 수 있다.

그러니 이제 무슨 말을 더 하겠습니까Τί οὖν ἐροῦμεν πρὸς ταῦτα. (8:31a)는 바울이 새 단락을 시작할 때 즐겨 쓰는 표현(4:1, 9:30)이다. 하느님께서 우리 편이시라면, 누가 감히 우리와 맞서겠습니까εἰ ὁ θεὸς ὑπὲρ ἡμῶν, τίς καθ᾽ ἡμῶν.(8:31b)라는 문장에는 술어(동사)가 빠져 있다. 바울이 어떤 동사를 써넣으려 했는지 우리가 추측하기는 어렵다. 바로 뒤 8장 32b를 읽어야 앞 구절 8장 31b를 바르게 이해할 수 있겠다. 하느님이 모든 것을 우리에게 베풀어 주실 것이기 때문에(8:32b), 누가 우리를 반대하겠느냐(8:31b)는 뜻이다.

32절 32절에서 바울은 중요하고 어려운 결론을 먼저 내세우고, 거기에서 평범하고 쉬운 결론을 이끌어내는 순서(5:10)를 선택했다. 귀한 친아들도 기꺼이 내어주신 하느님이 다른 것을 왜 주시지 못하겠느냐는 말이다. 바울은 하느님은 인간에게 어떤 존재인가 해설하고 있다. 바울은 친아들마저 넘겨 주신 하느님(8:32a)에서 하느님 말씀대로 아들 이삭을 바치려던 아브라함을 떠올렸을까. "너는 하나 밖에 없는 아들마저도 서슴지 않고 나에게 바쳤다."(창세기 22:12) 그렇게 연결하는 의견[184]도 있고, 그렇지 않은 의견[185]도 있다.

하느님께서 예수를 넘겨주심παραδιδόναι(로마서 8:32b; 마가복음 14:42)은 4장 25a에도 있었다. 바울은 여기서 "나는 그로 하여금 민중을 자기 백성으로 삼고 대중을 전리품처럼 차지하게 하리라. 이는 그가 자기 목숨을 내던져 죽었기 때문이다."(이사야 53:12a)를 생각했을까. 그런 것 같지는 않다.[186] 4장 25a에서 예수는 죄 때문에 넘겨졌지만, 8장 32c는 자발적으로 자신을 바치는 모습(갈라디아서 2:20)이다. 하느님께서 우리 인간을 위해 어떤 희생을 하셨는지, 즉 바울은 예수의 죽음(로마서 5:8, 14:15)을 강조하고 싶었다.[187] 예수를 넘겨주심에서 적에게 넘겨주었다는 사실[188]보다는 하느님이 사랑에서 넘겨주셨다(로마서 5:8; 8:39; 갈라디아서 2:20)는 해석이 더 중요하겠다.

아들과 더불어σὺν αὐτῷ(8:32c) 그리스도를 믿는 사람은 그리스도의 운명에 참여할 것이다. 모든 것τὰ πάντα(8:32c)이 구원,[189] 온 세상,[190] 그리고 구체적인 무엇을 가리키지 않는 일반적 표현[191]이라는 의견도 있다. 바울은 8장 32a에서 하느님이 우리를 위해 당신 아들을 내어주셨다고 말한 뒤, 8장 32b에서 하느님이 아들 예수와 함께 우리에게 모든 것을 주시리라고 말한다. 처음에는 하느님이 우리에게 예수를 주셨고, 이제는 하느님과 예수 그리스도가 우리에게 모든 것을 주신다. 이제 우리는 더 풍성해졌다.

33절 33절은 34a까지 문장이 이어져 있다. 하느님께서 우리 편이 되셨으니 누가 감히 우리와 맞서겠습니까(8:31b)를 설명할 참이다. 35절에서 그리스도인이 현재 부딪치는 고통들을 열거한 것으로 보아, 바울이 여기서 최후의 심판을 말하는 것[192]은 아니다.[193] 바울이 법정 용어를 쓰는 것은 비유하기 위해서다. "하느님께서 나의 죄 없음을 알아주시고 옆에 계시는데, 누가 나를 걸어 송사하랴? 법정으로 가자. 누가 나와 시비를 가리려느냐? 겨루어보자."(이사야 50:8) 악마(요한계시록 12:10) 등 그리스도인을 고발하는 주체들을 바울이 구체적으로 생각한 것[194]도 아니다.[195]

하느님께서 택하신 사람들ἐκλεκτοὶ θεοῦ(로마서 8:33a; 골로새서 3:12; 디도서 1:1)이라는 표현은 구약성서 그리스어 번역본Septuaginta에는 없다. 그의 뽑힌 사람들ἐκλεκτοὶ αὐτοῦ(역대기상 16,13), 나의 뽑힌 사람들ὁ ἐκλεκτός μου(이사야 42:1, 45:4)이라는 표현은 그리스어 번역본에 있다. 구약성서에서 하느님의 백성 이스라엘을 가리키던 단어를 바울은 그리스도 예수 안에 있는 사람들을 가리키는 용어로 바꾸어 썼다.(8:1) 그리스도 예수 안에 있는 하느님께서 택하신 사람들을 의롭게 하시는 분(3:24, 26, 5:1, 9)이 바로 하느님이시다. 그런데 누가 감히 하느님께서 택하신 사람들을 고소하겠냐는 말이다.

34b-35a 8장 34b-36절도 한 덩어리로 연결하여 보는 것이 좋겠다. 돌아가신 분ὁ ἀποθανών(8:34b)에서 우리를 위해(로마서 5:8; 데살로니가전서 5:10; 요한1서 3:16)을 넣어 읽는 편이 낫겠다. "누가 감히 우리를 그리스도의 사랑에서 떼어놓을 수 있겠습니까?"(8:35a)를 제대로 이해하려면 말이다. 우리를 위한, 또는 우리 죄를 위한 예수의 죽음을 하느님 사랑의 표현이라고 바울은 해석했다.(5:8, 8:39) 누구를 위해 죽는다와 사랑을 연결하는 모습은 신약성서뿐 아니라 그리스 세계에도 있었다. "사랑하는 사람들만 서로를 위해 죽으려 한다."[196] "꼭 그래야 한다면, 우정을 위해서는 죽어야 한다."[197] 요한복음 저

자는 그리스 철학에서 같은 사상을 발견한 듯하다. "벗을 위하여 제 목숨을 바치는 것보다 더 큰 사랑은 없다."(요한복음 15:13) 세상 어느 문화에 그런 생각이 없겠는가. 한민족 역사에도 마찬가지다.

그런데 바울은 예수의 죽음뿐만 아니라μᾶλλον δέ(8:34b) 부활(로마서 4:25, 5:9-10; 고린도전서 15:3-5)이 또한 우리를 위한 사랑의 의미가 있다고 덧붙였다. 죽음으로 벗을 위한 사랑을 드러낸 사람은 역사에 많지만, 부활로 벗을 위한 사랑을 드러낸 사람은 인류 역사에서 예수 그리스도가 처음이라는 뜻이다.

그리스도는 일으키셨다, 즉 부활하셨다ἐγερθείς(8:34b) 뿐만 아니라 하느님 오른편에 앉아ἐν δεξιᾷ τοῦ θεοῦ(8:34b) 계신다. 그리스도가 우리를 사랑하기 위해 가장 좋은 가능성은 하느님 오른편에 앉아 계신다는 사실에서 나온다.[198] 지배자의 오른편에 앉도록 허락받은 사람은 특별히 존중되고 존경받았다. 솔로몬 왕은 어머니 밧세바에게 자리를 권하여 자기 오른편에 앉게 하였다.(열왕기상 2:19) "야훼께서 내 주께 선언하셨다. '내 오른편에 앉아 있어라.'"(시편 110/109:1) 구절은 예수 운동이 하느님과 예수 관계와 예수 지위를 나타내는 데 결정적 역할을 하였다.[199]

만일 예수가 부활했지만 하느님 오른편에 계시는 영광을 받지 못했다면, 인류를 위한 그리스도의 구원 의미는 어떻게 되는 것일까. 부활과 하느님 오른편에 계심은 인류를 위한 그리스도의 구원 의미를 확실히 드러낸다.[200] 우리도 그리스도처럼 부활하겠지만, 그리스도처럼 하느님 오른편에 앉지는 못한다. 하느님은 그리스도를 부활시키셨을 뿐만 아니라 당신 오른편에 앉게 하셨다. 그래서 비로소 그리스도는 우리를 위해 사랑을 줄 수 있는 완벽한 조건을 갖추게 되었다. 그리스도가 우리를 위해 돌아가셨기 때문에, 아무도 그리스도의 사랑(고린도후서 5:14; 에베소서 3:19)에서 우리를 떼어놓을 수 없다. 그리스도의 사랑이 지금 우리에게 실천되기 때문에 그리스도의 사랑이 더 의미 있다.

바울 이후 문헌에도 부활하고 하느님 오른편에 앉도록 드높여진 그리스도가 우리를 위해 활동하신다는 사상은 중단되지 않았다.(요한1서 2:1; 히브리서 9:24) 히브리서는 심지어 우리를 위한 그리스도의 활동을 마치 유다교 대제사장이 하는 역할에 비유하여 하늘의 대제사장(히브리서 7:25)이라는 호칭을 드리기까지 했다. 역사의 예수는 제사장 신분이나 역할과 아무런 관계가 없었는데 말이다. 그러나 바울이 8장 34e에서 그리스도에게 하늘의 대제사장 역할을 드리려 했다고 말할 수는 없다.[201] 유다교에서 하느님께 올라간 천사나 중재자들에게 인정하던 역할이 부활하고 또 하느님 오른편에 앉도록 드높여진 그리스도에게 드디어 적용되었다.[202]

35b 바울은 8장 35b에서 그리스도인이 겪는 고통의 일곱 가지 사례를 들었다. 비슷한 고통 목록Peristasenkataloge이 바울의 편지(고린도전서 4:11-13; 고린도후서 4:7-12; 빌립보서 4:12)와 신약성서뿐 아니라 유다교와 그리스 철학에도 있었다.[203] '고통 목록'이란 단어는 불트만이 처음 사용했다.[204] 바울 연구에서 고통 목록은 큰 역할을 했다.[205] 다른 바울의 편지에서와 달리, 바울은 35절에서 자신이 겪은 고통을 말하지 않고 일반적인 고통(1:29-31)을 대표적으로 소개했다.[206] 일곱이란 숫자가 의미 있다. "그가 여섯 가지 곤경에서 자네

를 건져주시리니 일곱 가지 일에서도 재난이 자네를 건드리지 못할 것일세. 흉년이 들어도 죽음에서 건져주시고 싸움이 벌어져도 칼끝에서 건져주실 것일세. 쏟아지는 저주도 막아주시리니 달려드는 귀신도 무섭지 않겠지. 약탈과 기근을 웃어 넘길 수 있으며 들짐승도 두렵지 않을 것일세. 자네는 들귀신들과 휴전하고 야수들과 평화를 누리겠지."(욥기 5:19-23) 바울이 여기서 최후의 심판(요한계시록 15-16장)을 가리키진 않았다. 처벌(신명기 28:47-48; 예레미야 27:8)[207]을 다루는 것도 아니다.[208]

환난θλῖψις과 역경στενοχωρία은 함께 인용되었다.(신명기 28:53; 이사야 8:22; 로마서 2:9; 고린도후서 6:4) 박해διωγμὸς는 환난과 더불어(마가복음 4:17; 데살로니가후서 1:4), 굶주림λιμὸς은 전쟁(역대기하 20:9; 요한계시록 6:8)을 가리키는 칼과 함께 인용되었다. 헐벗음γυμνότης은 이스라엘이 하느님을 존중하지 않을 때 받을 네 가지 벌 중 하나였다.(신명기 28:48) 굶주림과 헐벗음은 자주 함께 인용되었다.(욥기 24:10; 에스겔 18:7; 고린도후서 11:27; 누가복음 3:11) 바울은 자신이 겪었던 여덟 가지, 즉 강물, 강도, 동족, 이방인, 도시, 광야, 바다, 가짜 교우의 위험κίνδυνος(고린도후서 11:26)을 기억했을 것이다. 칼μάχαιρα은 죽음(사도행전 12:2)을 나타낸다. 칼과 굶주림(이사야 51:19; 에스겔 14:21; 요한계시록 6:8), 칼과 굶주림과 질병(예레미야 14:12; 에스겔 5:12, 6:11)은 함께 인용되기도 했다.

8장 35b의 고통 목록은 구원이 그만큼 크고 확실하다는 사실(역대기하 20:9)을 강조한다. 바울은 그리스도인에게 어떤 고통이 있는가 소개하기보다 그리스도의 사랑이 크다는 점을 말하고 싶었다.

"침략과 파괴, 기근과 전쟁을 겪었지만 누가 있어 너를 위로하더냐?"(이사야 51:19)처럼 탄식으로만 끝나는 것이 아니다.

그런데 바울은 돈과 권력이 그리스도교를 고통에 빠뜨릴 것이라고 말하지 못했다. "여러분은 하느님과 재물을 아울러 섬길 수 없습니다."(마태복음 6:24)라고 예수처럼 말하지도 못했다. 왜 그랬을까. 바울은 로마서를 예수 죽음과 부활 이후 30년이 채 지나지 않은 시점에 썼다. 예수를 그리스도로 믿는 사람이 당시 겨우 천 명은 되었을까. 소수 집단이던 예수 운동은 유다교 안팎에서 생존하기도 버거웠다. 바울은 예수 재림을 여전히 기다렸고, 세상 끝날이 곧 올 줄 알고 살았다. 그래서 바울은 예수 운동의 기나긴 역사를 계획할 수 없었다. 예수 운동을 이어받은 그리스도교가 돈과 권력에 취하고 추락하는 역사를 역사의 바울은 상상하기 어려웠다. 그래서 바울은 돈과 권력이 그리스도교를 고통에 빠뜨릴 것이라고 말하지 못한 듯하다.

36절 바울은 36절에서 시편 43편 23절을 인용했다. 바울의 암기력은 놀랍다. 단어 ἕνεκα를 ἕνεκεν로 다르게 기억했을 뿐, 나머지 구절은 글자 그대로 되살려냈다. 책과 컴퓨터를 앞에 두고 집필하던 바울이 아니다. 유배 시절 생긴 시편 44/43편[209]은 이스라엘 백성들이 탄식하는 노래였다. 당신을 위하여ἕνεκεν σοῦ(8:36a)에서 하느님을 가리키던 당신을 바울은 그리스도를 뜻하는 것으로 바꾸었다. 이스라엘 백성들을 가리키던 우리를 바울은 그리스도를 믿는 우리로 바꾸었다. 성서의 말씀대로καθὼς γέγραπται를 직역하면 쓰여진 것처럼, 즉 구약성서를 가리킨다.

37절 이기다ὑπερνικῶμεν(8:37)는 전쟁이나 운동 경기에서 쓰이던 단어다. 경기장 근처에서 천막을 빌려주며 돈을 벌던 바울에게 친숙한 단어였을 것이다. 제주 돌담을 보면 나무와 돌을 다루던 예수가 생각나고, 제주도 해수욕장의 천막을 보면 바울이 떠오른다. 전치사이면서 또한 접두사로 쓰이던 ὑπέρ(위하여) 단어를 이용하여 바울은 새 단어를 만들기 좋아했다.[210] 바울은 고통이 다 끝나서 이길 뿐 아니라 고통중에도 이긴다는 생각을 했다.[211] "우리는 고통을 당하면서도 기뻐합니다."(로마서 5:3) 우리를 위한 그리스도의 고통과 사랑이 그만큼 크다는 사실을 바울은 강조하였다. 우리를 사랑하시는 그리스도의 도움으로 모든 시련을 이겨낼 수 있다.(로마서 8:37)

38-39절 나는 확신합니다πέπεισμαι(로마서 8:38a, 14:14a, 15:14a)라는 단어로 바울은 지금까지 자신이 해온 주장을 결론짓고 싶다. 8장 35b에서 그리스도인이 겪는 일곱 가지 고통을 넘어, 38-39절에서는 죽기 전에 겪는 고통 정도가 아니라 죽음과 천사들과 우주의 힘까지 그리스도인을 압박하는 아홉 가지 사례를 새로 소개했다. 그리스도인을 억압하는 모든 힘을 통털어 말하는 것이다. 그래서 아홉 가지 단어를 따로따로 살펴보더라도, 전체를 잊지 않아야 하겠다.[212]

대조되는 두 단어가 네 쌍 등장한다. 죽음θάνατος과 생명θάνατοςζωή 단어는 그 순서로 나온다.(사무엘하 15:21; 잠언 18:21) 천사들ἄγγελοι, 주요한 천사들ἀρχαί 단어는 로마서 이곳 말고 찾기 어렵다. 하늘의 권세와 지상의 권세를 통털어 가리킬까.(누가복음 12:11; 디도서 3:1) 현재의 것ἐνεστῶτα, 미래의 것μέλλοντα은 고린도전서 3장 22절에 또 있다. 높음ΰψωμα(고린도후서 10:5)과 깊음βάθος(로마서 11:33; 고린도전서 2:10; 에베소서 3:18)이라는 단어는 따로 나오긴 하지만 8장 39a처럼 함께 나온 적은 신약성서에서 유일하다. 그리고 능력과 권세 δυνάμεις라는 단어가 홀로 나온다. 바울이 권세와 반대되거나 대응할 단어를 찾지 못해서 그냥 그 단어만 썼던 것[213]일까. 신약성서에 흔히 나오는 권세 단어를 바울도 즐겨 썼다.(고린도전서 12:10; 고린도후서 12:12; 갈라디아서 3:5)

아홉 단어는 세상에 존재하는 모든 힘을 통털어 나타낸다. 세상에 있는 어떤 힘이라도 단독으로나 여럿이 합쳐지나 하느님의 사랑 τῆς ἀγάπης τοῦ θεοῦ(로마서 9:39b)에서 우리를 떼어놓을 수 없다고 바울은 강조하였다. 세상에 존재하는 모든 힘이나 권세는 겨우 피조물κτίσις(9:39a)에 불과하다. 피조물은 조물주를 이길 수 없다. "우리 모든 사람을 위하여 당신의 아들까지 아낌없이 내어주신 하느님께서 그 아들과 함께 무엇이든지 다 주시지 않겠습니까?"(8:32)와 "어떤 피조물도 우리 주 그리스도 예수를 통하여 나타날 하느님의 사랑에서 우리를 떼어놓을 수 없습니다."(8:39b)는 서로 잘 어울린다.

8장 31-39절은 6장 1절부터 설명해온 그리스도인의 새로운 존재라는 주제를 요약하였다. 그리스도를 믿는 사람은 하느님과 그리스도에게 사랑받는다. 그 사랑은 상실되지 않는다. 그렇다면, 8장 31-39절은 5장 1-11절과 연결되는 셈이다. 그런데, 로마서 6-8장을 읽어오면서 독자들에게 궁금한 질문 하나가 계속 따라왔을 것이다. 그러면, 예수 그리스도를 믿지 않고 거절하는 사람은 어떻게 되는 것일까. 하느님께서 그리스도 안에서 활동하셨다는 사실을 받아들이지 않았던 유다인은 어떻게 되는 것일까. 유다인은 하느님께 선택받았고 계속 사랑받아온 사람들(신명기 7:6-8) 아니던가. 예수 그리스도가 세상에 왔으니 유다교는 쓸모없어졌다는 말인가. 바울은 로마서 9-11장에서 이른바 이스라엘 문제를 다루게 된다.

4부
이스라엘의 운명
(9:1-11:36)

이스라엘의 모순된 현실(9:1-5)

> 1 나는 그리스도의 사람으로서 진실을 말하고 거짓을 말하지 않습니다. 성령으로 움직이는 내 양심도 그것이 사실이라고 말해 줍니다. 2 나에게는 큰 슬픔이 있습니다. 그리고 마음으로 끊임없이 번민하고 있습니다. 3 나는 혈육을 같이하는 내 동족을 위해서라면 나 자신이 저주를 받아 그리스도에게서 떨어져 나갈지라도 조금도 한이 없겠습니다. 4 나의 동족은 이스라엘 사람들입니다. 그들에게는 하느님의 자녀가 되는 특권이 있고 하느님을 모시는 영광이 있고 하느님과 맺은 계약이 있습니다. 그리고 그들에게는 율법이 있고 참된 예배가 있고 하느님의 약속이 있습니다. 5 그들은 저 훌륭한 선조들의 후손들이며 그리스도도 인성으로 말하면 그들에게서 나셨습니다. 만물을 다스리시는 하느님을 영원토록 찬양합시다. 아멘.

그리스도 사건은 하느님의 복음(로마서 1:1, 15:16; 고린도후서 11:7)이기 때문에, 그리스도 사건을 받아들이지 않는 유다인은 하느님의 말씀(데살로니가전서 2:13)을 거절하는 셈이 된다. 하느님께 선택받았고 계속 사랑받아온 유다인(신명기 7:6-8)과 믿는 사람이면 누구에게나 구원을 가져다 주는 하느님의 능력(로마서 1:16)은 서로 모순되는 구절인가. 로마서 9장은 로마서 1장을 다시 다루는 것과 다르지 않다. 9장은 1-8장이 진행되면서 자연스레 반드시 나와야 할 곳이다. 그래서 9-11장은 로마서에서 삭제해도 괜찮은 단락이 아니라 없어서는 안 되는 곳이다. 9-11장이 없는 로마서는 온전한 로마서가 아니다. 유다인이 로마서를 읽는다면, 9-11장을 기다릴 것이다. 9-11장은 바울이 유다교 전통을 깨뜨린다는 비판에 맞서 해명[1]하는 것만은 아니다. 바울은 예수 그리스도를 받아들이지 않는 유다인이 부른 청문회에서 증언할 뿐만 아니라 예수 그리스도를 믿는 예수운동 사람들 앞에서도 강연한다고 비유할까.

9-11장을 전체적으로 살펴보자. 유다인 대부분 예수 그리스도를 받아들이지 않고 있다.(9:1-5) 이스라엘에 대한 하느님의 선택과 약속의 말씀은 여전히 유효하다(9:6-29) 왜 유다인 대부분은 예수 그리스도를 받아들이지 않을까.(9:30-10:21) 하느님이 이스라엘을 버리셨다는 말인가.(11:1-10) 유다인 대부분이 예수 그리스도를 받아들이지 않는 현실이 영원히 지속되지는 않을 것이다.(11:11-32) 예수 그리스도를 받아들이지 않는 유다인도 하느님께 결국 구원받을 것이지만, 그 방법은 하느님만 아신다.(11:33-36) 9장 3-33절을 9장 6-29절과 연결해야 하는지 10장 1-4절과 연결해야 하는지 여전히 논란이 되고 있다.[2]

1절 바울은 "아예 맹세하지 마시오."(마태복음 5:34)라는 예수의 말씀을 몰랐을까. "나는 그리스도의 사람으로서 진실을 말하고 거짓을 말하지 않습니다. 성령으로 움직이는 내 양심도 그것이 사실이라고 말해 줍니다."(9:1)라고 바울은 맹세[3]하고 있다. 바울은 자기 말을 맹세라고 여기진 않았던 것일까. "나는 그리스도를 전하는 전도자와 사도로 임명을 받았으며 이방인들에게 믿음과 진리를 가르치는 교사가 되었습니다. 나는 거짓말을 하는 것이 아니라 참말을 하고 있습니다."(디모데전서 2:7)는 9장 1절에서 가져온 듯하다.⁴ 거짓을 말하지 않는다.(로마서 9:1a; 고린도후서 11:31; 갈라디아서 1:20)는 바울의 고백은 있었지만, 거짓말 하지 않을 뿐더러 진실을 말한다는 바울의 발언은 여기 말고 없다.

그리스도 안에서ἐν Χριστῷ(9:1a)는 유다인이 맹세할 때(사사기 21:7; 사무엘상 24:22; 역대기상 1:17) 하느님을 부르는 습관을 기억할 수 있다. 거짓 증언을 하지 않는다고 맹세하는 사람이 자신을 변호해줄 증인을 등장시키기도 했다. 바울은 자신의 양심을 증인으로 소개한다. 성령 안에서ἐν πνεύματι ἁγίῳ(9:1b)와 그리스도 안에서ἐν Χριστῷ(9:1a) 바울의 양심은 진실을 말한다는 뜻이다. 모든 그리스도인처럼 바울 안에도 성령이 계시므로(5:5, 8:9), 바울의 양심은 성령이 정해주시고 (8:14) 판단한다.

2절 바울의 슬픔λύπη(9:2a)과 번뇌ὀδύνη(9:2b)는 무엇이고 어디에서 왔을까. 슬픔과 번뇌는 함께 한다.(이사야 35:10, 51:11) 나에게μοί(9:2a), 내 심장에ἦ καρδίᾳ μου(9:2b) 슬픔과 번뇌가 있다. 그리스 수사학 Rhetorik에서 논증의 세 방법인 에토스Ethos(정서), 파토스Pathos(열정), 로고스Logos(이성)⁵ 중에서 바울은 에토스에 기초하여 논리를 이끌고 있다. 즉, 주제 자체를 논하거나 청중의 열정에 호소하지 않고, 바울 자신의 정서Ethos에 의지하고 있다. 청중의 반응을 바울의 정서에 우선 가까이 오게 하려는 것이다.

3절 바울은 자신의 희망을 먼저 말하면서 자신의 고뇌가 무엇인지 아직은 감추고 있다.[6] 전치사 위하여ὑπὲρ(9:3)는 '누구를 위하여' 뿐만 아니라 '누구 대신에'라는 뜻을 갖고 있다.(고린도전서 15:29a; 고린도후서 5:14, 20)[7] 동족을 위해서라면, 그리고 동족 대신에 저주 받아도 좋다는 바울의 심정이다. 바울이 받을 구원을 동족이 대신 받고, 동족이 받을 저주를 바울이 대신 받아도 좋다는 말이다. 저주ἀνάθεμα(9:3a)라는 단어는 구약성서 그리스어 번역본 70인역에 있다. "하느님께서 역겨워하시는 것을 너희 집에 끌어들이지 마라. 그러다가는 너희도 그들과 같은 운명에 처하리라. 너희는 그런 것들을 더럽게 여기고 역겹게 여겨라."(신명기 7:26; 여호수아 6:17)

바울과 비슷한 애절한 마음을 모세는 혹시 가졌을까. "모세가 야훼께 되돌아가서 아뢰었다. 비옵니다. 이 백성이 금으로 신상을 만들어 큰 잘못을 저질렀습니다. 하지만 이제 그들의 죄를 용서해 주셔야 하겠습니다. 만일 용서해 주지 않으시려거든 당신께서 손수 쓰신 기록에서 제 이름을 지워주십시오."(출애굽기 32:31-33)[8] 모세가 하느님께 버림받을 이스라엘의 운명을 나누겠다고 간청[9]한 것일까. 하느님이 이스라엘을 용서하지 않으면, 모세가 스스로 하느님에게서 떨어져 나가겠다고 하느님을 협박[10]한 것일까.

바울이 여기서 대속론代贖論을 주장한 것 같지는 않다.[11] 바울이 그리스도에게서 떨어져 나가지만 하느님께 떨어져 나가는 것은 아니라는 해석[12]을 나는 찬성하기 어렵다. 바울이 하느님과 그리스도를 갈라치기 하지는 않았다.

"우리 주 그리스도 예수를 통하여 나타날 하느님의 사랑에서 우리를 떼어놓을 수 없습니다."(8:39)에서 바울은 그리스도에 대한 사랑을 하느님의 사랑과 연결하였다. 그래서 바울은 3절에서 그리스도를 믿지 않는 유다인은 하느님께 저주받는다고 확신한 듯하다. 그런데 바울은 유다인들이 여전히 하느님의 사랑을 받는 백성(로마서 11:28b)이라고 말하고 있다. 그리스도를 믿지 않는 유다인은 하느님께 저주받는다고 해놓고서, 유다인들이 여전히 하느님의 사랑을 받는 백성이라니? 바울 주장은 명백한 모순 아닌가? 3절을 쓸 때, 바울은 9-11장의 이스라엘 문제에 대한 해답을 아직 다 정리하진 못한 상태[13]였을까.

그리스도를 믿지 않는 유다인은 바울에게 혈육을 같이 하는κατὰ σάρκα(9:3b, 4:1) 같은 민족συγγενῶν(9:3b)이다. 혈육은 족보로 연결된 출생 관계를 가리킨다.(갈라디아서 4:23; 로마서 9:8, 11:14) 이스라엘에 속한 모든 사람을 형제자매라 불렀던 전통(레위기 25:46; 신명기 18:15; 마카베오상 5:25)을 바울은 따르고 있다. 그리스도를 믿는 유다인이 아닌 사람은 바울에게 혈육을 같이 하는 같은 민족인 것은 아니다. 그리스도를 믿는 유다인 아닌 사람은 혈육이 아니라 믿음으로써 아브라함과 선조의 인연을 맺었다.(로마서 4:11; 갈라디아서 3:7) 예수 그리스도에 속한 모든 사람을 형제자매라 즐겨 불렀던 바울(로마서 1:13, 7:1, 8:12, 11:25)이다. 그런데 3절에서는 그리스도를 믿지 않는 유다인을 바울은 형제·자매라고 주저없이 불렀다.

4절 이스라엘에 주어진 하느님의 약속은 그리스도를 믿지 않는 유다인 대부분이 지금 부닥친 저주받을 상황과 모순된다. 이스라엘 백성이 위기를 만났을 때, 그들은 하느님의 약속을 상기시키며 하느님께 애타게 호소했다.(시편 44:2-4, 74:2, 80:9-12) 하느님께서 멀어

저간 이스라엘 백성은 하느님께 매달리며 하느님의 개입을 눈물로 요청했다. 그러면 유다인 바울은 유다인 대부분이 지금 닥친 저주받을 상황에 대해 어떻게 무엇을 하느님께 매달려야 할 것인가.

바울은 로마서에서 지금까지 써왔던 단어인 유다인(1:16, 2:9, 3:1)을 더 이상 사용하지 않고 이스라엘 사람들Ἰσραηλῖται(9:4a, 9:31, 10:19, 21)이라는 단어를 쓴다. 그리스도를 믿지 않는 유다인 대부분을 여전히 하느님 백성으로 나타내기 위해서다. 하느님 스스로 당신 백성에게 이스라엘이라는 이름을 주셨다. "너는 하느님과 겨루어냈고 사람과도 겨루어 이긴 사람이다. 그러니 다시는 너를 야곱이라 하지 말고 이스라엘이라 하여라."(창세기 32:29) "내가 너를 네 이름으로 불렀으니, 너는 내 사람이다."(이사야 43:1) 구약성서 그리스어 번역본은 이스라엘 사람들Ἰσραηλῖται이라는 복수 명사를 드물게 쓰고 있다. 소유격을 사용하여 하느님의 백성을 가리킬 때 단수 명사로 주로 썼다.(레위기 24:10a; 신명기 22:19; 사무엘하 17:25)

예수는 나다니엘을 참 이스라엘 사람Ἰσραηλίτης(요한복음 1:47)이라고 칭찬했다. 바울은 자신을 이스라엘 사람이라고 스스로 부르기도 했다.(로마서 11:1d; 고린도후서 11:22) 이스라엘 사람이라는 단어는 유다인들이 스스로 부르는 호칭이고 유다인은 유다인 아닌 사람들이 유다인을 부르는 호칭이었던 것은 아니다.[14]

바울은 이스라엘 사람들을 다른 민족과 구분하는 여섯 가지 특징으로 이스라엘과 하느님의 관계를 나타낸다. 여섯 명사는 주어가 아니라 술어다. 이스라엘 사람들이 하느님의 사랑을 받기에 충분하다는 말을 하고 싶었다. 아들 자격υἱοθεσία(9:4b)은 입양 제도를 가리킨다. 그리스도를 믿는 사람들과 하느님의 관계를 나타내는 단어로 바울은 이미 8장 15절과 23절에서 썼다.

9장 4b에서 이스라엘 사람들은 하느님의 자녀를 가리킨다. 바울은 이스라엘 사람들이나 그리스도를 믿는 사람들이나 똑같이 하느님의 자녀라고 생각했다.[15] 이스라엘 사람들이 하느님의 자녀라는 생각은 구약성서에 널리 퍼져 있었다. 이스라엘은 나의 맏아들(출애굽기 4:22), 너희는 너희 하느님 야훼의 자녀(신명기 14:1; 이사야 43:6; 예레미야 31:9)[16] 등 이스라엘이 하느님께 선택받고 하느님의 자녀가 된 것을 이집트에서 해방된 사건과 연결되기도 했다. "내 아들 이스라엘이 어렸을 때, 너무 사랑스러워, 나는 이집트에서 불러내었다."(호세아 11:1)

영광δόξα(9:4b)은 이스라엘 사람들이 다른 민족과 달리 하느님께 받는 영광을 가리킨다. "그 곳은 내가 이스라엘 백성을 만나주는 곳이다. 거기에서 나의 영광을 나타내어 거룩한 곳이 되게 하리라."(출애굽기 29:43), "당신을 경외하는 자에게는 구원이 정녕 가까우니 그의 영광이 우리 땅에 깃들이시리라."(시편 85:9) 바울 이전의 유다교 문헌에 영광이라는 단어는 없다[17]고 말할 수는 없다. 복수 명사 계약들αἱ διαθῆκαι(로마서 9:4b; 지혜서 18:22; 마카베오하 8:15)은 아브라함의 첫 계약(창세기 15:18)부터 새 계약(예레미야 31:31-33)의 약속까지 모든 구약성서 문헌을 가리킨다. 위기에 닥쳤을 때, 이스라엘 사람들은 계약들을 기억하고 하느님께 도움을 청하곤 했다. "그들은 자기네 공로를 생각해서 이렇게 기도한 것이 아니라, 하느님이 자기 조상들과 맺으신 계약과, 거룩하고 영광스런 하느님께서 자기 자신들

을 당신의 백성이라고 불러준 사실을 생각하고 이렇게 빌었던 것이다."(마카베오하 8:15)

율법 제정νομοθεσία(9:4b)은 율법이 정해진 과정을 가리키는 것[18]은 아니고 하느님께서 이미 주신 토라(마카베오하 6:23)를 뜻한다. 예배η λατρεία(9:4b)는 하느님이 이스라엘 사람들에게 요구하신 모든 존중을 가리킨다. "이제, 너 이스라엘아! 야훼 너희 하느님께서 너희에게 바라시는 것이 무엇인지 아느냐? 너희 하느님 야훼를 경외하고 그가 보여주신 길만 따라가며 그를 사랑하는 것이요 마음을 다 기울이고 정성을 다 쏟아 그를 섬기는 것이 아니냐?"(신명기 10:12) 예배는 예루살렘성전 제사뿐 아니라 제물(출애굽기 3:12), 축제(출애굽기 12:25, 13:5), 단식과 기도(출애굽기 23:25)를 포함한다.

언약들αί ἐπαγγελίαι(9:4b)은 하느님이 이스라엘 사람들에게 하셨던 모든 약속을 가리킨다. 이스라엘 선조들에게 하신 땅, 자손, 번창(창세기 12:7, 13:15, 17:2-40), 약속과 메시아와 구원 약속(사무엘하 7:12-16; 이사야 9:6; 예레미야 23:5)까지 포함한다.

5절 4절에서 바울은 이스라엘의 처음부터 지금까지, 즉 아브라함부터 예수 그리스도까지 이르는 하느님의 구원 역사를 연결하여 설명하였다.(로마서 15:8; 갈라디아서 3:16) 이스라엘 사람들에게 여섯 가지 특징뿐 아니라 선조들과 드디어 예수 그리스도까지 선사되었다고 바울은 말할 참이다. 그리스도ό Χριστὸς(9:5a)는 호칭인지 이름인지 우리가 알기 어렵다. 호칭인지 이름인지 따질 때, 관사가 있으냐 없느냐 문제는 중요하지는 않다.[19] 출신ἐξ ὧν(9:5a)은 어디서 왔느냐 뿐 아니라 어디에 소속하느냐를 뜻한다. 예수 그리스도는 이스라엘 출신일 뿐 아니라 이스라엘에 속해 있다. 나사렛 예수가 그리스도가 되었기 때문에 예수가 이스라엘에 속한 사실은 언젠가 중단될 것이라고 바울은 말하지 않았다.[20] 그런데 예수 그리스도가 이스라엘 출신임은 기억하지만 예수 그리스도는 이스라엘에 속해 있다는 사실을 망각하거나 외면하는 그리스도인이 적지 않다.

만물을 다스리시는 하느님을 영원토록 찬양합시다, 아멘.ὁ ὢν ἐπὶ πάντων θεὸς εὐλογητὸς εἰς τοὺς αἰῶνας, ἀμήν(9:5c)은 어떻게 앞 구절과 연결되는지 그리고 찬양은 누구를 향하는지 계속 논의되어 왔다. 단어 ὁ ὢν ἐπὶ πάντων은 누구인가.[21] 고대 교회 신학자들(교부)은 찬양은 예수를 향한다고 생각했다.[22] 라틴어 성경 불가타Vulgata도 마찬가지다.Christus secundum carnem qui est super omnia Deus benedictus in saecula 오늘도 그렇게 생각하는 학자들이 있다.[23] 만일 하느님이 찬양의 대상이라면, 9장 5b에서 바울이 주어를 바꿨어야 했다는 것이다. 찬양은 하느님을 향한다는 의견이 있다. 고대 교회에서 드문 의견이었다. 이 의견을 지지하는 학자들도 있다.[24] 바울의 말을 받아 적던 사람이 실수한 탓에 문장이 이해하기 어렵게 되었다는 의견[25]이 있다. 그러나 모든 사본이 그 의견을 반대하고 있다.

9장 5c는 로마서 1장 25절이나 고린도후서 11장 31절과 달리 술어가 없는 찬양eulogie 문장이다. 독립 분사구문 ὁ ὢν ἐπὶ πάντων은 하느님θεὸς을 향한다고 바울은 생각한 듯하다. 만일 바울이 9장 5b에서 예수를 하느님이라고 불렀다면, 그것은 고린도전서 8장 4절, 6절과 모순된다. 바울의 찬양은 언제나 하느님을 향했고(로마서 1:25; 고린도후서 1:3, 11:31), 신약성서 저자들 역시 마찬가지였다.(누가복음 1:68; 에베소서 1:3; 베드로전서 1:3) 9장 5b는 문장 구조로 보아, 찬양은 하느님을 향한다고 결론 내릴 수밖에 없다.[26]

"모든 존재 위에 계신 하느님은 영원히 찬양 받으소서."(9:5b) 이 구절은 9장 1-5절 전체를 향하고 있다. 하느님을 찬양하는 표현은 하느님께 고통을 호소하고 구원을 간청하는 문장 끝에 자주 나온다.(시편 28:6, 68:36, 106:48) 하느님은 예수 그리스도 안에 계시고(9:3), 또한 이스라엘 사람들 안에 계신다.(9:4) 하느님은 사랑으로 이스라엘 사람들을 선택하셨다.(신명기 7:7-8; 시편 60:7; 호세아 3:1) 그러나 예수 그리스도를 믿지 않는 유다인이 대부분이고, 바울 생각에 그들은 하느님의 구원에서 멀리 떨어져 있다. 이 모순 앞에 바울은 고뇌하며 서 있다. 바울은 사랑의 하느님께 해답을 주시라고 애원하고 찬양할 수밖에 없었다.

하느님 말씀은 취소되지 않는다(9:6-29)

6 나는 하느님의 약속이 실패로 돌아갔다는 말을 하려는 것은 아닙니다. 이스라엘 사람이라 해서 다 이스라엘 사람은 아니며 7 아브라함의 후예라 하여 모두 아브라함의 자녀는 아닌 것입니다. "이삭의 혈통을 이은 자만이 네 자녀라 불리리라." 하시지 않았습니까? 8 이 말씀은 육정의 자녀는 하느님의 자녀가 아니고 오직 약속의 자녀만이 하느님의 자녀로 인정받는다는 뜻입니다. 9 그 약속이라는 것은 "내년 이 즈음에 내가 올 터인데 그때 사라에게 아들이 있을 것이다." 하신 말씀입니다. 10 뿐만 아니라 리브가가 우리 조상 이삭과의 사이에서 한 번에 두 아들을 잉태했을 때의 경우도 마찬가지입니다. 11-12 그 아들들이 아직 태어나지도 않았고, 따라서 선이나 악을 행하기도 전에 하느님께서는 리브가에게 "형이 동생을 섬기게 될 것이다." 하고 말씀하셨습니다. 그러나 하느님께서는 사람의 선행을 보시고 불러주시는 것이 아니라 당신의 뜻대로 불러주시며 선택의 원리에 의해서 당신의 계획을 이루십니다. 13 그것은 "나는 야곱을 사랑하고 에서는 미워하였다."고 기록된 성서의 말씀대로입니다. 14 그렇다고 하느님이 공정하지 못하다고 말할 수 있겠습니까? 절대로 그럴 수 없습니다. 15 하느님께서 모세에게 "나는 자비를 베풀고 싶은 사람에게 자비를 베풀고 동정하고 싶은 사람을 동정한다." 하고 말씀하셨듯이

16 하느님의 선택을 받고 안 받는 것은 인간의 의지나 노력에 달려 있는 것이 아니라 오직 하느님의 자비에 달려 있는 것입니다. 17 성서에는 하느님께서 바로에게 "내가 너를 왕으로 내세운 것은 너를 시켜서 내 힘을 드러내고 내 이름이 온 세상에 널리 알려지게 하려는 것이다." 하신 말씀이 있습니다. 18 이렇게 하느님께서는 당신의 뜻대로 어떤 사람에게는 자비를 베푸시고 또 어떤 사람은 완고하게도 하십니다. 19 "그렇다면 어찌하여 하느님께서 사람을 책망하십니까? 누가 능히 하느님의 뜻을 거역할 수 있겠습니까?" 하고 말할 사람도 있을 것입니다. 20 그러나 사람이 무엇이기에 감히 하느님께 따지고 드는 것입니까? 만들어진 물건이 만든 사람한테 "왜 나를 이렇게 만들었소?" 하고 말할 수 있겠습니까? 21 옹기장이가 같은 진흙덩이를 가지고 하나는 귀하게 쓸 그릇을 만들고 하나는 천하게 쓸 그릇을 만들어낼 권리가 없겠습니까? 22 하느님께서는 당신의 진노와 권능을 나타내시기를 원하시면서도 당장 부수어버려야 할 진노의 그릇을 부수지 않으시고 오랫동안 참아주셨습니다. 23 그것은 하느님께서 자비의 그릇에 베푸실 당신의 영광이 얼마나 풍성한지를 보여주시려는 것이었습니다. 그 자비의 그릇은 후에 영광을 주시려고 하느님께서 미리 만드신 것인데 24 그 자비의 그릇은 바로 우리들입니다. 하느님께서 불러주신 우리들 가운데는 유다인뿐 아니라 이방인도 있습니다. 25 호세아서에 이런 말씀이 있습니다. "내 백성이 아니었던 사람들을 내 백성이라 부르겠고, 내 사랑을 받지 못하던 백성을 내 사랑하는 백성이라 부르리라. 26 '너희는 내 백성이 아니다.' 하고 말씀하신 바로 그곳에서 그들은 살아 계신 하느님의 자녀라고 불리리라." 27 그리고

이사야는 이스라엘에 관해서 이렇게 외쳤습니다. "이스라엘 자손들이 바다의 모래처럼 많을지라도 남은 자만이 구원을 얻으리라. 28 주께서는 약속하신 말씀을 신속히 그리고 엄격히 이 세상에서 다 이루시리라." 29 또 이사야는 이렇게 예언했습니다. "전능하신 주께서 우리에게 씨를 남겨주시지 않았던들 우리는 소돔처럼 되었을 것이요, 고모라와 같이 되었으리라."

6절 하느님의 말씀이 무효가 된 것은 아니라는 9장 6a는 29절까지 이어지는 단락의 주제 문장이다. 바울은 두 가지 이스라엘 개념을 내세워 진짜 이스라엘이 누구인지 밝힌다.(9:6b-13) 하느님이 누구를 택하든, 그것은 하느님의 자유다.(9:14-26) 27-29절은 이스라엘 문제(9:6)로 다시 돌아간다.

처음부터 주제 문장을 앞세운 바울은 자기 주장을 강력히 변호한다. 하느님의 말씀이 무효가 될 수는 없다. "야훼께서 이스라엘 가문에 약속해 주신 온갖 좋은 말씀은 하나도 그대로 안 된 일이 없이 다 이루어졌다."(여호수아 21:45; 사무엘상 3:19; 열왕기상 8:56) 긍정문으로 바꾼다면, "풀은 시들고 꽃은 지지만 우리 하느님의 말씀은 영원히 서 있으리라."(이사야 40:8, 55:1; 시편 119:89) 하느님 말씀ὁ λόγος τοῦ θεοῦ(9:6a)은 바울이 전하는 예수 그리스도의 복음(고린도전서 14:36; 데살로니가전서 2:13)이 아니라 이스라엘 사람들에게 하느님이 주신 모든 말씀과 약속을 가리킨다. 바울은 하느님께서 예수 그리스도에게 하신 일은 하느님이 이스라엘 사람들에게 주신 모든 말씀과 약속을 무효로 하려는 뜻은 아니라고 말한다.

"모든 이스라엘 사람은 이스라엘 사람이 아니라는 말입니까."처럼 9장 6b를 의문문으로 해석하자는 제안[27]은 문장 구조로 보아 설득력이 적다. 표현 οὐ πάντες을 거의 모든[28]보다 아주 드물게[29]로 이해해야 적절하겠다. 9장 6b를 7장 15절과 연결하며 모든 이스라엘 사람들은 이스라엘 사람이 아니다[30]라고 말할 수는 없다.[31] 예수 그리스도를 믿는 유다인은 하느님께 뽑힌 사람이고, 예수 그리스도를 믿지 않는 유다인은 하느님께 전혀 뽑힌 사람이 아니다[32]는 말은 아니다. 9장 6b에서 예수 그리스도를 믿지 않는 유다인은 하느님께 뽑힌 사람이 아니라는 결론을 이끌어내는 것은 안 된다. 예수 그리스도를 믿든 믿지 않든, 유다인은 하느님께 뽑힌 사람이다.

모든 이스라엘 사람들πάντες οἱ ἐξ Ἰσραὴλ(9:6b)은 아브라함 이후 모든 유다인을 가리킨다. 그들은 이스라엘 사람들(로마서 9:4, 27; 11:26a), 이스라엘의 아들들(호세아 2:1), 이스라엘 백성ὁ λαὸς Ἰσραὴλ(이사야 10:22)이다. 9장 6b에 두 번 나오는 이스라엘 중에 처음 이스라엘은 야곱을 가리킨다[33]는 해설이 있다. 그러나 이스라엘 사람ἐξ Ἰσραὴλ은 사람보다 출신 지역(사무엘상 6:20; 마카베오상 6:49)이나 땅(마카베오상 5:23, 8:9; 유딧 6:5)을 가리킨다. 이스라엘 사람ἐξ Ἰσραὴλ이라는 단어는 고대 유다교 문헌에 구약성서 그리스어 번역본에만 나온다.(에스라 2:59; 역대기하 8:7) 바울은 이스라엘 사람이라 해서 다 이스라엘 사람은 아니라고 주장한다.(9:6b) 이스라엘 사람의 개념을 넓히는 것, 즉 태생이 이스라엘 사람들 말고도 유다인 아닌 사람 중에 진짜 이스라엘 사람이 있다거나 예수 운동이 진짜 이스라엘 사람들이라고 바울이 여기서 말하는 것[34]은 아니다. 모든 이스라엘 사람

중에 일부만 진짜 이스라엘 사람이라는 뜻이다.

바울은 이스라엘Ἰσραήλ이라는 단어를 9-11장에서만 11번 썼다. 바울이 쓴 다른 편지에도 이스라엘Ἰσραήλ 단어는 나온다.(고린도전서 10:18; 갈라디아서 6:16; 빌립보서 3:5) 그런데 바울에게 이스라엘 단어는 쓰임에 따라 다섯 가지로 나눌 수 있다.[35] 첫째, 예수 그리스도를 믿든 믿지 않든 관계없이 모든 유다인(로마서 9:6b, 27a; 11:7b, 25, 26), 둘째, 예수 그리스도를 믿지 않는 유다인(로마서 9:31; 10:19, 21; 11:7c), 셋째, 엘리아와 모세 시대에 살았던 과거의 유다인(로마서 11:2; 고린도후서 3:7, 13), 넷째, 모든 유다인 중에 일부 유다인(로마서 9:6b), 다섯째, 하느님의 이스라엘(갈라디아서 6:16)은 혈육으로 이스라엘(고린도전서 10:18)과 대조되어, 유다인 아닌 사람으로서 그리스도 예수를 믿는 하느님의 자녀들(갈라디아서 3:26)과 그리스도 예수를 믿는 유다인이 포함된다. 그리스도 예수를 믿지 않는 유다인은 여기서 제외된다.

바울은 9장 6b에서 두 번째 이스라엘이 누구인지 정확히 말하진 않았다.[36] 남은 자ὑπόλειμμα(9:27c), 남은 자λεῖμμα(11:5), 선택된 사람들(11:7d)로 보면, 바울은 그리스도 예수를 믿는 유다인을 두 번째 이스라엘이라고 보는 듯하다.

7절 아브라함의 후손τέκνα(9:7a)이 모두 아브라함의 자녀σπέρμα (9:7b)는 아니라고 바울은 설명한다. 이스라엘 사람이 다 이스라엘 사람은 아니라는 앞 구절과 연결된다. 이스라엘 사람이 다 이스라엘 사람은 아니듯, 아브라함의 후손이 모두 아브라함의 자녀는 아니다. 아브라함의 후손σπέρμα Ἀβραάμ(9:7a)은 아브라함의 자손으로서 아브라함과 함께 하느님께 뽑힌 백성(역대기하 20:7; 시편 104:6; 이사야 41:8)을 가리킨다. 아브라함처럼 할례 받았을 뿐 아니라 아브라함처럼 믿음을 가진 유다인에게만 할례받은 사람들의 조상(로마서 4:12a)이라고 바울은 진즉 말했었다. 바울은 아브라함의 후손과 아브라함의 자녀 사이의 차이를 구약성서가 이미 나누었다고 생각했다. "이삭의 대를 이어야 너의 후손이라 불리리라."(창세기 21:12e 70인역) 바울은 아브라함의 아들들인 이삭과 이스마엘의 차이(갈라디아서 4:22, 28)뿐 아니라 아브라함의 아내 사라의 죽음 후에 그두라(창세기 25:1-2)에게 난 아들들도 생각한 듯하다.

이삭을 아브라함의 자녀로 부르고 만드신 분은 하느님이시다. 하느님의 부르심(9:7b)이 이삭 개인에게만 해당되는지[37] 또는 이삭의 후손 모두에게 해당되는지[38] 논의되어 왔다. 이삭 개인에게만 해당되는 것 같다. 둘 중 어느 경우든, 첫 사람의 운명이 첫 사람과 연결된 사람들의 운명을 좌우한다는 생각을 바울은 드러내고 있다.

8절 모든 자녀(9:7a) 중에 몸의 자녀(9:8b)와 약속의 자녀(9:8c)가 있다. 약속의 자녀는 모든 자녀 중 일부라는 비율보다는 몸의 자녀와 반대된다는 대조가 더 강조되었다. "여종에게서 난 아들은 인간적인 육정의 소생이었고 본부인에게서 난 아들은 하느님의 약속으로 얻은 아들이었습니다."(갈라디아서 4:23)에서 몸과 약속의 대조를 바울은 이미 해설했다. 이삭의 출생은 하느님께서 아브라함의 아내 사라에게 베푸신 약속이 실현되었다(창세기 21:1-2)는 말이다. 인정받는다 λογίζεται εἰς(로마서 9:8c; 지혜서 2:16; 호세아 8:12)의 주어는 하느님이다.

9절 9장 9a 문장에 주어가 빠졌다. ὁ λόγος를 주어로 보충해야 한다. 그러면, (ὁ λόγος) ἐπαγγελίας가 주어 명사이고 ὁ λόγος οὗτος가 술어 명사가 된다.[39] 주어와 술어를 그와 반대로 보는 의견도 있다.[40] "그 약속이라는 것은 '내년 이 즈음에 내가 올 터인데 그때 사라에게 아들이 있을 것이다.' 하신 말씀입니다."(《공동번역》), "약속의 말씀은 이것이니 명년 이때에 내가 이르리니 사라에게 아들이 있으리라 하심이라."(《개역개정》)는 (ὁ λόγος) ἐπαγγελίας를 주어로, ὁ λόγος οὗτος를 술어로 보았다. "'이 무렵에 내가 다시 오면 사라에게는 아들이 있으리라'고 하신 이 말씀은 하나의 언약이었습니다."(《200주년 기념성서》)는 ὁ λόγος οὗτος를 주어로, ἐπαγγελίας를 술어로 보았다. 바울은 9장 9b에서 창세기 18장 10절과 18장 14절을 있는 그대로 인용하지 않고 발췌하고 뒤섞어 인용하였다. 아브라함 자녀의 운명은 아브라함이 결정하는 것이 아니라 하느님이 결정하신다.

10절 사라 이야기에서 리브가(창세기 25:23) 이야기로 넘어간다. '뿐만 아니라, 또한Οὐ μόνον δέ, ἀλλὰ καὶ'(로마서 9:10a, 5:3, 8:23)이라는 표현으로 논의가 다른 차원으로 진행된다. 아브라함과 리브가는 하느님 말씀을 들었다는 공통점이 있다. 9장 10a는 "아브라함이 하느님 말씀을 들었을 뿐만 아니라, 리브가 또한 하느님 말씀을 들었다."(창세기 25:21, 24-26)라고 보충하여 번역해야 적절하겠다. 아브라함과 리브가 사이에 차이도 있다. 리브가에게서 나온 여러 아들 중한 아들만 하느님께 선택되었고, 아브라함의 세 아내가 낳은 아들 중 한 아들만 하느님께 선택되었다. 잉태κοίτη(9:10b)는 침대나 깔개(출애굽기 21:18; 사무엘하 11:13; 누가복음 11:7) 또는 성관계(창세기 49:4; 역대기상 5:1)를 가리키는 단어에서 나온 뜻이다. 표현 ἐξ ἑνὸς κοίτην ἔχουσα(9:10b)는 리브가의 자녀들이 같은 아버지를 가지고 있다는 뜻이다. 같은 아버지를 가진 리브가의 자녀 중에 하느님이 누구를 뽑든, 하느님의 자유라는 말을 바울은 하고 있다.

11-12a 11절 처음에 빠진 주어로 리브가의 자녀들 또는 야곱과 에서를 넣어 이해하면 되겠다. 하느님이 리브가의 두 아들 중 누구를 뽑을지 미리 결정하셨다고 바울은 해설한다.

"만군의 야훼께서 맹세코 말씀하신다. '내가 생각한 대로 반드시 되고 내가 정한 대로 반드시 이루어진다.'"(이사야 14:24) 하느님의 선택 기준은 인간의 행동이 아니라 하느님 자신의 자유로운 결단이다. 하느님의 선택은 인간의 행동을 보고나서 하는 반응Reaktion이 아니라 인간 행동 이전에 하느님 스스로 하시는 결단Aktion이다.[41] 인간 행동은 필요 없고 무의미하다는 말이 전혀 아니다. 하느님의 자유로운 결단을 인간이 존중해야 한다는 말이다. 이 구절을 바울 칭의론과 연결[42]하면 안 된다. 의로움, 믿음 단어가 이 구절에서 나오지 않고, 행업ἐξ ἔργων(9:12a)은 토라 실천을 가리키지 않는다.

12b-c 바울은 하느님을 부르시는 분ὁ καλῶν(9:12a)이라고 이해했다. 사람을 부르시는 하느님을 가리킬 때 쓰던 단어였다.(이사야 41:9, 42:6; 데살로니가전서 5:24)[43] 바울은 9장 12b에서 창세기 25장 23절 그리스어 번역본을 인용하였다. 그런데 창세기 25장 23절의 히브리어 본문이나 그리스어 번역본은 야곱과 에서라는 두 사람이 아니라 두 민족을 말하고 있다. "너의 태에는 두 민족이 들어 있다. 태에서 나오기도 전에 두 부족으로 갈라졌는데, 한 부족이 다른 부족을

억누를 것이다. 형이 동생을 섬기게 될 것이다."(창세기 25:23) 바울이 집단적 선택과 집단적 저주를 말하는 것은 전혀 아니다. "바울은 구약성서 본문을 그 맥락에서 꺼내와 본래 뜻을 무시하고 사용했다."[44]

하느님의 자유로운 결단을 강조하려는 바울에게 성경 인용을 제대로 하느냐 주제는 다른 차원의 문제였다. 우리가 지금 읽는 구약성경처럼 바울 시대에 구약성서가 다 모아졌던 것은 아니었다. 가죽에 쓰여진 비싼 구약성서 두루마리 수십 개를 바울이 소유했다거나 선교하러 오갈 때 운반하고 다녔다고 추측하기 어렵다. 바울은 거의 기억력에 의존하여 성경을 인용했을 것이다. 바울이 모세오경과 예언서를 모두 정확히 암기하고 있었다고 추측하기도 어렵다. 기억 실수 탓에 잘못 인용한 곳도 있고, 바울 자신의 해석을 지지하기 위해 일부러 성경 글자를 바꾸고 편집하여 인용하기도 했을 것이다.

13절 바울은 목적어 야곱과 에서를 앞에 놓고 동사를 뒤에 놓아서 야곱과 에서의 대조를 강조한다. 미워하다ἐμίσησα(9:13)는 정서적으로 미워하다보다 거절하다, 버리다(창세기 29:31; 신명기 21:15-17; 시편 97:10)[45]는 뜻에 더 가깝다. 바울이 이 구절에서 인용한 말라기 1장 2-3절에서 야곱과 에서는 이스라엘족과 에돔족을 가리키는 집합명사였다. 그런데 바울은 여기서 리브가의 두 아들 야곱과 에서 개인을 가리키는 것으로 바꾸었다.

바울이 하느님께서 이스라엘 백성을 선택하셨다는 사실을 무너뜨리려는 것은 전혀 아니다. 오히려 선택을 강조한다. 이스라엘 전체가 하느님께 선택되지 않았다.[46] 또는 하느님께서 에서, 즉 예수 그리스도를 믿지 않는 대부분 유다인을 미워하셨다[47]고 해석하면 안 된다. 하갈과 그두라의 자녀들과 에서를 바울이 예수 그리스도를 믿지 않는 유다인과 동일시한 적이 없다. 바울은 이삭과 야곱을 예수 그리스도를 믿는 유다인과 동일시하지도 않았다. 하느님께서 누구를 선택하느냐는 전적으로 하느님의 자유라는 말만 바울은 하고 있다.

14절 하느님이 누구를 뽑느냐에서 누구를 맘대로 뽑을 자유가 하느님께 있느냐로 주제가 확 바뀌고 있다. "그러니 무엇이라고 말해야겠습니까?Τί οὖν ἐροῦμεν"(9:14, 3:5) 바울은 상상의 독자들에게 질문한다. "나는 야곱은 사랑하였지만 에서는 미워했다."(로마서 9:13: 말라기 1:2-3)에서 하느님이 공정ἀδικία(9:14)하지 않다는 질문이 나올 수 있다. 하느님은 과연 불공정하신가. 그럴 수 없다μὴ γένοιτο(9:14)고 바울은 말한다.(로마서 3:4, 6:2; 갈라디아서 3:21) "하느님은 반석이시니 그 하시는 일이 완전하시고, 가시는 길은 올바르시다. 거짓이 없고 미쁘신 신이시라, 다만 올바르고 곧기만 하시다."(신명기 32:4)

15절 "당신의 존엄하신 모습을 보여주십시오."(출애굽기 33:18) 하고 간청하는 모세에게 하느님은 "나는 돌보고 싶은 자는 돌보아 주고, 가엾이 여기고 싶은 자는 가엾이 여긴다."(출애굽기 33:19d-e)고 대답하셨다. 바울은 자신의 논리를 지탱하기 위해 하느님과 모세의 대화를 글자 그대로 기억했다. 바울은 이 구절을 왜 여기서 인용했을까. 하느님의 자비와 동정의 근거는 인간 편에서 찾을 것이 아니라 하느님 편에서 찾아야 옳다는 것이다. 인간 사정에 무관심한 하느님이라거나 하느님이 자비와 동정을 베푸는 근거가 엉터리라는 말이 아니다. 하느님은 자비와 동정이 풍부한 분이고, 자비와 동정을 베풀 자유를 가지고 있다는 뜻이다.

16절 16절의 그래서$\check{\alpha}\varrho\alpha$ $o\check{v}v$는 바울이 결론 내릴 때 즐겨 쓰는 표현이다.(로마서 5:18, 8:12; 갈라디아서 6:10) 달리다$\tau\varrho\acute{\epsilon}\chi\epsilon\iota v$(9:16)는 고대 운동 경기 용어[48]일 뿐 아니라 인간의 삶을 뜻하는 비유로 널리 퍼졌다. "당신 계명으로 내 마음 흡족하오니 그 길을 따라 내달리리이다."(시편 119:32) 바울은 여기서 무엇을 원하고 어디를 향해 달리는지 말하진 않았다.

"하느님의 선택을 받고 안 받는 것은 인간의 의지나 노력에 달려 있는 것이 아니라 오직 하느님의 자비에 달려 있다."(9:16)는 바울의 말은 오해받기 쉽다. 하느님이 불공정하다고 생각하는 사람은 바울의 설명에 당연히 항의할 수도 있겠다. 사람이 선을 향해 달리든 악을 향해 달리든, 하느님 멋대로 아무에게나 자비를 베푼다는 말인가. 악을 향해 달리는 사람에게도 자비를 베푼다면, 그게 무슨 하느님이란 말이냐. 하느님의 자비를 얻고 못 얻고 하는 것이 인간의 희망과 노력에 관계없다면, 선과 정의를 향한 인간의 노력이 쓸데없다는 말인가. 선과 정의를 향해 애쓰는 사람들에게 바울이 좌절감을 주려는 말은 아니다. 하느님의 자비를 애타게 기다리는 사람들에게 자포자기를 선사하는 말도 아니다. 세상의 악인들이 선과 정의를 향해 달리는 사람들을 실컷 비웃으라고 하는 말이 아니다. 선과 정의를 향한 인간의 노력을 무시하는 말이 아니다. 바울은 하느님이 무엇을 누구를 선택하든, 하느님에게 그럴 자유가 있다는 말을 했을 뿐이다. 바울의 참 뜻을 오해하고 왜곡하고 악용하는 사람들이 그리스도교 역사에서 수없이 많았다.

17절 악한 사람을 선한 용도에 쓰는 사례를 바울은 하나 들었다. 모세 이야기(9:15-16) 다음에 모세와 맞서는 이집트 왕 바로가 하느님 말씀을 듣는 사람으로 등장한다. 모세가 하느님의 일곱 번째 재앙을 바로에게 전하기 직전에 하신 하느님 말씀이다. "까닭이 있어 너를 남겨두리라. 그것은 너에게 나의 힘을 나타내어 이 땅 위에서 나의 이름을 두루 떨치려는 것이다."(출애굽기 9:16) 바울은 출애굽기 9장 16절을 세 군데나 고쳐서 로마서 9장 17절에 인용했다.[49]

하느님이 뽑은 사람에게 임무를 줄 때 그 사람을 일으킨다.ἐξήγειρά (로마서 9:17a; 사사기 2:16; 열왕기상 11:14; 예레미야 23:4) 하느님은 모세를 바로에게 보내기 전에 바로의 마음을 완고하게(출애굽기 4:21, 7:3; 로마서 9:18) 만드신다. 이스라엘 백성의 해방을 위해[50] 하느님께서 미리 정하신 역할을 바로는 충실히 수행한다. 하느님이 이집트 왕을 일으킨 것은 하느님의 하느님다움을 세상에 드러내기 위함이었다.

18절 하느님은 모세에게 자비를 베푸셨고(9:15-16) 이집트 왕을 완고하게 하셨다.(9:17) 둘 다 하느님 뜻대로 이루어졌다. 하느님의 결단은 인간 행동에 영향받지 않고 오직 하느님의 자유에 달려 있다. 하느님은 당신 마음대로 결정하신다. 하느님에 대한 바울의 이런 해설을 못마땅하게 여길 독자도 있을 수 있다. "하느님이 공정하지 못하다고 말할 수 있겠습니까? 절대로 그럴 수 없습니다."(9:14)라고 바울은 앞에서 말했지만, 갈수록 바울의 해설이 더 알아듣기 어려워진 듯하다.[51] 하느님이 본래 그런 분이신가. 바울이 하느님을 제대로 해설하지 못한 것일까.

19절 꾸짖다μέμφομαι, 뜻βουλήμα 단어는 바울의 편지에서 여기에만 나온다. 만일 하느님께서 어떤 사람을 완고하게 미리 만드셨다면, 하느님이 왜 그 사람을 꾸짖으시는가. 하느님께서 어떤 사람을 완고하게 만드셨다면, 누가 그분의 뜻을 거역하여 완고하지 않을 수 있겠는가. "누가 그분의 뜻을 거역할 수 있겠는가."(로마서 9:19b; 시편 75:8; 이사야 14:27) 모든 인간의 행동이 하느님의 뜻에 따라 생긴다면, 인간은 자신의 악행에 대한 책임이 없지 않은가. 하느님은 하느님 자신을 자책해야 옳지 않은가. 그런데 왜 하느님은 사람을 꾸짖으시는가. 인간에 대한 하느님의 분노와 심판(로마서 3:5, 7)은 과연 정당한가.

20절 바울은 하느님은 불공정하시지 않다(9:14)를 더 깔끔하게 논증하지 않고 느닷없이 질문하는 사람의 자격을 따진다. 신학 질문 하나(9:20a), 일상에서 두 사례(9:20b-c, 21) 등 세 차례 질문을 내놓았다. 바울은 자기 논리를 더 보완하지 않고 상대방을 서둘러 공격하는 수법을 쓰고 있다. 바울은 왜 더 차분히 설명하지 않을까. 바울의 첫 돌직구 질문이다. "이 사람아! 그대가 누구이기에 감히 하느님께 말대꾸하려 드는가?"(9:20a) 인간과 하느님이 대결하는 구도를 바울이 설정했다. 인간과 하느님은 같은 차원에 있는 존재가 아닌데, 인간이 그 사실을 잊는다고 바울은 꼬집었다.

하느님 아니라 하느님의 할아버지라도 인간이 말대꾸하면 안 되는가. 하느님이 잘못했다면, 하느님이 잘못해놓고 엉뚱하게 인간에게 책임을 묻는다면, 인간은 항의하지 말고 다소곳이 가만히 있으라는 말인가. 인간의 정당한 질문을 바울은 왜 힘의 논리를 개입시켜 묵살하려 드는가.

너는 누구냐σὺ τίς εἶ(9:20a) 질문에서 우리는 욥 이야기를 꺼내지 않을 수 없다. "그는 나와 같은 사람이 아니신데 나 어찌 그에게 말대답을 할 수 있으며…."(욥기 9:32) 하느님 권리는 곧 권력[52]이기 때문에 어떤 인간도 하느님께 대들 수 없다고 욥은 절망하듯 인정하고 만다. 그러다가 하느님께 대들었던(욥기 31:35-40) 욥은 엘리후에게 핀잔을 듣는다. "나는 하느님 앞에 떳떳하다고 말하는 당신은, 당신은 누구요.σὺ τίς εἶ"(욥기 35:2a; 야고보서 4:12b) 욥은 자신의 인간 존재를 인정하고 하느님 말씀을 들어야 했다. "대장부답게 허리를 묶고 나서라. 나 이제 물을 터이니, 알거든 대답하여라. 네가 나의 판결을 뒤엎을 셈이냐? 너의 무죄함을 내세워 나를 죄인으로 몰 작정이냐? 네 팔이 하느님의 팔만큼 힘이 있단 말이냐? 너의 목소리가 천둥 소리와 같단 말이냐?"(욥기 40:7-9)

"어찌하여 하느님께서 사람을 책망하십니까?"(9:19a)라고 욥처럼 용기 있게 하느님께 대들었던 질문자도 바울에게 속시원한 설명을 듣지는 못했다. 하느님은 원인과 결과의 틀을 벗어난 분이라는 해명에 만족해야 했다. 바울은 욥의 친구들보다 하느님 입장에 있다. "작품이 그 제작자에게 '왜 나를 이렇게 만들었습니까?' 하고 말하는 법이 있습니까?"(9:20b-c)라는 바울의 첫 질문은 "너희가 어림도 없는 짓을 하는구나. 옹기흙이 어찌 옹기장이와 같은 대접을 받겠느냐? 작품이 제작자를 두고 '그가 나를 만들지 않았다.'고 말할 수 있느냐? 옹기그릇이 옹기장이를 두고 '그의 재주는 형편없다.'고 말할 수 있느냐?"(이사야 29:16)에서 가져와 줄이고 고쳤다. "옹기그릇이 옹기장이와 어찌 말다툼하겠느냐? 옹기흙이 어찌 옹기장이에게 '당신이 무엇을 만드는 거요?' 할 수 있겠느냐? 작품이 어떻게 작자에게 '형편없는 솜씨로군.' 하고 불평할 수 있겠느냐?"(이사야 45:9c-d)를 바울이 참고했다는 추측도 있다.[53]

작품τὸ πλάσμα(9:20b)과 제작자ὁ πλάσας(9:20b)를 인간과 하느님의 관계로 비유한 바울은 창조 이야기를 생각하였다. "야훼 하느님께서 진흙으로 사람을 빚어 만드시고 코에 입김을 불어넣으시니, 사람이 되어 숨을 쉬었다."(창세기 2:7; 욥기 10:9; 시편 102:14) 바울은 인간과 하느님의 관계를 피조물과 창조주 관계로 설명하면서, 하느님께 말대꾸하는 상상의 질문자를 반박한 것이다. 하느님이 공정하지 못하다는 질문을 이스라엘의 역사(로마서 9:7-18)를 예로 들어 해명하던 바울은 9장 20b에서 창조 신학을 언급하였다.

21절 작품과 제작자(9:20b) 관계는 그릇σκεῦος과 옹기장이ὁ κεραμεὺς(9:21) 관계로 바뀌었다. 옹기장이(이사야 29:16)와 옹기장이 하느님(창세기 2:7) 비유는 하느님과 인간의 관계를 표현하는데 자주 쓰였다. "그래도 야훼여, 당신께서는 우리의 아버지이십니다. 우리는 진흙, 당신은 우리를 빚으신 이, 우리는 모두 당신의 작품입니다."(이사야 64:7; 예레미야 18:6)는 하느님과 이스라엘의 관계를 비유했다. "자, 도공을 보아라, 그는 부드러운 흙을 열심히 주물러서 우리가 쓸 수 있게 갖가지 그릇을 빚어낸다. 도공은 같은 진흙을 가지고 거룩하게 쓸 그릇을 만들어내기도 하며 똑같은 방법으로 그와 반대되는 종류의 그릇을 만들어내기도 한다. 그러나 이 두 가지 그릇이 각각 어떻게 쓰여질 것인가 하는 것은 도공이 결정한다."(지혜서

15:7)도 21절과 잘 연결된다.

모든 그릇이 같은 흙덩어리에서 오듯이, 아브라함과 이삭의 혈통은 같은 조상 아브라함에게서 나온다. 귀하게 쓸 그릇과 천하게 쓸 그릇이 있듯이, 사랑받는 야곱이 있고 미움받는 에서가 있다. 옹기장이가 그릇을 만들기 전에 무엇에 그릇을 쓸 것인지 계획하듯이, 야곱과 에서가 태어나기 전에 하느님은 그들을 어디에 쓸 것인지 계획하신다. 옹기장이가 그릇의 쓰임새를 결정할 권한이 있듯이, 하느님은 사람을 어디에 쓸 것인지 결정할 자유가 있다. 귀하게 쓸 그릇은 예수 그리스도를 믿는 유다인이나 교회를 가리키고, 천하게 쓸 그릇은 예수 그리스도를 믿지 않는 유다인을 가리킨다고 해석[54]할 수는 없다. 예정설을 들이밀거나 꺼내 가서도 안 된다. 바울은 여기서 하느님과 인간의 권력 관계를 비유로 드러내려 했을 뿐이다. 하느님은 그릇의 쓰임새를 처음 계획과 정반대로 뒤집거나 아무 때나 변경하실 자유도 있다.

22-23절 22-23절은 2장 17-20절처럼 문법적으로 불완전한 문장 Anakoluth이다.[55] 옹기장이와 그릇의 비유(9:21)에 이어 바울은 하느님과 인간의 관계를 대조한다. 인간은 하느님의 행동을 그저 받아들일 수밖에 없는 수동적 존재로 비유되었다. 인간은 여기서 도구라기보다 대상에 불과하다.[56] 분노의 그릇σκεύη ὀργῆς(9:22b), 자비의 그릇σκεύη ἐλέους(9:23b)은 구약성서 그리스어 번역본에서 흔했던 분노와 자비의 대립(신명기 13:18; 마카베오하 8:5; 이사야 12:1)을 향하고 있다. 분노와 자비는 하느님의 감정이 가리키는 것은 아니고, 구원과 멸망을 뜻한다.

하느님이 이집트 왕 바로를 일으켜 세운 것은 바로로 말미암아 하느님의 권능을 보여 주고 하느님의 이름을 온 땅에 널리 알리려는 것(로마서 9:17; 창세기 9:16)을 기억하자. 하느님의 참을성이 크기에 하느님은 바로를 이용하기에 이르렀다. 하느님의 참을성이 크기 때문에 바울은 자비의 그릇 비유를 말하는 것이다. 로마서에서 하느님의 자비ἐλέους라는 단어는 지금까지 겨우 두 번 나왔을 뿐이다.(9:18, 23) 그리고 다시 더 나올 참이다.(11:30, 31, 32; 15:9)

모세와 바로가 대조된 9장 15-17절의 출처인 출애굽기 33장 18-19절은 본래 하느님의 영광δόξα이 주제였다. "당신의 영광을 보여주십시오."(출애굽기 33:18)라는 모세의 요청에 하느님은 "내 모든 선한 모습을 네 앞으로 지나가게 하며, 야훼라는 이름을 너에게 선포하리라. 나는 돌보고 싶은 자는 돌보아 주고, 가엾이 여기고 싶은 자는 가엾이 여긴다."(출애굽기 33:18)고 답변하신다.

바울은 왜 여기서 두 종류의 그릇 비유를 꺼냈을까. 바울은 하느님이 모세와 바로를 상대하는 모습에서 사랑하고 미워하는 하느님의 행동 모델Modell[57]을 발견하였다. 바울은 여기서 하느님의 행동 유형을 소개하고 있다. 분노의 그릇과 자비의 그릇에 하느님이 누구를 담을 것인지 말하고 있지는 않다. 바울은 22-23절에서 하느님에 대해 말하고 있는 것이지 사람에 대해 말하는 것은 아니다. 분노의 그릇에 예수 그리스도를 믿지 않는 유다인을 담고, 자비의 그릇에 예수 그리스도를 믿는 유다인이나 교회를 담는다는 해석[58]은 바울의 의도와는 관계가 없다.

24절 24절의 우리말 번역을 보자. "이 그릇은 우리니 곧 유다인

중에서 뿐 아니라 이방인 중에서도 부르신 자니라."《개역개정》, "그
자비의 그릇은 바로 우리들입니다. 하느님께서 불러주신 우리들 가
운데는 유다인뿐 아니라 이방인도 있습니다."《공동번역》 두 번역은
자비의 그릇을 곧 우리라고 동일시하는 듯하다. "그분은 우리를 유
대인들 가운데서 뿐 아니라 이방민족들 가운데서도 불러 주셨습니
다."《200주년 기념성서》 번역에서 자비의 그릇을 우리라고 동일시하
는 느낌은 받기 어렵다. 내 생각에,《200주년 기념성서》 번역이 바
울의 본 뜻에 좀 더 가깝다.

9장 6절에서 시작된 바울의 해설이 처음으로 여기서 이스라엘의
경계를 넘고 유다인이 아닌 사람으로 예수 그리스도를 믿는 사람을
포함하고 있다. 하느님은 자비의 그릇에 유다인뿐만 아니라 유다인
아닌 사람도 불러주셨다.ἐκάλεσεν(로마서 9:24, 1:6; 갈라디아서 1:6)고 바
울은 생각했다. 부르심은 선택(신명기 7:6-8; 호세아 11:1; 시편 60/59:7)이
라는 구약성서 사상이 배경이다.[59] 하느님께서 불러주신 우리들 가
운데 유다인뿐 아니라 유다인 아닌 민족도 있다(9:24)는 표현은 "먼
저 유다인들에게 그리고 유다인 아닌 민족들에게까지"(1:16)와 같은
뜻이다. 자비의 그릇은 본래 유다인만 뜻했는데, 예수 그리스도를
믿는 유다인 아닌 사람도 자비의 그릇에 특별히(3:29, 4:16) 포함된다
고 바울은 말한다. 바울 시대에 예수 그리스도를 믿는 유다인은 예
수 운동에 가담한 유다인이고, 예수 그리스도를 믿는 유다인 아닌
사람은 유다인이 아니었다.(1:5, 3:30, 16:4) 바울 시대에 예수 운동에
가담한 유다인과 유다인 아닌 사람 사이에 존재하던 차이와 갈등을
21세기 한국인 독자들은 잘 느끼기 어려울 것이다.

바울이 그 자비의 그릇은 바로 우리들《공동번역》이라고 말하는 것은 아니다. 우리 또한 그 자비의 그릇이라는 말이다.[60] 그 자비의 그릇은 바로 우리들, 우리 또한 그 자비의 그릇이라는 두 문장이 똑같지는 않다. 우리만 자비의 그릇이라는 뜻이 전혀 아니다. 분노의 그릇에 누가 담길지 바울은 당연히 언급하지 않았다.

25-26절 유다인 아닌 사람들도 자비의 그릇에 담긴다고 해설하기 위해 바울은 호세아 예언서 두 곳을 인용한다. 공통년 이전 926년 예루살렘을 중심으로 유다 부족과 베냐민 부족이 남쪽 유다 왕조를, 나머지 열 부족이 북쪽에 이스라엘 왕조를 만들었다. 이스라엘 열두 부족은 무려 200년 이상 민족 분단을 겪었다.[61] 공통년 이전 722년 북왕조 이스라엘은 앗시리아에게 정복당했다. 그때 남쪽 유다 왕국으로 피신한 예언자들이 북왕조 이스라엘에서 공통년 이전 8세기에 활약하던 호세아 예언자의 활동을 기록한 책이 호세아 예언서다.[62]

바울은 호세아 2장 25b-d를 조금 바꾸어 25절에 인용하고, 호세아 2장 1b-e를 거의 그대로 26절에 인용했다. 말하다ἐϱῶ(호세아 2:25c)를 부르다καλέσω(로마서 9:25b)로 바꾸고, 인용된 호세아 2장 25절 문장의 단어 순서를 거꾸로 바꾸었다. 바울이 인용한 호세아 예언서 두 구절은 하느님께 불충실한 북왕조 이스라엘에게 야훼 하느님께서 하신 말씀이었다. "야훼께서 이렇게 이르셨다. '이 아기의 이름을 로암미라고 하여라. 너희는 이미 내 백성이 아니요, 나는 너희의 하느님이 아니다.'"(호세아 1:9)

내 백성이 아니었던 사람들을 내 백성이라 부르는 하느님은 예수 그리스도를 믿는 유다인 아닌 사람도 자비의 그릇에 포함시킨다는 말이다. 하느님이 유다인만 자비의 그릇에 포함시킨다는 말은 아니다. 하느님이 유다인을 자비의 그릇에서 제외시킨다는 말은 더욱 아니다. 예수 그리스도를 믿는 유다인 아닌 사람은 이스라엘 백성처럼 똑같이 자비의 그릇에 포함된다. 하느님께 버림받은 북왕조 이스라엘에게 하느님이 다시 구원을 선포한 구절에서 바울은 유다인 아닌 사람도 자비의 그릇에 담긴다는 뜻을 만들어 냈다.

27절 27-29절은 25-26절을 보충하여 설명하는 것은 아니다. 25-26절이 유다인 아닌 사람 문제를 구약성서에 근거해 풀이한다면, 27-29절은 유다인 문제를 풀이한다.[63] 바울은 9장 27b-28절에서 이사야 10장 22-23절을, 9장 29b-c에서 이사야 1장 9절 등 27-29절에서 이사야 예언서 두 구절을 인용한다. 여기서 이스라엘은 예수 그리스도를 믿는 유다인과 믿지 않는 유다인을 모두 포함한다.(로마서 9:6, 11:25, 26)[64] 예수 그리스도를 믿지 않는 유다인[65], 예수 그리스도를 믿는 유다인[66], 모든 유다인을 가리키는 것은 아니다[67]는 의견은 적절하지 않다.

27a 예수 그리스도를 믿는 우리(9:24-26)에서 이스라엘(9:27-29)로 주제가 바뀐다. 외치다κράζειν(9:27a)라는 단어에서 이사야 예언자가 성령에 사로잡혀 말한다는 인상을 이끌어내기[68]는 어렵다. 전치사 ὑπὲρ(9:27a)를 어떻게 번역해야 할지 논의되어 왔다.[69] '위하여' 또는 '대하여' 두 가지로 번역할 수 있다. 다음 구절의 남은 자 ὑπόλειμμα(9:27b)를 연결하면 ὑπὲρ를 '대하여'라고 옮기는 것이 좋겠다.

27b-28절 바울은 27a-28절에서 구약성서 그리스어 번역본 세 곳 (호세아 2:1a; 이사야 10:22-23, 28:22b)을 조금 바꾸고 줄여 인용했다. "이스라엘 백성은 바다의 모래 같이 불어나 셀 수도 없고 잴 수도 없이 되리라."(호세아 2:1a)는 "이스라엘 자손들이 바다의 모래처럼 많을지라도"(로마서 9:27a)로 줄었다. "이스라엘아, 너의 겨레가 바다의 모래 같다 하여도 살아남은 자만이 돌아온다. 파멸은 이미 결정된 것, 정의가 넘치리라. 주, 만군의 야훼께서는 이미 정하신 파멸을 온 땅에 이루시리라."(이사야 10:22-23)와 "온 세상을 멸하기로 결정하셨다는 말씀을 나는 들었다. 주, 만군의 야훼께서 하시는 말씀을 나는 들었다."(이사야 28:22b)는 연결되어 "남은 자만이 구원을 얻으리라. 주께서는 약속하신 말씀을 신속히 그리고 엄격히 이 세상에서 다 이루시리라."(로마서 9:27b-28)로 줄여져 인용되었다.

바울이 구약성서 그리스어 번역본에 있는 단어를 혼동할 수 있다.[70] 기억 실수 때문이거나, 일부러 바꾸었거나, 이사야 10장 22-23절을 간단히 줄였을 수 있다.[71] 오늘의 독자들은 바울이 구약성서를 인용하는 방식에 의아하거나 당황할 수 있다. 바울처럼 성서 단어를 일부러 바꾸거나 요약해서 인용해도 되는 것일까.

바울은 남은 자τὸ ὑπόλειμμα(이사야 10:22)를 이용하여 이스라엘의 지금 상황을 설명한다. 남은 자 단어는 구원과 멸망의 사건을 이야기할 때 흔히 등장했다. 대부분 멸망하고 일부 남은 자만이 살아남는다.(창세기 45:7; 열왕기하 19:30; 예레미야 44:14) "이렇게 야훼께서는 사람을 비롯하여 모든 짐승들, 길짐승과 새에 이르기까지 땅 위에서 살던 모든 생물을 쓸어버리셨다. 이렇게 땅에 있던 것이 다 쓸려갔지만, 노아와 함께 배에 있던 사람과 짐승만은 살아남았다."(창세기 7:23) 남은 자가 없다면 모두 망할 것(이사야 14:22; 마카베오상 3:35)이다. 남은 자가 있다면, 멸망 속에도 한 줄기 희망은 있다. "하느님 같은 신이 어디 있겠습니까? 남에게 넘겨줄 수 없어 남기신 이 적은 무리, 아무리 못할 짓을 했어도 용서해 주시고, 아무리 거스르는 짓을 했어도 눈감아주시는 하느님, 하느님의 기쁨이야 한결같은 사랑을 베푸시는 일 아니십니까?"(미가 7:18)

'남은 자' 단어에서 멸망을 먼저 연상하는 사람[72]도 있고 구원을 먼저 생각하는 사람[73]도 있다. '남은 자' 단어에서 멸망과 구원을 둘 다 생각하는 사람[74]도 있다. 남은 자는 멸망과 구원을 동시에 말하며 또한 경고와 위로의 말씀이라고 나는 이해하고 싶다.

남은 자는 누구를 가리킬까. 이스라엘에 속하면서도 남은 자, 즉 예수 그리스도를 믿는 유다인(로마서 9:6)을 말한다. 예수 그리스도를 믿는 유다인과 유다인 아닌 사람, 즉 예수 운동과 후대의 교회를 가리키는 것[75]이 아니다.

말씀을 이룬다λόγον ποιεῖν(9:28)는 구약성서 그리스어 번역본에 자주 나오는 표현이다.(출애굽기 35:1; 신명기 12:28; 예레미야 22:4) 말씀을 실현하다λόγον συντελεῖν(9:28)도 같은 뜻이다. 말씀을 줄인다λόγον συντέμνειν(9:28)는 말씀을 실현하는 시간을 단축한다는 뜻이다. 이스라엘 사람들을 남은 자로만 제한[76]하거나 하느님이 예수 그리스도를 믿는 유다인에게만[77] 당신 말씀을 이룬다는 뜻은 아니다.[78] "하느님의 말씀이 무효가 된 것은 아닙니다."(로마서 9:6a) 하느님은 남은 자들을 통하여 당신 말씀을 빨리 세상에서 실현시키실 것이다.

29절 바울은 남은 자의 구원을 이사야 1장 9절을 빌어 해설한다. 후손을 남겨둠은 남은 자의 구원과 같은 뜻이다. 이스라엘에게 후손 σπέρμα(로마서 9:28b)은 인류에게 노아(창세기 7:23)의 역할과 같다. 소돔과 고모라는 남은 자 없는 멸망을 가리킨다.(신명기 29:22; 이사야 13:19; 예레미야 49:18) 바울은 이스라엘이 소돔과 고모라처럼 되지 않는 것은 예수 그리스도를 믿는 유다인 덕분이라고 말하고 싶었다. 예수 그리스도를 믿지 않는 유다인은 어떻게 되느냐 하는 문제는 바울이 여기서 말하고 있지는 않다.

이스라엘이 대부분 실패한 이유(9:30-10:21)

30 그러면 어떻게 생각해야 하겠습니까? 하느님과 올바른 관계를 추구하지 않던 이방인이 오히려 그 올바른 관계를 얻었습니다. 그것은 믿음으로써 이루어진 것입니다. **31** 그런데 이스라엘은 하느님과 올바른 관계를 가지는 법을 추구하였지만 끝내 그 법을 찾지 못했습니다. **32** 왜 그렇게 되었습니까? 그들은 믿음을 통해서 얻으려 하지 않고 공로를 쌓음으로써 얻으려고 했기 때문입니다. 이를테면 그들은 그 걸림돌에 걸려 넘어진 것입니다. **33** 성서에, "자, 이제 내가 걸림돌 하나를 시온에 놓으리니 사람들이 걸려 넘어질 바윗돌이라. 그러나 그를 믿는 사람은 수치를 당하지 않으리라." 하신 말씀대로입니다.(9:30-33)

로마서 9장 30절-10장 21절은 새로운 단락이다. 9장 27절까지 예수 그리스도를 믿는 유다인도 이스라엘에 속했지만, 9장 31절부터 예수 그리스도를 믿지 않는 유다인만 이스라엘에 속한다. 바울은 서로 다른 이스라엘 개념을 가지고 논의하는 것이다. 11장 1절에서 예수 그리스도를 믿는 유다인은 다시 이스라엘에 속한다. 9장 30절-10장 21절에서 이스라엘은 자신의 목표에 이르지 못했다(9:30-10:4), 구원은 예수 그리스도 사건을 통해 가능하다(10:5-15) 두 작은 단락으로 나눌 수 있다. 예수 그리스도를 믿는 유다인 아닌 사람들과 예수 그리스도를 믿지 않는 유다인이 서로 맞서는 9장 30-31절과 10장 19-21절이 9장 32절-10장 18절 부분을 마치 두 손으로 양쪽 끝에서 감싸고 있다. 믿음/믿다πίστις/πιστεύειν(9:30,32; 10:4, 6, 17), 의로움δικαιοσύνη(9:30, 31; 10:3, 4), 율법νόμος(9:31, 10:4), 믿음의 말씀(10:8), 기쁜 소식εὐαγγέλιον(10:15)이라는 단어가 자주 보인다.

30절 그러면 우리가 이제 무엇이라 말해야 합니까?τί οὖν ἐροῦμεν (9:30) 표현은 신약성서에서 로마서에만 있다.(4:1, 6:1, 7:7, 8:31, 9:14, 30) 의로움을 추구하지도 않던 유다인 아닌 사람은 오히려 의로움을 받았고, 의로움의 율법을 추구하던 이스라엘은 율법의 목표에 이르지 못했다.(9:30b-31) 불가능하게 보였던 유다인 아닌 사람의 의로움은 가능했고, 쉬울 듯 보였던 유다인 아닌 사람의 의로움은 가능하지 못했다는 충격이다. 이스라엘은 어쩌다 그렇게 되었을까.

의로움을 추구하지 않던 이방민족들ἔθνη τὰ μὴ διώκοντα δικαιοσύνην(9:30b)은 예수 그리스도를 믿는 유다인 아닌 사람뿐 아니라 예수 그리스도를 믿지 않는 유다인 아닌 사람 모두를 가리킨다. 의로움을 추구하는 이스라엘과 대조하는 표현이다. 이스라엘은 정의를 추구하고 야훼를 찾는 자들(이사야 51:1)이다. "정의, 그렇다, 너희는 마땅히 정의만을 찾아라. 그리하여야 너희는 살아서 너희 하느님 야훼께서 주시는 땅을 차지할 것이다."(신명기 16:20; 시편 37:21; 잠언 15:9)라는 명령을 듣고 살아온 이스라엘이다.

그런 이스라엘이 얻지도 못한 의로움을 유다인 아닌 사람은 대체 어떻게 얻었을까. 유다인 아닌 사람이 얻은 의로움은 대체 어떤 종류의 의로움일까. 그것은 믿음을 통해서 이루어졌다. 예수 그리스도 안에서 하느님의 행동이 인간을 구원으로 이끌었다는 사실을 받아들이는 믿음이다. 유다인 아닌 사람은 그 믿음을 받아들였고 유다인은 받아들이지 않았다는 말이다.

31절 율법νόμος(9:31)은 이스라엘을 다른 민족과 구별해 주는 토라Tora를 가리킨다.[79] 추구하다διώκειν(9:31)의 목적어는 의로움이 아니라 의로움의 율법이다. 의로움의 율법νόμος δικαιοσύνης(9:31)이라는 표현은 신약성서에서 여기와 구약성서에서 "우리의 힘을 정의의 척도로 삼자."(지혜서 2:11b) 뿐이다. 지혜서 2장 11b가 말하는 정의의 척도와 로마서 9장 31절이 말하는 의로움의 율법은 같은 뜻을 가리키진 않는다.[80] 의로움의 율법(9:31)은 율법에 맞는 의로움이라는 뜻이다. 바울은 31절에서 유다인과 유다인 아닌 사람의 차이를 말하고 싶었지 이스라엘을 신학적으로 비판하려는 것은 전혀 아니었다.

32절 바울이 율법을 근거로 의로움을 추구한 것 자체가 잘못이라고 해설하는 것은 아니다. 의로움을 믿음을 통해 얻으려 하지 않고 행업으로 이룰 수 있다고 했기 때문이다. 율법이라는 근거가 잘못이 아니라 행업이라는 방법이 잘못이라는 말이다. 예수 그리스도를 믿지 않는 유다인이 의로움을 얻기에 실패한 원인은 대체 무엇일까. 율법을 완성하면 하느님께 의로움을 얻을 수 있다고 생각했기 때문에 유다인은 언제나 율법을 위반했다[81]는 말일까. 이스라엘은 율법을 오해해서 율법을 행업에 대한 요청으로 만들어버렸다.[82] 예수 그리스도를 믿음이 의로움으로 이끈다는 사실을 인정하지 않은 것이 예수 그리스도를 믿지 않는 유다인의 잘못이다. 그래서 바울은 유다인이 하느님께 대한 열정을 가지고 있지만 올바른 인식에

근거한 것은 아니라고 탄식했다.(10:2)

바울은 예수 그리스도를 믿지 않는 유다인을 달리기 하다가 돌(시편 90:12)에 걸려 넘어져 목표에 이르지 못한 사람에 비유한다.(9:32c) 달리는 사람은 향하는 목표가 있고 달리려는 의지가 있다. 바울은 이사야 28장 16절과 8장 14-15절을 연결하고 새 단어를 만들어 로마서 9장 33절에 인용했다. "보아라, 내가 시온에 주춧돌을 놓는다. 값진 돌을 모퉁이에 놓아 기초를 튼튼히 잡으리니 이 돌을 의지하는 자는 마음 든든하리라."(이사야 28:16) "그는 이스라엘의 두 집안에게 성소가 되시지만 걸리는 돌과 부딪치는 바위도 되시고 예루살렘 주민에게는 덫과 올가미도 되신다. 많은 사람이 걸려 넘어져 터지고 올가미에 걸려 잡히리라."(이사야 8:14-15) 이사야 28장 6절과 이사야 8장 14-15절은 서로 다른 두 돌을 가리켰다.

바울은 하느님이 몸소 놓으신 하나의 돌로 바꾸어 비유한다. 하나의 돌은 예수 그리스도를 가리킨다. 돌이 예수 그리스도를 가리키는지 복음을 가리키는지 양자택일의 질문[83]을 할 필요가 없겠다. 둘 다 포함한다. 이 돌을 만나면 사람은 구멍 속에 빠질 수도 있고 구원에 이르기도 한다. 수치σκάνδαλον(9:33b)는 짐승을 잡기 위해 땅에 구멍을 파고 그 위에 설치한 나무와 구덩이 속에 빠지는 모습을 가리켰다. 예수 그리스도를 믿느냐 거절하느냐가 운명을 결정한다. 바울은 예수 그리스도를 믿지 않는 유다인들의 잘못은 그들이 예수 그리스도를 거절한 것이라고 넌지시 말하고 있다. 누가 이 돌에 걸려 넘어지고 누가 이 돌을 통해 구원에 이르게 되는지 바울은 말하지 않았다. 여기서 예정론을 이끌어낼 수도 없고 예정론을 이 문장에 집어넣어서도 안 된다.

1 형제 여러분, 나는 내 동족이 구원받기를 마음으로 간절히 원하며 하느님께 간구합니다. 2 나는 하느님께 대한 그들의 열성만은 충분히 인정합니다. 그러나 그 열성은 바른 지식에 근거를 둔 것이 아닙니다. 3 그들은 하느님께서 인간을 당신과 올바른 관계에 놓아주시는 길을 깨닫지 못하고 제 나름의 방법을 세우려고 하면서 하느님의 방법을 따르지 않았습니다. 4 그리스도께서 나타나심으로 율법은 끝이 났고 그를 믿는 사람은 누구든지 하느님과 올바른 관계를 가지게 되었습니다. 5 모세는 사람이 율법을 통해서 하느님과 올바른 관계를 가질 수 있다고 하면서 "율법을 지키는 사람은 그것을 지킴으로써 생명을 얻는다."고 기록하였습니다. 6 그러나 믿음을 통해서 얻는 하느님과의 올바른 관계에 대해서는 하느님께서 "누가 저 높은 하늘까지 올라갈까 하고 속으로 걱정하지 마라." 하고 말씀하십니다. 이 말씀은 그리스도를 모셔 내리기 위해서 하늘까지 올라갈 필요는 없다는 말씀입니다. 7 또 하느님께서 "누가 저 깊은 땅 속까지 내려갈까 하고 걱정하지 마라." 하십니다. 이 말씀은 그리스도를 죽음의 세계에서 모셔 올리기 위하여 땅 속까지 내려갈 필요는 없다는 말씀입니다. 8 하느님께서 "말씀은 네 바로 곁에 있고 네 입에 있고 네 마음에 있다." 하셨는데 이것은 우리가 전파하는 믿음의 말씀을 가리켜 하신 말씀입니다. 9 예수는 주님이시라고 입으로 고백하고 또 하느님께서 예수를 죽은 자들 가운데서 다시 살리셨다는 것을 마음으로 믿는 사람

은 구원을 받을 것입니다. 10 곧 마음으로 믿어서 하느님과 올바른 관계에 놓이게 되고 입으로 고백하여 구원을 얻게 됩니다. 11 성서에도 "그를 믿는 사람은 누구든지 수치를 당하지 않으리라."는 말씀이 있지 않습니까? 12 유다인이나 이방인이나 아무런 구별이 없습니다. 같은 주님께서 만민의 주님이 되시고 당신의 이름을 부르며 찾는 모든 사람에게 풍성한 복을 내리십니다. 13 "주님의 이름을 부르는 사람은 누구든지 구원을 얻으리라."는 말씀이 있지 않습니까? 14 그러나 믿지 않는 분의 이름을 어떻게 부를 수 있겠습니까? 또 들어보지도 못한 분을 어떻게 믿겠습니까? 말씀을 전해 주는 사람이 없으면 어떻게 들을 수 있겠습니까? 15 전도자로서 파견받지 않고서 어떻게 전도를 할 수 있겠습니까? "기쁜 소식을 전하는 이들의 발이 얼마나 아름다운가!" 하는 말이 바로 그 말씀입니다. 16 그러나 모든 사람이 다 그 복음을 받아들인 것은 아닙니다. "주님, 우리가 일러준 말을 누가 믿었습니까?" 하고 이사야도 한탄한 일이 있습니다. 17 그러므로 들어야 믿을 수 있고 그리스도를 전하는 말씀이 있어야 들을 수 있습니다. 18 나는 묻겠습니다. 그들이 그 말씀을 한 번도 들어본 적이 없습니까? 분명히 들었습니다. 성서의 말씀에도, "그들의 소리가 온 땅에 울려 퍼졌고 그들의 말이 땅 끝까지 이르렀다." 하지 않았습니까? 19 나는 다시 묻겠습니다. 이스라엘 사람들이 그 말씀을 알아듣지 못했습니까? 우선 모세의 말을 들어보십시오. "나는 너희로 하여금 내 백성이 아닌 자들을 시기하게 하겠고 어리석은 백성을 보고 화나게 하리라." 하였습니다. 20 또 이사야는 더욱 대담하게, "나를 찾지 않던 사람들이 나를 만났고 나를 구하지 않던 사람들이 나를 보았다." 하였습니다. **21** 그러나 이스라엘에 대해서는 "나는 온종일 내 팔을 벌려 이 백성을 기다렸으나 그들은 순종하지 않고 오히려 나를 거역하고 있다." 하고 말하였습니다.(10:1-21)

1절 형제들Ἀδελφοί(10:1a)은 예수 그리스도를 믿는 유다인과 유다인 아닌 사람을 가리킨다. 걸려 넘어질 돌(로마서 9:33c; 이사야 28:16)을 믿어 바울과 형제자매가 된 사람들이다. 바울은 돌에 걸려 넘어진 사람들, 즉 예수 그리스도를 믿지 않는 유다인 그들을 위해ὑπὲρ αὐτῶν(10:1b) 기도한다.

바울이 예수 그리스도를 믿지 않는 유다인과 하느님 사이에서 중재자 역할로[84] 기도하는 것은 아니다. 바울은 하느님이 아니라 형제자매들에게 말하고 있다. 예수 그리스도를 믿지 않는 유다인들이 예수 그리스도를 믿을 가능성을 바울은 버리지 않았다.

2절 예수 그리스도를 믿지 않는 유다인들이 구원에서 멀리 있는 지금 현실을 바울이 왜 안타깝게 여기는지, 무엇이 바울을 동족 이스라엘을 위해 기도하게 만들었는지 2절은 설명한다. 하느님께 대한 열정ζῆλος θεοῦ이라는 단어는 구약성서에 자주 등장한다. 이스라엘 백성이 토라 규정을 지켜 선택받은 백성으로서 충실히 살려는 노력을 말한다. "그가 하느님께 열정을 바쳐 이스라엘 백성의 죄를 벗겨주었기 때문"(민수기 25:13)이라고 야훼 하느님은 비느하스 제사장을 가리키며 모세에게 이르셨다. 엘리야(열왕기상 19:10)와 예후(열왕기하 10:16)도 하느님께 열정을 바쳤다. 그러나 하느님 백성의 거룩함을 폭력을 써서 수호하려는 전통이나 바울 자신의 박해자

(갈라디아서 1:13; 빌립보서 3:6; 사도행전 22:3-4) 열정으로 돌아가려는 것
은 아니다.

하느님께 대한 열정이 가득한 이스라엘 백성의 잘못은 무엇인가.
믿음이 아니라 행업으로 이룰 수 있다고 생각했기 때문이다.(9:32b)
하느님이 예수 그리스도 사건 안에서 인류를 구원으로 이끄셨다는
사실을 알지 못했다. 바울이 유다인은 자기 노력으로 하느님께 구
원을 획득할 수 있다[85]고 말한 것일까. 유다인들은 하느님 은혜 없
이 인간은 자신의 노력만으로 구원을 얻을 수 있다고 생각하지 않
았다.

바울은 올바른 지식$\dot{\epsilon}\pi\acute{\iota}\gamma\nu\omega\sigma\iota\varsigma$(10:2b)이 사람을 회개시킬 수 있다
고 믿었다. 지식과 회개는 유다교와 예수 운동에서 공통된 주제였
다. "그들이 전에 알아 모시기를 거부하던 그분이 바로 참다운 하느
님이라는 것을 알게 되었다."(지혜서 12:27b) "하느님께서는 그들에게
회개할 기회를 주셔서 진리를 깨닫게 해주실 것입니다."(디모데후서
2:25b) 하느님께 대한 이스라엘의 열정을 바울이 나무란 적은 없다.
지식 없는 열정이 문제라고 지적했다.(10:1b) 바울이 예수 그리스도
를 믿지 않는 유다인들을 그 옛날 안타깝게 생각했다면, 오늘 한국
개신교 성도들과 가톨릭 신자들을 안타깝게 생각하지 않을까. 우리
는 예수 그리스도에 대한 올바른 지식도 부족하고, 하느님께 대한
열정도 모자란다. 잘 모르는 예수를 뜨겁게 믿는다고 고백하는 사
람도 적지 않다.

3절 하느님의 의로움을 알아보지 못한 것이 예수 그리스도를 믿
지 않는 유다인의 진짜 잘못이라고 바울은 구체적으로 말한다. 하

느님의 의로움은 드러날 것이고 ἀποκαλύπτεται(로마서 1:17) 지금 나타났다 ἔνδειξιν(로마서 3:25, 26). 하느님의 의로움을 알아보지 못함(10:3a), 하느님의 의로움을 존중하지 않음(10:3b), 복음을 받아들이지 않음(10:16a)은 모두 같은 말이다. 예수 그리스도를 믿지 않는 유다인은 예수 그리스도를 알아보지 못했기 때문에 믿지 않았다. 앎이 먼저냐 믿음이 먼저냐 논쟁에서 바울은 앎이 먼저라는 말을 찬성할 것 같다. 알지 못하는 내용과 사람을 어떻게 믿을 수 있을까.

자기 의를 세우다 τὴν ἰδίαν [δικαιοσύνην] ζητοῦντες στῆσαι(10:3b)는 율법을 존중하다 νόμον ἱστάνομεν(3:31c)를 다시 말하고 있다.[86] 이 사실을 아는 것이 10장 3b를 제대로 이해하는데 중요하다. 단어 στῆσαι(10:3b)는 세우다보다는 지키다, 보존하다로 번역하는 것이 더 낫겠다.[87] 바울이 예수 그리스도를 믿지 않는 유다인은 율법을 지켜서 자기 의로움을 만들고 세우려 했다[88]는 말을 하려는 것은 아니다.[89]

예수 그리스도를 믿지 않는 유다인은 다른 민족들과는 다르게 율법을 지켜 유다인의 특징을 보존하려 애썼다.[90] 자기 의(10:3b)는 유다인 각자가 자기 자신을 위해 노력한 의로움이 아니라 이스라엘 백성이 하느님의 선택에 의해 다른 백성들과 다르게 된 이스라엘 백성의 고유한 특징을 가리킨다.[91] "그들로 하여금 질투를 하게 하고 무지한 민족을 돌봐주어 그들의 속을 썩여주리라."(신명기 32:21; 로마서 10:19) 바울은 이스라엘 백성이 하느님의 선택과 약속을 따르기 위해 율법을 실천하는 이스라엘 백성의 노력을 '자기 의'라고 이름 붙인다. 그리고 이스라엘 백성의 자기 의를 하느님의 의로움과 대조시킨다. 이스라엘 백성만의 자기 의냐, 또는 예수 그리스도 안에 나타난 하느님의 의로움이냐 주제로 바울이 프레임을 확 바꾼 것이다. 예수 그리스도를 믿는 사람은 누구나παντί(1:16) 얻는 의로움(1:16-17, 3:21-22, 28-30)이냐 이스라엘 백성에게만 주어진 자기 의냐. 율법을 실천하려는 이스라엘 백성의 태도와 노력을 바울은 신학적으로 공정하게 평가했을까. 바울은 율법을 올바로 이해했을까.

4절 2-3절은 예수 그리스도를 믿지 않는 유다인의 행동을 소개하고 4절은 토라와 예수 그리스도의 관계를 설명한다. 예나 지금이나 4절은 번역부터 계속 논란이 되고 있다. Τέλος γὰρ νόμου Χριστὸς(10:4a)를 어떻게 번역해야 할까. 4절에서 주어는 무엇이고 술어는 무엇인가. 성서학자들은 Τέλος 번역을 사전에서 뜻과 사례를 찾아보고 결정하면 안 된다는데 일치하고 있다.[92]

Τέλος γὰρ νόμου Χριστὸς의 번역[93]에 크게 네 가지 제안이 있다.[94] 첫째, 그리스도는 율법의 완성이다. 고대 교회의 테르툴리아누스Tertullianus[95]와 오리게네스Origenes,[96] 그리스도교 개혁시대의 루터Luther[97]와 칼뱅Calvin[98]이 그렇게 주장하였고 최근에도 동조자는 있다.[99] 둘째, 그리스도는 율법의 목표다. 첫째 의견과 가깝게 연결된다. 율법의 완성에서 율법의 목표를 볼 수 있기 때문이다. 칼뱅Calvin[100]이 지지한 이 의견을 지지하는 학자들이 최근에 늘어났다.[101] 9장 30절-10장 21절을 전체적으로 보고 해석한다면, 이 의견이 적절하다.[102] 셋째, 그리스도는 율법의 끝이다. 구원의 길로서 율법이 그리스도에 의해 극복되었다.[103] 또는 토라의 역할이 그리스도에 의해 끝장났다.[104] 이 의견은 바울의 회개와 연결되어 자주 설명

되었다.[105] 율법의 끝은 예수 그리스도를 믿고 사는 사람에게만 해당된다[106]는 사실이 중요하다. 예수 그리스도를 믿지 않는 유다인들은 여전히 율법을 구원의 길로 믿고 살아가고 있고, 그들에게 율법의 역할은 없어지지 않았다.[107] 넷째, 그리스도는 율법의 완성이고 목표이고 끝이다. 처음 세 의견이 서로 반대된다고 여기지 않고 셋을 모두 포함하는 의견이다. 9장 31-32절처럼 목표 지점을 통과하면 달리기는 끝난다.[108]

Τέλος의 뜻을 목표로 보느냐, 완성으로 보느냐, 끝으로 보느냐는 토론도 중요하다. 그런데 바울은 그 단어를 가지고 무슨 말을 하고 싶었을까. 율법과 그리스도의 연결을 강조하려 했을까 단절을 강조하려 했을까.[109] 예수 그리스도 사건에서 드러난 하느님의 의로움을 일부 유다인은 알아차리지 못했고, 그래서 예수 그리스도를 믿지 않았고, 하느님의 의로움에 이르지 못했다.(9:30-10:3) 바울은 그 현실이 못내 몹시 안타까울 뿐이다. 바울이 율법의 역할이 끝장났다고 말하려는 것은 전혀 아니었다. 율법이 예수와 연결되고 완성되었다고 말하고 싶었다.

하느님의 의로움은 예수 그리스도에 대한 믿음을 통해 누구나 이를 수 있다. 유다인은 예수 그리스도를 믿으면 하느님의 의로움에 이를 수 있다. 유다인에게 예수 그리스도는 율법의 완성이요 목표다. 유다인 아닌 사람은, 율법을 지키거나 유다인이 될 필요없이, 예수 그리스도를 믿으면 하느님의 의로움에 이를 수 있다. 유다인 아닌 사람에게 예수 그리스도는 율법의 끝이다. 이것이 유다인 아닌 사람에게 새로운 길이다. 율법과 예수 그리스도는 유다인에게는 연결되고, 유다인 아닌 사람에게는 단절된다. 율법과 예수 그리스도는 연결되기도 하고 단절되기도 한다.

4절에서 주어와 술어는 무엇일까. 대부분 성경번역과 주석서에서 그리스도Χριστὸς는 주어로, 율법의 목표요 끝τέλος νόμου은 술어로 여겨졌다.[110] 그런데 율법의 목표요 끝τέλος νόμου은 주어로, 그리스도Χριστὸς는 술어로 보자는 의견이 있었다.[111] 율법의 목표요 끝τέλος νόμου이 주제고, 그리스도Χριστὸς는 해설이라는 이유에서다. 이 제안을 지지하는 의견[112]이 반대하는 의견[113]보다 강하다.

4절에서 무엇이 주어고 무엇이 술어냐 하는 문제는 τέλος를 어떻게 번역하느냐 문제와 관계없다. 단어 τέλος를 어떻게 번역하느냐 문제는 무엇이 주어고 무엇이 술어냐 문제와 관계없다. 4절에서 명사 τέλος 앞에 관사가 없다는 것과 단어들의 위치 또한 무엇이 주어고 무엇이 술어냐 문제에 아무런 영향을 끼치지 못한다.[114] 결정적인 질문은 이렇게 표현될 수 있다. 바울은 그리스도를 통해 율법의 목표요 끝τέλος을 설명하려 했는가, 아니면 율법의 목표요 끝τέλος을 통해 그리스도를 설명하려 했는가. 4절은 그리스도에 대한 문장인가, 아니면 목표요 끝τέλος에 관련된 토라에 대한 문장인가.[115] 9장 30절-10장 3절이 예수 그리스도를 믿지 않는 유다인이 하느님 의로움에 이르는데 실패했다고 바울이 말한 것으로 보아, 율법의 목표요 끝τέλος νόμου은 주어요 그리스도Χριστὸς는 술어로 보는 편이 적절하다.[116] 나도 같은 생각이다.

율법의 목표요 끝τέλος νόμου은 주어요 그리스도Χριστὸς는 술어로 보는 나는 10장 4a를 이렇게 번역하고 싶다. "율법의 목표요 끝은 그리스도입니다." 우리말 번역 성경들을 보자. "그리스도께서 나타 나심으로 율법은 끝이 났고 그를 믿는 사람은 누구든지 하느님과 올바른 관계를 가지게 되었습니다."《공동번역》 "그리스도께서 율법 의 끝마침이 되시어 믿는 모든 이에게 의로움이 되어 주셨기 때문 입니다."《200주년 기념성서》 "그리스도는 모든 믿는 자에게 의를 이 루기 위하여 율법의 마침이 되시니라."《개역개정》 그리스도Χριστὸς 는 주어로, 율법의 목표요 끝τέλος νόμου은 술어로 보고서 하는 번역 들이다.

바울은 율법과 복음 사이에 연결이 있다는 사실을 몰랐기 때문 에 많은 유다인이 예수 그리스도를 믿지 않았다고 생각한 것이다. 율법과 복음 사이에 연결이 있다고 바울은 분명히 강조하고 있다. 그런 바울에게 21세기를 사는 우리 한국인 독자가 배울 점은 무엇 일까. 한국 개신교와 가톨릭은 바울처럼 율법과 그리스도의 연결 과 단절을 함께 강조하고 있는가. 아니면, 연결은 외면하고 단절만 강조하고 있는가. 바울 생각에 유다인의 잘못은 이것이었다. 율법 과 복음 사이에 연결이 있다는 사실을 몰랐다. 21세기 한국 그리스 도인의 잘못은 무엇일까. 율법과 복음 사이에 연결이 있다는 사실 을 모르거나 외면하는 현실 아닐까. 율법과 복음 사이에 연결이 있 다는 사실을 외면하고도 예수 그리스도를 올바로 믿는 일이 가능할 까. 그런 현실에서 우리가 하느님의 의로움에 이를 수 있을까. 우리 는 바울에게서 너무나 멀리 떨어져 있다.

비유로 말하자면, 우리 앞에 두 길이 있다. 유다인은 하느님의 의 로움에 이르는 길이라고 배웠던 그 길을 꾸준히 걸었는데, 결국 도달하지 못했다. 유다인 아닌 사람은 하느님의 의로움에 이르는 길이라고 생각하지도 않았고 그런 길을 찾지도 않았는데, 걷다 보니 어느덧 하느님의 의로움에 이르게 되었다. 두 갈래 길에서 차이는 예수 그리스도라는 돌을 만나는 일이다. 그 돌을 무시하느냐 존중하느냐가 하느님의 의로움에 이르느냐 마느냐를 결정한다. 믿는 사람은 누구나 구원을 받지만, 믿는 사람만 구원 받는다.[117] 바울이 이스라엘의 잘못이라고 길게 설명한 것을 한마디로 요약하면 이렇게 표현될까. "유다교는 그리스도교가 아니기 때문이다."[118]

5절 바울은 9장 30절-10장 4절에서 예수 그리스도를 믿지 않는 유다인을 집중 해설했다. 그러다 10장 4절에서 의로움이란 단어가 나왔다. 바울은 의로움이라는 단어를 자세히 해설할 필요를 느꼈다. 그래서 믿음으로 의로움을 5-15절에서 율법으로 의로움과 대조하여 설명한다. 19절에 가서 예수 그리스도를 믿지 않는 유다인을 다시 언급한다. 4절이 토라와 그리스도의 연결을 강조했다면, 5-6절은 토라와 그리스도의 단절을 강조한다.

모세(10:5a)는 구약성서 처음 다섯 권 책인 모세오경을 가리킨다. 모세와 예언서(누가복음 16:29, 24:27; 사도행전 26:22) 표현처럼 사람이 아니라 책을 가리키고 있다. 구약성서 처음 다섯 권 책을 모세가 다 쓴 것처럼 여기던 유다교 문화에서 생긴 표현이다. 율법은 율법 실천(로마서 3:21a, 4:16; 갈라디아서 3:11)을 나타내는 표현이다. 의로움이라고 쓰여졌다 γράφει τὴν δικαιοσύνην(10:5a)는 무엇이 의로움인지 글로 쓰여졌고 정해졌다는[119] 뜻이다. "임금들이 옳게 다스리고 고관들이 바른 명령을 내리려면 나(지혜)의 도움을 받아야 한다."(잠언

8:15)

"너희는 내가 정해 주는 규정과 내가 세워주는 법을 지켜야 한다. 누구든지 그것을 실천하면 살리라. 나는 야훼이다."(레위기 18:5)를 바울이 왜 인용했을까. 율법을 실천하면 산다고 야훼 하느님은 말씀하셨지만, 율법 실천이 쉽지 않아서 율법이 사실상 공허하다[120]고 말하기 위해 바울이 인용했을까. 율법을 잘 실천하지 못하는 유다인을 탓하기 전에 실천하기 어려운 율법을 주신 하느님에게 먼저 항의해야 옳지 않을까. 율법 실천이 어렵다는 말을 위해서가 아니라 믿음으로 의로움과 대조되는 율법으로 의로움이 있다고 바울은 단순히 말하려는 듯하다. 바울은 율법으로 의로움을 깎아내리지 않고 믿음으로 의로움을 돋보이게 해설하고 싶다.

6절 10장 6a에서 바울은 믿음을 통해 얻는 의로움이 무엇인지 설명해야 했다. 6-8절은 신명기 30장 12-14절을 인용하고 있다. 6-8절이 5절과 맞서는 것은 아니다. 바울이 모세와 믿음으로 의로움을 서로 맞서게 설정한 것[121]은 아니다. 믿음으로 의로움과 율법으로 의로움이 서로 보완하는 관계를 말한다는[122] 의견이 있다.

6-8절이 신명기 30장 12-14절을 해설하는 것은 아니다.[123] 바울은 믿음으로 의로움을 마치 상상의 인물fictio personae처럼 설정하여 말하게 한다.[124] 그래서 말하다οὕτως λέγει(10:6a)라는 표현은 인용할 때 쓰였다. 말하다λέγει(10:6a)와 기록하다γράφει(10:5a)가 뜻에서 다르다[125]고 보기는 어렵다.

《공동번역》 성서는 10장 6a에서 주어를 하느님으로 만들어 놓고 번역하였다. "그러나 믿음을 통해서 얻는 하느님과의 올바른 관계에 대해서는 하느님께서 '누가 저 높은 하늘까지 올라갈까 하고 속으로 걱정하지 마라.' 하고 말씀하십니다." 이 번역은 고쳐야 하겠다. 10장 6a에서 주어는 하느님이 아니라 믿음의 의로움이기 때문이다. "그러나 믿음에서 비롯하는 의로움은 이렇게 말합니다. 그대의 마음속으로 '누가 하늘로 올라갈 것인가?' 하고 말하지 말라."《200주년 기념성서》, "믿음으로 말미암는 의는 이같이 말하되 네 마음에 누가 하늘에 올라가겠느냐 하지 말라 하니 올라가겠느냐 함은 그리스도를 모셔 내리려는 것이요."《개역개정》는 적절하게 번역했다.

10장 6b는 신명기 8장 17절과 9장 4절에서 가져온 듯하다. 신명기 8장 17절과 9장 4절에서 2인칭 주어는 이스라엘을 가리켰는데, 10장 6b는 주어를 상상의 독자로 바꾸었다. 2인칭 주어는 믿음의 의로움에게도 말하고 있다.(10:8b, 9) 그래서, 바울이 10장 6b에서 유다인의 자랑을 반박하는 것[126]이라고 볼 수는 없다. 10장 6b를 경고[127]라고 해석할 필요는 없겠다. 하늘οὐρανός(10:6c)과 땅 속 ἄβυσσος(10:7a)은 구약성서에서 흔한 표현이다.(창세기 7:11; 신명기 33:13; 시편 106:26) 서로 반대되는 영역을 가리킨다. 고대인은 우주를 3층 구조로 보았다.[128]

바울은 신명기 30장 12-13절을 참고한 10장 6c,7a에서 두 가지 질문을 했다. 그런데 10장 6c, 7a와 신명기 30장 12-13절에서 단어가 일치하는 곳이 아주 드물다. "그것은 하늘에 있는 것이 아니다. '누가 하늘에 올라가서 그 법을 내려다 주지 않으려나? 그러면 우리가 듣고 그대로 할 터인데.' 하고 말하지 마라. 바다 건너 저쪽에 있는 것도 아니다. '누가 이 바다를 건너가서 그 법을 가져다 주지 않으려나? 그러면 우리가 듣고 그대로 할 터인데.' 하고 말하지도 마라."(신명기 30:12-13)

바다 건너 저쪽에 있는 것도 아니다(신명기 30:13)는 저 깊은 땅 속까지 내려갈까 하고 걱정하지 마라(로마서 10:7a)로 바뀌었다. 그리스도와 함께 배를 타고 건너는 모습이 잘 연결되지 않아서 바울이 그렇게 바꿨다고[129] 추측할까. 하늘과 반대되는 장소로는 바다 건너보다 땅 속이 아무래도 낫다.(시편 135/134:6)[130] 하늘과 땅 속이든, 하늘과 바다 건너 저쪽이든, 인간이 노력해도 닿을 수 없는 곳이다. 어느 인간도 그리스도를 하늘에서 땅으로 모셔올 수 없고, 땅 속에서 땅위로 모셔올 수 없다. 인간의 노력으로는 반드시 실패한다는 말을 바울은 하고 싶었던 것이다.

8절 "말씀은 당신 가까이 있으니 곧 그대의 입과 그대의 마음속에 있습니다."(10:8b) 10장 8b는 상상의 독자가 아니라 믿음의 의로움에게 말하고 있다. 구약성서 그리스어 번역본에서 왔다. "그것은 너희와 아주 가까운 곳에 있다. 너희 입에 있고 너희 마음에 있어서 하려고만 하면 언제든지 할 수 있는 것이다."(신명기 30:14). 계약을 말하는 단어를 바울은 말씀으로 일부러 바꾸어 인용했다. 입과 심장은 서로 보완하는 역할(시편 5:10, 19:15; 고린도후서 6:11)로 자주 나온다. 인간의 모든 표현 능력을 가리킨다. 하늘과 땅 속이 멀리 있지만, 입과 심장은 가까이ἐγγύς(10:8b) 있다. 물론, 개인에 따라 입과 심장은 하늘과 땅보다 더 멀리 떨어져 있을 수 있다.

믿음의 말씀ῥῆμα τῆς πίστεως(10:8c)은 그리스도(10:4), 복음(10:16)을

뜻한다. 하느님은 나사렛 예수 안에서 인류의 구원을 위해 행동하셨다. 소유격 믿음의τῆς πίστεως(10:8c)는 무슨 뜻으로 이해해야 할까. 믿는 내용fides quae creditur을 가리킬 수 있다.(갈라디아서 1:23)[131] 복음을 믿어야 한다는 뜻으로 믿는 행동을 가리킬 수 있다.(로마서 1:5, 10:17; 갈라디아서 3:2, 5)[132] 믿는 내용과 믿는 행동은 몸과 마음처럼 구분되지만 분리될 수 없다. 물론, 개인에 따라 믿는 내용과 믿는 행동은 하늘과 땅보다 더 멀리 떨어져 있을 수 있다.

9-10절 왜냐하면ὅτι(10:9a)이라는 단어는 인용문을 이끄는 용도로 쓰인다.[133] 예수는 주님(고린도전서 12:3; 고린도후서 4:5; 빌립보서 2:11)이시고 하느님께서 예수를 죽은 자들 가운데서 다시 살리셨다.(데살로니가전서 1:10)는 예수 운동이 예수를 전할 때 반드시 포함시키던 중요한 믿음의 내용이다. 바울은 믿음의 내용을 믿음의 방법이나 믿음의 결과보다 먼저 소개하고 있다. 믿음의 결과를 먼저 들이밀고 믿음의 내용은 흐지부지 얼버무리는 바울이 아니다.

입στόματί(10:9a)으로 고백하고 심장καρδίᾳ(10:9b)으로 믿는다는 표현은 서로 보충하고 있다. 입으로는 고백하지만 심장으로는 사실 믿지 않는 사람도 있고, 심장으로는 믿지만 입으로는 고백하기 꺼리는 사람도 있다. 말과 행동이 다른 그리스도인이 있고, 나 혼자 믿지만 선교에 주저하는 그리스도인도 있다. 바울은 고백하는 행동과 믿음의 실천 사이의 일치를 강조하고 있다. 그런데 바울 당시 이 말은 예수 그리스도를 믿는 유다인에게 믿음의 고백과 실천의 일치 문제보다 생존 문제에 더 가까웠을 것이다. "유다 지도자들 중에서도 예수를 믿는 사람들이 많았으나 바리새파 사람들이 두려워서 예수 믿는다는 말을 드러내 놓고 하지는 못하였다. 회당에서 쫓겨날까 겁이 났던 것이다."(요한복음 12:42) 200년 이전에 한반도에 천주교가 들어왔을 때, 그리고 오늘도 종교 분쟁이 있는 지역에서 목숨 걸고 예수 그리스도를 고백하는 사람들이 있다.

주 그리스도κύριος Ἰησοῦς(10:9a)라는 호칭은 예수가 주어고 그리스도가 술어다. 수많은 그리스도 중에 예수도 포함된다는 말이 아니라 오직 예수만 그리스도라는 뜻이다. 공통년 2세기 중반에도 로마의 황제를 주님이라고 불렀던 기록이 있다. 예수를 주님으로 부른 근원, 즉 삶의 자리Sitz im Leben는 예수 운동의 세례식이라고[134] 흔히 주장되어 왔다. 이를 뒷받침하는 분명한 근거는 없다. 세례식보다 빵나눔이었을 가능성이 크다. 예수가 쓰던 언어인 아람어로 행하던 예수 운동 빵나눔에서 '우리 주님, 오소서maranatha'(고린도전서 16:22) 호칭을 그리스어로 옮긴 듯하다.[135] 하느님께서 예수를 죽은 자들 가운데서 다시 살리셨기 때문에 예수는 주님이시라고 예수 운동은 한마음으로 고백할 수 있었다.(고린도전서 15:14, 17; 데살로니가전서 4:14a)[136]

주님 호칭(빌립보서 2:10-11)은 "그리하여 사람마다 나에게 무릎을 꿇고 모든 민족들이 제 나라 말로 나에게 신앙을 고백하리라."(이사야 45:23)에 연결된다. 하느님에게만 드리던 주(열왕기상 18:39; 시편 10:16) 호칭을 예수 운동은 나사렛 예수에게도 감히 선사했다. 예수는 모든 피조물 중에 '주'이시라는 고백은 주님 호칭을 받았던 로마 황제와 관계없을 수 없다. 로마 황제가 주님이 아니라 예수 그리스도가 주님이라는 고백을 로마 제국이 그냥 지나칠 리 없다. 예수 그리스도가 주님이라는 고백은 당연히 로마 제국에 반대하는 정치적 의미를 가질 수밖에 없었다. 바울에게는 로마 황제가 주님이 아니라 예수 그리스도가 주님이다.[137] 예수 운동에게도 로마 황제가 주님이 아니라 예수 그리스도가 주님이다.

10장 9절은 한국 개신교에서 선교용 홍보물에 가장 자주 등장하는 성경 구절 중 하나일 것이다. 그 자체로 참 옳고 아름다운 이 말이 사람을 유혹하는 미끼 상품처럼 또는 협박용으로 값싸게 함부로 인용되고 있다. 그런데 그리스도교는 바울의 말보다 예수의 말씀을 먼저 더 앞세워야 옳지 않은가. "가난한 사람은 행복합니다. 부자는 하늘나라에 들어갈 수 없습니다. 하느님과 돈을 함께 섬길 수 없습니다."와 같은 중요한 예수의 말씀을 먼저 홍보해야 하지 않을까.

11절 9-11절을 한 덩어리로 보고 읽는 것이 좋겠다. "그때 야훼의 이름을 부르는 사람마다 구원을 받으리라."(요엘 3:5)에 착안하고 "이 돌을 의지하는 자는 마음 든든하리라."(이사야 28:16; 로마서 9:33c)를 연결하여 바울은 "그를 믿는 사람은 누구든지 수치를 당하지 않으리라."고 단어를 바꾸어 인용했다. 바울은 단어 누구든지πᾶς(로마서 10:11a, 1:16, 3:22, 10:4)를 덧붙여 유다인뿐 아니라 유다인 아닌 사람도 구원에 포함되게 했다. 예수는 주님이요 하느님께서 예수를 죽은 자들 가운데서 다시 살리셨다는 믿음의 내용과 입으로 고백하고 마음으로 믿는 믿음의 행동이면 하느님의 의로움과 구원에 도달하기에 충분하다고 바울은 생각했다.

12절 예수 그리스도 믿음은 유다인과 그리스인Ἰουδαίου καὶ Ἕλληνος (10:12a)[138] 사이의 차별을 무의미하게 만들었다. 인간을 미개인과 그리스인으로 나누는 그리스 사람들 관점에서 바울이 언급했다면 (1:14), 인간을 유다인과 유다인 아닌 사람으로 나누는 유다인 사람들 관점에서 바울은 말했었다.(1:16) 그런 구별이 예수 운동 관점에서는 아무 쓸모없다. 차별은 없다οὐ γάρ ἐστιν διαστολή(10:12a)는 표현은 3장 22절에도 똑같이 있었다. 3장 22절은 1장 18절-3장 20절을 요약하는 문장이다. 죄가 모든 인간을 평등하게 만들었다면, 믿음이 모든 인간을 평등하게 만든다. 바울의 이 말은 유다인과 유다인 아닌 사람들을 차별하는 토라의 가르침에서 멀리 떨어져 있다.[139] 예수 그리스도를 믿는 유다인과 예수 그리스도를 믿는 유다인 아닌 사람은 아무 차별이 없다. 똑같이 주님을 믿기 때문이다. 같은 주님αὐτὸς κύριος(10:12a)은 예수 그리스도(10:9a)를 가리킨다. 예수 그리스도가 아니라 하느님을 가리킨다는 의견도 있다.[140]

구원이 이스라엘을 넘어 유다인 아닌 모든 사람에게 이른다고 말하기 위해 바울은 풍부함이라는 비유를 내세웠다.[141] 풍부함이라는 단어가 사람들에게 얼마나 큰 매력을 주는지 자본주의가 없던 그 시절에도 상인 출신 바울은 모르지 않았다. 구원을 풍부한 축복으로 표현하기도 했다. "이렇게 이스라엘의 범죄가 세상에 풍성한 축복을 가져왔고 이스라엘의 실패가 이방인들에게 풍성한 축복을 가져왔다면 이스라엘 전체가 구원을 받는 날에는 그 축복이 얼마나 엄청나겠습니까?"(11:12) "슬픔을 당해도 늘 기뻐하고 가난하지만 많은 사람을 부요하게 만들고 아무것도 가진 것이 없지만 사실은 모든 것을 가지고 있습니다."(고린도후서 6:10)

헤아릴 수 없이 풍요하신 그리스도에 관한 복음(에베소서 3:8), 하느님께서 이방인들에게 드러내신 이 심오한 진리가 얼마나 풍성하고 영광스러운 것인가를 성도들에게 알리려 하신 것(골로새서 1:27)처럼 풍부함 비유를 즐겨 쓰는 편지들이 바울 뒤를 이었다. 구원이라는 달보다 구원을 나타내는 풍부함 손가락에 더 흠뻑 빠지는 사람들이 있기 마련이다. 경제적으로 아주 어려운 당시 사람들에게 풍부함 비유는 얼마나 큰 유혹이 되었을까. 3중 축복 정도가 아니라 30중 축복 정도의 강력한 마력을 주지 않았을까. 더구나 자본주의가 극도로 발달한 우리 시대에 풍부함이란 단어는 그리스도교 안팎에서 얼마나 더 날뛰겠는가. '가난한 사람은 복되다.'는 예수의 말씀이 하느님 은혜가 풍족하다는 비유로 장면과 구도가 확 바뀌고 있다.

"유대인이나 헬라인이나 차별이 없음이라."《개역개정》, "실상 유대인과 헬라인의 차별은 없습니다."《200주년 기념성서》 번역이 "유다인이나 이방인이나 아무런 구별이 없습니다."《공동번역》보다 낫다. 바울은 유다인이나 유다인 아닌 사람이나 아무런 차별이 없다고 말했다. 그런데 바울 당시에 예수 그리스도를 믿는 유다인이 있었고, 예수 그리스도를 믿는 유다인 아닌 사람이 있었다. 오늘날 예수 그리스도를 믿는 백인이 있고, 예수 그리스도를 믿는 제3세계 가난한 사람이 있고, 예수 그리스도를 믿는 유색 인종이 있다. 예수 그리스도를 믿는 남자도 있고, 예수 그리스도를 믿는 여자도 있다. 그들 사이에 차별은 없는가. 그리스도인과 그리스도인 아닌 사람은 분명히 차별이 있다고 우기는 사람이 그리스도교 안에 적지 않을까. 섬을 잇는 다리를 놓는 사람이 있고 사람 사이에 장벽을 높이 쌓는 사람도 있다. 그리스도교는 차별을 없애는가, 차별을 생산하는가.

13절 13절은 요엘 3장 5절을 인용했다. 누구든지πᾶς(10:13)는 유다인과 그리스인(10:12a)의 차이가 없어졌음을 강조한다. 믿다(10:11b)와 부르다(10:13)는 믿다와 고백하다(10:9-10)를 보충한다. 인용된 요엘 3장 5절은 이스라엘에 유효한 구원 말씀이고, 주님은 하느님이다. 바울은 말씀이 이스라엘을 넘어서고 주님은 예수 그리스도를 가리킨다고 보았다.

14-15절 14-15절은 "말씀은 네 바로 곁에 있고 네 입에 있고 네 마음에 있다."(로마서 10:8a; 신명기 30:14)와 이어진다. 하느님의 말씀을 전하는 사람이 없으면 말씀은 입과 심장에서 곁에 있을 수 없다고 바울은 말한다. 14절에서 주어인 3인칭 복수 명사는 유다인[142]이 아니라 주님을 부르는 모든 유다인과 유다인 아닌 사람들[143]을 가리킨다. 10장 15b-c에서 인용된 이사야 52장 7절은 예수 활동을 하느님의 통치를 알리는 구원 사명으로 설명해준다. "반가워라, 기쁜 소식을 안고 산등성이를 달려오는 저 발길이여. 평화가 왔다고 외치며, 희소식을 전하는구나. 구원이 이르렀다고 외치며 '너희 하느님께서 왕권을 잡으셨다.'고 시온을 향해 이르는구나."(이사야 52:7) 이 말씀은 이스라엘을 위한 구원의 말씀이었다.

바울의 인용은 구약성서 그리스어 번역본보다 히브리어 구약성서에 가깝다.[144] 바울은 구약성서 그리스어 번역본이 아닌, 히브리어에 좀 더 가까운 구약성서 그리스어 번역본을 사용한 듯하다.[145] 바울은 이사야 52장 7절에서 일부만 인용했다. 산등성이를 달려오는 (이사야 52:7a) 부분을 바울은 일부러 삭제했다. 구원이 이스라엘을 가리키는 부분을 빼버리고 구원을 전해주는 사람을 더 강조했다. 바울은 자신뿐 아니라 예수 그리스도를 믿는 모든 사람이 예수 그리스도를 전해야 한다고 말한다.

그런데 예수 그리스도를 믿지 않고도 예수 그리스도의 이름을 부르고 다니는 사람도 그리스도교 안에 있다. 예수 그리스도의 이름을 부르는 사람이 모두 예수 그리스도를 믿는 사람이라고 말할 수는 없다. 예수 그리스도를 제대로 알지도 못하면서 멋대로 전하고 다니는 사람들 때문에 예수 그리스도 이름이 수모를 겪기도 한다. 예수 그리스도를 믿고 또 전하고 다니는 사람들 때문에 예수 그리스도를 알고 싶지 않다는 사람들이 적지 않다. 예수 그리스도를 믿고 산다고 자부하는 사람에게 먼저 예수 그리스도를 올바로 전해야 할 시대에 지금 우리가 살고 있다. 예수 그리스도를 믿고 사는 내 자신에게 먼저 예수 그리스도를 올바로 전해야 하겠다. 다른 사람이 예수 그리스도를 잘 모르는 사실을 한탄할 것이 아니라, 예수 그리스도를 잘 모르면서도 아는 체 하고 다니는 내 자신에게 예수 그리스도가 누구인지 차분히 가르쳐야 하겠다.

16절 바울은 5-15절에서 믿음과 복음 전파의 관계를 들어 믿음으로 의로움을 설명했다. 복음을 전하는 사람이 있기 때문에 복음을 믿는 사람이 생기고, 그래서 믿음으로 의로움이 가능하다는 말이다. 그런데 예수 그리스도의 복음을 전한다고 해서 듣는 사람이 다 복음을 받아들이는 것은 아니다. 그 문제를 바울은 이제 다루려 한다. 예수 그리스도를 받아들이지 않는 유다인을 주로 향한다.(10:19) 예수 그리스도의 복음을 듣는 사람이 다 복음을 받아들이지는 않았다.(10:16a) 두 가지 이유가 있다.(10:18-19) 그래서 이스라엘 백성과 다른 백성들의 운명이 달라졌다.(10:19-21, 9:30-31)

유다인 중 극히 일부만 예수 그리스도의 복음을 받아들였다는 현실을 바울은 잘 알고 있다. 로마서를 쓴 공통년 50년 중반은 예수가 죽고 부활한 지 겨우 20여 년 지난 무렵이다. 바울은 겨우 20여 년 예수 그리스도를 전하고 다녔다. 바울은 유다인 인구의 0.01%에게라도 예수 그리스도를 전하고 다녔을까. 지구에 사는 인류의 0.0001%도 안 되는 사람들에게 복음을 전했을 뿐이다. 그런데 바울은 벌써 예수 그리스도를 받아들이지 않는 유다인의 운명을 논하고 있다. 그런 엄청난 말을 하기에는 너무 성급하지 않은가.

존중하다 ὑπήκουσαν(10:16a, 6:17, 1:5)는 믿는다는 뜻이다.[146] "모든 사람이 다 그 복음을 받아들인 것은 아니다. οὐ πάντες ὑπήκουσαν τῷ εὐαγγελίῳ"(10:16a)는 하느님의 의로움을 존중하지 않고(10:3), 돌에 부딪치고 구덩이에 빠지는 것(9:32b-33)과 같다. 바울은 복음이 거절당하는 현실을 설명하려고 이사야 53장 1절에서 "야훼께서 팔을 휘둘러 이루신 일을 누가 깨달으랴?"를 빼고 로마서 10장 16b-c에 인용하였다. 이사야 53장 1절은 요한복음 12장 38절에서 전부 인용되었다. 1세기 예수 운동 사람들은 선교에서 겪었던 공통적인 체험을 이사야 53장 1절을 들어 이해한 듯하다.[147]

17절 믿음은 들음을 전제로 한다.(로마서 10:17a; 예레미야 6:24; 데살로니가전서 2:13) 듣지 못한 내용을 믿을 수는 없다. 들음은 단순히 수동적인 청취가 아니라 적극적인 이해와 존중을 포함한다. 말하는 사람은 가르치고, 듣는 사람은 배운다고 바울이 말하는 것은 아니다.

말하는 사람은 배우고, 듣는 사람은 가르치는 경우가 얼마나 많은 가. 믿음은 그리스도의 말씀을 통해 이루어진다고 바울은 덧붙인다.(10:17b) "그것은 우리가 선포하는 믿음의 말씀입니다."(10:8c) 믿음의 말씀(10:8c), 그리스도의 말씀(10:17b), 복음(10:16a)은 다 같은 뜻이다. 그리스도의 말씀을 바울은 약 30년 동안 목숨 걸고 전하고 다녔다.

18절 모두가 다 복음을 존중한 것은 아니다.(10:16a) 듣지 못한 분을 믿을 수 있겠는가.(10:14b) 그렇다면, 그들은 듣지 못했을까. 복음을 들은 그들ἤκουσαν(10:18a)은 예수 그리스도를 받아들이지 않는 유다인을 가리킨다. 부정 의문문을 이끄는 표현 못했습니까?μὴ οὐκ(로마서 10:18a; 고린도전서 9:4, 5; 11:22)는 긍정의 답을 요청한다. 들었다μενοῦνγε(10:18a)에서 바울은 아직 온 세상에 복음 전파가 이루어지지 않았다는 사실을 모르지 않는다. 복음이 전파된 곳에서 복음을 존중하고 받아들이는 사람이 적다는 현실을 잘 알고 있다. 그러나 복음을 들었지만 예수 그리스도를 받아들이지 않는 유다인은 복음을 듣지 못했다는 핑계를 댈 수는 없다. 복음을 들은 사람은 반드시 복음을 받아들여야 한다는 논리를 바울은 펴고 있다. 들은 후에 받아들이지 않는 사람은 자기 탓이라는 말이다. 예수 그리스도를 믿을 자유는 있지만 믿지 않을 자유는 인간에게 없다는 뜻인가.

19절 예수 그리스도를 받아들이지 않는 유다인은 예수 그리스도의 특징과 의미를 들었지만 알지 못했다고 바울은 설명한다. 들었다ἀκούειν(10:8)와 알다γινώσκειν(10:19) 동사는 한 쌍으로 자주 같이 나온다.(사무엘상 4:6; 이사야 40:21, 48:6) 이스라엘은 모르고 있었습니까? μὴ Ἰσραὴλ οὐκ ἔγνω(10:19a)라는 질문이 모르고 있었다는 대답을 기다렸다는 의견[148]이 있었다. 이스라엘은 열정은 있었지만 지식은 없었다는 것이다.(10:2-3) 그러나 10장 2-3절은 유다인의 부족한 지식을 언급하고 19절은 유다인의 올바르지 않은 지식을 언급한다. 바울은 19절에서 "나 또한 사람이라고 할 수 없는 것들을 돌봐주어 그들로 하여금 질투를 하게 하고 무지한 민족을 돌봐주어 그들의 속을 썩여주리라."(신명기 32:21b)를 인용한다. 19절에 인용된 신명기 32장 21b는 신명기 32장 21b 본문과 달라진 곳이 있다.

바울은 이스라엘이 복음을 정확히 알고 있었다고 강조하는 것이다. 바울은 왜 이스라엘이 유다인 아닌 백성들을 질투하고 분노한다고 생각했을까. 예수 그리스도의 복음이 유다인과 유다인 아닌 백성들의 차이를 없애버렸음을 유다인이 정확히 알았기 때문이라는 것이다. 만일 유다인이 그 사실을 몰랐다면, 유다인이 유다인 아닌 백성들을 질투하고 분노할 이유가 없다는 뜻이다. 누가복음 저자도 유다인 아닌 백성들에 대한 유다인의 질투를 언급한 적이 있었다.(사도행전 13:45, 17:5) 이스라엘은 예수 그리스도의 복음을 정확히 알고 있었다고 바울은 생각했다. 즉, 10장 2-3절과 19절에서 이스라엘에 대한 바울의 평가가 똑같지 않고 서로 모순된다. 그런데 모순 없는 저자나 사상가가 세상 어디에 있을까.

20-21절 바울은 20-21절에서 이사야 65장 1-2절을 인용했다. 20절에 이사야 65장 1a-b를 인용하여 예수 그리스도를 믿는 유다인 아닌 백성들을 가리켰고, 21절에 이사야 65장 2a를 인용하여 예수 그리스도를 믿지 않는 유다인에 대해 말했다. 히브리어 구약성서

와 그리스어 구약성서 번역본에서 이사야 65장 1절은 유다인을 또한 가리킨다. 바울이 20-21절에서 예수 그리스도를 믿지 않는 유다인의 반대 사례로 예수 그리스도를 믿는 유다인 아닌 백성들을 잠시 등장시켰다. 하느님을 찾지 않고 구하지 않던 사람들(10:20)은 하느님의 의로움을 추구하지 않던 유다인 아닌 백성들(9:30)이다. 그런 그들이 하느님을 만났고 보았다는 사실이 예수 그리스도를 믿지 않는 유다인은 이해되지 않는다.

이사야 65장 1-2절에서 이사야 예언자가 예수 그리스도의 복음을 대하는 유다인의 태도를 미리 예언한 것은 아니다. 예수 그리스도의 복음을 대하는 유다인의 태도를 설명하기 위해 바울이 이사야 예언자의 말을 끌어다 해석하는 것이다. 바울 앞에 예수 그리스도를 믿는 유다인 아닌 사람과 예수 그리스도를 믿지 않는 유다인이라는 두 가지 현실이 존재했다. 두 현실을 바울은 예수 그리스도를 믿는 유다인 아닌 사람과 예수 그리스도를 믿지 않는 유다인에게 동시에 해설할 필요를 느꼈다. 하느님을 찾지 않고 구하지 않던 유다인 아닌 사람은 하느님의 의로움을 만났고, 하느님을 찾고 구하던 유다인은 하느님의 의로움을 만났다. 이 부조리한 현실을 바울은 예수 그리스도를 믿는 유다인 아닌 사람과 예수 그리스도를 믿지 않는 유다인에게 동시에 해설해야 했다. 바울은 이사야 예언서에서 해설의 실마리를 발견하였다.

유다인 대부분은 왜 그리스도에게서 떨어져 나갔는가.(9:3) 이스라엘은 의로움의 율법을 추구한 유다인은 왜 율법의 목표에 이르지 못했는가.(9:31) 9장 30절-10장 21절은 그 이유를 다루었다. 바울은 그 이유를 해설하려는 것이지 유다인에게 책임을 추궁하려는 것은 아니다. 바울은 유다인의 잘못을 2장 1절-3장 30절에서 이미 설명했기 때문에 9장 30절-10장 21절에서 다시 반복할 필요는 없었다.[149]고 보아야 할까. 바울은 1장 18절-3장 20절에서 그리스도 전에ante Christum, 그리스도 없는sine Christo 인간의 상황을 설명했고, 9장 30절-10장 21절에서는 예수 그리스도에 대한 이스라엘의 태도를 다루고 있다.[150]

예수 그리스도를 믿음이 유다인과 유다인 아닌 사람의 차이를 없애버렸다면, 예수 그리스도를 믿음은 유다인이 독점해온 하느님 소유권을 상실하게 되고 만다. 예수 그리스도를 믿지 않는 유다인은 그 상실이 두려웠던 것이다. 유다인의 그 상실감 앞에서 예수 그리스도를 믿는 그리스도인은 상실감을 예감할지도 모르겠다. 그리스도인이 하느님 소유권을 독점하고 있지 않다는 사실이다. 하느님이 이스라엘에 대해 "나는 온종일 내 팔을 벌려 이 백성을 기다렸으나 그들은 순종하지 않고 오히려 나를 거역하고 있다."고 하신 말씀을 이제 그리스도교에 주시는 말씀이라고 우리는 생각해야 하지 않을까.

이스라엘에 희망은 없는가(11:1-10)

1 나는 또 묻겠습니다. 하느님께서 당신의 백성을 버리셨다고 할 수 있겠습니까? 절대로 그렇지 않습니다. 나도 아브라함의 후손으로서 베냐민 지파에 속하는 한 이스라엘 사람입니다. 2 하느님께서는 미리 뽑으신 당신의 백성을 버리시지 않았습니다. 엘리야가 하느님께 이스라엘을 고발하면서 한 말을 여러분은 성서에서 읽어보지 못했습니까? 3 그가 "주님, 그들은 주님의 예언자들을 죽이고 주님의 제단을 모조리 헐어버렸습니다. 이제 남은 것은 저 하나뿐인데도 제 목숨마저 노리고 있습니다." 하자 4 하느님께서는 무엇이라고 대답하셨습니까? "나에게는 아직도 바알 신 앞에 무릎을 꿇지 않은 사람이 칠천 명이나 있다." 하고 말씀하시지 않았습니까? 5 이와 같이 지금도 은총으로 뽑힌 사람들이 남아 있습니다. 6 그 사람들은 자기 공로로 뽑힌 것이 아니라 하느님의 은총을 받아 뽑힌 것입니다. 만일 그들이 무슨 공로가 있어서 뽑힌 것이라면 그의 은총은 은총이 아닐 것입니다. 7 결국 어떻게 되었습니까? 이스라엘은 자기들이 찾던 것을 얻지 못했는데 뽑힌 사람들은 그것을 얻었습니다. 뽑히지 못한 사람들은 마음이 완고해져서, 8 "하느님께서 그들에게 혼미한 정신을 주셔서 오늘날까지 그들은 눈을 가지고도 보지 못하고 귀를 가지고도 듣지 못하게 되었다." 하신 성서의 말씀대로 되었습니다. 9 그래서 다윗도, "그

들이 벌여놓은 잔치 자리가 오히려 올가미와 덫이 되어 그들이 걸려 넘어져 패망하는 자리가 되게 하여주십시오. 10 그들의 눈을 어둡게 하여 보지 못하게 하시고 그들의 등은 굽어진 채로 펴볼 날이 없게 하여주십시오." 하였습니다.

1절 하느님께서 당신의 백성을 버리셨다고 할 수 있겠습니까? (11:1b)라는 질문은 이스라엘 백성이 하느님을 존중하지 않고 거역했다(로마서 10:21; 이사야 65:2)와 연결된다. 하느님을 존중하지 않고 거역한 이스라엘 백성은 하느님께 버림받는 것이 당연하지 않느냐는 말이다. 이스라엘이 하느님을 존중하지 않았을 때 하느님의 반응이 표현되거나(열왕기하 21:14; 호세아 9:17; 예레미야 7:29), 이스라엘이 자신의 위기 원인을 찾았을 때(시편 43:10; 미가 4:6; 예레미야애가 3:45), 하느님은 버리다ἀπωθέω라는 단어를 썼다. 그런 역사를 알고 있는 바울은 하느님께서 이스라엘 백성을 버리셨다고 말할 수도 있었다. 만일 바울이 하느님께서 이스라엘 백성을 버리셨다고 로마서에서 말해버렸다면, 그리스도교 역사는 그후 어찌 되었을까.

당신 백성ὸ λαὸς αὐτοῦ(11:1b)은 하느님과 이스라엘의 유일하고 독점적인 관계를 나타낸다.(레위기 26:11-12; 사무엘하 7:23) 백성ὸ λαός은 이스라엘(로마서 9:6, 27; 11:25; 빌립보서 3:5)과 같은 뜻이다. 바울 자신도 예수도 이 백성에 속해 있다. 당신 백성(11:1b)은 예수 그리스도를 믿는 유다인과 믿지 않는 유다인 모두를 포함한다. 바울이 이스라엘에 속한 근거 중 하나는 하느님께서 직접 이름 붙여주신 이스라엘 백성Ισραηλίτης(로마서 11:1c; 창세기 32:29; 이사야 43:1)[151]이라는 단어다. 아브라함 후손σπέρμα Αβρααμ(11:1d)은 이스라엘 백성 전체를 가리킨다.(이사야 41:8; 누가복음 1:55; 로마서 4:13)

바울은 아브라함 후손으로서 베냐민 지파에 속한다.(로마서 11:1d; 빌립보서 3:5) 바울이 여기서 단순히 이스라엘 백성에 대한 연대와 일치를 말하는 것[152]은 아니다. 하느님께서 당신 백성을 버리셨다고 말할 수 없다는 것을 강조하려 했다. 예수 그리스도를 믿은 바울이 하느님께 버림받을 수 없다는 전제가 바울의 확신에 깔려 있다. 예수 그리스도를 믿은 남은 자들(9:27-29)과 바울(11:1d) 때문에, 하느님 말씀이 실패로 돌아갔다거나(9:6a) 하느님께서 당신 백성을 버리셨다고 말할 수는 없다.[153]

2절 하느님께서는 미리 알았던ὃν προέγνω(로마서 11:2b, 8:29; 아모스 3:2) 당신 백성을 버리지 않으신다. 이스라엘 백성이 하느님을 존중하지 않고 거역했다(로마서 10:21; 이사야 65:2)보다 하느님께서 당신 백성을 선택한 것이 시간적으로 더 먼저임을 바울은 잊지 않았다. 그리고 이스라엘 역사에서 하느님이 당신 백성을 버리셨을 법한데도 끝내 버리지 않았던 사건 하나를 인용한다. 여러분은 모릅니까?οὐκ οἴδατε(11:2b)라는 질문은 청취자와 독자들이 엘리야 일화(열왕기상 17장-열왕기하 2장)를 이미 아는 것(로마서 6:16; 고린도전서 3:16; 야고보서 4:4)처럼 전제한다.[154] 예수 그리스도를 믿는 유다인 아닌 사람들이나 21세기 한국인 독자들이 어떻게 알겠는가. 바울은 유다인에게 직접 호소하는 듯하다.

3절 3절은 열왕기상 19장 10절을 인용했다. 바울은 열왕기상 19장 10절에 없었던 단어 주님κύριε(11:3a)을 덧붙이고 앞쪽 단어들의 위치도 바꾸었다. 바울이 기억 실수를 했다기보다 엘리아의 고뇌를 돋보이려고 일부러 그랬던 것 같다.[155] 엘리아의 발언을 인용하여 바울 시대 이스라엘의 처지를 해석하려는 것은 아니다.[156] 바울이 자신의 역할을 엘리아의 역할과 빗대려는 의도[157]는 없다.[158] 엘리아 당시 이스라엘과 바울 시대 이스라엘 비교는 11장 5절에서 비로소 시작된다. 바울은 엘리아 발언을 인용하여 하느님께서 당신 백성을 버리셨다고 말할 수 없다고 확인했다.

4절 4절은 "그러나 내가 이스라엘 백성 가운데서 바알에게 무릎을 꿇지도, 입맞추지도 않았던 칠천 명을 남겨두리라."(열왕기상 19:18)를 인용했다. 바알에게 무릎 꿇지 않았던 칠천 명 남자들을 바울은 예수 그리스도를 믿는 유다인에 비유하려 한다.[159] 신탁 χρηματισμός(11:4A)은 그리스 문화에서 특히 신전이나 꿈에서 듣는 말을 가리켰다.[160] 구약성서 그리스어 번역본에서는 하느님 말씀을 가리키기도 했다.(마카베오하 2:4; 욥기 40:8; 예레미야 37:2) 신약성서에서도 쓰인 단어다.(마태복음 2:12; 누가복음 2:26; 히브리서 8:5) 엘리아 호소와 하느님 답변을 통해 바울은 하느님 백성의 역사는 계속된다는 결론을 이끌어냈다. 하느님 백성의 겨우 일부만 살아남았다는 뜻보다, 하느님 백성의 역사는 중단되지 않고 계속 진행된다.

5절 이처럼 οὕτως(11:5)은 비유에 즐겨 쓰인 단어다.(마가복음 13:29; 마태복음 13:49; 누가복음 12:21) 그래서 지금도 οὕτως οὖν καί(11:5)에서 바울이 엘리아 시대 이스라엘과 바울 시대 이스라엘을 비교한다는 사실을 우리는 알 수 있다. 바알 숭배에 빠지지 않은 칠천 명 이스라엘 사람은 지금 남은 자 λεῖμμα(11:5)에 해당한다. 남은 자는 예수 그리스도를 믿는 유다인을 가리킨다. 선택된 $\kappa\alpha\tau'$ $\dot{\epsilon}\kappa\lambda o\gamma\grave{\eta}\nu$(11:5)이란 표현은 유다교 문헌에는 없고 그리스 문헌에 자주 보인다. 살 물건이나 노예를 결정할 때 쓰던 표현이었다.[161] 예수 그리스도를 믿는 유다인이 있다는 사실은 하느님의 자유로운 결단 말고는 어디서도 그존재 이유를 찾을 수 없다.(9:10-26) 남은 자가 있다는 사실은 구원의 가능성을 알려주기도 하지만 아직도 대부분은 남은 자가 아니라는 것도 알려준다.(9:27)

6절 은총과 행업을 반대로 놓은 바울은 이삭의 아들 중에 야곱을 사랑하였지만 에서를 미워했던 하느님의 선택은 야곱이나 에서의 행실을 보고 내린 결정이 아니라 하느님의 자유에 의한 것(9:12-13)이라고 기억시킨다. 은총과 행업이 반대 위치에 있는 것처럼 하느님과 인간이 반대편에 있다.(4:4) 행업은 여기서 토라 실천이 아니라 인간의 모든 행동을 가리킨다. 물론 토라 실천이 인간의 행동에 속하긴 한다. 토라에 의지하지 않고도 하는 인간 행동이 세상에 있다는 뜻이겠다. 예수 그리스도를 믿지 않는 유다인이 그들의 목표에 이르지 못한 것은 그들이 행업을 통해 이르려고 애썼기 때문이다.(9:32b) 바울은 예수 그리스도를 믿는 유다인은 하느님의 은혜 $\chi\dot{\alpha}\rho\iota\varsigma$(11:6b) 덕분이라는 말을 하고 있다.

7절 이스라엘(11:7b)은 모든 유다인을 가리킨다. 찾던 것을 얻지 못한 이스라엘(11:7c)은 예수 그리스도를 믿지 않는 유다인을 말한다. 하느님이 오래 전에 선택하신 이스라엘 안에 또 선택된 이들이 있고 완고해진 이들이 있다고 바울은 구분한다. 예수 그리스도를 믿는 유다인은 선택된 이들 $\dot{\epsilon}\kappa\lambda o\gamma\grave{\eta}$(11:7c), 예수 그리스도를 믿지 않는 유다인은 완고해진 이들λοιποί(11:7d)이다. 선택된 이들에 예수 그리스도를 믿는 유다인 아닌 사람은 포함된다[162]고 보기 어렵다.[163] 바울은 이미 7절에서 말하는 이스라엘 대부분의 실패 이유를 9장 31-32절에서 말했다. 믿음이 아니라 행업에 의지했기 때문에 그들은 돌에 걸려 넘어지고 구덩이에 빠졌는데(9:31-32), 이제 그들의 마음이 완고해져 실패한다.(11:7e)

동사 πωρόω(11:7e)는 여러 종류의 돌뿐 아니라 석회처럼 굳어진 돌을 가리킨다.[164] 슬픔에 절어 굳어진 나의 눈(욥기 17:7), 늙어 눈이 굳어졌다(창세기 27:1)는 이삭의 사례가 있다. 마음이 굳어졌다는 뜻으로 예수를 반대하는 바리새파 사람들(마가복음 3:5), 이해 못하는 제자들(마가복음 6:52, 8:17), 믿지 않는 유다인(요한복음 12:40)들 같이 마음이 굳어지고 이해 못한다는 뜻으로 쓰였다. "너는 이 백성의 마음을 둔하게 하고 귀를 어둡게 하며 눈을 뜨지 못하게 하여라."(이사야 6:10; 요한복음 12:40)[165]를 11장 7e와 연결하는 의견[166]과 그에 거리를 두는 의견[167]이 있다.

하느님께서 그들에게 혼미한 정신을 주셔서(11:8a) 유다인의 마음이 굳어졌다. 여기서 주목해야 할 중요한 생각은 이것이다. 뽑히지 못한 유다인의 마음이 굳어진 이유는 그들의 불신에 대한 하느님의 반응[168]이 아니라 그들의 불신 이전에 하느님의 결정 때문[169]이다. 하느님은 복음을 먼저 유다인들에게 주셨는데도(1:16) 유다인 대부분은 복음을 왜 거절하는지 이해할 수 없는 주제를 바울은 이렇게 해명하였다. 대부분의 유다인이 복음에 믿음으로 반응하지 않고 행업의 길을 걸으며 율법의 의로움에 이르려 애쓴 것은 하느님이 그들의 마음을 굳어지게 하셨기 때문이다. 왜 하느님이 대부분 유다인의 마음을 굳어지게 하셨을까. 유다인이 아닌 사람들이 구원에 이를 수 있게 배려하셨기 때문이다.(11:11d-12a, 15a, 25c)

8절 하느님 스스로 이스라엘의 마음을 굳어지게 만드셨다고 바울은 신명기 29장 3절과 이사야 29장 10절을 인용한다. 모세는 요단 강을 건너 이스라엘로 향하기 직전에 이집트 탈출 이후 시간을 회상하며 온 이스라엘 백성들에게 말하고 있다. "그러나 야훼께서는 이날까지 너희에게 깨닫는 마음, 보는 눈, 듣는 귀를 주지 않으셨다."(신명기 29:3) 바울은 신명기 29장 3절을 조금 고쳐 인용했다.[170] 신명기 29장 3절과 로마서 11장 8절은 이스라엘의 굳어진 눈이 하느님 탓임을 똑같이 밝혀주고 있다. "너는 이 백성의 마음을 둔하게 하고 귀를 어둡게 하며 눈을 뜨지 못하게 하여라. 눈으로 보고 귀로 듣고 마음으로 깨달아 돌아와서 성해지면 어찌 하겠느냐?"(이사야 6:10)에서 바울이 착안했다는 의견[171]과 그에 거리를 두는 의견이 있다.[172] 바울에게 도움을 줄 만한 구절은 또 있다.(예레미야 5:21; 에스겔 12:2; 스가랴 7:11)

바울이 하느님의 사랑받는 백성이 하느님의 복음을 거절하는 이해하기 어려운 현실 앞에 고뇌했다면, 21세기 한국 그리스도인은 어떤 현실 앞에서 고뇌해야 할까. 한반도에서 예수 그리스도를 믿는 사람들의 마음이 굳어진 현실 아닐까. 예수 그리스도를 믿는 한국 사람들이 스스로 자신의 마음을 돌처럼 굳어지게 만들어 버리지 않았을까. 하느님께서 예수 그리스도를 믿는 한국 사람들의 마음이 굳어지게 만드신 것일까. 예수 그리스도를 믿는 한국인 대다수가 마음이 굳어졌다는 현실을 부인하기는 어려울 듯하다.

9-10절 바울은 9-10절에서 시편 69/68편 23-24절을 인용하여 유다인 대부분이 복음을 거절하는 현실을 다시 해설한다. 시편 69/68편은 거룩한 개인이 원수에서 지켜주시고 원수를 처벌해달라고 하느님께 애원하는 노래다.[173] "그들의 눈이 어두워져 보지 못하고 그 허리는 영원히 가누지 못하게 하소서."(시편 69/68:23) 시편 69/68편 23-24절의 거룩한 개인 자리에 9-10절에서 예수 그리스도를 믿지 않는 유다인이 들어섰다. 원수의 어두워진 눈과 예수 그리스도를 믿지 않는 유다인의 굳어진 마음이 같이 다루어지고 있다.

다윗이 노래한 잔치τϱάπεζα(11:9b)가 성전 제사[174]를 가리키는지 유다인의 식사 공동체[175]를 가리키는지 분명하지는 않다. 원수들이 벌려놓은 잔치가 패망하는 자리가 되는 사실을 예수 그리스도를 믿지 않는 유다인은 모르고 있다. 바울이 원수를 저주하는 다윗처럼 예수 그리스도를 믿지 않는 유다인을 저주하는 것은 아니다. 바울은 다윗을 끌어들여 예수 그리스도를 믿지 않는 유다인의 처지를 염려하고 있다. 대부분의 유다인이 예수 그리스도를 믿지 않는 이유를 바울은 이스라엘 역사에서 찾아내어(이사야 6:9-10, 29:10; 신명기 29:3) 예수 운동 사람들에게 해명하고 있는 것이다. 그렇다면 가장 궁금한 주제가 아직 남아 있다. 예수 그리스도를 믿지 않는 유다인의 운명은 어떻게 될까.

유다인도 구원받을 것이다(11:11-32)

11 그러면 이스라엘이 걸려 넘어져서 완전히 패망하고 말았다고 할 수 있겠습니까? 절대로 그렇지 않습니다. 그들의 죄 때문에 오히려 이방인들은 구원을 받게 되었고 이스라엘은 이방인들을 시기하게 되었습니다. 12 이렇게 이스라엘의 범죄가 세상에 풍성한 축복을 가져왔고 이스라엘의 실패가 이방인들에게 풍성한 축복을 가져왔다면 이스라엘 전체가 구원을 받는 날에는 그 축복이 얼마나 엄청나겠습니까? 13 이제부터는 이방인 여러분에게 말씀 드립니다. 나는 이방인들을 위한 사도로서 내가 맡은 직책을 영광으로 생각합니다. 14 나는 내 동족 유다인들에게 시기심을 불러일으켜 그들 가운데 일부나마 구해 주고 싶습니다. 15 그들이 버림을 받은 결과로 하느님과 세상 사이에 화해가 이루어졌다면 하느님께서 그들을 다시 받아주실 때에는 어떻게 되겠습니까? 죽었던 사람들에게 생명을 주실 것이 분명합니다. 16 떡 반죽에서 떼낸 첫 부분을 하느님께 드리면 그 반죽덩어리 전체도 거룩합니다. 또 나무 뿌리가 거룩하면 그 가지도 다 거룩합니다. 17 올리브 나무가 한 그루 있는데 그 가지 몇 개가 잘리고 그 자리에 야생 올리브 나무 가지를 접붙였다고 합시다. 그러면 그 접붙인 가지들은 올리브 나무 원 뿌리에서 양분을 같이 받게 됩니다. 말하자면 여러분은 이 야생 올리브 나무 가지들입니다. 18 그러니 여러분은 잘려

나간 가지들을 업신여겨서는 안 됩니다. 그럴 생각이 날 때에는 여러분이 뿌리를 지탱하는 것이 아니고 뿌리가 여러분을 지탱한다는 사실을 기억하십시오. 19 여러분은 "저 가지들이 잘려나간 것은 그 자리에 우리를 접붙이기 위한 것이 아닙니까?" 하고 말할지도 모릅니다. 20 그것은 그렇습니다. 그러나 그 가지들이 잘려나간 것은 그들이 믿지 않은 탓이고 여러분이 그 자리에 붙어 있는 것은 여러분이 믿었기 때문입니다. 그러니 여러분은 두려워할지언정 자랑할 것은 하나도 없습니다. 21 하느님께서 원 가지들도 아낌없이 잘라내셨으니 여러분들도 아낌없이 잘라버리실 수 있습니다. 22 하느님께서는 자비로우시기도 하고 준엄하시기도 하다는 것을 알아두십시오. 하느님께서는 당신을 거역하는 자들에게는 준엄하시지만 여러분에게는 자비로우십니다. 그러나 그것은 여러분이 하느님의 자비를 저버리지 않을 때에 한한 일이고 그렇지 못할 때에는 여러분도 잘려나갈 것입니다. 23 믿지 않았던 탓으로 잘려나갔던 가지들이 믿게 되면 하느님께서는 그 가지들도 접붙여 주실 것입니다. 하느님께서는 전에 잘라내셨던 가지들이라도 다시 접붙이실 능력을 가지고 계십니다. 24 원래 야생 올리브 나무 가지였던 여러분이 잘려서 제 나무가 아닌 딴 좋은 올리브 나무에 쉽사리 접붙여졌다면 잘려나갔던 가지들이 제 올리브 나무에 다시 접붙여지는 것이야 얼마나 더 쉬운 일이겠습니까? 25 형제 여러분, 여러분이 모든 것을 다 알았다고 장담할지 모르지만 아직 깨닫지 못하는 숨은 진리가 하나 있는데 여러분도 그것을 꼭 알아두시기 바랍니다. 그 진리란 이런 것입니다. 일부 이스라엘 사람들이 지금은 완고하지만 모든 이방인들이 하느님께 돌아오는 날에는 그 완

고한 마음을 버릴 것이고 26 따라서 온 이스라엘도 구원받게 되리라
는 것입니다. 성서에도, "시온에서 해방자가 나와 야곱의 후손으로부
터 사악을 제거하리라. 27 이것이 내가 그들의 죄를 없이할 때 그들과
맺으려는 나의 계약이다."라는 말씀이 있습니다. 28 복음의 견지에서
보면 이스라엘 사람들은 여러분이 잘 되라고 하느님의 원수가 되었
지만 하느님의 선택의 견지에서 보면 그들의 조상 덕택으로 여전히
하느님의 사랑을 받는 백성입니다. 29 하느님께서 한 번 주신 선물이
나 선택의 은총은 다시 거두어가시지 않습니다. 30 전에 하느님께 순
종하지 않았던 여러분이 이제 이스라엘 사람들의 불순종 때문에 하
느님의 자비를 받게 되었습니다. 31 이와 같이 지금은 순종하지 않고
있는 이스라엘 사람들도 여러분이 받은 하느님의 자비를 보고 회개
하여 마침내는 자비를 받게 될 날이 올 것입니다. 32 하느님께서는 모
든 사람을 불순종에 사로잡힌 자가 되게 하셨습니다. 그러나 결국은
그 모두에게 자비를 베푸셨습니다.

11절 예수 그리스도를 믿지 않는 유다인 덕분에 유다인 아닌 사
람들이 하느님의 구원에 이르게 되었다.(11:11, 12, 15, 19, 28, 30) 예수
그리스도를 믿지 않는 유다인도 결국 하느님께 구원받게 될 것이
다.(11:12-15, 25, 30-31) 바울의 이 두 가지 관심이 11장 11-32절에서
펼쳐진다. 1장 5-6절과 13절 이후 처음으로 바울은 유다인 아닌 사
람들에게 말하고 있다.(11:13, 17-24, 25, 28, 30) 이 단락 끝인 32절에서
예수 그리스도를 믿지 않는 유다인과 예수 그리스도를 믿는 유다인
아닌 사람에게 모두 τοὺς πάντας 두 번이나 말한다. 바울은 예수 그리

스도를 믿는 유다인 아닌 사람과 예수 그리스도를 믿지 않는 유다인 사이의 관계를 언제나 생각하고 있다.

예수 그리스도를 믿지 않는 유다인은 하느님께 버림받았다고 오판하지 말라고 바울은 예수 그리스도를 믿는 유다인 아닌 사람들에게 경고한다.(11:17-24) 바울은 예수 그리스도를 믿지 않는 유다인을 어디서도 부정적인 집합 명사로 악마화하지 않았다. 그들αὐτοι 또는 나의 혈육μου τὴν σάρκα(11:14)이라고 불렀을 따름이다. 혈통상으로 나의 동족인 나의 형제들(9:3)을 떠올리게 한다. 개신교 성도들과 가톨릭 신자들이 서로를 내 동족인 내 자매형제들이라고 부르면 얼마나 좋을까.

예수 그리스도를 믿는 유다인 아닌 사람들과 예수 그리스도를 믿지 않는 유다인들의 운명은 서로 어떻게 연결되어 있는가.(11:11-16) 바울은 이 주제에 대해 인간적으로 고뇌하고 있다. 그들의 현재 운명과 미래 운명이 서로 연결되어 있다. 예수 그리스도를 믿는 유다인 아닌 사람들의 구원은 예수 그리스도를 믿지 않는 유다인들의 운명의 결과[176]라고 바울은 소개한다. 예수 그리스도를 믿는 유다인 아닌 사람들은 예수 그리스도를 믿지 않는 유다인들에게 크게 신세 지고 있다. 예수 그리스도를 믿는 유다인 아닌 사람들과 예수 그리스도를 믿지 않는 유다인들의 운명이 어떻게 연결되는지 그리스도교 사람들은 바울처럼 고뇌한 적이 있을까. 한국 개신교 성도들과 가톨릭 신자들은 서로 어떤 운명으로 연결되어 있는지 생각하고는 있을까.

비틀거리다πταίειν, 넘어지다πίπτειν 단어가 등장했다.(11:1, 9:32-33)

예수 그리스도를 믿지 않는 다른 사람들(11:7, 10:16)은 비틀거리며 걷다가 결국 쓰러지고 말았냐는 질문이다. 비틀거리지 않고 걷는 사람이 있을까. 걷다가 넘어지지 않는 사람 있을까. 예수 그리스도를 믿지 않는 유다인, 예수 그리스도를 믿는 유다인 아닌 사람, 예수 그리스도를 믿는 한국인도 모두 비틀거리며 걷는다. 9장 27절, 특히 10장 16절부터 바울의 설명을 따라온 독자들은 예수 그리스도를 믿지 않는 유다인은 구원을 상실했다고 생각할 수도 있겠다. 그러나 쓰러지지 않았다고 바울은 강조한다. 예수 그리스도를 믿는 유다인 아닌 사람 중에 교만한 사람만 함부로 판단[177]하는 것은 아닐 수 있다. 넘어지다πίπτειν 동사는 구원 상실을 뜻한다.(시편 26:2; 호세아 7:7; 히브리서 4:11) 윤리적으로 신앙적으로 모범적인 사람 중에 인격에서 지식에서 교만한 사람이 얼마나 많던가.

동사 넘어지다πίπτειν에서 명사 παραπτωμα(11:11b)가 왔다. 위반trespass, transgression으로 옮기는 것[178]은 적절하다고 보기 어렵다.[179] '위반'이라는 단어를 쓰려면 규정이나 법이 이미 있어야 했다. 위반을 뜻할 때 바울은 παράβασις(로마서 2:23, 4:15, 5:14) 단어를 썼다. 죄(《공동번역》), 범법(《200주년 기념성서》)으로 번역한 것에 나는 찬성하기 어렵다. 《개역개정》은 '넘어짐'이라고 적절하게 옮겼다.

예수 그리스도를 믿지 않는 유다인 덕분에 구원이 유다인 아닌 사람에게까지 이르렀다.(11:11b) 바울의 이 생각은 누가복음 저자의 생각과 일치한다. 예수 그리스도의 복음이 처음에 유다인에게 전해졌고, 유다인에게 거절당하자 그 후 유다인 아닌 사람에게 전해지고 크게 받아들여졌다.(사도행전 13:46-48, 18:5-6, 22:18-21) 예수 그리

스도를 믿지 않는 유다인은 예수 그리스도를 믿는 유다인 아닌 사람을 질투하게 되었다.(11:11e)

12절 세상κόσμος(11:12a)은 인류 전체(로마서 1:8, 3:6, 5:12)가 아니라 유다인 아닌 사람들(누가복음 12:30; 디모데전서 3:16)을 가리킨다. 풍부하다πλοῦτος(11:12a, b)는 구원σωτηρία(11:11d)을 비유적으로 표현한다. 예수 그리스도를 믿지 않는 유다인이 넘어진 덕분에 유다인 아닌 사람들 사이에서 구원이 풍부하게 되었다는 말이다. 여기서 '풍부하다'라는 단어는 구원을 가리키지 돈이나 경제적 의미를 뜻하진 않는다. 수공업자 바울은 '풍부하다'라는 단어를 여러 번 사용했다.(고린도전서 1:5; 고린도후서 6:10, 8:9) 넘어짐παράπτωμα(11:12a)과 실패ἥττημα(11:12b; 고린도전서 6:7)의 뜻은 다르다. 실패는 더 나쁜 것(고린도전서 11:17), 더 적은 것(사무엘상 30:24), 패배(마카베오하 10:24; 이사야 8:9)와 이어진다. 패배 과정보다 패배 결과(이사야 31:8-9; 고린도전서 6:7)를 가리킨다. 예수 그리스도를 믿지 않는 유다인이 넘어졌기 때문에 패배했다는 말이다.

11장 12c에서 그들의 풍부함τὸ πλήρωμα αὐτῶν 주어는 있는데 술어가 없는 불완전한 문장이다. 바울이 생략한 단어의 뜻을 더 강조하는 방식이다. 그들αὐτῶν(11:11d, 12a)은 예수 그리스도를 믿는 유다인을 포함하여 이스라엘 전체를 가리킨다는 의견[180]이 있다. 지시대명사 그들αὐτῶν(11:11d, 12a)은 비틀거리다ἔπταισαν(11:11a)와 연결되지 않기 때문에 그 해석에 반대하는 의견[181]이 있다. 그들αὐτῶν(11:11d, 12a)은 예수 그리스도를 믿지 않는 유다인을 가리킨다.[182]

그들의 풍부함(11:12c)이 구체적으로 무엇을 뜻하는지 계속 토론되고 있다.[183] 바울이 유다인 전체의 완성을 말했다는 의견[184]에 동의하기 어렵다. 그들은 유다인이 아니라 예수 그리스도를 믿지 않는 유다인 아닌 사람들을 가리키기 때문이다.

예수 그리스도를 믿지 않는 유다인의 넘어짐이 유다인 아닌 사람들 사이에게 구원을 가져왔다면, 유다인 아닌 사람들 사이에서 구원이 엄청나게 풍부해졌다[185]는 말이다. 유다인 아닌 사람들의 풍부함(11:12c)은 예수 그리스도를 믿지 않는 유다인이 그리스도에게서 떨어져 나감(9:3)이 끝나고, 올리브 나무에 다시 접붙여지고(11:23), 구원받게 되리라는 것(11:26)을 뜻한다. 유다인 아닌 사람들의 풍부함은 예수 그리스도를 믿지 않는 유다인의 풍부함으로 이어진다.

그런데 예수 그리스도를 믿지 않는 유다인이 어떻게 예수 그리스도를 믿는 유다인 아닌 사람들을 시기하게 될까. 바울은 확신했지만 그 확신의 근거를 밝히지 못했다.[186] 풍부함(11:12c)은 바울이 이미 증명한 결론이 아니라 아직 증명해야 할 전제다.[187]

12절은 우리말로 어떻게 번역되었을까. "이렇게 이스라엘의 범죄가 세상에 풍성한 축복을 가져왔고 이스라엘의 실패가 이방인들에게 풍성한 축복을 가져왔다면 이스라엘 전체가 구원을 받는 날에는 그 축복이 얼마나 엄청나겠습니까?"《공동번역》에서, 세 가지 문제를 볼 수 있다. 범죄가 아니라 넘어짐으로 옮겼다면 더 좋았다. 그리스어 본문에 없는 '이스라엘 전체가 구원을 받는 날에는' 부분을《공동번역》은 왜 쓸데없이 덧붙였을까. 풍부함을 축복으로 옮긴 것도 지나치다. "그런데 그들의 범법이 세상의 부가 되고 그들의 실패가 이방민족들의 부가 되었다면 그들이 모두 다 믿게 될 때는 얼마나 대단하겠습니까?"《200주년 기념성서》는 넘어짐을 왜 범법이라고 번역했을까. '그들이 모두 다 믿게 될 때는' 부분을 추가할 필요도 없었다. "그들의 넘어짐이 세상의 풍성함이 되며 그들의 실패가 이방인의 풍성함이 되거든 하물며 그들의 충만함이리요."《개역개정》는 원문에 가깝게 잘 번역되었다.

13절 13-14절에서 바울은 자기 자신에 대해 말하고 있다. 13-14절을 함께 읽어야 이해하기 쉽다. 1장 1절 이후 처음으로 바울은 11장 13b에서 자신을 사도ἀπόστολος[188]라고 칭한다. 바울은 유다인의 관습에 따라 유다인이 아닌 사람을 이방인이라 불렀다. "나는 유다인이 아닌 사람들의 사도입니다.εἰμι ἐγὼ ἐθνῶν ἀπόστολος"(11:13b) 유다인 바울은 유다인이 아닌 사람을 이방인이라 불러도 되겠지만, 한국인인 나는 유다인이 아닌 사람을 이방인이라 부르지 않고 유다인이 아닌 사람이라고 부른다. 내가 바울처럼 유다인의 입장에 서서 다른 민족을 칭할 이유나 필요는 없기 때문이다.

바울은 언제나 예수 그리스도를 믿는 유다인이 아닌 사람들을 생각하고 있다.(1:3, 4:24-25, 5:1-11) 바울은 유다인이 아닌 사람에게 유다인이 되라고 강요하지 않고 복음을 전했다.(갈라디아서 1:16; 로마서 1:5; 데살로니가전서 2:16) 직무διακονία(11:13c)는 유다인이 아닌 사람들의 사도로써 바울이 하는 모든 행동(고린도후서 3:8, 4:1, 5:18)을 가리킨다. 예루살렘에 있는 믿음의 형제자매들에게 보내는 헌금을 바울이 διακονία(15:25, 31; 고린도후서 8:4, 9:1)라고 부르기도 했다.

스스로 유다인이 아닌 사람들의 사도라고 칭하는 바울이 왜 자꾸 유다인 이야기를 할까. 유다인이 아닌 사람에게 예수 그리스도의 복음을 전하는 바울은 예수 그리스도를 믿지 않는 유다인이 예수 그리스도를 믿을 가능성을 동시에 넓혀 놓았다. 유다인이 아닌 사람에게 예수 그리스도의 복음을 전하는 일은 예수 그리스도를 믿지 않는 유다인에게 예수 그리스도를 소개하는 간접적인 방법이다. 그러니까 바울은 유다인 아닌 사람들의 사도이지만 동시에 유다인의 사도다. 바울이 유다인을 포기하고 유다인 아닌 사람에게 예수 그리스도의 복음을 전한 것이 아니라 결국 예수 그리스도를 믿지 않는 유다인에게 예수 그리스도를 소개하기 위해 지금 유다인 아닌 사람에게 예수 그리스도의 복음을 전하고 있다.

14절 혹시εἴ πως(11:14a), 일부나마τινὰς(11:14b)는 이스라엘 선교에 대한 겸손한 자세보다 비관적 전망을 더 나타내는 것일까. 예수 운동이 유다인에게 크게 환영받지 못했다는 현실을 바울은 모르지 않는다. 복음 선포는 믿음을 일으키고, 믿음은 구원을 가져다준다는 확신(로마서 11:14, 1:16; 고린도전서 1:21)을 바울은 드러내고 있다. 구원은 바울이 아니라 예수가 가져다 준다.(로마서 5:9, 10; 데살로니가전서 1:10, 5:9) 14절에서 바울이 모든 유다인을 두 무리로 나누고, 어떤 유다인에게는 질투심을 일으키고 어떤 유다인에게는 구원에 이르도록 돕는다는 뜻[189]은 아니다.[190] 대부분의 유다인에게는 질투심을 일으키고 그 중 일부 유다인에게는 구원에 이르도록 돕는다[191]는 의견에 나는 동의하기는 어렵다.

15절 가정법 문장인 15절에 술어가 생략되었다. 단어 ἀποβολὴ αὐτῶν(11:15a)의 내용과 번역을 두고 논의가 계속 되고 있다. 크게 세 의견이 있다.[192] 대부분 성서번역과 주석서는 αὐτῶν을 목적 뜻을 가진 소유격으로 보고 ἀποβολή를 버림, 거절Verwerfung로 번역한다. 문장에서 감추어진 주어는 하느님이다. 단어 αὐτῶν을 목적 뜻을 가진 소유격으로 보고 ἀποβολή를 상실, 패배Verlust로 번역하자는 의견도 있다.[193] 취리히 성서와 라틴어 성서 불가타Vulgata가 그렇다. 라틴어 성서는 ἀποβολή를 손해amissio로 옮겼고, 루터도 이 의견을 따랐다. 1883년 루터 번역본 개정판은 버림, 거절로 옮겼는데[194], 2017년 개정판은 상실, 패배로 예전처럼 옮겼다. 단어 αὐτῶν을 주어 뜻을 지닌 소유격으로 보는 의견도 있다.[195] 그러면 예수 그리스도를 믿지 않는 유다인이 복음을 버렸다는 번역이 가능하다. 여러 이유로 두 번째 의견이 가장 적절한 듯하다.[196]

대부분의 유다인이 예수 그리스도의 복음을 믿지 않았기 때문에 구원을 상실했다는 말이다. 그러나 바울이 그런 대부분의 유다인을 탓하거나 저주하는 것은 아니다. 그들의 행동이 뜻밖에도 세상에 화해καταλλαγή κόσμου(로마서 11:15, 5:10; 고린도후서 5:19)를 가져온 셈이 되었다. 여기서 세상은 모든 사람들이 아니라 유다인이 아닌 사람들을 가리킨다. 하느님이 바뀐 것이 아니다. 사람이 스스로 바뀐 것도 아니다. 하느님이 사람을 바꾸게 만드셔서 하느님과 사람 사이의 장벽을 허무시고 화해가 이루어졌다.(골로새서 1:21)

맞아들임, 받아들임πρόσλημψις이란 단어는 신약성서에 여기에만 나온다. 하느님과 공동체(사무엘상 12:22; 시편 64:5, 72:24), 다른 사람들과 공동체(마카베오하 10:15; 로마서 14:1, 15:7) 둘 다 가리키는 것 같다. 예수 그리스도의 복음을 믿지 않는 유다인이 예수 그리스도를 믿게

되는 모습을 바울은 죽은 자들로부터의 살아남ζωὴ ἐκ νεκρῶν(11:15b)
에 비유했다. 예수 그리스도를 믿지 않는 유다인이 예수 그리스도
를 믿게 되는 것은 죽었다 살아난 것과 같다는 말이다. 이스라엘의
회개도 죽음에서 삶으로 표현되었다.(에스라 9:8-9; 에스겔 37:1-14; 누가
복음 15:24)

16절 16절에 서로 다른 두 비유가 등장했다. 11장 16a의 "반죽의
첫 부분이 거룩하면 온 덩어리도 거룩하다."는 "처음 반죽한 떡반죽
에서 한 덩이를 떼어 야훼께 예물로 바쳐야 한다."(민수기 15:20)에서
온 듯하다.

떡반죽에서 첫 부분ἀπαρχὴ(11:16a)이나 마지막 부분이 똑같이 거
룩하다. 반죽 어느 부분이나 모두 같은 품질로서 서로 연결되어 있
다. 바울은 첫 부분ἀπαρχὴ 비유를 연속성을 나타내는 비유로 즐겨
쓴다.(로마서 16:5; 고린도전서 15:20, 16:15)

둘째 비유 11장 16b는 뿌리가 가지를 지탱하고 가지는 뿌리에
의지하는 모습을 그렸다. "뿌리가 물을 마음껏 빨아들여 키는 크고
가지는 멋있게 뻗었다."(에스겔 31:7; 호세아 14:6-7) 민수기 15장 20절
에서 반죽 첫 부분이 덩어리에서 떨어지는 모습이 돋보인다면, 뿌
리와 가지 비유는 서로 연결되는 모습을 그렸다.

반죽 첫 부분ἀπαρχὴ과 뿌리ῥίζα(11:16b)는 무엇을 가리킬까. 둘 다
아브라함 또는 이스라엘 선조들을 가리킨다는 의견[197]이 많다. 예수
그리스도를 믿지 않는 유다인도 선조 덕택에 하느님께 사랑받는다
(11:28b)는 뜻이겠다. 둘 다 예수 그리스도를 믿는 유다인(로마서 16:5;
고린도전서 16:15)을 가리킨다는 의견[198]도 있다. 반죽 첫 부분은 예수

그리스도를 믿는 유다인을, 뿌리는 이스라엘 선조를 가리킨다는 의견[199]도 있다. 둘 다 그리스도[200]를 가리킨다는 의견도 있다. 반죽 첫 부분과 뿌리 모두 이스라엘 선조들을 가리킨다고 보는 것이 적절하겠다.[201]

예수 그리스도를 믿지 않는 유다인이 구원에서 멀어진 현재 상태에서 어떻게 구원에 이를 수 있을까.(11:11d-15) 그들은 비틀거리다가 넘어졌고, 그들 덕분에 구원이 유다인 아닌 사람에게까지 이르게 되었다. 예수 그리스도를 믿지 않는 유다인은 예수 그리스도를 믿는 유다인 아닌 사람을 질투하게 되고, 결국 그들도 예수 그리스도를 믿게 되어 구원에 이를 수 있다는 해설이었다. 바울의 이 논리와 생각에 비판적인 의견[202]이 적지 않았다. 바울은 이 주제에서 사실상 해답을 찾지 못하고 벽에 부딪친 것이 아닐까. 나는 그런 생각이 든다.

17절 17-24절은 그 앞뒤 단락과 달리 2인칭 복수가 아니라 2인칭 단수에게 말한다.(12:1, 13:3-4, 14:4) 바울은 예수 그리스도를 믿는 유다인이 아닌 사람 하나하나에게 직접 말하듯 한다. 긴장감과 주의력을 높이는 방법이다. 17-24절은 처음부터 끝까지 예수 그리스도를 믿는 유다인이 아닌 사람과 예수 그리스도를 믿지 않는 유다인의 운명이 대조적으로 설정되었다. 17-22절은 예수 그리스도를 믿는 유다인이 아닌 사람의 운명을, 23-24절은 예수 그리스도를 믿지 않는 유다인의 운명을 다루고 있다. 잘려 나간 올리브 나무 가지는 예수 그리스도를 믿지 않는 유다인을, 접붙여진 야생 올리브 나무 가지는 예수 그리스도를 믿는 유다인 아닌 사람을 가리킨다. 바울이 예수 운동 로마 공동체의 유다인과 유다인이 아닌 사람들을 여기서 의식한 것[203]은 아닌 듯하다.

바울은 재배 올리브 나무와 야생 올리브 나무를 구분하였다.[204] 야생 올리브 나무는 나무보다 덤불에 가깝고, 그 열매는 아주 작고 많아서 먹기 곤란하다. 바울은 올리브 나무에 접붙이는 방법에 대해 말한다.[205] 바울은 야생 올리 브나무 가지를 재배 올리브 나무 가지에 접붙인다고 했지만, 실제 농사에서는 재배 올리브 나무 가지를 야생 올리브 나무 가지에 접붙인다. 도시 출신 바울은 그 사실을 알지 못했다는 의견[206]과 알고 있었지만 일부러 뒤바꾸었다는 의견[207]이 있다. 바울은 예수 그리스도의 복음에 유다인과 유다인 아닌 사람이 어떻게 반응했는지 비교하고 싶을 뿐이다.

17절에서 올리브 나무와 뿌리는 누구 또는 무엇을 가리키는가. 올리브 나무는 이스라엘(예레미야 11:16; 호세아 14:6-7)을 가리킨다는 의견[208]이 있다. 올리브 나무는 예수 그리스도[209], 하느님[210], 예수 그리스도를 믿는 유다인[211], 예수 그리스도를 믿는 모든 사람들[212]이라는 견해도 있다.

뿌리는 아브라함 또는 이스라엘 선조들을 가리킨다는 의견[213]이 있다. 하느님[214], 그리스도[215] 예수 그리스도를 믿는 유다인[216], 예수 그리스도를 믿는 모든 사람들[217], 이스라엘[218]을 가리킨다는 의견도 있다. 올리브 나무, 뿌리, 가지가 무엇을 가리키는지 구체적으로 암호 풀듯이 하지 말고 비유의 개방성을 존중하자는 의견[219]이 있다.

잘려나갔다ἐξεκλάσθησαν(11:17a)는 가지 스스로 떨어져 나간 것이 아니라 하느님이 그렇게 하셨다는 말이다. 접붙이다ἐγκεντρίζειν

(11:17b)는 농업 용어다. 유다교에 들어온 유다인 아닌 사람을 가지에 접붙이다로 표현했다는 주장[220]에 근거는 없다.[221] 그들 중에ἐν αὐτοῖς(11:17b)는 잘려나간 가지[222]가 아니라 올리브 나무에 붙어 있는 가지를 가리킨다. 바울 편지에만 보이는 공동 소유자 συγκοινωνὸς(로마서 11:17b; 고린도전서 9:23; 빌립보서 1:7)라는 단어는 뿌리와 연결된 유다인 아닌 사람을 가리킨다. 두터움πιότης(11:17c)은 뿌리의 풍요로움[223]이 아니라 올리브 나무의 풍요로움(사사기 9:9)[224]을 가리킨다.

18절 자랑하다κατακαυχᾶσαι(로마서 11:18a; 예레미야 27:11; 야고보서 2:13)는 '승리하다'는 뜻에 가깝다. 예수 그리스도를 믿는 유다인 아닌 사람들에게 무시당할 수 있는 가지들τῶν κλάδων(11:18a)은 예수 그리스도를 믿지 않는 유다인을 가리킨다. 모든 유다인을 가리킨다고 주장하면서, 이 표현은 예수 운동 로마 공동체에서 예수 그리스도를 믿는 유다인 아닌 사람들의 유다인 혐오 사상을 뜻한다는 의견[225]은 본문과 관계없다.[226] 유다인은 유다인 아닌 사람들을 보며 하느님을 자랑했다.(2:17b) 유다인은 하느님을 인용하고 자랑하며 잘난 체 할 수 있는데, 유다인 아닌 사람들은 그럴 수 없지 않느냐는 것이었다.

그런 유다인처럼 예수 그리스도를 믿는 유다인 아닌 사람들이 비슷하게 자랑하며 잘난 체 할 수 있다. 예수 그리스도를 믿는 유다인 아닌 사람들이 자신을 하느님께 사랑받고 거룩하게 된 사람(1:7a), 예수 그리스도를 믿지 않는 유다인은 그리스도에게 추방된 사람이라고 생각하면서 예수 그리스도를 믿지 않는 유다인을 얕잡아볼 수 있다. 그런 처신을 바울은 염려하고 경고하고 있다. 뿌리가 가지를 지탱하는 것이지 가지가 뿌리를 지탱하는 것이 아니다. 새로 접붙여진 가지는 잘려나간 가지를 이겼다고 생각하지 말라.

19절 그대는 말할 수도 있다ἐρεῖς οὖν(11:19a)에서 그대는 바울이 상상으로 대화하고 있는 예수 그리스도를 믿는 유다인이 아닌 사람이다. 바울의 가상 대화를 실제 생황인 것처럼 오해하면 안 된다. 가지들이 잘려 나간 것은 가지들의 잘못이 아니다. 하느님은 계획이 있다. 유다인이 아닌 사람들이 예수 그리스도를 믿어 구원에 이르게 하려는 하느님의 오묘한 계획이다. 예수 그리스도를 믿는 유다인이 아닌 사람들이 19절을 잘못 해석하여 유다인을 무시해 온 역사는 정말 부끄럽다.

20절 실제 올리브 나무 농사에서 가지가 잘려 나가느냐 여부는 가지가 정하는 것이 아니라 농부가 정한다. 가지의 품질보다 농부의 계획이 우선이다. 그런데 바울은 20절에서 어떤 가지가 잘려 나가고 어떤 가지는 계속 붙어 있는지 판단하는 기준을 말한다. 예수 그리스도를 믿는 사람들의 상태를 바울은 서 있다ἵστημι/στήκω (11:20b, 5:21, 4:4c-d)라는 동사로 자주 표현했다. 단어 τῇ πίστει(11:20b)는 믿음을 통하여[227]보다, 믿음 때문에[228]로 번역하는 것이 문법적으로 옳다.

그러나 그 자리에 붙어 있는 가지는 전적으로 농부이신 하느님 덕분이다. 이스라엘이 잘했기 때문에 하느님에게 뽑힌 것이 아니다. 하느님이 이스라엘을 일방적으로 사랑하셨기 때문에 이스라엘을 뽑으셨다. 하지만, 예수 그리스도를 믿는 유다인이 아닌 사람들은 하느님이 그들을 일방적으로 사랑하셨기 때문이 아니라 그들이 예수 그리스도를 믿었기 때문에 올리브 나무에 접붙여졌다. 예수 그리스도를 믿는 유다인 아닌 사람들의 운명은 그들의 믿음 여부와 믿음의 상실 여부에 따라 바뀔 수 있다.(11:22d-e) 유다인은, 예수 그리스도를 믿든 안 믿든, 하느님 사랑에서 제외되지 않는다는 말을 바울은 곧 하고 싶은 것이다.

바울이 "그러니 오만한 생각을 하지 말고 오히려 두려워하시오. μὴ ὑψηλὰ φρόνει ἀλλὰ φοβοῦ"(11:20c)라고 말한 것은 예수 그리스도를 믿는 유다인이 아닌 사람들의 자존심에 상처를 주려는 것은 아니다. 예수 그리스도를 믿지 않는 유다인에게 승리했다고 생각하지 말라는 바울의 경고[229]다. 바울의 간곡한 심정은 이해할 만하다. "야훼님처럼 거룩하신 분은 없으십니다. 당신 밖에는 없으십니다. 우리 하느님 같은 바위는 없습니다. 잘난 체 지껄이는 자들아, 너무 우쭐대지 마라. 거만한 소리를 입에 담지 마라. 야훼는 사람이 하는 일을 다 아시는 하느님, 저울질하시는 하느님이시다."(사무엘상 2:2-3)

예수 그리스도를 믿는 유다인이 아닌 사람은 예수 그리스도를 믿지 않는 유다인을 업신여기지 말라. 예수 그리스도를 믿는 사람은 예수 그리스도를 믿지 않는 사람을 업신여기지 말라. 예수 그리스도를 믿는 사람은 예수 그리스도를 믿는다는 자부심은 가지되 예수 그리스도를 믿지 않는 사람에게 우월감을 갖지 말아야 한다.

21절 21절은 11장 20d의 경고 내용을 설명한다. 본성에 따라κατὰ φύσιν(11:21a)는 입양된 자녀와 달리 출산된 자녀를 가리킬 때 쓰이던 단어였다. 양아버지가 아니라 친아버지를 가리킬 때도 쓰였다. 8

장 15절에 나온 양자 비유와 연결되겠다.[230] 올리브 나무 본래의 가지와 접목된 가지 비유는 본래의 가지를 나타내는 유다인이 접목된 가지인 유다인 아닌 사람보다 하느님께 가까움을 바울은 인정하고 전제하였다. 바울의 이러한 태도는 유다인과 유다인이 아닌 사람 사이에 아무런 차이가 없다는 자신의 설명(1:18-3:20, 9:6b-13, 10:12-13)과 모순된다.

아끼지 않으셨다οὐκ ἐφείσατο(11:21a)의 주어는 하느님이다. 예수 그리스도를 믿지 않아서 구원과 멀어진 유다인의 지금 상태는 하느님의 결단 때문이라는 말이다. 가지가 스스로 잘려나간 것이 아니라 하느님이 잘라내셨다. 하느님께서 본래의 가지들도 버리실 정도라면, 접목된 가지도 충분히 버리실 수 있다는 경고다. 만일 접목된 가지가 믿음을 잃는다면 말이다.

22절 "그러므로 하느님의 인자하심과 엄격하심을 알아보시오."(11:22a)에서 자비χρηστότης(11:22a)는 하느님의 성품이기도 하지만 인간에게 선사하시는 구원의 선물(지혜서 15:1; 마카베오하 1:24)이기도 하다. 지혜서 곳곳에 '엄격하다'와 연관된 표현(지혜서 5:20, 6:5, 11:10)이 있지만, 명사 엄격ἀποτομία(11:22a)이란 단어는 로마서 이곳에만 나온다. "주님은 이스라엘 사람들에게 시련을 주실 때에 아들을 징계하는 아버지의 심정으로 하셨지만 저 원수들은 징벌을 내리는 무서운 왕처럼 엄격히 다스리셨다."(지혜서 11:10) 하느님의 엄격하심이란 표현은 사실상 바울이 새로 만들어낸 셈이다. 예수 그리스도를 믿는 사람에 대한 하느님의 자비와 예수 그리스도를 믿지 않는 유다인에 대한 하느님의 엄격하심을 바울은 대조하고 있다.

유다인이 아닌 사람이 예수 그리스도를 믿었기 때문에 가지에 접붙여졌다면, 예수 그리스도를 믿는다는 조건에서 가지에 접붙여졌기도 하다. 유다인이 아닌 사람이 하느님의 자비에 머무를 수 있는 이유와 조건 두 가지를 바울은 밝히고 있다. 유다인이 아닌 사람이 예수 그리스도에 대한 믿음을 잃는다면, 그 사람은 올리브 나무에서 잘려 나갈 수 있다.

23절 바울은 예수 그리스도를 믿지 않는 유다인의 운명과 그 미래에 관심이 많다. 유다인 바울이 동포에 대한 애정 때문만은 아니다. 바울은 무엇보다도 먼저, 예수 그리스도를 유다인에게 알리고 싶었다. 한 번 올리브 나무에서 잘려나간 가지를 다시 접목하려고 생각하는 농부나 정원사는 없을 것이다. 잘려나간 곳에 다른 가지를 접붙였다면, 잘려나간 가지는 보통 버려지거나 불태워진다. 그러나 하느님은 잘려나간 가지를 다시 붙여주실 생각과 능력이 있다. 돌에서 아브라함의 자손을 만들 수 있고(누가복음 3:8), 늙은 여인에게 자녀를 선사하고(창세기 18:14), 죽은 사람을 살려내는 하느님(히브리서 11:19)이 잘려나간 가지를 다시 접붙이시지 못하겠는가.

잘려나간 가지는 다시 나무에 붙여질 수 있다. 불신앙에 머물지 않고 믿음을 찾는다면 말이다.[231] "복음은, 믿는 사람이면 누구를 막론하고 먼저 유다인 그 다음에는 헬라인도 구원으로 인도하는 하느님의 능력이기 때문입니다."(1:16) 바울은 유다인 동포들이 예수 그리스도를 받아들이고 믿기를 애타게 바라고 있다. 그런 바울의 절절한 심정을 오늘 그리스도교 성서학자들은 자기 일처럼 제대로 느끼고 있을까.

가정법 문장에서 결론을 이끌어낼 수는 없다. 가정법 문장인 23절에서 바울은 예수 그리스도를 믿지 않는 유다인 대부분에게 하느님이 믿음을 선사할 것이라는 확신[232]을 말한 것은 아니다. 예수 그리스도를 믿지 않는 대부분 유다인은 결국 불신앙에 계속 머무르며 구경만 할 것이라는 의견[233]은 적절하지 않다. 예수 그리스도를 믿지 않는 대부분의 유다인이 결국 불신앙을 포기할지, 하느님이 그들을 다시 접붙이실지 23절은 말하지 않는다.[234]

24절 21절과 24절 분위기는 아주 다르다. 하느님이 유다인에게도 잘려나가는 아픔을 아끼지 않는다면, 유다인 아닌 사람에게도 잘려나가는 아픔이 있을 수 있다.(11:21) 하느님이 유다인 아닌 사람에게도 구원을 선사하신다면, 유다인에게야 오죽 더 하시겠느냐.(11:24) 유다인이 유다인 아닌 사람보다 하느님에게 가깝다는 전제가 바울의 두 설명에 전제되었다. 예수 그리스도를 믿는 유다인 아닌 사람은 자신의 노력으로, 즉 믿음의 결단으로, 나무에 접붙여진다면, 유다인은 자신의 노력이 아니라 하느님의 자유 의지와 선택으로 가지가 되었다. 유다인은 예수를 믿든 안 믿든, 하느님께 선택받고 사랑받는 백성이다. 바울은 유다인과 유다인 아닌 사람 사이에 아무런 차이가 없다는 자신의 기존 설명과 모순된 입장을 여전히 보여주고 있다.

11장 17-24절이 예수 운동 로마 공동체에서 예수 그리스도를 믿는 유다인 아닌 사람과 예수 그리스도를 믿는 유다인 사이의 갈등을 언급하고 있지는 않다. 예수 그리스도를 믿는 유다인 아닌 사람과 예수 그리스도를 믿지 않는 유다인의 관계와 연결과 운명을 다루고 있다. 예수 그리스도를 믿는 유다인은 11장 17-24절의 주제가 아니다. 믿음과 불신이라는 차원 말고 하느님의 선택이라는 또 다른 차원이 있음을 바울은 다행스럽게도 잊지 않았다.

25절 바울은 예수 그리스도를 믿는 유다인 아닌 사람들에게 다시 말하고 있다.(11:25a, b; 28a, 30a, b; 31a) 예수 그리스도를 믿지 않는 유다인은 그들이라고 불린다.(11:28, 30b, 31a,b) 11장 32절에서 그들 모두 τοὺς πάντας로 함께 불린다. 모든 이스라엘이 구원받을 것이라는 바울의 예언과 확신(11:25-27), 예수 그리스도를 믿지 않는 유다인이 하느님의 선택에서 제외되지 않는다는 사실과 이유(11:28-29), 예수 그리스도를 믿지 않는 유다인이 가진 긍정적 의미(11:30-32) 등 11장 25-32절은 세 부분으로 이루어진 단락이다.

"나는 여러분이 모르기를 원하지 않습니다. Οὐ γὰρ θέλω ὑμᾶς ἀγνοεῖν"(11:25a)는 바울이 무언가 알려주고 싶은 내용이 있다는(로마서 1:13; 고린도전서 10:1; 고린도후서 1:8) 뜻이다. 바울이 알려주고 싶은 신비μυστήριον(로마서 11:26a; 고린도전서 15:51)는 11장 26b-27절이다. 바울의 지금 말은 인간의 평범한 지식에서 나온 해설이 아니라 하느님께서 드러내시는 계시에 속한다[235]는 뜻이다. 구약성서 인용(11:26b-27)은 바울의 말을 뒷받침한다.[236]

바울은 그 신비를 하느님께 계시를 통해 받았다.[237] 바울의 예언적 통찰,[238] 또는 성경 연구 덕분[239] 등 여러 의견이 있다. 바울이 이 대목에서 즉흥적으로 꺼냈다는 의견[240]도 많다. 바울이 로마서를 쓰기 전에 그 신비를 알았었다면, 예수 그리스도를 믿지 않는 유다인의 상황에 대한 바울의 슬픔(9:1-3)과 기도(10:1)는 이해하기 어려울

것이다.[241]

하느님께 선택받은 이스라엘과 하느님과 멀어진 이스라엘이라는 모순된 현실을 이스라엘 예언자들은 탄식하며 고뇌했다. 예수 그리스도를 믿는다는 그리스도교와 예수 그리스도와 멀어진 그리스도교라는 모순된 현실을 아파하고 고뇌하는 사람은 그리스도교 안팎에 얼마나 많은가. 이스라엘은, 그리스도교는 어쩌다 이 지경이 되었을까. 바울도 그런 예언자들과 같은 심정이다. 바울은 그 고뇌를 9장 1-5절에서 이미 드러냈다.[242] 바울은 이스라엘의 일부가 완고하게 되었고(11:25c), 그러나 유다인 아닌 사람들이 모두 다 들어올 때까지 그러리라고(11:25d) 말한다. 모순된 현실은 시간 제한이 있어 언젠가는 끝난다.(다니엘 7:25, 9:24; 누가복음 21:24; 요한계시록 6:9-11) 예수 그리스도를 믿는 유다인 아닌 사람들이 자신의 운명만 생각하지 말고 예수 그리스도를 믿지 않는 유다인의 운명도 함께 고뇌하도록 바울은 초대한다.

일부ἀπὸ μέρους(11:25c)는 이스라엘[243] 또는 생겼다γέγονεν (11:25c)[244]를 가리킨다. 이스라엘의 일부가, 즉 예수 그리스도를 믿지 않는 유다인들이(9:6b, 27a; 11:7b, 25, 26) 완고하게 되었다고 바울은 말한다. 유다인 아닌 민족τὸ πλήρωμα τῶν ἐθνῶν(11:25d)은 지구상의 모든 민족을 가리키는 것은 아니다. 하느님께서 정해놓으신 숫자의 유다인 아닌 사람을 말한다.[245] 그 의견에 회의적인 학자도 있다.[246] 하느님은 인류 역사의 흐름에서 채워져야 할 어떤 기준을 정해놓으신다는 생각이 있었다.(누가복음 21:24; 사도행전 13:48; 요한계시록 6:11)[247] 바울은 유다인 아닌 사람 중 일부만 예수 그리스도를 믿으

리라고 기대한 듯하다.[248]

　유다인 아닌 사람들이 어디로 들어올지 바울은 말하지 않았다. 하느님 나라 또는 생명,[249] 마지막 시대의 이스라엘 구원 공동체,[250] 시온으로 오는 순례[251]라는 해석이 있었다. 바울이 구체적으로 말하지 않은 빈 곳을 존중하여 믿음과 구원[252]을 가리키는 정도로 이해하기도 한다. 바울의 이 말은 야생 올리브 가지가 재배 올리브 나무에 접붙여지는 과정(11:17, 18, 24)에 해당한다. 이미 시작되었지만 아직 끝나지 않은 일이다. 여기서 예수 그리스도를 믿는 유다인 아닌 사람들의 운명을 말하는 것은 아니다. 그들이 들어올 때까지 예수 그리스도를 믿지 않는 유다인들의 완고함이 지속된다는 말을 바울은 하고 싶은 것이다. 그러면 완고했던 유다인도 예수 그리스도를 믿게 될 것이다.

　26절 모든 이스라엘도 구원받을 것입니다πᾶς Ἰσραὴλ σωθήσεται.(11:26a) 예수 그리스도를 믿는 유다인과 믿지 않는 유다인의 분열(9:6b)은 예수 그리스도를 믿는 유다인 아닌 사람들이 믿음으로 들어온 뒤 사라질 것이라는 말이다. 모든 이스라엘은 유다인과 유다인 아닌 사람으로 이루어진 그리스도교 공동체, 즉 하느님의 이스라엘(갈라디아서 6:16)이라는 의견[253]은 26절과 관계없다.[254] 예수 그리스도를 믿는 유다인(11:27c)뿐만 아니라 예수 그리스도를 믿지 않는 유다인도 구원받을 것이다. 어떤 유다인이 모든 이스라엘에서 제외되느냐 하는 질문은 11장 27a 의도와 관계없다.[255] 바울에게 중요한 것은 대부분 유다인의 불신이 끝나고 그들도 구원받으리라는 확신이었다. 바울의 간절한 소원과 기도(10:1)는 이루어졌다.

"이렇게 기록되어 있습니다.καθὼς γέγραπται"(11:26b)가 καὶ οὕτως 와 연결되는 것[256]은 아니다.[257] 대부분 유다인의 불신이 끝나는 것과 그들의 구원이 어떻게 연결되는지에 대해 성서학자들의 의견은 아직 일치하지 않고 있다. 그 토론의 핵심에 καὶ οὕτως 뜻이 무엇인지가 있다.[258] 세 가지 의견을 볼 수 있다.

시간적인 의미에서 '그리고 나서'(사도행전 28:13)[259]로 번역하자는 의견이 있다. 같은 시간 의미이긴 하지만 전제한다는 뜻을 포함하는 '계속해서'[260]로 옮긴 의견도 있다. 유다인 아닌 사람들이 들어왔기 때문에 대부분 유다인의 완고함이 끝났고, 그들의 완고함이 끝났기 때문에 모든 이스라엘이 구원받는다는 논리다. 두 의견 모두 시간 개념이 담겨 있다. 시간이 아니라 방법을 나타내는 '이런 방식으로'[261] 번역하는 학자도 있다. 유다인 아닌 사람들이 들어올 때까지 지속되는 대부분 유다인의 완고함은 모든 이스라엘이 구원받는 방법이라는 설명이다. 이 세 번째 의견은 설득력이 적다.[262] 시간적 연결뿐 아니라 논리적 연결을 포함하는 둘째 의견이 가장 적절한 듯하다. 우리말 번역은 '그 다음에는'(《200주년 기념성서》), '따라서'(《공동번역》), '그리하여'(《개역개정》)로 나와 있다.

표현 καὶ οὕτως에는 모든 이스라엘의 구원과 이스라엘의 일치 회복이 두 개의 서로 다른 사건임을 암시한다.[263] 먼저 모든 이스라엘의 구원이 이루어져야 그 다음에 비로소 이스라엘의 일치, 회복이 된다는 뜻이겠다. "(구약성서에) 이렇게 기록되어 있습니다.καθὼς γέγραπται"(11:26b)는 대부분 유다인의 완고함이 끝나고 모든 이스라엘이 구원받는 것은 결국 하느님이 이루시리라는 바울의 기대를 나타내고 있다. 바울은 이사야 59장 20-21a과 이사야 27장 9절을 섞어 인용한다.(11:26c-27) 두 구절을 연결하여 인용된 곳은 신약성서에서 로마서 11:26c-27절 밖에는 없다. 바울이 이사야 59장 20-21a에 이사야 27장 9절 보충한 듯하다.[264] 야곱-이스라엘의 거룩하지 않음과 죄를 없앤다는 주제 때문이다.

그런데 '시온을 위해ἕνεκεν Σιών'(이사야 59:20a)가 '시온에서부터ἐκ Σιών'(11:26c)로 바뀌어 인용되었다. 바울,[265] 예수 운동 전에 구약성서 그리스어 번역본 전승,[266] 바울 전에 예수 운동 전승[267]이 그렇게 바꾸었다는 의견이 있다. 어느 의견이 적절한지 확실히 알기는 어렵다.[268]

이 질문과 연결되는 다른 문제가 또 있다. 구원자ὁ ῥυόμενος(11:26c)는 하느님을 가리키는가[269] 그리스도를 가리키는가[270] 하는 점이다. '올 것이다ἥξει'(11:26c)는 다시 오시는 예수를 가리키는가.[271] 이미 왔던 나사렛 예수를 가리키는가.[272] 다시 오실 예수와 이미 왔던 나사렛 예수를 둘 다 가리키는가.[273] 시온으로부터ἐκ Σιών가 시내 산으로부터ἐκ Σινα(신명기 33:2) 영향받았다는 의견[274]은 시온과 시내 산을 같은 산으로 혼동한 것이다.

'시온으로부터ἐκ Σιών'라는 표현은 놀랍게도 구약성서와 초대 유다교 문헌에 드물다.(시편 19:3, 49:2, 109:2; 이사야 2:3) 그곳 모두 이스라엘을 구원으로 이끄는 하느님을 노래하고 있다. 바울은 11장 26c에서 이스라엘을 구원으로 이끄는 하느님을 언급하였다. 11장 26c는 나사렛 예수나 다시 오실 예수를 노래하고 있지는 않다. 역사의 나사렛 예수가 시온에서 나왔다고 노래하는 구절도 아니고, 다시 오실 예수가 시온에서 나타나리라고 예언한 구절도 아니다. 시온으로 부터ἐκ Σιὼν라는 표현을 하늘의 예루살렘이라고 해석[275]할 근거를 11장 26c에서 찾을 수는 없다.[276] 바울이 11장 26c에서 예수 그리스도를 믿지 않은 유다인이 어떻게 모든 이스라엘의 구원으로 연결되는지 방법을 설명하는 것은 아니다. 바울은 모든 이스라엘이 구원받으리라는 사실만 말하고 있을 뿐이다.[277]

바울이 11장 26c-27절에서 이사야 59장 20-21a와 27장 9절을 인용한 이유가 이제 드러났다. 이사야의 이 두 구절은 11장 17-24절에서 잘려나간 가지, 즉 예수 그리스도를 믿지 않은 유다인을 가리키고 연결한다. 야곱-이스라엘의 거룩하지 않음과 죄는 예수 그리스도를 믿지 않은 유다인의 완고함과 연결된다. 그리고 하느님은 예수 그리스도를 믿지 않은 유다인의 이러한 현실을 구경만 하고 있지는 않다. 하느님은 어떻게든 결국 모든 이스라엘을 구원하실 것이다. 바울은 이 말을 하기 위해 기나긴 설명을 하였다.

28절 28절의 주어는 예수 그리스도를 믿지 않은 유다인이지 이스라엘 사람들(《공동번역》)이 아니다. 복음εὐαγγέλιον(11:28a)은 바울이 전하는 예수 그리스도의 메시지뿐 아니라 예수 그리스도의 메시지를 전하는 사건과 경과를 포함한다. 원수들ἐχθροὶ(11:28a)은 하느님이 예수 그리스도를 믿지 않은 유다인을 원수로 여겼다[278]는 말인가, 예수 그리스도를 믿지 않은 유다인들이 하느님을 원수 대하듯 했다[279]는 말인가. 둘 다 포함한다고 나는 생각한다. 바울 생각에, 예수 그리스도를 믿지 않은 유다인은 결국 하느님의 복음(1:1)을 받아들이지 않은 것과 같다. 예수 그리스도의 복음, 즉 하느님의 복음을 믿지 않은 유다인은 결국 예수 그리스도를 믿는 유다인 아닌 사람들을 '위해δι' ὑμᾶς(11:28a) 행동한 셈이다. 사랑받는 사람들 ἀγαπητοί(11:28b)은 하느님께 선택받은 사람들이다.(신명기 7:8; 호세아 11:1; 시편 60/59:7) 하느님은 이스라엘을 사랑했기 때문에 이스라엘을 선택했다. 예수 그리스도를 믿지 않는 유다인도 이스라엘에 속하기 때문에, 즉 조상 덕택으로διὰ τοὺς πατέρας(11:28b), 하느님께 계속 사랑받는다.

29절 예수 그리스도를 믿지 않는 유다인과 하느님의 적대 관계가 하느님이 이스라엘을 선택한 사실을 취소할 수는 없다고 바울은 강조한다. 하느님의 약속이 실패로 돌아갔다는 말을 바울이 하려는 것은 아니다.(9:6a) 유다인들이 신의를 저버렸다 해서 하느님도 신의를 저버릴 수는 없다.(3:3-4) 하느님은 하느님이시기 때문이다. 약속을 헌신짝처럼 저버리는 인간들과 하느님이 똑같이 처신하지는 않는다. "야훼께서 너희를 택하신 것은 너희가 어느 민족들보다 수효가 많아서 거기에 마음이 끌리셨기 때문이 아니다. 사실 너희는 어느 민족보다도 작은 민족이다. 다만 너희를 사랑하시고 너희 선조들에게 맹세하신 그 맹세를 지키시려고 야훼께서는 당신의 강한 손으로 너희를 이끌어내신 것이다."(신명기 7:7-8a) "하느님께서는 사람처럼 거짓말하실 리도 없고 사람의 아들처럼 변덕을 부리실 리도 없으시다오. 말씀만 하시고 그대로 하지 않으실 리 없고 하신 말씀을 그대로 이루지 않으실 리 없으시다오."(민수기 23:19)

취소될 수 없는ἀμεταμέλητος(11:29a)이라는 단어는 신약성서에서 고린도후서 7장 10절에 한 번 더 나온다. 비슷한 표현은 있다.(시편

109:4; 예레미야 4:28; 히브리 6:17) 하느님께서 당신의 행동을 후회할 수 있다는 표현도 물론 있다.(창세기 6:6; 사무엘상 15:11; 예레미야 18:10)

명사 부르심κλῆσις(11:29a)에서 나온 파생어는 자주 사용되었다.(이사야 48:12; 요엘 3:5; 로마서 1:7) "너, 이스라엘, 나의 종, 너, 내가 뽑은 자, 야곱아, 나의 친구 아브라함의 후예야, 나는 너를 땅 끝에서 데려왔다. 먼 곳에서 너를 불러 세우며 일렀다. '너는 나의 종이다. 내가 너를 뽑아 세워놓고 버리겠느냐.'"(이사야 41:8-9)

30절 30-32절은 하느님을 존중하지 않음과 자비의 관계를 다룬다. 하느님을 존중하지 않음이 자비보다 먼저 언급된다. 하느님을 존중한 뒤에야 하느님의 자비가 인간에게 오고, 하느님을 존중하지 않으면 벌이 오는 것이 사실 인간 차원의 논리에 어울린다. 그런데 유다인이 하느님을 존중하지 않은 덕택에 도리어 유다인 아닌 사람이 하느님께 자비를 얻게 되었다는 것이다. 바울의 이 희한한 설명은 대체 어디에서 왔을까.

바울은 30-32절에서 예수 그리스도를 믿지 않는 유다인과 예수 그리스도를 믿는 유다인 아닌 사람들을 다루고 있다. 예수 그리스도를 믿는 유다인과 예수 그리스도를 믿지 않는 유다인 아닌 사람의 관계는 다루지 않는다. 예수 그리스도를 믿는 유다인은 한 번도 하느님을 존중하지 않은 적이 없다. 예수 그리스도를 믿는 유다인 아닌 사람들은 예수 그리스도를 알기 전에는 하느님을 알고서도 영광과 감사를 드리지 않았던 과거가 있었다.(1:21) 그런데 지금은 예수 그리스도를 믿어서 하느님을 알고 영광과 감사를 드리게 되었다. 예수 그리스도를 믿는 유다인 아닌 사람들의 과거와 현재는 그

토록 달라졌다.

　이스라엘 사람들이 하느님을 존중하지 않은 덕분에 유다인 아닌 사람이 하느님께 느닷없이 자비를 얻게 되었다. 이스라엘 사람들이 결과적으로 유다인 아닌 사람들에게 하느님이 자비를 받게 역할하였다면, 예수 그리스도를 믿는 유다인 아닌 사람들은 결과적으로 유다인들에게 어떻게 무엇으로 은혜를 갚아야 할까. 바울은 이 질문을 노골적으로 하지는 않았지만, 독자들은 사실상 그 질문을 받은 셈이다. 예수 그리스도를 믿는 유다인 아닌 사람들이 예수 그리스도를 믿지 않는 유다인을 무시하거나 우월감을 가진다면, 그들은 바울의 말을 못알아 듣고 있는 것이다. 예수 그리스도를 믿는 유다인 아닌 사람과 예수 그리스도를 믿지 않는 유다인은 뗄래야 뗄 수 없는 인연으로 이어져 있다. 그런데 예수 그리스도를 믿는 한국인 중에 그런 생각을 하고 사는 사람이 얼마나 있을까.

　31절 유다인의 태도가 유다인 아닌 사람이 하느님의 자비를 받는 데 영향을 주었다면, 이제 거꾸로 유다인 아닌 사람의 태도가 유다인이 하느님의 자비를 받는데 영향을 준다고 31절에서 설명한다. 11장 31a와 31b의 문장 구조를 두고 많은 토론이 있었다. 11장 31a 끝의 τῷ ὑμετέρῳ ἐλέει를 바로 앞 단어 ἠπείθησαν와 연결하지 않고 11장 31b 끝의 ἐλεηθῶσιν에 연결하여 해석하는 의견이 있다. "여러분에게 베풀어진 자비를 근거로, 그들도 역시 자비를 얻을 것입니다." 정도로 번역할 수 있겠다.[280] 그러나 τῷ ὑμετέρῳ ἐλέει를 앞의 단어 ἠπείθησαν과 연결하는 것이 문장 구조상 자연스럽다.[281] "그들도 지금은 여러분에게 자비가 베풀어지도록 순종하지 않았지만" 정도로 번역할 수 있다.

표현 τῷ ὑμετέρῳ ἐλέει(11:31a)를 어떻게 번역해야 할까. 도구나 이유를 나타내는 숙어로 보고 '여러분의 자비를 근거로, 여러분의 자비를 통하여' 정도로 번역할 수 있다.[282] 단어 ἠπείθησαν의 직접 목적어로 보고 "그들은 여러분의 자비와 달리 존중하지 않았습니다." 정도로 번역할 수 있다.[283] 목적을 나타내는 표현으로 번역하자는 의견도 있다. "여러분에게 자비가 베풀어지기 위해 그들은 존중하지 않았습니다." 정도로 옮길 수 있다.[284] 세 의견 중 어느 하나를 뚜렷하게 지지하거나 반대하기는 불가능하지만, 11장 11절부터 맥락을 보면 세 번째 의견이 가장 설득력 있다.[285]

32절 바울은 모든 사람이 하느님을 존중하지 않은 원인이 결국 하느님에게 있다고 11장 32a에서 설명한다. 존중하지 않게 가두다 συνέκλεισεν εἰς ἀπείθειαν(11:32a)는 그리스 문화에서 유행한 비유에 속한다. 구약성서 그리스어 번역본에도 가두다, 넘기다(시편 31/30:9; 아모스 1:6; 사무엘상 30:15) 등 비슷한 표현이 있다. 5장 12-21절이 토라를 존중하지 않음을 다룬다면, 11장 30-32절은 복음을 존중하지 않음을 다루고 있다. 32절에서 두 번이나 나오는 모든 사람τοὺς πάντας은 유다인과 유다인 아닌 사람으로 이루어진 모든 인류를 가리키지는 않는다. 한때 하느님을 존중하지 않았지만 예수 그리스도를 믿어 하느님께 자비를 얻게 된 유다인 아닌 사람들, 지금 예수 그리스도를 믿지 않지만 하느님께 자비를 얻어 믿음으로 이끌려질 유다인을 가리킨다.

11장 17-24절과 11장 25-32절에서 지금 예수 그리스도를 믿지 않는 유다인에 대한 바울의 태도가 크게 달라졌다. 지금 예수 그리스도를 믿지 않는 유다인은 자신의 불신을 스스로 버려야만, 그 전제 조건에서만, 다시 올리브 나무에 붙을 수 있다고 바울은 생각했다.(11:23a-b) 그런데 11장 25-32절에서 지금 예수 그리스도를 믿지 않는 유다인이 하느님의 자비를 얻을 가능성은 거의 확실성에 가까워졌다. 그들의 완고함은 하느님이 정하신 기한이 있고, 그리고 없어질 것이다.(11:25c-d) 한때 하느님을 존중하지 않았던 유다인 아닌 사람에게 하느님은 자비의 길을 열어주셨듯이, 지금 예수 그리스도를 믿지 않는 유다인에게도 그렇게 하실 것이다.(11:30-32)

하느님을 존중하지 않은 원인은 사람의 행동이 아니라 하느님의 계획에 있다. 바울은 인간의 자율성을 포기하고 하느님의 심오한 계획 안으로 인간의 자율성을 밀어넣어 버렸다. 인류의 변호사 바울은 하느님께 공을 떠넘겼다. 지금 예수 그리스도를 믿지 않기 때문에 하느님께 자비를 얻지 못할 것 같은 유다인에게 하느님은 결코 자비를 거두지 않으신다는 말을 바울은 예수 그리스도를 믿어 하느님의 자비를 얻게 된 유다인 아닌 사람들에게 꼭 하고 싶었다. 바울은 하느님을 그렇게 자비로운 분으로 보았다. 자비는 바울의 하느님 사상에서 1순위라고 나는 생각한다.

한때 하느님을 존중하지 않았지만 예수 그리스도를 믿은 유다인 아닌 사람에게 하느님은 자비를 베푸신다. 지금 예수 그리스도를 믿지 않는 유다인에게도 하느님은 어떻게든 자비를 베푸실 것이다. 지금 예수 그리스도를 믿지 않는 유다인이 구원받는 것은 인간의 노력 때문이 아니라 오직 하느님의 자비 덕분이다. 바울은 11장

25-32절에서 예수 운동, 교회, 이스라엘 선교, 심지어 예수 그리스도에 대해서도 전혀 언급하지 않았다.

바울은 지금 예수 그리스도를 믿지 않는 유다인이 어떤 방식으로 하느님의 자비를 얻게 될지 말하지 않았다. 바울도 감히 풀지 못한 신비를, 감히 말하지 못한 내용을 그리스도교 성서학자가 아는 체할 수는 없다. 하느님의 계획을 손바닥 손금 보듯이 안다고 설치는 껍데기는 저리 가라.

바울은 지금 예수 그리스도를 믿은 유다인 아닌 사람에게 개구리 올챙이 시절 잊지 말라고 경고하고 있다. 지금 예수 그리스도를 믿은 유다인 아닌 사람에게만 하느님이 자비를 베푸시지는 않는다. 지금 예수 그리스도를 믿은 유다인 아닌 사람은, 21세기 한국 그리스도인은, 하느님의 자비를 독점한 듯이 자랑하지 말고, 하느님의 자비를 업신여기지 말아야 한다.

하느님의 신비는 파악할 수 없다(11:33-36)

33 오! 하느님의 풍요와 지혜와 지식은 심오합니다. 누가 그분의 판단을 헤아릴 수 있으며 그분이 하시는 일을 이해할 수 있겠습니까? 34 "주님의 생각을 잘 안 사람이 누구였습니까? 주님의 의논 상대가 될 만한 사람이 누구였습니까? 35 누가 먼저 무엇을 드렸기에 주님의 답례를 바라겠습니까?" 36 모든 것은 그분에게서 나오고 그분으로 말미암고 그분을 위하여 있습니다. 영원토록 영광을 그분께 드립니다. 아멘.

33절 바울은 11장뿐 아니라 9-11장을 하느님 찬미가로 끝맺고 있다. 11장 33-36절을 특정한 문학 유형으로 정확히 말하기는 어렵지만, 찬미의 노래로 보는 의견이 많다.[286] 11장 33-36절은 바울이 유다교와 그리스 철학을 참조하긴 했지만, 결국 스스로 창작한 노래 같다.[287] 동의하지 않는 의견도 있다.[288] 하느님의 숨은 계획을 찬미하는 노래들은 유다교 문헌에도 있었다.(지혜서 9:13-17; 욥기 11:7-8; 이사야 40:13-14) 인간보다 뛰어난 하느님의 지혜를 노래한다. 하느님께서 지금 예수 그리스도를 믿지 않는 유다인에게 어떻게 자비를 베푸실지 인간이 충분히 이해할 수는 없다는 사실을 바울은 11장 33-36절에서 강조한다.

풍요의πλούτου, 지혜의σοφίας, 지식의γνώσεως(11:33a) 세 소유격 명사는 주격 소유격으로서 깊음βάθος을 수식한다. 하느님의 풍요와 지혜와 지식은 심오하다는 뜻이다. 깊음βάθος이 무엇을 뜻하는지 뚜렷하지는 않다, 고대 문화에서 βάθος는 감추어짐, 비밀을 가리켰다. "여러분은 사람의 마음속 깊은 곳을 알아내거나 그의 생각을 파악하지도 못하면서 어떻게 이 모든 것을 만드신 하느님을 알 수 있으며 또 어떻게 그분의 생각을 이해하고 그분의 이치를 깨달을 수 있겠습니까?"(유딧 8:14a) 하느님의 심오하심을 인간은 파악할 수 없고, 하느님이 보여주실 때만 인간은 조금 알 수 있을 뿐이다. "빛은 언제나 하느님과 함께 있어 어둠 속에 숨긴 것도 아시고, 깊은 데 숨어 있는 것도 밝히시는 분이시어라."(다니엘 2:22) 인간의 인식 능력과 표현 능력으로는 하느님의 풍요와 지혜와 지식의 심오함을 알 길이 없다.

하느님의 풍요는 경제 개념이 아니다. 하느님의 구원 의지와 능력의 엄청남을 가리킨다.(에베소서 3:8; 로마서 10:12) 지혜와 지식은 같이 언급된 경우가 있다.(전도서 1:16, 2:21; 골로새서 2:3) 감탄문은 구약성서에도 많다.(창세기 28:17; 민수기 24:5; 시편 72:1) 감탄문은 직설법 문장의 한 부분이라고 볼 수 있다. 형용사 헤아릴 수 없는 ἀνεξεραύνητος, 찾아낼 수 없는ἀνεξιχνίαστος(11:33b)은 하느님의 행동을 인간은 알아차릴 수 없음을 말한다.(이사야 40:28; 지혜서 9:16; 다니엘 3:27) 지금 예수 그리스도를 믿지 않는 대부분의 유다인을 하느님께서 미래에 어떻게 구원하실지 인간은 알 수 없다는 말이다. 현재 이스라엘의 상황도 인간은 알 수 없다는 말도 포함되었다.

34-35절 34-35절은 구약성서 두 곳에서 인용한 말이지만, 독자들은 인용된 문장인지 모를 수도 있다. 34절의 두 질문은 이사야 40장 13절에 의지하고 있다. 바울은 이사야 40장 13절을 다른 용도로 고린도전서 2장 16절에 이미 인용했었다. 35절은 욥기 41장 3a를 인용했는데, 바울은 히브리어 원본에서 발췌한 그리스어 번역본을 사용한 듯하다.[289] 34-35절의 세 질문은 11장 33a의 세 단어를 뒤집은 순서로 언급[290]한 것 같지는 않다.[291]

36절 하느님의 풍요와 지혜와 지식은 심오하고, 인간이 그것을 알기 어려운 이유가 어디에 있는지 바울은 탄식하듯 노래한다. 하느님의 본질을 가리키는 세 전치사 표현이 동원되었다. 바울은 그리스 철학에 오래 있던 전통을 가져왔다. 모든 사물은 근원, 재료, 모양, 목적이라는 네 가지 원인을 갖고 있다고 아리스토텔레스는 주장했다.[292] 스토아 철학자 세네카는 사물은 결국 하나의 보편적이고 최종적인prima et generalis 원인, 즉 하느님을 향한다고 주장했다.[293]

바울은 "우리에게는 아버지가 되시는 하느님 한 분이 계실 뿐입니다. 그분은 만물을 창조하신 분이며 우리는 그분을 위해서 있습니다. 또 주님은 예수 그리스도 한 분이 계실 뿐이고 그분을 통해서 만물이 존재하고 우리도 그분으로 말미암아 살아갑니다."(고린도전서 8:6)라고 했다. 다른 신약성서 저자들도 그리스 철학의 영향을 받았다. "만민의 아버지이신 하느님도 한 분이십니다. 그분은 만물 위에 계시고 만물을 꿰뚫어 계시며 만물 안에 계십니다."(에베소서 4:6) "만물은 그분을 통해서 그리고 그분을 위해서 창조되었습니다."(골로새서 1:16)

11장 36a는 세 개의 전치사를 사용한다. 근원εξ과 목적εἰς 사이에 그를 통하여δι' αὐτοῦ가 나왔다. 창조와 완성 사이에 역사에 개입하시는 하느님을 바울은 강조한 것이다. 11장 36b는 하느님을 찬미하는 노래다. 바울은 하느님을 찬미하는 노래를 "하느님 아버지께서 영원토록 영광을 받으시기를 빕니다. 아멘."(갈라디아서 1:5)이라고 처음으로 불렀다. 찬미받으실 분이 누구인지 먼저 밝히고, 찬미하는 단어를 쓰고, 영원히 찬미받음을 드러내고, 찬미를 다짐하는 단어, 아멘으로 마친다. 하느님을 찬미하는 노래는 예수 운동 빵나눔 모임에서 함께 낭송했던 기도를 기초로 하는 듯하다.[294] 구약성서에도 하느님을 찬미하는 노래는 당연히 있었다.(창세기 15:11; 시편 85:12; 다니엘 3:26) 11장 36b의 하느님을 찬미하는 노래는 9-11장의 내용을 마무리하는 발언이기도 하다. "하느님의 말씀이 무효가 된 것은 아닙니다."(9:6a)

9-11장을 요약해 보자. 바울은 하느님께 뽑힌 이스라엘 백성이 구원에서 멀어진 현실 모순에서 논의를 시작했다.(9:1-5) 예수 그리스도를 믿지 않는 유다인이 지금은 그리스도와 갈라서고(9:3) 하느님의 원수가 되었지만(11:28a), 그들은 이스라엘 사람이기 때문에(9:4) 여전히 하느님께 사랑받고 있다.(11:28b) 하느님은 그들의 완고함(11:7, 25)과 존중하지 않음(10:21, 11:30-32)을 없애시고 그리스도 믿음으로 이끄실 것이다.(11:25-27, 31-32)

바울의 이 해법은 1-8장에서 이미 드러났다. 하느님은 유다인과 유다인 아닌 사람을 그리스도 믿음으로 이끄실 것이다.(1:16-17, 3:28-30, 11:30-32) 그래서 1-8장과 9-11장은 하느님의 사랑으로 연결된다. 하느님은 이스라엘 백성을 사랑하셨기 때문에 선택하셨다.(신명기 7:6-8) 또한 예수 그리스도를 믿는 사람을 하느님의 사랑에서 떼어놓을 수 없다.(1:7, 5:5, 8:35) 그러면 예수 그리스도 안에서 나타난 하느님의 사랑은 이스라엘 백성을 사랑하고 선택하신 하느님의 사랑과 어떻게 연결되는가. 바울은 이 질문을 떼어놓을 수 없었다. 바울의 정답은 이것이다. 이스라엘 백성을 사랑하고 선택하신 하느님은 그들을 예수 그리스도를 믿도록 이끄실 것이다.

하느님이 예수 그리스도를 믿지 않는 대부분 유다인의 완고함을 어떻게 누그러뜨리고 어떻게 예수 그리스도를 믿게 하실 것인지 바울은 설명하지 못했다. 하느님이 하실 것이라는 확신과 희망을 말했을 따름이다. 9-11장은 하느님과 이스라엘 관계만 다루었다. 예수 그리스도는 전혀 논의되지 않았다. 이스라엘과 예수 운동 관계를 다루지도 않았다. 이스라엘과 예수 운동이, 이스라엘과 교회가 대립하지도 않았다. 예수 운동이나 교회가 이스라엘을 대신하거나 대체하지도 않았다. 이스라엘이 예수 운동으로 바뀌져야만 하느님 백성으로 유지된다는 의견[295]은 적절하지 못하다. 이스라엘이 더 이상 하느님 백성이 아닐 수 있다는 가능성은 신학적으로 불가능하다. "하느님의 은사와 부르심은 취소될 수 없기 때문입니다."(11:29)

바울의 모순이 로마서에서 드러나기도 했다. 바울은 유다인과 유다인 아닌 사람 사이에 아무런 차이도 없다고 세 번이나 강조했었다.(2:6-11, 3:22-23, 10:12-13) 그들은 출신이 아니라 행동에 따라 심판받을 것이고(2:6-11), 그들 모두 죄인이며(3:9, 22), 하느님은 그들 모두 예수 그리스도에 대한 믿음만으로 의롭게 하실 것이다.(3:30,

10:12-13) 그렇게 주장했던 바울은 유다인과 유다인 아닌 사람 사이에 신학적으로 분명한 차이가 있다고 전제했다.(11:23-24, 25-29) 하느님은 예수 그리스도를 믿지 않는 대부분의 유다인을 그들의 출신 성분으로 보아 여전히 사랑하신다고 바울은 설명했다. 유다인과 유다인 아닌 사람 사이에 신학적으로 차이가 있다. 하느님은 유다인을 유다인이기 때문에 사랑하시고, 유다인 아닌 사람은 예수 그리스도를 믿은 후에야 비로소 사랑하신다. 바울의 논리를 따르면 그렇다.

그렇다면 바울은 이스라엘 문제에 대해 로마서에서 확실한 해답을 찾았고 주었는가. 그렇지 못했다는 의견이 있다.[296] 유다인으로 출생하고 성장한 바울 앞에 예수 그리스도를 믿는 유다인과 믿지 않는 유다인이 있었다. 바울 앞에 예수 그리스도를 믿는 유다인 아닌 사람과 믿지 않는 유다인 아닌 사람이 있었다. 바울은 예수 그리스도를 유다인에게도, 유다인 아닌 사람에게도 전하고 다녔다. 이러한 바울에게 정체성의 혼란이 전혀 없었다고 말할 수 있을까. 바울은 유다인이자 또한 예수 운동 사람이었고, 예수 운동 사람이자 또한 유다인이었다. 바울은 이스라엘 문제에 해답을 주지 못하고 하느님께 해답을 의뢰했다고 나는 생각한다.

그리스도인이자 유다인 바울과 오늘 그리스도교 신학자들 사이에 어떤 차이가 있을까. 오늘 그리스도교 신학자 대부분은 유다인이 아니고, 로마서 9-11장의 이스라엘 문제를 바울처럼 심각하게 여기지도 않는다. 그들은 바울이 부딪쳤던 이스라엘 백성의 곤란했던 처지를 이해할 수 있는 실존적 상황에 있지 않다. 예수 그리스도를 믿지 않는 대부분 유다인의 구원 문제를 바울처럼 애타게 느끼거나 희망하고 있지도 못하다.

오늘 그리스도교 신학자들은 그리스도인이자 유다인 바울을 그리스도인이자 개신교인으로 착각할 위험 앞에 있다. 바울의 입장에서 로마서를 보기보다 루터의 입장에서 로마서를 보고 바울을 해석할 위험 앞에 있기도 하다. 바울이 감히 찾지 못했던 이스라엘 문제의 해답을 마치 찾은 듯이 덤빌 위험 앞에도 있다. 그런 위험 앞에 신학자뿐 아니라 성도와 신자들도 마찬가지로 서 있다.

루터 이전 바울은 루터가 아니다. 바울이 로마서에서 유다교와 예수 운동 관계를 말했다면, 루터는 로마서에서 개신교와 가톨릭의 차이를 만들어냈다. 바울과 루터는 관점이 다르고 의도가 다르고 결론이 다르다. 바울은 바울이고, 루터는 루터다. 루터 입장에서 바울을 이해하기보다 바울 입장에서 바울을 이해하는 것이 우선 필요하다. 루터 입장에서 로마서를 이해하기보다 바울 입장에서 로마서를 이해하는 것이 우선 필요하고 중요하다. 루터 입장에서 벗어나 바울 입장에서 로마서를 이해하자. 로마서를 잘 이해하려면, 독자는 루터보다 바울이 되어야 한다. 바울과 루터의 입장과 공헌은 그 다음에 차차 따질 문제다.

5부
예수 믿는 사람의 실천
(12:1-15:13)

일상에서의 실천(12:1-21)

1 그러므로 형제 여러분, 하느님의 자비가 이토록 크시니 나는 여러분에게 권고합니다. 여러분 자신을 하느님께서 기쁘게 받아주실 거룩한 산 제물로 바치십시오. 그것이 여러분이 드릴 진정한 예배입니다. 2 여러분은 이 세상을 본받지 말고 마음을 새롭게 하여 새 사람이 되십시오. 이리하여 무엇이 하느님의 뜻인지, 무엇이 선하고 무엇이 그분 마음에 들며 무엇이 완전한 것인지를 분간하도록 하십시오. 3 나는 하느님의 은총을 받은 사람으로서 여러분 한 사람 한 사람에게 말합니다. 여러분은 자신을 과대 평가하지 말고 하느님께서 각자에게 나누어주신 믿음의 정도에 따라 분수에 맞는 생각을 하십시오. 4 사람의 몸은 하나이지만 그 몸에는 여러 가지 지체가 있고 그 지체의 기능도 각각 다릅니다. 5 이와 같이 우리도 수효는 많지만 그리스도 안에서 한 몸을 이루고 각각 서로 서로의 지체 구실을 하고 있습니다. 6 하느님께서 우리에게 주신 은총의 선물은 각각 다릅니다. 가령 그것이 예언이라면 자기 믿음의 정도에 따라서 써야 하고 7 그것이 봉사하는 일이라면 봉사하는 데 써야 하고 가르치는 일이라면 가르치는 데 써야 하고 8 격려하는 일이라면 격려하는 데 써야 합니다. 희사하는 사람은 순수한 마음으로 해야 하고 지도하는 사람은 열성을 다해서 해야 하며 자선을 베푸는 사람은 기쁜 마음으로 해야 합니

다. **9** 사랑은 거짓이 없어야 합니다. 악을 미워하고 꾸준히 선한 일을 하십시오. **10** 형제의 사랑으로 서로 사랑하고 다투어 서로 남을 존경하는 일에 뒤지지 마십시오. **11** 게으르지 말고 부지런히 일하며 열렬한 마음으로 주님을 섬기십시오. **12** 희망을 가지고 기뻐하며 환난 속에서 참으며 꾸준히 기도하십시오. **13** 성도들의 딱한 사정을 돌봐 주고 나그네를 후히 대접하십시오. **14** 여러분을 박해하는 사람들을 축복하십시오. 저주하지 말고 복을 빌어주십시오. **15** 기뻐하는 사람이 있으면 함께 기뻐해 주고 우는 사람이 있으면 함께 울어주십시오. **16** 서로 한마음이 되십시오. 오만한 생각을 버리고 천한 사람들과 사귀십시오. 그리고 잘난 체하지 마십시오. **17** 아무에게도 악을 악으로 갚지 말고 모든 사람이 다 좋게 여기는 일을 하도록 하십시오. **18** 여러분의 힘으로 되는 일이라면 모든 사람과 평화롭게 지내십시오. **19** 친애하는 여러분, 여러분 자신이 복수할 생각을 하지 말고 하느님의 진노에 맡기십시오. 성서에도 "원수 갚는 것은 내가 할 일이니 내가 갚아주겠다." 하신 주님의 말씀이 있습니다. **20** 그러니 "원수가 배고파하면 먹을 것을 주고 목말라하면 마실 것을 주십시오. 그렇게 하면 그의 머리에 숯불을 쌓아놓는 셈이 될 것입니다." **21** 악에게 굴복하지 말고 선으로써 악을 이겨내십시오.

로마서 12장 1절-15장 13절까지 새로운 단락이 나타난다. 12장 1-2절은 새 단락의 전주곡[1]이다. 예수 운동 사람들에게 윤리적 삶을 살도록 방향을 가리키며 격려한다. 12장 3절-13장 4절까지는 다섯 부분으로 나눌 수 있다. 예수 운동 내부 주제(12:3-8, 9; 13:15-16;

13:8-10)와 예수 운동 외부 사회와의 관계(12:14, 17-21; 13:1-7)를 다룬다. 13장 11-14절은 앞의 두 부분을 요약한다. 14장 1절-15장 13절은 예수 운동 내부에서 차이가 생길 때 어떻게 처신해야 하는가라는 주제를 토론한다. 15장 1-13절로 1장 18절부터 시작한 로마서 전체가 마무리된다.

12장 1절-15장 13절 주제는 예수 운동의 특징과 윤리[2]라고 요약할 수 있다. 예수 운동처럼 오래 지속될 운동은 외부에 드러나는 특징이 무엇인지, 내부에서 확인되는 독특성은 무엇인지 알아야 한다는 말이다. 예수 운동 외부 사람들은 예수 운동을 무엇이라 생각하는지, 예수 운동 내부 사람들은 예수 운동을 무엇이라 이해하는지 바울은 알려주고 싶다. 12장 1절-15장 13절이 다루는 주제는 바울이 6장 1절-7장 6절과 8장 1-17절에서 이미 언급한 적이 있었다. 그러나 12장 1절-15장 13절은 그보다 훨씬 자세하게 논의한다. 바울이 고린도전서 7장에서 자세히 다루었던 주제 '결혼과 성'이 12장 1절-15장 13절에서 완전히 사라졌다. 왜 그랬을까. 결혼과 성은 시대와 문화에 따라 변할 수 있는 주제에 속하기 때문에 바울이 일부러 생략한 것은 아닐까.

1-11장이 예수 운동 신학을 해설한다면, 12장 1절-15장 13절까지는 예수 운동의 윤리를 해설한다. 축구 경기에 비유하면, 1-11장은 전반전이고 12장 1절-15장 13절까지는 후반전에 해당한다. 축구 경기에 전반전만 있는 것이 아니다. 12장 1절-15장 13절을 일관하는 단어는 '사랑'이다. 1-11장을 관통하는 단어는 '믿음'이었다. 즉, 로마서 전반전은 믿음이, 후반전은 사랑이 지배한다. 로마서의

두 대표 단어는 '믿음'과 '사랑'이다. 로마서에서 믿음만 바라보고 사랑을 놓치는 사람이 하나둘이 아니다. 로마서의 대표 선수는 믿음이고 후보 선수는 사랑인가. 로마서 본문은 믿음이고 사랑은 각주나 참고문헌이나 부록에 불과한가. 전혀 그렇지 않다. 루터의 표어에 '오직 사랑'이 왜 없는지 나는 지금도 잘 이해하지 못한다. 나사렛 예수가 사랑보다 믿음을 더 앞세우기라도 했던가.

하느님에 대한 믿음과 인간에 대한 사랑은 바울 전에 예수가, 예수 전에 유다교가 이미 강조했었다. 인류 역사에서 하느님에 대한 믿음과 인간에 대한 사랑을 바울이 처음으로 말한 것이 아니다. 믿음과 사랑 두 단어는 바울(갈라디아서 5:6; 데살로니가전서 3:6; 데살로니가후서 1:3)뿐 아니라 다른 신약성서 저자들도 자주 함께 언급했다.(요한1서 3:23; 요한계시록 2:19; 디모데전서 2:15)

고대 철학도 인간의 삶을 신과 인간에 대한 믿음과 사랑이라는 두 덕목으로 정리했다.[3] 철학은 '신을 존중하고 인간을 사랑하라. colere divina, humana diligere' 가르친다고 로마 철학자 세네카는 말하기도 했다.[4] 로마서를 읽을 때 예수, 유다교, 바울의 연결을 언제나 기억해야 한다. 유다교와 바울의 차이뿐 아니라 연결을 잊지 말아야 한다. 유다교와 바울의 차이만 생각하고 유다교와 바울의 연결을 놓치는 사람은 로마서를 제대로 이해하고 있지 못하다.

1절 1-2절은 12장 3절-15장 13절 전체를 안내한다. 그러므로 οὖν(12:1a)는 앞과 뒤를 이유와 결과로 이어주는 역할이다.(에베소서 4:1; 골로새서 3:5; 디모데전서 2:1) 권고하다παρακαλῶ(12:1a)는 바울이 독자를 어떤 행동을 하도록 권유할 때 쓴 단어다.(로마서 15:30; 고린도전서 4:16; 데살로니가전서 2:12) 사람을 하느님께 향하도록 권유할 때 쓰이지만, 하느님이 사람을 향하도록 권유할 때 쓰이진 않았다. 사람들이 예수를 향할 때 쓰이기도 했다.(마가복음 1:40, 5:10; 누가복음 7:4)

하느님의 자비로 말미암아διὰ τῶν οἰκτιρμῶν τοῦ θεοῦ(12:1a)는 신약성서에서 바울의 편지에만 보이는 표현이다. 자비οἰκτιρμοί는 긍휼ἔλεος(고린도전서 7:25; 고린도후서 4:1)과 같은 뜻을 가진 단어다.(출애굽기 34:6; 호세아 2:21; 이사야 30:18) 자비로 말미암아διὰ τῶν οἰκτιρμῶν(12:1a)는 바치다παραστῆσαι(12:1b)가 아니라 격려하다παρακαλῶ(12:1a)와 연결된다. 하느님의 자비로 바울이 로마서 독자에게 무엇을 바치라고 말하는 것이 아니라, 하느님의 자비로 바울이 로마서 독자를 격려한다[5]는 뜻이다.

몸을 살아있는 제물로 바치라는 요청은 신약성서에서 로마서 12장 1b에만 있다.[6] 사람을 제물로 바치라는 말은 당연히 아니다. 몸σῶμα(로마서 12:1b; 고린도전서 6:20; 빌립보서 1:20)은 인간 삶의 활동 전체를 가리킨다. 죽어버릴(6:12; 8:10), 죽은(7:24), 그래서 구원을 애타게 기다리는 인간의 몸이 인간 소유가 아니라 하느님의 소유라는 바울의 생각이 참으로 대단하다. 하잖은 것 같은 내 몸이 내 것이 아니라 하느님 것이란다.

살아있는 제물θυσία ζῶσα(12:1b)은 죽지 않은 상태를 가리킨다. 종교 의식이 아니라 일상생활로써 바치는 제물을 비유로 말한 것이다.(8:12, 13) 거룩한ἅγιος(12:1b)이라는 제물 표현은 제물이 하느님께 속한다(출애굽기 22:30; 신명기 7:5, 14:1)는 사실을 강조한다. 하느님께 선택받은 이스라엘 백성으로 드러날 수 있도록 그 생활방식이 남달라야 한다는 뜻이다.[7] 예수 운동 사람들의 살아가는 모습도 예수 운동답게 남달라야 한다는 말이다. 하느님이 기뻐하시는εὐάρεστον τῷ θεῷ(12:1b)이라는 단어는 제물의 특징으로 언급된 적이 거의 없다.[8] 하느님께서 만족하시는 생활방식(창세기 5:22; 시편 25:3; 지혜서 4:10)을 가리킨다.

바울은 12장 1c에서 λογικὴ λατρεία라는 표현을 들고 나왔다. 무슨 뜻일까. 바울은 그리스 철학에서 널리 퍼진 로고스λογος 사상에서 λογικὴ λατρεία라는 표현을 가져왔다. 요한복음 저자 역시 로고스 사상을 이용했다. 그리스 철학은 우주 전체가 신이 만든 운행 원리, 즉 로고스λογος에 의해 움직인다고 생각했다. 로고스인 신은 이름이 여럿이지만 존재는 하나다. 합리적인 존재인 신처럼, 인간은 합리적인λογικον(12:1c) 존재다.[9] 인간은 신과 비슷한, 합리적인 존재다. 그러니 희생 제물이나 많은 피가 아니라 순수한 이성과 선하고 존중받는 삶으로mente pura, bono honestoque proposito 인간은 신을 존중해야 한다.[10]

바울은 λογικὴ λατρεία로써 예수 운동 사람들의 모든 삶을 종교적 행위로 보는 것이다. 그런 배경과 맥락에서 보면, λογικὴ λατρεία를 영적 또는 정신적 예배[11]라고 말할 수는 없다.[12] 우리말 성경도 '진정한 예배'(《공동번역》), '정신적 예배'(《200주년 기념성서》), '영적 예배'(《개역개정》)로 번역했다. 모든 일상적이고 평범한 삶을 종교적 행위로 본다는 의미를 정신적 예배나 영적 예배라는 단어가 적절하게 드러내지 못할 수 있다.[13]

2절 2절은 현재 명령형 두 문장이다. 미래로 미루지 말고, 지금 당장 바꾸라는 뜻이다. 바울은 예수 운동 사람들이 하지 말아야 할 것을 먼저 말하고, 해야 할 일을 나중에 말한다. 먼저, 세상을 본받지 말라.(12:2a) 그리고 자신을 바꾸어라. 로마 철학자 세네카는 인간은 윤리에서 해야 할 일 뿐만 아니라 해서는 안 될 일을et faciensa ac vitanda 함께 배워야 한다고 말했다.[14] 먼저 무엇을 하지 말고, 그 다음 무엇을 하라는 2절의 문장 구조는 다른 곳에도 있다.(로마서 6:12-13, 11:20; 요한복음 7:24) 바울은 세상과 하느님을 대조시킨다.

이 세상을 본받지 말라는 말은 소수파 모임인 예수 운동 사람들이 바깥 주류사회 문화에 물들지 말라는 바울의 경고다.(데살로니가전서 5:3-5) 이 세상 시간αἰῶνι οὗτος(12:2a)이라는 표현은 유다교에서 시간은 지금 시대와 다음 시대로 나뉜다는 두 시대 사상(마가복음 10:30; 마태복음 12:32; 누가복음 16:8)에서 나왔다. 고통과 악이 가득한 지금 시대는 언젠가 끝장나고, 하느님께서 다가오는 시대에 나타나실 것이다. 지금 시대에 날뛰던 악인들은 하느님께 처벌받고, 지금 시대에 박해받던 의인들과 거룩한 사람들은 하느님께 영원한 구원을 선사받을 것이다. 바울은 이 시대만(고린도전서 1:20, 2:6; 갈라디아서 1:4) 언급했지만, 그때 다음 시대도 포함하여 말했다. 예수 운동 바깥의 로마 주류사회는 언젠가 끝날 것이고, 그 다음 바울의 경고가 들어맞는 시대가 오리라는 기대가 바울에게 있었다.

물들다, 동화하다συσχηματίζειν(12:2a)라는 단어는 신약성서에서 베드로전서 1장 14절에 한 번 더 나온다. 흐르는 곳과 그릇 모양에 자기 모습을 능숙하게 바꾸는 물처럼 산다는 뜻이다. 이 세상 시간 αἰῶνι οὗτος(12:2a)은 세상보다 세대 또는 세태로 번역하는 것이 더 좋겠다. 공간보다 시간 개념이 더 뚜렷한αἰῶνι οὗτος 단어이기 때문이다. '이 세상을 본뜨지 말고'(《200주년 기념성서》), '이 세상을 본받지 말고'(《공동번역》)보다 '이 세대를 본받지 말고'(《개역개정》)라는 번역이 좀 더 성서 본문의 뜻에 가깝다.

12장 2b-d에서 바울은 생각을 새롭게 해서 자신을 변화시키라고 예수 운동 사람들에게 권고한다. 6장 4절과 7장 6절에도 비슷한 말을 했었다. 올바른 행동은 올바른 생각에서 나온다는 전제가 여기에 깔려 있다. 바울은 인간의 윤리 판단 능력이 빈약하다고 한탄하기도 했었다.(1:28) 생각을 새롭게 해야 하는 목적과 결과가 곧 소개된다. "무엇이 하느님의 뜻인지, 무엇이 선하고 무엇이 그분 마음에 들며 무엇이 완전한 것인지를 분간하도록 하십시오."(로마서 12:2c; 에베소서 5:17; 골로새서 1:9) 하느님의 뜻은 선하고 기쁘고, 완전하다는 세 가지 내용을 동시에 말하고 있다. 세 단어는 서로 보충하고 해설한다. 선善τὸ ἀγαθὸν(12:2c)은 바울에게 큰 비중을 차지한다.(12:9, 13:3, 15:2) 하느님의 뜻은 선하고 기쁘고, 완전하다는 말은 바울의 구원론에 이미 들어와 있다.(1:16-17; 3:21-22a, 27-30; 10:4,11-13)

무엇이 하느님의 뜻인지 끊임없이 찾으라는 바울의 권고는 바울 사상의 핵심 하나를 드러낸다. 하느님의 뜻은 한 번에 영원히 고정된 것이 아니고, 인간은 하느님의 뜻을 시대에 따라 상황에 맞게 계속 찾아야 한다는 말이다. 그 말에 유다인이나 유다인 아닌 사람이나 모두 동의할 것이다.[15] 하느님의 뜻이 꼭 유다교 토라에만 있는 것은 아니다. 하느님의 뜻을 찾는데 유다인이 따로 있고 유다인 아닌 사람이 따로 있는 것이 아니다. 하느님의 뜻을 찾는데 그리스도인이 따로 있고 그리스도인 아닌 사람이 따로 있는 것도 아니다. 모두 찾을 수 있고, 모두 찾아야 한다.

바울 시대와 반대로 그리스도교가 주류사회인 남미, 유럽이나 미국에서 사람들은 바울의 이 말을 어떻게 생각할까. 세상을 본받지 말고 하느님을 따르라는 말이 하느님을 버리고 세상을 따르라는 말로 왜곡하는 사람도 있다. 그리스도교 안에도 사실상 그렇게 설교하는 사람들이 적지 않다. 12장 1-2절에서 자기 자신을 하느님 소유라고 감동하며 깨달은 독자들은 하느님을 버리고 세상을 따르지는 않을 것이다.

3절 예수를 따르는 사람들은 예수 그리스도 안에서 한 몸을 이룬다.(12:5a) 각자 받은 임무가 똑같지는 않다.(12:5b) 이 두 사실을 바울은 알기 쉽게 12장 3-8절에서 설명할 참이다. 예수를 따르는 사람들 각자에게 주는 바울의 요청(12:3), 요청하는 근거(12:4-8a), 그리고 바울의 요청이 다시 나온다.(12:8b) 사실 바울은 이 주제를 몇 년 전 편지에서 이미 다루었다.(고린도전서 12:4-11, 28-30) 사람의 몸이 여러 지체로 이루어지듯이, 예수 운동 공동체도 여러 지체로 이루어진다.(로마서 12:4-5; 고린도전서 12:12-27) 12장 3-8절은 베드로전서 4장 7-11절과 단어와 문장 구조에서 비슷하다. 베드로전서 저자는 바울이 아니다.

은혜χάρις(12:3a)는 바울의 사도직을 지탱하는 근거다.(1:5) 주어진δοθείσης 은혜를 주신 분은 하느님이시다. 바울은 자신의 사도직이 하느님의 부르심 덕분이라고 생각한다.(고린도전서 15:10; 갈라디아서 1:15; 로마서 1:5) 예수 운동 로마 공동체에 편지를 쓰고 있는 바울은 자신이 로마에서 무명 인사라는 사실을 잘 알고 있다. 그래서 바울은 자신이 하느님께 부르심 받았다는 내용을 여기서 또 말한다. 그렇지만 바울은 예수 운동 로마 공동체뿐만 아니라 로마의 독자 한사람 한사람에게도 개인적으로 말하고 있다.

단어 ὑπερφρονεῖν(12:3b)는 다른 사람보다 우월하다는 인간의 습관된 생각을 가리킨다. 단어 σωφρονεῖν(12:3c)는 건강하게 생각하다는 뜻이다. '우월하다'는 단어와 '건강하게 생각하다'라는 단어는 여기서 서로 맞서고 있다. 우월하다는 생각은 건강한 생각이 아니라는 말이다.[16] 각자에게 처럼ἕκαστος ὡς(12:3c)이라는 표현은 자주 보인다.(민수기 26:54; 고린도전서 3:5, 7:17) 단어 ὡς는 각자 차이가 있다는 뜻을 나타낸다. 바울은 여기서 예수 운동 공동체 사람들의 공통점을 더 강조하는가, 차이를 더 강조하는가. 믿음의 몫μέτρον πίστεως(12:3c)을 어떻게 이해하느냐에 달려 있다고 볼 수 있다.

하느님은 예수 운동 사람 각자에게 서로 다른 믿음의 몫이나 크기를 선사했다(고린도후서 10:15; 데살로니가전서 3:10; 로마서 14:1)는 의견[17]이 있다. 이 해석을 따른다면, 큰 몫의 믿음을 받은 사람은 작은 몫의 믿음을 받은 사람에게 우월감을 느끼는 것이 당연하게 되고 만다. 그것은 바울의 의도에 어긋난다. 바울은 12장 3c에서 하느님은 예수 운동 사람 각자에게 똑같은 믿음을 나누어 주셨고, 각자 자신의 행동에 적용할 똑같은 기준을 알려주셨다고 말했다는 의견[18]이 있다. 이 의견은 바울의 의도에 역시 어긋난다. 최근에 다른 의견이 나타났다. 믿음πίστις(12:3c)은 그리스도의 믿음이 아니라 하느님께서 각자에게 나누어주신 임무(역대기상 9:26, 31; 로마서 3:2; 고린도후서

10:13)를 가리킨다는 해석이다.[19] 하느님께서 주시는 은혜의 크기와 양이 다른 것이 아니라 은혜의 모양이 다르기 때문에 은혜의 크기와 양이 우리 눈에 다르게 보일 따름이다.[20] 그러니, 누구도 자신이 받은 은혜가 더 좋다고 자랑하지 말고, 받은 은혜에 충실해야 한다.

4-5절 바울은 국가나 민족이 사람의 몸에 비유되고 이해되던 전제주의 시대에 살았다.[21] 그리스 철학, 특히 스토아 철학에서 몸 비유는 즐겨 사용되었다.[22] 로마 민중들이 로마 원로원에 저항하는 행동을 마치 손가락, 발가락 정도가 감히 위장에 항의하냐는 식으로 비유되기도 했다.[23] 몸과 지체 비유는 바울 당시 전제주의 정치 체제에서 사람들이 쉽게 이해하고 받아들이는 비유였다.[24] 그런데 바울은 사람 사이의 차별을 정당화하고 전제주의 정치체제를 지탱하던 몸 비유를 가져와 예수 운동 공동체 내부에서 일치와 평등을 강조했다. 공동체 안에서 특정한 은혜를 더 높이 여기고 다른 은혜를 얕잡아 보는 모습을 반대하기 위해서였다.

공동체 안에서 각자가 받은 은혜와 임무를 서로 어떻게 연결해야 하는지 바울은 몸과 지체 비유(로마서 12:4-5; 고린도전서 12:12-27)를 들어 설명한다. 몸에 많은 다양한 지체가 있고, 지체들은 서로 다른 역할을 하여 하나의 몸을 살린다는 생각이다. 다양한 지체와 다른 역할이 서로 연결되고 일치하여 하나의 생명을 이룬다. 바울은 많은 지체와 다른 역할 사이에 차별을 두려는 것이 아니라 일치와 평등을 강조했다. 그리스도 안에 몸$\sigma\tilde{\omega}\mu\alpha\ \dot{\epsilon}\nu\ X\rho\iota\sigma\tau\tilde{\omega}$(12:5a)은 그리스도의 몸$\sigma\tilde{\omega}\mu\alpha\ X\rho\iota\sigma\tau o\tilde{\upsilon}$(고린도전서 12:27)과 내용에 차이가 없는, 같은 뜻이다. 두 표현은 서로 바꾸어 써도 된다. 그리스도 예수와 함께 사는 사람들οἱ ἐν Χριστῷ Ἰησοῦ(로마서 8:1)과 그리스도를 믿는 사람들οἱ τοῦ Χριστοῦ(고린도전서 15:23)은 같은 사람들을 가리킨다. 서로의 지체 ἀλλήλων μέλη(12:5b)는 공동체 내부의 모든 사람이 평등하다는 뜻이다. 역할에 따라 평등이 깨지는 것이 아니라, 어떤 역할을 하든 모두 평등하다. 바울의 교회론 특징이 여기서 보인다. 예수 운동 공동체는, 그리고 교회는, 그 지체들의 참여 없이는 교회가 아니다. 공동체 모든 구성원의 참여가 없으면 아직 교회가 아니다. 바울의 교회론은 일치, 평등, 참여 세 가지 특징을 가진다고 나는 요약하고 싶다. 21세기 한국 교회와 성당은 모든 구성원이 일치하고 평등하고 참여하는가. 교회와 성당에서 평등이란 단어가 언급되기라도 하는가.

사람 몸에는 심장처럼 목숨에 더 중요한 지체가 있고, 머리카락처럼 덜 중요한 지체가 있다. 예수 운동 안에서 누구는 심장처럼 중요한 지체로서 영원히 돋보이는 역할을 하고, 누구는 머리카락처럼 하찮은 지체로서 영원히 보잘 것 없는 역할을 맡지 않느냐는 주장이다. 그런 논리를 바울의 몸 비유에서 이끌어낼 수는 없다. 바울의 몸과 지체 비유는 그리스도교 내부에서 차별을 정당화하기 위한 비유가 아니다. 오히려 공동체 내부에서 차별을 반대하고 없애기 위해 바울이 소개한 비유였다. 그런데 바울의 본 뜻과 반대로 해석하거나 이용할 위험이 그리스도교에 오늘도 있다. 교회 공동체에서 자기 자신을 남보다 높게 여기거나 자신을 교회의 중심으로 여기는 생각 자체가 오만한 일이다. 목사, 신부 등 직업 종교인들과 열심 있는 성도와 신도 등이 스스로 그런 착각에 빠질 위험이 적지 않다.

그러나 오늘 21세기 민주주의 시대에 그리스도교 공동체에서 개인의 중요성과 권력 분배에서 많은 문제와 부작용을 낳을 수 있는 비유다. 심장은 없으면 큰일이지만 머리카락은 없어도 그만 아니냐는 생각도 나올 위험이 있다. 심장에게 머리카락 역할을 요청할 수는 없지 않느냐 주장할 수 있다. 한 번 심장은 영원한 심장이라고 우길 수 있다. 그런 주장에 따르면, 그리스도교 내부에서 임무와 권력을 일부 사람들에게 영원히 맡겨야 한다는 생각이 나올 수도 있다. 그런 생각은 바울의 몸과 지체 비유와 아무 관계없다. 바울의 몸과 지체 비유의 참 뜻은 받아들이고 강조하되, 오해와 부작용은 마땅히 경계해야 한다. 바울의 몸과 지체 비유를 설교나 교육에서 아예 쓰지 않는 것도 하나의 좋은 방법이다.

6절 12장 6a는 새 문장이 시작하는 것은 아니고 4절을 이어가고 있다.[25] 선물χαρίσμα(12:6a)은 구약성서 그리스어 번역본이나 그리스로마 문헌에 거의 보이지 않는 단어다. 신약성서에서는 로마서에서 6번, 고린도전서에서 7번 나오고, 네 복음서엔 없다. 한국에서 χαρίσμα는 정치적 영향력, 설득력, 매력 등으로 흔히 이해되는 듯하다. 바울은 χαρίσμα를 아직 드러나지 않은 재능이 아니라 이미 실천되고 있는 활동으로 여겼다.[26] 고린도전서 12장 4-11절이 선물의 일치를 앞세운다면, 바울은 로마서 12장 6a에서 선물의 다양성을 더 내세운다.

6b-8a 바울은 하느님께서 주신 네 가지 선물을 예로 든다.(12:6b-8a) 네 가지 선물 중에 무엇이 더 중요한지 순서를 정하는 것 hierarchie이 아니다. 예언은 공동체가 가장 먼저 애써야 할 일이라고 바울은 로마서를 쓰기 전에 이미 강조했었다.(고린도전서 11:4, 12:10,

14:1-5) 방언(고린도전서 14:22-25, 39)은 12장 6b-8a에서 아예 언급도 하지 않았다. 은사 목록(고린도전서 12:8-10)에서 예언은 여섯 번째 자리에 있다. "첫째는 사도요 둘째는 하느님의 말씀을 받아 전하는 사람이요 셋째는 가르치는 사람이요 다음은 기적을 행하는 사람"(고린도전서 12:28)에서 하느님의 말씀을 받아 전하는 사람(예언자)과 가르치는 사람은 공동체에서 특히 강조되었다. 예언자와 가르치는 사람은 함께 인용된다.(사도행전 13:1; 고린도전서 12:28, 14:1) 예수의 열두 제자만 사도로 불렸다는 사실을 우리가 기억한다면, 예수 시대 이후 예수 운동 공동체에서 예언자와 가르치는 사람은 얼마나 중요한가. 한국 교회와 성당에서는 '예언자'라는 단어가 들리기나 하던가.

봉사διακονία(로마서 12:7a, 16:1; 고린도전서 16:15), 가르침(로마서 12:7b; 고린도전서 12:28, 14:6, 26), 격려(로마서 12:8a; 빌립보서 2:1)를 말하는 성경 구절이 있다. 바울이 여기서 어떤 뜻으로 διακονία라는 단어를 썼는지 우리가 알기는 어렵다.[27] 식탁 봉사(사도행전 6:2), 국가 질서를 유지하기 위한 활동(로마서 13:4)도 διακονία에 속한다. 보통 διακονία는 다른 사람을 위해 하는 모든 일을 가리킨다. 배고픈 자에게 먹을 것을 주고, 목마른 자에게 마실 것을 주고, 나그네를 따뜻이 맞아들이고, 헐벗은 자에게 입을 것을 주고, 병든 이를 돌보고, 감옥에 갇힌 자를 찾아가는 일(마태복음 25:44)을 διακνεῖν이라고 불렀다. 봉사(12:7a)를 복음 전파로 해설하는 의견[28]은 적절하진 않은 듯하다. 바울이 은혜 목록을 완성하는 것(고린도전서 12:8-10, 28-29; 14:6, 26)은 아니고 은혜 중 몇 가지만 대표적으로 고른 듯하다. 12장 6b-8a에서는 고린도전서에 나오는 개인 은사는 삭제하고 공동체에 연결된 은혜만 내세웠다.[29] 바울은 하느님께 받은 은혜의 종류가 다양하다는 사실을 말하고 싶었다.

믿음의 비례ἀναλογία τῆς πίστεως(12:6b)는 무슨 뜻일까. 비례 ἀναλογία는 수학에서 온 용어다. 바울은 여기서 평등과 다름의 관계를 다루고 있다. "많이 거둔 사람도 남지 않고 적게 거둔 사람도 모자라지 않았다. 결국 저마다 먹을 만큼씩 거두어들였던 것이다."(출애굽기 16:18), "야훼의 손이 짧아서 못할 일이 있겠느냐?"(민수기 11:23) 등이 바울의 의도를 밝히는데 즐겨 동원된다. 평등은 다름을 반대하지 않고 다름은 평등을 깨지 않는다는 뜻이다. 믿음의 비례라는 용어에서 하느님을 신뢰하는 모든 사람이 각자 나름대로 예언을 하고 있다는 사실을 바울은 강조한다. 그 사실을 놓치지 않는 것이 우리에게 중요하다. 하느님을 신뢰하는 정도는 사람마다 다르다.

8b-d 12장 8b-d는 나눔, 지도, 자선 세 가지 행동을 먼저 내세우고 그에 따른 사심 없이, 열심히, 기쁜 마음으로 세 가지 덕목을 뒤에 배치하였다. 바울이 예수 운동 사람들과 독자에게 사심 없이 나누고, 열심히 지도하고, 기쁜 마음으로 자선을 하라고 요구한다. 바울은 끊임없이 선생을 강조하여 왔다. 바울의 행업과 선행을 동일시하거나 혼동하는 그리스도인이 의외로 많다. 바울은 행업을 반대했지만, 언제나 선행을 요청하고 격려했다. 나눔, 지도, 자선이 예수 운동 공동체에서 세 가지 직책으로 나누어졌던 것은 아니다.[30] 나눔, 지도, 자선은 직책이 아니라 활동을 가리킨다. 공동체 안에서 누구나, 서로, 어느 정도, 나눌 수 있고, 가르칠 수 있고, 자선을 베풀 수

있다는 뜻이다. 나눔μεταδιδοὺς(12:8b)은 예수 운동 공동체에 있던 돈으로 어려운 사람을 돕는 사람[31] 또는 자기 돈으로 돕는 사람(욥기 31:17; 누가복음 3:11; 에베소서 4:28)을 가리킬 수 있다.[32] 바울이 여기서 복음의 풍부함을 나눈다고 말하는 것[33]은 아니다. 바울은 사심 없음, 너그러움ἁπλότης(12:8b)을 고린도 공동체에 요구했었다.(고린도후서 8:2; 9:11, 13)

바울이 12장 8b-d에서 강조한 세 가지 행동과 덕목 뒤에는 바울이 고린도 공동체에서 겪었던 쓰라린 경험(고린도전서 12-14장)이 배경으로 있다. 고린도 공동체 사람들은 누구의 은사가 더 뛰어나냐, 서로 다투었다. 예수가 예루살렘으로 죽으러 가는 길에서 제자들은 누가 더 높으냐 서로 다투었다.(마가복음 9:33-34) 하는 일과 임무에 다름이 있어도, 모두 평등하다는 생각을 왜들 못할까. 하는 일과 임무가 다르면, 사람 사이에 차별은 마땅하고 옳은 일이라고 그리스도교조차 믿는 것일까. 그런 생각은 예수나 바울과 아무 관계없다.

예수의 제자들이나 예수 운동 공동체 사람들이 하는 짓을 보자. 남의 일이 아니고, 어제 일이 아니다. 그리스도교 내부에서 돈과 권력과 명예를 두고 다투는 일은 세상 끝날에야 혹시 멈추어질까. 예수는 괜히 세상에 오신 듯하다. 예수는 쓸데없이 왜 십자가에 매달렸을까. 바울은 괜히 예수를 전하고 다닌 듯하다. 예수를 팔아먹는 사기꾼들 좋으라고 수 천 키로 헤매고 다니다가 쓸쓸히 처형되었을까.

9절 바울은 고린도전서 12장에서 은혜를 설명한 뒤 고린도전서 13장에서 사랑을 해설했다. 12장 6b-8a에서 은혜를 설명한 뒤 곧

바로 12장 9-21절에서 사랑을 해설한다. 사랑이 없으면 은혜는 허무하다는 뜻이다. 모든 종류의 은혜는 사랑을 기초로 한다는 말이다. 12장 9-21절은 사랑이 주제다. 사랑을 강조하려고 은혜를 앞에서 잠시 설명한 것뿐이다.[34] 바울은 사랑을 맨 먼저 앞세우고(12:9a), 사랑을 일반적으로(12:9b-c), 그리고 자세히(12:10-21) 해설한다. 바울의 경고는 예수 운동 공동체 사람들(12:10-11a, 13, 15-16), 예수 운동 바깥 사람들(12:17-21)을 향한다.

12장 9b부터 선과 악이라는 두 단어가 단락 끝인 12장 21절까지 교대로 나타난다. 단어 악은 7번, 선은 18번 나온다. 여러 가지 작은 주제가 한데 모였다.[35] 바울 이전에 퍼졌던 윤리에 대한 전승을 바울이 모은 듯하다. 12장 9-21절 전체가 하나의 전승으로 전해졌다.[36] 또는 12장 9b-13, 15절만 그렇다[37]는 의견도 있지만, 어느 부분이 어디서 왔는지 알아내긴 어렵다. 로마서 12장 14절은 누가복음 6장 28a와 마태복음 5장 44b에서, 로마서 12장 17a는 누가복음 6장 29절과 마태복음 5장 39b-41절에서, 로마서 12장 18절은 마가복음 9장 50절과 마태복음 5장 9절에서, 로마서 12장 19-21절은 누가복음 6장 27a, 35절과 마태복음 5장 44a에서 볼 수 있다.[38] 바울이 예수 전승을 통해 예수의 말씀을 처음으로 들었을 것 같지는 않다.[39]

바울 사상에서 사랑이 대표 단어로 등장한 것은 이상한 일이 아니다. 로마서 1-5장이 믿음을 다룬다면, 12장 1절-15장 13절까지는 사랑을 다룬다.[40] 로마서를 요약하는 두 단어는 '믿음'과 '사랑'이다. 그런데 로마서에서 믿음이란 단어만 보고 사랑이란 단어는 못

보는 사람이 의외로 많다. 로마서에서 진짜 주제는 믿음이고 사랑은 부록이나 후렴 또는 주석 정도로 지나치는 사람도 적지 않다. 예수의 사랑을 바울이 믿음으로 대표 단어를 바꿔치기한 것은 아니다. 바울 역시 사랑이 믿음보다 더 중요하다. 예수나 그리스도교 또한 사랑이 믿음보다 더 중요하다. 그리스도교의 마지막 말은 믿음이 아니라 사랑이다.

12장 9a에서 형용사 연기演技하지 않는 ἀνυπόκριτος은 사랑의 모습을 결정한다. "사랑은 연기하지 않습니다."(12:9a) 사랑은 배우가 연극에서 하는 것처럼 거짓으로 꾸미거나 연출하지 않는다. 단어 ἀνυπόκριτος는 연극에서 배우의 역할을 가리키는 연기ὑπόκρισις에서 왔다.[41] 형용사 ἀνυπόκριτος는 신약성서에 자주 등장한다.(고린도후서 6:6; 디모데전서 1:5; 베드로전서 1:22) 바울은 12장 9a에서 진짜 얼굴과 연극 배우의 가면은 다르다는 사실을 전제한다. 얼굴과 가면이 다르듯이 말과 행동이 다르면 안 된다고 바울은 경고한다. 믿음과 사랑이 다르면 안 된다는 말이다. 바울은 믿음에 사랑이 전제되어 있다고 보았다. 사랑이 없는 믿음, 진실된 사랑이 없는 믿음은 안 된다는 뜻이다. 사랑이 없는 믿음은 진짜 믿음이 아직 아니다.

12장 9b-c에서 바울은 믿음에 사랑이 전제되어 있을 뿐 아니라 사랑이 실천되어야 한다고 강조한다. 실천되지 않는 믿음이 아직 믿음이 아니듯, 실천되지 않는 사랑은 아직 사랑이 아니다. 그런데 사랑은 구체적으로 실천되어야 한다. 사랑 실천의 1순위는 악을 미워하는 일이다. 사랑을 실천하려면 가장 먼저 악을 미워해야 한다! 꾸준히 선한 일을 하기 전에 먼저 악을 미워하라. 먼저 선한 일을 하고 그 다음 악을 미워하는 순서가 아니다. 먼저 악을 미워하고 그 다음에 선한 일을 하라는 뜻이다. 악을 미워하지 않으면, 선한 일을 하고 싶어도 할 수 없다는 뜻이다. 개인 윤리에 빠진 많은 그리스도인에게 충격적인 바울의 말씀일지도 모르겠다. 악을 미워하고 선한 일을 하라는 말에 예수 운동뿐 아니라 세상 모든 사람과 종교가 다 동의할 것이다.

10절 바울은 10-13절에서 사랑의 권고를 열 가지 목록으로 골라 놓았다. 먼저 각 주제를 말하고 그 다음 주제를 해설한다. 사랑의 열 가지 권고는 사랑의 완벽함을 향한다.(1:29-31, 8:35b, 9:4b) 10절의 권고에서 서로ἀλλήλους라는 단어가 중요하다. 사랑을 주고받는 당사자 모두가 서로 사랑의 의무가 공통으로 있다는 뜻이다. 사랑을 주고받는 서로가 평등하다는 말이다. 평등 관계가 깨진 사랑은 아직 참된 사랑이 아니다. 가부장주의와 권력 질서를 전제로 하는 사랑은 진정한 사랑이 아니라 착취에 불과하다. 예수 운동 주변의 그리스로마 사회에도 가족과 친구들 사이에 서로 사랑하라는 권고는 있었다. 형제자매처럼 서로 사랑하라는 바울의 권고는 바울 교회론의 핵심 표현이다. 바울의 교회론은 인간 평등을 기초로 한다. 예수 안에서 어떤 차별도 없다.(로마서 10:12; 갈라디아서 3:28, 5:6) 예수 운동에서 그리스도교에서 모든 사람은 서로 평등하다. 목사, 신부가 지배층이고 성도, 신도가 피지배층인 것이 아니다.

형제자매 사랑φιλαδελφία(로마서 12:10a; 데살로니가전서 4:9; 히브리서 13:1)이란 단어는 그리스로마 사회에서 핏줄을 나눈 형제자매 사이에서만 제한되어 이해되었다.[42] 바울이 이 단어를 예수 운동 공동체에 가져와 공동체를 평등이 이루어지는 커다란 가족 공동체로 표현하였다.[43] 12장 10b 문장은 존경하다 προηγούμενοι와 목적어 서로를 ἀλλήλους 어떻게 연결하여 이해할지 분명하지 않다.[44] '존경하는 일에 대해서는 서로를 더 먼저 배려하라.' 정도로 번역할 수 있겠다.[45] 예수 운동 공동체에서 모든 사람이 서로 평등하다는 뜻을 다시 확인하는 말이다.[46] 서로 돈 내려고 다투는 자랑스런 우리 한국인 아닌가. 서로 돈 내려고 다투듯이, 서로 존경하려고 다투라는 바울의 말이겠다. 서로 먼저, 서로를 존경하려 애쓰는 모습은 얼마나 아름다운가.

11절 11절은 공동체에서 운영 책임을 맡은 사람에게 주는 말이 아니다. 10절처럼 예수 운동 로마 공동체에 있는 모든 사람에게 하는 말이다. 그래서 11절의 세 가지 권고를 서로 연결하여 생각할 수 있다. 게으르지 말고(12:11a), 영으로 뜨겁게 불타(12:11b), 주님을 섬기라.(12:11c) 예수 운동에 처음 참여했을 때 뜨거운 열정이 시간이 가면서 식어지고 메말라가는 과정을 바울이 예상하고 목격했던 것일까.[47] 주님을 섬기다 δουλεύειν τῷ κυρίῳ(12:11c)는 하느님 백성이 하느님 백성으로서 하는 일을 가리킨다.(사사기 2:7; 사무엘상 7:4; 시편 2:11) 12장 11c에서 주님은 예수 그리스도를 가리킨 듯하다.(로마서 14:18, 16:18) 영으로 뜨겁게 불타 τῷ πνεύματι ζέοντες(12:11b)가 인간의 내면(사도행전 18:25)[48]을 가리키는지 성령(로마서 5:5; 데살로니가전서 5:19)을 가리키는지 논의되고 있다. 둘 다 포함하는 듯하다. 그러면 영으로 불타(12:11b)는 하느님의 성령의 인도를 따라 사는(8:14) 뜻과 같다. 예수 그리스도를 믿고 따르며 사는 사람은 그 삶이 성령으로 뒷받침되는 삶이라는 사실을 다른 사람이 알도록 해야 한다.

그리스로마 사회에서 게으른 노예는 비판받고 부지런한 노예는 칭찬받았다. 바울은 예수 운동 공동체 사람들을 노예로, 예수 그리스도를 주인으로 비유하고(고린도전서 7:22; 로마서 14:8e-f), 부지런한 노예답게 주인이신 예수 그리스도를 섬기라고 권고하였다. 바울 비유의 의도와 참 뜻은 이해하고 받아들인다. 그러나 21세기 민주주의 사회에 어울리지 않는 주인과 노예 비유, 섬기다 같은 불쾌한 단어를 우리는 이제 그만 쓰는 것이 어떨까.

12절 12장 12a-b는 5장 2c-4절을 다시 가져왔다. 희망은 고통 속에서도 기쁨의 모습으로 자리잡고 있다.(고린도후서 7:4, 8:2) 고통이 없어서 기뻐하는 것이 아니고 고통 속에서도 고통이 있기 때문에 희망을 간절히 기다리며 기뻐한다. 희망을 가지면 믿음을 포기하지 않고 꿋꿋이 버틸 수 있다.(누가복음 8:13; 사도행전 14:22; 데살로니가후서 1:4) 12장 12c는 8장 25-26절을 다시 가져왔다. 반드시 고통중에만 기도하라는 말은 아니다. 쉬지 말고 기도하라는 말이 아니고 기도를 중단하다가도 다시 꾸준히προσκαρτεροῦντες 기도하라는 뜻이다. 길을 걷다가 절대로 넘어지지 말라는 경고가 아니라, 걷다 넘어져도 다시 일어나 걸으라는 위로의 말이다. 예수 운동 공동체에서 기도를 가르치던 전승을 바울이 인용하는 듯하다.(데살로니가전서 5:17; 누가복음 18:1; 야고보서 5:13-18)

13절 바울은 예수 운동 동료들을 거룩한 사람들, 성도ἁγίων(12:13a)라고 부른다. 예수 운동에 참여한 사람들이 벌써 거룩하게 되었다는 말이 아니라 거룩한 하느님과 연결된 사람이라는 뜻이다. 예수 운동에 참여하지 않은 유다인들과 구분하는 뜻도 있었다. 예수 운동 예루살렘 공동체는 자신들을 성도라고 불렀다.(사도행전 9:13, 26:10; 로마서 15:25) 12장 13a에서 바울이 예루살렘 공동체에게만 말하고 가난한 형제자매들을 위한 헌금을 이야기하는 것은 아니다. 경제적으로 어려운 공동체 형제자매들을 도우라(사도행전 20:34; 빌립보서 4:16, 19)고 바울은 권고한다. 당시 예수 운동 공동체 구성원은 대부분 가난한 사람들이었다. 일부 부자 성도들이 가난한 성도들을 도울 뿐 아니라 가난한 성도들이 가난한 성도들을 서로 걱정하고 돕는다는 뜻도 있다.

바울은 함께 참여하여 서로 돕는다는 뜻의 단어 나눔κοινωνία을 소개했다. "서로 남의 짐을 져주십시오."(갈라디아서 6:2) 함께 나눔은 우정의 특징이다.[49] 바울은 예수 운동 공동체를 우정의 공동체로 생각한다.[50] 나그네 대접은 고대 사회에서 높은 평가를 받은 행동에 속했다.(빌립보서 4:8)[51] 유랑 선교사들이 많았던 예수 운동에서 손님 대접은 크게 칭찬받고 존중되었다.(마가복음 6:10; 누가복음 10:6; 로마서 16:2a, 23) 손님 대접은 여러 곳에 흩어져 있던 예수 운동 공동체를 이어주고 일치를 튼튼하게 하는 역할을 했다.(마태복음 25:35c, 43a; 디모데전서 3:2; 디도서 1:8)

14절 14절은 예수 운동 공동체 외부와의 일을 말하고 있다. 예수 운동을 박해하는 사람들διώκοντες이 언급되었다. 14절은 마태복음의 산상수훈(마태복음 5:44b-c), 누가복음의 들판 설교(누가복음 6:27-28)와 단어가 비슷하다.[52] 축복과 저주의 대립은 누가복음 6장 28절에서 보인다. 바울이 이 예수 전승들을 알고 있었느냐 여부는 우리가 알기 어렵다. 바울 자신이 14절을 어디서 가져왔는지 말한 적이 없기 때문이다.

15절 "기뻐하는 이들과 함께 기뻐하고 우는 이들과 함께 우시오."(12:15) 어느 시대 어느 민족이나 문화에서 이 말을 하고 듣지 못한 적이 있을까. 인류 공통의 심정을 담은 바울의 이 말은 단순히 연대감을 표시하라는 말은 아니다. 우는 사람들의 슬픔을 함께 나누라는 말이다. 공동체를 사람의 몸에 비유하거나(12:4-5), 함께 나눔(12:13a)에서 그 흔적을 볼 수 있다. "몸 한 부분이 고통 당하면 다른 모든 부분도 함께 아파하지 않겠습니까?"(고린도전서 12:26) 기쁨과 슬픔을 함께 하고 서로 나누는 사람은 공동 운명을 느낀다. 바울이 여기서 예수 운동 공동체 사람들끼리만[53] 기쁨과 슬픔을 함께 하고 나누라고 했는지, 모든 사람들과 그렇게 하라고[54] 했는지 논의하고 있다. 둘 다 포함하지 않을까. 바울이 예수 운동 공동체 사람들에게 공동체 외부 사람들의 기쁨과 슬픔에 무관심해야 한다고 설교할 리는 없다.[55] 그런데 5·18 광주민주화운동이나 세월호 참사에서 국민들에게 분노와 실망을 주는 언행을 했던 그리스도인과 종교인들이 적지 않았다.

16절 16절은 네 가지 권고를 모아놓았다. 같은 마음으로 하다τὸ αὐτὸ φρονεῖν(12:16a)를 바울은 다른 곳에서도 말한다.(로마서 15:15; 고린도후서 13:11; 빌립보서 2:2, 4:2) 그리스 철학자들도 같은 말을 했다. 서로εἰς ἀλλήλους라는 표현에서 바울은 로마 공동체 사람들에게 특히 같은 마음으로 하라고 요청한다. 서로 같은 마음으로 하라는 바울의 이 말은 마치 황금률(누가복음 6:31; 마태복음 7:12) 같은 바울의 명언 같다.

오만한ύψηλά 생각을 하지 말라(12:16b)는 유다교 전통에서 널리 존중되던 격언이다. "야훼여, 내 마음은 교만하지 않으며 내 눈 높은 데를 보지 않사옵니다."(시편 131:1) "야훼께서는 교만한 자를 업신여기시고 겸손한 사람에게 은혜를 베푸신다."(잠언 3:34, 16:19, 18:12) 인간 관계뿐 아니라 하느님과의 관계에서도 오만하지 말라는 뜻이다. 인간 관계뿐 아니라 하느님과의 관계에서도 오만한 사람들이 그리스도교에 얼마나 많은가. 하느님을 혼내고 훈계하는 사람도 있는 모양이다. 하느님을 자기 비서나 하인 부리듯 하는 종교인은 얼마나 많은가.

"높은 데 마음을 두지 말고 도리어 낮은 데 처하며"(12:16b)는 해석하기 쉽지 않다. 높은ύψηλά, 낮은τaπεινοῖς이라는 단어가 정확히 무엇을 가리키느지 알기 어렵다. "거만한 자들과 어울려 전리품을 나누는 것보다 마음을 낮추어 낮은 사람들과 어울리는 것이 낫다."(잠언 16:19)를 떠올리면 좋을까. 예수 운동 공동체 내부에서 성령주의자들과 열광주의자들에 대한 논쟁에서 겸손을 강조하는 상황에서 나온 말[56]일까. 그러나 로마서에서 그런 사실을 암시하거나 언급한 곳은 없다. "스스로 지혜로운 체하지 말라."(12:16d)는 "스스로 지혜로운 체하지 말고, 야훼를 두려워하여 섬기고 악을 멀리하여라."(잠언 3:7)에서 왔다. "아, 너희가 비참하게 되리라. 지혜 있는 자로 자처하는 자들아! 유식한 자로 자처하는 자들아!"(이사야 5:21)도 12장 16d에서 멀지 않다.

17절 "아무에게도 악을 악으로 갚지 마시오."(12:17a) 같은 말이 신약성서에 여럿 있다.(데살로니가전서 5:15a; 베드로전서 3:9a)[57] 신약성서 밖에도 있다. 바울은 아마도 성장 과정에서 이 가르침을 이미 배운 듯하다.[58] 아무에게도 악을 악으로 갚지 말라는 말이 역사의 예수에게서 처음 나왔다는 근거는 없다. 12장 17b는 "그래야 너는 하느님과 사람 앞에서 훌륭한 사람으로 기림을 받는다."(잠언 3:4)와 "주님 앞에서만 아니라 사람들 앞에서도 떳떳한 일을 하려는 것이 우리의 뜻입니다."(고린도후서 8:21)에 이어진다.

무엇이 선이고 무엇이 악인지 모든 사람이 분간할 수 있다고 바울은 전제한다. "여러분은 무엇이든지 참된 것과 고상한 것과 옳은 것과 순결한 것과 사랑스러운 것과 영예로운 것과 덕스럽고 칭찬할 만한 것들을 마음속에 품으십시오."(빌립보서 4:8; 로마서 2:9-10) "모든 사람에게 좋은 일을 해 줄 생각을 품으시오."(《200주년 기념성서》)[59] "모든 사람 앞에서 선한 일을 도모하라."(《개역개정》 성경전서)보다 "모든 사람이 다 좋게 여기는 일을 하도록 하십시오."(《공동번역》)[60]라는 번역이 이 본문 뜻에 더 가까운 번역이다.

18절 모든 사람들παντων ἀνθρώπων(12:18)은 공동체의 다른 사람들(마가복음 9:50; 고린도후서 13:11; 데살로니가전서 5:13)이 아니라 공동체에 참여하지 않은 사람들(로마서 14:19; 히브리 12:14)을 가리킨다. "여러분은 마음에 소금을 간직하고 서로 화목하게 지내시오."(마가복음 9:50e)라는 예수의 말씀을 가리키는 것[61]은 아니다. 할 수만 있다면εἰ δυνατὸν(12:18)은 신약성서에만 나오는 표현이다.(마가복음 13:22, 14:35, 갈라디아서 4:15) 예수 그리스도를 믿는 사람들이 예수 그리스도를 믿지 않는 사람들과 평화롭게 지내지 않을 이유가 없다는 것이다. 예수 그리스도를 믿지 않는 대부분의 사람들이 예수 그리스도를 믿는 소수의 사람들을 일상에서 언제나 너그럽게 대하진 않았다는 당시의 체험(로마서 5:3-4, 12:12b; 고린도후서 1:7)이 배경으로 있다.

예수 그리스도를 믿는 사람들이 대다수인 사회에서 바울의 이 구절을 어떻게 해석해야 할까. 예수 그리스도를 믿지 않는 소수의 사람들을 일상에서 언제나 너그럽게 대하라는 말로 이해해야 하겠다. 여러 종교가 있는 한국에서는 예수 그리스도를 믿는 사람들이 예수 그리스도를 믿지 않는 사람이나 이웃 종교와 사이좋게 지내라는 말로 알아들어야 하겠다. 내 믿음에 자부심을 갖되, 남의 생각을 존중해야 한다.

19절 바울은 1장 7절 이후 처음으로 12장 19a에서 예수 그리스도를 믿는 사람들을 사랑받는 사람들ἀγαπητοί이라고 부른다. 자신이 쓴 편지를 받거나 듣는 사람을 바울은 사랑받는 사람들 또는 사랑받는 형제자매 또는 자매형제라고 불렀다.(고린도전서 4:14; 고린도후서 7:1; 빌립보서 2:12) 로마서 1장 7절과 11장 28절을 제외하면, 사랑의 주체는 하느님[62]이 아니라 바울이다. 자녀, 제자, 이성을 사랑하는 사람이라고 부르는 경우는 그리스 문화에서 흔했다. 바울은 예수 운동 공동체를 가족에 비유하고 있다.[63] 바울은 불의와 폭력을 당하고 체험했을 때 직접 복수에 나서지 말고 하느님이나 법원에 맡기라는 요청을 유다교 전통에서 가져왔다.

"동족에게 앙심을 품어 원수를 갚지 마라."(레위기 19:18a) 다윗은 사울 왕에게 이렇게 말한다. "야훼께서 우리 사이를 판가름해 주실 것입니다. 제가 임금님께 당하는 이 억울함을 야훼께서 풀어

주시려니와 저는 임금님께 손댈 생각이 없습니다."(사무엘상 24:13) 그리스 철학자 피타고라스도 비슷한 말을 했다고 한다.[64] 분노ὀργή ὀργή(12:19b)는 하느님의 심판(누가복음 3:7; 로마서 3:5, 5:9)을 가리킨다. 바울은 히브리서 10장 30절에도 인용된 신명기 32장 35절을 12장 19c에서 소개한다. 그런데 12장 19c에 인용된 신명기 32장 35절은 히브리어 구약성서나 그리스어 번역본 구약성서에는 없는 구절이다. 바울이 아마도 유다교에서 쓰이던 다른 문헌에서 가져온 듯하다.[65]

바울이 희생자들에게 용서하라고 강요하거나 요구하진 않았다. 복수의 주체를 바꾸어 효과적으로 복수하는 전략[66]을 바울은 제안하는 것일까. 이 편지 구절을 읽은 로마 공동체 사람들은 자신을 억압하는 주변 사회와 평화롭게 지낼 위안을 얻은 것일까. 바울의 이 말이 교회 세습이나 부패, 종교인들의 일탈과 부패를 비판하지 말라고 협박하는 용도로 악용되기도 한다. 피해자와 희생자에게 한 바울의 말이 가해자에 의해 나쁘게 인용되는 경우에 해당한다. 성경을 팔아먹는 죄까지 추가된다.

인간은 사랑받는 사람이다. 생각하는 존재 이전에 인간은 사랑받는 존재다. 여성에게서 태어난 인간이라면 누구나 이해할 것이다. 인간은 생각하기 전에 사랑받았고, 사랑하기 전에 사랑받았다. 순서가 그렇다. 나는 사랑받는 존재라는 사실을 아무리 힘든 상황에서도 결코 잊지 않아야 한다.

20절 20절은 바울이 잠언 25장 21-22절을 거의 글자 그대로 인용한 것이다. 주어가 복수에서 2인칭 단수로 바뀌었다. 주어의 상대인 원수도 다수로 바뀌었다. 2인칭 단수 주어가 2인칭 단수 목적어를 직접 일대일로 상대하는 긴박함이 강조되었다. 모든 사람들과 평화롭게 지내라(12:18), 스스로 복수하지 말라(12:19a)에서 더 나아가 원수를 먹여 주고 마시게 하라는 것이다.(12:20a) 복수는 내 것이니 내가 갚겠노라(12:19b-c)가 진행되는 모습을 원수의 머리 위에 불타는 숯을 쌓아놓는 일(12:20c)에 비유되었다. 원수의 머리 위에 불타는 숯을 쌓아놓는다니, 그게 대체 무슨 뜻일까.

부끄러움과 회개로 원수가 바뀔 가능성을 말하는 비유[67]는 아니다. 하느님이 원수를 처벌하는 모습과 과정을 그리고 있다.[68] 숯과 불은 하느님이 원수를 대하는 수단 중 하나이기도 했다.(시편 11:6; 이사야 47:14; 요한계시록 8:5) 하느님이 운명과 복을 머리 위에(창세기 49:26; 신명기 33:16; 에스겔 16:43) 내리신다는 표현도 있다. 머리는 인간을 가리킨다. 불타는 숯을 열쇠와 함께 머리 위에 올려놓아 죄인이 자기 회개를 보여주는 의식이 이집트에 있었다.[69] 바울이 그 의식을 알았을 것 같진 않다.[70]

바울이 12장 19-20절에서 잠언 25장 21-22절을 인용한 의도는 같다. 로마 공동체 사람들이 주변 사회와 평화롭게 지내도록 위로하려는 것이다. 비록 지금 고통받더라도 하느님의 보복을 믿으라. 하느님의 보복을 믿고 지금 고통을 견뎌라. 미래의 심판이 현재 고통을 줄여주거나 잊게 해줄까. 바울은 같은 의도로 공동체 내부의 갈등을 완화하려 했다.(로마서 14:10; 고린도전서 3:6-8; 갈라디아서 6:4-5) 희생자나 가해자 모두 하느님의 보복을 잊지 말라.

21절 악을 "악으로 갚지 말라."(12:17a) 악을 악으로 갚는 것은 악에게 지는 것이라고 바울은 결론짓는다. 악을 선으로 갚아야 악을 이기는 일이다. 선으로써 악을 이겨내라는 비유나 말은 예수 운동 밖에도 있었다. 그렇게 말하지 않는 민족이나 문화가 세상 어디에 있겠는가. 바울의 이 말이 로마 사회를 비판하고 있다는 의견[71]은 로마 사회에도 바울의 생각이 이미 있었다는 사실을 몰라서 한 말이다. 바울의 의도를 잊지 말자. 바울은 소수파에 불과했던 예수 운동 공동체들이 주변의 다수 사회와 충돌하지 말고 평화롭게 지내기를 비굴하게 느껴질 정도로 애타게 바랐다.

바울의 말은 멋져도, 우리의 현실은 슬프다. 악에게 깨끗이 져도 좋으니, 악을 시원하게 한 번 쳐부수면 좋겠다. 악의 세력을 쳐부수기 전에는 십자가는 안 된다. 악의 세력을 쳐부수기 전에는 나도 십자가에 올라갈 수 없고 누구도 올라가면 안 된다. '예수와 다른 방식으로 싸우겠다.'는 체 게바라의 말이 떠오른다.

사랑이 어떻게 믿음을 보충하고 또 실천할 수 있는가. 바울은 12장에서 이 주제로 고뇌했다. 얼핏 보면 우왕좌왕하는 것처럼 보이는 12장은 이 주제를 계속 다루고 있다. 사랑의 대상은 구체적으로 둘이다. 예수 운동 공동체 내부 동료들과 외부 사회다. 우리끼리 어떻게 지내야 하며 외부 사람들과 어떻게 지내야 하는가. 바울의 해답은 바로 이것이다. 예수 믿는 사람은 믿지 않는 사람들보다 윤리적으로 뛰어나야만 살 수 있다.[72] 그래야만 외부 사람들에게 시달리지 않고 살아갈 수 있다. 소수인 예수 운동이 살아남는 생존 방법이다.

21세기 한반도에서 예수 믿는 사람들이 살아남을 수 있는 방법은 무엇일까. 태극기 부대? 이스라엘 깃발? 대형교회? 성지 개발과 순례길? 교회와 성당 짓기? 부동산 확장? 그런 쓸데없는 기타 등등에 목숨걸지 말고, 사랑과 믿음을 뛰어나게 실천하는 일 아닐까. 우리 믿음이 약하고 우리 실천이 약하기 때문에 우리 스스로 자멸의 길을 지금 걷고 있다. 우리가 선의 세력에 속하는지 악의 세력에 속하는지 그것부터 정직하게 따져볼 시대 아닐까.

권위에 대한 존중(13:1-7)

1 누구나 자기를 지배하는 권위에 복종해야 합니다. 하느님께서 주시지 않은 권위는 하나도 없고 세상의 모든 권위는 다 하느님께서 세워주신 것이기 때문입니다. 2 그러므로 권위를 거역하면 하느님께서 세워주신 것을 거스르는 자가 되고 거스르는 사람들은 심판을 받게 됩니다. 3 통치자들은 악을 행하는 자에게나 두려운 존재이지 선을 행하는 사람들에게는 두려울 것이 없습니다. 통치자를 두려워하지 않으려거든 선을 행하십시오. 그러면 그에게서 칭찬을 받을 것입니다. 4 통치자는 결국 여러분의 이익을 위해서 일하는 하느님의 심부름꾼입니다. 그러나 여러분이 잘못을 저지를 때에는 두려워해야 합니다. 그는 공연히 칼을 차고 있는 것이 아닙니다. 그는 하느님의 심부름꾼으로서 악을 행하는 자들에게 하느님의 벌을 대신 주는 사람입니다. 5 그러므로 하느님의 벌이 무서워서 뿐만 아니라 자기 양심을 따르기 위해서도 권위에 복종해야 합니다. 6 여러분이 여러 가지 세금을 내는 것도 이 때문입니다. 통치자들은 그와 같은 직무들을 수행하도록 하느님의 임명을 받은 일꾼들입니다. 7 그러므로 여러분은 그들에게 해야 할 의무를 다하십시오. 국세를 바쳐야 할 사람에게는 국세를 바치고 관세를 바쳐야 할 사람에게는 관세를 바치고 두려워해야 할 사람은 두려워하고 존경해야 할 사람은 존경하십시오.

13장 1-7절은 앞 단락과 이어진다. 예수 운동 공동체 사람들이 서로 어떻게 지내야 하는가(12:14, 17-21) 설명한 다음 바울은 국가 권력을 어떻게 상대해야 하는가[73] 해설할 참이다. 모든 사람(11:18)의 자리에 위에 있는 권력(13:1a)이 들어섰다. 특히 로마 공동체 사람들에게는 같은 말로 들리겠다. 13장 1a는 주제 문장이다. 바울은 두 가지 다른 근거를 대고(13:1b-2, 3-4), 두 근거를 종합하고 주제를 다시 강조한다.(13:5)

어떤 방식으로 구체적으로 국가 권력을 존중할지 세금 납부를 예로 들어 설명한다.(13:6) 국가 권력을 집행하는 사람들을 어떤 모양으로 존중할지 세 가지 사례를 든다.(13:7) 로마서 13장 1-7절은 베드로전서 2장 13-17절처럼 국가 권력 주제를 다루고 있다. 둘 다 오랜 전승을 기초로 쓰여진 듯하다. 베드로전서 2장 13-17절이 로마서 13장 1-7절을 알고 썼다는 주장[74]은 이제 더 이상 나오지 않고 있다. 디도서 3장 1절과 디모데전서 2장 2절도 로마서 13장 1-7절과 겹치긴 한다.

1절 1절은 예수 운동 공동체뿐 아니라 모든 사람에게$\pi\tilde{\alpha}\sigma\alpha$ $\psi\nu\chi\dot{\eta}$(로마서 13:1a; 창세기 12:5; 출애굽기12:16) 주는 말이다. 특정 지역 사람들, 특히 예수 운동 로마 공동체에게만 주는 말이라는 의견[75]도 만만치 않다. 물론 바울이 모든 사람에게 명령을 내릴 권한을 가지고 있지는 않다. 위에 있는 권력을 존중하는 것은 예수 그리스도를 믿지 않는 사람에게도 의무라고 바울은 말하고 있다. 그래서 바울은 3인칭 명령형 "그들을 존중해야 합니다.$\dot{\nu}\pi o\tau\alpha\sigma\sigma\acute{\epsilon}\sigma\theta\omega$"(13:1a)를 썼다.

권력$\dot{\epsilon}\xi o\nu\sigma\acute{\iota}\alpha\iota$(13:1a)을 위에 있는$\dot{\nu}\pi\epsilon\rho\acute{\epsilon}\chi o\nu\sigma\alpha\iota$(13:1a) 것으로 표현한

것으로 보면, 권력이 개인보다 높다고 바울은 말하는 듯하다. 권력이 로마 제국에서 서로 다른 권력 관계에 있는 권력 기관들을 가리킨 것[76] 같지는 않다.[77] 개인보다 낮은 권력 기관이 실제로 있고, 그 기관은 개인이 존중할 필요는 없다[78]는 말이 아니다. 모든 권력 기관은 개인보다 높기 때문에 권력 기관이고, 그래서 개인은 모든 권력 기관을 존중해야 한다는 뜻이다.[79] 위에 있는 국가 권력ἐξουσίαι ὑπερέχουσαι(13:1a)은 보통 사람이 접촉하는 공무원부터[80] 로마 황제까지 모두 포함한다. 국가 권력을 공무원과 기관으로 나누어 보는 의견[81]도 있긴 하다.

아래 있다ὑποτάσσεσθαι(13:1a)는 위에 있다ὑπερέχειν(13:1a)와 반대 뜻이다. 남자와 여자 사이도 같은 단어로 표현되었다.(골로새서 3:18; 디도서 2:5; 베드로전서 3:1, 5) 권력 기관이 개인보다 높듯이, 남자는 여자보다 높다는 뜻이다. 종과 주인(디도서 2:9; 베드로전서 2:18), 자녀와 부모(누가복음 2:51; 히브리서 12:9; 디모데전서 3:4), 청년과 노인(베드로전서 5:5) 사이도 아래 있다와 위에 있다 관계로 표현되었다. 그런 생각이 통용되던 가혹한 시대를 예수, 바울, 성서 저자들이 살았다. 남자는 여자보다 높다는 생각을 하며 아직도 정신 못차리고 사는 사람들이 오늘도 교회와 성당에 드물지 않다. 필자가 순종이나 복종 같은 단어를 쓰지 않고 있다는 사실을 독자들은 알아차렸을 것이다. 나쁜 단어나 오염된 단어는 쓰지 않는 것이 좋다.

13장 1b-c는 모든 사람이 왜 권력 기관을 존중해야 하는지 이유를 설명한다. 통치자는 권력을 신에게서 받았다는 사상이 고대 사회에 퍼져 있었다.[82] 바울은 그 통념을 로마서에 들여왔다. 구약성서

(사무엘하 12:7; 다니엘 2:37; 지혜서 6:1-3)와 유다교 문헌에도 그 사상은 자취를 남겼다. 인간의 인간에 대한 지배는 결국 하느님의 뜻대로 운행된다고 유다인들은 생각했다. 하느님은 권력을 권력으로 만드셨기 때문에 권력은 정당화된다고 바울은 생각했다.

　여기서 중요한 사실이 있다. 하느님이 권력을 만드셨다면, 권력은 오직 하느님에게만 속한다. 권력을 하느님께 받은 권력자는 하느님 같은 권위를 가진 것이 아니다. 권력자는 하느님이 아니고, 수많은 사람 중에 겨우 하나가 될 뿐이다. 유다교 사상은 그래서 권력자가 하느님을 대표한다는 생각을 허용하지 않았다.[83] 권력자는 하느님의 도구일 뿐 하느님을 대표하는 사람은 아니다. 사람들이 권력자를 존중하는 것처럼, 권력자는 하느님을 존중해야 한다. 권력자는 하느님이 아니다. 권력자는 피지배자보다 하느님에게 더 가까이 있지는 않다. 권력자와 피지배자는 하느님에게서 똑같은 거리를 두고 있다. 권력을 하느님께 받은 권력자는 마치 하느님과 동기동창인 것처럼 홍보하고, 권력자는 사람 중에 겨우 하나라는 사실은 모른 체한 사람들이 그리스도교 역사에 많았다. 13장 1-7절에서 바울이 교회 권력에 대해 말하는 것이 아니라는 사실을 외면하거나 감춘 사람도 적지 않았다. 그런데 바울은 지혜서를 잘 몰랐던 것일까. 바울은 권력을 상대화하는 구절을 인용하지 않았다.

　"그러면 왕들이여, 내가 하는 말을 듣고 깨달아라. 땅의 끝에서 끝까지를 다스리는 통치자들아, 배워라. 수많은 백성을 다스리며 헤아릴 수 없이 많은 신하들을 자랑하는 자들은 귀를 기울여라. 그대들이 휘두르는 권력은 주님께서 주신 선물이며, 그대들의 주권 또한 지극히 높으신 분께서 주신 것이다. 따라서 주님께서는 그대들의 업적을 굽어보시고 그대들의 계략을 낱낱이 살피실 것이다. 만일 주님의 나라를 맡은 통치자로서 그대들이 정의로 다스리지 않았거나 율법을 지키지 않았거나 하느님의 뜻에 맞게 처신하지 않았으면 주님께서 지체없이 무서운 힘으로 그대들을 엄습하실 것이다. 권세 있는 자들에게는 준엄한 심판이 기다리고 있다. 미천한 사람들은 자비로운 용서를 받겠지만 권력자들은 엄한 벌을 받을 것이다."(지혜서 6:1-5)

13장 1-7절에서 바울이 권력자들을 상대로 강연한 것은 아니기 때문이다. 만일 바울이 로마 황제에게 따로 편지를 썼다면, 지혜서 6장 1-5절을 분명하게 인용하지 않았을까.

2절 하느님이 권력을 만드셨다면, 사람이 권력을 존중해야 할 의무가 있다고 바울은 설명한다. 하느님의 명령에 맞서는 사람들은 심판을 받게 된다고 덧붙인다. 반항하다ἀντιτάσσομαι(13:2a)는 아래 있다ὑποτάσσεσθαι(13:1a)와 반대 뜻이다. 하느님의 명령ἡ τοῦ θεοῦ διαταγή(13:2a)은 하느님께서 세워주신 것ὑπὸ θεοῦ τεταγμέναι(13:1c)을 가리킨다. 명령διαταγή은 특별한 법률적, 정치적 표현[84]은 아니고, 일반적인 규정[85]을 가리킨다. '국가 권력은 무엇인가?'를 말하는 것이 아니라 통치자와 피지배자의 관계를 다루고 있다. 하느님이 만드신 국가 권력에 반항하는 것은 하느님의 원수(마카베오하 7:19; 사도행전 5:39)[86]가 되는 셈이다. 심판을 가져오다κρίμα λήμψεται(로마서 13:2b; 마가복음 12:40; 야고보 3:1)는 하느님께 맞서는 사람들이 자신을 스스로 심판한다는 뜻은 아니고 심판을 불러들였다는 뜻이다.

하느님께 맞서는 사람들이 하느님의 심판을 초대했다면, 하느님께 맞서는 국가 권력은 하느님의 심판을 초대한다는 뜻이 담겨 있다.[87] 모든 정권이 함부로 날뛰어도 좋다는 말이 아니라 자신이 하느님께 반항하는 정권인지 정직하게 보라는 말이다. 국가 권력과 정권을 동일시하면 안 된다. 대한민국 통치권은 결국 하느님의 도구로 사용되지만, 하느님이 이승만 정권과 전두환 정권을 세우신 것은 아니다. 그런 악마 정권을 하느님이 세우셨을 리 없다. 독재 정권을 하느님이 세우신 것이라고 주장하면 안 된다.

3-4절 국가 권력을 존중할 의무에 대해 바울은 두 가지 근거를 3-4절에서 내세웠다.[88] 통치자들은 선을 권장하고 악을 처벌하는 존재라는 윤리적 설명이 먼저 나왔다. 국가 권력은 하느님의 도구로 사용된다는 신학적 설명이 뒤따른다. 이론상 그렇다는 말이다. 실제는 그렇지 않을 수 있고, 그렇지 않은 경우는 역사에 흔했다. 공무원ἄρχοντες(13:3a)은 일선 공무원과 군인을 포함하여 로마 황제에 이르기까지 국가 권력ἐξουσία(13:3b)을 행사하는 모든 사람(마태복음 20:25; 누가복음 23:35; 고린도전서 2:6)을 가리킨다. 3-4절에서 무엇이 선행인지 12장 9-21절에서 이미 설명하였다. 모든 사람의 판단에 선한 일(9:12, 17b)이다.

여기서 21세기를 사는 우리가 잊지 말아야 할 것이 있다. 바울은 정치 철학자가 아니었고, 민주주의를 주창한 사람도 아니었다는 사실 말이다. 국가 권력에 대한 바울의 설명은 당시 그리스로마 사회에서 통용되던 국가 이념에서 나왔다.[89] 선한 국가 권력은 선행을 격려하고 악행을 벌한다[90]는 생각이었다.[91] 칭찬ἔπαινος(13:3d)은 비석, 돈 같은 것으로 선행을 격려하는 모든 일을 가리킨다.[92] 바울이 여기서 구체적으로 무엇을 가리키는지 우리는 알 수 없다. 갖고 있는 칼τὴν μάχαιραν φορεῖ(13:4e)은 사형을 포함하여 국가 권력이 악행을 저지른 사람을 처벌하는 행위를 가리킨다. 로마서가 쓰이기 2년 전 등장한 네로 황제가 칼 없는 평화의 시대를 열 것이라는 사람들의 기대를 바울이 경계하는 뜻이 담긴 말[93]일까. 본문에서 그 근거를 찾기는 어렵다.

만일 국가 권력이 선행하는 사람을 칭찬하고 악행하는 사람을 처벌한다면, 그 국가 권력은 하느님의 도구θεοῦ διάκονός(13:4a)라고 불릴 만하다. 모든 국가 권력이 자동적으로 하느님의 도구인 것은 아니다. 국가 권력이 하느님을 대신하는 것도 아니고 대표하는 것도 아니다. 국가 권력은 하느님의 도구이지 하느님의 대표는 아니다.[94] 악한 도구도 있고 선한 도구도 있다. 바울은 국가 권력을 지배가 아니라 봉사하는 종의 역할로도 생각했다[95]고 볼 수 있을까. 내 생각에, 바울은 아직 거기까지 생각하지는 못한 듯하다.

여러분 이익을 위해σοὶ εἰς τὸ ἀγαθόν(13:4b) 번역은 논란이 없지 않다. 자신의 선행이 결국 자신에게 이익이 되도록 국가 권력이 배려한다[96]는 말이 아니고 국가 권력의 칭찬으로 개인이 선행하도록 격려한다[97]는 뜻인가.

어떤 국가 권력 아래 있든, 악행을 하는 사람은 국가 권력이 두려워 벌벌 떨어야 할 것이고, 선행을 하는 사람은 국가 권력을 두려워 떨 필요가 없다. 그런데 현실은 그렇지 못할 때가 있다. 부패한 국가 권력 아래 있으면, 아무리 악행을 해도 전혀 두려워하지 않는 사람이 있고, 선행을 해도 악행으로 몰릴까 두려워하는 사람도 있다. 부패한 대한민국이 너무나 살기 좋고 편한 사람들이 있고, 공정한 대한민국을 애타게 기다리며 싸워온 사람들이 있다.

5절 13장 5a는 로마서 1-4장의 결론이다. 13장 5a에 숨어 있는 주어는 모든 사람πᾶσα ψυχὴ(13:1a)이고, 숨어 있는 목적어는 위에 있는 국가 권력ἐξουσίαι ὑπερέχουσαι(13:1a)이다. 국가 권력의 분노와 양심 둘 중에 하나를 선택하는 것[98]은 아니고 국가 권력의 분노에 양심을 같은 비중으로 추가한 것[99]도 아니다. 13장 5b는 국가 권력을 존중할 의무로 분노와 양심 두 가지를 제안하지만, 양심에 따른 존중을 더 강조한다. 국가 권력의 처벌이 무서워서라기보다 자기 양심의 소리를 더 들어야 하기 때문이라는 말이다. 분노는 여기서 하느님의 분노가 아니라 국가 권력의 분노를 가리킨다.[100] 하느님의 벌이 무서워서 뿐만 아니라διὰ τὴν ὀργὴν(12:5b,《공동번역》)는 고쳐져야 할 번역이다.

양심은 꼭 그리스도교적인 양심만 가리키는 것[101]은 아니다. 모든 사람에게 요청하는 바울이 예수를 믿지 않는 사람에게 예수 정신에 근거해 국가 권력을 존중하라고 요구할 수는 없다. 바울은 재판에서 원고, 증인, 판사 세 역할을 양심이 모두 하는 것처럼 비유한 적 있었다.(로마서 2:15) 외부의 눈보다 인간 내면의 양심이 더 의미있다는 생각(로마서 2:28-29, 7:22; 고린도후서 4:16)을 바울은 재확인하였다.

6절 6절에서 바울은 다시 예수 운동 로마 공동체 사람들에게 말한다. 그런데 세금을 내다φόρους τελεῖτε(13:6a)는 표현을 제대로 이해하기는 쉽지 않다. 단어 τελεῖτε는 내다(직설법) 또는 내라(명령법)도

가능하다. 문법상으로 직설법으로 보는 의견[102]이 많지만, 문맥상으로 명령법[103]으로 이해하는 편이 더 낫겠다. 단어 τελεῖτε를 직설법 또는 명령법으로 보느냐 문제보다 더 심각한 문제가 따로 있다. 어느 쪽으로 해석하든, 예수 운동 로마 공동체 사람들에게 φόροι은 해당되지 않기 때문이다.

로마 제국은 정복지 주민들에게 세금을 내라고 강요했다.(마카베오상 8:2) 로마 제국에서 로마서가 쓰여질 무렵 세금은 총독들이 다스리는 점령지 주민에게만 토지세 그리고 주민세 형태로 부과되었다.[104] 단어 φόροι(13:6a)는 세금이 아니라 조공朝貢tribute을 가리킨다. 로마 시내에 사는 사람들에게 조공은 요구되지 않았다. 로마와 이탈리아 반도에 사는 사람들은 공통년 이전 167년부터 조공이 면제되었고, 간접세τέλη(13:7c)만 내면 되었다.[105] 13장 6a는 로마 시민들이 세금 인상에 항의하는 시위[106]를 반영하였다는 해석[107]은 오해다. 세금 인상이 아니라 세금 징수하는 사람들의 부패에 대한 시위였다. 네로 황제는 그 시위 이후 모든 간접세를 없애버렸다고 한다.[108]

세금(《공동번역》), 조세(《개역개정》,《200주년 기념성서》)로 φόροι를 번역하면 안 된다. 21세기 독자들은 오해할 수 있다. 로마에 살던 예수 운동 사람이 아니라 로마로 이주해서 예수 운동에 참여한 사람에게 바울이 하는 말이라는 해설[109]도 근거가 없다. 로마 세무 당국은 사람에 관계된 세금을 도입하지 않았기 때문이다. 점령지에서 행해지던 조공을 로마 시내로 확장할 형편도 못 되었다. 더구나, 로마 시내로 이주해 온 사람이 관청에 등록할 의무도 없었고, 외국인 상대 업무를 보는 관청도 없었다. 요즘 말로 여권도 없었다.[110] 로마 시내 사정을 잘 모르던 바울이 로마 제국에게 정복당한 땅에 사는 식민지 백성이 내던 조공을 로마 시내에 사는 사람들에게 잘못 적용하여 말했을 수 있다.

바울이 실수로 그렇게 말했다 하더라도, 13장 6a 뜻은 분명하다. 로마 제국 점령지 백성들이 로마 제국에 조공을 바치는 것처럼, 예수 운동 로마 공동체 사람들이 로마 제국의 통치를 존중하고 시키는 대로 잘 따르기를 바울은 원했다. 세금을 바치라는 말은 로마 제국의 통치를 존중하라는 뜻으로 바울이 표현했을 수 있다. 예수 운동 로마 공동체 사람들이 로마 제국 영토 안에 산다 하더라도 로마 제국을 모국으로 생각하지는 말라는 뜻일까. "우리는 하늘의 시민입니다. 우리는 거기에서 오실 구세주 되시는 주 예수 그리스도를 고대하고 있습니다."(빌립보서 3:20) 로마 시내에 살지만 로마 황제가 아니라 예수 그리스도를 주님으로 모시라는 격려일까.(로마서 10:9) 로마 황제는 하느님의 도구에 불과하지만, 예수 그리스도는 하느님을 대표하는 분임을 명심하라는 말 같다.

바울은 국가 권력을 하느님의 봉사자라고 이미 표현했었다.(13:4a, f) 그런데, 바울은 하느님의 일꾼들λειτουργοὶ θεοῦ(13:6b)이라는 표현을 들고 나왔다. 일상적인 행정 용어나 정치 용어[111]는 아니고 왕을 돕는 사람들(사무엘하 13:18; 열왕기상 10:5; 역대기하 9:4), 예언자(열왕기하 4:43, 6:15) 등 구약성서에서 가져온 듯하다. 하느님이 그렇게 맡기셨기 때문에 통치자들은 하느님의 일꾼들이다. 통치자들은 하느님의 뜻을 반드시 따라야 한다는 말이 전제되어 있다. 하느님의 뜻을 따르지 않는 통치자들은 하느님의 일꾼이 아니라 하느님의 원수요 적이다.

7절 모든 이 πᾶσιν(13:7a)는 국가 권력을 포함한다. 즉, 국가 권력에게만 의무들 ὀφειλαί(13:7a)을 다하라는 말이 아니다. 국가 권력 말고도 개인이 의무 관계에 있는 사람은 많다. 의무에는 조공을 바치는 일이 포함되었다. 조공 바치는 일만 의무에 속하는 것은 아니다. 바울이 곧바로 예를 든 네 경우만 해당되는 것이 아니다. 그밖에도 있다는 뜻이다. 조공 φόρος(13:7b)과 세금 τέλος(13:7b)은 이미 설명했다. 의무를 다할 사람이 누구냐는 설명에 바울은 별로 관심이 없다. 의무를 다해야 한다는 말을 하고 싶을 뿐이다. 예수 운동 사람들과 독자들은 의무를 진 사람이라는 사실을 강조한다.

그들이 누구인지 각자 알아내야 한다. 모든 사람에게 조공을 바칠 의무는 없다. 의무를 진 사람에게 해당하는 의무만 실행하면 된다. 의무를 지지 않은 사람에게 의무를 실행할 필요는 없다. "로마 황제 것은 로마 황제에게 돌리고 하느님의 것은 하느님께 돌리시오."(마가복음 12:17), "하느님을 두려워하고 황제를 존경하십시오."(베드로전서 2:17)는 하느님과 로마 황제라는 두 대상을 대하는 태도를 분명히 구분하고 있다. 13장 7a와는 경우가 다르다.

13장 1-7절은 12장 17-21절처럼 예수 운동 사람들이 예수 운동 외부 세계와 어떻게 지내야 좋은지 설명하였다. 예수 운동을 부정적으로 보는 사람들(12:17-21), 예수 운동이 자리잡은 국가의 권력과 가능한 한 어떻게 평화롭게 살 것인가.(12:18)는 2,000년 전 바울 시대의 예수 운동 사람들에게 생생하고 심각한 생존 문제였다. 바울은 그들에게 다수 사회의 규칙과 질서를 존중하고 적응하며 어떻게든 살아남으라고 권고하였다. 소수파 종교 집단이 자신의 신학적 근거를 갖추기 전에 먼저 생존 전략의 문제이기도 하다.[112] 예수 운동 사람들의 처지와 고뇌를 지금 우리는 얼마나 우리 일처럼 느끼며 생각하고 있을까.

바울은 13장 1-7절에서 악을 행하는 국가 권력이 있다는 사실을 언급하지 않고 빼놓았다. 이 사실을 그리스도교와 신학자들은 놓치면 안 된다. 13장 1-7절을 인용하면서 어떤 성격의 국가 권력에든 무조건 존중해야 한다고 말하거나 가르치면 안 된다. 바울은 그리스도교 역사에서 자주 일어난 그런 사례들[113]을 전혀 찬성하지 못할 것이다. 권력을 세우신 유일한 분 하느님은 모든 종류의 지상 권력을 상대화시킨다. 하느님을 믿고 따르는 사람은 모든 종류의 지상 권력을 절대화하지 않는다. 바울은 하느님이 특정한 인물을 통치자로 점찍었다고 말하지도 않았다. 특정 통치자에 대한 존중이나 숭배는 하느님이나 바울과 하나도 관계없다. 하느님은 국가 권력을 세우셨지 통치자를 세우신 것이 아니다. 서로 관계에서 통치자와 시민은 다를지 모르지만, 하느님과의 관계에서 통치자와 시민은 똑같은 지위에 있다.[114]

바울은 예수 운동 로마 공동체 사람들에게 로마 제국에게 조공을 바치라고 말했다. 바울이 모르고 했든 의도된 실수를 했든, 그 말은 결과적으로 예수 운동 로마 공동체 사람들이 점령지에 사는 식민지 백성이라는 의미를 주게 되었다. 예수 운동 로마 공동체 사람들은 로마 제국 소속이 아니라 하늘의 시민(빌립보서 3:20)이다. 예수를 믿고 따르는 한국인도 하늘의 시민이다. 세상 정치 권력이 하느님에게 봉사하고(13:4a, f) 돕는다(13:6b) 하더라도, 예수를 믿고 따르는 사람은 어떤 정치 권력도 숭배하거나 절대화할 수 없다. 어떤 정치 권력에 협조하고 어떤 정치 권력에 저항해야 할지 우리 스스로 판단하고 결정해야 한다. 그 자유와 책임은 우리 자신에게 있다. 인간의 권리를 침해하는 정치 권력이나 독재자를 존중할 의무는 없다. 부패한 정치 권력이나 적폐 세력에게 저항하는 것은 우리의 권리가 아니라 의무다.

13장 1-7절을 예수 운동 로마 공동체 처지에 비추어 해설하는 경우는 드물지 않았다. 국가 질서에 더 이상 얽매여 있지 않다고 주장하는 열광주의에 빠진 사람들을 바울은 반대한 것[115]일까. 예수 운동 로마 공동체 사람들이 로마에 사는 유다인들에게 잘 보이려고 로마 제국에 대한 유다인의 저항에 참여하는 것을 바울이 반대하고 경고한 것[116]일까. 세금 징수 공무원들의 부패와 높은 세금에 대한 시위들이 13장 1-7절이 나온 배경[117]일까.

그런 여러 추측들을 뒷받침할 근거를 13장 1-7절에서 찾기는 어렵다. 바울이 로마 시내 사정을 좀 알긴 했을까. 바울은 아직 로마에 간 적도 없었고, 로마에 자신이 세운 공동체도 없었다. 누가 로마서를 읽을 것인지 바울은 예상할 수도 없었다. 다른 편지를 쓰던 상황과 로마서를 쓴 바울의 상황은 상당히 달랐다.[118] 그런 처지에서 바울은 로마가 로마 제국 권력층 손에 들어갔을 경우를 예상하고 대비하지 않았을까, 물을 수 있겠다.[119] 로마 당국이나 로마에 사는, 예수를 받아들이지 않는 유다인을 자극하거나 경계하게 만들 필요는 없다. 바울은 곧 로마를 방문할 계획도 있지 않은가. 로마 당국을 안심시키려고 일부러 13장 1-7절을 썼을 수도 있겠다. 그보다는 더 가능성이 짙은 추측은, 바울은 예수를 받아들이지 않는 유다인을 자극하지 않도록 배려한 것[120]이 아닐까.

사랑하고 깨어 있으시오 (13:8-14)

8 아무에게도 서로 사랑하는 것 외에는 결코 빚을 지지 마시오. 사실 남을 사랑하는 이는 율법을 완성한 것입니다. 9 "너는 간음하지 말라, 너는 살인하지 말라, 너는 도둑질하지 말라, 너는 탐하지 말라."는 계명과 그 밖에 어떤 계명도 "네 이웃을 네 자신처럼 사랑하라."는 이 한마디로 요약됩니다. 10 사랑은 이웃에게 악을 저지르지 않습니다. 사실 사랑은 율법의 완성입니다. 11 이렇게 살아야 하는 여러분은 지금이 어느 때인지를 알아야 합니다. 여러분이 잠에서 깨어나야 할 때가 왔습니다. 지금은 우리가 처음 믿던 때보다 우리의 구원이 더 가까이 다가왔습니다. 12 밤이 거의 새어 낮이 가까웠습니다. 그러니 어둠의 행실을 벗어버리고 빛의 갑옷을 입읍시다. 13 진탕 먹고 마시고 취하거나 음행과 방종에 빠지거나 분쟁과 시기를 일삼거나 하지 말고 언제나 대낮으로 생각하고 단정하게 살아갑시다. 14 주 예수 그리스도로 온몸을 무장하십시오. 그리고 육체의 정욕을 만족시키려는 생각은 아예 하지 마십시오.

로마서 13장 8-10절은 다시 예수 운동 로마 공동체 내부로 눈길을 돌린다. 13장 1-7절은 공동체 외부 국가 권력과의 관계를 다루었다. 13장 7b-e에서 의무의 네 사례를 든 후 13장 8a에서 공동체 내부 사람끼리 지켜야 할 유일한 의무는 사랑이라고 말한다. 예수 운동 사람끼리 사랑 말고는 서로 어떤 다른 의무도 있어서는 안 된다는 말이다. 13장 8b-10절은 사랑과 율법의 관계를 요약하고 있다. 이웃에게 악을 행하지 않는 사랑(13:9a, 10a)이 곧 율법의 완성(13:8b, 10b)이다.

8절 빚지다ὀφείλετε(13:8a)는 직설법[121]이나 명령형 둘 다 가능하다. 문법상 명령형으로 보는 것이 맞다.[122] 빚지다ὀφείλειν는 갚아야 할 빚을 다 제 때에 갚지 않았다는 말이 아니라 마치 빚진 사람처럼 생각하고 산다[123]는 뜻이다. 예수 운동 사람끼리 서로 지고 있는 사랑의 의무는 여러 의무 중 하나가 아니라 유일한 의무다. 예수를 믿고 따르는 사람은 국가 권력을 대하듯 공동체 내부 사람을 대해서는 안 된다. 성도와 신도가 목사, 신부를 국가 권력이나 통치자 대하듯 해서는 안 된다. 예수 운동 사람은 서로 권력 관계 속에 있지 않다. 지배층 예수 운동 사람이 있고 피지배층 예수 운동 사람이 있는 것은 아니다.

예수 운동 사람끼리 서로 사랑하라는 말은 바울의 편지(갈라디아서 5:13; 데살로니가전서 3:12, 4:9)뿐 아니라 요한계 문헌에도 강조되었다.(요한복음 13:34, 15:12; 요한1서 3:11) '서로 사랑하라.'는 말이 없는 문화나 민족이나 종교가 세상 어디에 있을까. 서로 사랑하라는 말은 예수 운동 공동체에서 평등을 강조하는 바울 교회론의 특징이다.(12:10a) 율법을 완성하다νόμον πεπλήρωκεν(13:8b)는 율법(2:12c, 3:20b)이 요청하는 모든 것을 실천하다(8:4)는 뜻이다.[124]

9절 율법 완성, 즉 이웃을 사랑하는 의무를 바울은 구약성서 레위기 19장 18b 도움으로 설명한다.(갈라디아서 5:14) 십계명(신명기 5:17-21) 후반부의 네 계명이 인용되었다.(누가복음 18:20; 야고보서 2:11) 이웃에게 불리한 거짓 증언을 못 한다는 아홉 번째 계명(신명기 5:20)은 빠졌고, 열 번째 계명은 줄여져 인용되었다. 바울은 계명을 말씀 λόγος(로마서 13:8c; 신명기 27:3, 31:12)이라고 불렀다. 바울이 성장하고 배웠던 해외 유다교에서 이웃 사랑의 계명이 얼마나 강조되었는지 잘 드러나고 있다. 물론 유다교는 한 계명을 다른 계명 위에 놓거나 하지는 않는다.[125] 레위기 19장 18b는 신약성서에서 돋보이게 인용 되었다.(마가복음 12:29-31; 마태복음 19:18-19; 야고보서 2:8)

바울이 사랑의 계명(레위기 19:18b)을 인용하여 다른 계명을 없애 려는 것은 아니다. 사랑의 계명 안에 모든 다른 계명이 포함된다고 말하려는 것이다. 바울이 사랑을 율법과 반대로 놓거나, 사실상 율 법을 없애거나, 율법을 넘어서는 기능이라고 말하는 것[126]은 아니다. 바울이 믿음과 사랑이라는 두 덕목을 강조해온 사실을 우리는 모르 지 않는다. 사랑을 말하는 13장 8-10절에서는 십계명 후반부만 당 연히 인용되었다. 바울 당시 로마서를 읽거나 듣는 사람들이나 바 울 자신도 아직 네 복음서를 구경하지 못했다. 네 복음서에 나오는 예수의 사랑에 대한 가르침, 비유, 이야기를 바울은 아쉽게도 소개 하지 못하고 있다.

10절 사랑하다ἀγαπᾶν(13:8a, b, 9d) 동사가 명사, 사랑ἀγάπη(13:10a, b)으로 바뀌고 있다. 하나하나의 개별적 사랑 실천을 바울이 종합하 고 요약할 참이다. 그런데, 바울은 왜 "사랑은 이웃에게 악을 저지 르지 않습니다."(13:10)라고 말했을까. 악을 저지를 수 있는 대상은 우선 자기 가까이 있는 사람이라는 뜻이다. "부디 이웃을 해칠 생각은 말고, 거짓 맹세로 속이는 일을 좋아하지 마라. 그런 것은 다 내가 미워하는 일이다."(스가랴 8:17) 사랑도 악행도 가장 가까이 있는 사람에게 보통 먼저 한다. 이웃은 나에게 천사도 될 수 있고 악마도 될 수 있다. 나는 이웃에게 천사도 될 수 있고 악마도 될 수 있다. 타인이 내게 악마이기 전에 나는 타인에게 먼저 악마일 수 있다. 모든 사람이 타인을 악마로 여긴다면, 우리 자신은 모두 악마가 되고 만다. 그렇게 살 것인가.

"사랑은 이웃에게 악을 저지르지 않습니다."(13:10) 부패와 불평등이 심한 오늘 한국 사회에서 특히 강조되어야 할 말씀이다. "모두들 딴 길 찾아 벗어나서 한결같이 썩은 일에 마음 모두어 착한 일 하는 사람 하나 없구나. 착한 일 하는 사람 하나 없구나."(시편 14:3) 이웃 사랑은 감히 생각조차 못한다 하더라도, 적어도 이웃에게 악을 저지르지는 말자. 사회에 이바지하지는 못하더라도 해악이나 끼치지 말자. 예수 믿는 사람들이 그것만 한다 해도, 개신교와 가톨릭은 한국 사회에 크게 공헌하는 셈이다. 시민들이 교회와 성당에 엄청난 기대를 하는 것도 아니다. 상식이라도 좀 지켜달라고, 세상에 피해나 끼치지는 말아달라고 소박하게 기대하고 있을 뿐이다.

믿음을 강조하는 갈라디아서 5장 14절에서도 바울은 이웃 사랑(레위기 19:18)을 강조했었다. 믿음을 강조하는 갈라디아서와 로마서에서 바울은 왜 이웃 사랑을 강조할까. 믿음에 반드시 사랑이 추가되고 실천되어야 함을 강조하려고만 그랬을까. 바울은 로마서 1-5장에서 예수 그리스도에 대한 믿음이 유다인과 유다인 아닌 사람의 차이를 신학적으로 없앴다고 설명했다.(1:16, 3:28-30) 또한 사랑이 유다인과 유다인 아닌 사람의 차이를 신학적으로 없앴다.(13:8-10) 예수 그리스도에 대한 믿음이 유다인과 유다인 아닌 사람의 차이를 없앤다면, 사랑은 유다인과 유다인 아닌 사람의 차이를 없앤다.

오늘 우리는 이렇게 덧붙여 말해야 하겠다. 사랑은 예수 그리스도를 믿는 사람과 믿지 않는 사람의 차이를 없앤다. 예수 그리스도를 믿는 유다인 아닌 사람이 예수 그리스도를 믿지 않는 유다인에게 우월감을 갖지 말라고 바울이 경고하듯이, 예수 그리스도를 믿는 사람이 예수 그리스도를 믿지 않는 사람에게 우월감을 갖지 말라고 우리는 경고해야 하겠다. 죄와 죽음뿐 아니라 믿음과 사랑도 모든 인간을 평등하게 만들어준다. 모든 인간은 평등하다.

11절 13장 11-14절은 12장 1절-15장 13절 가르침의 1부에 해당되는 12장 1절-13장 10절을 요약한다. 13장 11-12b는 시간에 관계된 단어들이 등장하며 깨어 있으라 경고한다. 13장 12c-14는 실천에 관계된 단어들이 나오며 실천을 강조한다. 이것τοῦτο(13:11a)이 무엇을 가리키는지 뚜렷하지는 않다. 아는εἰδότες(13:11a)의 목적어로서 접속사 그것ὅτι(13:11b) 문장을 수식하는 듯하다. 언제나 깨어 있는 삶이 예수 운동 사람들의 특징임을 바울은 전제하고 있다. '잠에서 깨어나다.'라는 표현은 회개를 가리키는 대표적인 단어(마가복음 13:33-37; 마태복음 24:42; 누가복음 12:37)다. 잠을 무지, 절망 등 부정적인 시각으로 보던 관점이 있었다. "빛을 받아 드러나면 빛의 세계에 속하게 됩니다. '잠에서 깨어나라. 죽음에서 일어나라. 그리스도께서 너에게 빛을 비추어주시리라.'는 말씀이 이 뜻입니다."(에베소서 5:14)

바울은 "무엇이 하느님의 뜻인지, 무엇이 선하고 무엇이 그분 마음에 들며 무엇이 완전한 것인지를 분간하도록 하십시오."(12:2b)라고 말했었다. 잠자는 사람은 무엇이 선한지 알아차릴 수 없다. 지금 깨어서 미래를 바라보라고 13장 11c는 로마서를 듣는 청취자와 독자에게 덧붙이고 있다. 그들은 이미 회개했다.(로마서 10:14; 고린도전서 3:5; 갈라디아서 2:16) 구원σωτηρία(13:11c)은 아직 오지 않은 마지막 날의 구원(빌립보서 2:12; 데살로니가전서 5:9), 우리에게 드러날 다가오는 영광(로마서 8:18), 분노에서 해방(로마서 5:9), 몸의 구원(로마서 8:23)을 뜻한다. 잠에서 깨어날 시간(13:11b)은 하느님이 정해놓으신 완성의 시간을 가리킨다(다니엘 8:17, 19)[127]고 보기는 어렵다. 예수 운동 사람들의 뜨거운 예수 재림 기대를 반영하는 말[128]이라고 보기도 어렵다. 로마서가 쓰여졌을 공통년 56년 무렵 예수 운동 공동체는 뜨거운 종말 기대를 진정시킬 필요보다 식어진 종말 기대를 더 염려할 시점에 있었다.[129]

12절 "밤이 거의 새어 낮이 가까웠습니다."(13:2a) 아직 여전히 밤이지만, 새 날이 곧 온다. 밤νὺξ(로마서 13:12a; 미가 3:6; 욥기 36:20)은 아직 구원이 없는 이 시대αἰῶνι τούτῳ(로마서 12:2a; 갈라디아서 1:4)를 가리킨다. "파수꾼아, 얼마나 있으면 밤이 새겠느냐? 파수꾼아, 얼마나 있으면 밤이 새겠느냐?"(이사야 21:11b) 새 예루살렘에는 밤이 없을 것이다.(요한계시록 21:25, 22:5) 낮ἡμέρα(13:12a)은 주님의 날인 예수 재림(로마서 2:5; 고린도전서 5:5; 데살로니가전서 5:2)을 말하는 것[130]은 아니다. 빛과 구원의 시간을 비유적으로 가리킨다.

바울은 13장 12c-d에서 밤과 낮을 어두움과 빛으로, 멸망과 구원으로 대조(시편 18:28; 예레미야 13:16; 고린도후서 6:14)한다. "어둠 속을 헤매는 백성이 큰 빛을 볼 것입니다. 캄캄한 땅에 사는 사람들에게 빛이 비쳐올 것입니다."(이사야 9:1) 그러니 우리는 어둠의 행실ἔργα τοῦ σκότους(13:12c, 6:21b)을 버리고 빛의 무기ὅπλα τοῦ φωτός(13:12d)를 갖추자는 것이다. 세상 사람들이 예수 운동 공동체 사람들의 삶을 보고 '저것이 빛이구나!' 감탄할 수 있어야 한다는 말이다. 무기τὰ ὅπλα(13:12d)는 실천을 가리키는 비유다.(로마서 6:13 고린도후서 6:7; 데살로니가전서 5:8) 바울이 군사 용어를 쓴 것은 유감이다.

13절 바울은 로마서 독자가 무엇을 해야 하는지(13:13a, 14a), 무엇을 놓아야 하는지(13:13b-d, 14b) 말한다. 13-14절은 아우구스티누스가 성경을 들추고 읽을 때 그 눈을 사로잡은 바로 그 구절이다. "그 문장을 다 읽을 수 없었다. 양심의 빛이 내 마음에 퍼져나가고 의심의 어두움이 사라졌다."[131]

13장 13a는 대낮에 있는 것처럼ὡς ἐν ἡμέρᾳ이라는 표현을 강조한다. 비록 아직 밤이지만, 마치 대낮에 있는 것처럼 살라는 말이다. 단정하게 걷다εὐσχημόνως περιπατεῖν(로마서 13:13a; 데살로니가전서 4:12)는 사회에서 칭찬받는 삶을 가리키는 표현이다. "모든 사람이 다 좋게 여기는 일을 하도록 하십시오"(로마서 12:17b), "여러분은 무엇이든지 참된 것과 고상한 것과 옳은 것과 순결한 것과 사랑스러운 것과 영예로운 것과 덕스럽고 칭찬할 만한 것들을 마음속에 품으십시오."(빌립보서 4:8)가 자연스럽게 연결되겠다. 단정하게εὐσχημόνως의 반대말인 단정하지 않게ἀσχημόνως 단어도 바울 편지에 나와 있다.(로마서 1:27; 고린도전서 7:36, 12:23, 13:5)

대낮에 있는 것과 반대되는 모습을 보여주려고 바울은 밤에 주로 하는 일을 예로 들었다. 이른바 악행 목록Lasterkatalog 같은 것이 어느 사회에나 있었다.[132] 바울은 그리스로마 사회에서 흔히 보는 악행 세 쌍 목록을 가져와 13장 13b에 소개했다. 그 중 다섯 개는 갈라디아서 5장 19-21절에 나오는 악행 목록과 겹친다. 바울이 인용한 여섯 개 목록을 보면, 바울이 무엇을 말하고 싶었는지 잘 드러난다. 예수 운동 로마 공동체 사람들의 사생활뿐만 아니라 그들이 함께 어울리는 모임에서도 단정하게, 대낮에 있는 것처럼 처신하라고 요청하고 있다. 그렇다고 바울이 술 마시는 것을 금지한 것은 아니다. 예수, 열두 제자, 바울 그 누구도 술 마시지 않은 사람은 없었다. 일할 때, 공동체 모임과 빵나눔에서 술 마시는 일은 바울과 동료들에게 낯선 일은 아니었다. 예수 운동 어느 공동체도 술 마시는 것을 금지한 적은 없었다.

14절 14절에서 바울은 예수 운동 사람들의 구체적인 행동이 아니라 삶의 기본적인 방향에 대해 말한다. 바울이 권고하는 삶은 이미 여러 곳에서 언급되었다. "그리스도 예수에게 속한 사람들은 육체를 그 정욕과 욕망과 함께 십자가에 못박은 사람들입니다."(갈라디아서 5:24), "영적으로 하느님께 예배 드리고 그리스도 예수를 자랑하며 세속적인 것에 의지하지 않는 우리야말로 진정한 할례를 받은 사람들입니다."(빌립보서 3:3) 영과 육의 대조는 로마서 8장 4절-9장 13절에서도 자세히 설명했다.

주 예수 그리스도를 옷입다ἐνδύσασθε τὸν κύριον Ἰησοῦν Χριστὸν (13:14a)는 세례와 연결되어 나왔던 표현이다.(갈라디아서 3:27)[133] '옷

입다'라는 비유는 구약성서에도 있었다.(사사기 6:34a; 역대기상 12:19; 역대기하 24:20) 사람의 특징도 '옷입다' 비유를 통해 표현되기도 했다. 강함(이사야 51:9, 52:1a), 정의(욥기 29:14; 시편 132/131:9), 영광(이사야 52:1b), 힘(시편 93/92:1; 누가복음 24:49), 몸σάρξ(로마서 13:14b)은 인간의 신체가 아니라 인간의 조건(로마서 7:14, 18)을 통칭하는 비유다. 바울이 인간의 신체를 경멸하는 것은 전혀 아니다. 몸σάρξ과 욕심 ἐπιθυμία(13:14b)은 함께 한다.(로마서 7:7-25; 갈라디아서 5:16, 24)[134] 예수 운동 로마 공동체 사람들이 예수 그리스도에 속해 있고, 예수 그리스도를 믿는 사람들의 삶이 믿음에 의해 어떻게 변화되는지 주변 사람들이 알아가기를 바울은 원했다.

바울은 예수는 곧 다시 오신다는 생각을 로마서를 쓰던 공통년 56년 무렵에도 여전히 갖고 있었다[135]고 보아야 하는가. 분명히 답하기는 어렵다. 예수는 곧 다시 오신다는 생각도 있었고, 좀 기다려야 한다는 생각도 갖고 있지 않았을까. 스페인 선교(15:23-24, 28)를 꿈꾸었던 바울이다. 언제 예수가 다시 오신다 하더라도, 예수 운동 사람들이 예수를 처음 믿던 때보다는 로마서를 들을 때가 그 시간에 더 가깝다.(13:11c-d)

바울이 어떻게 살라고 말했는지 내용뿐만 아니라 왜 그렇게 자주 그런 말을 했는지 이유가 궁금하다. 로마서는 칭의론 하나면 끝난 것 아닌가. 바울 신학은 믿음 하나면 다 된 것 아닌가. 그렇게 생각하는 독자도 없지 않을 것이다. 그렇게 듣거나 배운 독자도 있을 수 있다. 바울처럼 실천과 선행을 자주 강조한 신약성서 저자가 또 있을까. 바울처럼 믿음과 실천의 일치를 끈질기게 강조한 신약성서 저자가 어디 있을까. 루터의 눈으로 바울을 볼 것이 아니라 먼저 바울의 눈으로 바울을 보아야 한다. 내 생각에, 바울 구하기보다 바울 바로 알기가 한국 그리스도인에게 더 중요하고 더 시급하다.

믿는 형제자매를 서로 존중하라(14:1-12)

1 믿음이 약한 사람이 있거든 그의 잘못을 나무라지 말고 반가이 맞으십시오. 2 어떤 사람은 믿음이 있어서 무엇이든지 먹지만 믿음이 약한 사람은 채소 밖에는 먹지 않습니다. 3 아무것이나 먹는 사람은 가려서 먹는 사람을 업신여기지 말고 가려서 먹는 사람은 아무것이나 먹는 사람을 비난하지 마십시오. 하느님께서는 그 사람도 받아들이셨습니다. 4 우리에게 남의 종을 판단할 권리가 있습니까? 그가 서거나 넘어지거나, 그것은 그의 주인이 상관할 일입니다. 주님께는 그를 서 있게 하실 힘이 있으시니 그는 넘어지지 않을 것입니다. 5 어떤 사람들은 어떤 날을 특별히 더 좋은 날로 여기고 어떤 사람들은 어느 날이나 다 같다고 생각합니다. 하여간 각각 신념을 가지고 있어야 합니다. 6 어떤 날을 따로 정해서 지키는 사람도 주님을 위해서 그렇게 합니다. 아무것이나 가리지 않고 먹는 사람도 하느님께 감사를 드리며 먹으니 주님을 위해서 그렇게 하는 것이고 가려서 먹는 사람도 하느님께 감사를 드리며 먹으니 그 역시 주님을 위해서 그렇게 하는 것입니다. 7 우리들 가운데는 자기 자신을 위해서 사는 사람도 없고 자기 자신을 위해서 죽는 사람도 없습니다. 8 우리는 살아도 주님을 위해서 살고 죽더라도 주님을 위해서 죽습니다. 그러므로 우리는 살아도 주님의 것이고 죽어도 주님의 것입니다. 9 그리스도께서는 죽은

자의 주님도 되시고 산 자의 주님도 되시기 위해서 죽으셨다가 다시 살아나셨습니다. 10 그런데 어떻게 우리가 형제를 심판할 수 있으며 또 멸시할 수 있겠습니까? 우리는 다 하느님의 심판대 앞에 설 사람이 아닙니까? 11 성서에도, "정녕 나는 모든 무릎을 내 앞에 꿇게 하고 모든 입이 나를 하느님으로 찬미하게 하리라." 한 주님의 말씀이 있습니다. 12 그때에 우리는 각각 자기 일을 하느님께 사실대로 아뢰게 될 것입니다.

1절 예수 운동 사람들이 의무적으로 먹어야 할 음식이 있는가. 서로 다른 음식 습관이 있다면, 서로 어떻게 대해야 하는가. 사소한 논쟁 같지만, 지구촌의 여러 문화와 종교에서 오늘도 벌어지는 다툼 중 하나다. 유다교와 이슬람에서 돼지고기 금지, 한국 불교에서 육식 금지, 한국 개신교에서 술담배 금지도 하나의 예다. 음식 규정을 지켜야 한다고 생각하는 사람을 바울은 믿음이 약한 사람(14:1) 또는 약한 사람(12:2b, 15:1)이라 불렀다. 모든 음식을 먹는 사람(14:2a)을 바울은 강한 사람(15:1)이라 불렀다. 바울도 이에 속한다. 절기 지키기(14:5a-b) 문제가 잠시 언급되었다. 서로 다른 음식 습관을 실천하는 그리스도인을 어떻게 대할 것인가(14:1-12), 강한 사람은 약한 사람의 음식 습관을 존중하여 그들이 구원을 잃지 않도록 주의하라(14:13-23)고 바울은 격려한다. 로마서 15장 1-13절은 14장 1절부터 시작된 바울의 가르침을 요약한다.

그런데 약한 사람과 강한 사람이 누구를 가리키는가. 바울은 왜 이 주제를 다루었을까. 두 주제에 대해 성서학자들의 의견은 일치하지 않고 있다. 약한 사람은 예수 그리스도를 믿는 유다인과 하느님을 두려워하는 유다인 아닌 사람을 가리키고, 강한 사람은 유다인 아닌 사람과 바울을 비롯한 일부 유다인을 가리킨다[136] 대부분의 성서학자들이 이 의견을 지지한다. 약한 사람은 금욕주의와 영지주의 운동 출신으로 예수 그리스도를 믿는 유다인이 아닌 사람,[137] 유다교 율법의 영향을 받은, 예수 그리스도를 믿는 유다인이 아닌 사람,[138] 로마 당국 눈에 드러나기 싫어서 식당법을 지키던, 예수 그리스도를 믿는 가난한 유다인[139]을 가리킨다는 의견도 있다. 타이쎈 Theissen은 로마 제국의 식당법을 오해한 듯하다. 식당에서 고기 요리를 먹지 말라는 말이 아니라 고기를 팔지 말라는 황제의 명령이었다.[140] 손님이 아니라 주인이 영향을 받는 법이었다. 식당법을 지키던 식당에서는 강한 사람도 고기 요리를 주문하여 먹을 수 없었다.[141]

약한 사람과 강한 사람을 예수 그리스도를 믿지 않는 유다인과 예수 그리스도를 믿는 유다인,[142] 안식일을 다른 날과 구분하며 예수 그리스도를 믿는 유다인과 모든 날을 안식일처럼 맞이하며 예수 그리스도를 믿는 유다인,[143] 율법을 지키는 평범한 전통주의자와 극단적 전통주의자,[144] 예수 그리스도를 믿는 상류층 사람과 가난한 사람들[145]로 나누기도 한다. 약한 사람과 강한 사람을 사람이 아니라 행동 방식으로 구분하자는 의견[146]에 나는 기울고 있다.

교리 논쟁이 아니라 살아가는 방식에 대한 언급이다. 중요한 가르침에 대한 문제가 아니라 사소한 생활 방식을 말하고 있다. 그리스도교 교리 중에도 중요성에서 등급이 있다. 모든 교리가 중요성에서 똑같은 것은 아니다.

약한 사람ἀσθενοῦντα(14:1a)은 우상에게 바쳤던 고기를 먹던 사람을 바울이 가리키던 단어였다.(고린도전서 8:7, 9-12)[147] 그렇게 살던 사람들을 그렇게 살지 않았던 사람들이 약한 사람이라고 부른 것이 아니라 바울이 만든 용어인 듯하다.[148] 우상에게 바쳤던 고기를 먹던 사람을 경멸하는 뜻은 그 단어에 포함되어 있진 않다.

약함ἀσθένεια(14:1a)은 인간의 약함 또는 삶의 약한 부분과 기능을 가리키는 중립적인 단어였다. 동양의 미신,[149] 도덕적 부족함[150]을 가리키거나 그리스로마 사회에서 굳어져 통용되던 개념은 아니었다.[151] 믿음이 약한 사람(14:1)은 다른 분야에서 강할 수 있다.

약한 믿음(로마서 14:1a), 부족한 믿음(데살로니가전서 3:10), 성장하는 믿음(고린도후서 10:15) 사이에 큰 차이는 없다. 그리스도 믿음이란 공통점은 믿는 사람들 사이의 차이를 넘어선다. 그래서 믿음이 강한 사람은 믿음이 약한 사람의 믿음에 대한 의견을 업신여기지 말고 (14:1b) 받아들여야 προσλαμβάνεσθαι(14:1b) 한다. 믿음이 약한 사람의 생각에도, 믿음이 강한 사람의 생각에도, 바울은 똑같이 '생각들 διαλογισμοί'이란 단어를 쓰고 있다. "야훼는 사람의 생각을 다 아시고 그것이 바람결 같음도 알고 계신다."(시편 94/93:11; 고린도전서 3:20; 로마서 1:21c) 율법이 어떠니 왈가왈부하던 예수 운동 사람들이 음식 규정이 어떠니 하며 자기들끼리 다투고 있다. 예수를 믿지 않는 유다인들 눈에 얼마나 우스꽝스럽게 보였을까. 사소한 일에 목숨 거는 일이 그리스도교 역사에 얼마나 많았던가.

2절 믿음이 강한 사람이 믿음이 약한 사람과 달리 채소만 먹지는 않고 다 먹는다.φαγεῖν πάντα(14:2b) 다 먹는다는 말은 채소 말고도 먹는다는 것이지 혐오 식품도 가리지 않고 먹는다는 뜻은 아니다. 채소λάχανα(14:2b)는 고기를 먹지 않는 식생활을 가리킨다. 피타고라스 학파[152]와 해외diaspora 유다교에 채식주의(마카베오하 5:27; 다니엘 1:12)를 실천하고 있었다. 그러나 유다교 식생활에서 채식주의를 말하는 유다교 문헌은 전혀 없었다.[153] 예수 운동 고린도 공동체에도 우상에게 바쳐진 고기를 사절하며 채식주의를 실천하는 사람들이 있었다.[154] 바울은 로마 공동체에도 그런 사람들이 있을 것이라고 추측한 듯하다.[155] 믿음이 약한 사람에 해당하는 그 사람들을 특정한 민족 출신이라고 말할 수는 없겠다.

3절 14장 3a-b에서 바울은 채식주의자와 그렇지 않은 사람을 먹지 않는 사람과 먹는 사람으로 간단히 표현했다. 다른 식생활 습관이 있는 공동체 형제자매를 어떻게 대해야 할까. 자칫하면 서로 업신여길 위험이 있었기 때문이다. 무시하다ἐξουθενεῖν(14:3a)는 그리스 문헌이나 유다교 문헌에 널리 퍼진 단어다. 어느 민족이나 문화에서나, 사람을 무시하는 일이 많았던 모양이다. 로마 같은 큰 도시에서 뭐든 먹는 사람은 우상에게 바쳐진 고기를 먹을 가능성이 크다. 하느님은 그런 고기를 먹는 사람도 받아들이신다. 받아들이다 προσλαμβάνεσθαι(14:3b)는 시편에서 바울이 가져온 단어다. "내 부모가 나를 버리는 한이 있을지라도 야훼께서는 나를 거두어주실 것입니다."(시편 27:10), "나를 타일러 이끌어주시고 마침내 당신 영광으로 받아들여 주소서."(시편 73:24)

4절 가상의 대화 상대 당신σὺ(14:4a, 2:1, 9:19)이 등장했다. 누구든

다른 예수 운동 사람을 심판할 권리가 없다고 바울은 강조한다. 당신은 누구이길래συ τίς εἴ(로마서 14:4a, 9:20; 야고보서 4:12)는 가상의 대화 상대가 하는 주장을 반박할 때 쓰는 표현이다. 종οἰκέται(14:4a)은 농촌, 광산, 공사판, 항구에서 일하는 종이 아니라 주인 집οἴκος에서 일하는 종을 가리킨다. 주인 집에서 살고 일하며 요리, 가사, 가정교사까지 겸하기도 했다.[156] 집주인만 자기 종을 혼낼 수 있다. 남의 집 종ἀλλότριος οἰκέτης(14:4a)을 혼낼 수는 없다. 남의 집 종을 심판하려 드는 사람도 종[157]인 것은 아니다. 그 종의 주인이 아니라는 말이다.

주인τῷ ἰδίῳ κυρίῳ(14:4b)이라는 표현은 종의 잘잘못은 주인이 상관할 일이라는 뜻을 강조한다. 믿음이 약한 사람은 믿음이 약한 사람의 주인에게 판단받을 것이다. 마찬가지로 믿음이 강한 사람은 믿음이 강한 사람의 주인에게 판단받을 것이다. 단어 σταθήσεται(14:4c)는 서 있을 것이다,[158] 서 있게 될 것이다[159] 둘 중 하나로 번역된다. 14장 6-8절을 보면, 주님κύριος(14:4c)은 예수 그리스도를 가리키는 듯하다. 바울이 4절에서 말하고 싶었던 것은 두 가지다. 믿음이 약한 사람의 식생활 습관에 대한 판단은 주님에게 맡기라.[160] 믿음이 약한 사람을 비판한, 믿음이 강한 사람을 주님은 반드시 심판하실 것이다.

5절 14장 5a-b는 달력 주제를 꺼낸다. 음식 규정과 날짜 준수는 유다교에서 자주 함께 언급되었다.[161] "여러분은 먹고 마시는 문제나 명절 지키는 일이나 초생달 축제와 안식일을 지키는 문제로 아무에게도 비난을 사지 마십시오."(골로새서 2:16) 14장 5a-b가 달력 주제를 음식 주제의 일부로 여기거나 믿음이 약한 사람에게만 향하는 것은 아니다. 어떤 사람은 매일 단식하는데, 다른 사람은 겨우 특정한 날에만 단식한다고 말하는 것[162]도 아니다. 채식주의자들이 달력 날짜를 지키려하는 사람인지, 일부 채식주의자만 달력 날짜를 지키려하는지, 채식주의자 아닌 사람 중에도 달력 날짜를 구분하려는 사람이 있는지, 모두 뚜렷하지는 않다.

어떤 날이 다른 날보다 중요하게 여겨지는 날인지 바울은 말하지 않았다. 안식일을 가리키는지 본문에서 정확히 알아낼 수는 없다. 안식일은 당연히 포함되었을 것이다. 유다교에서 흔히 말해지는 날짜인 축제, 안식일, 초하루(역대기상 23:31; 역대기하 2:3; 에스겔 45:17) 이 세 가지보다 더 특별한 날을 바울이 말하고 있지는 않다. 예수 운동 로마 공동체에서 어떤 날이 예수 운동에 중요한 날인지에 대해 여러 의견이 있을 수 있다고 바울은 추측한 듯하다. 내 나름의 판단 ἰδίῳ νοΐ(14:5c)은 달력 주제(14:5a-6)뿐만 아니라 음식 주제(14:2-4)를 포함한다. 각자 자기 생각에 확신을 가져야 하고(14:5c), 서로 받아들여야 한다.(14:1a; 15:7a)

6절 14장 5c에서 말했던 요구에 대해 6절에서 바울은 신학적으로 근거를 댄다. 음식과 달력에서 서로 다른 태도를 보인 사람들에게 공통점이 하나 있다. 주님을 위해 그렇게 한다.(14:6a, b, d)는 것이다. 여기서 주님은 예수 그리스도를 가리킨다. 그들 모두 예수 운동에서 정당한 실천을 하고 있음을 바울은 인정했다. 날에 대해서φρονῶν τὴν ἡμέραν(14:6a, 8:5)처럼 φρονῶν+4격 표현, 즉 을(를), 위해, 대해 표현은 정치에서 특정한 편을 두둔할 때 썼다. 그렇다면 바울은 14장 6a에서 일정한 날을 다른 날보다 특별하다고 생각하는 사람을 편들고 있다.[163] 단수 명사 날ἡμέρα은 1년 중 하루를 가리키는 것은 아니고 부분으로 전체를 나타내는pars pro toto 표현 중 하나다.

6절에서 바울은 유다교의 식탁 기도[164]와 감사 표현(고린도전서 10:30; 마가복음 6:41; 사도행전 27:35)을 예수 그리스도와 연결하였다. 예수 그리스도에 대한 믿음과 하느님에 대한 존중이 연결된다는 바울의 생각이 드러났다. 예수 운동 사람들에게 예수 그리스도를 제외하는 하느님 존중은 생각할 수 없다.[165] 예수 운동 사람들은 식사에서 감사 기도를 드릴 때마다 하느님의 구원이 예수 그리스도를 통해 이루어졌다는 믿음을 고백하였다.

7절 7-9절에서 세 번이나 나오는 '주님을 위해κυρίῳ'라는 표현은 자기 자신ἑαυτῷ(14:7a-b)과 주님을 위해κυρίῳ(14:8a-b)와 이어진다.[166] 예수 운동 공동체의 빵나눔 모임에서 나왔거나[167] 교리를 다룬 것[168] 같지는 않다. 살다, 죽다 동사로 계속 대조되는 7-9절은 한 덩어리 단락으로 볼 수 있다. 바울은 7-9절을 예수 운동 로마 공동체뿐 아니라 모든 사람에게 말하고 있다.

8절 자기 자신을 위해 살다/죽다(14:7a-b)와 주님을 위해 살다/죽다(14:8a-b)가 대조되었다.(14:7-8b) 널리 퍼진 표현으로 바울의 신학적 관심을 드러내 준다.[169] 자기 자신을 위해 산다ἑαυτῷ ζῆν(14:7a)는 태도는 그리스로마 사회에서 존중도 받고 비판도 받았다.[170] 자기 자신을 위해 살거나 죽는 사람은 음식이나 달력에도 같은 태도로 대할 것이다. 예수 운동 사람들은 자신을 위해 살거나 죽기보다 주님을 위해 살거나 죽어야 한다고 바울은 강조한다. 음식이나 달력에 서로 다른 태도를 갖는 사람도 주님을 위해 살거나 죽어야 한다는 말이다. 죽음도 삶도, 음식과 달력에 대한 서로 다른 태도 역시 인간은 주님의 소유라는 사실에서 제외되지 않는다.

9절 9절은 예수 그리스도를 믿는 사람의 삶과 죽음이 왜 주님께 속해 있는지 이유를 설명한다. 바울 전에 생겼던 예수 죽음과 부활에 대한 전승을 바울은 받아들이고 다듬었다. "우리는 예수께서 죽으셨다가 다시 살아나신 것을 믿습니다."(로마서 8:34b-c; 데살로니가전서 4:14; 고린도후서 5:15b) 9절의 εἰς τοῦτο…, ἵνα 표현을 어떻게 해석해야 할까. "그리스도가 죽었다가 살아난 것은 죽은 자들과 산 자들의 주님이 되려는 것이었다."는 목적 용법으로 해석할까. "그리스도가 죽었다가 살아났기 때문에 죽은 자들과 산 자들의 주님이 되었다."는 결과 용법으로 해석할까. 둘 다 포함한다고 보는 편이 낫겠다. 14장 9a에서 예수는 부활하였다ἀνέστη(데살로니가전서 4:14), ἐγερθείς(로마서 8:34c; 고린도후서 5:15b)와 다르게 살아났다ἔζησεν라고 표현되었다. 7-8절에서 살다와 죽다와 살다를 대응하려고 바울은 그렇게 했다. 14장 9a는 예수 죽음을 대속代贖(고린도후서 5:15b)의 죽음으로 표현하지는 않았다.

10절 바울은 '어떤 음식을 먹느냐.' 주제 자체를 논의하지는 않고 오히려 서로 다른 음식을 먹는 형제자매를 어떻게 대해야 하느냐에 주목한다. 토론할 주제를 회피한 채 토론 당사자들의 인간 관계를 염려하고 있다. 율법 토론을 할 때 바울은 정반대 태도를 보였다. 율법에 대해 서로 다른 태도를 보인 형제자매들의 인간 관계에 신경 쓰지 않은 채 율법 자체를 논의하였다.

두 번의 '왜τί'라는 질문(14:10, 3:7, 9:19)을 하여 다른 음식을 먹는 형제자매들끼리 서로 비판하는 일을 중단하라고 요구한다. 논쟁 대화에서 흔히 나오는 질문이다.(마가복음 2:8, 18, 24; 누가복음 5:30) 바울은 형제 개념을 들여와 다른 음식을 먹는 사람들이 예수 운동 공동체 안에서 형제자매 사이라고 강조한다. 함께 공동체에 속해 있고, 서로 평등하다는 두 사실을 갈등 해소의 원칙으로 내놓는다. 다른 공동체에서 분쟁이 일어날 경우 같은 원칙을 제안한 적이 있었다.(고린도전서 6:5-8, 8:11-13) 바울은 이 원칙을 앞으로도 강조할 참이다.(14:13, 15, 20)

바울의 이 원칙을 오늘 한국 개신교에서 일어나는 대형교회 세습 문제에도 적용할 수 있을까. 음식 주제에서 누가 가해자이고 누가 피해자인지 드러나지는 않았다. 그러나 교회 세습 문제에서 가해자와 피해자는 분명히 가려진다. 가해자가 피해자에게 "그대는 누구이기에 그대의 형제를 심판합니까?"(로마서 14:10a; 누가복음 6:37a; 야고보서 4:12)라고 항의할 수는 없겠다. 교회 세습를 한 목사와 그 세력은 "만일 우리가 죄 없다고 말한다면, 우리는 우리 자신을 속이는 것이고 우리 안에 진리가 없는 것입니다."(요한1서 1:8)라고 정직하게 고백해야 옳겠다. "그대는 누구이기에 그대의 형제를 심판합니까?"(14:10a)는 교회 공동체에서 가해자와 죄인들이 피해자와 희생자를 윽박지르고 자신들의 무죄를 주장하는데 써먹으라고 바울이 준비한 말이 아니다.

누구나 다 하느님의 심판대 앞에 서겠지만, 가해자와 죄인들은 엄하게 심판받을 것이다. 단어 βήμα(14:10c)는 판사가 앉는 의자를 가리키는 것이 아니고 통치자, 판사, 발언자가 몇 계단 높은 장소에서 지켜보거나 말하는 발언대를 뜻한다.(마태복음 27:19; 요한복음 19:13; 사도행전 12:21) 단어 παρίστημι(14:10c)는 법정에 소환됨(사도행전 23:33)을 가리킨다. 하느님의 분노가 작동하는 재판(로마서 1:18; 스가랴 14장)을 가리키진 않는다.[171] 바울은 여기서 부패한 판사가 진행하는 재판을 상상하지 않았다. 하느님의 심판대βῆμα τοῦ θεοῦ(14:10c)는 하느님께서 예수 그리스도를 통하여 사람들의 비밀을 심판하시는 그날(로마서 2:16)과 모순되지는 않는다. 그래서 바울은 그리스도의 심판대 앞에 나가는 날(고린도전서 4:4-5; 고린도후서 5:10)이라는 표현을 이미 썼다. 바울은 피해자와 범죄자가 판사 앞에 함께 나와 옳고 그른 사람을 가려주는 재판(로마서 14:10, 3:19-20)을 생각했다. 단체를 재판하는 것이 아니라 개인을 재판하는 것이다.(데살로니가전서 2:19, 3:13)

개인은 모두 하나하나씩 하느님 앞에 재판받는다. 구원이냐 멸망이냐라는 답을 하느님은 이미 알고 계신다. 내 자신에게 구원 판결이 날지, 멸망 판결이 날지 나는 이미 알고 있다. 내가 범죄를 결심하고 저질렀을 때 내 자신에 대한 심판은 내 자신이 벌써 했다. 하느님이 나를 심판하기시 전에 나는 이미 내 자신을 심판했다. 하느님의 심판에서 하느님이 내게 주실 최종 답을 나는 이미 알고 있다. 하느님은 내 답을 그저 재확인하실 뿐이다. 하느님이 내 자신의 범죄를 못 보고 지나치길 나는 초초하게 기대하겠지만, 하느님의 심판은 감추인 것도 드러낸다.(로마서 2:16; 고린도전서 3:13; 고린도후서 5:10) 하느님의 심판은 집행유예도 없고 보석도 없고 정치 권력이 하는 정무적 판단도 없고 뇌물도 안 통한다. 자신의 구원을 아예 포기한 채 자포자기 상태로 살아가는 사람이 얼마나 많은가. 악한 법조인, 악한 언론인, 악한 종교인, 악한 경제 범죄인 등 지금 한국에도 수없이 많다.

11절 바울은 자신의 주장을 뒷받침하려고 구약성서에 널리 퍼진 하느님 맹세 표현(이사야 49:18; 예레미야 22:24; 에스겔 5:11)[172]을 이사야 45장 23절 일부를 인용한다. "내가 나의 이름을 걸어 맹세한다. 내 입에서 나가는 말은 틀림이 없다. 내 말은 반드시 그대로 이루어지고야 만다. 그리하여 사람마다 나에게 무릎을 꿇고 모든 민족들이 제 나라 말로 나에게 신앙을 고백하리라."(이사야 45:23) "그래서 하늘과 땅 위와 땅 아래에 있는 모든 것이 예수의 이름을 받들어 무릎을 꿇고 모두가 입을 모아 예수 그리스도가 주님이시라 찬미하며 하느님 아버지를 찬양하게 되었습니다."(빌립보서 2:10-11)

바울은 빌립보서 2장 10-11절에서 예수 그리스도를 주님으로 말하기 위해,[173] 로마서 14장 11절에서는 예수 그리스도를 통한 하느님의 심판을 말하기 위해[174] 이사야 45장 23절 일부를 인용했다. 음식 때문에 서로 비판하는 형제자매들은 하느님 앞에 똑같이 무릎을 꿇고 하느님을 찬양해야 한다. 바울이 여기서 서로 비판하는 형제자매들의 죄 고백을 가리키거나 요구하는 것[175]은 아니다.

12절 12절은 14장 10c를 반복하였다. 우리 모두가 우리 각자로 바뀌었을 뿐이다. 해명하다 λόγον δώσει(14:12)는 경제나 정치에서 아랫사람이 윗사람에게 자기 행동과 책임을 설명(누가복음 16:2; 사도행전 19:40)[176]하는 것을 가리킨다. 최후의 심판에 연결되어 자주 인용된 표현이다.(마태복음 12:36; 베드로전서 4:5; 히브리서 13:17) 12절에서 바울이 하고 싶은 말은 자기 일περὶ ἑαυτοῦ에서 잘 나타난다. 음식 때문에 서로 비판하는 사람들은 남의 행동을 고발할 것이 아니라 자신의 행동을 보고해야 한다. "각각 자기가 한 일을 살펴봅시다. 잘한 일이 있다면 그것은 자기 혼자 자랑스럽게 생각할 일이지 남에게까지 자랑할 것은 못 됩니다. 각 사람은 자기 짐을 져야 하기 때문입니다."(갈라디아서 6:4-5)

바울은 예수 운동 공동체 안에서 일어나는 갈등과 분열을 줄이고 없애기 위해 애쓰고 있다. 14장 1-12절은 예수 운동 1세대, 즉 공통년 30년부터 60년 사이에 예수 운동 여러 공동체에서 생긴 다툼을 마주하고 있다. 예수를 믿고 따르는 사람들 사이에서 여러 분쟁과 의견 다툼은 생길 수 있었고 실제로 생기기도 했다.

14장 1-12절이 로마 공동체에서 실제로 생긴 갈등이냐 여부를 다루는 의견은 사실 그리 중요하지 않을 수도 있다. 만일 예수 운동 공동체에서 갈등을 피할 수 없다면, 갈등을 어떻게 처리하고 갈등 당사자들은 서로 어떻게 대할 것인가. 그것이 진짜 문제 아닐까. 우리 시대 교회와 성당도 같은 문제를 겪고 있다. 공동체에서 생긴 다툼에서 다른 의견을 가진 형제자매를 서로 존중하라는 바울의 말은 여전히 지금도 유효하다. 잘잘못을 가리지 말라는 말은 물론 아니다. 잘잘못을 가리되 서로 존중하라는 것이다.

믿음이 강한 사람은 약한 사람을 존중하라
(14:13-23)

13 그러니 이제부터는 서로 남을 심판하지 말고 도리어 형제자매를 넘어뜨리거나 죄짓게 하는 일은 하지 않기로 결심합시다. 14 주 예수를 믿는 나는 무엇이든지 그 자체가 더러운 것은 하나도 없고 다만 더럽다고 생각하는 사람에게만 더럽게 여겨진다는 것을 알고 또 확신합니다. 15 여러분이 음식 문제를 가지고 형제의 마음을 상하게 한다면 그것은 사랑을 지니고 살아가는 사람의 도리가 아닙니다. 여러분은 음식 문제를 가지고 형제를 망쳐놓는 일이 있어서는 안 됩니다. 그리스도께서는 그 사람을 위해서도 목숨을 바치셨습니다. 16 그러니 여러분이 좋다고 생각해서 하는 일이 다른 사람의 비난의 대상이 되지 않도록 하십시오. 17 하느님의 나라는 먹고 마시는 일이 아니라 성령을 통해서 누리는 정의와 평화와 기쁨입니다. 18 이러한 정신으로 그리스도를 섬기는 사람은 하느님을 기쁘게 하고 사람들의 인정을 받습니다. 19 우리는 평화를 도모하고 서로 도움이 되는 일을 추구합시다. 20 음식 문제를 가지고 하느님께서 하시는 일을 그르쳐서는 안 됩니다. 과연 모든 것이 깨끗합니다. 그러나 어떤 음식을 먹는 것이 남을 죄짓게 하는 원인이 된다면 그것을 먹는 것은 좋지 않습니다. 21 형제를 죄짓게 하는 일이라고 생각되면 고기를 먹는다든가 술을 마신다든가 그 밖의 어떤 일이라도 하지 않는 것이 좋습니다. 22 여러

분에게 어떤 신념이 있다면 하느님 앞에서 각각 그 신념대로 살아가십시오. 자기가 옳다고 생각하는 일을 하면서 양심의 가책을 받지 않는 사람은 행복합니다. **23** 그러나 의심을 하면서 먹는 사람은 벌써 단죄를 받은 것입니다. 그것은 믿음에서 우러나온 행위가 아니기 때문입니다. 믿음에서 우러나오지 않은 행위는 모두 다 죄가 됩니다.

믿음이 강한 사람은 믿음이 약한 사람을 존중하라는 주제의 14장 13-23절 단락은 예수 운동 로마 공동체에서 실제로 일어난 사건을 배경으로 한 것은 아니다. 바울은 생길 수 있는 갈등을 상상하여 훈계를 하려는 것이다. 로마서 14장 15절, 20-21절과 고린도전서 8장 7-13절을 묶어놓은 단락이다. 고린도 공동체에서 일어난 갈등이 로마 공동체에서도 생길 수 있다고 바울은 상상한 듯하다. 14장 13-23절은 고린도 공동체 사정과 달리 우상에게 바쳐진 고기뿐 아니라 음식 규정까지 다루고 있다. 공동체 빵나눔에서 강한 사람은 무엇이든 먹고 마시지만, 음식을 가리는 약한 사람은 자신의 양심과 강한 사람의 시선에 이중으로 시달리고 있다. 그 고통이 믿음을 잃어버릴 위기로 작용할 수 있다. 14장 16-19절을 중심으로 논의가 진행된다.[177]

13절 서로 남을 심판하지 말라(로마서 14:13a; 누가복음 6:37a; 야고보서 4:12)는 개인뿐 아니라 모든 형제자매를 향한다. 바울이 예수 전승을 알고서 하는 말 같진 않다.[178] 서로 남을 심판하지 말자는 생각을 인류 역사에서 나사렛 예수만 했겠는가. 2인칭 복수 동사 κρίνατε는 모든 로마 공동체 사람에게 말하는 느낌을 주지만, 사실은 강한

사람(로마서 14:2a, 15:1)에게 주는 말이다. 장애물이나 걸림돌(14:13c)
은 약한 사람 앞에 놓지 말라는 뜻이다. "또 나를 믿는 이 보잘것없
는 사람들 가운데 누구 하나라도 죄짓게 하는 사람은 그 목에 연자
맷돌을 달고 바다에 던져지는 편이 오히려 나을 것입니다."(마가복음
9:42)를 바울이 알고서 장애물이나 걸림돌(14:13c) 이야기를 했다[179]
고 보기는 어렵다.[180] 믿음이 강한 사람이라고 자처하지 않는 사람
이라도 남 앞에 장애물이나 걸림돌을 놓고 싶진 않을 것이다.

14절 무엇이든지 그 자체로서 부정한 것은 없다(14:14a)에서 바울
은 무엇이든 먹고 마시는 사람을 편드는 인상을 줄 수도 있겠다. 그
러나 바울이 로마 공동체에서 믿음이 강한 사람의 입장을 말하는
것[181]은 아니다. 주 예수 안에서 안다(14:14a)는 표현은 무엇이든 그
자체로서 부정한 것은 없다는 바울의 생각이 나사렛 예수에게서 비
롯되었다[182]는 것을 뜻하진 않는다.[183] 역사의 예수와 관계없이 자기
주장을 뒷받침하려고 쓰는 표현이다.(빌립보서 2:19; 데살로니가전서 4:1)

형용사 깨끗한κοινός(14:14b-d)은 유다교와 예수 운동 문헌에만 보
이는 단어다. 원래 κοινός는 특별한, 개인적인ἴδιος(사도행전 4:32)과
반대되는 일반적인, 공통적인 뜻을 나타낸다. "그러나 이에 꺾이지
않고 부정한 것을 먹지 않기로 굳게 결심한 이스라엘 사람들도 많
았다. 그들은 부정한 음식을 먹어서 몸을 더럽히거나 거룩한 계약
을 모독하느니 차라리 죽음을 달게 받기로 결심하였고, 사실 그들
은 그렇게 죽어갔다."(마카베오상 1:62-63) 예수의 제자가 대부분 유
다인이었던 예수 운동 초기에 '무엇이 사람을 더럽히는가?'(마가복
음 7:2, 20, 23)라는 주제는 논쟁에서 피할 수 없었다. 베드로와 바울도

마찬가지였다. "베드로가 '절대로 안 됩니다, 주님. 저는 일찍이 속된 것이나 더러운 것은 한 번도 입에 대어본 적이 없습니다.' 하고 대답하자 '하느님께서 깨끗하게 만드신 것을 속되다고 하지 마라.' 하는 음성이 다시 들려왔다."(사도행전 10:14-15) "이 사람은 이방인들까지 성전으로 데리고 들어와서 이 거룩한 곳을 더럽혀 놓았습니다."(사도행전 21:28)라고 바울은 비판받기도 했다.

바울이 14절에서 로마 공동체의 믿음 강한 사람들을 깨끗하다고 말 하는 것[184]은 아니다. 바울이 로마 공동체의 유다인에게만 말하고 있지는 않다. 로마 공동체에는 유다인 아닌 사람들도 있었고, 그들은 유다교의 '깨끗함' 개념을 유다인과 공통으로 갖고 있진 않았다. 바울은 개인적으로 음식 규정을 지키는 소수의 사람들의 생각과 함께 한 듯하다.[185]

"어떤 것이 부정하다고 생각하는 이가 있다면 그에게는 그것이 부정합니다."(14:14c-d)는 쉽게 이해될 수도 있고 혼란을 일으킬 수도 있다. 음식의 깨끗함 여부는 음식 자체에 있지 않고 음식을 보는 사람의 생각에 달려 있다[186]는 말인가. 어떤 음식을 깨끗하지 않게 보는 사람은 음식을 탓하기보다 자기 생각을 탓하라는 말인가. 그리스 철학 스토아 학파에 그런 생각이 있었다. "사물이 인간을 불편하게 만드는 것이 아니라 사물에 대한 인간의 생각이 인간을 불편하게 만든다."[187] 죽음 자체가 두려운 것이 아니라 죽음에 대한 생각이 사람을 두렵게 만든다고 덧붙일 수 있겠다.

만일 바울이 14절에서 스토아 학파의 이 생각에 가깝게 주장했다면, 공통년 1세기에 활약한 유다교 랍비 요하난 벤 자카이Jochanan

b. Zakkai의 말은 어떤가. "죽은 사람이나 물이 불결하게 만드는 것이 아니라 모든 왕 중의 왕이신 하느님께서 그렇게 말씀하셨기 때문이다."[188] 바울과 랍비 자카이는 사물의 깨끗함의 근거는 사물 자체에 있지 않다는데 동의한다.

15절 그대의 음식βρώματί σου(14:15c)은 음식을 가리지 않는 강한 사람의 식생활을 가리킨다. 그 형제ἀδελφός σου(14:15a)는 자신의 신념이 흔들려 강한 사람의 식생활을 따라가는 약한 사람을 가리킨다. 단어 λυπεῖται(14:15a)를 어떻게 번역하고 이해할까. 고통에 대한 반응(이사야 8:21) 또는 고통받다(다니엘 3:50) 둘 다 가능하겠다. 약한 사람이 강한 사람의 식생활을 따라가다 느낀 고통과 슬픔을 나타낸다. "이 몸이 죄가 많아 주께 벌을 받았으나, 그들도 주께 거스르는 짓을 했으니, 똑같은 벌을 내려주십시오. 끝없는 이 한숨 소리, 심장이 다 멎을 듯합니다."(예레미야애가 1:22)

바울은 지식보다 사랑을 더 높이 평가했었다. "지식은 교만하게 하지만 사랑은 덕을 세웁니다."(고린도전서 8:1c-d) 로마서 청취자들과 독자들이 올바른 신학 의견보다 사랑에 좀 더 의지하라고 바울은 15절에서 다시 격려하고 있다. 강한 사람이 약한 사람에게 피해주지 않도록 조심하라는 말이다. "이웃을 사랑하는 사람은 이웃에게 해로운 일을 하지 않습니다."(로마서 13:10a) 바울의 격려는 예수의 모범을 덧붙인다. 강한 사람이 약한 사람을 대할 때, 약한 사람을 위해서도 목숨을 바친 예수 그리스도를 기억하라는 말이다. "그렇게 되면 믿음이 약한 그 사람은 여러분의 그 지식 때문에 망하게 될 것입니다. 그리스도께서는 그 형제를 위해서도 죽으시지 않았습니까?"(고린도전서 8:11) 약한 사람에게 피해주는 사람은 예수 그리스도를 거역하는 사람이다.

16절 16절에는 두 개의 질문이 나온다. 여러분이 선하다고 생각하는 일ύμῶν τὸ ἀγαθόν은 무엇을 말하는가, 그리고 누구로부터 비난받아서는 안 되는가.[189] 선하다고 생각하는 일은 강한 사람(고린도전서 8:9)에 속한다는 의견이 있다. 약한 사람들이 강한 사람들의 식생활을 비판한다(고린도전서 10:30)는 것이다.[190] 선하다고 생각하는 일에 복음, 하느님 나라, 믿음, 사랑 등 모든 예수 운동 사람에게 공통적인 것을 뜻한다는 의견이 있다. 비난은 음식을 둘러싸고 벌어지는 예수 운동 내부의 갈등을 비웃는 예수 운동 외부 사람에게서 온다는 것이다.[191] 둘째 의견이 더 설득력 있다. 16절에서 바울은 강한 사람들과 약한 사람들을 구분하기보다 강한 사람들이 약한 사람들과 함께 갖고 있는 예수 운동 특징을 강조한다.

17절 하느님 나라βασιλεία τοῦ θεοῦ(14:17a) 표현을 바울은 예수 선포에 대한 초기 예수 운동의 기억에서 가져왔다. 하느님 나라 표현은 세례 교육에서 왔음이 틀림없다거나[192] 안디옥 공동체에서 왔다는 주장[193]은 하나의 가설일 뿐이다.[194] 하느님 나라는 하느님의 구원을 통털어 가리키는 단어다.(고린도전서 4:20; 갈라디아서 5:21; 데살로니가전서 2:12) '하느님 나라에 어울리는 삶의 태도는 무엇인가?' 바울은 말하고 싶은 것이다.

정의, 평화, 기쁨 세 단어는 17절을 제외하면 함께 나타나진 않는다. 정의와 평화는 함께 노래하기도 한다. "정의가 꽃피는 그의 날에 저 달이 다 닳도록 평화 넘치리라."(시편 72:7) "사랑과 진실이 눈을 맞추고 정의와 평화가 입을 맞추리라."(시편 85:10) 기쁨은 평화와 함께, 그것도 바울에게만 보인다. "희망의 하느님께서 여러분이 믿는 일에 온갖 기쁨과 평화를 가득 채워 주시어."(로마서 15:13), "성령께서 맺어주시는 열매는 사랑, 기쁨, 평화, 인내, 친절, 선행, 진실, 온유, 그리고 절제입니다."(갈라디아서 5:22) 바울은 전통으로 내려오는 정의와 평화 표현을 받아들이고 성령 안의 기쁨을 덧붙인 듯하다.(데살로니가전서 1:6) 정의, 평화, 기쁨 세 단어가 초기 예수 운동에서 특별히 조화로운 생각을 드러낸다는 주장[195]을 뒷받침할 문헌을 찾기는 어렵다. 하느님 나라는 정의, 평화, 기쁨을 통해 드러난다.[196] 바울의 이 말은 약한 사람과 강한 사람이 자신들의 식생활에 얽매지 않도록 격려한다. 술담배 안하는 사람은 천국 가고, 술담배 하는 사람은 지옥 가는 것이 아니다. 하느님 나라는 술담배와 아무 관계 없다.

18절 그리스도를 섬기다δουλεύειν τῷ Χριστῷ(14:18a)는 표현은 예수 운동 사람들의 삶의 태도를 가리킨다.(로마서 12:11, 16:18; 골로새서 3:24) 하느님의 백성이 하느님을 섬기다(사무엘상 7:3; 역대기상 28:9; 이사야 56:6)는 표현을 바울이 가져와 예수 그리스도와 예수 운동에 적용한 듯하다. 이런 일ἐν τούτῳ(14:18a)은 무엇과 연결되는지 분명하진 않다. 성령(로마서 14:17b, 7:6, 8:4)을 가리킬 수 있다.[197] 성령을 통해 누리는 정의와 평화와 기쁨(14:17b)을 가리킬 수도 있다.[198]

인간과 하느님과 관계, 인간과 다른 인간과의 관계 두 분야로 인간 삶을 통털어 보는 습관이 고대 그리스로마 사회에도 유다교에도 있었다. "어린 사무엘은 야훼와 사람들에게 귀염을 받으며 무럭무

럭 자랐다."(사무엘상 2:26) "예수는 몸과 지혜가 날로 자라면서 하느님과 사람의 총애를 더욱 많이 받게 되었다."(누가복음 2:52) 18절은 그에 비추어 그리스도를 섬기는 사람이 누구인지 말한다. 어린 사무엘과 어린 예수뿐 아니라 그리스도를 섬기는 사람은 누구나 하느님께 사랑받고 사람들에게 인정받는다.

19절 "이제부터 서로 남을 심판하지 말고"(14:13a) "평화에 도움되고 서로 도움되는 일을 합시다."(14:19) 19절은 14장 13a와 호응한다. 14장 13a가 하지 말아야 할 것을 말했다면, 19절은 해야 할 것을 말한다. 그러므로 Ἄρα οὖν(14:19a)는 19절이 16-18절을 요약한다는 사실을 알려준다. 그리스도를 섬기는 일(14:18)은 하느님 나라에서 정의, 평화, 기쁨(14:17)을 얻는다. 예수 운동 사람들이 좋다고 생각해서 하는 일이 다른 사람들에게 비난받지 않도록(14:16), 평화에 도움되고 서로 도움되는 일을 하자는 말이다. 합시다, 찾읍시다 διώκωμεν(14:19a)에서 "야훼의 눈길, 의인들을 돌아보시고 그의 귀는 그들의 부르짖는 소리를 들으신다."(시편 34/33:15)가 떠오른다. 하느님이 의로운 사람들을 보시고 그 소리를 찾아 들으시듯이, 우리는 평화에 도움되고 서로 도움되는 일을 찾아서 해야 한다.

서로 εἰς ἀλλήλους라는 표현은 예수 운동 공동체에서 사람들의 평등을 강조한다. 한국 어느 종교에서든 평등이란 단어가 잘 들리지 않는다. 슬픈 일이다. 서로 도움되는 일을 해야 한다. "서로 격려하고 서로 도와주십시오."(데살로니가전서 5:11b) 예수 운동 공동체 안에서 개인이 성장하면 공동체도 성장한다. 공동체와 개인은 함께 성장한다. 공동체가 성장하기 위해 개인을 가볍게 여겨서는 안 된다. 바울은 어떤 때는 공동체를 좀 더 강조하고(고린도전서 3:9, 10:23, 14:4b) 어떤 때는 개인을 좀 더 강조한다.(데살로니가전서 5:11; 고린도전서 8:10, 14:3) 그러나 공동체와 개인은 함께 성장한다는 기본 주제는 전혀 흔들리지 않는다. 예수 그리스도를 믿고 따르고 섬기는 모든 사람은 서로 도움되는 일을 해야 한다. 공동체 안에 일부 사람에게만 강요되는 의무가 아니라 모든 그리스도인에게 똑같이 요청되는 의무이다.

20절 19절은 강한 사람에게 바울이 하는 말이다. 14장 15c에서 음식 문제와 그리스도가 대비되었다면, 14장 20a는 음식 문제와 하느님이 대비된다. 하느님의 일ἔργον τοῦ θεοῦ(14:20a)은 공동체를 가리키는 것[199]이 아니라 그리스도를 믿고 따르고 섬기는 형제자매를 가리키는 듯하다.[200] 그들은 예수의 죽음을 통해 의롭게 된다는 믿음을 가졌다. 예수의 죽음이 구원을 일으킨다(14:15c)는 사실이 곧 하느님의 일(14:20a)이다. 바로 그 말이 바울이 뜻하는 그리스도 믿음[201]이다.

14장 20b-c는 14장 b-d를 바울이 다른 단어로 바꾸어 반복했다. 그 자체가 더러운 것은 하나도 없고(14:14b)를 모든 것은 깨끗하다(14:20b)로 긍정적인 어투로 바뀌었다. 약한 사람은 자신이 더럽다고 생각하는 음식을 먹기 때문에 걸려넘어지게 된다. 사람 ἀνθρώπῳ(14:20c)은 강한 사람[202]이 아니라 약한 사람[203]을 가리킨다.

'어떤 음식을 먹느냐.' 하는 논의에서 혐오 식품을 자연스럽게 떠올릴 수 있다. 그러나 우리 시대에는 비싼 음식을 먹느냐 아니냐를 논의할 필요가 있지 않을까. 어떤 음식을 먹느냐보다 누가 먹느냐 주제로 옮기자는 말이다. 음식 문제에서 빈부 격차와 불평등 문제를 보려는 것이다. 호화로운 식사를 자주 즐기는 일부 직업 종교인을 어떻게 보아야 할까. 비싼 주택에서 사는 일부 종교인을 어떻게 보아야 할까. 그들은 음식과 집 때문에 하느님의 일을 파괴하는 사람 아닌가. 20절에서 지금 생각할 문제 아닐까.

21절 바울은 고린도전서 8장 13절에서 강한 사람에게 하던 권고를 21절에서 강한 사람에게 하고 있다. 일상 생활에서 고기와 포도주를 금하라는 말이 아니라 약한 사람과 강한 사람이 함께 하는 공동체 빵나눔에서 하지 말라는 말 같다.[204] 고기와 술이 축제와 기쁨의 뜻으로 함께 표현되는 문헌이 없는 문화나 민족이 역사에 있었을까. 그래서 고기와 술을 삼가는 행동은 슬픔을 드러내고 회개를 준비하는 태도로 여겨지기도 했다. "그때 나 다니엘은 삼 주간 동안 고행을 하고 있었다. 맛있는 음식을 먹지 않았고 고기나 포도주도 입에 대지 않았으며…"(다니엘 10:2-3)

바울은 고기와 술에 대한 일반적인 말을 한 것은 아니고 약한 사람을 배려하는 뜻에서 권고한 것이다. 바울의 의도를 축소할 필요도 없고 과장할 필요도 없다. 예수는 평소에도 술을 즐겼고, 바울도 평소에 공동체 빵나눔에서도 술을 마셨다고 나는 생각한다. 약한 사람을 배려하는 뜻에서 바울은 고기와 술을 하나의 예로 들었을 뿐이다. 약한 사람을 배려할 수 있는 일은 아주 많다[205]는 뜻이다. 약한 사람을 배려하라는 바울의 뜻은 못들은 체 하며 술담배나 고기 먹지 말자고 우기는 사람은 달은 못보고 달을 가리키는 손가락만 보는 사람이다. 술담배 안한다고 거룩하거나 믿음이 강한 사람이 아니고, 술담배 한다고 거룩하지 않거나 믿음이 약한 사람인 것은 전혀 아니다. 술담배와 그리스도교 믿음 사이에 아무 관계도 없다.

22절 그대οὐ(14:22a)는 강한 사람을 가리킨다. 믿음을 가지다πίστις [ἣν] ἔχεις(14:22a)는 표현은 신약성서에 자주 보인다.(마가복음 4:40; 마태복음 21:21; 누가복음 17:6; 고린도전서 13:2) 바울은 무엇이든 먹는 강한 사람의 믿음[206]뿐만 아니라 모든 믿는 사람의 믿음 하나하나를 존중한다. 스스로 지니다κατὰ σεαυτὸν ἔχε ἐνώπιον(14:22a)는 말은 하느님 앞에서만 드러나는 믿음을 잘 간직하라는 말이다. 하느님 앞에서만 드러나는 자신의 믿음을 강한 사람이 공동체 빵나눔에서 꼭 드러낼 필요는 없다. 믿는 사람은 남의 눈에 금방 드러나는 특징Ethos을 가질 수 있다. 믿음은 남의 눈에 보이지 않는 자신만의 내면을 가질 수도 있다. 개인과 하느님과의 관계라는 믿음은 남의 눈에 보이지 않을 수 있고, 개인과 이웃과의 관계라는 믿음은 잘 드러나기도 한다. 믿음은 드러나기도 하고 드러나지 않기도 한다. 어떤 음식을 먹고 고기를 먹고 술담배를 하느냐에서 한 인간의 믿음이 다 드러나지는 않는다. 그런 모습을 보고 그 사람의 믿음을 다 알 수는 없다. 겉으로 보이는 믿음이 믿음의 전부인 것은 아니다.

행동이 구원으로 연결되는 경우(14:22b)와 그 반대의 경우(14:23a)가 소개되었다. 14장 22b는 강한 사람을, 14장 23a는 약한 사람을 가리킨다는 성서학계의 의견이 많다. 그러면, 14장 22b는 강한 사람에게 하는 바울의 경고가 된다. 14장 22b는 강한 사람뿐 아니라 약한 사람도 함께 가리킨다는 의견이 일부 있다.[207] 14장 22b와 14장 23a 둘 다 약한 사람을 가리킨다[208]는 의견도 있다. 자신을 단죄할 것이 없는 사람ὁ μὴ κρίνων(14:22b)과 의심하는 사람 ὁ διακρινόμενος(14:23a)은 같은 그룹에 속한 사람이다. 그러면, 14장 22b는 행동과 구원이 연결됨(시편 1:1-2, 40:5; 잠언 8:34)을 뜻한다. 약한 사람은 자신이 옳다고 믿는 대로 채소만 먹는다고 해서 구원에서 멀어지지 않는다고 바울은 격려하고 있다. 그러니, 약한 사람은 자신의 믿음을 의심할 필요가 없다는 뜻이다.

23절 어떤 음식을 먹으면 자신의 구원이 상실된다고 생각하는 사람은 정말로 구원을 잃게 되고 만다. 어떤 음식을 먹었기 때문에 자신의 구원이 상실되는 것이 아니라 어떤 음식을 먹으면 자신의 구원이 상실된다는 자기 생각 때문에 자신의 구원이 상실된다는 뜻이다. 바울은 이 주장을 14장 23b-c에서 설명한다. 믿음 πίστις(14:23b-c)은 무슨 뜻일까. 의견과 양심opinio et conscientia 또는 그리스도 믿음fides christi 두 가지 해석의 가능성에서 루터는 그리스도 믿음을 선택했다.[209] 선의善意bona fides 뜻으로 해석하여 루터 해석과 반대쪽에 있는 의견[210]과 두 가지 해석 가능성에서 중립 입장인 의견[211]도 있다. 14장 23b-c 설명은 14장 23a와 관계있기 때문에 14장 23b-c에서 바울은 인간과 하느님의 관계를 생각한다는 의견이 있다.[212]

식사 때 의심이 무엇인지 οὐκ ἐκ πίστεως(14:23c)를 설명한다. 식사 때 죄로 연결되는 것은 바로 의심이다. 믿음이 믿는 사람을 구원으로 이끌 듯이, 의심은 의심하는 사람을 죄로 이끈다는 바울의 해설이다. 어떤 음식은 깨끗하지 않다고 생각하는 바로 그 생각이 그 음식을 깨끗하지 않게 만드는 것처럼(14:14c-d), 어떤 행동이 죄라고 의심하는 바로 그 의심이 그 행동을 죄로 만든다.(14:23c) 죄 ἁμαρτία(14:23c)는 사람을 뒤덮고 있는 힘(로마서 3:9, 5:12-21, 7:7-25)이 아니라 개인이 저지른 구체적인 범죄 행위를 가리킨다.[213]

"믿음에서 우러나오지 않은 행위는 모두 다 죄가 됩니다."(14:23) 음식 문제에 바울이 한 이 말은 엉뚱하게도 유다교 형제자매들이나 가톨릭 형제자매들을 비난하는 데 잘못 이용할 수도 있다. 바울의 의도와 전혀 관계없는 주제와 사람에 대해 바울의 말을 함부로 인용하거나 적용하면 안 된다.

서로 다른 생활 습관을 가진 사람들을 예수 운동 공동체 안에서 서로 어떻게 대할 것인가. 지구 전체에 예수 믿는 사람이 사는 오늘날, 이 주제는 바울 시대보다 더 다양해지고 더 심각해졌다. 바울은 두 가지 가르침을 우리에게 남겼다. 먼저, 서로 판단하지 말라. 그리고, 깨끗함과 깨끗하지 않음은 물건이나 사물 자체에 있지는 않다. 음식을 가리는 약한 사람은 어떤 음식을 먹느냐에 따라 구원이 결정되지는 않는다는 사실을 의심하지 말라. 음식을 가리지 않는 강한 사람은 음식 문제로 의심할 수 있는 약한 사람을 대할 때, 그들의 처지와 심정을 배려하라. 약한 사람과 강한 사람이 공동체 빵나눔에서 함께 있을 때, 강한 사람은 약한 사람을 생각하여 자기 음식 습관을 고집하여 실천하지는 말라. 술담배 안하는 성도는 술담배 하는 성도의 믿음을 의심할 권리가 없고, 술담배 하는 성도는 자신의 믿음을 의심할 필요가 없다.

음식과 술은 예수 믿는 사람의 특징과 아무 관계없음을 바울은 2,000년 전에 이미 분명히 말했다.(로마서 14:14, 16-19) 음식과 술 주제에서 바울 자신도 강한 사람에 속했다. 바울은 술을 마셨고 가리는 음식이 없었다. 그러나 바울은 자신의 습관을 자랑하지 않고 약한 형제자매들을 배려하자고 호소했다. "누구든지 자신의 이익을 구하지 말고 남의 이익을 도모해야 합니다."(고린도전서 10:24) "저마다 제 실속만 차리지 말고 남의 이익도 돌보십시오."(빌립보서 2:4) 바울은 약한 형제자매들을 배려하고 강한 형제자매들에게 경고했다. 강한 사람과 약한 사람이 서로 존중해야 한다는 일반적 가르침에 기초하지만, 바울은 약한 사람을 감싸고 강한 사람을 혼내는 입장을 택했다. 바울 자신이 강자에 속하지만, 바울은 강자를 비판하였다.

예수는 부자들과 가난한 사람들 사이에서 중립을 택하지 않았다. 예수는 부자들을 수없이 사정없이 비판했지만, 단 한 번도 가난한 사람들을 비판하지 않았다. 가난한 사람들의 잘못이나 약점이나 어둠을 예수가 왜 몰랐겠는가. 예수는 가난한 사람들을 전혀 비판하지 않았다. 예수의 말과 행동에서 보이는 놀라운 신비 중 하나다. 예수가 보여준 놀라운 신비의 길을 바울도 따라 걷고 있다.

하느님 찬양은 모든 민족을 일치시킨다(15:1-13)

1 믿음이 강한 사람은 자기 좋을 대로 하지 말고 믿음이 약한 사람의 약점을 돌보아 주어야 합니다. 2 우리는 저마다 이웃의 뜻을 존중하고 그의 이익을 도모하여 믿음을 북돋아 주어야 합니다. 3 그리스도께서도 당신이 좋으실 대로 하시지 않고 오히려 "하느님을 모욕하는 자들의 모욕을 내가 대신 다 받았습니다."라는 성서 말씀대로 사셨습니다. 4 성서 말씀은 모두 우리에게 교훈을 주려고 기록된 것입니다. 그래서 우리는 성서에서 인내를 배우고 격려를 받아서 희망을 가지게 됩니다. 5 아무쪼록 인내와 격려를 주시는 하느님께서 여러분이 그리스도 예수의 뜻을 따라 모두 한마음이 되어 6 다같이 한 목소리로 우리 주 예수 그리스도의 아버지 하느님을 찬미하도록 하여주시기를 빕니다. 그러므로 그리스도께서 여러분을 받아들이신 것 같이 여러분도 서로 받아들여서 하느님의 영광을 드러내십시오. 8 그리스도께서는 하느님의 진실성을 드러내시기 위하여 할례받은 사람들의 종이 되셨습니다. 이리하여 하느님께서 그들의 조상에게 약속하신 것을 이루셨고 9 이방인들은 자비로우신 하느님을 찬양하게 되었습니다. 성서에도, "그러므로 내가 이방인들 가운데서 주께 찬양을 드리며 주님의 이름을 찬미하리라." 하였고 또, 10 "이방인들이여, 주님의 백성과 함께 기뻐하여라." 하였으며 또, 11 "모든 이방인들이여, 주

를 찬양하여라. 모든 민족들도 주를 찬양하여라." 하였습니다. 12 그리고 이사야도, "이새의 줄기에서 싹이 돋아 이방인들을 다스릴 분이 나타나리니 이방인들은 그분에게 희망을 걸리라." 하였습니다. 13 아무쪼록 희망을 주시는 하느님께서 믿음에서 오는 온갖 즐거움과 평화를 여러분에게 가득히 안겨주시고 성령의 힘으로 희망이 여러분에게 넘쳐 흐르게 하여 주시기를 빕니다.

1절 15장 1-4절은 예수 그리스도를 믿는 모든 형제자매들에게 말한다. 15장 5-13절은 예수 그리스도를 믿는 로마 공동체 형제자매들에게 말한다. "우리 강한 사람들로서는 약한 사람들의 약점을 참아 주어야 할 의무가 있습니다."(15:1) 강한 사람이 약한 사람들의 약점을 참아 준다면, 그것은 평화를 도모하고 서로 도움이 되는 일을 찾아 실천하는 일이다.(14:19) 약점ἀσθενήματα(15:1a)에서 바울이 약한 사람에게는 어떤 약점이 분명히 있다며 고발하는 것이 아니다. 약한 사람을 배려하기 위해 바울이 잠시 사용한 단어일 뿐이다. '약한 자여, 그대 이름은 여자다.' 문장은 여자를 약하다고 규정하거나 여자는 남자보다 열등하다고 선언하는 말이 아니다. 여성을 배려하는 뜻에서 잠시 그렇게 말했을 뿐이다. 약한 사람이 강한 사람보다 열등하다는 생각은 예수나 바울의 생각과 아무 관계없다.

강한 사람에 속하는 바울이 강한 사람들에게 말하고 있다. 강한 사람이 약한 사람들의 약점을 보고도 못 본체 하자는 권유에 그치지 않는다. 약한 사람들의 약점을 강한 사람들이 마치 자기 약점처럼 짊어지고 가자는 것이다. 내 죄도 남의 죄로 떠넘기는 악인이 있고, 남의 죄와 약점을 내 죄요 약점처럼 안고 살아가는 선한 사람도 있다. "그런데 실상 그는 우리가 앓을 병을 앓아주었으며, 우리가 받을 고통을 겪어주었구나."(이사야 53:4; 마태복음 8:17)

자신들이 좋을 대로 하다.έαυτῷ ἀρέσκειν(15:1b)는 자주 보이는 표현은 아니다. 자신의 윤리 기준대로 사는 사람을 가리켰다.[214] 그런 긍정적 평가 말고도 이기적 태도로 여겨지는 경우도 있었다.[215] 자신의 이익을 구하다(고린도전서 10:24), 제 실속만 차리다(빌립보서 2:4)처럼 부정적 의미로 쓰기도 하고, 모든 사람을 기쁘게 하려고 애쓴다(고린도전서 10:33)처럼 긍정적 의미로 쓰기도 했다. 15장 1b에서 바울은 '자신들이 좋을 대로 하다.'를 이기적 태도로 보았다. 그렇기 때문에 바울은 강한 사람이 자기 확신과 반대되게 처신하라고 요구하였다.

2절 2절에서 인간 일반(갈라디아서 1:10; 데살로니가전서 2:4)이 아니라 이웃πλησίον이 나왔다. 우리 각자는ἕκαστος ἡμῶν(15:2a)은 강한 사람(15:1a)과 같지는 않다. 여기서 바울은 강한 사람과 약한 사람 등 예수 그리스도를 따르는 모든 사람을 생각하고 있다. 예수 운동 공동체 밖의 사람들도 가리킨다는 의견도 있다.[216] 바울이 이웃 단어로써 이웃 사랑 계명(레위기 19:18)을 촉구하려 했다는 의견[217]이 있다. 2절에서 그 연결이 있다고 말하기는 어렵다.

세우기 위해πρὸς οἰκοδομήν(15:2b)를 교회론 입장에서 해석[218]할 수도 있다. 그렇다면, 이웃의 마음에 드는 행동은 예수 운동 공동체를 만드는데 도움이 될 것이다. 이웃의 마음에 드는 행동은 공동체를 만드는데 선하게 작용한다는 뜻 같다.

단어 οἰκοδομήν을 어떻게 해석해야 할까. 건설, 세움, 교육, 계몽 등 여러 뜻이 있다. 2절은 우리말로 어떻게 번역되었을까. "우리 각자는 이웃의 마음에 들도록 힘써, 건설하는 일에 보탬이 되도록 해야 합니다."(《200주년 기념성서》), "우리는 저마다 이웃의 뜻을 존중하고 그의 이익을 도모하여 믿음을 북돋아 주어야 합니다."(《공동번역》), "우리 각 사람이 이웃을 기쁘게 하되 선을 이루고 덕을 세우도록 할지니라."(《개역개정》) 나는 "우리 각자는 이웃의 마음과 선행과 계몽에 알맞아야 합니다."라고 옮기고 싶다.

3절 1-2절에서 명령법 문체를 썼던 바울은 3절에서 설명체로 돌아선다. 1-2절의 명령을 뒷받침하려고 3절은 예수 행동을 설명한다. 역사의 바울이 자신의 주장을 입증하기 위해 역사의 예수를 인용하는 일은 드물었다. 바울은 예수의 죽음과 부활을 예수의 행동과 말씀보다 더 우선이고 더 중요하다고 생각했다. 자기 좋을 대로만 하지 말라는 자신의 말을 바울은 그리스도의 고통과 연결시켰다.[219] 이 대목에서 바울은 그리스도 호칭보다 예수 이름을 인용했다면 더 좋았겠다. 바울 자신이 역사의 예수를 잘 모른다는 안타까움과 조바심이 함께 작용하여 예수 이름 대신 그리스도 호칭을 불렀을까. 호칭 수십 개를 합쳐도 이름 하나와 같진 않다.

"당신을 모욕하는 자들의 모욕이 내 위에 떨어졌습니다."(15:3b) 인용은 시편 69/68편 10b에서 왔다.[220] 시편 69/68편 10b는 신약성서 여러 곳에 인용되었다.(마가복음 15:36; 요한복음 2:17, 15:25; 사도행전 1:20) 그리스도는 자신의 운명을 겪을 수밖에 없는 수동적 존재로 표현되었다. "당신을 모욕하는 자들의 모욕이 내 위에 떨어졌습니다."(15:3b)라고 그리스도가 직접 말했다고 바울이 생각한 것[221]은 아니다.[222] 예수 그리스도 역시 당신 좋을 대로만 하지 않았다는 사실을 알려주려고 바울은 "당신을 모욕하는 자들의 모욕이 내 위에 떨어졌습니다."를 인용하였다. 예수 그리스도가 겪었던 모욕은 예수 그리스도의 마음에 들지 않았지만, 하느님의 마음에 들었을 것이라는 말이다.[223]

4절 무엇이든$\delta\sigma\alpha$(15:4a)은 과거에 기록된 것, 즉 유다교 성서인 구약성서를 가리킨다. 바울이 로마서를 썼을 때 지금 우리가 읽는 구약성서 전체가 쓰여지거나 모아지진 않았다. 신약성서도 바울 편지 몇 편을 제외하곤 아직 쓰여지지 않았다. 바울은 자신이 쓴 편지가 나중에 신약성서에 포함되어 읽힐 줄 알았을까. 우리말 번역에서는 과거에 기록된 것을 성서 또는 성경이라고 옮겼다. 구약성서와 신약성서 모두를 포함하는 것처럼 독자는 오해할 수 있겠다.

우리를 가르치기 위해$\dot{\eta}\mu\epsilon\tau\dot{\epsilon}\varrho\alpha\nu$ $\delta\iota\delta\alpha\sigma\kappa\alpha\lambda\dot{\iota}\alpha\nu$(15:4a)는 강한 사람(15:1-2)만 가리키는 것은 아니다. 예수 믿는 모든 사람을 가리킨다. "그들이 이런 일들을 당함으로써 다른 사람들에게는 경고가 되었으며, 그것이 기록에 남아서 이제 세상의 종말을 눈앞에 둔 우리에게는 교훈이 되었습니다."(고린도전서 10:11) 이스라엘 백성의 조상들이 이집트를 탈출하여 광야를 걷다가 저지른 우상숭배와 잘못은 '우리를 가르치기 위해 기록되었다.'(로마서 15:4a, 4:23; 고린도전서 9:10) 구약성서와 신약성서는 21세기 한국 그리스도인을 가르치기 위해 기록되었다.

성서가 우리를 가르치려는 목적으로 인내$\dot{\upsilon}\pi o\mu o\nu\dot{\eta}$, 위로$\pi\alpha\varrho\dot{\alpha}\kappa\lambda\eta\sigma\iota\varsigma$,

희망ἐλπίς 셋이 15장 4c에 소개되었다.(고린도후서 1:3-7) 고통의 시간을 인내하며 하느님을 신뢰하는 사람은 희망의 확신을 가져야 한다. 그러면 하느님이 고통에서 구해주시고 구원을 베푸실 것이다. 인내는 희망을 동반(로마서 5:3-4)하기도 하고, 희망에 의해 지탱되기도 한다.(로마서 8:25; 데살로니가전서 1:3) 인내와 희망은 지금 구원을 체험하는 그리스도인의 모습이기도 하다. 인내와 희망을 가능하게 하는 위로가 등장했다. "하느님 아버지께서는 우리를 사랑하시고 은총을 베푸시어 영원한 위로와 좋은 희망을 주십니다."(데살로니가후서 2:16) "하느님을 피난처로 삼은 우리는 큰 용기를 얻어 우리 앞에 놓인 희망을 굳게 붙잡을 수 있습니다."(히브리서 6:18) 성서는 우리에게 인내와 위로와 희망을 준다. 이 책을 여기까지 읽으신 독자들에게 인내와 위로와 희망이 함께 하시기를 빈다.

5절 인내와 위로와 희망은 하느님께서 주시는 선물이다. 바울이 여기서 기도나 기도에 거는 기대를 가리키는 것[224]은 아니다. 바울은 지금 하느님이 아니라 독자에게 말하고 있다. 인간이 하느님에게 거는 기대보다 하느님이 인간에게 주실 축복의 기대를 말하고 있다.

"또 하느님께서 여러분을 축복하시고 당신의 충실한 종들인 아브라함과 이삭과 야곱과 더불어 맺으신 계약을 기억해 주시기를 바랍니다. 그리고 여러분 모두에게 하느님을 경배하고 큰 마음으로 기꺼이 하느님의 뜻을 이룰 수 있는 의욕을 주시도록 기원합니다. 또한 여러분의 마음을 열어주셔서 여러분이 하느님의 법과 계명을 받아들이게 해주시고 평화를 내려주시기를 빕니다."(마카베오하 1:2-4)

15장 5b의 축복 기대는 12장 16a와 일치한다. 강한 사람이든 약한 사람이든, 평화를 도모하고 서로 도움이 되는 일을 추구하는(14:19) 사람은 이웃의 뜻을 존중하고 그의 이익을 도모하여 믿음을 북돋아 주어야 한다.(15:2) 그리스도 예수를 따라κατὰ Χριστὸν Ἰησοῦν(15:5c)에서 바울의 의도를 알 듯하다. 그리스도 예수는 우리의 모범이다. 독자는 그리스도 예수에게 속해 있다. 모든 독자들이 그리스도 예수에게 함께 속해 있다는 사실을 각자 명심할 일이다.

6절 한 마음ὁμοθυμαδὸν(15:6a)과 한 입ἐν ἑνὶ στόματι(15:6a)은 연결된다. 하느님을 찬양할 때 한 마음과 한 입으로 찬양한다. "모든 사람은 대단히 놀라서 꿇어 엎드려 하느님을 경배하며 소리를 합하여 말하였다."(유딧 13:17a) "마침내 의인들은 악인들로부터 무기를 빼앗았다. 주님, 그들은 당신의 거룩한 이름을 찬양하였고 당신 손으로 보호해 주신 데 대하여 이구동성으로 감사의 노래를 불렀습니다."(지혜서 10:20) 바울은 예수 운동 공동체 빵나눔에서 모든 참석자들이 함께 소리내어 하느님을 찬양하는 모습을 생각한 듯하다.

15장 6b 번역은 쉽지 않다. 하느님과 아버지 사이에 있는 그리고καὶ를 보충하는 뜻으로 이해하면 될까. 아니면, 하느님과 아버지를 동격同格으로 보고 우리 주 예수 그리스도의 아버지요 하느님이라고 번역[225]해야 될까. 우리 주 예수 그리스도의 하느님ὁ θεὸς τοῦ κυρίου ἡμῶν Ἰησοῦ Χριστοῦ 호칭은 신약성서에 에베소서 1장 17절에 딱 한 번 나온다. 어느 쪽 번역이 더 적절한지 결정하기는 어렵다.[226]

7절 "하느님의 영광을 위하여 서로 받아들이시오."(15:7b) 이 문장이 7절에서 먼저 눈에 띈다. 서로 받아들이라니, 서로는 여기서 누구를 가리키는 것일까. 바울은 유다인 아닌 사람도 함께 하는 하느님 찬양을 생각하는 듯하다. 바울이 14장 1절부터 예수 그리스도를 믿는 유다인과 유다인 아닌 사람 사이의 갈등이 아니라 예수 그리스도를 믿는 유다인 아닌 사람들 사이에서 벌어진 갈등 구도를 이어오고 있다.[227] 바울은 7절에서 유다인 아닌 사람들을 분명히 향하고 있다.[228]

유다인 예수가 유다인 아닌 사람을 받아들인 것처럼καθὼς(15:7b) 강한 사람과 약한 사람이 서로 받아들이라고 바울은 말한다. 서로 받아들이라는 말은 강한 사람(14:1a)뿐 아니라 약한 사람에게도 하는 말이다.(14:13a, 16-19, 15:5) 서로 견뎌내라는 말에 그치는 것이 아니라 함께 공동체를 만들라는 뜻이다.[229] 유다인 예수가 유다인 아닌 사람을 받아들인 것처럼, 서로 다른 식생활 습관을 가진 약한 사람과 강한 사람은 서로 받아들여라. 하느님의 영광을 위하여εἰς δόξαν τοῦ θεοῦ(15:7b)라는 표현은 신약성서에서 바울만 썼다.(고린도전서 10:31; 고린도후서 4:15; 빌립보서 1:11) 하느님의 영광을 위하여 서로 받아들인다면, 우리는 하느님을 하느님답게 존중ὡς θεὸν δοξάξεῖν(로마서 1:21)하게 된다.[230] 7절은 사실상 로마서 전체를 요약하는 문장으로 꼽아도 좋겠다.

8-9a "나는 말해 둡니다λέγω γὰρ."(15:8a, 12:3)는 바울이 자신의 주장을 강조하는 어투다. 15장 8-9a 문장은 분석하기 까다롭다. "나는 말해 둡니다." 뒤에 15장 8a-b와 15장 9a 두 문장이 나란히 나왔다는 의견[231]이 있다. 나는 말해 둡니다.(15:8a)는 주절이고, 종속절인 15장 8b-9a에서 15장 8b의 확인하다βεβαιῶσαι, 15장 9a의 찬

양하다δοξάσαι 동사가 종속문을 가리킨다는 의견[232]이 있다. 15장 8-9a는 문장론과 의미론에서 어울리지 않는 구성을 갖고 있어서 두 제안 중 어느 것으로도 문제를 풀 수 없다.[233]

15장 8-9a에서 핵심은 유다인 아닌 사람들이 하느님을 찬양하게 된다는 15장 9a다. 유다인 아닌 사람이 하느님을 찬양하는 이유는 유다인 선조들에게 하신 언약이 완성되어서가 아니라 하느님이 유다인 아닌 사람들에게 베푸시는 자비 때문이다. "그리스도가 하느님의 진리를 위해 할례받은 이들의 종이 되었다."(15:8a)는 하느님이 유다인 아닌 사람들에게 베푸시는 자비를 소개하는 배경 역할이다.[234]

15장 8-9a처럼 유다인이 먼저 언급되지만 핵심은 유다인 아닌 사람을 향하는 문장 구조가 로마서에 세 곳 더 있었다.(1:16-17, 3:29-30, 10:12-13) 그 세 곳에서 바울은 유다인과 유다인 아닌 사람이 아무 차이가 없다고 말했다. 사람은 그리스도를 믿음으로 의롭게 되기 때문에 유다인 아닌 사람과 유다인은 차이가 없다.(1:16-17, 3:29-30) 유다인과 유다인 아닌 사람은 같은 주님을 함께 부른다.(10:12-13)

15장 8-9a에서 그리스도 사건은 유다인을 위한 하느님의 진리 ἀλήθεια θεοῦ(15:8a)를 설명하고, 유다인 아닌 사람의 하느님 찬양은 하느님의 자비ἔλεος(15:b)를 설명한다. 유다인과 유다인 아닌 사람에 대한 그리스도 역할을 하느님의 진리와 자비 두 모습에 비추어 바울은 해설한 것이다. 예수 그리스도는 유다인에게 하느님의 진리를 보여주었고, 유다인 아닌 사람에게 하느님의 자비를 보여주었다. 하느님의 진리와 자비가 서로 관계없이 분리된다는 말이 아니다. 하나이신 하느님의 두 모습은 구분되지만 분리되지 않는다. 하느님의 진리와 자비는 인간의 눈에는 둘로 보일 수 있지만, 하느님의 눈에는 하나다. 하느님의 진리와 자비는 유다인의 신앙고백 핵심에 있다.(사무엘하 2:6; 시편 25/24:10, 40/39:11)

바울 당시 이스라엘은 예수 그리스도를 믿는 소수 유다인과 믿지 않는 다수 유다인으로 갈라진 상태였다. 그러나 바울은 이 모습에 개의치 않고 예수 그리스도가 하느님의 진리를 설명하는 할례받은 이들의 종이 되었다고 말한다. 그리스도는 여기서 역사의 예수만 가리키는 것[235]이 아니라 예수 운동이 선포하는 그리스도를 포함한다.[236] 선조들에게 하신 언약(15:8b)이 구체적으로 무엇을 뜻하는지 우리가 확실히 말하기는 어렵다. 바울은 우리 조상들에게 하신 약속(사도행전 13:32, 26:6)에서 예수 부활을 말했었다.

그런데 바울은 15장 8a에서 하느님의 진리라는 표현을 왜 꺼냈을까. 그리스 문헌에서 진리를 확인한다는 표현이 자주 발견되었다.[237] 하느님의 진리를 확인하려면 그리스도가 하신 일을 보라고 바울은 말하는 듯하다. 그리스도를 보면 하느님은 언약에 충실한 분이라는 하느님의 진리가 드러난다는 뜻이겠다. 15장 8a에서 하느님의 진리가 인간이 확인할 수 있는 대상이라면, 15장 9a에서 하느님의 자비는 대상이 아니라 근거다. 예수 그리스도를 믿는 유다인 아닌 사람은 "인간은 하느님을 알면서도 하느님으로 받들어 섬기거나 감사하기는커녕 오히려 생각이 허황해져서 그들의 어리석은 마음이 어둠으로 가득 차게 되었습니다."(로마서 1:21)라는 비판에서 해방되었다.

15장 9b-12에 구약성서 네 구절(시편 18:50, 116:1; 신명기 32:43, 이사야 11:10)이 인용되었다. '율법서, 예언서, 시편'(누가복음 24:44)이 골고루 소개된 것이다. 모두 유다인 아닌 사람들에 대해 말하는 성경 구절이다. 네 구절은 연관성이 분명하다. 처음 세 인용과 마지막 인용은 서로 다른 두 전승에서 왔고, 두 전승을 바울이 합쳤다는 의견[238]은 설득력이 적다.

15장 9c에서 찬양할 나ἐξομολογήσομαί는 누구를 가리킬까. 그리스도,[239] 다윗,[240] 바울 자신[241] 등 여러 의견이 있다. 누구를 가리키는지 알아내려는 입장과는 거리를 두는 학자도 있다.[242]

유다인 아닌 사람들이 미래에 하느님을 찬양하리라고 바울은 어서 말하고 싶었다. 유다인 아닌 사람들이 처음에 이스라엘 백성 λαός(15:10b)과 함께, 나중에 온 세상 모든 민족들λαοί(15:11b)와 함께 하느님을 찬양할 것이다. 그리고 모세의 자손에서 구원자 메시아가 등장하여 유다인 아닌 사람들에게 희망을 선포하고 하느님을 찬양할 근거를 준다. 예수 그리스도를 믿는 공동체에서 유다인 아닌 사람들이 한 목소리로(15:6a) 하느님을 찬양할 때, 이스라엘의 성서 예언이 이루어질 것이다. 바울은 예수 운동이 이스라엘 백성의 역사와 연결된다는 사실을 강조한 것이다. 이스라엘 백성의 역사와 예수 운동이 연결된다는 바울의 설명이 21세기 한국 교회와 성당에서 얼마나 공정하게 전달되고 있을까.

10절 "이방민족들이여! 그분의 백성과 함께 기뻐하라."(로마서 15:10b; 신명기 32:43)는 유다인 아닌 민족들을 하느님 백성 유다인(로마서 9:6b, 11:7b; 빌립보서 3:5)과 하나로 묶어준다.[243] 이 얼마나 아름다운 모습인가. 이스라엘이 세계 평화의 기초가 되고, 한반도가 평화의 새 땅이 되길 애타게 바란다.

유다인 아닌 민족들을 부르는 주체는 성서다. 유다인 아닌 민족들이 성서의 부르심을 듣는다. 성서의 부르심을 듣고 예수 그리스도를 믿는 유다인이 아닌 사람은 유다인과 함께 하느님을 찬양하지만, 그들이 유다인이 되는 것은 아니다. 그들이 유다인이 될 필요는 없다. 한국인이 개신교 성도가 되기 위해 미국인이 될 필요는 없다. 가톨릭 신자가 되기 위해 로마인이 될 필요는 없다.

11절 바울은 시편 116편 1절의 단어 위치를 바꾸어 11절에 인용했다. 그리스어 번역본 시편 116편 1절은 이렇다. "찬양하여라 주님을, 모든 이방 민족들아. 그분께 환호하라 모든 백성들아." 찬양하여라 주님을, 모든 이방 민족들아, 위치를 서로 바꾸고, 2인칭 명령법 동사를 3인칭 명령법으로 바꾸었다. 모든 민족들πάντες οἱ λαοί(15:11b)은 유다인 아닌 사람과 유다인을 한데 묶어 가리킨다.[244] 11절에서 시편 116편 1절 인용은 15장 10b에서 신명기 32장 43절 내용을 반복한다.

12절 12절에서 "'이방인들이 그 이름에 희망을 걸리라.' 하신 말씀이 이루어졌습니다."(마태복음 12:21)를 떠올릴 수 있다. 바울은 유다인 아닌 사람들이 하느님 찬양을 하게 된 까닭을 설명한다. 다윗 후손에서 유다인 아닌 사람들을 다스릴 구원자 왕이 나타나리라는 그들의 희망이 그리스도에게서 이루어졌기 때문이다. 이사야 11장 10절에 원래 있던 그날ἐν τῇ ἡμέρᾳ ἐκείνη(마태복음 13:1) 부분을 바울이 왜 빠뜨렸을까. 예수가 다윗 가문의 후손임은 바울이 이미 밝했지만(로마서 1:3b), 예수가 메시아 왕이라는 주장을 로마서 1장 3b에서 하지 않았다. 단어 ῥίζα(15:12b)는 땅 속으로 자라는 뿌리(로마서 11:16, 18)가 아니라 뿌리에서 땅 밖으로 자라나는 새순(마카베오상 1:10)을 가리킨다. 이새의 새순이란 표현은 구약성서에서 이사야 11장 1절에 하나 더 있다. 예수는 이새의 새순이라고 불렸다.(요한계시록 5:5, 22:16) 바울이 일어나는 분ὁ ἀνιστάμενος(15:12b)이라는 표현에서 예수 부활을 가리키고 있는지[245] 아닌지[246]는 우리가 알기는 어렵다.[247]

메시아(구원자) 왕의 통치가 유다인 아닌 사람들에게도 구원을 가져다주고, 그래서 유다인 아닌 사람들도 메시아 왕을 기다린다는 생각은 오래 전부터 있었다.(창세기 49:10; 이사야 42:4, 51:5) 메시아 왕이 나타나면 유다인 아닌 사람들도 기뻐한다. 메시아 왕이 유다인 아닌 사람들을 굴복시키리라는 기대도 있었다.(시편 2:10-11, 72:8-11, 11:6) 그리스도 덕분에 유다인 아닌 사람은 희망을 얻게 되었다. 그들의 희망은 이루어질 뿐 아니라 선사되었다. 그래서 바울은 희망을 계속 노래한다. 유다인 아닌 사람은 예수 그리스도에게 희망을 걸어도 된다.

13절 5절에서 시작한 단락을 바울은 13절에서 축복 기도로 끝맺는다.(데살로니가전서 3:12-13, 5:23) 축복 기도에는 풍부함과 완전함을 나타내는 표현이 즐겨 담긴다.(신명기 28:8; 룻기 2:12; 시편 72:19) 성서에서 인내, 위로, 희망(로마서 15:4c)을 얻은 우리에게 희망의 하느님이 계신다. 예수 믿는 사람을 예수 믿는 사람으로 만드는 믿음과 실천의 결과가 기쁨과 평화다. 성령과 능력은 함께 있다.(지혜서 5:23; 고린

도전서 2:4; 누가복음 1:35) 성령은 바울에게 선물이자 힘이다.[248]

민음(1:16, 3:22, 10:4), 희망(5:2, 8:20, 12:12), 성령(5:5, 7:6, 8:2) 등 로마서 전체에 자주 나타나던 단어들이 13절에 모여 있다. 13절은 단순히 15장 1-13절이나 14장 1절-15장 12절까지 마무리하는 정도에서 그치지 않는다. 13절의 축복 기도는 1장 18절부터 시작된 로마서 내용 전체를 요약하는 구절이라고 나는 생각하고 싶다.

유다인 아닌 사람들이 하느님을 찬양하는 모습을 꿈꾸며 유다인 바울은 13절의 축복 기도를 하면서 가슴 벅찼을 것이다. 유다인 아닌 사람이 유다인과 아무런 차이가 없고 평등하다는 말을 평생 외치던 바울 아닌가. 로마서를 쓰던 50대 초반 바울은 평균 수명을 훨씬 지났다. 선교 활동의 마지막 시간일 뿐 아니라 인생 말년에 바울은 다가섰다. 자신이 선포한 복음과 자신의 삶을 묶어 쓴 로마서도 이제 마무리 단계에 접어들었다.

후기(15:14-33)와
끝인사(16:1-27)

과거를 돌아보며(15:14-21)

14 형제 여러분, 나는 여러분이 더할 나위 없이 마음이 너그럽고 지식이 풍부하여 서로 충고할 만한 능력이 있다고 확신합니다. 15 다만 내가 이 편지에서 가끔 지나칠 정도로 강조해서 말한 것은 하느님께서 내게 은총으로 주신 사명을 다하기 위해서 여러분의 기억을 새롭게 하려는 것이었습니다. 16 그 사명은 내가 이방인들을 위한 그리스도 예수의 일꾼으로서 하느님의 복음을 전하는 사제의 직무를 맡아 성령으로 거룩하게 된 이방인들을 하느님께서 기쁘게 받아주실 제물이 되게 하는 것입니다. 17 그러므로 나는 그리스도 예수와 한 몸이 되어 하느님을 위하여 일하는 것을 자랑으로 여깁니다. 18 이방인들을 하느님께 복종시키신 분은 그리스도이시고 나는 다만 그분의 일꾼 노릇을 했을 따름이라는 것을 강조하고 싶습니다. 19 나는 그분에게서 기적과 놀라운 일을 할 수 있는 힘 곧 성령의 힘을 받아 예루살렘에서 일리리쿰에 이르기까지 두루 다니면서 말과 활동으로 그리스도의 복음을 남김없이 전파하였습니다. 20 그리고 나는 남이 닦아놓은 터전에는 집을 짓지 않으려고 그리스도의 이름이 아직 알려지지 않은 곳에서만 복음을 전하려고 애써 왔습니다. 21 나는, "그분의 소문을 들어보지도 못한 사람들에게 그분을 보여주고 그분의 이름을 들어보지도 못한 사람들에게 그분을 깨닫게 하여주리라." 한 성서 말씀대로

실천한 것입니다.

14절 후기Epilog에 해당하는 15장 14-33절은 바울의 과거 선교 활동을 돌아보는 14-21절과 미래 선교 계획을 내다보는 22-33절로 나눌 수 있다. 후기의 서문에 해당하는 14-21절은 로마서 전체의 서문인 1장 1-7절의 구조를 따르고 있다.[1] 14-21절은 편지 저자 바울을 이야기하는 14-15절과 선교사 바울을 이야기하는 16-21절로 나눌 수 있다.

12장 1절-15장 13절까지 예수 운동 로마 공동체 사람들에게 했던 훈계 분위기와 다르게 14-15절에서 바울은 겸손한 자세를 취한다. 로마 공동체 사람들을 칭찬하면서 훈계할 위치에 충분히 있는 바울 자신을 한껏 낮추고 있다. 그러한 겸손한 선의의 태도(고린도후서 9:1-2; 갈라디아서 5:0; 데살로니가전서 4:9)는 바울이 말해 온 내용을 잘 받아들이라는 요청을 담고 있다.[2] 확신하다πέπεισμαι(15:14a)는 뒤따르는 말을 긍정적으로 강조한다.(로마서 8:38; 14:14; 갈라디아서 5:10) 바울은 로마 공동체 사람들에게서 세 가지를 확신하고 있다. 선의 ἀγαθωσύνηι(15:14b)와 지식γνῶσις(15:14c)을 갖고 있는 그들은 서로 타일러νουθετεῖν(15:14d) 줄 능력이 있다. 선의는 무엇이 선하고 무엇이 악한지 가려내는 지식에 달려있다는 그리스 철학의 전통[3]을 바울은 따르고 있다.(로마서 7:15) 14절에서 지식은 복음이나 구원 사건에 대한 지식[4]이 아니라 일반적인 윤리 지식을 가리킨 듯하다.[5] 악한 사람들이 지식을 악용한다는 사실을 바울은 아직 깨닫지 못했을까. 선의 없는 지식은 악마의 도구에 불과하다.

지식에 선의가 합쳐진 로마 공동체 사람들은 서로 타일러 줄 능력이 있다고 바울은 믿었고 칭찬했다. 바울이 로마 공동체 사람들을 타이른 것처럼, 로마 공동체 사람들은 서로 타이를 수 있다. 로마 공동체 사람들의 믿음을 온 세상이 본받기를 바울은 바라고 있다. 바울은 여기서 공동체 사람들의 서로 평등한 관계성을 말하고 있다. "서로 도움이 되는 일을 추구합시다."(로마서 14:19b), "서로 가르치고 충고하십시오."(골로새서 3:16) 지식과 선의에 기초하고 서로 평등한 관계성을 가지면서 서로 도움되는 뜻에서 하는 충고는 예수 운동 공동체를 튼튼히 할 수 있다고 바울은 생각했다.

바울의 15장 14d를 21세기 가톨릭과 개신교는 새롭게 주목하고 연구할 필요가 있겠다. 타이르는 사람 따로 있고, 타이름 받는 사람 따로 있던가. 태어나면서 왕후장상의 씨가 따로 있던가. 지도층과 피지도층으로 나뉜 종교 공동체는 과연 행복할 수 있을까. 서로 평등한 관계성을 교회와 성당에서 어떻게 실현하느냐 주제는 민주주의에 익숙한 우리 시대에, 특히 청년층에서 갈수록 더 민감하고 중요해지고 있다.

15절 "나는 여러분에게 부분적으로 좀 지나치게 썼습니다. τολμηρότερον δὲ ἔγραψα ὑμῖν ἀπὸ μέρους"(15:15a) 느닷없이 바울은 왜 겸손 분위기로 고개를 숙이는가. 바울은 자신에게 훈계들은 사람들을 생각한 것 같다. 로마에 아직 가본 적도 없는 바울이 얼굴 한 번 본 적 없는 예수 운동 로마 공동체 사람들에게 감히 훈계해 오고 있지 않은가. 바울이 대체 무슨 자격으로 어떤 권리로 그렇게 하는가. 바울의 훈계를 불쾌하게 여기거나 바울이 건방지다고 생각하고 항의할 사람도 있을 수 있다.

바울은 하느님으로부터 받은 자신의 사도직 권위를 내세운다.(로마서 1:5, 12:1; 고린도전서 3:10) 바울의 권위가 그리 인정받지 못했다는 사실을 반증한다. 바울을 인정하지 않는 사람들 입장에서 보면, 바울의 권위는 바울 자신의 일방적인 주장에 불과했다. 로마서를 쓰던 무렵 바울은 예수 운동 내부에서 입지가 탄탄하지는 못했다. 바울은 선교 처음부터 세상을 떠날 때까지 논란의 중심에서 시달리던 사람이었다. 하느님을 최종 근거로 내세우는 주장은 증명될 수도 없고 반증될 수도 없다. 고전 수사학에서 사람을 설득하는 세 가지 방법 에토스Ethos, 파토스Pathos, 로고스Logos[6] 중에서 바울은 에토스品性를 15장 15a에서 선택했다. 12장 1절-15장 13절까지의 훈계를 바울은 기억하다ἐπαναμιμνῄσκειν(15:15b)라고 표현했다. 지식과 선의를 가진 바울 자신이 기억하고 있으니, 지식과 선의를 가진 로마 공동체 사람들도 당연히 기억하라는 요청이다. 로마 공동체 사람들도 이미 다 알고 있는 내용이니 바울은 기억하다 단어를 쓴 것이다.

예수가 사람들에게 반말하듯 번역한 우리말 성서번역이 없지 않다. 바울이 사람들을 아랫사람 대하듯 반말투로 번역한 우리말 성서번역도 있다. 나는 그런 번역이 못마땅하다. 예수나 바울이 정말로 사람들에게 함부로 말했을까. 반말투 번역은 우리가 듣기에도 민망하지만, 예수나 바울이 보기에도 황당할 것이다. 반말투 번역은 겸손한 존대어로 다시 고쳐야 한다.

16절 바울은 언제나 하느님께 은총을 받았고 유다인 아닌 민족에게 보내진 사실을 강조한다.(로마서 1:5, 12:3; 갈라디아서 1:15) 하느님께서 은총으로 주신 사명을 다하기 위해(15:15b) 바울은 그리스도 예수의 일꾼λειτουργός(15:16a)이 되었다. 바울은 자신의 임무를 믿음을 위한 일λειτουργία(빌립보서 2:17)로 표현했다.[7] 에바브로디도를 협력자λειτουργός(빌립보서 2:25)로 부르기도 했다. 일꾼이 꼭 유다교 예배에서만 쓰는 단어[8]였던 것은 아니다. 단어 ἱερουργοῦντα(15:16b)는 바울이 유다교 제사에서 제관 역할을 맡은 인상을 준다. 제관 역할을 맡다ἱερουργεῖν라는 단어는 신약성서에 여기에만 있다. 원래 자동사인데 타동사로도 쓰일 수 있다. 타동사로 쓰일 때, 그 목적어는 언제나 바쳐지는 제물을 가리킨다.[9] 16절에서 바울이 자신을 마치 제사장 역할로 소개했다[10]고 말하면 안 된다.

하느님의 복음τὸ εὐαγγέλιον τοῦ θεοῦ(15:16b)은 문장의 목적어가 될 수는 없다. 목적어는 유다인이 아닌 민족들이 바치는 제물προσφορά(15:16c)이다.[11] 명사 제물προσφορά(로마서 15:16c; 시편 40/39:7)은 제물을 바치다προσφέρειν(출애굽기 32:6; 레위기 1:2; 에스젤 44:27)라는 동사에서 나왔다. 제물προσφορά은 바치는 대상, 받는 분, 바치는 사람을 나타낼 수 있다. 15장 16c에서 제물은 바치는 사람[12]이 아니라 바쳐진 대상인 유다인 아닌 민족들을 가리킨다. 바울이 유다인 아닌 민족들을 하느님께 바치는 역할을 한다는 뜻이다. 예루살렘 공동체의 가난한 사람들을 위해 모금한 돈을 가리킨다[13]는 의견은 설득력이 적다.

받아주실εὐπρόσδεκτος(15:16c, 15:31)은 하느님께서 받아주신다는 제물의 흠없음을 가리키는 δεκτός(레위기 1:3, 17:4)에서 왔다. 바울은 유다인 아닌 민족이 하느님 앞에 제물로서 전혀 흠없다는 사실을 강조하였다. 유다인 아닌 민족은 하느님께서 주신 성령으로 말미암아 거룩해졌다.(로마서 5:5, 8:15) 하느님의 복음을 받아들인 유다인 아닌 민족은 하느님이 뽑으신 이스라엘 백성(레위기 11:45; 신명기 7:6)처럼 똑같은 지위를 갖게 되었다.

하느님의 복음(15:16b)은 전해지는 복음의 내용뿐 아니라 복음을 전달하는 행동을 포함한다.(로마서 1:9; 고린도전서 4:15; 갈라디아서 2:7) 하느님의 복음(로마서 15:16b; 고린도후서 11:7; 데살로니가전서 2:2)은 그리스도의 복음(로마서 1:9, 15:19, 고린도전서 9:12)과 같다. 하느님은 예수 그리스도를 통해 인류 구원을 선포하시고, 예수 그리스도는 그런 하느님을 드러낸다. 마치 제사에서 제물 바치는 사람이 경건하고 거룩한 몸짓으로 정성을 다하는 것처럼, 바울은 그런 자세로 복음을 전달하고 있다.

바울이 하느님의 일꾼으로서 하느님의 복음을 전하고 있다는 사실이 16절에서 중요하다. 바울은 하느님의 일꾼이다. 바울은 하느님의 복음을 전하고 있다. 이 두 가지 사실을 로마 공동체 사람들은 알아달라는 말이다. 사실 그 말은 로마서 첫 문장에서 바울이 이미 했었다. "나 바울은 그리스도 예수의 종으로서 사도로 부르심 받았으며 하느님의 복음을 위하여 따로 가려내어진 몸입니다."(1:1) 종 δοῦλος(1:1a)이 일꾼λειτουργός(15:16a)으로 바뀌었을 뿐이다.

17절 "그러므로 나는 그리스도 예수 안에서 하느님에 대해 자랑으로 여깁니다." 하느님에 대해τὰ πρὸς τὸν θεόν(로마서 15:17; 히브리서 2:17)라는 표현은 많다.(신명기 9:24; 마카베오하 14:11) 바울은 독자에게 자기 자신이 아니라 하느님을 자랑하고 있다. 바울이 전하는 복음은 결국 하느님과 관계되기 때문에, 자랑할 분은 오직 하느님이시다. 하느님에 대해를 "하느님을 위하여 일하는 것"(《공동번역》, 《200주년 기념성서》), "하느님의 일에 대하여"(《개역개정》)로 번역한 것은 원문에 비해 너무 확대된 번역이다.

18절 말하다λαλεῖν(15:18a) 대상은 바울 선교 전체[14]가 아니라 15장 16-17절이다. 선교의 공적은 예수 그리스도에게 돌리면서 바울은 그리스도 예수의 일꾼(15:16a)답게 뒤로 물러선다. 예수 그리스도를 뒤로 물러서게 하고 자기 자신을 앞세우는 종교인이 얼마나 많은가. 유다인 아닌 사람의 존중ὑπακοὴν ἐθνῶν(15:18b)은 믿음의 존중(로마서 1:5, 6:17)을 가리킨다. 유다인 아닌 사람들이 믿음을 얻도록 그리스도가 역할했다는 뜻이다. 말이건 행동이건λόγῳ καὶ ἔργῳ(15:18b)이라는 표현은 예수 운동 주변에 널리 퍼져 있었다. 유다인 아닌 사람들에게 그리스도 예수의 일꾼으로서 행한 바울의 모든 언행을 가리킨다.

19절 바울의 말과 행동(15:18a)은 표적과 이적과 영πνεύματος(15:19a)의 능력을 통해 자세히 드러났다. 표적과 이적을 가능하게 한 것은 영이다. 그래서 표적과 이적을 영과 떼어놓을 수 없다. 표적과 이적σημεῖα καὶ τέρατα(15:19a)은 바울의 복음 전파가 낳은 일상적 사건을 가리킨다. 표적과 이적에서 바울의 복음 전파 안에 하느님이 계신다는 사실이 드러났다. 표적과 이적은 바울이 하느님의 일꾼임을 정당화했다. 하느님은 당신이 보낸 일꾼에게 당신의 영을 주시고 영을 통해 능력을 주신다. 그래서ὥστε(15:19b)는 결과를 소개

하는 단어다.(로마서 7:6; 고린도후서 3:7)

그리스도의 복음(15:19b)은 하느님의 복음(15:16b)과 같다. 하느님이 세상에 구원을 주신 것은 그리스도를 통해서 이루어진다. 그리스도를 통해 드러난 구원은 하느님의 구원이다. 하느님과 예수 그리스도의 연결과 일치를 바울은 유다인에게도 유다인 아닌 사람에게도 힘주어 말하고 있다. 예수 믿는 21세기 한국인에게 당연하게 들리는 이 말은, 그러나 바울 당시에는 유다인에게도 유다인 아닌 사람에게도 커다란 충격이었다.

바울은 자신의 역할에 충실했다는 말을 덧붙이고 싶었다. 충실히 전했다πεπληρωκέναι(15:19b)에서 완성하다πληρόω 동사는 성서에 자주 쓰였다.(사도행전 14:26; 골로새서 1:25; 디모데후서 4:17) 바울이 예루살렘에서 곧장 일루리곤으로 갔다는 말은 아니고, 다른 곳에서도 복음을 전했다는 뜻이다. 단어 주변에κύκλῳ(15:19b)서 바울이 예루살렘을 세상의 중심으로 여겼다[15]고 생각하기는 어렵다. 바울이 복음을 전파했던 남동쪽 예루살렘과 북서쪽 일루리곤 지역을 통털어 가리킨 듯하다. 일루리곤은 마케도니아 북서쪽에서 아드리아 동쪽 해안을 따라 펼쳐진 로마 속주를 가리킨다.[16]

바울이 일루리곤에 있었다는 사실을 사도행전은 모르고 있다. 바울은 다른 편지에서는 그런 말을 하지 않았다. 바울이 머물렀던 아라비아(갈라디아서 1:17) 대신 예루살렘을 언급한 것은 예루살렘이 바울 활동의 신학적 출발점이라는 사실을 강조하려는 바울의 의도에서 나왔다. 복음을 전한 다른 사람들에 대해 바울은 말이 없다. 로마서는 많은 선교사들 이야기가 아니라 바울 자신의 선교 이야기만 담았다. 로마서는 바울의 자기 소개서다.

20절 그리스도의 이름이 이미 알려진 곳(15:20a)은 예수 이름을 들은 사람들이 사는 곳 뿐 아니라 예수 운동 공동체가 세워진 곳[17]을 뜻한다. 예수 운동 공동체, 즉 기초θεμέλιον(로마서 15:20b; 고린도전서 3:10-12)가 있는 곳에서 바울이 복음 전파를 삼간 것은 공동체와 갈등을 피하려 했기 때문이다. 바울은 고린도 공동체에서 겪은 아픔을 잊지 않고 있다. 20절을 읽거나 듣는 예수 운동 로마 공동체 사람들은 바울이 로마 공동체를 기초로 이용하지는 않을 것이라고 안심했을까. "그러므로 로마에 계신 여러분에게도 복음을 전하는 것이 나의 간절한 소원입니다."(1:15)와 20절은 갈등 관계에 있다는 사실을 로마 공동체 사람들은 놓치지 않았을 것이다.

21절 바울은 21절 "그분의 소문을 들어보지도 못한 사람들에게 그분을 보여주고 그분의 이름을 들어보지도 못한 사람들에게 그분을 깨닫게 하여주리라."를 이사야 52장 15c-d 부분을 글자 그대로 인용했다. 자신의 선교 활동이 성서와 연결된다고 바울은 말하고 싶었다. 그에 대해περὶ αὐτοῦ(15:21b)는 이사야 예언서에서 하느님의 종을 가리키는데, 바울은 예수 그리스도를 가리킨다고 바꾸어 해설했다. 바울이 여기서 그리스도를 하느님의 종이라고 표현하는 것[18]은 아닌 듯하다. 바울 자신이 하느님의 종 역할을 자부한 것[19]이다. 21절은 전하는 사람이 아니라 전해지는 사람에 대해 말하고 있기 때문이다.

로마서는 바울이 세우지 않은 공동체에 보내는 편지다. 청문회에 불려나온 증인처럼 바울은 자신의 신학을 정중하고 정직하게 소개하고 있다. 로마나 예루살렘에 있는 예수 운동 형제자매뿐 아니라 예수를 믿지 않는 유다인의 시선을 의식하지 않을 수 없던 바울이었다. 로마서를 듣거나 읽을 로마 공동체 사람들이 바울을 부정적으로 여기지 않도록 세심하게 주의하고 있다. 15장 14-15절에는 14장 1절-15장 13절에서 했던 훈계를 겸손하게 돌아보고 있다.

15장 16-21절은 유다인 아닌 사람에게 복음을 전하는 선교사로서 바울 자신을 소개하였다. 바울은 자신의 사명을 충실히 수행하였다고 자부한다.(15:19c) 그런 태도는 바울의 다른 편지에서는 찾아보기 어렵다. 로마서가 자신의 삶에서 커다란 전환점에 쓰여졌다는 사실을 바울은 의식한 것 같다.

로마 공동체 사람들을 훈계하면서도 그들에게 도움을 얻어 스페인 선교에 쓰려는 바울이다. 혼을 내면서도 도움을 얻으려 애쓰는 바울이다. 아니, 도움을 얻으려 애쓰면서도 할 말은 하고 훈계를 아끼지 않는 바울이다. 돈 봉투 받으면 할 말 하지 않고 침묵하는 사람이 한국 종교계에 얼마나 많은가.

미래를 바라보며(15:22-33)

22 그래서 여러분을 찾아가려던 나의 계획이 번번이 좌절되었습니다. 23 그러나 여러 해를 두고 여러분을 찾아가려고 별러온 나는 이제 이 지방에서 할 일을 다 끝냈기 때문에 24 스페인으로 가는 길에 여러분을 만나 잠시나마 함께 지내면서 즐거움을 나누다가 여러분의 후원을 얻어 그곳으로 가게 되었으면 합니다. 25 그러나 지금은 예루살렘에 사는 성도들에게 구제금을 전하러 갑니다. 26 그것은 마케도니아와 아가야의 성도들이 예루살렘에 있는 가난한 성도들에게 같은 교우로서 정을 나누려고 기쁜 마음으로 보낸 것입니다. 27 그들은 이렇게 기쁜 마음으로 보냈지만 그들에게는 또한 그렇게 할 의무도 있습니다. 이방인들은 예루살렘에 있는 성도들의 정신적인 축복을 나누어가졌으니 이제는 물질적인 것을 가지고 그들을 도울 의무가 있지 않겠습니까? 28 나는 모금을 마치고 그 돈을 예루살렘에 있는 성도들에게 확실히 전해 준 다음에 여러분에게 들렀다가 스페인으로 가려고 합니다. 29 내가 여러분을 찾아갈 때에는 그리스도의 풍성한 축복을 안고 가게 되리라고 믿습니다. 30 형제 여러분, 나는 성령이 베푸시는 사랑을 믿고 우리 주 예수 그리스도의 이름으로 여러분에게 부탁합니다. 여러분도 나를 위하여 하느님께 간곡히 기도하여 주십시오. 31 내가 유다에 있는 믿지 않는 사람들에게서 화를 입지 않고 예

루살렘으로 가져가는 구제금이 그 곳 성도들에게 기쁜 선물이 되도록 기도하여 주십시오. 32 그리하면 내가 하느님의 뜻을 따라 기쁜 마음으로 여러분을 찾아가 함께 즐거운 휴식을 가지게 될 것입니다. 33 평화의 하느님께서 여러분 모두와 함께 계시기를 빕니다. 아멘.

22절 22-33절에서 바울은 로마 공동체 사람들에게 자신의 로마 여행 계획을 밝힌다. 예루살렘과 스페인 여행 계획도 중간에 포함되었다. 바울의 진짜 목적지는 스페인이다. 그전에 로마에 가려 했고, 그전에 예루살렘에 헌금을 전하러 다녀와야 한다. 스페인 선교에 필요한 돈을 바울은 로마 공동체 사람들에게 요청할 생각이다. 2,000년 전 바울은 선교사 이전에 여행가였다.

바울의 로마 여행 계획은 로마서 첫머리에 이미 나왔다.(1:9-15) 로마에 아직도 가지 못한 이유(15:22, 1:13-14)를 밝힌다. 미완료 동사 과거 형태 ἐνεκοπτόμην(15:22)는 바울의 계획이 과거부터 현재까지 계속 방해받아 왔음을 가리킨다. 예루살렘에서 일루리곤에 이르기까지 말과 행동으로 그리스도의 복음을 전파하러 다녔기 때문에 (15:19c), 바울은 로마에 갈 수 없었다.

23절 23절에는 주어가 없다. 지방κλίματα(로마서 15:23; 고린도후서 11:10; 갈라디아서 1:21)이란 단어는 신약성서에서 바울만 썼다. 로마 제국 동쪽 지역에서 바울의 선교 활동은 사실상 끝났다.[20] 바울이 로마 제국 동쪽 지역 전체를 돌아다녔다거나 그곳 모든 사람을 예수 믿게 만들었다는 말은 아니다. 로마 제국 동쪽 지역에서 선교를 할 만큼 했다(15:19c-21)는 뜻이다.

24절 스페인 가는 길에 잠시 로마에 들리겠다는 바울의 말 (15:24a)에 독자들은 놀랄 수 있다. 편지 처음에 로마에 가겠다는 계획(1:9-15)에서 스페인에 간다는 말은 없었기 때문이다. 스페인 Σπανία(15:24a)은 공통년 이전 27년에 로마 황제 아우구스투스가 정한 속주Hispania Tarraconensis를 가리키는 것이 아니라 로마 제국 서쪽(로마서 10:18; 시편 18:5)을 말한다.

바울은 왜 스페인에 가려고 했을까. 이 부분에 대해 성서학자들이 논의해 왔지만, 만족할 만한 답변은 아직 나오지 않았다.[21] 다시스(이사야 66:19)를 지브랄타 서쪽 타르테소스로 보고 타르테소스가 스페인을 통칭한다는 의견[22]은 설득력이 적다.[23] 먼 섬나라(이사야 66:19)는 스페인을 가리킨다[24]는 의견이 있다. 스페인이 섬으로 여겨진 적은 없었다. "나는 너를 만국의 빛으로 세운다. 너는 땅 끝까지 나의 구원이 이르게 하여라."(이사야 49:6b-c)를 근거로 스페인을 지구의 끝으로 보는 의견[25]도 있다. 지구의 끝은 당시 사람들의 생각에 동서남북 네 군데 있었다. 예수 운동의 중심을 서쪽으로 옮겨서 야곱 중심의 예루살렘 공동체에서 바울에게 오는 압박을 물리치고 스페인 선교의 성공을 통해 바울이 예수 운동의 선두에 다시 있으려 했다는 의견[26]도 있다.

바울이 스페인에 갈 계획을 언제부터 했을까. 선교 초기부터 벌써 그런 생각을 했을까. 로마 제국 동쪽 지역에서 활동을 마치고 (15:19c) 로마서를 쓸 무렵 그 결정을 했던 것 같다.[27] 15장 24b에서 로마 공동체 사람들은 바울의 로마 방문이 곧 이루어질 것을 알게 되었다. 바울은 로마에 오래 머물 생각이 없고, 로마를 자기 구역으로 삼아 활약할 의도도 없다.[28] 그러니, 로마 공동체 사람들은 바울을 경계할 필요가 없다. 바울은 로마 공동체 사람들에게 스페인 선교에 필요한 재정을 경제적으로 도움받고 싶었다προπέμπειν.(로마서 15:24c; 고린도전서 16:6)

25절 바울은 로마에 가기 전에 예루살렘으로 가야 한다. 예루살렘 공동체의 가난한 형제자매를 돕기 위해 모금한 돈(고린도전서 16:1-4)을 전달하는 일정이다. 예루살렘 사도회의에서 예루살렘 공동체와 안디옥 공동체가 합의했었다.(갈라디아서 2:10)[29] 바울은 모금한 돈을 성도들을 위한 봉사διακονία εἰς τοὺς ἁγίους(고린도후서 8:4; 로마서 15:31)라고 불렀다. 성도οἱ ἁγίοι(15:25b)[30]는 예수를 받아들이지 않는 유다인과 거리를 둔, 예수 믿는 예루살렘 공동체 유다인(로마서 15:31; 고린도전서 16:1)을 가리켰다. 예수 운동 다른 공동체 사람들과 구분하는 단어가 아니다. 바울은 이 단어를 예수 믿는 모든 사람을 가리키는 데 썼다.(로마서 1:7; 고린도전서 1:2; 빌립보서 1:1)

26절 26-27절은 바울이 왜, 무엇 때문에 예루살렘을 방문하려 하는지 설명한다. 예루살렘 공동체의 가난한 형제자매들을 위한 모금이 예루살렘 사도회의 합의에 근거했다는 사실을 바울은 말하지 않는다. 마케도니아와 아가야 신도들이 자발적으로 모금한 것처럼 로마 공동체 사람들과 독자들은 오해할 수 있겠다. 예루살렘 사도회의가 열렸던 공동년 48년 무렵 마케도니아와 아가야에는 예수 운동 공동체가 존재하지 않았다. 사도회의는 예루살렘 공동체와 안디옥 공동체의 양자회담이나 다름없었다. 안디옥 공동체에게만 해당되는 모금 의무에 바울이 마케도니아와 아가야 지역 공동체를 나중에

끌어들인 것이다. 예루살렘 공동체를 위한 모금이 예루살렘 사도회의 합의에 근거했다는 사실을 바울은 고린도전서 16장 1-4절과 고린도후서 8장 9절에서도 말하지 않았다.[31]

예수 믿는 예루살렘 공동체 유다인에게 원래 가리킨 '성도'라는 단어를 바울은 로마 공동체 사람들(1:7, 12:13; 16:2, 15)에게도 썼다. 바울은 예루살렘 공동체 형제자매들을 다른 공동체 형제자매들과 구분하여 특별하게 생각했고, 로마 공동체 사람들을 예루살렘 공동체 형제자매들과 동등하게 생각했다는 뜻이다. 마케도니아와 아가야(15:26a)는 모금에 참가한, 그 지역에 있는 모든 공동체를 통털어 가리킨다. 마케도니아 공동체는 바울에게 "은혜로운 선행 곧 성도들을 위한 봉사에 동참할 수 있도록 해 달라고 간절히 거듭거듭 요청하였다.δεόμενοι"(고린도후서 8:4)고 바울은 기록하였다. 갈라디아의 여러 공동체에는 바울이 모금을 지시했다διέταξα.(고린도전서 16:1) 26절에서 모금에 참가한 공동체로 바울은 왜 마케도니아와 아가야만 언급하고 다른 공동체 이름을 말하지 않았을까. 가능한 여러 설명이 있지만[32] 확실한 이유를 우리는 알 수 없다.

바울은 모아진 돈을 봉사κοινωνία(로마서 15:26a; 고린도후서 8:4, 9:13)라고 불렀다. 헌금이 예루살렘 공동체 성도와 마케도니아와 아가야 공동체 성도의 연대와 일치를 나타내기 때문이다.(갈라디아서 2:9-10)[33] 바울은 예수 운동 공동체들의 일치와 연대의 표현인 헌금을 예루살렘 공동체가 받지 않고 거절할까 염려하였다.(15:31b) 헌금이 경제적 상징뿐 아니라 가난한 사람들에게εἰς τοὺς πτωχοὺς(15:26b) 실제로 도움되는 행동이었다.(갈라디아서 2:10; 고린도후서 8:14, 9:12) 기도

하는 사람은 모든 것을 하느님께 의지할 수밖에 없기 때문에 스스로를 가난한 사람이라 불렀다. 모든 것을 하느님께 의지하는 가난한 사람은 거룩한 사람들(시편 9:19; 25:9, 34:3)이다.[34] 모든 것을 돈에 의지하면서 돈 지켜달라고 어쩌다 하느님께 기도하는 부자는 거룩한 사람이 아니다. 부자는 경제적으로 의미있는 존재인지 모르지만, 신학적으로는 아무 의미없는 존재다.

27절 "지금 여러분이 넉넉하게 살면서 궁핍한 사람들을 도와준다면 그들이 넉넉하게 살게 될 때에는 또한 여러분의 궁핍을 덜어줄 것입니다. 그러면 결국 공평하게 되지 않겠습니까?"(고린도후서 8:14) "여러분이 애써 거두는 헌금은 성도들의 가난을 덜어 줄 뿐만 아니라 많은 사람들로 하여금 하느님께 무한한 감사를 드리게 할 것입니다."(고린도후서 9:12)

그런데 바울은 27절에서 헌금을 예루살렘 공동체에게 예루살렘 외부 공동체가 진 빚을 갚은 행동으로 표현한다. 누가 누구에게 어떤 빚을 지고 있다는 말인가. 마케도니아와 아가야 성도들이(15:26a) 유다인 아닌 민족들τὰ ἔθνη(15:27a)로 교체되어 확대된 사실에서 바울의 의도가 드러난다.[35] 바울은 여기서 예루살렘 공동체를 유다인으로, 다른 공동체를 유다인 아닌 민족들로 나누어 구분한다. 예루살렘 외부 공동체들이 예루살렘 공동체에 갚는 빚을 유다인 아닌 민족들이 유다 민족에게 갚는다는 식이다.

예수 운동 예루살렘 외부 공동체들이 모태 공동체인 예루살렘 공동체와 빚진 관계[36]가 아니라 하느님의 구원 역사에서 우선권을 갖고 있는 유다 민족에게 유다인 아닌 민족들이 빚을 갚는다[37]는 뜻이다. 예수 운동 예루살렘 공동체는 유다인으로 이루어졌기 때문에, 예루살렘 공동체는 하느님의 구원 역사에서 유다 민족이 갖고 있는 우선권에 동참한다. 영적 은혜τὰ πνευματικά(15:27b)는 하느님이 유다 민족에게 주신 구원 약속을 가리킨다. 유다인이 아닌 민족들은 하느님이 유다 민족에게 주신 구원 약속을 나누어 받았다ἐκοινώνησαν. (15:27b, 11:17-24) 바울이 헌금을 감사χάρις(고린도전서 16:3; 고린도후서 8:4, 6)라고 표현한 배경에 그리스로마 사회에서 빚갚는 문화[38]가 있다.[39]

28절 닫아놓았다, 봉인封印했다σφραγισάμενος(15:28a)는 무슨 뜻일까. "우리가 그들을 보내는 것은 우리가 이 막대한 의연금을 다루면서 아무한테서도 뒷말을 듣지 않으려는 것입니다. 주님 앞에서만 아니라 사람들 앞에서도 떳떳한 일을 하려는 것이 우리의 뜻입니다."(고린도후서 8:20-21) 바울이 헌금을 빼내 썼을지 모른다는 의심을 반박하려는 말일까. 봉인된 상태의 헌금 보관함을 손대지 않고 받은 그대로 전달했다[40]는 뜻일까. 그렇진 않은 것 같다. 봉인은 헌금을 주는 측에서 하는 일이 아니고 받는 측에서 받은 헌금에 하는 것이다.[41] 그래야 비로소 헌금 전달이 완결된다. 봉인했다(15:28a)는 완수하다ἐπιτελεῖν(로마서 15:28a; 지혜서 2:5; 다니엘 9:24) 단어를 강조하고 헌금 계획이 완성되었음을 말하려는 듯하다.

헌금은 실제로 예루살렘 공동체에 전달되었을까. 예루살렘 공동체는 헌금을 기쁘게 받았을까. 사도행전은 그에 대해 아무 말이 없다. 사정이 단순하지 않다. 로마서는 헌금 전달하기 전에 쓰여진 편지다.

29절 전치사 안에ἐν(15:29)는 바울이 로마 공동체 사람들에게 무엇인가 가지고 간다.(마카베오상 7:14; 고린도전서 4:21; 마가복음 8:38)는 뜻을 가리킨다. 그리스도의 축복εὐλογία Χριστοῦ(15:29)은 주님의 축복 εὐλογία κυρίου(창세기 39:5; 신명기 12:15)을 바울이 예수 그리스도와 연결하여 바꾸어놓은 단어다. 그리스도의 축복이 로마 공동체 사람들에게 내려지기를 바울은 빌고 있고, 자신이 그 축복을 전달하는 중재자임을 자처한 듯하다. 그 축복은 헌금의 영향임을 바울은 분명히 밝히지는 않았지만, 로마 공동체 사람들이 그렇게 알아주기를 바란 듯하다.[42] 모금에 참여하지 않았던 로마 공동체 사람들은 참여했던 다른 공동체 사람들의 수고를 인정하고 감사하게 생각하라는 말이겠다.

30절 30절에서 바울은 로마 공동체가 기도로써 바울 곁에 있어 줄 것을 부탁한다. 30절처럼 12장 1절도 나는 부탁합니다Παρακαλῶ 로 시작되었다. 바울은 훈계할 때 명령이 아닌 부탁을 하고 있다. 여기서 바울은 듣는 사람의 측은지심惻隱之心에 호소한다.(고린도전서 1:10; 고린도후서 10:1) 청취자는 바울과 함께 주 예수 그리스도와 영의 사랑에 일치하고 연대하고 있다는 사실이 강조되었다. 하느님께 기도를 드리는 기도는 바울뿐 아니라 로마 공동체에게도 도움된다. 바울이 부탁해서 비로소 기도하는 것이 아니라, 기도가 본래 예수 믿는 사람에게 합당한 행동이라는 뜻이다.

영의 사랑ἀγάπης τοῦ πνεύματος(15:30b)은 골로새서 1장 8절에만 다시 보이는 표현이다. 바울은 영의 아홉 가지 열매 중에 첫째로 사랑을 언급하였다.(갈라디아서 5:22) 기도로 곁에 있다

συναγωνίσασθαί(15:30b)는 말은 바울의 편지에 자주 보인다.(고린도후서 1:11; 데살로니가전서 5:25; 빌립보서 1:19) 바울 주변 그리스로마 문화에서도 기도 부탁은 흔했다.[43] 기도 부탁뿐 아니라 곁에 있어달라는 요청은 바울이 닥친 다급한 사정과 관계 있다. 기다리고 있는 예루살렘 방문이 바울은 몹시 걱정되었기 때문이다. 바울이 여기서 이른바 기도의 싸움을 하는 것은 아니다. 야곱이 얍복 나루에서 하던 씨름(창세기 32:25-30)과 아무 관계없고, 바울이 하느님과 씨름하는 것[44]도 아니다. 바울이 하느님과 씨름하러 예루살렘에 가려는 것은 아니다.

31절 바울이 예루살렘 방문에서 걱정하고 두려워하는 일 두 가지가 31절에서 밝혀졌다. 첫째, 바울은 자신의 몸과 목숨이 걱정된다. 예수 믿지 않는 유다인에게서 어떤 신체적 위협이 올까 바울은 두렵다. 바울은 그들을 존중하지 않는 ἀπείθειαν(로마서 10:21, 11:32a; 이사야 65:2)이라고 표현한 적 있었다. 구약성서 그리스어 번역본에서 이스라엘이 하느님께 멀어지는 행동을 가리킨 단어였다. 예수 믿지 않는 유다인을 하느님께 멀어지는 사람들이라고 심하게 말했으니, 바울이 걱정하는 것도 당연하다. 유다Ἰουδαίᾳ(로마서 15:31a; 고린도후서 1:16; 갈라디아서 1:22)는 공통년 6년 로마의 속주로 지정된 유다뿐 아니라 예루살렘과 유다인이 많이 사는 지역을 가리킨 듯하다. 예루살렘Ἰερουσαλήμ(15:31b)은 예루살렘에 사는 예수 운동 사람들을 가리킨다. 바울은 그 형제자매들에게 헌금을 전하러 간다. 헌금은 기쁘게 받아들여졌을까. 바울의 그 희망은 실현되지 않았던 것이 분명하다.[45]

32절 바울은 로마를 잠시 들렀다 가는 경유지 정도로 로마 공동체에게 말했었다.(15:29) 그런데 32절에서 이야기가 좀 달라졌다. 바울은 예루살렘 방문을 성공적으로 마치면, 로마에서 푹 쉬고 싶다.συναναπαύσωμαι ὑμῖν(15:32b)고 전한다. 그 단어는 문맥에도 맞지 않을 뿐더러, 특히 당시 사람들에게 오해를 불러일으킬 수 있다. 남녀 사이에 성관계를 뜻하는 동침하다로 보통 쓰인 단어였기 때문이다.[46] 일부 성서 사본에는 32절이 빠져 있거나 다른 단어로 교체되기도 했다.[47]

33절 바울은 15장 22-33절 단락을 축복 기도(15:33)로 끝맺는다. 평화의 하느님θεὸς τῆς εἰρήνης(15:33)은 신약성서에 자주 보인다.(로마서 16:20; 빌립보서 4:9; 히브리서 13:20) 하느님이 평화를 만드시고 선사하신다는 생각은 구약성서에 있다.(민수기 6:26; 이사야 26:12; 예레미야 14:13) 기드온은 제단을 쌓아 바치고 제단을 "안심시켜 주시는 야훼"라 이름지어 불렀다.(사사기 6:24) 히브리어 구약성서 사사기 6장 24절에는 '하느님은 평화', 그리스어 번역본에는 '주님의 평화'라고 쓰여 있다. 축복 기도에 여러분 모두와 함께μετὰ πάντων ὑμῶν(15:33)를 덧붙인 경우는 고대 문헌에서 신약성서(고린도전서 16:24; 고린도후서 13:13; 히브리서 13:25)와 2세기 이후 예수 운동 저자들에게만 보인다. 바울은 원래 여기에서 로마서를 마치려 했던 것 같다.

15장 22-33절 단락은 서둘러 쓴 여행기 같다. 로마서는 논문이나 설교뿐 아니라 여행 기록이기도 하다. 바울의 역사를 모르면 바울 사상을 이해하기 어렵다. 지중해 지도를 펼쳐놓고 보아야 바울의 계획을 실감나게 알 수 있다. "여러분에게 갑니다." 표현을 네 번

하고, 독자들을 열한 번이나 불렀다. 그런 특징에서 바울이 로마서를 쓰던 당시 상황이 생생하게 드러나고 있다. 바울은 헌금 주제를 편지 마무리에 썼다. 로마서를 쓰게 된 동기와 목적이 로마 공동체나 독자가 아니라 바울 자신에게 있었다는 사실을 암시한다.[48]

끝인사(16:1-27)

1 겐그레아 교회에서 봉사하는 여교우 뵈뵈를 여러분에게 소개합니다. 2 여러분은 함께 주님을 믿는 사람으로서 성도의 예절을 갖추어 그를 영접하십시오. 그리고 그가 여러분에게서 도움을 바라는 것이 있으면 아낌없이 도와주시기 바랍니다. 뵈뵈는 많은 사람을 도와주었고 나도 그에게 신세를 졌습니다. 3 그리스도 예수를 위해서 함께 일하는 동지 브리스가와 아굴라에게 문안해 주십시오. 4 그들은 생명의 위험을 무릅쓰고 내 목숨을 살려준 사람들입니다. 이 사람들에 대해서는 나뿐만 아니라 이방인의 모든 교회가 다 고맙게 생각합니다. 5 그들의 집에서 모이는 교회 여러분에게 문안해 주십시오. 또 나의 친애하는 에베네도에게 문안해 주십시오. 그는 아시아에서 처음으로 그리스도 신자가 된 사람입니다. 6 여러분을 위해서 수고를 많이 한 마리아에게 문안해 주십시오. 7 내 친척이며 한때 나와 함께 갇힌 일이 있는 안드로니고와 유니아에게 문안해 주십시오. 그들은 사도들 사이에서 평판이 좋은 사람들로서 나보다 먼저 그리스도 신자가 된 사람들입니다. 8 친애하는 내 교우 암블리아에게 문안해 주십시오. 9 그리스도를 위해서 함께 일하는 동지 우르바노와 내 사랑하는 스타구에게 문안해 주십시오. 10 그리스도를 위해서 무척 고생을 많이 한 아벨레에게 문안해 주십시오. 아리스도불로의 가족에게 문안해 주십

시오. 11 내 친척 헤로디온에게 문안해 주시고 교우 나깃수의 가족 여러분에게도 문안해 주십시오. 12 주님을 위해서 애쓴 드루배나와 드루보사에게 문안해 주시고 주님을 위해서 특별히 수고한 사랑하는 버시에게 문안해 주십시오. 13 뛰어난 주님의 일꾼 루포와 그의 어머니에게 문안해 주십시오. 그의 어머니는 나를 아들처럼 여겼습니다. 14 아순그리도와 블레곤과 허메와 바드로바와 허마와 그리고 그들과 함께 있는 다른 교우들에게 문안해 주십시오. 15 빌롤로고와 율리아, 네레오와 그의 누이 동생과 올름바와 그들과 함께 있는 모든 성도들에게 문안해 주십시오. 16 거룩한 입맞춤으로 서로 인사하십시오. 그리스도의 모든 교회가 여러분에게 문안합니다. 17 형제 여러분, 여러분이 배운 교훈과는 달리 남들을 분열시키고 죄짓게 하는 사람들을 경계하고 멀리하시기 바랍니다. 18 그런 자들은 우리 주 예수 그리스도를 섬기는 것이 아니라 자기네 뱃속을 채우고 있으며 그럴 듯한 말과 아첨하는 언사로 순진한 사람들의 마음을 유혹하고 있는 것입니다. 19 여러분의 충성스러운 신앙 생활이 사방에 잘 알려져 있어서 나는 무척 기쁘게 생각합니다. 나는 여러분이 선한 일에는 현명하고 악한 것에는 물들지 않기를 바랍니다. 20 평화를 주시는 하느님께서 사탄을 여러분의 발 아래 굴복시켜 주실 날이 멀지 않았습니다. 우리 주 예수의 은총이 여러분에게 내리시기를 빕니다. 21 나와 함께 일하고 있는 디모데와 내 친척들 루기오와 야손과 소시바더가 여러분에게 문안합니다. 22 이 편지를 받아 쓰는 나 더디오도 주님의 이름으로 여러분에게 문안 드립니다. 23 나와 모든 교우를 잘 돌보아 주는 가이오도가 여러분에게 문안합니다. 이 도시의 재정관 에라스도와 교우 구아도가 여러분에게 문안합니다. **25** 하느님께서는 내가 전하는 복음 곧 예수 그리스도에 관한 가르침을 통해서, 그리고 오랜 세월 동안 감추어두셨던 그 심오한 진리를 나타내 보여주심으로써 여러분의 믿음을 굳세게 해주십니다. **26** 그 진리는 이제 예언자들의 글에서 명백하게 드러났고 영원하신 하느님의 명령을 따라 모든 이방인들에게 알려져 그들도 믿고 복종하게 되었습니다. **27** 이러한 능력을 가지신 지혜로우신 오직 한 분뿐이신 하느님께서 예수 그리스도를 통하여 영원토록 영광을 받으시기를 빕니다. 아멘.

1절 로마서 마지막 장인 16장에서 1-2절은 추천사[49] 편지에 속한다.(고린도전서 16:3; 고린도후서 3:1; 사도행전 18:27) 추천하는 말, 추천받는 사람 이름, 추천하는 사람의 부탁이 포함된다. 뵈뵈는 로마서를 전달한 여성 같다. 뵈뵈는 신약성서에 여기에만 나온다. 이름으로 보아 유다인 부모를 둔 것 같진 않다. 2절로 보면, 그녀는 로마서만 전하러 로마에 간 것은 아니고 다른 목적도 있었던 듯하다.[50] 우리 자매τὴν ἀδελφὴν ἡμῶν(16:1a)를 호칭으로 보고 이 단어에서 뵈뵈가 바울의 동역자 직분[51]이라고 결론을 이끌어낼 수는 없다. 뵈뵈는 단순히 예수 믿는 여성임을 가리킨다. 바울은 독자를 형제들이라고 부르는 의미(1:13, 7:1, 4)처럼 뵈뵈를 자매라고 불렀다.

봉사자διάκονος는 자주 남성 명사로 여겨졌다. 여성인 뵈뵈에게 남성 명사를 쓴다는 것은 남성중심주의 전략에서 나온 것이라는 의견[52]도 있다. 남성 명사 주격 어미 ος는 처녀ἡ παρθένος(마태복음 1:23)처럼 여성을 가리킬 때도 있다. 문법적으로 남성 명사와 여성 명사로 표시된 대상이 실제로 생물학적 남성과 여성과 반드시 일치하는 것은 아니다. 그래서 남성 명사 어미 oς로 끝난 단어는 곧바로 남성 존재를 가리킨다고 단정할 수도 없다. 여성인 뵈뵈가 남성 명사 어미로써 표현될 수 있다는 말이다. 실제로 διάκονος가 여성을 가리킨 문헌을 여러 곳 찾을 수 있다.[53]

뵈뵈는 고린도에서 약 15킬로미터 떨어진 항구도시 겐그레아에 살았다. 바울은 브리스가와 아굴라와 함께 배를 타고 시리아로 떠나기에 앞서 하느님께 서약한 일 때문에 떠나기에 앞서 겐그레아에서 머리를 깎았었다.(사도행전 18:18) 로마서가 쓰여질 무렵 겐그레아에 예수 운동 공동체가 생겼다. 뵈뵈는 겐그레아 공동체 봉사자 διάκονος(16:1b)라고 바울은 로마 공동체에 소개한다. 뵈뵈는 겐그레아 공동체를 위해 봉사했다는 뜻이다. 바울은 공동체를 위한 봉사자 διάκονος(골로새서 1:25a)라고 표현하기도 했다.[54] 공동체를 위한 봉사자 표현은 바울이 뵈뵈의 봉사를 인정했고 뵈뵈 자신도 자신의 봉사를 당당하게 생각했다. 공동체를 위한 봉사자라는 표현이 뵈뵈의 역할을 무시하거나 깎아내리는 것[55]이 아니다. 오히려 뵈뵈의 존재와 역할을 존중하고 인정하고 있다. '공동체 봉사자'라는 표현은 뵈뵈의 직분을 가리키는 호칭은 아니고 공동체를 위한 뵈뵈의 헌신을 가리킨다.[56]

뵈뵈가 구체적으로 공동체를 위해 어떤 봉사를 했는지 바울은 말하지 않았다. 공동체를 이끄는 일(고린도전서 16:15-16)을 맡았을 수도 있고, 다른 여러 섬기는 일을 했을 수도 있다.(고린도전서 12:5) 뵈뵈의 봉사가 공동체를 이끄는 일인지 아니면 다른 섬기는 일에 헌신했는지 양자택일[57] 논쟁은 1절에서 이끌어내기는 적절하지 않다. 단어 διάκονος는 공동체를 이끄는 일과 다른 여러 섬기는 일을 포함할 수 있다. 공동체를 이끄는 일은 섬기는 일을 포함하지 않는가. 봉사 단어를 오늘날 자선 사업으로 축소하여 이해하는 건 옳지않다. 뵈뵈 가 겐그레아 공동체에서 위임받아 로마로 파견되었다는 의견[58]이나 공동체 대표[59]라는 주장은 1절에서 근거를 찾기는 어렵다.[60]

뵈뵈는 우리 자매요 봉사자라고 두 가지 단어로 불린 셈이다. 자 매가 직분을 가리키지 않는다면, 봉사자는 직분을 가리킬까. 이 질 문과 주제는 21세기 우리에게 민감하지만, 바울 당시 공동체에서도 그랬을까. 로마서 이 부분은 그리스도교에서 여성의 존재와 역할에 비추어 성서학뿐만 아니라 여성 신학에서도 뜨겁게 논의되고 있다. 그 논란에 관계없이, 나는 개신교의 여성 목사와 가톨릭의 여성 사 제를 당연히 찬성한다. 여성이 목사와 신부가 되지 못하게 막을 신 학적 근거를 성서에서 찾을 수는 없다.

2절 바울은 로마 공동체에 뵈뵈를 두 가지로 도와달라고 부탁한 다. 뵈뵈를 로마 공동체가 주님 안에서ἐν κυρίῳ(로마서 16:3; 고린도전서 16:19; 빌립보서 2:1) 따뜻하게 받아들이기προσδέξησθε(로마서 16:2a; 누가 복음 15:2)를 요청한다. 예수 믿는 사람들이기 때문에 가능한 친절[61] 을 가리킨다. 로마 공동체와 뵈뵈는 주님 안에서 형제자매다. 성도 답게ἀξίως τῶν ἁγίων(로마서 16:2a; 데살로니가전서 2:12)라는 표현에서 바 울은 요청과 명령을 함께 담았다. 바울이 시켰기 때문에 로마 공동 체가 뵈뵈를 환영하는 것이 아니라 로마 공동체가 성도들의 모임이 기 때문에 당연히 뵈뵈를 맞아들여야 한다는 뜻이다. 누가 시킨다고 비로소 마지못해 선행할 것인가. 그리스도인답게 알아서 자발적으로 선행할 것인가. 로마 공동체의 거룩함을 믿고 바울이 로마 공동체에 부탁한 것처럼, 이스라엘 민족의 거룩함을 믿고 구약성서도 이스라엘 민족을 가르치고 훈계하였다.(출애굽기 22:30; 신명기 7:5) 교회와 성당의 가르침도 성도와 신자의 거룩함에 결국 의지할 수밖에 없을 것이다.

뵈뵈는 바울뿐만 아니라 많은 이들의 보호자가 되어 주었다.(16:2b, 13) 뵈뵈가 구체적으로 어떤 도움을 주었는지 바울은 말하지 않았다. 경제적 도움을 포함하는 듯하다. 옷감 상인 루디아(사도행전 16:14)처럼 뵈뵈는 사업하는 돈 많은 여인이었을까. 뵈뵈는 보호자로서 필요한 돈을 가진 여성이었던 듯하다. 뵈뵈가 로마 공동체에게 무슨 도움을 청할지 바울은 말하지 않았다. 뵈뵈는 단순히 편지를 전달하는 역할을 넘어섰다. 보호자προστάτις(16:2b)가 뵈뵈를 공동체를 이끄는 대표[62]를 가리키진 않는다.[63] 보호자προστάτις 단어의 범위가 너무 넓어서 그 단어 자체에서 어떤 특정한 뜻을 꼬집어 뽑아내긴 어렵다. 바울과 비슷한 시대를 살았던 고린도 여성 유니아 테오도라의 비석이 흥미롭다.[64] 그녀는 고린도에 이주한 리키아 지방 사람들을 여러모로 도와주어 비석에 보호자라고 칭송되었다. 그러나 법적인 지위에서 도와준 것은 아니었다. 바울은 사람들과 뵈뵈가 사람들을 도운 사실을 설명한 것이지 공동체 안의 신분을 해설한 것은 아니다.

3절 인사를 전해주세요Ασπάσασθε(16:3a) 단어는 3-16절까지 무려 17번 나온다. 3-15절은 바울이 자기 인사를 특정인에게 전해달라고 한다. 16절에서 바울은 로마 공동체 사람들이 서로 인사하라고 부탁한다. 그런 인사 부탁은 바울이 다른 공동체에게도 이미 했었다.(빌립보서 4:21; 데살로니가전서 5:26) 그러나 3-15절처럼 특정인에게 하지 않고 공동체 전체에게 인사했었다. 편지에서 특정인에게 인사를 부탁(골로새서 4:15; 디모데후서 4:19)하는 것은 그리스로마 문헌에도 보인다.[65] 많은 사람에게 인사를 부탁하고 인사를 전해달라는 동사가 자주 사용된 점에서, 3-15절은 독특하다. 데살로니가서, 고린도서, 빌립보서와 달리 로마서에는 시내 전체에 사는 성도가 한데 모일 공동체가 없었다. 그래서 바울의 인사 목록에 많은 이름과 인사하는 이유가 있을 수밖에 없었다. 바울은 로마 공동체에게 사실상 무명 인사에 지나지 않았다. 그런 상황을 바울은 의식하지 않을 수 없었다. 바울의 편지를 듣는 모든 사람이 로마서의 진짜 독자였다.[66] 그런 형제자매들에게 어색함을 줄이고 친근함을 더하기 위해 바울은 자세하고 길게 인사 명단을 작성했다.

3-15절의 인사 부탁에서 이름이 나오는 26명 중에 남자는 17명이고 여자는 9명이다. 당시 사회에서 여성 비율이 전체의 1/3을 차지하는 경우는 가벼운 일이 아니다. 예수 운동 초기에 여성이 많이 활약했음을 가리킨다. 26명 중에 그리스 이름은 16명, 라틴어 이름은 7명이고, 이름으로 출신을 알기 어려운 경우도 있다. 26명 중에 누가 유다인이고 누가 유다인이 아닌지 우리가 확실히 알아내기는 어렵다. 노예들과 노예 신분에서 풀려난 사람과 그 자녀들의 이름도 보인다.[67] 로마서에서 흔히 쓰이던 노예 이름이 바울의 인사 부탁 목록에 있다. 노예 이름에 자주 사용되는 이름을 가진 사람이 모

두 노예였거나 노예 신분에서 풀려난 사람이라고 단정해서 말할 수는 물론 없다.

바울은 먼저 브리스가와 아굴라에게 인사를 전해달라고 부탁한다. 바울이 브리스가와 아굴라 부부(사도행전 18:2-3)와 오랜 인연을 맺어온 사실을 보면, 그 부탁은 놀랄 일이 아니다. 아굴라는 유다인이다. 사도행전을 쓴 누가복음 저자는 아굴라의 아내를 브리스길라(사도행전 18:2, 18, 26)로 부르고, 바울은 브리스가(로마서 16:3; 고린도전서 16:19)로 불렀다. 브리스가와 아굴라 부부는 공통년 49년 반포된 로마 황제 클라우디우스 칙령 때문에 로마를 탈출한 듯하다.[68] 로마서가 쓰여진 공통년 56년에 부부는 이미 예수 운동에 참여했다. 그들은 고린도에 자리잡고 사업하다가 바울을 만났다. "마침 직업이 같았기 때문에 그 집에서 함께 살면서 일을 하였다. 천막을 만드는 것이 그들의 직업이었다."(사도행전 18:3) 그런데 σκηνοποιοί 뜻이 분명하지는 않다.[69] 천막 만드는 일이라고 흔히 이해되고는 있지만, 그리스 문헌에서 그 단어는 극장과 연극에 더 연결되어 있다.[70]

언제 어디서 바울이 자신의 직업을 배웠는지 우리는 모른다. 브리스가와 아굴라 부부가 지중해 연안 여러 곳에 사업체를 둔 부자[71]였는지, 이곳저곳 옮겨다니며 일을 시작해야 했던 가난한 수공업자[72]였는지 확실하지 않다. 바울과 브리스가와 아굴라는 고린도를 떠나 에베소서로 갔다.(사도행전 18:18) 그후 바울은 브리스가와 아굴라 부부와 헤어졌다. 브리스가와 아굴라는 에베소와 로마의 예수 운동 가정 공동체에서 예수 믿는 형제자매들을 초대한 집 주인이었다.(로마서 16:5a; 고린도전서 16:19) 로마서를 쓸 당시 바울은 고린도에 있었고, 브리스가와 아굴라는 로마에 살았다.

브리스가 이름이 남편 이름보다 대부분 먼저 언급된 것(로마서 16:3; 사도행전 18:18, 26; 디모데후서 4:19)은 까닭이 있다. 브리스가는 남편보다 바울 선교에 더 적극적으로 참여하고 도운 듯하다. 바울이 브리스가와 아굴라를 함께 일하는 동지συνεργοί(16:3b)라고 부른 것은 고린도와 에베소에서 그들 셋이 함께 했던 시절을 우선 가리킨다. 바울은 고린도에 18개월(사도행전 18:11), 에베소에 2년(사도행전 19:10) 머물렀다. 우르바노(로마서 16:9), 디모데(로마서 16:21; 데살로니가전서 3:2), 디도(고린도후서 8:23), 에바브로디도(빌립보서 2:25), 글레멘드(빌립보서 4:3), 빌레몬(빌레몬서 1), 마가, 아리스다고, 데마, 누가(빌레몬서 24)를 바울은 함께 일하는 동지라고 불렀다.

4절 "그들은 내 목숨을 위하여 자기들의 목을 내놓았었습니다."(16:4) 이 대목을 받아 적으라고 필사자에게 불렀을 때, 바울은 목이 메었을 것이다. 남의 돈도 내 돈으로 알고, 남의 목숨을 흔히 업신여기는 세상에서 남를 위해, 민족을 위해 자기 목숨을 내놓는 사람도 있다. 누가 나를 위해, 자기 목숨을 내놓을 것인가. 나는 누구를 위해 내 목숨을 내놓을 것인가. "벗을 위하여 자기 목숨을 바치는 것보다 더 큰 사랑은 없습니다."(요한복음 15:13) 브리스가와 아굴라가 바울을 위해 딱 한 번 도와주었기 때문에 바울이 그렇게 표현하지는 않았을 것 같다. 브리스가와 아굴라가 바울에게 한 모든 행동에 대해 바울은 감사의 기억을 표현하고 있다. 로마 공동체의 모든 사람이 브리스가와 아굴라가 바울을 도운 모든 행동을 알지 못했을 수 있다. 바울뿐 아니라 여러 공동체가 브리스가와 아굴라의 도움을 받았음을 바울은 덧붙였다. 바울은 브리스가와 아굴라를 칭송하고 싶다. 바울의 이 심정을 다른 편지도 모르지 않았다. "이제는 정의의 월계관이 나를 기다리고 있을 뿐입니다. 그날에 정의의 재판장이신 주님께서 그 월계관을 나에게 주실 것이며, 나에게뿐만 아니라, 다시 오실 주님을 사모하는 모든 사람에게도 주실 것입니다."(디모데후서 4:8)

5절 집에 모이는 공동체(로마서 16:5a; 고린도전서 16:19; 골로새서 4:15)는 빵나눔을 위한 모임[73]이다. 예수 운동 사람들은 교회 건물을 짓지 않고 성도 집에 모였다. 교회는 건물이 아니라 사람이다. 예수 믿는 두 사람 이상이 모이는 곳이 곧 교회다. 모인 집에 사는 가족뿐 아니라 다른 집에 사는 사람도 그 집으로 와서 한데 모였다. 집주인이 예수 믿는 사람이 아닐 때, 그 집에 사는 노예는 빵나눔을 위해 다른 집으로 가야 했다.(16:10b, 11b) 바울은 빵나눔이 열리던 여러 집을 한데 묶어 교회ἐκκλησία(16:5a)라고 하지 않고, 빵나눔이 열리는 모든 집 자체를 교회라 부른다. 고린도에는 여러 가정 공동체가 한데 모이는 넓은 개인 집(16:23a)이 있었지만, 로마에 사는 모든 형제자매들이 함께 모이는 집이 로마에는 없었다.[74] 로마에서 브리스가와 아굴라 집에서 모든 로마에 사는 모든 믿음의 형제자매들이 모였다는 의견[75]은 근거가 없다.

에베네도Επαίνετ(16:5b)는 신약성서에서 여기에만 나온다. 로마 제국 속주 아시아에서 처음으로ἀπαρχὴ τῆς Ασίας(16:5c) 그는 예수 믿는 사람이 되었다. 아시아 속주의 수도는 에베소였다. 로마 속주 아가야 지방에서 처음으로 스데바나의 가족은 그리스도를 믿는 사람이 되었다(고린도전서 16:15)라고 바울은 썼다. 공통년 이전 133년에 지정된 아시아 속주는 오늘날 터키 남서부에 있는 아나톨리아 반도 지역에 해당한다. 바울이 브리스가와 아굴라와 함께 에베소에 머물렀을 때(사도행전 18:18), 에베네도는 에베소에서 그리스도를 믿게 된 듯하다. 친애하는ἀγαπητός(16:5c) 단어는 인사 부탁 목록에 세 번 더 나온다.(16:8, 9, 12)

6절 마리아Μαρία(16:6)가 유다인인지 우리는 확실히 말할 수 없다. 안드로니고와 유니아(16:7), 헤로디온(16:11a) 같은 유다인에게와 달리 바울은 마리아에게 나의 친척συγγενής μου이란 표현을 쓰지는 않았다. 그러나 바울이 유다인 아굴라(로마서 16:3; 사도행전 18:2)를 부를 때에도 나의 친척이란 표현을 하지 않았다. 마리아가 로마 제국 동쪽 지역 출신인지 로마 출신인지 우리는 알지 못한다. 그녀는 노예 신분에서 벗어난 사람이라는 추측[76]이 있지만, 우리가 분명하게 말할 수는 없다. 신약성서에 마리아 이름은 많이 나오지만, 그 중 누구도 6절의 마리아와 동일 인물은 아니다. 여러분을 위하여 수고를 많이 한πολλὰ ἐκοπίασεν εἰς ὑμᾶς(16:6)에서 마리아가 구체적으로 어떤 일을 했는지 알기는 어렵다. 바울이 마리아를 칭찬하는 것은 틀림없다. 마리아가 성령의 은사를 받아 공동체를 이끌었다는 추측[77]은 찬성하기 쉽지 않다.[78]

수고하다κοπιᾶν(16:6) 단어가 선교 활동을 가리키는 전문 용어[79]로 바울이 사용했다고 말할 수는 없다.[80]

7절 안드로니고와 유니아는 신약성서에 여기에만 나온다. 단어 συγγενεῖς(16:7a) 뜻에 대해 여러 의견이 있지만, 바울은 안드로니고와 유니아가 유다인(9:3)이라고 말하려는 듯하다. 유니아는 헤롯의 신하 구사의 아내인 요안나(누가복음 8:3, 24:10)로, 안드로니고를 구사로 동일시하는 의견[81]이 있다. 헤롯의 신하 구사는 헤롯 안티파스와 함께 파스카 축제에 예루살렘에 가서 예수의 죽음을 목격했고, 아내와 함께 예수 부활 체험을 했고, 예수에게 부활 체험의 증인이 되라고 부탁받았다고 주장했다.[82] 헤롯의 신하 구사가 사망한 뒤 그 아내 요안나는 안드로니고와 재혼했고, 요안나는 모든 재산을 예수 운동에 바쳤기 때문에 남편 안드로니고와 이혼했을 가능성이 있다[83]는 것이다. 안드로니고는 일찍부터 예수 운동에 참여했고, 그래서 예수는 안드로니고와 요안나 둘을 사도로 불렀다는 의견[84]까지 나왔다. 그런 주장들은 성서주석학보다는 추리소설에 더 가깝다.

유니아Ἰουνία(16:7a)는 남자일까 여자일까. 4세기 교부 요한 크리소스토모스는 유니아가 지식이 뛰어난 여성이었기 때문에 사도로 불렸다고 설교했다.[85] 그런데 13세기부터 유니아를 남자로 여기는 해설이 생겼고, 루터의 로마서 해설[86]로 널리 알려지게 되었다. 바울이 유니아를 사도라고 불렀기 때문에 유니아는 남자임이 틀림없다는 논리[87]가 뒤따랐다. 유니아Ἰουνία는 라틴어 남성 명사 Iunianus 약칭이라는 주장도 있었다. 그런 이름은 성서 전체에도 없고 고대 그리스로마 문헌에도 없다.[88] 라틴어 남성 명사 Iunianus 약칭은 Ἰουνιᾶς가 아니라 Ἰουνᾶς가 되어야 맞다.[89] 유니아(16:7a)는 여자였다.

표현 ἐπίσημοι ἐν τοῖς ἀποστόλοις(16:7c)를 어떻게 해석해야 할지 오랫동안 논란이 있었다. '사도들 가운데서도 뛰어난 사람들'

또는 '사도들 곁에서 뛰어난 사람들' 두 해석이 가능하다. 사도들 곁에서 뛰어난 사람들이라고 번역한다면, 안드로니고와 유니아는 사도에 포함되지 않는다.[90] 사도들 가운데서도 뛰어난 사람들이라는 번역에 찬성하는 의견[91]도 있다. 두 경우 모두 사용한 사례를 그리스로마 문헌에서 찾을 수 있기 때문에, 그것으로 16장 7c를 어떻게 해석할지 결론내릴 수는 없다.[92] 바울 당시 사도는 기능을 가리키는 단어였다. 사도로 인정되거나 자처하는 사람이 적지 않았다.[93]

바울은 안드로니고와 유니아를 사도로 여기고 사도 중에도 뛰어난 역할을 했다고 칭찬하는 듯하다. 안드로니고와 유니아는 바울보다 먼저 그리스도 안에 들게 된 이들γέγοναν ἐν Χριστῷ이다.(16:7d) 그들이 어떻게 예수를 믿게 되었는지 우리는 모른다. 바울 시대에는 예수 운동이 유다교를 완전히 벗어난 상태가 아직 아니었다. 21세기 한국인 독자들은 이 사실을 언제나 기억해야 하겠다.

8-9절 암블리아는 신약성서에 여기에만 나온다. 나의 사랑하는 ἀγαπητός μου(16:8)이라는 표현은 바울이 암블리아를 개인적으로 알고 있음을 가리킨다. 주님 안에서ἐν κυρίῳ(16:8, 2a)는 그리스도 예수 안에서(16:3)처럼 바울과 암블리아 사이 믿음의 관계를 뜻한다. 암블리아에게 쓴 표현은 우르바노와 스다구에게도 마찬가지다. 우르바노와 스다구 역시 신약성서에서 여기에만 나온다. 바울은 우르바노와 스다구를 개인적으로 알고 있는 것 같다.

10-11절 아벨레도 신약성서에 여기서만 보인다. 바울이 그를 왜 그리스도 안에서 시련을 이겨낸 사람δόκιμος(16:10a)이라고 했는지 우리는 알기 어렵다. "내가 그 편지를 쓴 것은 여러분이 그 시련을

얼마나 잘 견디어내는지 또 내 교훈을 얼마나 잘 순종하는지(ὑπήκοοί ἐστε 알아보기 위한 것이었습니다."(고린도후서 2:9) 디모데는 시련을 견딘 사람이었기 때문에 자식이 아버지에게 하듯이 바울과 함께 복음을 위하여 봉사하였다.(빌립보서 2:22) 헌금을 전달하는데 참여한 사람도 시련을 견뎌낸 사람이다.(고린도후서 8:22, 9:13) 헤로디온(16:11a)은 신약성서에 여기만 있다. 집주인 아리스도불로(16:10b), 나깃수(16:11b)는 예수 믿지 않는 사람이다. 그래서 바울은 16장 10b, 11b에서 인사 받을 사람들 이름을 말하지 않았다. 인사 받을 사람들은 예수 믿지 않는 집주인 집에 사는 노예, 친척, 자녀, 아내들이었다. 그들은 다른 사람 집에서 열리는 빵나눔에 참여해야 했다.

아리스도불로는 헤롯 안티파스 1세의 형제요 헤롯 대왕의 손자라는 의견[94]이 있다. 나깃수는 노예에서 벗어난 사람으로 로마 제국 클라우디우스 황제(41-54 재임) 비서로 일하면서 영향력을 발휘한 사람으로 알려져 있다.[95] 아리스도불로는 공통년 40년대 중반에 사망하였고, 나깃수는 네로 황제가 취임한 공통년 54년에 살해되었다. 바울이 로마서를 썼을 때, 아리스도불로와 나깃수는 이미 세상 사람이 아니었다. 바울은 그 사실을 아직 모른 듯하다. 바울의 인사 부탁은 로마 사회에 대한 오래된 정보에 의지한 것 같다.[96] 아리스도불로와 나깃수처럼 로마 사회에서 유명한 세력가들 집안에서도 예수 믿는 사람들이 있었다는 사실이 중요하다.

12절 바울은 12절에서 인사드리고 싶은 세 여성의 이름(드루배나, 드루보사, 버시)을 적었다. 그녀들은 주님 안에서(16:3, 8, 9, 10a, 13) 수고한 사람이다. 세 여성 이름은 신약성서에 여기에만 있다. 드루배나와 드루보사는 자매 같다.[97] 에베네도(16:5), 암블리아(16:8), 스다구 (16:9b)처럼 이름에 사랑하는ἀγαπητός 형용사가 덧붙여졌다.

13절 루포(16:13)라는 이름은 신약성서에 여기 말고 또 있다. 구레 네 사람 시몬의 아들 루포(마가복음 15:21)가 로마에 살았는지 우리는 알 수 없다. 바울이 말하는 루포는 구레네 사람 시몬의 아들 루포와 동일 인물인지 알 수 없다. 바울은 루포의 어머니를 오래 전부터 알 았고 루포의 어머니에게 도움을 받았다. 루포와 그의 어머니가 어 떻게 로마로 이주했는지 우리는 모른다. 주님 안에 선택받은 사람 ἐκλεκτός ἐν κυρίῳ(16:13, 8:33)이란 호칭은 바울의 인사 부탁 목록에서 루포에게만 해당된다. 선택받은 사람에게 주어지는 특별한 임무(신 명기 18:5; 사무엘상 10:24)를 바울이 루포에게 말한 것 같지는 않다. 바 울이 루포를 남다르게 생각한 것은 분명하다.

14-15절 바울은 14-15절에서 다섯 명의 두 그룹에게 인사를 부탁 한다. 그것으로 인사 부탁 목록은 끝난다. 바울은 다섯 명의 두 그룹 사람들에게 아무런 형용사도 붙이지 않고 이름만 부르고 담담하게 인사를 전한다. 두 집에 사는 사람들을 가리킨 듯하다. 14-15절에 나온 이름 10개 중 어느 것도 신약성서에 다시 나오지 않는다. 바울 이 그 사람들을 아는 것 같진 않다.

16절 "거룩한 입맞춤으로 서로 인사하십시오."(로마서 16:16a; 고린 도전서 16:20; 고린도후서 13:12) 고대 사회의 편지에서 입맞춤으로 서로 인사하라는 말은 바울의 편지에만 나온다. 입맞춤은 우정의 표시[98] 였다. 친구, 친척, 연인, 자녀, 부부, 부모, 같은 고향 출신 사이에 입 맞춤 인사는 흔했다. 빵나눔처럼 입맞춤 인사는 예수 운동 공동체

에서 친교와 우정이 실현되는 상징Realsymbol이라고 바울은 생각했다.[99]

서로ἀλλήλους(16:16a)는 서로 평등을 말한다. 입맞춤이 거룩한 것은 예수 믿는 사람들이 예수 그리스도에 속해 있기 때문이다.[100] 거룩한 입맞춤이 공동체의 빵나눔에서 실제로 행해졌는지, 바울의 편지에서 알아내긴 어렵다. 빵나눔이 시작되기 전에 서로 거룩한 입맞춤을 나누었다는 기록은 처음으로 유스티누스에게 있었다.[101]

교회보다 공동체라는 단어를 필자가 선호한다는 사실을 독자들은 눈치채셨을 것이다. 바울 당시 예수 운동은 현대적 의미의 교회보다 공동체에 더 가깝기 때문이다. 바울 당시 예수 운동은 유다교에서 아직 분리되지도 않았고, 조직이나 직분이 후대처럼 갖추어지지도 않았다. 바울은 16장 16b에서 그리스도의 공동체ἐκκλησία Χριστοῦ라는 표현을 처음이자 마지막으로 자신의 편지에서 썼다. 바울은 예수 운동 공동체를 하느님의 공동체(고린도전서 1:2; 고린도후서 1:1; 갈라디아서 1:13)라고 흔히 썼었다.

그동안 바울은 곁에 있는 협력자 동지들이나 자신이 머무는 공동체에게 인사했었다.(고린도전서 16:19b-20a; 고린도후서 13:12b; 빌립보서 4:21b-22) 고린도 공동체에서 아시아 지역 공동체에게 인사를 하기도 했었다.(고린도전서 16:19a) 그런데 로마서에서 그리스도의 모든 교회가 로마 공동체에게 인사한다는 말로 확대되었다.(16:16b) 로마 제국 동쪽 지역에 있는 예수 운동 공동체[102]뿐만 아니라 모든 공동체를 포함한다.

상호 평등 원칙(로마서 12:5, 13:8, 14:19)은 예수 운동 공동체의 기초였다. 예수 운동은 평등 공동체로 시작했다. 빵나눔도 거룩한 입맞춤도 예수 운동 공동체 형제자매들의 평등과 일치를 드러내고 실현시킨다. 그런데 우리 시대 교회와 성당의 빵나눔은 평등과 일치를 잘 드러내고 실천하고 있을까. 빵나눔이 개인 구원과 각자도생의 논리를 체험하는 계기로 잘못 이해되고 있지는 않는가.

17절 17-20절은 1-16절의 인사 목록과 내용에서 확실히 다르다. 17-20절이 로마서 원본에는 없었고 후대에 추가되지 않았냐는 의문이 있었다.[103] 17-20절은 바울 이후 로마서에 덧붙여졌다는 의견은 오늘도 만만치 않다.[104] 17-20절이 로마서 원본에 처음부터 있었다[105]는 의견도 있다. 17-20절은 성격이 뚜렷하게 다른 세 부분으로 나눌 수 있다. 로마 공동체에 이상한 가르침을 소개하는 사람들을 조심하라(16:17-19), 곧 모든 일이 좋아질테니 로마 공동체는 안심하라(16:20a), 그리고 바울의 끝인사(16:20b)가 이어진다.

나는 권고합니다.παρακαλῶ(16:17a, 12:1, 15:30) 단어로 바울은 로마 공동체의 일치를 방해하는 사람들을 조심하라고 말한다. 그들은 공동체의 일치를 망칠 뿐 아니라 받아들일 수 없는 가르침을 내세운다. 분열διχοστασία(16:17b)은 공동체의 정치적 일치를 깨뜨리는 행위라는 뜻의 정치 용어로 예수 운동 주변에서 사용되었다.[106] 바울은 로마 공동체가 조심해야 할 사람들이 분열과 악행διχοστασία καὶ σκάνδαλα(16:17b)을 저지르고 있다고 비난했다. 그러나 바울은 그들이 구체적으로 무슨 가르침을 끌어들이고 어떤 악행을 저질렀는지 말하지 않았다. 정확히 말하자면, 바울이 여기서 그들의 잘못된 가르침을 말하는 것 같지는 않다. 그들이 일삼는 분열과 악행을 비판하고 있지 그들의 가르침을 비판하고 있지는 않다.

18절 로마 공동체가 멀리 해야 할 분열과 악행을 일삼는 사람들은 주 그리스도를 섬기는(로마서 12:11, 14:18; 고린도전서 7:28) 것이 아니라 자신들의 뱃속을 섬기고 있다.(16:18a) 자신들의 뱃속을 위해 정치를 하는 사람도 있었다.[107] 자신들의 뱃속을 섬기는 사람은 달콤한 말과 아첨하는 언사로 순진한 이들의 마음을 유혹한다.(16:18b) 달콤한 말χρηστολογία(16:18b)은 바울 이전의 문헌에서 찾을 수 없고, 바울 이후 문헌에는 그리스도교 문헌에만 보인다.[108] 바울이 새로 만들어낸 단어 같다. 아첨하는 말εὐλογία(16:18b)은 바울 이전의 문헌에서 찾을 수 있고, 그리스도교 밖의 문헌에도 있다.[109] 순진한 사람들 ἄκακοι(16:18b)은 죽을 자리에 끌려가면서도 아무것도 모르는 어린 양처럼(예레미야 11:19), 온전하고 진실하며 하느님을 두려워하고 악한 일은 거들떠보지도 않는 사람(욥기 2:3)을 가리키는 듯하다.

바울이 로마 공동체에 주는 경고는 오늘 한국 교회와 성당을 겨냥하고 있다. 예수 그리스도를 섬기는 것이 아니라 자신들의 지갑을 섬기는 종교인이 얼마나 많은가. 예수 그리스도를 섬기는 것이 아니라 자신들의 지갑을 섬기는 성도와 신자들은 또 얼마나 많은가. 그리스도를 섬기는 것이 아니라 자신들의 뱃속을 섬기는 사람은 옛날 로마보다 지금 한국에 몇 천 배는 더 많을 것이다. 교회와 성당은 자기 뱃속을 섬기지 말고 예수 그리스도를 섬겨야 한다. "내가 벌써 여러 번 여러분에게 일러준 것을 지금 또 눈물을 흘리며 말하는 바이지만 많은 사람들이 그리스도의 십자가의 원수가 되어 살고 있습니다. 그들의 최후는 멸망뿐입니다. 그들은 자기네 뱃속을 하느님으로 삼고 자기네 수치를 오히려 자랑으로 생각하며 세상 일에만 마음을 쓰는 자들입니다.(빌립보서 3:18-19)

19절 바울은 로마 공동체가 분열과 악행을 일삼으며 순진한 사람을 유혹하는 사람들에게 물들지 않기를 바라고 있다. 존중 ὑπακοή(16:19, 1:5, 6:17)은 믿음과 같다.(1:8) 로마 공동체의 믿음이 온 세상에 널리 알려지고 있는 것처럼(1:8) 로마 공동체의 존중은 모든 이에게 잘 알려져 있다.(16:19) "여러분이 하느님을 잘 믿고 있다는 이야기가 사방에 널리 퍼져 나갔으니 그 이야기는 더 할 필요가 없게 되었습니다."(데살로니가전서 1:8b) 로마 공동체가 분열과 악행을 일삼는 사람들에게 휘둘릴 이유가 없다는 말이다. 선에 지혜로운 사람은 악에 물들지 않고, 악에 물들지 않는 사람은 선에 지혜롭다. 바울은 로마 공동체를 먼저 칭찬하고 그 다음에 경고하였다. 그 순서가 중요하다.(마카베오상 10:26; 고린도전서 1:4-9; 골로새서 1:3-8) 먼저 칭찬하고 나중에 경고하는 방법이 먼저 경고하고 나중에 칭찬하는 방법보다 훨씬 효과적이다.

20절 바울은 하느님을 평화의 하느님θεὸς τῆς εἰρήνης(로마서 16:20a; 고린도전서 14:33; 고린도후서 13:11)이라고 부른다. 악행을 일삼는 사람은 분열을 주지만, 선하고 지혜로운 하느님은 평화를 주신다. 하느님께서 곧 사탄을 굴복시키고 세상에 평화를 주실 것이다. 세상 끝날에 악마가 힘을 못쓰고 사라진다고 유다교는 생각했다.(사무엘하 22:39; 시편 8:7, 110/109:1) "웬일이냐, 너 새벽 여신의 아들 샛별아, 네가 하늘에서 떨어지다니! 민족들을 짓밟던 네가 찍혀서 땅에 넘어지다니!"(이사야 14:12) 신약성서와 바울은 그 생각을 충실히 받아들였다.(누가복음 10:18; 요한복음 12:31) "그 큰 용은 악마라고도 하고 사탄이라고도 하며 온 세계를 속여서 어지럽히던 늙은 뱀인데, 이제 그 놈은 땅으로 떨어졌고 그 부하들도 함께 떨어졌습니다."(요한계시록 12:9)

멀지 않아ἐν τάχει(16:20a)는 "밤이 거의 새어 낮이 가까웠습니다."(13:12)와 같은 말이다. 바울은 로마 제국이라는 어둠 속에 살고 있는 로마 공동체를 위로하고 용기를 주려 한다. 어둠은 곧 끝장난다. "야훼여! 언제까지 나를 잊으시렵니까? 영영 잊으시렵니까? 언제까지 나를 외면하시렵니까? 밤낮없이 쓰라린 이 마음, 이 아픔을, 언제까지 견뎌야 합니까? 언제까지 원수들이 우쭐대는 꼴을 봐야 합니까?"(시편 13:1-2; 마카베오상 6:22; 요한계시록 6:10) 고통받는 인간의 원초적 질문에 대한 하느님의 답은 이것이다. 하느님은 악마의 지배를 곧 끝장내신다.

분열과 악행을 일삼는 사람은 악마가 이 세상의 신(고린도후서 4:4)이라고 생각하며 살고 있다. 분열과 악행을 일삼는 사람은 선에 지혜롭고 악에 물들지 않는 사람의 발 아래 굴복하고 만다. 겉으로 보면, 지금 세상은 분열과 악행을 일삼는 사람이 선에 지혜롭고 악에 물들지 않는 사람을 지배하는 것 같지만, 사실은 선에 지혜롭고 악에 물들지 않는 사람 앞에서 분열과 악행을 일삼는 사람이 무릎 꿇고 있다. 악이 선을 이기는 것처럼 보이지만, 선이 악을 이기고 있다.

고대 그리스 편지들은 끝인사를 "안녕히 계십시오."(마카베오하 11:33; 사도행전 15:29)처럼 간단하게 했다.[110] 바울은 끝인사를 어떻게 했을까. "우리 주 예수의 은총이 여러분과 함께 있기를 빕니다."(로마서 16:20; 고린도전서 16:23; 갈라디아서 6:8) 바울의 이름을 딴 편지나 신약성서의 다른 문헌(에베소서 6:24; 히브리서 13:25; 요한계시록 22:21)에서도 마찬가지다.[111] 신약성서 밖의 문헌에서 그런 사례는 없었다. 우리 주 예수의 은총(16:20b)은 부활 후 드높여진 그리스도가 믿는 사람들에게 주시는 구원의 선물이다.

21절 바울의 다른 편지나 바울 이름을 딴 어느 편지에서도 21-23절처럼 축복 기도 후에 다시 인사하는 경우는 없다. 바울은 왜 21-23절에서 다시 인사 목록을 덧붙였을까. 빼먹은 이름들이 생각나서 다시 인사를 시작한 듯하다. 편지를 쓴 필자가 아니라 제3자의 인사를 필자가 개인(고린도전서 16:19b; 디모데후서 4:21b; 베드로전서 5:13)이나 공동체(고린도후서 13:12; 빌립보서 4:21; 요한2서 13)에 전달하는 경우는 있었다.

디모데는 바울의 가장 가까운 동지였다. 바울의 다른 편지에서는 바울이 디모데의 이름을 언급할 필요가 없었다. 바울의 편지를 읽거나 듣는 사람들은 바울 편지는 바울이 부르고 디모데가 받아쓴다는 사실을 이미 알고 있었다. 그러나 로마 공동체 사람들은 그런 사실을 모르고 있었기 때문에, 바울은 디모데 이름을 로마서 끝인사에 추가했다.[112] 디모데의 아버지는 그리스인이고 어머니는 예수를 믿는 유다인(디모데후서 2:15)이었다. 디모데는 바울을 만나기 전에 이미 예수를 믿었다.(사도행전 16:1) 바울은 디모데를 주님을 진실하게 믿는 내 사랑하는 아들(고린도전서 4:17b)이라고 칭찬한 적이 있다. 그 말에서 바울이 디모데를 예수 믿는 사람으로 만들었다[113]는 결론을 이끌어낼 수는 없다.

디모데는 바울과 동행했고, 바울은 그를 데살로니가, 고린도, 빌립보에 파견했다.(데살로니가전서 3:2; 고린도전서 4:7; 빌립보서 2:19) 바울은 디모데를 편지의 공저자라고 소개했다.(고린도후서 1:1; 빌립보서 1:1; 데살로니가전서 1:1; 빌레몬서 1) 디모데는 헌금을 가지고 예루살렘을 방문할 대표단에 포함되었다.(사도행전 20:4) 디모데처럼 진실한 동지를 만난 바울은 행복하다. "나와 같은 마음으로 여러분의 일을 진심으로 걱정해 주는 사람은 그 사람 밖에 없습니다. 모두들 자기 일만 돌보고 예수 그리스도의 일은 아랑곳하지 않습니다. 그러나 디모데는 여러분도 잘 알다시피 흠잡을 데 없는 사람으로 자식이 아버지를 섬기듯 나를 섬기면서 복음을 위하여 함께 일해 왔습니다."(빌립보서 2:20-22)

루기오와 야손과 소시바더는 바울의 친척συγγενεῖς μου(16:21)이라고 소개되었다. 모두 유다인συγγενεῖς(9:3, 16:7, 11)이라는 뜻이다. 루기오는 안디옥 공동체에서 활동하던 예언자와 교리교사 중 하나였던 구레네 사람 루기오와 동일 인물은 아니다.(사도행전 13:1) 누가복음과 사도행전을 쓴 저자와 동일 인물도 아니다. 누가(빌레몬서 24; 골로새서 4:14; 디모데후서 4:11)와 동일 인물일 가능성을 제외할 수는 없다.[114] 야손은 데살로니가에서 유다인들에게 바울과 함께 습격당하고 시 당국에 고발당하고 보석금을 내고 석방되었던 야손(사도행전 17:5-9)과 동일 인물일 가능성이 있다. 소시바더는 바울과 동행하여 헌금을 예루살렘에 전달하는 대표단 중 하나였던 베뢰아 사람 부로의 아들 소바드로(사도행전 20:4)와 동일 인물일 수 있다.[115] 루기오와 야손은 헌금을 예루살렘에 전달하는 대표단에 속한 듯하다.[116] 루기오와 야손이 헌금을 모으는 데 활동했지만, 헌금을 예루살렘에 전달하는 대표단에 속하진 않을 수도 있다.[117]

22절 바울이 불러주는 내용을 받아쓰는 디모데도 편지 끝인사에 참여했다. 그런 경우는 바울 당시에도 있었다.[118] 디모데라는 이름은 로마서에서 애용되는 노예 이름에 속했다.[119] 디모데는 노예였던 듯하다.[120] 디모데가 바울의 편지를 받아쓸 수 있도록 편의를 봐준 사실로 보면, 디모데의 주인은 예수 믿는 사람이었던 것 같다. 주님 안에서ἐν κυρίῳ(16:22)라는 표현으로 보면, 디모데도 예수 믿는 사람이었던 듯하다.[121] 디모데가 로마 공동체에 알려졌거나 로마 출신일 가능성[122]은 적다. 바울이 불러주는 내용을 디모데가 자기 맘대로 바꾸어 썼을 가능성은 적다. 디모데가 로마서의 언어 사용에 많은 영향을 끼쳤으리라는 가설[123]은 받아들이기 어렵다.

23절 가이오Γάϊος(16:23a)는 마케도니아 사람 가이오(사도행전 19,29), 더베 사람 가이오(사도행전 20:4), 가이오(요한3서 1) 그 누구와도 동일 인물이 아니다. 바울이 고린도에서 세례를 주었던 가이오(고린도전서 1:14)일 가능성은 있다. 디디우 유스도(사도행전 18:7)와 같은 사람이라는 의견[124]이 있다. 가이오 이름Pränomen이 널리 알려졌던 사실[125]로 보면, 그 어느 의견도 확실하게 동의하기는 어렵다. 가이오는 집주인ξένος(16:23a)으로 소개되었다. 가이오는 바울과 공동체 모든 사람을 친절하게 맞이했다. 바울은 고린도에서 가이오 집에 머물면서 로마서를 쓴 것 같다.[126]

공동체 모든 사람ὅλης τῆς ἐκκλησίας(16:23a)은 무슨 뜻일까. 다른 지역에서 고린도에 오는 예수 믿는 모든 형제자매들이 가이오 집에서 머물렀다는 말[127]일까. 고린도 시내에 사는 예수 운동 모든 공동체 형제자매들이 가이오 집에서 모임을 가졌다는 말[128]일까. 후자를 가리킬 가능성이 더 크다.(고린도전서 14:23)[129] 디모데와 구아도(16:23b)는 가이오의 노예였을 수 있다.

이 도시의 재무관 에라스도(16:23b)는 사도행전 19장 22절에 나오는 에라스도가 아니다. 도시에 묶여 일하는 공무원 에라스도와 바울이 마케도니아로 파견한 에라스도가 같은 인물일 수는 없다. 도시의 재무관ό οἰκονόμος τῆς πόλεως(16:23b)이 어떤 직위인지 우리가 알기는 어렵다. 구아도(16:23b)라는 이름은 신약성서에 여기에만 있다. 바울이 로마서 내용을 소리내어 불렀을 때, 구아도는 바울 곁에 있었다. 예수를 믿게 된 노예가 공동체 사람들에게 형제자매가 된다는 엄청난 사실을 바울은 크게 강조하였다.(빌레몬서 16)

25절 25-27절은 로마서 원본에는 없었다는 의견이 있다. 15-16장이 사라진 후 14장 23절로 끝나는 사본에 어울리도록 누가 써서 보충했다는 것이다.[130] 마르키온Markion(공통년 85-160) 전에 15-16장이 분실되었고[131] 바울 편지들은 2세기로 넘어가는 시점에 모아지기 시작했다.(데살로니가후서 3:17; 베드로후서 3:15-16) 25-27절은 2세기 빠른 후반에 생긴 듯하다.[132] 25-27절은 바울이 썼다는 의견[133]도 여전히 있다. 어느 쪽 의견인지 결정하지 않는 의견도 있다.[134]

로마서 마지막 세 문장인 25-27절은 하느님 찬양(로마서 11:36; 갈라디아서 1:4-5; 빌립보서 4:20)을 담고 있다. "여러분을 굳세게 하실 능력이 있으십니다.τῷ δὲ δυναμένῳ ὑμᾶς στηρίξαι"(16:25a)는 에베소서 3장 20-21절과 비슷하다. 하느님을 믿는 사람을 굳세게 하실 능력이 하느님에게 있다는 생각은 유다교와 예수 운동에 공통이었다.(사무엘하 22:19; 시편 17:19; 데살로니가전서 3:13) 바울이 전한 복음(로마서 2:16; 고린도후서 4:3)과 예수 그리스도의 선포(로마서 16:25b)는 둘이 아니라 하나요 똑같다. 예수 그리스도의 선포τὸ κήρυγμα Ἰησοῦ Χριστοῦ(16:25b)라는 표현은 신약성서에 여기에만 있다.

예수 그리스도의 선포로써 바울이 전한 복음은 하느님께서 오랜 세월 비밀에 부쳐 왔던 신비를 드러낸 것이다. 하느님께서 오래도록 비밀로 간직하셨던 신비는 예수 그리스도의 선포로써 온 세상에 알려지게 되었다는 말이다.[135] 16장 25c-26e의 계시 형식[136]은 골로새서 1장 26-28절과 에베소서 3장 2-11절에서도 볼 수 있다. 하느님의 감추어진 신비를 하느님은 당신이 선택한 사람에게(다니엘 4:3-6; 지혜서 9:13-17) 드러내신다는 생각이 유다교에 있었다.[137] 오랜 세월 비밀에 부쳐 왔던 신비를 지금 드러낸다는 표현 형식(16:25-26)은 신약성서 말고는 찾아볼 수 없다. 바울은 하느님의 감추어진 신비가 예수 그리스도의 선포를 통해 온 세상에 드러나게 되었다고 말하고 싶다.(고린도전서 2:1, 4:1)

하느님의 감추어진 신비가 드러나는 과정에서 예언자들의 글이 어떤 역할을 했는지 16장 26b에서 분명하지는 않다. 예언자들의 글에서διά γραφῶν προφητικῶν라는 표현은 하느님의 신비를 온 세상에 널리 알리는데 구약성서의 예언서들이 활약한다는 뜻을 담은 것 같다. 예수 운동 문헌들, 특히 바울 편지들이 하느님의 신비를 온 세상에 알리는데 이바지한다는 사실을 가리킨다는 의견도 있다.[138] 하느님의 명령을 따라 하느님의 신비는 모든 사람들에게 알려져 그들도

믿게 되었다.(16:26b) 16장 26d-e는 1장 5b와 단어가 거의 같다. 영
원하신 하느님αἰωνίου θεοῦ(16:26b)이라는 표현은 신약성서에 여기에
만 있다.

27절 인간의 기도와 찬양과 감사가 예수 그리스도를 통하여 하느
님께 전달된다는 생각이 예수 운동에 있었다.(로마서 1:8, 7:25 고린도후
서 1:20) "무슨 일에든지 하느님께서 예수 그리스도를 통해서 영광을
받으시게 될 것입니다."(베드로전서 4:11) "오직 한 분의 지혜로우신
하느님μόνῳ σοφῷ θεῷ"(16:27a)이라는 표현은 하느님의 구원 신비가
인간의 이해 능력을 뛰어넘는다(11:33-36)는 뜻을 말하고 있다. 하느
님의 지혜(고린도전서 1:21, 24)를 세상의 지혜(고린도전서 1:20)는 알 수
없다. '옳습니다, 아멘!'[139]으로 인간은 답변할 수밖에 없다.

바울이 전한 복음은 예수 그리스도를 믿는 사람이면 누구에게나
구원을 가져다 주시는 하느님의 능력이다.(1:16b) 로마서가 예수 운
동 공동체의 빵나눔에서 낭독되었다는 사실을 기억해보면, 하느님
께 찬양드리는 것으로 편지를 마감하는 것이 잘 어울린다. 빵나눔
에서만 그럴까. 우리 삶의 마지막 순간에도 하느님 찬양은 적절하
다. 하느님께서 우리 모두에게 그런 시간을 주시기를 간절히 빈다.

이 책을 여기까지 읽으신 독자들께 하느님의 은혜가 가득 내리시
기를 빈다. 필자의 눈에는 지금 눈물 한 방울이 고인다. 하느님 감사
합니다!

성서

Novum Testamentum Graece, Tübingen, 2012(28판), von Barbara und Kurt
Aland.

Novum Testamentum Latine(Vulgata), Tübingen, 2014, von Barbara und
Kurt Aland.

미주

—

서문과 감사 기도

1   Lohmeyer, E., *Probleme paulinischer Theologie*, ZNW 26(1927) pp.158-173; Friedrich, G., Auf das Wort kommt es an, Gttingen, 1978, pp.103-106.

2   Weima, J., "Preaching the Gospel in Rome. A Study of the Epistolary Framework of Romans", in: *Gospel in Paul. Studies on Corinthians, Galatians and Romans*. FS Richard N. Longenecker(JSNTS 108), Sheffield, 1994, pp.337-366, p354-.

3   Wolter, M., *Der Brief an die Römer: Teilband 1: Röm 1-8*, EKK, Neukirchen-Vluyn, 2014, p.78.

4   Haacker, K., *Der Brief des Paulus an die Römer*: BD VI(ThHK), Band 6, Leipzig, 2012(4판), p.27-; Scott, J. M., Adoption as Sons of God(WUNT 2-48), Tübingen, 1992, pp.227-236.

5   Jewett, R., *Romans:A Commentary*(Hermeneia:A Critical and Historical Commentary on the Bible) Minneapolis, 2006, p.97-; Söding, Th., Davidssohn und Gottessohn. Zur paulinischen Christologie von Röm 1:3f., in: Religionsgeschichte des Neuen Testaments. FS Klaus Berger, Tübingen/Basel, 2000, pp.325-356, p.326-; Theobald, M., Die überströmende Gnade. Studien zu einem paulinischen Motivfeld(fzb

22), Würzburg, 1982, p.103-.

Wolter, M., *Der Brief an die Römer: Teilband 1: Röm 1-8*, EKK, Neukirchen-Vluyn, 2014, p.78.

7 Wolter, M., *Der Brief an die Römer: Teilband 1: Röm 1-8*, EKK, Neukirchen-Vluyn, 2014, pp.82-83.

8 Schnelle, U., *Paulus:Leben und Denken*, Berlin/Boston, 2014, p.456-.

9 Stuhlmacher, P., Das paulinische Evangelium, in: ders.(Hg.), Das Evangelium und die Evangelien(WUNT 28), Tübingen, 1983, pp.157-182, p.164-; Lohse, E., Der Brief an Die Romer(Kritisch-Exegetischer Kommentar Uber Das Neue Testament), Göttingen, 2003, p.62.

10 Schnelle, U., *Paulus:Leben und Denken*, Berlin/Boston, 2014, p.456.

11 Dunn, J. D. G., *Romans I*(Word Biblical Commentary 38A-B), Dallas, 1988, p.10; Fitzmyer, J. A., *Romans*(AncB 33), London/New York, 1993, p.232.

12 Lohse, E., *Der Brief an Die Romer*(Kritisch-Exegetischer Kommentar Uber Das Neue Testament), Göttingen, 2003, p.61.

13 Schnelle, U., *Paulus:Leben und Denken*. Berlin/Boston, 2014(2판), p.80.

14 Weiss, J., *Der erste Korintherbrief* (KEK V), 1920(9판), p.232.

15 Wolter, M., *Der Brief an die Römer: Teilband 1: Röm 1-8*, EKK, Neukirchen-Vluyn, 2014, p.85.

16 Schlier, H., *Der Römerbrief*(Herders theologischer Kommentar zum Neuen Testamen 6) Freiburg, 1977, p.23; Cranfield, C. E. B., *Romans I*(International Critical Commentary series) Edinburgh, 2004(=1975), p.60.

17 Hahn, F., *Christologische Hoheitstitel. Ihre Geschichte im frühen Christentum*, Tübingen, 1995. 5판, p.253; Michel, O., Der Brief an die Römer(Kritisch-exegetischer Kommentar über das Neue Testament, 4).

Göttingen, 1978(5판), p.73.

18   Wolter, M., *Der Brief an die Römer: Teilband 1: Röm 1-8*, EKK, Neukirchen-Vluyn, 2014, p.86.

19   Theobald, M., *Die überströmende Gnade. Studien zu einem paulinischen Motivfeld*(fzb 22), Würzburg, 1982, p.113; Becker, J., Auferstehung der Toten im Urchristentum(SBS 82), Stuttgart, 1976, p.28-.

20   Wolter, M., *Der Brief an die Römer: Teilband 1: Röm 1-8*, EKK, Neukirchen-Vluyn, 2014, p.87.

21   Wilckens, U., *Der Brief an die Römer I Studienausgabe* (Evangelisch-Katholischer Kommentar zum Neuen Testament VI), Neukirchen-Vluyn, 2010(2판), p.65.

22   Kuss, O., *Der Römerbrief. 2 Bände*(RNT 6) Regensburg, 1963, p.5.

23   Wolter, M., *Der Brief an die Römer: Teilband 1: Röm 1-8*, EKK, Neukirchen-Vluyn, 2014, p.86.

24   Käsemann, E., *An die Römer*(Handbuch zum Neuen Testament 8) Tübingen, 1974(2판), p.9.

25   Wengst, K., *Christologische Formeln und Lieder des Urchristentums*. Gütersloh, 1972, p.114. Wengst는 원인이 시간도 포함한다고 주장한다.

26   시편 51/50:13과 쿰란 문헌Q1QH 15,9-.

27   Wolter, M., *Der Brief an die Römer: Teilband 1: Röm 1-8*, EKK, Neukirchen-Vluyn, 2014, p.90.

28   Josephus, , *Bell.* 7,325.

29   Käsemann, E., *An die Römer*(Handbuch zum Neuen Testament 8) Tübingen, 1974(2판), p.12.

30   Wolter, M., *Der Brief an die Römer: Teilband 1: Röm 1-8*, EKK,

Neukirchen-Vluyn, 2014, p.94.

31   Fitzmyer, J. A., *Romans*(AncB 33), London/New York, 1993, p.238;
      Haacker, K., *Der Brief des Paulus an die Römer.* BD VI (ThHK), Band
      6, Leipzig, 2012(4판), p.30.

32   Cranfield, C. E. B., *Romans I*(International Critical Commentary series)
      Edinburgh, 2004(=1975), p.67; Dunn, J. D. G., *Romans I*(Word Biblical
      Commentary 38A-B), Dallas, 1988, p.18; Schlier, H., *Der Römerbrief*
      (Herders theologischer Kommentar zum Neuen Testamen 6) Freiburg, 1977,
      p.30.

33   Bauer, W., *Wörterbuch zum Neuen Testament Griechisch-Deutsches
      Wörterbuch zu den Schriften des Neuen Testaments und der
      frühchristlichen Literatur.* Berlin/New York, 1988(6판), p.1671-.

34   Klein, G., *Rekonstruktion und Intewrpretation*(BEvTh 50), München,
      1969, p.143.

35   Dunn, J. D. G., *Romans I*(Word Biblical Commentary 38A-B), Dallas, 1988,
      p.19.

36   Wolter, M., *Der Brief an die Römer: Teilband 1: Röm 1-8*, EKK,
      Neukirchen-Vluyn, 2014, p.98.

37   Schnelle, U., *Einleitung in das Neue Testament*, Göttingen, 2013(8판),
      p.59; Fitzmyer, J. A., *Romans*(AncB 33), London/New York, 1993, p.242.

38   Käsemann, E., *An die Römer*(Handbuch zum Neuen Testament 8)
      Tübingen, 1974(2판), p.14; Schlier, H., Der Römerbrief(Herders
      theologischer Kommentar zum Neuen Testamen 6) Freiburg, 1977, p.33;
      Wilckens, U., *Der Brief an die Römer I*(Evangelisch-Katholischer
      Kommentar zum Neuen Testament, EKK, Bd.6/1-3), Zürich/Neukirchen-
      Vluyn, 1978, p.75.

39   Arzt-Grabner, P., *Philemon*(PKNT 1), Göttingen, 2003, p.135.

40   Wolter, M., *Der Brief an die Römer: Teilband 1: Röm 1-8*, EKK, Neukirchen-Vluyn, 2014, p.101.

41   Arzt-Grabner, P., *The "Epistolary Introductory Thanksgiving" in the Papyri and in Paul*, NT 36 (1994), pp.29-46, p.32- ; Wolter, M., *Der Brief an die Römer*:Teilband 1: Röm 1-8(Evangelisch-Katholischer Kommentar zum Neuen Testament), Neukirchen-Vluyn, 2014, p.102.

42   Dunn, J. D. G., *Romans I*(Word Biblical Commentary 38A-B), Dallas, 1988, p.27; Jewett, R., *Romans:A Commentary*(Hermeneia:A Critical and Historical Commentary on the Bible), Minneapolis, 2006, p.118.

43   Theobald, M., *Die überströmende Gnade. Studien zu einem paulinischen Motivfeld*(fzb 22), Würzburg, 1982, p.280-.

44   Käsemann, E., *An die Römer*(Handbuch zum Neuen Testament 8), Tübingen, 1974(2판), p.18; Dunn, J. D. G., *Romans I*(Word Biblical Commentary 38A-B), Dallas, 1988, p.36; Hultgren, A. J., *Paul's KLetter to the Romans*, Grand Rapids/Cambridge, 2011, p.61.

45   Wolter, M., *Der Brief an die Römer: Teilband 1: Röm 1-8*, EKK, Neukirchen-Vluyn, 2014, p.105, 주22.

46   Wolter, M., *Der Brief an die Römer: Teilband 1: Röm 1-8*, EKK, Neukirchen-Vluyn, 2014, p.106, 주33.

47   Cranfield, C. E. B., *Romans I*(International Critical Commentary series) Edinburgh, 2004(=1975), p.76-.

48   Wilckens, U., *Der Brief an die Römer I*(Evangelisch-Katholischer Kommentar zum Neuen Testament, EKK, Bd.6/1-3), Zürich/Neukirchen-Vluyn, 1978, p.78, 주77; Cranfield, C. E. B., *Romans I*(International Critical Commentary series), Edinburgh, 2004(=1975), p.77.

49   Wolter, M., *Der Brief an die Römer: Teilband 1: Röm 1-8*, EKK, Neukirchen-Vluyn, 2014, p.107.

50   Wilckens, U., *Der Brief an die Römer I*(Evangelisch-Katholischer Kommentar zum Neuen Testament, EKK, Bd.6/1-3), Zürich/Neukirchen-Vluyn, 1978, p.79.

51   Wolter, M., *Der Brief an die Römer: Teilband 1: Röm 1-8*, EKK, Neukirchen-Vluyn, 2014, pp.108-109.

52   Schumacher, Th., Der Begriff πίστις im paulinischen Sprachgebrauch, in:Schnelle, U.,(ed.), *The Letter to the Romans*(BEThL 226), Leuven u.a. 2009, pp.487-501, p.492.

53   이 표현의 창시자 Mullins, T. Y., *Disclosure. A Literary Form in the New Testament*, NT 7(1964/65), pp.44-50; ders., Formulas in New Testament Epistles, JBL 91 (1972), pp.380-390, p.382.

54   Jewett, R., Romans:*A Commentary*(Hermeneia:A Critical and Historical Commentary on the Bible), Minneapolis, 2006, p.134; Fitzmyer, J. A., *Romans*(AncB 33), London/New York, 1993, p.250.

55   Wolter, M., *Der Brief an die Römer: Teilband 1: Röm 1-8*, EKK, Neukirchen-Vluyn, 2014, p.111.

56   Pedersen, S., *Theologische Überlegungen zur Isagogik des Römerbriefs*, ZNW 76 (1985), pp.47-67, p.66); Jewett, R., *Romans:A Commentary*(Hermeneia:A Critical and Historical Commentary on the Bible), Minneapolis, 2006, p.131.

57   Pedersen, S., *Theologische Überlegungen zur Isagogik des Römerbriefs*, ZNW 76 (1985), pp.47-67, p.47); Jewett, R., *Romans:A Commentary* (Hermeneia:A Critical and Historical Commentary on the Bible), Minneapolis, 2006, p.130.

58   Dickson, J. P., *Gospel as News:εὐαγγελ-from Aristophanes to the Apostle Paul, NTS 51* (2005), pp.212-230, p.229.

59   Wolter, M., *Der Brief an die Römer: Teilband 1: Röm 1-8*, EKK, Neukirchen-Vluyn, 2014, p.101, 주2.

60   Kuss, O., *Der Römerbrief. 2 Bände*(RNT 6), Regensburg, 1963, p.20; Schlier, H., *Der Römerbrief*(Herders theologischer Kommentar zum Neuen Testamen 6), Freiburg, 1977, p.42-; Fitzmyer, J. A., *Romans*(AncB 33), London/New York 1993, p.255.

61   Theobald, M., *Die überströmende Gnade. Studien zu einem paulinischen Motivfeld*(fzb 22), Würzburg, 1982, p.295.

62   Wolter, M., *Der Brief an die Römer: Teilband 1: Röm 1-8*, EKK, Neukirchen-Vluyn, 2014, p.115.

63   Lietzmann, H., *An die Römer*(HNT 8), Tübingen, 1971(5판), p.30; Lohse, E., *Der Brief an Die Romer*(Kritisch-Exegetischer Kommentar Uber Das Neue Testament), Göttingen, 2003, p.77.

64   Jewett, R., *Romans:A Commentary*(Hermeneia:A Critical and Historical Commentary on the Bible), Minneapolis, 2006, p.139.

65   Tertullian, Adv. Marc. 5,13,2.

66   Martin Ebner, M., Schreiber, S.,(Hg.), *Einleitung in das Neue Testament* (Kohlhammer Studienbücher Theologie, Band 6) 2013(2판), pp.25-27.

67   Wolter, M., *Der Brief an die Römer: Teilband 1: Röm 1-8*, EKK, Neukirchen-Vluyn, 2014, p.118.

68   Glombittza, O., *Von der Scham des Gläubigen. Erwägungen zu Rom. 1:14-17, NT 4* (1960) pp.74-80, p.79

69   Cranfield, C. E. B., *Romans I*(International Critical Commentary series)

Edinburgh, 2004(=1975), p.99; Hultgren, A. J., *Paul's Letter to the Romans*, Grand Rapids/Cambridge, 2011, p.76; Quarles, Ch. L., *From Faith to Faith:A Fresh Examination of the Prepositional Series in Roamns 1:17, NT 45* (2003) pp.1-21, p.2-; Taylor, J. W., *From Faith to Faith: Romans 1:17 in the Light of Greek Idiom*, NTS 50 (2004) pp.337-348, p.340-.

70   Dunn, J. D. G., *Romans I*(Word Biblical Commentary 38A-B), Dallas, 1988, p.44.

71   Campbell, D. A., *Romans 1:17-A Crux Interpretum for the Πίστις Χριστοῦ Debate*, JBL 113 (1994) pp.265-285, p.280-.

72   Quarles, Ch. L., *From Faith to Faith:A Fresh Examination of the Prepositional Series in Roamns 1:17*, NT 45 (2003), pp.1-21, p.18.

73   Kuss, O., *Der Römerbrief. 2 Bände*(RNT 6), Regensburg, 1963, p.23-; Taylor, J. W., *From Faith to Faith:Romans 1:17 in the Light of Greek Idiom*, NTS 50 (2004), pp.337-348, p.347.

74   Cranfield, C. E. B., *Romans I*(International Critical Commentary series), Edinburgh, 2004(=1975), p.100; Haacker, K., *Der Brief des Paulus an die Römer*: BD VI(ThHK), Band 6, Leipzig, 2012(4판), p.47; Lohse, E., *Der Brief an Die Romer*(Kritisch-Exegetischer Kommentar Über Das Neue Testament), Göttingen, 2003, p.78.

75   Wolter, M., *Der Brief an die Römer: Teilband 1: Röm 1-8*, EKK, Neukirchen-Vluyn, 2014, p.126.

76   Koch, D. -A., *Die Schrift als Zeuge des Evangeliums* (BHTh 69), Tübingen, 1986, p.127-; ders., *Hellenistisches Christentum* (NTOA 65), Göttingen, 2008, pp.25-41.

77   Koch, D. -A., *Hellenistisches Christentum*(NTOA 65), Göttingen, 2008,

pp.25-41, p.27.

78   Wolter, M., *Der Brief an die Römer: Teilband 1: Röm 1-8*, EKK, Neukirchen-Vluyn, 2014, p.127, 주130.

79   Hays, R. B., *The Conversion of the Imagination:Paul as Interpreter of Israel's Scripture*, Grand Rapids/Cambridge, 2005, p.137-; Campbell, D. A., *Romans 1:17- A Crux Interpretum for the Πίστις Χριστοῦ Debate*, JBL 113 (1994), pp.265-285, p.281-; Wallis, I. G., *The Faith of Jesus Christ in Early Christian Traditions* (MSSNTS 84), Cambridge, 1995, p.81.

80   Byrne, B., *Romans*(SacPaSe 6), Collegeville, MN 1996(2판), p.60; Käsemann, E., *An die Römer*(Handbuch zum Neuen Testament 8), Tübingen, 1974(2판), p.29; Wilckens, U., *Der Brief an die Römer I*(Evangelisch-Katholischer Kommentar zum Neuen Testament, EKK, Bd.6/1-3), Zürich/Neukirchen-Vluyn, 1978, p.89-.

81   Haacker, K., *Der Brief des Paulus an die Römer: BD VI* (ThHK), Band 6, Leipzig, 2012(4판), p.48; Michel, O., *Der Brief an die Römer*(Kritisch-exegetischer Kommentar über das Neue Testament, 4), Göttingen, 1978(5판), p.91; Jewett, R., *Romans:A Commentary*(Hermeneia:A Critical and Historical Commentary on the Bible), Minneapolis, 2006, p.146; Wolter, M., *Der Brief an die Römer: Teilband 1: Röm 1-8*, EKK, Neukirchen-Vluyn, 2014, p.127.

82   Dunn, J. D. G., *Romans I*(Word Biblical Commentary 38A-B), Dallas, 1988, p.45-.

1   Wolter, M., *Der Brief an die Römer: Teilband 1: Röm 1-8*, EKK, Neukirchen-Vluyn, 2014, p.130.

2   Wolter, M., *Theologie und Ethos im frühen Christentum: Studien zu Jesus, Paulus und Lukas*(WUNT 236), Tübingen, 2017, p.41-.

3   Cranfield, C. E. B., *Romans I*(International Critical Commentary series), Edinburgh, 2004(=1975), p.109-; Wilckens, U., Der Brief an die *Römer*(Evangelisch-Katholischer Kommentar zum Neuen Testament, EKK, Bd.6/1-3) 3 Bande., Zürich/Neukirchen-Vluyn 1978, p.103.

4   Wolter, M., *Der Brief an die Römer: Teilband 1: Röm 1-8*, EKK, Neukirchen-Vluyn, 2014, p.132.

5   Josephus, *Bell.* 7, 260.

6   Cicero, *Tusc.* 1,28,70.

7   Seneca, *Nat.* Quaest. 7,30,3.

8   Fitzmyer, J. A., *Romans*(AncB 33), London/New York, 1993, p.280; Michel, O., *Der Brief an die Römer*(Kritisch-exegetischer Kommentar über das Neue Testament, 4). Göttingen, 1978(5판), p.100; Ochsenmeier, E., Romans 1:20; Knowing God Through His Acts in History, ZNW 100 (2009), pp.45-58. p.51-.

9   Bauer, W., *Wörterbuch zum Neuen Testament Griechisch-Deutsches Wörterbuch zu den Schriften des Neuen Testaments und der frühchristlichen Literatur*. Berlin/New York, 1988(6판), ἀπό IV.2.b, p.174-.

10   Wolter, M., *Der Brief an die Römer: Teilband 1: Röm 1-8*, EKK, Neukirchen-Vluyn, 2014, p.140.

11   Lindemann, A., Paulus, *Apostel und Lehrer der Kirche*, Tübingen, 1999, p.15.

12   Wolter, M., *Der Brief an die Römer: Teilband 1: Röm 1-8*, EKK, Neukirchen-Vluyn, 2014, pp.145-6.

13   Haacker, K., *Der Brief des Paulus an die Römer:BD VI*(ThHK), Band 6, Leipzig, 2012(4판), p.59; Jewett, R., *Romans:A Commentary*(Hermeneia:A Critical and Historical Commentary on the Bible), Minneapolis, 2006, p.170.

14   Plato, *Leg*. 636c; Resp. 466d; Musonius Rufs 12.

15   Wolter, M., *Der Brief an die Römer: Teilband 1: Röm 1-8*, EKK, Neukirchen-Vluyn, 2014, p.150.

16   Wolter, M., *Der Brief an die Römer: Teilband 1: Röm 1-8*, EKK, Neukirchen-Vluyn, 2014, p.149.

17   Brooten, B.J., *Love Between Women*, Chicago/London, 1996, p.241-; Dunn, J. D. G., *Romans I*(Word Biblical Commentary 38A-B), Dallas, 1988, p.64; Wilckens, U., *Der Brief an die Römer I*(Evangelisch-Katholischer Kommentar zum Neuen Testament, EKK, Bd.6/1-3), Zürich/Neukirchen-Vluyn, 1978, p.109.

18   Stegemann, W., *Homosexualität-ein modernes Konzept*, ZNT 1/2 (1998), pp.61-68, p.65; Theobald, M., *Die überströmende Gnade. Studien zu einem paulinischen Motivfeld*(fzb 22), Würzburg, 1982, p.515; Debel, H., An Admonition on Sexual Affairs. A Reconsideration of Rom 1:26-27, LouvSt 34 (2009/10), pp.39-64, p.60.

19   Haacker, K., *Der Brief des Paulus an die Römer:BD VI* (ThHK), Band 6, Leipzig, 2012(4판), p.60.

20   Fredrickson, D.E., *Natural and Unnatural Use in Romans 1:24-27*, in: Balch,D.L.(ed.), Homosexuality, Science, and the "Plain Sense" of

Scripture, Grand Rapids, 2000, pp.197-222, p.201.

21 Wengst, K., *Paulus und die Homosexualität. Überlegungen zu Rom* 1:26f., ZEE 31 (1987), pp.72-81, p.77; Botha,P.H.,/F. van Rensburg, Homosexuality as "Against Nature":An Interpretation of Romans 1:26-27, APB 15 (2004), pp.38-56, p.44.

22 Wolter, M., *Der Brief an die Römer: Teilband 1: Röm 1-8*, EKK, Neukirchen-Vluyn, 2014, p.151.

23 Brooten, B.J., *Love Between Women, Chicago/London, 1996, p.253; Cranfield, C. E. B., Romans I*(International Critical Commentary series), Edinburgh, 2004(=1975), p.125.

24 *Seneca, Ep.* 47,7; Musonius Rufus 12.

25 Hays, R.B., *The Moral Vision of the New Testament*, San Francisco, 1996, p.396.

26 Wolter, M., *Der Brief an die Römer: Teilband 1: Röm 1-8*, EKK, Neukirchen-Vluyn, 2014, p.154.

27 Wolter, M., *Paulus:Ein Grundriss seiner Theologie*, Neukirchen-Vluyn, 2015(2판), p.323-.

28 Vogt, K., *Die frühe stoische Theorie des Wertes*, in: Bormann,F.J./C. Schröer (Hg.), Abwägende Vernunft, Berlin, 2004, pp.61-77, p.72-.

29 ANT. 1,42.50.

30 Somn. 2.192.

31 Wolter, M., *Der Brief an die Römer: Teilband 1: Röm 1-8*, EKK, Neukirchen-Vluyn, 2014, p.158.

32 Dunn, J. D. G., *Romans I*(Word Biblical Commentary 38A-B), Dallas, 1988, p.69; Moo, D.J., *The Epistle to the Romans*(NIC), Grand Rapids, 1996, p.121.

33   Zeller, D., *Der Brief an die Römer*(RNT), Regensburg, 1985, p.52.

34   Schreiner, Th.R., *Romans*(BECNT 6), Grand Rapids, 1998, p.81.

35   Lohse, E., *Der Brief an Die Romer*(Kritisch-Exegetischer Kommentar Uber Das Neue Testament), Göttingen, 2003, p.83.

36   Hultgren, A. J., *Paul's Letter to the Romans*, Grand Rapids/ Cambridge, 2011, p.86.

37   Dabelstein, R., *Die Beurteilung der 《Heiden》 bei Paulus*(Beiträge zur biblischen Exegese und Theologie), Frankfurt a.M. u.a., 1981, p.73-; Haacker, K., *Der Brief des Paulus an die Römer*: BD VI (ThHK), Band 6, Leipzig, 2012(4판), p.51; Theobald, M., *Der Römerbrief*(SKK 6/1-2), 2 Bände, Stuttgart, 1992/1993(=2000), p.54.

38   Theobald, M., *Der Römerbrief*(SKK 6/1-2), 2 Bände, Stuttgart, 1992/1993(=2000), p.54; Wischmeyer, O., Römer 2:1-24 als Teil der Gerichtrede des Paulus gegen die menschen, NTS 52 (2006), pp.356- 376, p.363.

39   Lohse, E., *Der Brief an Die Romer*(Kritisch-Exegetischer Kommentar Uber Das Neue Testament), Göttingen, 2003, p.85; Stuhlmacher, P., *Das Neue Testament Deutsch*(NTD), Bd.6, Der Brief an die Römer, Göttingen, 1998(2판), p.34.

40   Michel, O., *Der Brief an die Römer*(Kritisch-exegetischer Kommentar über das Neue Testament, 4). Göttingen, 1978(5판), p.96.

41   Wolter, M., *Der Brief an die Römer: Teilband 1: Röm 1-8*, EKK, Neukirchen-Vluyn, 2014, pp.161-162.

42   Lietzmann, H., *An die Römer*(HNT 8), Tübingen, 1971(5판), p.38.

43   Barrett, C.K., *The Epistle to the Romans*(Black's New Testament Commentaries), Grand Rapids, 2011, p.42; Keck, L.E., *Romans*(ANTC)

Nashville, 2005, p.74; Klaiber, W., *Der Römerbrief*, Neukirchen-
Vluyn, 2009, p.40.

44 Wolter, M., *Der Brief an die Römer: Teilband 1: Röm 1-8*, EKK,
Neukirchen-Vluyn, 2014, p.163.

45 Lohse, E., *Der Brief an Die Römer*(Kritisch-Exegetischer Kommentar Über
Das Neue Testament), Göttingen, 2003, p.99.

46 Fitzmyer, J. A., *Romans*(AncB 33), London/New York, 1993, p.299;
Michel, O., *Der Brief an die Römer*(Kritisch-exegetischer Kommentar über
das Neue Testament, 4), Göttingen, 1978(5판), p.113.

47 Clem. 1,6,2.

48 Wolter, M., *Der Brief an die Römer: Teilband 1: Röm 1-8*, EKK,
Neukirchen-Vluyn, 2014, p.168.

49 Fitzmyer, J. A., *Romans*(AncB 33), London/New York, 1993, p.300;
Wilckens, U., *Der Brief an die Römer*(Evangelisch-Katholischer Kommentar
zum Neuen Testament, EKK, Bd.6/1-3) 3 Bände., Zürich/Neukirchen-
Vluyn, 1978, p.124.

50 Wolter, M., *Der Reichtum Gottes*, JBTh 21 (2006), pp.145-160.

51 Dunn, J. D. G., *Romans I*(Word Biblical Commentary 38A-B), Dallas, 1988,
p.86.

52 Bauer,W., *Wörterbuch zum Neuen Testament Griechisch-Deutsches
Wörterbuch zu den Schriften des Neuen Testaments und der
frühchristlichen Literatur*. Berlin/New York, 1988(6판), p.626.

53 Wolter, M., *Der Brief an die Römer: Teilband 1: Röm 1-8*, EKK,
Neukirchen-Vluyn, 2014, p.177.

54 Cranfield, C. E. B., *Romans I*(International Critical Commentary series),
Edinburgh, 2004(=1975), p.151; Wilckens, U., *Der Brief an die Römer*

I (Evangelisch-Katholischer Kommentar zum Neuen Testament, EKK, Bd.6/1-3) 3 Bände., Zürich/Neukirchen-Vluyn, 1978, p.142-; Zeller, D., Der *Brief an die Römer*(RNT), Regensburg, 1985, p.67-.

55 Snodgrass, K.R., Justification by Grace-to the Doers:An Analysis of the Place of Romans 2 in the Theology of Paul, NTS 32 (1986) pp.72-93.

56 Wolter, M., *Der Brief an die Römer: Teilband 1: Röm 1-8*, EKK, Neukirchen-Vluyn, 2014, p.183.

57 Bultmann, R., *Exegetica:Aufsätze zur Erforschung des Neuen Testaments*, in: Dinkler, E.,(Hg.), Tübingen, 1967, p.473; Haacker, K., *Der Brief des Paulus an die Römer*:BD VI(ThHK), Band 6, Leipzig, 2012(4판), p.72.

58 *1QpHab* 8,1-2.

59 Pohlenz, M., Paulus und die Stoa, in: Rengstorf, K.H.(Hg.), *Das Paulusbild in der neueren deutschen Forschung* (WdF 24), Darmstadt, 1969, pp.522-564, p.535.

60 Fitzmyer, J. A., *Romans*(AncB 33), London/New York 1993, p.309; Kuss, O., *Der Römerbrief.* 2 Bände. (RNT 6), Regensburg, 1963, p.68; Schlier, H., *Der Römerbrief*(Herders theologischer Kommentar zum Neuen Testamen 6), Freiburg, 1977, p.78.

61 C. Julianum 4,25(PL 44,751).

62 Vorlesung I, 108-.

63 KD I/2, 332.

64 Cranfield, C. E. B., *Romans I*(International Critical Commentary series), Edinburgh, 2004(=1975), p.156; Wright, N.T., *The Law in Romans 2*, in: Dunn, J.D.G.(ed.), Paul and the Mosaic Law(WUNT 89), Tübingen,

1996, pp.131-150, p.146-; Watson, F., *Paul, Judaism, and the Gentiles*, Grand Rapids/Cambridge, 2007(2판), p.215.

65   Wolter, M., *Der Brief an die Römer: Teilband 1: Röm 1-8*, EKK, Neukirchen-Vluyn, 2014, p.184, 주68.

66   Eth. Nic. 1128a 30-32.

67   Kuhr, F., Römer 2:14f. und die Verheißung bei Jeremia 31:31ff, ZNW 55 (1964), pp.243-261, p.257-.

68   Eckstein, H-J., Der Begriff Syneidesis bei Paulus(WUNT 10), Tübingen, 1983, p.35-.

69   Quintilian, Inst. 5,11,41.

70   Dunn, J. D. G., *Romans I*(Word Biblical Commentary 38A-B), Dallas, 1988, p.103.

71   Wolter, M., *Der Brief an die Römer: Teilband 1: Röm 1-8*, EKK, Neukirchen-Vluyn, 2014, p.188.

72   Sanders, E.P., *Paul and Palestinian Judaism*, London, 1977, p.442-.

73   Wolter, M., *Der Brief an die Römer: Teilband 1: Röm 1-8*, EKK, Neukirchen-Vluyn, 2014, p.189.

74   Wilk, F., Ruhm *coram Deo* bei Paulus?, ZNW 101 (2010), pp.55-77, p.67; Haacker, K., *Der Brief des Paulus an die Römer*: BD VI (ThHK), Band 6, Leipzig, 2012(4판), p.78.

75   Jewett, R., *Romans:A Commentary*(Hermeneia:A Critical and Historical Commentary on the Bible), Minneapolis, 2006, p.220.

76   Wolter, M., *Theologie und Ethos im frühen Christentum:Studien zu Jesus, Paulus und Lukas*(WUNT 236), Tübingen, 2017, p.127-.

77   Bultmann, R., *Theologie des Neuen Testaments*, Tübingen, 1968(6판), p.242.

78   Sextus Empiricus, Adv. Math. 11.

79   Plato, Resp. 508e; Aristoteles, Top. 104b2.

80   Byrne, B., *Romans* (SacPaSe 6), Collegeville, MN 1996(2판), p.100; Wolter, M., *Der Brief an die Römer: Teilband 1: Röm 1-8*, EKK, Neukirchen-Vluyn, 2014, p.189; Zeller, D., *Der Brief an die Römer*(RNT), Regensburg, 1985, p.72.

81   Seneca, *Ep.*, 108, 36.

82   Gathercole, S.J., Where Is Boasting? Early Jewish Soteriology and Paul's Response in Romans 1-5, Grand Rapids/Cambridge, 2002, p.212.

83   Dunn, J. D. G., *Romans I*(Word Biblical Commentary 38A-B), Dallas, 1988, p.114; Wilckens, U., Der Brief an die Römer(Evangelisch-Katholischer Kommentar zum Neuen Testament, EKK, Bd.6/1-3), Zürich/Neukirchen-Vluyn, 1978, p.150.

84   Wolter, M., *Der Brief an die Römer: Teilband 1: Röm 1-8*, EKK, Neukirchen-Vluyn, 2014, p.196.

85   Plato, Leg. 854a-856a; Horn, F.W., Götzendienst, Tempelräuber und Betrüger. Polemik gegen Heiden, Juden und Judenchristen im Römerbrief, in: Wischmeyer (Hg.)., *Polemik in der frühchristlichen Literatur* (BZNW 170), Berlin/New York, 2010, pp.209-232, p.218-.

86   Josephus, *C.Ap.* 1,310; Wolter, M., *Der Brief an die Römer: Teilband 1: Röm 1-8*, EKK, Neukirchen-Vluyn, 2014, p.197, 주29.

87   Bauer, W., *Wörterbuch zum Neuen Testament Griechisch-Deutsches Wörterbuch zu den Schriften des Neuen Testaments und der frühchristlichen Literatur.* Berlin/New York, 1988(6판), p.758; Cranfield, C. E. B., *Romans I*(International Critical Commentary series),

Edinburgh, 2004(=1975), p.169; Fitzmyer, J. A., *Romans*(AncB 33), London/New York, 1993, p.318.

88 Meadors, E.P., Idolatry and the Hardening of the Heart in Romans 1-2, Proceedings EGL and MWBS 21 (2001), pp.15-30, p.28.

89 Bultmann, R., Christus des Gesetzes Ende, in: ders., *Glauben und Verstehen II*, 1968(5판), pp.32-58, p.37-; ders., Exegetica, hg.v. Dinkler, E., Tübingen, 1967, p.199-.

90 Koch, D. -A., *Die Schrift als Zeuge des Evangeliums*(BHTh 69), Tübingen, 1986, p.260.

91 Grünwaldt, K., *Exil und Identität. Beschneidung, Passa und Sabbat in der Priesterschrift* (BBB 85), Frankfurt a.M, 1992, p.6-; Blaschke, A., Beschneidung. Zeugnisse *der Bibel und verwandter Texte*(TANZ 28), Tübingen/Basel, 1998, p.79-.

92 Jewett, R., *Romans:A Commentary*(Hermeneia:A Critical and Historical Commentary on the Bible), Minneapolis, 2006, p.233; Wolter, M., *Der Brief an die Römer: Teilband 1: Röm 1-8*, EKK, Neukirchen-Vluyn, 2014, p.203.

93 Käsemann, E., *An die Römer*(Handbuch zum Neuen Testament 8), Tübingen, 1974. 2판, p.68; Michel, O., *Der Brief an die Römer*(Kritisch-exegetischer Kommentar über das Neue Testament, 4). Göttingen, 1978. 5판, p.133; Wilckens, U., *Der Brief an die Römer*(Evangelisch-Katholischer Kommentar zum Neuen Testament, EKK, Bd.6/1-3), Zürich/Neukirchen-Vluyn, 1978, p.155.

94 Barrett, C.K., *The Epistle to the Romans*(Black's New Testament Commentaries), Grand Rapids, 2011, p.55; Cranfield, C. E. B., *Romans I*(International Critical Commentary series), Edinburgh, 2004(=1975), p.173;

Schreiner, Th.R., *Romans*(BECNT 6), Grand Rapids, 1998, p.137.

95　Luther, M., *Vorlesung über den Römerbrief I*, 1515/1516. Lateinische-
　　deutsche Ausgabe, 2Bde., Darmstadt, 1960, p.126; Barth, K.,
　　Kirchliche Dogmatik. IV/1. *Die Lehre von der Versöhnung 1*. Teil,
　　Zürich, 1982(4판), p.437.

96　Wolter, M., *Der Brief an die Römer: Teilband 1: Röm 1-8*, EKK,
　　Neukirchen-Vluyn, 2014, p.204.

97　Käsemann, E., *An die Römer*(Handbuch zum Neuen Testament 8),
　　Tübingen, 1974(2판), p.71; Schlier, H., *Der Römerbrief*(Herders
　　theologischer Kommentar zum Neuen Testamen 6), Freiburg, 1977, p.90;
　　Wilckens, U., *Der Brief an die Römer I*(Evangelisch-Katholischer
　　Kommentar zum Neuen Testament, EKK, Bd.6/1-3), Zürich/Neukirchen-
　　Vluyn, 1978, p.157.

98　Wolter, M., "Das Geschriebene tötet, der Geist aber macht
　　lebendig"(2 Kor 3:6), in: *Der zweite Korintherbrief*. FS Dietrich-Alex
　　Koch(FRLANT 250), Göttingen, 2012, pp.355-379, p.356-.

99　Lohse, E., *Der Brief an Die Römer*(Kritisch-Exegetischer Kommentar Über
　　Das Neue Testament), Göttingen, 2003, p.116; Stuhlmacher, P., Das Neue
　　Testament Deutsch (NTD), Bd.6, *Der Brief an die Römer*, Göttingen,
　　1998(2판), p.49; Wilckens, U., *Der Brief an die Römer I*(Evangelisch-
　　Katholischer Kommentar zum Neuen Testament, EKK, Bd.6/1-3), Zürich/
　　Neukirchen-Vluyn, 1978, p.163.

100　Haacker, K., *Der Brief des Paulus an die Römer*: BD VI (ThHK),
　　Band 6, Leipzig, 2012(4판), p.84; Hultgren, A. J., *Paul's Letter to the
　　Romans*, Grand Rapids/Cambridge, 2011, p.134; Theobald, M., *Der
　　Römerbrief I*(SKK 6/1-2), Stuttgart, 1992/1993(=2000), p.83.

101 Stowers, S.K., Paul's Dialogue with a Fellow Jew in Romans 3:1-9, CBQ 46 (1984), pp.707-722, p.715; Keck, L.E., *Romans*(ANTC), Nashville, 2005, p.89-; Byrne, B., *Romans*(SacPaSe 6), Collegeville, MN 1996(2판), p.107-.

102 Haacker, K., *Der Brief des Paulus an die Römer.* BD VI (ThHK), Band 6, Leipzig, 2012(4판), p.85.

103 Wolter, M., *Der Brief an die Römer: Teilband 1: Röm 1-8*, EKK, Neukirchen-Vluyn, 2014, p.211, 주7.

104 Gathercole, S J., *The Composition of the Gospel of Thomas*, Cambridge, 2012, p.229-.

105 Dodd, C.H., *The Epistle of Paul to the Romans*, London, 1932(=1954), p.43.

106 Bauer, W., *Wörterbuch zum Neuen Testament Griechisch-Deutsches Wörterbuch zu den Schriften des Neuen Testaments und der frühchristlichen Literatur*, Berlin/New York, 1988(6판), p.967.

107 Hall, D.R., Romans 3:1-8 Reconsidered, NTS 29 (1983), pp.183-197, p.185; Bell, R.H., No one seekf for God. An exegetical and Theological Study of Romans 1:18-3:20 (WUNT 106), Tübingen, 1998, p.203; Barrett, C.K., *The Epistle to the Romans*(Black's New Testament Commentaries), Grand Rapids, 2011, p.60.

108 Wolter, M., *Der Brief an die Römer: Teilband 1: Röm 1-8*, EKK, Neukirchen-Vluyn, 2014, p.213.

109 Cosgrove, C.H., What If Some Have Not Believed? The occasion and Thrust of Romans 3:1-8, ZNW 78 (1987), pp.90-105, p.97; Räisänen, H., Zum Versätndnis von Röm 3:1-8, in: ders, The Torah and Christ(SES 45), Helsinki, 1986, pp.185-203, p.189-.

110 Wolter, M., *Der Brief an die Römer: Teilband 1: Röm 1-8*, EKK, Neukirchen-Vluyn, 2014, p.214, 주24.

111 Käsemann, E., *An die Römer*(Handbuch zum Neuen Testament 8), Tübingen, 1974(2판), p.77; Müller, C., Gottes Gerechtigkeit und Gottes Volk. Eine Untersuchung zu Römer 9-11 (FRLANT 86), Göttingen, 1964, p.67.

112 Wolter, M., *Der Brief an die Römer: Teilband 1: Röm 1-8*, EKK, Neukirchen-Vluyn, 2014, p.216.

113 Cranfield, C. E. B., *Romans I*(International Critical Commentary series), Edinburgh, 2004(=1975), p.183; Hultgren, A. J., *Paul's Letter to the Romans*, Grand Rapids/Cambridge, 2011, p.137; Moo, D.J., *The Epistle to the Romans*(NIC), Grand Rapids, 1996, p.188.

114 Käsemann, E., *An die Römer*(Handbuch zum Neuen Testament 8), Tübingen, 1974. 2판, p.76; Michel, O., *Der Brief an die Römer*(Kritisch-exegetischer Kommentar über das Neue Testament, 4), Göttingen, 1978(5판), p.136.

115 Müller, C., *Gottes Gerechtigkeit und Gottes Volk. Eine Untersuchung zu Römer 9-11*(FRLANT 86), Göttingen, 1964, p.66; Zeller, D., *Der Brief an die Römer*(RNT), Regensburg, 1985, p.79.

116 Stuhlmacher, P., Gerechtigkeit Gottes bei Paulus(FRLANT 87), Göttingen, 1965, p.86; Schlier, H., *Der Römerbrief*(Herders theologischer Kommentar zum Neuen Testamen 6), Freiburg, 1977, p.95; Wilckens, U., *Der Brief an die Römer I*(Evangelisch-Katholischer Kommentar zum Neuen Testament, EKK, Bd.6/1-3), Zürich/Neukirchen-Vluyn, 1978, p.166.

117 Wolter, M., *Der Brief an die Römer: Teilband 1: Röm 1-8*, EKK, Neukirchen-Vluyn, 2014, p.218.

118   Bornkamm, G., Theologie als Teufelkunst. Römer 3:1-9, in: ders., *Geschichte und Glaube II* (BEvTh 53), München, 1971, pp.140-148, p.144.

119   Hultgren, A. J., *Paul's Letter to the Romans*, Grand Rapids/ Cambridge, 2011, p.138; Käsemann, E., An *die Römer*(Handbuch zum Neuen Testament 8), Tübingen, 1974(2판), p.79; Lietzmann, H., *An die Römer*(HNT 8), Tübingen, 1971(5판), p.46.

120   Bauer, W., *Wörterbuch zum Neuen Testament Griechisch-Deutsches Wörterbuch zu den Schriften des Neuen Testaments und der frühchristlichen Literatur.* Berlin/New York, 1988(6판), p.1633.

121   Zeller, D., *Der Brief an die Römer*(RNT), Regensburg, 1985, p.79.

122   Flebbe, J., *Solus Deus. Untersuchungen zur Rede von Gott im Brief des paulus an die Römer* (BZNW 158), Berlin/New York, 2008, p.52-; Käsemann, E., *An die Römer*(Handbuch zum Neuen Testament 8), Tübingen, 1974(2판), p.79; Kuss, O., *Der Römerbrief.* 2 Bände. (RNT 6), Regensburg, 1963, p.104.

123   Wolter, M., *Der Brief an die Römer: Teilband 1: Röm 1-8*, EKK, Neukirchen-Vluyn, 2014, p.223; ders, M., *Paulus:Ein Grundriss seiner Theologie*, Neukirchen-Vluyn, 2015(2판), p.424-.

124   Fitzmyer, J. A., *Romans*(AncB 33), London/New York, 1993, p.330; Stowers, S.K., *A Rereading of Romans*, New Haven/London, 1994, p.165-.

125   Apol. 36b; Phad. 71c; 74e.

126   Wolter, M., *Der Brief an die Römer: Teilband 1: Röm 1-8*, EKK, Neukirchen-Vluyn, 2014, pp.225-226.

127   Stuhlmacher, P., *Das Neue Testament Deutsch*(NTD), Bd.6, *Der*

Brief an die Römer, Göttingen, 1998, 2판, p.51-; Starnitzke, D., Die *Struktur paulinischen Denkens im Römerbrief*(BWANT 163), Stuttgart u.a., 2004, p.129-.

128   Haacker, K., *Der Brief des Paulus an die Römer*: BD VI(ThHK), Band 6, Leipzig, 2012(4판), p.91.

129   Bell, R.H., *No one seeks for God. An exegetical und Theological Study of Romans 1:8-3:20*(WUNT 106), Tübingen, 1998, p.211-.

130   Fitzmyer, J. A., *Romans*(AncB 33), London/New York, 1993, p.330-; Jewett, R., *Romans:A Commentary*(Hermeneia:A Critical and Historical Commentary on the Bible), Minneapolis, 2006, p.256-; Stowers, S.K., *A Rereading of Romans*, New Haven/London, 1994, p.173-.

131   Wolter, M., *Der Brief an die Römer: Teilband 1: Röm 1-8*, EKK, Neukirchen-Vluyn, 2014, p.226.

132   Stowers, S.K., *A Rereading of Romans*, New Haven/London 1994, p.165-; Jewett, R., *Romans:A Commentary*(Hermeneia:A Critical and Historical Commentary on the Bible), Minneapolis, 2006, p.257.

133   Käsemann, E., *An die Römer*(Handbuch zum Neuen Testament 8), Tübingen, 1974(2판), p.81; Keck, L.E., The Function of Rom 3:10-18, in: *God's Christ and His People*. FS Nils Alstrup Dahl, Oslo u.a., 1977, pp.141-157, p.149-; Albl, M.C., "And Scripture Cannot Be Broken." The Form and Function of the Early Christian *Testimonia* Collections(NTS 96), Leiden u.a., 1999, p.176-.

134   Michel, O., *Der Brief an die Römer*(Kritisch-exegetischer Kommentar über das Neue Testament, 4), Göttingen, 1978(5판), p.142-; Wilckens, U., Der *Brief an die Römer I*(Evangelisch-Katholischer Kommentar zum Neuen Testament, EKK, Bd.6/1-3), Zürich/Neukirchen-Vluyn, 1978, p.171.

135 Koch, D. -A., *Die Schrift als Zeuge des Evangeliums*(BHTh 69), Tübingen, 1986, p.183-; Lohse, E., *Der Brief an Die Römer*(Kritisch-Exegetischer Kommentar Über Das Neue Testament), Göttingen, 2003, p.123; Shum, S.-L., Paul's Use of Isaiah in Romans (WUNT II, 156), Tübingen, 2002, p.184.

136 Wolter, M., *Der Brief an die Römer: Teilband 1: Röm 1-8*, EKK, Neukirchen-Vluyn, 2014, p.230.

137 Aristoteles, *Rhet.* 1,2,3-6.

138 Kunkel, W., *Kleine Schriften*, Weimar, 1974, p.19.

139 Wilckens, U., Rechtfertigung als Freiheit. Paulusstudien, Neukirchen-Vluyn, 1974, p.79-; Theobald, M., *Der Römerbrief I*(SKK 6/1-2), 2 Stuttgart, 1992/1993(=2000), p.93; Zeller, D., *Der Brief an die Römer*(RNT), Regensburg, 1985, p.81.

140 Räisänen, H., *The Torah and Christ*(SESJ 45), Helsinki, 1986, p.33.

141 Schnelle, U., *Paulus:Leben und Denken*, Berlin/Boston, 2014(2판), p.282.

142 Schnelle, U., *Paulus:Leben und Denken*, Berlin/Boston 2014(2판), p.318; Schreiber, S., Lebensdaten des Paulus, in: Ebner,M., und Schreiber, S,(Hg.), *Einleitung in das Neue Testament*, Stuttgart, 2013(2판), pp.269-280, p.279.

143 Wolter, M., *Der Brief an die Römer: Teilband 1: Röm 1-8*, EKK, Neukirchen-Vluyn, 2014, p.233.

144 *Ioannis Calvini Opera Omnia. Ser. II. Opera Exegetica Veteris et Novi Testameni. XIII. Commentarius in Epistolam Pauli et ad Romanos*, ed. T.H.L. Parker/D.C. Parker, Genf, 1999, p.66, p.12.

145 *Ioannis Calvini Opera Omnia. Ser. II. Opera Exegetica Veteris*

et *Novi Testameni. XIII. Commentarius in Epistolam Pauli et ad Romanos*, ed. T.H.L. Parker/D.C. Parker, Genf, 1999, p.66, p.13. p.14.

146 Dunn, J.D.G., *The New Perspective on Paul*, Grand Rapids/ Cambridge, 2007(개정판), pp.108-109.

147 Wolter, M., Theologie und Ethos im frühen Christentum:Studien zu Jesus, Paulus und Lukas (WUNT 236), Tübingen, 2017, p.453-.

148 Schreiner, Th.R., "Works of Law" in Paul, NT 33 (1991), pp.217-244, p.225-; Hofius, O., *Paulusstudien II* (WUNT 143), Tübingen, 2002, p.158 주26; Landmesser, Ch., Umstrittener Paulus, ZThK 105 (2008), pp.387- 410, p.403-.

149 Luther, M., D. Martin Luthers Werke. WA. TR 6,144,33-36 (Nr. 6720).

150 WA 39/1,202,9.

151 Wolter, M., *Der Brief an die Römer: Teilband 1: Röm 1-8*, EKK, Neukirchen-Vluyn, 2014, p.235.

152 Barth, K., *Der Römerbrief*, München, 1922=Zürich 2011, p.70.

153 Bultmann, R., *Theologie des Neuen Testaments*, Tübingen, 1968, 6판, p.261.

154 Käsemann, E., *An die Römer*(Handbuch zum Neuen Testament 8), Tübingen, 1974(2판), pp.82-83.

155 Wolter, M., *Paulus:Ein Grundriss seiner Theologie*, Neukirchen- Vluyn, 2015(2판), p.354-.

156 Bultmann, R., *Theologie des Neuen Testaments*, Tübingen, 1968(6판), p.265; Klein, G., Sündenverständnis und theologia crucis bei Paulus, in: *Theologia crucis-Signum crucis*. FS Erich Dinkler, Tübingen, 1979, pp.249-282, p.261.

157 Sanders, E.P., *Paul and Palestinian Judaism*, London, 1977, p.474.

158   Gaston, L., *Paul and the Torah*, Vancouver, 1987, pp.15-34; Gager, J.
G., *The Origins of Anti-Semitism*, New York/Oxford, 1983, p.197-.

2부 예수 그리스도를 통해 나타난 하느님의 의로움

1   Kraus, W., *Der Tod Jesu als Heiligtumsweihe. Eine Untersuchung
zum Umfeld der Sühnevorstellung in Römer 3:25-26a*(WMANT 66),
Neukirchen-Vluyn, 1991, p.13; Keck, L.E., *Romans*(ANTC), Nashville,
2005, p.142.

2   Haacker, K., *Der Brief des Paulus an die Römer*:BD VI(ThHK), Band
6, Leipzig, 2012(4판), p.140; Luz, U., Zum Aufbau von Röm 1-8, ThZ
25 (1969), pp.161-181, p.180-; Wilckens, U., *Der Brief an die Römer
I*(Evangelisch-Katholischer Kommentar zum Neuen Testament, EKK, Bd.6/1-3),
Zürich/Neukirchen-Vluyn, 1978, p.305.

3   Dunn, J. D. G., *Romans I*(Word Biblical Commentary 38A-B), Dallas, 1988,
p.164; Käsemann, E., *An die Römer*(Handbuch zum Neuen Testament 8),
Tübingen, 1974(2판), p.86; Wilckens, U., *Der Brief an die Römer
I*(Evangelisch-Katholischer Kommentar zum Neuen Testament, EKK, Bd.6/1-3),
Zürich/Neukirchen-Vluyn, 1978, p.184.

4   Dunn, J. D. G., *Romans I*(Word Biblical Commentary 38A-B), Dallas, 1988,
p.165; Wilckens, U., *Der Brief an die Römer I*(Evangelisch-Katholischer
Kommentar zum Neuen Testament, EKK, Bd.6/1-3), Zürich/Neukirchen-
Vluyn, 1978, p.186; Lohse, E., Der Brief an Die Römer(Kritisch-
Exegetischer Kommentar Über Das Neue Testament), Göttingen, 2003, p.130.

5   Wolter, M., *Der Brief an die Römer: Teilband 1: Röm 1-8*, EKK,
Neukirchen-Vluyn, 2014, p.249.

6   Bird, M.F./Sprinkle, P.M (ed.), *The Faith of Jesus Christ. Exegetical,*
        Biblical, and Theological Studies, Peabody/Milton Keynes, 2009,
        p.1, p.15; Hays, R.B., The Faith of Jesus Christ. *The Narrative*
        Substructure of Galatians 3:1-4:11, Grand Rapids, 2002(2판),
        p.142-; Hultgren, A. J., *Paul's Letter to the Romans*, Grand Rapids/
        Cambridge, 2011, pp.623-661.

7   Hays, R.B., *The Faith of Jesus Christ. The Narrative Substructure of*
        Galatians 3:1-4:11, Grand Rapids, 2002(2판), p.275.

8   Hultgren,A.J., The Pistis Christou Formulation in Paul, NT 22 (1980),
        pp.248-264, p.257.

9   Wolter, M., *Der Brief an die Römer: Teilband 1: Röm 1-8*, EKK,
        Neukirchen-Vluyn, 2014, p.250.

10   Blackwell, B.C., Immortal Glory and the Problem of Death in
        Romans 3:23, JSNT 32 (2010), pp.285-308, pp.286-292; Haacker, K.,
        Der Brief des Paulus an die Römer:BD VI (ThHK), Band 6, Leipzig,
        2012(4판), p.102.

11   Philo, *Post*. C. 36; Her. 26; Jesephus, Ant. 3,14; 5,54.

12   Bultmann, R., *Theologie des Neuen Testaments*, Tübingen, 1968, 6
        판, p.49; Wilckens, U., *Der Brief an die Römer I*(Evangelisch-Katholischer
        Kommentar zum Neuen Testament, EKK, Bd.6/1-3), Zürich/Neukirchen-
        Vluyn, 1978, p.183.

13   Käsemann, E., Zum Versätndnis von Römer 3:24-26, in: ders.,
        Exegetische Versuche und Besinnungen I, Göttingen, 1970(6판),
        pp.96-100, p.96; Zeller, D., *Gottes Gerechtigkeit und die Sühne im*
        Blut Christi: Neuerlicher Versuch zu Röm 3:21-26, in: Heinz,J.(Hg.),
        Unterwegs mit Paulus. Otto Kuss zum 100. Geburtstag, Regensburg,

2007(2판), pp.57-69, p.63; Wengst, K., Christologische Formeln und Lieder des Urchristentums. Gütersloh, 1972, p.87-.

14 Kuss, O., *Der Römerbrief*. 2 Bände. (RNT 6) Regensburg, 1963, p.160; Haacker, K., *Der Brief des Paulus an die Römer*: BD VI (ThHK), Band 6, Leipzig, 2012(4판), p.103-; Campbell, D.A., *The Rhetoric of Gighteousness in Romans 3:21-26* (JSNT 65), Sheffield, 1992, p.45.

15 Kraus, W., Der Erweis der Gerechtigkeit Gottes im Tod Jesu nach Röm 3:21-26, in: Doering, L.u.a.(Hg.), *Judaistik und neutestamentliche Wissenschaft* (FRLANT 226), Göttingen, 2008, pp.192-216, p.195-; Campbell, D.A., The Rhetoric of Gighteousness in Romans 3:21-26(JSNT 65), Sheffield, 1992, p.37.

16 Wolter, M., *Der Brief an die Römer: Teilband 1: Röm 1-8*, EKK, Neukirchen-Vluyn, 2014, p.246.

17 Cranfield, C. E. B., *Romans I*(International Critical Commentary series), Edinburgh, 2004(=1975), p.209-; Haacker, K., *Der Brief des Paulus an die Römer*: BD VI (ThHK), Band 6, Leipzig, 2012, 4판, p.107; Zeller, D., *Gottes Gerechtigkeit und die Sühne im Blut Christi:Neuerlicher Versuch zu Röm 3:21-26*, in: Heinz,J.(Hg.), *Unterwegs mit Paulus*. Otto Kuss zum 100. Geburtstag, Regensburg, 2007(2판), pp.57-69, p.57.

18 Dunn, J. D. G., *Romans I*(Word Biblical Commentary 38A-B), Dallas, 1988, p.170; Jewett, R., *Romans:A Commentary*(Hermeneia:A Critical and Historical Commentary on the Bible), Minneapolis, 2006, p.283; Wilckens, U., *Der Brief an die Römer I*(Evangelisch-Katholischer Kommentar zum Neuen Testament, EKK, Bd.6/1-3), Zürich/Neukirchen-Vluyn, 1978, p.192.

19 Fitzmyer, J. A., *Romans*(AncB 33), London/New York, 1993, p.349;

Stuhlmacher,P., Zur neueren Exegese von Röm 3:24-26, in: Jesus und Paulus. FS Werner Georg Kümmel, Tübingen, 1975, pp.313-333, p.328.

20   Fitzmyer, J. A., *Romans*(AncB 33), London/New York 1993, p.349-; Stuhlmacher, P., Das Neue Testament Deutsch (NTD), Bd.6, *Der Brief an die Römer*, Göttingen, 1998(2판), p.57; Wilckens, U., *Der Brief an die Römer I*(Evangelisch-Katholischer Kommentar zum Neuen Testament, EKK, Bd.6/1-3), Zürich/Neukirchen-Vluyn, 1978, p.193.

21   Haacker, K., *Der Brief des Paulus an die Römer*: BD VI (ThHK), Band 6, Leipzig, 2012(4판), p.106; Lohse, E., *Der Brief an Die Römer*(Kritisch-Exegetischer Kommentar Über Das Neue Testament), Göttingen, 2003, p.135; Lohse, E., *Märtyrer und Gottesknecht. Untersuchungen zur urchristlichen Verkündigung vom Sühntod Jesu Christi* (FRLANT 64), Göttingen, 1955, p.149-.

22   Schreiber, S., Das Weihegeschenk Gottes. Eine Deutung des Todes Jesu in Rm 3:25, ZNW 97 (2006), pp.88-110, p.105; Eschner, C., Gestorben und hingegeben "für" die Sünder I (WMANT 122), Neukirchen-Vluyn, 2010, p.46-.

23   Flebbe, J., *Solus Deus. Untersuchungen zur Rede von Gott im Brief des Paulus an die Römer* (BZNW 158), Berlin/New York, 2008, p.98-; Wolter, M., Rechtfertigung und zuknftiges Heil. Untersuchungen zu Rm 5:1-11 (BZNW 43), Berlin/New York, 1978, p.21; Käsemann, E., *An die Römer*(Handbuch zum Neuen Testament 8), Tübingen, 1974(2판), p.91.

24   Barth, G., *Der Tod Jesu Jesu Christi im Versätndnis des Neuen Testaments*, Neukirchen-Vluyn, 1992, p.39.

25   Kraus, W., *Der Tod Jesu als Heiligtumsweihe. Eine Untersuchung

zum Umfeld der Sühnevorstellung in Römer 3:25-26a (WMANT 66),
Neukirchen-Vluyn, 1991, p.98-; Campbell, D.A., The Rhetoric of
Gighteousness in Romans 3:21-26(JSNT 65), Sheffield, 1992, p.45-.

26   Kümmel, W.G., Πάρεσις und ἔνδειξις, in: ders., *Heilsgeschehen und*
     Geschichte (MThSt 3), Marburg, 1965, pp.260-270, p.269; Moo, D.J.,
     The Epistle to the Romans(NIC), Grand Rapids, 1996, p.238-; Schlier,
     H., *Der Römerbrief*(Herders theologischer Kommentar zum Neuen Testamen 6),
     Freiburg, 1977, p.112.

27   Barbara und Kurt Aland, *Novum Testamentum Latine*, Tübingen,
     2014; Käsemann, E., *An die Römer*(Handbuch zum Neuen Testament 8),
     Tübingen, 1974(2판), p.92-; Stuhlmacher, P., *Das Neue Testament*
     Deutsch(NTD), Bd.6, *Der Brief an die Römer*, Göttingen, 1998(2판),
     p.58; Wilckens, U., *Der Brief an die Römer I*(Evangelisch-Katholischer
     Kommentar zum Neuen Testament, EKK, Bd.6/1-3), Zürich/Neukirchen-
     Vluyn, 1978, p.196.

28   Byrne, B., *Romans*(SacPaSe 6), Collegeville, MN 1996(2판), p.133; Dunn,
     J. D. G., *Romans I*(Word Biblical Commentary 38A-B), Dallas, 1988, p.173-;
     Haacker, K., *Der Brief des Paulus an die Römer*: BD VI (ThHK), Band
     6, Leipzig, 2012(4판), p.108.

29   Wolter, M., *Der Brief an die Römer: Teilband 1: Röm 1-8*, EKK,
     Neukirchen-Vluyn, 2014, p.262.

30   Barrett, C.K., *The Epistle to the Romans*(Black's New Testament
     Commentaries), Grand Rapids, 2011, p.75; Jewett, R., *Romans:A*
     Commentary(Hermeneia:A Critical and Historical Commentary on the Bible),
     Minneapolis, 2006, p.291; Michel, O., *Der Brief an die Römer*(Kritisch-
     exegetischer Kommentar über das Neue Testament, 4). Göttingen, 1978(5판),

p.153.

31   Zeller, D., *Gottes Gerechtigkeit und die Sühne im Blut Christi: Neuerlicher Versuch zu Röm 3:21-26*, in: Heinz,J.(Hg.), *Unterwegs mit Paulus*. Otto Kuss zum 100. Geburtstag, Regensburg, 2007(2판), pp.57-69, p.64-; Wilckens, U., *Der Brief an die Römer I*(Evangelisch-Katholischer Kommentar zum Neuen Testament, EKK, Bd.6/1-3), Zürich/Neukirchen-Vluyn, 1978, p.197; Dunn,J. D. G., Romans I(Word Biblical Commentary 38A-B), Dallas, 1988, p.174.

32   Wolter, M., *Der Brief an die Römer: Teilband 1: Röm 1-8*, EKK, Neukirchen-Vluyn, 2014, p.264.

33   Käsemann, E., *An die Römer*(Handbuch zum Neuen Testament 8), Tübingen, 1974(2판), p.96.

34   Luther, M., *Vorlesung über den Römerbrief 1515/1516*. I. Lateinische-deutsche Ausgabe, 2Bde., Darmstadt, 1960, p.244.

35   *Ioannis Calvini Opera Omnia. Ser. II. Opera Exegetica Veteris et Novi Testameni. XIII. Commentarius in Epistolam Pauli et ad Romanos*, ed. T.H.L. Parker/D.C. Parker, Genf, 1999, p.72, p.29-.

36   Cranfield, C. E. B., *Romans I*(International Critical Commentary series), Edinburgh, 2004(=1975), p.219; Fitzmyer, J. A., *Romans*(AncB 33), London/New York, 1993, p.362; Lohse, E., *Der Brief an Die Römer*(Kritisch-Exegetischer Kommentar Über Das Neue Testament), Göttingen, 2003, p.137.

37   Wolter, M., *Der Brief an die Römer: Teilband 1: Röm 1-8*, EKK, Neukirchen-Vluyn, 2014, pp.268-9.

38   Augustinus, *Spir*. Litt. 13,21.

39   Augustinus, *Spir*. Litt. 13,21.

40 Luther, M., *Vorlesung über den Römerbrief 1515/1516*. I. Lateinische-deutsche Ausgabe, Darmstadt, 1960, p.244.

41 *Ioannis Calvini Opera Omnia. Ser. II. Opera Exegetica Veteris et Novi Testameni. XIII. Commentarius in Epistolam Pauli et ad Romanos*, ed. T.H.L. Parker/D.C. Parker, Genf, 1999, p.76, p.21.

42 Friedrich, G., Das Gesetz des Glaubens Röm 3:27, in: ders., Auf das Wort kommt es an, Göttingen, 1978, pp.107-122, p.120; Lohse, E., *Der Brief an Die Römer*(Kritisch-Exegetischer Kommentar Über Das Neue Testament), Göttingen, 2003, p.137; Michel, O., *Der Brief an die Römer*(Kritisch-exegetischer Kommentar über das Neue Testament, 4), Göttingen, 1978(5판), p.155.

43 Hahn, F., Das Gesetzesversätndnis im Römer und Galaterbrief, ZNW 67 (1976), pp.29-63, p.49.

44 Hübner, H., *Das Gesetz bei Paulus* (FRLANT 119), Göttingen, 1978, p.119-.

45 Wilckens, U., *Der Brief an die Römer I*(Evangelisch-Katholischer Kommentar zum Neuen Testament, EKK, Bd.6/1-3), Zürich/Neukirchen-Vluyn, 1978, p.245.

46 Luther, WA,DB 7,38.

47 Feldmeier, R.,/Spieckermann, H., *Der Gott der Lebendigen*, Tübingen, 2011, p.93-.

48 Kuss, O., *Der Römerbrief I*(RNT 6), Regensburg, 1963, p.177; Klumbies, P.G., *Die Rede von Gott bei Paulus in ihrem zeitgeschichtlichen Kontext* (FRLANT 155), Göttingen, 1997, p.192; Schrage, W., Unterwegs zur Einheit und Einzigkeit Gottes. Zum 'Monotheismus' des Paulus und seiner alttestamentlich-frühjüdischen Traditionen(BThSt 48),

Neukirchen-Vluyn, 2002, p.63.

49　Wolter, M., *Der Brief an die Römer: Teilband 1: Röm 1-8*, EKK, Neukirchen-Vluyn, 2014, p.272, 주40.

50　Augustinus, *Spir.* Litt. 29,50.

51　*Ioannis Calvini Opera Omnia. Ser. II. Opera Exegetica Veteris et Novi Testameni. XIII. Commentarius in Epistolam Pauli et ad Romanos*, ed. T.H.L. Parker/D.C. Parker, Genf, 1999, p.77, pp.35-78, p.1.

52　Schelkle, K.H., Paulus, Lehrer der Väter. Die altkirchliche Auslegung von Römer 1-11, Düsseldorf, 1956, p.119; Wilckens, U., *Der Brief an die Römer I*(Evangelisch-Katholischer Kommentar zum Neuen Testament, EKK, Bd.6/1-3), Zürich/Neukirchen-Vluyn, 1978, p.248; Flebbe J., *Solus Deus. Untersuchungen zur Rede von Gott im Brief des paulus an die Römer* (BZNW 158), Berlin/New York, 2008, p.150.

53　Wolter, M., *Der Brief an die Römer: Teilband 1: Röm 1-8*, EKK, Neukirchen-Vluyn, 2014, p.273.

54　Wolter, M., *Paulus:Ein Grundriss seiner Theologie*, Neukirchen-Vluyn, 2015(2판), p.345-.

55　Haacker, K., *Der Brief des Paulus an die Römer:* BD VI (ThHK), Band 6, Leipzig, 2012(4판), p.116-; Wilckens, U., *Der Brief an die Römer I*(Evangelisch-Katholischer Kommentar zum Neuen Testament, EKK, Bd.6/1-3), Zürich/Neukirchen-Vluyn, 1978, p.261.

56　Wolter, M., *Der Brief an die Römer: Teilband 1: Röm 1-8*, EKK, Neukirchen-Vluyn, 2014, p.279.

57　Jewett, R., *Romans:A Commentary*(Hermeneia:A Critical and Historical Commentary on the Bible), Minneapolis, 2006, p.307; Stuhlmacher, P.,

Das Neue Testament Deutsch (NTD), Bd.6, *Der Brief an die Römer,* *Göttingen,* 1998(2판), p.67.

58 Josephus, *Bell.* 5, 380.

59 Calvert-Koyzis, N., Paul, *Monotheism and the people of God.* *The Significance of Abraham Traditions for Early Judaism and Christianity* (JSNTS 273), London/New York, 2004, p.6-; Mühling, A., *"Blickt auf Abraham, euren Vater".* Abraham als Identifikationsfigur des Judentums in der Zeit des Exils und des Zweiten Tempels (FRLANT 236), Göttingen, 2011, p.113.

60 Flebbe, J., *Solus Deus.* Untersuchungen zur Rede von Gott im Brief des Paulus an die Römer (BZNW 158), Berlin/New York, 2008, p.172.

61 Gräßer, E., Der ruhmlose Abraham(Röm 4:2). Nachdenkliches zu Gesetz und Sünde bei Paulus, in: *Paulus. Apostel Jesu Christi.* FS Günter Klein, Tübingen, 1998, pp.3-22, p.16; Stuhlmacher, P., Das Neue Testament Deutsch (NTD), Bd.6, *Der Brief an die Römer,* Göttingen, 1998(2판). p.67.

62 Jewett, R., *Romans:A Commentary*(Hermeneia: A Critical and Historical Commentary on the Bible), Minneapolis, 2006, p.311; Koch, D. -A., *Die Schrift als Zeuge des Evangeliums* (BHTh 69), Tübingen, 1986, p.133.

63 Wolter, M., *Der Brief an die Römer: Teilband 1: Röm 1-8,* EKK, Neukirchen-Vluyn, 2014, p.282.

64 Wolter, M., *Der Brief an die Römer: Teilband 1: Röm 1-8,* EKK, Neukirchen-Vluyn, 2014, p.283, 주24.

65 Wolter, M., *Der Brief an die Römer: Teilband 1: Röm 1-8,* EKK, Neukirchen-Vluyn, 2014, p.284.

66 Käsemann, E., *An die Römer*(Handbuch zum Neuen Testament 8),

Tübingen, 1974(2판), p.105.

67   Jeremias, J., *Abba:Studien zur neutestamentlichen Theologie und Zeitgeschichte*, Göttingen, 1966, p.53.

68   Wilckens, U., *Der Brief an die Römer I*(Evangelisch-Katholischer Kommentar zum Neuen Testament, EKK, Bd.6/1-3), Zürich/Neukirchen-Vluyn, 1978, p.263.

69   Fitzmyer, J. A., *Romans*(AncB 33), London/New York, 1993, p.375; Zeller, D., *Der Brief an die Römer*(RNT), Regensburg, 1985, p.100.

70   Stemberger, G., *Einleitung in Talmud und Midrasch*, München, 2011(9판), pp.28-31.

71   Basta, P., *Paul and the gezerah shawah:* A Judaic Method in the Service of Justification by Faith, in: Casey, Th.G./Taylor, J (ed.), Pauls Jewish Matrix, Rom, 2011, pp.123-165, p.129-.

72   Plag, Ch., Paulus und die Gezera schawa, Jud. 50 (1994), pp.135-140, p.138-; Basta, P., Paul and the gezerah shawah: A Judaic Method in the Service of Justification by Faith, in: Casey, Th.G./Taylor, J (ed.), Pauls Jewish Matrix, Rom, 2011, pp.123-165, p.147-.

73   Schnelle, U., Paulus:Leben und Denken, Berlin/Boston, 2014(2판), pp.280-281.

74   Wolter, M., *Der Brief an die Römer: Teilband 1: Röm 1-8*, EKK, Neukirchen-Vluyn, 2014, p.292.

75   Dunn, J. D. G., *Romans I*(Word Biblical Commentary 38A-B), Dallas, 1988, p.211; Käsemann, E., *An die Römer*(Handbuch zum Neuen Testament 8), Tübingen, 1974(2판), p.110; Wilckens, U., *Der Brief an die Römer*(Evangelisch-Katholischer Kommentar zum Neuen Testament, EKK, Bd.6/1-3), Zürich/Neukirchen-Vluyn, 1978, p.265.

76   Fitzmyer, J. A., *Romans*(AncB 33), London/New York, 1993, p.382.

77   Neubrand M, *Abraham-Vater von Juden und Nichtjuden: Eine exegetische Studie zu Röm 4*, Würzburg, 1997, p.241.

78   Jewett, R., *Romans:A Commentary*(Hermeneia: A Critical and Historical Commentary on the Bible), Minneapolis, 2006, p.320; Tobin, Th.H., What Shall We Say that Abraham Found? The Controversy behind Romans 4, HThR 88(1995), p.446; Wengst, K., "Freut euch, ihr Völker, mit Gottes Volk!":Israel und die Völker als Thema des Paulus-ein Gang durch den Römerbrief, Stuttgart, 2008, p.212.

79   Cranford, M., Abraham in Romans 4:The Father of All Who Believe, NTS 41 (1996), pp.71-88, p.86; Dunn, J. D. G., *Romans I*(Word Biblical Commentary 38A-B), Dallas, 1988, p.213.

80   Dunn, J. D. G., *Romans I*(Word Biblical Commentary 38A-B), Dallas, 1988, p.216; Jewett, R., *Romans:A Commentary*(Hermeneia:A Critical and Historical Commentary on the Bible), Minneapolis, 2006, p.331; Neubrand M, *Abraham-Vater von Juden und Nichtjuden: Eine exegetische Studie zu Röm 4*, Würzburg, 1997, p.270.

81   Fitzmyer, J. A., *Romans*(AncB 33), London/New York, 1993, p.385; Hultgren, A. J., *Paul's Letter to the Romans*, Grand Rapids/ Cambridge, 2011, p.186.

82   Käsemann, E., *An die Römer*(Handbuch zum Neuen Testament 8), Tübingen, 1974(2판), p.114; Wilckens, U., *Der Brief an die Römer* (Evangelisch-Katholischer Kommentar zum Neuen Testament, EKK, Bd.6/1)., Zürich/Neukirchen-Vluyn, 1978, p.271; Haacker, K., *Der Brief des Paulus an die Römer*: BD VI (ThHK), Band 6, Leipzig, 2012(4판), p.127.

83   Wolter, M., *Der Brief an die Römer: Teilband 1: Röm 1-8*, EKK,

Neukirchen-Vluyn, 2014, p.301.

84   Hofius, O., Paulusstudien:Band I (Wissenschaftliche Untersuchungen zum
      Neuen Testament, Band 51), Tübingen, 1994, p.58; Kellermann, U., *Das
      Achtzehn-Bitten-Gebet:Jüdischer Glaube in neutestamentlicher Zeit*,
      Neukirchen-Vluyn, 2007, p.58.

85   Philo, QGen.3,55;.

86   Wolter, M., *Der Brief an die Römer: Teilband 1: Röm 1-8*, EKK,
      Neukirchen-Vluyn, 2014, p.307, 주119.

87   Zimmermann, Ch., *Die Namen Des Vaters: Studien Zu
      Ausgewählten Neutestamentlichen Gottesbezeichnungen: Studien
      Zu Ausgewahlten Neutestamentlichen Gottesbezeichnungen* (Ancient
      Judaism and Early Christianity, Band 69), Leiden/Boston, 2007, p.465.

88   Bultmann, R., *Theologie des Neuen Testaments*, Tübingen, 1968(6
      판), p.49; Wengst, K., Christologische Formeln und Lieder des
      Urchristentums. Gütersloh, 1972, p.101.

89   Wolter, M., *Der Brief an die Römer: Teilband 1: Röm 1-8*, EKK,
      Neukirchen-Vluyn, 2014, p.311.

90   Wolter, M., *Der Brief an die Römer: Teilband 1: Röm 1-8*, EKK,
      Neukirchen-Vluyn, 2014, pp.311-2.

91   Wolter, M., *Paulus: Ein Grundriss seiner Theologie*, Neukirchen-
      Vluyn, 2015(2판), p.345-.

92   Wolter, M., *Der Brief an die Römer: Teilband 1: Röm 1-8*, EKK,
      Neukirchen-Vluyn, 2014, p.314.

93   Flebbe, J., Solus Deus: Untersuchungen zur Rede von Gott im Brief
      des Paulus an die Römer (BZNW 158), Berlin/New York, 2008, pp.263-
      267

94   Klein, G., *Rekonstruktion und Interpretation* (BEvTh 50), München, 1969, p.159.

95   Hultgren, A. J., *Paul's Letter to the Romans*, Grand Rapids/Cambridge, 2011, p.676; Jewett, R., *Romans: A Commentary*(Hermeneia : A Critical and Historical Commentary on the Bible), Minneapolis, 2006, p.344.

96   Wolter, M., *Rechtfertigung und zukünftiges Heil: Untersuchungen zu Römer 5:1-11* (BZNW 43), Berlin/New York, 1978, p.91.

97   Wolter, M., *Der Brief an die Römer: Teilband 1: Röm 1-8*, EKK, Neukirchen-Vluyn, 2014, p.317, 주1.

98   Wolter, M., *Der Brief an die Römer: Teilband 1: Röm 1-8*, EKK, Neukirchen-Vluyn, 2014, p.319.

99   Dunn, J. D. G., *Romans I*(Word Biblical Commentary 38A-B), Dallas 1988, p.247; Lohse, E., Der Brief an *Die Römer*(Kritisch-Exegetischer Kommentar Über Das Neue Testament), Göttingen, 2003, p.166.

100   Haacker, K., *Der Brief des Paulus an die Römer:* BD VI (ThHK), Band 6, Leipzig, 2012(4판), p.135.

101   Xenophon, Cyrop. 1.3.8.

102   Wolter, M., *Der Brief an die Römer: Teilband 1: Röm 1-8*, EKK, Neukirchen-Vluyn, 2014, p.325.

103   Wilckens, U., *Der Brief an die Römer*(Evangelisch-Katholischer Kommentar zum Neuen Testament, EKK, Bd.6/1)., Zürich/Neukirchen-Vluyn, 1978, p.293; Dunn, J. D. G., *Romans I* (Word Biblical Commentary 38A-B), Dallas, 1988, p.254.

104   Wolter, M., *Der Brief an die Römer: Teilband 1: Röm 1-8*, EKK, Neukirchen-Vluyn, 2014, p.327.

105   Fuchs, E., Die Freiheit des Glaubens. Römer 5-8 ausgelegt (BEvTh

14), München 1949, p.15; Keck, L.E., The Post-Pauline Interpretation of Jesus' Death in Rom 5:6-7, in: *Theologia Crucis–Signum Crucis*. FS Erich Dinkler, Tübingen, 1979, pp.237-248.

106 Wolter, M., *Rechtfertigung und zukünftiges Heil: Untersuchungen zu Römer 5:1-11* (BZNW 43), Berlin/New York, 1978, p.167.

107 Wolter, M., *Der Brief an die Römer: Teilband 1: Röm 1-8*, EKK, Neukirchen-Vluyn, 2014, p.328.

108 Euripides, Heraklid. 53; Philostratus, Vit. Apoll. 7,14,2; Dio Chrystostomus, Or. 32,50.

109 Wolter, M., *Der Brief an die Römer: Teilband 1: Röm 1-8*, EKK, Neukirchen-Vluyn, 2014, p.330.

110 Schlier, H., *Der Römerbrief*(Herders theologischer Kommentar zum Neuen Testamen 6) Freiburg, 1977, p.153; Seitz, E., Korrigiert sich Paulus? Zu Röm 5:6-8, ZNW 91(2000), pp.279-287.

111 Dunn, J. D. G., *Romans I*(Word Biblical Commentary 38A-B), Dallas, 1988, p.256; Hultgren, A. J., *Paul's Letter to the Romans*, Grand Rapids/ Cambridge, 2011, p.210.

112 Cranfield, C. E. B., *Romans I*(International Critical Commentary series) Edinburgh 2004(=1975), p.264; Fitzmyer, J. A., Romans(AncB 33), London/ New York 1993, p.399; Pulcini, Th., In Right Relationship with God: Present Experience and Future Fulfillment: An Exegesis of Romans 5:1-11, SVTQ 36(1992), pp.61-85.

113 Martin, T.W., The Good as God(Romans 5:7), JSNT 40 (1990), pp.81-96.

114 Eschner, C., *Gestorben und hingegeben "für" die Sünder*:Die griechische Konzeption des Unheil abwendenden Sterbens und deren paulinische Aufnahme für die Deutung des Todes Jesu

Christi, Neukirchen-Vluyn, 2010, p.282; Haacker, K., *Der Brief des Paulus an die Römer*: BD VI (ThHK), Band 6, Leipzig 2012(4판), p.138; Wilckens, U., *Der Brief an die Römer*(Evangelisch-Katholischer Kommentar zum Neuen Testament, EKK, Bd.6/1)., Zürich/Neukirchen-Vluyn, 1978, p.296; Wolter, M., *Rechtfertigung und zukünftiges Heil: Untersuchungen zu Römer 5:1-11* (BZNW 43), Berlin/New York, 1978, p.174.

115 Eschner, C., *Gestorben und hingegeben "für" die Sünder*:Die griechische Konzeption des Unheil abwendenden Sterbens und deren paulinische Aufnahme für die Deutung des Todes Jesu Christi, Neukirchen-Vluyn, 2010, p.282.

116 Wolter, M., *Der Brief an die Römer: Teilband 1: Röm 1-8*, EKK, Neukirchen-Vluyn, 2014, p.330.

117 Jeremias, J., Paulus als Hillelit, in: *Neotestamentica et Semitica*. FS Matthew Black, Edinburgh, 1969, pp.88-94, p.92; Theobald, M., Die überströmende Gnade. Studien zu einem paulinischen Motivfeld(fzb 22), Würzburg, 1982, pp.52-55; Wilckens, U., *Der Brief an die Römer*(Evangelisch-Katholischer Kommentar zum Neuen Testament, EKK, Bd.6/1)., Zürich/Neukirchen-Vluyn, 1978, p.298.

118 Stemberger, G., Einleitung in Talmud und Midrasch, München, 2011(9판), p.29.

119 Aristoteles, Rhet. 1367b5

120 Wolter, M., *Der Brief an die Römer: Teilband 1: Röm 1-8*, EKK, Neukirchen-Vluyn, 2014, p.319, p.336.

121 Wolter, M., *Paulus:Ein Grundriss seiner Theologie*, Neukirchen-Vluyn 2015, 2판, p.424; Wolter, M., *Der Brief an die Römer: Teilband*

1: Röm 1-8, EKK, Neukirchen-Vluyn 2014, p.337.

122 Käsemann, E., *An die Römer*(Handbuch zum Neuen Testament 8), Tübingen, 1974(2판), p.131; Wilckens, U., *Der Brief an die Römer I* (Evangelisch-Katholischer Kommentar zum Neuen Testament, EKK, Bd.6)., Zürich/Neukirchen-Vluyn, 1978, p.300. 주992; Michel, O., *Der Brief An die Römer*(Kritisch-exegetischer Kommentar über das Neue Testament, 4). Göttingen, 1978(5판), p.184.

123 Wolter, M., *Der Brief an die Römer: Teilband 1: Röm 1-8*, EKK, Neukirchen-Vluyn, 2014, p.337.

124 Cranfield, C. E. B., *Romans I*(International Critical Commentary series), Edinburgh, 2004(=1975), p.271; Dunn, J. D. G., Romans I(Word Biblical Commentary 38A-B), Dallas, 1988, p.272; Wilckens, U., *Der Brief an die Römer I*(Evangelisch-Katholischer Kommentar zum Neuen Testament, EKK, Bd.6)., Zürich/Neukirchen-Vluyn, 1978, p.314.

125 Bultmann, R., Adam und Christus nach Römer 5, in: ders., Exegetica: Aufsätze zur Erforschung des Neuen Testaments, in: Dinkler, E.,(Hg.), Tübingen, 1967, p.433; Wolter, M., *Der Brief an die Römer: Teilband 1: Röm 1-8*, EKK, Neukirchen-Vluyn, 2014, p.341.

126 Sir 25,24.

127 Brandenburger. E., *Adam und Christus. Exegetischreligionsgesc hichtliche Untersuchung zu Röm. 5:12-21* (1 Kor. 15) (WMANT 7), Neukirchen, 1962, p.49.

128 Brandenburger. E., *Adam und Christus. Exegetischreligionsges chichtliche Untersuchung zu Röm 5:12-21* (1 Kor. 15) (WMANT 7), Neukirchen, 1962, p.68; Käsemann, E., An die Römer(Handbuch zum Neuen Testament 8), Tübingen, 1974(2판), p.135; Wilckens, U., *Der Brief*

an die Römer I(Evangelisch-Katholischer Kommentar zum Neuen Testament, EKK, Bd.6)., Zürich/Neukirchen-Vluyn, 1978, p.308.

129 Wolter, M., *Der Brief an die Römer: Teilband 1: Röm 1-8*, EKK, Neukirchen-Vluyn, 2014, p.342. 주5.

130 Hellholm, D., Universalität und Partikularität. Die amplikatorische Struktur von Römer 5:12-21, in: Sänger, D.,/ Mell, U., (Hg.), *Paulus und Johannes: Exegetische Studien zur paulinischen und johanneischen Theologie und Literatur*(WUNT 198), Tübingen, 2006, pp.217-269, p.228.

131 Brandenburger. E., *Adam und Christus. Exegetisch-religionsgeschichtliche Untersuchung zu Röm 5:12-21* (1 Kor. 15) (WMANT 7), Neukirchen, 1962, p.159 주7.

132 Brandenburger. E., *Adam und Christus. Exegetisch-religionsgeschichtliche Untersuchung zu Röm 5:12-21*(1 Kor. 15) (WMANT 7), Neukirchen, 1962, p.169; Cranfield, C. E. B., Romans I(International Critical Commentary series), Edinburgh, 2004(=1975), p.274; Fitzmyer, J.A., The Consecutive Meaning of ἐφ' ᾧ in Romans 5:12, NTS 39(1993), pp.321-339, p.322.

133 in illo homine peccaverunt omnes(C. duas ep. Pelagian. 4,4,7)(CSEL 60,527,19.

134 propagatione, non imitatione transfusum omnibus(Denzinger, Enchiridion, 1513.

135 Confessio Augustana 2.

136 Jewett, R., *Romans:A Commentary*(Hermeneia:A Critical and Historical Commentary on the Bible), Minneapolis, 2006, p.376.

137 Brandenburger. E., *Adam und Christus. Exegetischreligionsges*

chichtliche Untersuchung zu Röm 5:12-21(1 Kor. 15) (WMANT 7), Neukirchen, 1962, p.171; Haacker, K., *Der Brief des Paulus an die Römer*: BD VI (ThHK), Band 6, Leipzig, 2012(4판), p.138; Wright, N.T., *The Letter to the Romans*, in: The New Interpreter's Bible X, Nashville, 2002, pp.393-770, p.526.

138 Fitzmyer, J. A., *Romans*(AncB 33), London/New York, 1993, p.416; Hellholm, D., Universalität und Partikularität. Die amplikatorische Struktur von Römer 5:12-21, in: Sänger, D.,/ Mell, U., (Hg.), *Paulus und Johannes: Exegetische Studien zur paulinischen und johanneischen Theologie und Literatur*(WUNT 198), Tübingen, 2006, pp.217-269, p.230; Matera, F.J., *Romans*, Grand Rapids, 2010, p.127, p.136.

139 Wolter, M., *Der Brief an die Römer: Teilband 1: Röm 1-8*, EKK, Neukirchen-Vluyn, 2014, p.344.

140 Dunn, J. D. G., *Romans I* (Word Biblical Commentary 38A-B), Dallas, 1988, p.275; Byrne, B., "The Type of the One to Come"(Rom 5:14): Fate and Responsibility in Romans 5:12-21, ABR 36(1988), pp.19-30, p.27.

141 Ostmeyer, K, -H., *Taufe und Typos* (WUNT II, 118), Tübingen, 2000, p.13.

142 Wolter, M., *Der Brief an die Römer: Teilband 1: Röm 1-8*, EKK, Neukirchen-Vluyn, 2014, p.38.

143 Goppelt, L., Typos, ThWNT VIII, pp.246-260.

144 Bultmann, R., Exegetica: Aufsätze zur Erforschung des Neuen Testaments, in: Dinkler, E.,(Hg.), Tübingen, 1967, p.374; Luz, U., *Das Geschichtsverständnis des Paulus*(BEvTh 49), München, 1968, p.52; Koch, D. -A., *Die Schrift als Zeuge des Evangeliums*(BHTh 69),

Tübingen, 1986, p.216.

145 Michel, O., *Der Brief an die Römer*, KEK 4, Göttingen, 1978(5판), p.190.

146 Michel, O., *Der Brief an die Römer*, KEK 4, Göttingen, 1978(5판), p.192; Jüngel, E, "Das gesetz zwischen Adam und Christus", in: Ders, *Unterwegs zur Sache* (BEvTh 61), München, 1972, pp.145-172, p.170.

147 Zeller, D., *Der Brief an die Römer*, RNT, Regensburg, 1985, p.119.

148 Wilckens, U., *Der Brief an die Römer*, EKK, Bd 6/1, Zürich/ Neukirchen-Vluyn, 1978, p.329; Haacker, K., *Der Brief des Paulus an die Römer*, ThHK 6, Leipzig, 2012(4판), p.148; Wengst, K., "Freut euch, ihr Völker, mit Gottes Volk!":Israel und die Völker als Thema des Paulus-ein Gang durch den Römerbrief, Stuttgart, 2008, p.233.

149 Wolter, M., *Der Brief an die Römer: Teilband 1: Röm 1-8*, EKK, Neukirchen-Vluyn, 2014, p.359

3부 죄에서 해방된 새로운 삶

1 Wolter, Michael, *Der Brief an die Römer: Teilband 1: Röm 1-8*, EKK VI/1, Neukirchen-Vluyn, 2014, p.368.

2 Dunn, J. D. G, *Romans*, WBC 38A, Dallas 1988, p.306; Lohse, E, *Der Brief an die Römer*, KEK 4, Göttingen, 2003, p.186.

3 Wilckens, Ulrich, *Der Brief an die Römer*, EKK VI/2, Neukirchen-Vluyn, 1980, p.9.

4 Agersnap, S, *Baptism and the New Life. A Study of Roamns 6:1-14*, Aarhus, 1999, p.235.

5   Käsemann, E., *An die Römer*, HNT 8a, Tübingen, 1980(4판), p.157;
     Schnelle, Udo, Gerechtigkeit und Christusgegenwart:Vorpaulinische
     und paulinische Tauftheologie, GTA 24, Göttingen, 1986(2판), p.75.

6   Wolter, Michael, *Der Brief an die Römer: Teilband 1: Röm 1-8*, EKK
     VI/1, Neukirchen-Vluyn, 2014, p.370.

7   Josephus, *Bell*. 1,551.

8   Sabou, S, Between Horror and Hope. Paul's metaphorical Language
     of Death in Romans 6:1-11, Milton Keynes, 2005, p.91.

9   Agersnap, S, *Baptism and the New Life. A Study of Roamns 6:1-14*,
     Aarhus, 1999, p.270.

10   Barth, G, *Die Taufe in frühchristlicher Zeit*, Neukirchen-Vluyn,
     2002(2판), p.89.

11   Morgan, F, *A Study of Romans 6:5a. United to a Death Like Christ's*,
     San Francisco, 1992, p.120.

12   Morgan, F, *A Study of Romans 6:5a. United to a Death Like Christ's*,
     San Francisco, 1992, pp.83-116; Morgan, F, "Romans 6:5a; United to
     a Death Like Christ's", EThL 59(1983), pp.267-302; Sabou, S, "A Note
     on Romans 6:5; The Representation (ὁμοίωμα) of His Death", TynB
     55(2004), pp.219-229

13   Wolter, Michael, *Der Brief an die Römer: Teilband 1: Röm 1-8*, EKK
     VI/1, Neukirchen-Vluyn, 2014, p.376

14   Wilckens, U., *Der Brief an die Römer*, EKK Bd 6/2, Zürich/
     Neukirchen-Vluyn, 1980, p.18.

15   Wolter, Michael, *Der Brief an die Römer: Teilband 1: Röm 1-8*, EKK
     VI/1, Neukirchen-Vluyn, 2014, p.381.

16   Wolter, M., *Paulus:Ein Grundriss seiner Theologie*, Neukirchen-

Vluyn, 2015(2판), p.238.

17   Bousset, W, *Christos. Geschichte des Christusglaubens von den Anfängen des Christtentums bis Irenaeus*, FRLANT 21, Göttingen, 1921(2판)(=1965(5판), p.107.

18   Zeller, D, "Die Mysterienkulte und die paulinische Soteriologie(Röm 6:1-11)", in: Des, *Neues Testament und hellenistische Umwelt*, BBB 150, Hamburg, 2006, pp.173-187, p.186; Wagner, G, Das religionsgeschichtliche Problem von Römer 6:1-11, AThANT 39, Zürich/Stuttgart 1962, p.296; Wolter, Michael, *Der Brief an die Römer: Teilband 1: Röm 1-8*, EKK VI/1, Neukirchen-Vluyn, 2014, p.384, 주73.

19   Plato, *Leg.* 837c; *Xenophon*, Apol. 16.

20   Plato, *Phaed.* 66c.

21   Philo, *Spec.* Leg. 4,82.

22   Philo, *Spec.* Leg. 4,84.

23   *Xenophon*, Apol. 16.

24   Wilckens, U., *Der Brief an die Römer*, EKK Bd.6/2, Zürich/ Neukirchen-Vluyn, 1980, p.21; Wengst, K., "Freut euch, ihr Völker, mit Gottes Volk!": Israel und die Völker als Thema des Paulus-ein Gang durch den Römerbrief, Stuttgart, 2008, p.240.

25   Jewett, R., *Romans:A Commentary*, Hermeneia, Minneapolis, 2006, p.411; Schnelle, Udo, Gerechtigkeit und Christusgegenwart: Vorpaulinische und paulinische Tauftheologie, GTA 24, Göttingen 1986(2판), p.85.

26   Plato, Resp. 427c-434c.

27   Aristoteles, Eth. Nic. V, 1129b-1131.

28   Dihle, A, *Der Kanon der zwei Tugenden*, Köln/Opladen, 1968, p.65

29   Dunn, J. D. G., *Romans I*, WBC 38A, Dallas, 1988, p.339

30   Sanders, Ed P, Paul and Palestinian Judaism, London/Philadelphia, 1977, p.17.

31   Wolter, Michael, *Der Brief an die Römer: Teilband 1: Röm 1-8*, EKK VI/1, Neukirchen-Vluyn, 2014, p.393, 주35.

32   Dunn, J. D. G., *Romans I*, WBC 38A, Dallas, 1988, p.341.

33   Wolter, Michael, *Der Brief an die Römer: Teilband 1: Röm 1-8*, EKK VI/1, Neukirchen-Vluyn, 2014, p.394, 주41.

34   Käsemann, E., *An die Römer*, HNT 8, Tübingen, 1974(2판), p.172; Wilckens, U., *Der Brief an die Römer*, EKK, Bd 6/2, Zürich/ Neukirchen-Vluyn, 1980, p.34.

35   Wolter, Michael, *Der Brief an die Römer: Teilband 1: Röm 1-8*, EKK VI/1, Neukirchen-Vluyn, 2014, pp.397-399.

36   Plato, *Resp*. 414a; Aristoteles, *Eth*. Nic. 1140a.

37   1QS 3,5; 4,10.23-24; Fitzmyer, J. A., *Romans*, AncB 33, London/New York, 1993, p.451.

38   Wolter, Michael, *Der Brief an die Römer: Teilband 1: Röm 1-8*, EKK VI/1, Neukirchen-Vluyn, 2014, p.401 주70.

39   Käsemann, E., *An die Römer*, HNT 8, Tübingen 1974(2판), p.176; Wilckens, U., *Der Brief an die Römer*, EKK, Bd 6/2, Zürich/ Neukirchen-Vluyn, 1980, p.39; Haacker, K., *Der Brief des Paulus an die Römer*, ThHK, Band 6, Leipzig, 2012(4판), p.164.

40   Berger, Klaus, *Formgeschichte des Neuen Testaments*, Heidelberg, 1984, pp.130-135.

41   Lietzmann, H., *An die Römer*, HNT 8, Tübingen, 1971(5판), p.71

42   Wolter, M., *Paulus: Ein Grundriss seiner Theologie*, Neukirchen-
     Vluyn, 2015(2판), pp.310-313.

43   Bultmann, Rudolf, *Glauben und Verstehen IV*, Tübingen, 1967(2판),
     p.183.

44   Hellholm, D, "Die Argumentative Funktion von Römer 7:1-6", NTS
     43(1997), pp.385-411.

45   Dunn, J. D. G., *Romans I*, WBC 38A, Dallas, 1988, p.359; Wilckens,
     U., *Der Brief an die Römer*, EKK, Bd 6/2, Zürich/Neukirchen-Vluyn,
     1980, p.67.

46   bShab 30a.

47   Dunn, J. D. G., *Romans I*, WBC 38A, Dallas, 1988, p.359.

48   Käsemann, E., *An die Römer*, HNT 8, Tübingen, 1974(2판), p.179;
     Wolter, Michael, *Der Brief an die Römer: Teilband 1: Röm 1-8*, EKK
     VI/1, Neukirchen-Vluyn, 2014, p.410.

49   Burchard, Ch, "Röm 7:2-3 im Kontext", in: Kollmann, B, u.a. (Hg.)
     Antikes Judentum und frühes Christentum(FS Stegemann, H), BZNW
     97, Berlin/New York, 1999, pp.443-456, p.448.

50   Spitaler, P, "Analogic Reasoning in Romans 7:2-4", JBL 125(2006),
     pp.715-747.

51   Wolter, Michael, *Der Brief an die Römer: Teilband 1: Röm 1-8*, EKK
     VI/1, Neukirchen-Vluyn, 2014, pp.412-413.

52   Haacker, K., *Der Brief des Paulus an die Römer*, ThHK 6, Leipzig,
     2012(4판), p.166.

53   Spitaler, P, "Analogic Reasoning in Romans 7:2-4", JBL 125(2006),
     pp.715-747, p.726; Lambrecht, J, "Eschatological Newness in
     Romans 7:1-6", in: Schmeller, Thomas (Hg.), *Neutestamentliche*

Exegese im 21. Jahrhundert(FS Gnilka, J), Freiburg u.a., 2008, pp.114-124, p.116.

54   Jewett, R., *Romans:A Commentary*, Hermeneia, Minneapolis, 2006, p.431; Wolter, Michael, *Der Brief an die Römer: Teilband 1: Röm 1-8*, EKK VI/1, Neukirchen-Vluyn, 2014, p.408.

55   Burchard, Ch, "Röm 7:2-3 im Kontext", in:Kollmann, B, u.a. (Hg.) *Antikes Judentum und frühes Christentum*(FS Stegemann, H), BZNW 97, Berlin/New York, 1999, pp.443-456, p.449.

56   Moo, D.J., *The Epistle to the Romans*, NIC, Grand Rapids 1996, p.417; Wilckens, U., *Der Brief an die Römer*, EKK, Bd 6/2, Zürich/Neukirchen-Vluyn, 1980, p.65.

57   로마서 3:25, 5:9, 10; Lambrecht, J, "Eschatological Newness in Romans 7:1-6", in:Schmeller, Thomas (Hg.), *Neutestamentliche Exegese im 21. Jahrhundert* (FS Gnilka, J), Freiburg u.a. 2008, pp.114-124, p.119.

58   Wilckens, U., *Der Brief an die Römer*, EKK, Bd 6/2, Zürich/Neukirchen-Vluyn, 1980, p.66.

59   Wolter, M., *Theologie und Ethos im frühen Christentum: Studien zu Jesus, Paulus und Lukas*(WUNT 236), Tübingen, 2017, p.127.

60   Wolff, H. W, *Anthropologie des Alten Testaments*, Janowski, B (Hg.), Gütersloh, 2010, p.49.

61   1QS 11,9; Frey, J, "Die paulinische Antithese von 'Fleisch' und 'Geist' und die palästinisch-jüdische Weisheitstradition", ZNW 90(1999), pp.45-77, p.54.

62   Schmithals, W, *Der Römerbrief*, Gütersloh, 1988, p.208.

63   Wolter, Michael, "'Das Geschriebene tötet, der Geist aber macht

lebendig' (2 Kor 3:6):, in: *Der Zweite Korintherbrief*(FS Koch, Dietrich-Alex), FRLANT 250, Göttingen, 2012, pp.355-379, p.363.

64   Wolter, Michael, *Der Brief an die Römer: Teilband 1: Röm 1-8*, EKK VI/1, Neukirchen-Vluyn, 2014, p.421.

65   Jewett, R., *Romans:A Commentary*, Hermeneia, Minneapolis, 2006, p.440; Wilckens, U., *Der Brief an die Römer*, EKK, Bd 6/2, Zürich/ Neukirchen-Vluyn, 1980, p.74; Schröter, J, "Der Mensch zwischen Wollen und Tun. Erwägungen zu Römer 7 im Licht der 'New Perspective on Paul'", in: Paulus-Werk und Wirkung(FS Lindemann, Andreas), Tübingen, 2013, pp. 195-223, p.208.

66   Fitzmyer, J. A, Romans, AncB 33, London/New York, 1993, p.462; Lohse, E, *Der Brief an Die Römer*, KEK, Göttingen, 2003, p.211.

67   Hofius, O, "Der Mensch im Schatten Adams. Römer 7:7-25a", in: Ders, *Paulusstudien II*, WUNT 143, Tübingen, 2002, pp.104-154, p.122; Hultgren, A. J., *Paul's Letter to the Romans*, Grand Rapids/ Cambridge, 2011, p.276.

68   Wilckens, U., *Der Brief an die Römer*, EKK, Bd 6/2, Zürich/ Neukirchen-Vluyn, 1980, p.101; Lichtenberger, H, *Das Ich Adams und Das Ich der Menschheit. Studien zum Menschenbild in Römer 7*, WUNT 164, Tübingen, 2004, p.13.

69   Wolter, Michael, *Der Brief an die Römer: Teilband 1: Röm 1-8*, EKK, VI/1, Neukirchen-Vluyn, 2014, p.426.

70   Lambrecht, J, The Wretched "I"and Its Liberation, LThPM 14, Louvain, 1992, p.75, 90; Martin, B. L, "Some Reflections on the Identity of ἐγώ in Rom. 7:14-25", SJTh 34(1981), pp.39-47.

71   Kümmel, W. G, *Römer 7 und das Bild des Menschen im Neuen*

Testament, TB 53, München, 1973, p.132; Theobald, M, Der Römerbrief, SKK 6/1, Stuttgart, 2002(3판), p.203; Wilckens, U, Der Brief an die Römer, EKK, Bd 6/2, Zürich/Neukirchen-Vluyn, 1980, p.79.

72   Moo, D.J, "Israel and Paul in Romans 7:7-12", NTS 32, 1986, pp.122-135; Parker, B. F, "Romans 7 and the Split between Judaism and Christianity", JGRCJ 3, 2006, pp.110-136, p.122; Wolter, Michael, Der Brief an die Römer: Teilband 1: Röm 1-8, EKK VI/1, Neukirchen-Vluyn, 2014, p.431.

73   Barth, K, Kirchliche Dogmatik. IV/1. Die Lehre von der Versöhnung 1, Zürich 1982(4판), p.648; Dunn, J. D. G., Romans I, WBC 38A, Dallas, 1988, p.377.

74   Haacker, K, Der Brief des Paulus an die Römer, ThHK 6, Leipzig, 2012(4판), p.170.

75   Philo, Spec. Leg. 4,84.

76   Gundry, R. H, "The Moral Frustration of Paul Before His Conversion. Sexual Lust in Romans 7:7-25", in: Pauline Studies (FS Bruce, F.F), Exeter, 1980, pp.228-245, p.232.

77   Ziesler, J. A, "The Role of the Tenth Commandment in Romans 7", JSNT 33, 1988, pp.43-56, p.43.

78   Wolter, Michael, Der Brief an die Römer: Teilband 1: Röm 1-8, EKK, VI/1, Neukirchen-Vluyn, 2014, p.430.

79   Ziesler, J. A, "The Role of the Tenth Commandment in Romans 7", JSNT 33, 1988, pp.43-56, p.48.

80   Bultmann, R, "Römer 7 und die Anthropoligie des Paulus", in: ders., Exegetica, Dinkler, E. (Hg.), Tübingen, 1967, pp.198-209, p.206.

81   Käsemann, E., *An die Römer*, HNT 8, Tübingen, 1974(2판), p.186.

82   Räisänen, H, The Torah and Christ, SESJ 45, Helsinki 1986, p.154; Wilckens, U, *Der Brief an die Römer*, EKK, Bd 6/2, Zürich/ Neukirchen-Vluyn, 1980, p.80.

83   Schlier, H., *Der Römerbrief*, HKNT 6, Freiburg, 1977, p.222; Dunn, J. D. G., *Romans I*, WBC 38A, Dallas, 1988, p.380; Klaiber, W, *Der Römerbrief*, Neukirchen-Vluyn, 2009, p.122.

84   Krauter, S, ""Wenn das Gesetz nicht gesagt hätte, …". Röm 7:7b und antike Äusserungen zu paradoxen Wirkungen von Gesetzen", ZThK 108, 201, pp.1-15, p.7.

85   Schelkle, K.H, Paulus, Lehrer der Väter. Die altkirchliche Auslegung von Römer 1-11, Düsseldorf, 1956, p.238.

86   Käsemann, E., *An die Römer*, HNT 8, Tübingen, 1974(2판), p.188; Hofius, O, "Der Mensch im Schatten Adams. Römer 7:7-25a", in: Ders, *Paulusstudien II*, WUNT 143, Tübingen, 2002, pp.104-154, p.131; Theissen, Gerd, Psychologische Aspekte paulinischer Theologie, FRLANT 131, Göttingen, 1993(2판), p.204.

87   Busch, A, "The Figure of Eve in Romans 7:5-25", BibInt 12, 2004, pp.1-36; Krauter, S, "Eva in Röm 7", ZNW 99, 2008, pp.1-17; Krauter, S, "Röm 7:Adam oder Eva?", ZNW 101, 2010, pp.145-147.

88   Wolter, Michael, *Der Brief an die Römer: Teilband 1: Röm 1-8*, EKK VI/1, Neukirchen-Vluyn, 2014, p.436.

89   Kümmel, W. G, *Römer 7 und das Bild des Menschen im Neuen Testament*, TB 53, München, 1973, p.54; Jervis, L.A, "'The Commandment which is for Life' (Romans 7:10): Sin's Use of the Obedience of Faith", JSNT 27, 2004, pp.193-216, p.195.

90 Hofius, O, "Der Mensch im Schatten Adams. Römer 7:7-25a", in: Ders, *Paulusstudien II*, WUNT 143, Tübingen, 2002, pp.104-154, p.125; Moo, D.J., *The Epistle to the Romans*, NIC, Grand Rapids, 1996, p.452.

91 Kümmel, W. G, *Römer 7 und das Bild des Menschen im Neuen Testament*, TB 53, München, 1973, p.56; Zeller, D., *Der Brief an die Römer*, RNT, Regensburg, 1985, p.141.

92 Wolter, M., *Paulus: Ein Grundriss seiner Theologie*, Neukirchen-Vluyn, 2015(2판), p.153.

93 Müller, J, *Willensschwäche in Antike und Mitteralter*, Leuven, 2009, p.47; Strecker, G/Schnelle, U (Hg.), Neuer Wettstein II/1, Berlin/New York, 1996, p.142.

94 Vollenweider, S, Freiheit als neue Schöpfung, FRLANT 147, Göttingen, 1989, p.355.

95 Seneca, *Ep.* 41,2.

96 Wolter, M., *Der Brief an die Römer: Teilband 1: Röm 1-8*, EKK, Neukirchen-Vluyn, 2014, p.456.

97 Plato, *Resp.* 589a.

98 Philo, *Congr.* 97; Agr. 9.

99 Heckel, Th. K, *Der Innere Mensch*, WUNT II 53, Tübingen, 1993, p.79; Markschies, C, "Die platonische Metapher vom 'inneren Menschen'", ZKG 105, 1994, pp.1-17, p.7.

100 Markschies, C, "Die platonische Metapher vom 'inneren Menschen'", ZKG 105, 1994, pp.1-17, p.2.

101 Wilckens, U., *Der Brief an die Römer*, EKK, Bd 6/2, Zürich/Neukirchen-Vluyn, 1980, p.90; Hahn, F, "Das Gesetzesverständnis

im Römer und Galaterbrief", ZNw 67, 1976, pp.29-63, p.46.

102 Hofius, O, "Der Mensch im Schatten Adams. Römer 7:7-25a", in: Ders, *Paulusstudien II*, WUNT 143, Tübingen, 2002, pp.104-154, p.142.

103 Wolter, M., *Der Brief an die Römer: Teilband 1: Röm 1-8*, EKK, Neukirchen-Vluyn, 2014, p.461.

104 Wilckens, U., *Der Brief an die Römer*, EKK, Bd 6/2, Zürich/Neukirchen-Vluyn, 1980, p.94; Wolter, M., *Der Brief an die Römer: Teilband 1: Röm 1-8*, EKK, Neukirchen-Vluyn, 2014, p.462, 주75.

105 Kümmel, W. G, *Römer 7 und das Bild des Menschen im Neuen Testament*, TB 53, München, 1973, p.63.

106 Bultmann, R, Exegetica: Aufsätze zur Erforschung des Neuen Testaments, in: Dinkler, E.,(Hg.), Tübingen, 1967, p.278; Käsemann, E., *An die Römer*, HNT 8, Tübingen, 1974(2판), p.203; Wilckens, U., *Der Brief an die Römer*, EKK, Bd 6/2, Zürich/Neukirchen-Vluyn ,1980, p.96.

107 Engberg-Pedersen, T, "The Recption of Greco-Roman Culture in the New Testament: The Case of Romans 7:7-25", in: Müller,M/ Tronier,H (ed.), *The New Testament as Recption*, JSNTS 230, Sheffield, 2002, pp.32-57, p.53; Jewett, R., *Romans:A Commentary*, Hermeneia, Minneapolis, 2006, p.473.

108 Haacker, K., *Der Brief des Paulus an die Römer*, ThHK 6, Leipzig, 2012, 4판, p.183; Hultgren, A. J., *Paul's Letter to the Romans*, Grand Rapids/Cambridge, 2011, p.292; Wolter, M., *Der Brief an die Römer: Teilband 1: Röm 1-8*, EKK, Neukirchen-Vluyn, 2014, p.464.

109 Lambrecht, J, *The Wretched "I" and Its Liberation*, LThPM 14,

Louvain, 1992, p.36.

110 Wolter, M., *Paulus:Ein Grundriss seiner Theologie*, Neukirchen-Vluyn, 2015(2판), p.241.

111 Wilckens, U., *Der Brief an die Römer*, EKK, Bd 6/2, Zürich/Neukirchen-Vluyn 1980, p.121; v. d. Osten-Sacken, P, *Römer 8 als Beispiel paulinischer Soteriologie*, FRLANT 112, Göttingen 1975, p.226; Giesen, H, "Befreiung des Gesetzes aus der Sklaverei der Sünde als Ermöglichung der Gesetzeserfüllung(Röm 8:1-4)", BZ 53 (2009), pp.179-211, p.187.

112 Käsemann, E., *An die Römer*, HNT 8, Tübingen, 1974(2판), p.207; Räisänen, H, "Das 'Gesetz des Glaubens'(Röm 3:27) und das 'Gesetz des Geistes'(Röm 8:2)", NTS 26 (1979/80), pp.101-117, p.113; Christoph, M, *Pneuma und das neue Sein des Glaubenden. Studien zur Semantik und Pragmatik der Rede von Pneuma in Röm 8*, EHS.T 813, Frankfurt u.a., 2005, p.105.

113 Wolter, M., *Der Brief an die Römer: Teilband 1: Röm 1-8*, EKK, Neukirchen-Vluyn, 2014, p.474.

114 Haacker, K., *Der Brief des Paulus an die Römer*, ThHK 6, Leipzig, 2012(4판), p.187; Jewett, R., *Romans: A Commentary*, Hermeneia, Minneapolis 2006, p.481.

115 Fitzmyer, J. A., *Romans*, AncB 33, London/New York, 1993, p.482; Giesen, H, "Befreiung des Gesetzes aus der Sklaverei der Sünde als Ermöglichung der Gesetzeserfüllung(Röm 8:1-4)", BZ 53 (2009), pp.179-211, p.186.

116 Wilckens, U., *Der Brief an die Römer*, EKK, Bd 6/2, Zürich/Neukirchen-Vluyn 1980, p.124; Jewett, R., Romans: A Commentary,

Hermeneia, Minneapolis, 2006, p.482.

117　Aletti, J.-N, "Romans 8: The Incarnation and its redemptive Impact", in: Davis, S.T. u.a. (ed.), *The Incarnation*, Oxford, 2002, pp.93-115; Wilckens, U., *Der Brief an die Römer*, EKK, Bd 6/2, Zürich/Neukirchen-Vluyn, 1980, p.125.

118　Zeller, D., *Der Brief an die Römer*, RNT, Regensburg, 1985, p.152.

119　Käsemann, E., *An die Römer*, HNT 8, Tübingen 1974(2판), p.208; Wilckens, U., *Der Brief an die Römer*, EKK, Bd 6/2, Zürich/Neukirchen-Vluyn 1980, p.127; Bell, R.H, "Sacrifice and Christology in Paul", JThS 53 (2002), pp.1-27, p.5.

120　Lohse, E., *Der Brief an Die Römer*, KEK, Göttingen, 2003, p.231; Giesen, H, "Befreiung des Gesetzes aus der Sklaverei der Sünde als Ermöglichung der Gesetzeserfüllung(Röm 8:1-4)", BZ 53 (2009), pp.179-211, p.201; Breytenbach, C, *Grace, Reconciliation, Concord. The Death of Christ in Graeco-Roman Metaphors*, NT.S 135, Leiden/Boston, 2010, p.25, 27.

121　Giesen, H, "Befreiung des Gesetzes aus der Sklaverei der Sünde als Ermöglichung der Gesetzeserfüllung (Röm 8:1-4)", BZ 53 (2009), pp.179-211, p.204; Zeller, D., *Der Brief an die Römer*, RNT, Regensburg, 1985, p.153.

122　Wolter, M., *Theologie und Ethos im frühen Christentum: Studien zu Jesus, Paulus und Lukas*, WUNT 236, Tübingen, 2017, p.453.

123　Schmithals, W, *Der Römerbrief*, Gütersloh, 1988, p.269; Jewett, R., *Romans:A Commentary*, Hermeneia, Minneapolis, 2006, p.489.

124　Hultgren, A. J., *Paul's Letter to the Romans*, Grand Rapids/Cambridge, 2011, p.302.

125 Schmithals, W, *Der Römerbrief*, Gütersloh, 1988, p.269; Horn, F. W.,
     Das Angeld des Geistes, FRLANT 154, Göttingen, 1992, p.235.

126 Haacker, K., *Der Brief des Paulus an die Römer*, ThHK 6, Leipzig,
     2012(4판), p.189; Christoph, M, *Pneuma und das neue Sein des
     Glaubenden. Studien zur Semantik und Pragmatik der Rede von
     Pneuma in Röm 8*, EHS.T 813, Frankfurt u. a. 2005, p.175.

127 Wolter, M., *Der Brief an die Römer: Teilband 1: Röm 1-8*, EKK,
     Neukirchen-Vluyn, 2014, p.487.

128 Philo, *Leg. All.* 3,69; Epiktet, *Diss.* 3, 10, 15.

129 Wolter, M., *Paulus: Ein Grundriss seiner Theologie*, Neukirchen-
     Vluyn, 2015(2판), p.164.

130 Gieniusz, A, "'Debtors to the Spirit' in Romans 8:12? Reasons for the
     Silence", NTS 59 (2013), pp.61-72.

131 Wolter, M., *Der Brief an die Römer: Teilband 1: Röm 1-8*, EKK,
     Neukirchen-Vluyn, 2014, p.493.

132 Dunn, J.D.G, *The Theology of Paul the Apostle*, Grand Rapids, 1998,
     p.72.

133 Theobald, M, *Studien zum Römerbrief*, WUNT 136, Tübingen, 2001,
     p.273.

134 Käsemann, E., *An die Römer*, HNT 8, Tübingen, 1974(2판), p.218;
     Dunn, J. D. G., *Romans I*, WBC 38A, Dallas, 1988, p.450.

135 Paulsen, H, *Überlieferung und Auslegung in Römer 8*, WMANT 43,
     Neukirchen-Vluyn, 1974, p.90.

136 Wolter, M., *Der Brief an die Römer: Teilband 1: Röm 1-8*, EKK,
     Neukirchen-Vluyn, 2014, p.496, 주114.

137 Zimmermann, Christiane, *Der Namen des Vaters. Studien zu*

ausgewählten neutestamentlichen Gottesbezeichnungen vor ihrem frühjüdischen und paganen Sprachhorizont, AJEC 69, Leiden/ Boston, 2007, pp.64-70.

138 Jeremias, Joachim, *Neutestamentliche Theologie* I : *Die Verkündigung Jesu*, Gütersloh, 1988(4판), p.72.

139 Schelbert, *Abba Vater. Der literarische Befund vom Altaramäischen bis zu den späten Midrasch- und Haggada-Werken in Auseinandersetzung mit den Thesen Joachim Jeremias*, NTOA 81, Göttingen, 2011, p.191; Vermes, Geza, *The Religion of Jesus the Jew*, London, 1993, p.180.

140 Käsemann, E., *An die Römer*, HNT 8, Tübingen, 1974(2판), p.224; Vögtle, A, "Die Schöpfungsaussagen Röm 8:19-22", in: Ders, *Das Neue Testament und die Zukunft des Kosmos*, Düsseldorf, 1970, pp.183-208, p.206.

141 Haacker, K., *Der Brief des Paulus an die Römer*, ThHK 6, Leipzig, 2012(4판), p.199; Wilckens, U., *Der Brief an die Römer*, EKK, Bd 6/2, Zürich/Neukirchen-Vluyn, 1980, p.151.

142 Schelkle, K.H., *Paulus, Lehrer der Väter. Die altkirchliche Auslegung von Römer 1-11*, Düsseldorf, 1956, p.293; Wilckens, U., *Der Brief an die Römer*, EKK, Bd 6/2, Zürich/Neukirchen-Vluyn, 1980, p.152; Kühschelm, R, "Das sehnsüchtige Harren der Schöpfung. Exegetische und bibeltheologische Erwägungen zu Röm 8:18-22", in: Mantler, N. R, (Hg.), *Variationen zur Schöpfung der Welt* (FS Schulte, R), Innsbruck, 1995, pp.251-284, p.259.

143 Eastman, S, "Whose Apocalypse? The identity of the Sons of God in Romans 8:19", JBL 121 (2002), pp.263-277, p.273; Findeis, H.-J, "Von der Knechtschaft der Vergänglichkeit zur Freiheit der Herrlichkeit.

Zur Hoffnungsperspektive der Schöpfung nach Röm 8:19-22", in:
Söding, Thomas (Hg.), *Der lebendige Gott* (FS Thüsing, W), NTA.NF 31,
Münster, 1996, pp.196-225, p.217.

144 Wolter, M., *Der Brief an die Römer: Teilband 1: Röm 1-8*, EKK,
Neukirchen-Vluyn, 2014, p.510.

145 Christoffersson, O, *The Earnest Expectation of the Creature. The
Flood-Tradition as Matrix of Romans 8:18-27*, Stockholm, 1990,
p.121.

146 Hahne, H.A, *The Corruption and Redemption of Creation. Nature
in Romans 8:19-22 and Jewish Apocalyptic Literature*, LNTSt 336,
London/New York, 2006, p.184.

147 Byrne, B., *Romans*, SacPaSe 6, Collegeville, 1996(2판), p.260; Schlier,
H., *Der Römerbrief*, HKNT 6, Freiburg, 1977, p.261.

148 Wolter, M., *Der Brief an die Römer: Teilband 1: Röm 1-8*, EKK,
Neukirchen-Vluyn, 2014, p.512.

149 Barrett, C.K., *The Epistle to the Romans*, BNTC, Grand Rapids, 2011,
p.155; Vögtle, A, "Die Schöpfungsaussagen Röm 8:19-22", in: Ders,
Das Neue Testament und die Zukunft des Kosmos, Düsseldorf, 1970,
pp.183-208, p.189, 207.

150 Breytenbach, C, "Liberation of Enslaved Bodies: Christian
Expectancy According to Rom 8:18-30", in: Tuckett, C.M. (ed.), *2
Thessalonians and Pauline Eschatology*, Leuven, 2013, pp.197-214,
p.207; Jewett, R., *Romans:A Commentary*, Hermeneia, Minneapolis,
2006, p.517.

151 Wolter, M., *Der Brief an die Römer: Teilband 1: Röm 1-8*, EKK,
Neukirchen-Vluyn, 2014, p.515.

152 Byrne, B., *Romans*, SacPaSe 6, Collegeville 1996(2판), p.264; Moo, D.J., *The Epistle to the Romans*, NIC, Grand Rapids, 1996, p.520.

153 Käsemann, E., *An die Römer*, HNT 8, Tübingen, 1974(2판), p.229; Wilckens, U., *Der Brief an die Römer*, EKK, Bd 6/2, Zürich/ Neukirchen-Vluyn, 1980, p.158.

154 Wolter, M., *Der Brief an die Römer: Teilband 1: Röm 1-8*, EKK, Neukirchen-Vluyn, 2014, p.516-517, 주54.

155 White, J, *Die Erstlingsgabe im Neuen Testament*, Tübingen, 2007, p.17.

156 Wolter, M., "Die Entwirklung des paulinischen Christentums von einer Bekehrungsreligion zu einer Traditionsreligion", EChr 1 (2010), pp.15-40, p.19.

157 Gebauer, R, *Das Gebet bei Paulus*, Giessen/Basel, 1989, p.54.

158 Moo, D.J., *The Epistle to the Romans*, NIC, Grand Rapids 1996, p.524; Gieniusz, A, *Romans 8:18-30: "Suffering Does Not Thwart the Future Glory"*, Atlanta, 1999, p.215.

159 Byrne, B., *Romans*, SacPaSe 6, Collegeville 1996(2판), p.270; Fitzmyer, J. A., *Romans*, AncB 33, London/New York, 1993, p.518; Gebauer, R, *Das Gebet bei Paulus*, Giessen/Basel, 1989, p.167.

160 Käsemann, E, *An die Römer*, HNT 8, Tübingen, 1974(2판), p.232; Käsemann, E, *Paulinische Perspektiven*, Tübingen, 1972(2판), p.225; Lietzmann, H., *An die Römer*, HNT 8, Tübingen, 1971(5판), p.86.

161 Haacker, K., *Der Brief des Paulus an die Römer*, ThHK 6, Leipzig, 2012(4판), p.205; Jewett, R., Romans:A Commentary, Hermeneia, Minneapolis, 2006, p.523, p.275.

162 Wilckens, U., *Der Brief an die Römer*, EKK, Bd 6/2, Zürich/

Neukirchen-Vluyn, 1980, p.161; Theobald, M., *Der Römerbrief*, SKK 6/1, Stuttgart, 2002(3판), p.244; Wolter, M., *Der Brief an die Römer: Teilband 1: Röm 1-8*, EKK, Neukirchen-Vluyn, 2014, p.525.

163 Wolter, M., *Der Brief an die Römer: Teilband 1: Röm 1-8*, EKK, Neukirchen-Vluyn, 2014, p.526.

164 Bohlen, M, *Sanctorum Communio. Die Christen als 'Heilige' des Paulus*, BZNW 183, Berlin/New York, 2011, p.193.

165 Cranfield, C. E. B., *Romans I*, ICC, Edinburgh, 2004(=1975), p.425.

166 Lietzmann, H., *An die Römer*, HNT 8, Tübingen, 1971(5판), p.87; p.103; Osburn, C.D, "The Interpretation of Romans 8:28", WThJ 44 (1982), pp.99-109, p.103; Gieniusz, A, *Romans 8:18-30: "Suffering Does Not Thwart the Future Glory"*, Atlanta, 1999, p.256.

167 Hofius, O., *Paulusstudien II*, WUNT 143, Tübingen, 2002, p.134.

168 Wilckens, U., *Der Brief an die Römer*, EKK, Bd 6/2, Zürich/ Neukirchen-Vluyn, 1980, p.163.

169 Wolter, M., *Der Brief an die Römer: Teilband 1: Röm 1-8*, EKK, Neukirchen-Vluyn, 2014, p.531.

170 Wilckens, U., *Der Brief an die Römer*, EKK, Bd 6/2, Zürich/ Neukirchen-Vluyn, 1980, p.165.

171 Wolter, M., *Der Brief an die Römer: Teilband 1: Röm 1-8*, EKK, Neukirchen-Vluyn, 2014, p.531.

172 Kirk, J.R.D, "Appointed Son(s):An Exegetical Note on Romans 1:4 and 8:29", BBR 14 (2004), pp.241-242.

173 Lorenzen, S, *Das paulinische Eikon-Konzept*, WUNT II 250, Tübingen, 2008, p.207.

174 Jewett, R., *Romans:A Commentary*, Hermeneia, Minneapolis, 2006,

p.528.

175 Käsemann, E., *An die Römer*, HNT 8, Tübingen, 1974(2판), p.236;
Wilckens, U., *Der Brief an die Römer*, EKK, Bd 6/2, Zürich/
Neukirchen-Vluyn, 1980, p.164.

176 Grässer, E, *An die Hebräer I*, EKK 17/1, Zürich, 1990, p.133.

177 Gieniusz, A, *Romans 8:18-30: "Suffering Does Not Thwart the
Future Glory"*, Atlanta, 1999, p.274.

178 Wolter, M., *Der Brief an die Römer: Teilband 1: Röm 1-8*, EKK,
Neukirchen-Vluyn, 2014, p.533.

179 Wilckens, U., *Der Brief an die Römer*, EKK, Bd 6/2, Zürich/
Neukirchen-Vluyn, 1980, p.169; Fitzmyer, J. A., *Romans*, AncB 33,
London/New York, 1993, p.528; Haacker, K., *Der Brief des Paulus
an die Römer*, ThHK 6, Leipzig, 2012(4판), p.210.

180 Balz, H.R, *Heilsvertrauen und Welterfahrung. Strukturen der
paulinischen Eschatologie nach Römer 8:18-39*, BEvTh 59,
München, 1971, p.116.

181 Bultmann, R, *Der Stil der paulinischen Predigt und die kynisch-
stoische Diatribe*, FRLANT 13, Göttingen, 1910(=1984), p.19; Ebner, M,
Leidenslisten und Apostelbrief, fzb 66, Würzburg, 1991, p.373.

182 Wolter, M., *Der Brief an die Römer: Teilband 1: Röm 1-8*, EKK,
Neukirchen-Vluyn, 2014, p.539.

183 Käsemann, E., *An die Römer*, HNT 8, Tübingen, 1974(2판), p.238;
Zeller, D., *Der Brief an die Römer*, RNT, Regensburg, 1985, p.165.

184 Wilckens, U., *Der Brief an die Römer*, EKK, Bd 6/1, Zürich/
Neukirchen-Vluyn, 1978, p.173; Haacker, K., *Der Brief des Paulus
an die Römer*, ThHK 6, Leipzig, 2012(4판), p.211.

185   Fitzmyer, J. A., *Romans*, AncB 33, London/New York, 1993, p.531;
      Jewett, R., *Romans:A Commentary*, Hermeneia, Minneapolis, 2006,
      p.537.

186   Wolter, M., *Der Brief an die Römer: Teilband 1: Röm 1-8*, EKK,
      Neukirchen-Vluyn, 2014, p.542.

187   Haacker, K., *Der Brief des Paulus an die Römer*, ThHK 6, Leipzig,
      2012(4판), p.211.

188   Escher, Eschner, C., *Gestorben und hingegeben "für" die Sünder
      II*, WMANT 122, Neukirchen-Vluyn, 2010, p.197; Gaventa, B.R,
      "Interpreting the Death of Jesus Apocalyptically: Reconsidering
      Romans 8:32", in: Still, T. (ed.), *Jesus and Paul Reconnected*, Grand
      Rapids, 2007. pp.125-145.

189   Michel, O., *Der Brief an die Römer*, KEK 4, Göttingen, 1978(5판),
      p.280; Moo, D.J., *The Epistle to the Romans*, NIC, Grand Rapids,
      1996, p.541.

190   Wilckens, U., *Der Brief an die Römer*, EKK, Bd 6/2, Zürich/
      Neukirchen-Vluyn, 1980, p.173; Dunn, J. D. G., *Romans* I, WBC 38A,
      Dallas, 1988, p.501.

191   Wolter, M., *Der Brief an die Römer: Teilband 1: Röm 1-8*, EKK,
      Neukirchen-Vluyn, 2014, p.543

192   Wilckens, U., *Der Brief an die Römer*, EKK, Bd 6/2, Zürich/
      Neukirchen-Vluyn, 1980, p.174; Dunn, J. D. G., *Romans* I, WBC 38A,
      Dallas, 1988, p.502; Haacker, K., *Der Brief des Paulus an die Römer*,
      ThHK 6, Leipzig, 2012(4판), p.212.

193   Käsemann, E., *An die Römer*, HNT 8, Tübingen, 1974(2판), p.239;
      Jewett, R., *Romans:A Commentary*, Hermeneia, Minneapolis, 2006,

p.537; Hengel, M, "'Setze dich zu meiner Rechten!'. Die Intrinisation Christi zur Rechten Gottes und Psalm 110:1", in: Ders, *Kleine Schriften IV. Studien zur Christologie*, WUNT 201, Tübingen, 2006, pp.281-367, p.296.

194 Haacker, K., *Der Brief des Paulus an die Römer*, ThHK 6, Leipzig, 2012(4판), p.212; Stuhlmacher, P., *Der Brief an die Römer*, NTD 6, Göttingen, 1998(2판), p.127; Dochhorn, J, *Schriftgelehrte Prophetie: Der Eschatologische Teufelsfall in apc joh 12 und Seine Bedeutung für das Verständnis der Johannesoffenbarung*, WUNT 268, Tübingen, 2010, p.299.

195 Wolter, M., *Der Brief an die Römer: Teilband 1: Röm 1-8*, EKK, Neukirchen-Vluyn, 2014, p.544.

196 Plato, *Symp.* 179b-c.

197 Aristoteles, *Eth.* Nic. 1169a19.

198 Wolter, M., *Der Brief an die Römer: Teilband 1: Röm 1-8*, EKK, Neukirchen-Vluyn, 2014, p.547.

199 Hengel, M, "'Setze dich zu meiner Rechten!'. Die Intrinisation Christi zur Rechten Gottes und Psalm 110:1", in: Ders, *Kleine Schriften IV. Studien zur Christologie*, WUNT 201, Tübingen, 2006, pp.281-367, p.292, p.295.

200 Hengel, M, "'Setze dich zu meiner Rechten!'. Die Intrinisation Christi zur Rechten Gottes und Psalm 110:1", in: Ders, *Kleine Schriften IV. Studien zur Christologie*, WUNT 201, Tübingen, 2006, pp.281-367, p.297.

201 Wolter, M., *Der Brief an die Römer: Teilband 1: Röm 1-8*, EKK, Neukirchen-Vluyn, 2014, p.548, 주51.

202 Wolter, M., *Der Brief an die Römer: Teilband 1: Röm 1-8*, EKK, Neukirchen-Vluyn, 2014, p.525.

203 Ferrari, Schiefer, *Die Sprache des Leids in den paulinischen Peristasenkatalogen*, SBB 23, Stuttgart, 1991, p.83.

204 Bultmann, R, *Der Stil der paulinischen Predigt und die kynisch-stoische Diatribe*, FRLANT 13, Göttingen, 1910(=1984), p.19, 71.

205 Ferrari, Schiefer, *Die Sprache des Leids in den paulinischen Peristasenkatalogen*, SBB 23, Stuttgart, 1991, p.23.

206 Ebner, M, *Leidenslisten und Apostelbrief*, fzb 66, Würzburg, 1991, p.372.

207 Ebner, M, *Leidenslisten und Apostelbrief*, fzb 66, Würzburg, 1991, p.383.

208 Wolter, M., *Der Brief an die Römer: Teilband 1: Röm 1-8*, EKK, Neukirchen-Vluyn, 2014, p.549, 주57.

209 Hossfeld, F.-L/Zenger, E, *Die Psalmen I*, NEB.AT 29, Würzburg, 1993, p.272.

210 Theobald, M., *Die überströmende Gnade. Studien zu einem paulinischen Motivfeld*, fzb 22, Würzburg, 1982, pp.42-46.

211 Wolter, M., *Der Brief an die Römer: Teilband 1: Röm 1-8*, EKK, Neukirchen-Vluyn, 2014, p.553.

212 Kuss, O., *Der Römerbrief*. 2 Bände, RNT 6, Regensburg, 1963, p.665.

213 Wolter, M., *Der Brief an die Römer: Teilband 1: Röm 1-8*, EKK, Neukirchen-Vluyn, 2014, p.555.

1   Brandenburger, E, "Paulinische Schriftauslegung in der Kontroverse um das Verheissungswort Gottes, (Röm 9)", ZThK 82 (1985), pp.1-47; Wilckens, U., *Der Brief an die Römer*, EKK, Bd 6/2, Zürich/Neukirchen-Vluyn, 1980, p.189; Stuhlmacher, P., *Der Brief an die Römer*, NTD 6, Göttingen, 1998(2판), p.133.

2   Wolter, M., *Der Brief an die Römer: Teilband 2: Röm 9-16*, EKK, Neukirchen-Vluyn, 2019, pp.93-94.

3   Siegert, F, *Argumentation bei Paulus. Gezeigt an Römer 9-11*, WUNT 34, Tübingen, 1985, p.120; Wolter, M., *Der Brief an die Römer: Teilband 1: Röm 1-8*, EKK, Neukirchen-Vluyn, 2014, p.106, 주33.

4   Wolter, M., *Der Brief an die Römer: Teilband 1: Röm 1-8*, EKK, Neukirchen-Vluyn, 2014, p.22.

5   Aristotels, *Rhet.* 1, 2, 3-6.

6   Seifrid, M.A, "Answered Lament: Paul's Gospel, Israel, and the Scriptures", in: Wilk, F./Öhler, M (Hg.), *Paulinische Schriftrezeption*, FRLANT 268, Göttingen, 2017, pp.175-215, p.196.

7   Räisänen, H, "Römer 9-11: Analyse eines geistigen Ringens, ANRW II, 25/4 (1987), pp.2891-2939, p.2896; Cranford, M, "Election and Ethnicity: Paul's View of Israel in Romans 9:1-13", JSNT 50 (1993), pp.27-41, p.30.

8   Abasciano, B.J, *Paul's Use of the Old Testament in Romans 9:1-9*, LNTS 301, London/New York, 2005, p.45.

9   Janowski, B, *Ecce Homo*, BThSt 84, Neukirchen-Vluyn, 2009(2판),

p.17.

10   Dohmen, Ch, *Exodus 19-40*, Freiburg u,a., 2004, p.325.

11   Wolter, M., *Der Brief an die Römer: Teilband 2: Röm 9-16*, EKK, Neukirchen-Vluyn, 2019, p.29.

12   Theobald, M, "Unterschiedliche Gottesbilder in Röm 9-11? Die Israel-Kapitel als Anfrage an die Einheit des theologischen Diskurses bei Paulus", in: Schnelle, U. (ed.), *The Letter to the Romans*, BEThL 226, Leuven u,a., 2009, pp.135-177, p.151.

13   Walter, N, "Zur Interpretation von Römer 9-11", ZThK 81 (1984), pp.172-195, p.176.

14   Wolter, M., *Der Brief an die Römer: Teilband 2: Röm 9-16*, EKK, Neukirchen-Vluyn, 2019, p.32.

15   Epp, E.J, "Jewish-Gentile Continuity in Paul:Torah and/or Faith (Rom 9:1-5)", HThR 79 (1986), pp.80-90, p.82; Sass, G, *Leben aus den Verheissungen. Tradationsgeschichtliche und biblisch-theologische Untersuchtungen zur Rede von Gottes Verheissungen im Frühjudentum und beim Apostel Paulus*, FRLANT 164, Göttingen, 1995, p.420.

16   Byrne, B, *'Sons of God'-'Seed of Abraham'. A Study of the Idea of the Sonship of God of All Christians in Paul against the Jewish Background*, AnBib 83, Rom, 1979, pp.8-78.

17   Jewett, R., *Romans:A Commentary*, Hermeneia, Minneapolis, 2006, p.563.

18   Epp, E.J, "Jewish-Gentile Continuity in Paul:Torah and/or Faith(Rom 9:1-5)", HThR 79 (1986), pp.80-90, p.89; Rese, M, "Die Vorzüge Israels in Röm 9:4f und Eph 2:12", ThZ 31 (1975), pp.211-222, p.216.

19   Karrer, M, *Der Gesalbte. Die Grundlagen des Christustitels*, FRLANT 151, Göttingen, 1991, p.53.

20   Wolter, M., *Der Brief an die Römer: Teilband 2: Röm 9-16*, EKK, Neukirchen-Vluyn, 2019, p.37.

21   Carraway, G, *Christ Is God Over All. Romans 9:5 in the Context of Romans 9-11*, LNTSt 489, London u.a. 2013, p.13; Harris, M.J, *Jesus as God:The New Testament Use of Theos in Reference to Jesus*, Grand Rapids, 1992, pp.143-172, p.146.

22   Irenäus, *Haer*. 3,16.3; Tertullian, *Adv. Prax*. 13.15; Origenes, *Comm. in Rom* 7:11.

23   Fitzmyer, J. A., *Romans*, AncB 33, London/New York, 1993, p.549; Kammler, H.-Ch, "Die Prädikation Jesu Christi als 'Gott' und die paulinische Christologie. Erwägungen zur Exegese von Röm 9:5b", ZNW 94 (2003), pp.164-180.

24   Flebbe, J., *Solus Deus. Untersuchungen zur Rede von Gott im Brief des Paulus an die Römer*, BZNW 158, Berlin/New York, 2008, p.270; Käsemann, E., *An die Römer*, HNT 8, Tübingen, 1974(2판), p.249; Wilckens, U., *Der Brief an die Römer*, EKK, Bd 6/2, Zürich/Neukirchen-Vluyn, 1980, p.189.

25   Barth, K, Barth, K., *Der Römerbrief*, München 1922=Zürich, 2011, p.344; Haacker, K., *Der Brief des Paulus an die Römer*, ThHK 6, Leipzig, 2012(4판), p.226.

26   Wolter, M., *Der Brief an die Römer: Teilband 2: Röm 9-16*, EKK, Neukirchen-Vluyn, 2019, p.40.

27   Wengst, K, "'Sind denn nicht alle aus Israel eben Israel?'(Röm 9:6b)", in: *Dem Tod nicht glauben*. (FS Schottroff, L), Gütersloh, 2004, pp.376-

393.

28   Stegemann, E.W, *Der Römerbrief: Brennpunkte der Rezeption*, Zürich, 2012, p.200.

29   Wolter, M., *Der Brief an die Römer: Teilband 2: Röm 9-16*, EKK, Neukirchen-Vluyn, 2019, p.47.

30   Piper, J, *The Justification of God.An Exegetical and Theological Study of Romans 9:1-23*, Grand Rapids, 1993(2판), p.47.

31   Abasciano, B.J, *Paul's Use of the Old Testament in Romans 9:1-9*, LNTS 301, London/New York, 2005, pp.183-189.

32   Räisänen, H., "Paul, God, and Israel: Romans 9-11 in Recent Research", in: *The Social World of Formative Christianity and Judaism*(FS Kee, H.C), Philadelphia, 1988, pp.178-206, p.182; Räisänen, H., "Römer 9-11:Analyse eines geistigen Ringens", ANRW II, 25/4 (1987), pp.2891-2939, p.2901.

33   Stegemann, E.W, *Der Römerbrief:Brennpunkte der Rezeption*, Zürich, 2012, p.192; Reinbold, W, "Zur Bedeutung des Begriffes 'Israel' in Römer 9-11", in: Wilk, F./Wagner, R (ed.), *Between Gospel and Election. Explorations in the Interpretation of Romans 9-11*, WUNT 257, Tübingen, 2010, pp.401-416, p.408, 414.

34   Juncker, G.H, "'Children of Promise':Spiritual Paternity and Patriarch Typology in Galatians and Romans", BBR 17 (2007), pp.131-160, p.147; Stegemann, E.W, *Der Römerbrief:Brennpunkte der Rezeption*, Zürich, 2012, p.196.

35   Wolter, M., *Der Brief an die Römer: Teilband 2: Röm 9-16*, EKK, Neukirchen-Vluyn, 2019, p.49.

36   Reichert, A, Der *Römerbrief* als Gratwanderung, FRLANT 194,

Göttingen, 2001, p.190; Stowers, S.K., *A Rereading of Romans*, New Haven/London, 1994, p.299.

37   Luz, U., *Das Geschichtsverständnis des Paulus*, BEvTh 49, München, 1968, p.69.

38   Zeller, D, *Juden und Heiden in der Mission des Paulus*, FzB 1, Stuttgart, 1973, p.119, 주145.

39   Wolter, M., *Der Brief an die Römer: Teilband 2: Röm 9-16*, EKK, Neukirchen-Vluyn, 2019, p.53.

40   Cranfield, C. E. B., *Romans II*, ICC, Edinburgh, 2004(=1975), p.476; Hübner, H., *Gottes Ich und Israel. Zum Schriftgebrauch des Paulus in Römer 9-11*, FRLANT 136, Göttingen, 1984, p.23.

41   Wolter, M., *Der Brief an die Römer: Teilband 2: Röm 9-16*, EKK, Neukirchen-Vluyn, 2019, p.57.

42   Abasciano, B.J, *Paul's Use of the Old Testament in Romans 9:1-9*, LNTS 301, London/New York, 2005, p.51; Oropeza, B.J, "Paul and Theodicy: Intertextual Thoughts on God's Justice and Faithfulness to Israel in Roamns 9-11", NTS 53 (2007), pp.57-80, p.63.

43   Grässer, E., *Der Alte Bund im Neuen. Exegetische Studien zur Israelfrage im Neuen Testament*, WUNT 35, Tübingen, 1985, p.247.

44   Käsemann, E., *An die Römer*, HNT 8, Tübingen, 1974(2판), p.255.

45   Wolter, M., *Das Lukasevangelium*, HNT 5, Tübingen, 2008, p.516.

46   Räisänen, H., "Paul, God, and Israel:Romans 9-11 in Recent Research", in: *The Social World of Formative Christianity and Judaism*(FS Kee, H.C), Philadelphia, 1988, pp.178-206, p.181; Müller, K, "Von der Last kanonischer Erinnerungen. Das Dilemma des Paulus angesichts der Frage nach Israels Rettung in Römer 9-11", in: *"Für*

alle Zeiten zur Erinnerung"(Jos 4:7) (FS Mussner, F), SBS 209, Stuttgart, 2006, pp.203-253, p.209.

47 Hübner, H., *Gottes Ich und Israel. Zum Schriftgebrauch des Paulus in Römer 9-11*, FRLANT 136, Göttingen, 1984, p.28; Räisänen, H, "Römer 9-11:Analyse eines geistigen Ringens", ANRW II, 25/4 (1987), pp.2891-2939, p.2000; Abasciano, B.J., *Paul's Use of the Old Testament in Romans 9:1-9*, LNTS 301, London/New York, 2005, p.71.

48 Poplutz, U, *Äthlet des Evangeliums. Eine motivgeschichtliche Studie zur Wettkampf metaphorik bei Paulus*, HBS 43, Freiburg u.a., 2004, pp.377-384.

49 Wolter, M., *Der Brief an die Römer: Teilband 2: Röm 9-16*, EKK, Neukirchen-Vluyn, 2019, p.65.

50 Theobald, M., *Der Römerbrief*, SKK 6/1, Stuttgart, 2002(3판), p.269.

51 Belli, F, *Argumentation and Use of Scripture in Romans 9-11*, AnBib 183, Rom, 2010, p.94.

52 Fohrer, G, *Studien zum Buche Hiob*, Gütersloh, 1963, p.11.

53 Wagner, J.R, *Heralds of the Good News. Isaiah and Paul "In Concert" in The Letter to the Romans*, NT.S 101, Leiden u.a., 2002, p.58; Wilk, F., *Die Bedeutung des Jesajabuches für Paulus*, FRLANT 179, Göttingen, 1998, p.304.

54 Hübner, H., *Gottes Ich und Israel. Zum Schriftgebrauch des Paulus in Römer 9-11*, FRLANT 136, Göttingen, 1984, p.48; Röhser, G, *Prädestination und Verstockung. Untersuchungen zur frühjüdischen, Paulinischen und johanneischen Theologie*, TANZ 14, Tübingen/Basel, 1994, p.126; Piper, J, *The Justification of God.*

An Exegetical and Theological Study of Romans 9:1-23, Grand Rapids, 1993(2판), pp.173-183.

55   Wolter, M., *Der Brief an die Römer: Teilband 2: Röm 9-16*, EKK, Neukirchen-Vluyn, 2019, pp.73-74, 주49; Wolter, M., "'It Is Not as Though the Word of God Has Failed':God's Faithfulness and God's Free Sovereignty in Romans 9:6-29", in: Still, T.D. (ed.), *God and Israel. Providence and Purpose in Romans 9-11*, Waco, 2017, pp.27-47, p.42.

56   Thiessen, J, "Zorndemonstration Gottes mit Heilsabsicht? Zur Problematik der Syntax und der Bedeutung von Römer 9:22-23", FNT 23 (2010), pp.37-72, p.48.

57   Luz, U., *Das Geschichtsverständnis des Paulus*, BEvTh 49, München, 1968, p.245.

58   Brandenburger, E, "Paulinische Schriftauslegung in der Kontroverse um das Verheissungswort Gottes, (Röm 9)", ZThK 82 (1985), pp.1-47, p.13; Byrne, B., *Romans*, SacPaSe 6, Collegeville, 1996(2판), p.302.

59   Wolter, M., *Der Brief an die Römer: Teilband 1: Röm 1-8*, EKK, Neukirchen-Vluyn, 2014, p.96.

60   Wolter, M., *Der Brief an die Römer: Teilband 2: Röm 9-16*, EKK, Neukirchen-Vluyn, 2019, p.78.

61   Frevel, Ch, "Epochen und Daten der Geschichte in Israel/Palästina in biblischer Zeit", in: Zenger, E, u.a. (Hg.), *Einleitung in das Alte Testament*, Stuttgart, 2016(9판), pp.711-718, pp.714-716.

62   Zenger, E, "Das Buch Hosea", in: Zenger, E, u.a. (Hg.), *Einleitung in das Alte Testament*, Stuttgart, 2016(9판), pp.635-643, p.641.

63   Gadenz, P.T, *Called from the Jews and from the Gentiles. Pauline*

Ecclesiology in Romans 9-11, WUNT II 267, Tübingen, 2009, p.115.

64 Wolter, M., *Der Brief an die Römer: Teilband 2: Röm 9-16*, EKK, Neukirchen-Vluyn, 2019, p.84.

65 Heil, J.P., "From Remnant to Seed of Hope for Israel:Romans 9:27-29", CBQ 64 (2002), pp.703-720, p.704.

66 Seitz, E, "λόγον συντέμνων - eine Gerichtankündigung?", Bn 109 (2001), pp.56-82, p.57.

67 Eastman, S.G, "Israel and the Mercy of God: A Re-Reading of Galatians 6.16 and Romans 9-11", NTS 56 (2010), pp.367-395, p.383.

68 Käsemann, E., *An die Römer*, HNT 8, Tübingen, 1974(2판), p.265; Wilckens, U., *Der Brief an die Römer*, EKK, Bd 6/2, Zürich/ Neukirchen-Vluyn, 1980, p.206.

69 Heil, J.P, "From Remnant to Seed of Hope for Israel: Romans 9:27-29", CBQ 64 (2002), pp.703-720, p.707; Gadenz, P.T, *Called from the Jews and from the Gentiles. Pauline Ecclesiology in Romans 9-11*, WUNT II 267, Tübingen, 2009, p.118.

70 Hultgren, A. J., *Paul's Letter to the Romans*, Grand Rapids/ Cambridge, 2011, p.371.

71 Wolter, M., *Der Brief an die Römer: Teilband 2: Röm 9-16*, EKK, Neukirchen-Vluyn, 2019, p.86.

72 Haacker, K., *Der Brief des Paulus an die Römer*, ThHK 6, Leipzig, 2012(4판), p.237; Wilckens, U., *Der Brief an die Römer*, EKK, Bd 6/2, Zürich/ Neukirchen-Vluyn, 1980, p.206.

73 Gadenz, P.T, *Called from the Jews and from the Gentiles. Pauline Ecclesiology in Romans 9-11*, WUNT II 267, Tübingen, 2009, p.123; Wilk, F., *Die Bedeutung des Jesajabuches für Paulus*, FRLANT 179,

Göttingen, 1998, p.185.

74   Dunn, J. D. G., *Romans II*, WBC 38B, Dallas, 1988, p.573; Wagner, J.R, *Heralds of the Good News. Isaiah and Paul "In Concert" in The Letter to the Romans*, NT.S 101, Leiden u.a., 2002, p.94.

75   Schlier, H., *Der Römerbrief*, HKNT 6, Freiburg, 1977, p.303; Eastman, S.G, "Israel and the Mercy of God: A Re-Reading of Galatians 6:16 and Romans 9-11", NTS 56 (2010), pp.367-395, p.367, p.383; Wright, N.T, *Paul and the Faithfulness of God II*, Minneapolis, 2013, p.1193.

76   Dunn, J. D. G., *Romans II*, WBC 38B, Dallas, 1988, p.573; Wilckens, U., *Der Brief an die Römer*, EKK, Bd 6/2, Zürich/Neukirchen-Vluyn, 1980, p.207.

77   Wilk, F., *Die Bedeutung des Jesajabuches für Paulus*, FRLANT 179, Göttingen, 1998, p.187.

78   Wolter, M., *Der Brief an die Römer: Teilband 2: Röm 9-16*, EKK, Neukirchen-Vluyn, 2019, p.89.

79   Wolter, M, *Paulus:Ein Grundriss seiner Theologie*, Neukirchen-Vluyn, 2015(2판), p.16, 354.

80   Wolter, M., *Der Brief an die Römer: Teilband 2: Röm 9-16*, EKK, Neukirchen-Vluyn, 2019, p.97, 주15.

81   Lohse, E., *Der Brief an Die Römer*, KEK, Göttingen, 2003, p.287; Hübner, H., *Gottes Ich und Israel. Zum Schriftgebrauch des Paulus in Römer 9-11*, FRLANT 136, Göttingen, 1984, p.61.

82   Käsemann, E., *An die Römer*, HNT 8, Tübingen, 1974(2판), p.268.

83   Jewett, R., *Romans:A Commentary*, Hermeneia, Minneapolis, 2006, p.613.

84   Zeller, D., *Der Brief an die Römer*, RNT, Regensburg, 1985, p.185;

Dunn, J. D. G., *Romans II*, WBC 38B, Dallas, 1988, p.586.

85 Bultmann, R., "Christus des Gesetzes Ende:", in: Ders., *Glauben und Verstehen II*, 1968(5판), pp.32-58, p.40.

86 Wolter, M., *Der Brief an die Römer: Teilband 1: Röm 1-8*, EKK, Neukirchen-Vluyn, 2014, p.273.

87 Dunn, J. D. G., *Romans II*, WBC 38B, Dallas, 1988, p.588; Haacker, K., *Der Brief des Paulus an die Römer*, ThHK 6, Leipzig, 2012(4판), p.246.

88 Bultmann, R., *Theologie des Neuen Testaments*, Tübingen, 1968(6 판), p.268; Käsemann, E., *An die Römer*, HNT 8, Tübingen, 1974(2판), p.271; Avemarie, F, "Israels rätselhafter Ungehorsam. Römer 10 als Anatomie eines von Gott provozierten Unglaubens", in: Wilk, F./ Wagner, J.R, (ed.), *Between Gospel and Election. Explorations in the Interpretation of Romans 9-11*, WUNT 257, Tübingen, 2010, pp.299-320, p.304.

89 Wolter, M., *Der Brief an die Römer: Teilband 2: Röm 9-16*, EKK, Neukirchen-Vluyn, 2019, p.106.

90 Liebers, R, *Das Gesetz als Evangelium. Untersuchungen zur Gesetzeskritik des Paulus*, AThANT 75, Zürich, 1989, p.56; Bechtler, S.R, "Christ, the Τέλος of the Law:The Goal of Romans 10:4, CBQ 56 (1994), pp..288-308, p.297.

91 Wolter, M., *Der Brief an die Römer: Teilband 2: Röm 9-16*, EKK, Neukirchen-Vluyn, 2019, p.107.

92 Badenas, R, *Christ the End of the Law. Romans 10: in Pauline Perspective*, JSNT,S 10, Sheffield, 1985, p.38; Haacker, K., "'Ende des Gesetzes' und kein Ende? Zur Diskussion über τέλος νόμου in Röm 10:4", in: *Ja und Nein. Christliche Theologie im Angesicht Israels*(FS

Schrage, W), Neukirchen-Vluyn, 1998, pp.127-138, p.132.

93   Despotis, A, *Die "New Perspective on Paul" und die griechisch-orthodoxe Paulusinterpretation*, VIOT 11, Sankt Ottilien, 2014, pp.334-338; Irons, Ch.L, "The Object of the Law is Realized in Christ: Romans 10:4 and Paul's Justification Teaching", JStPL 6 (2016), pp.33-54; Reasoner, M, *Romans in Full Circle. A History of Interpretation*, Louisville, 2005, pp.113-120.

94   Wolter, M., *Der Brief an die Römer: Teilband 2: Röm 9-16*, EKK, Neukirchen-Vluyn, 2019, p.108.

95   Adv. *Marc*. 5, 14, 7.

96   *Comm. in Rom* 8:2.

97   *WA* 56, 99, 5-6.

98   215, 24-26.

99   Kundert, L, "Christus als Inkorporation der Tora. τέλος γὰρ νόμου Χριστὸς. Röm 10:4 vor dem Hintergrund einer erstaunlichen rabbinischen Argumentation", ThZ 55 (1999), pp.76-89; Oegema, G.S, "Versöhnung ohne Vollendung? Römer 10:4 und die Tora der messinischen Zeit", in: Avemarie, F./Lichtenberger, H, (Hg.), *Bund und Tora*, WUNT 92, Tübingen, 1996, pp.229-261.

100   215, 33-35; 216, 9-11.

101   Haacker, K., "'Ende des Gesetzes' und kein Ende? Zur Diskussion über τέλος νόμου in Röm 10:4", in: *Ja und Nein. Christliche Theologie im Angesicht Israels*. (FS Schrage, W), Neukirchen-Vluyn, 1998, pp.127-138; Reinbold, W, "Das Ziel des Gesetzes nach Röm 10:4-13", in: Doering, L, u.a. (Hg.), *Judaistik und neutestamentliche Wissenschaft*, FRLANT 226, Göttingen, 2008, pp.297-312; Theissen,

G,/v. Gemünden, *Der Römerbrief. Rechenschaft eines Reformators*, Göttingen, 2016, p.333.

102 Burchard, Ch, *Studien zur Theologie, Sprache und Umwelt des Neuen Testaments*, WUNT 107, Tübingen, 1998, p.257; Theobald, M, *Studien zum Römerbrief*, WUNT 136, Tübingen, 2001, p.218.

103 Bultmann, R., "Christus des Gesetzes Ende", in: ders., *Glauben und Verstehen II*, 1968(5판), pp.32-58, p.48; Heil, J.P, "Christ, the Termination of the Law(Romans 9:30-10:8)", CBQ 63 (2001), pp.484-498; Käsemann, E., *An die Römer*, HNT 8, Tübingen, 1974(2판), p.273.

104 Hofius, O., *Paulusstudien I*, WUNT 51, Tübingen, 1994, p.64; Wilckens, U., *Der Brief an die Römer*, EKK, Bd 6/2, Zürich/ Neukirchen-Vluyn, 1980, p.222.

105 Stuhlmacher, P., *Versöhnung, Gesetz und Gerechtigkeit. Aufsätze zur biblischen Theologie*, Göttingen, 1981, p.182; Theissen, G, Röm 9-11 - Eine Auseinandersetzung des Paulus mit Israel und mit sich selbst, in: Fair Play. (FS Räisänen, H), NT.S 103, Leiden u.a., 2002, pp.311-341, p.317.

106 Bultmann, R., "Christus des Gesetzes Ende", in: ders., *Glauben und Verstehen II*, 1968(5판), pp.32-58, p.48.

107 Hofius, O., *Paulusstudien I*, WUNT 51, Tübingen, 1994, p.65.

108 Dunn, J. D. G., *Romans II*, WBC 38B, Dallas, 1988, p.589; Jolivet, I, "Christ the τέλος in Romans 10:4 as Both Fulfillment and Termination of the Law", RestQ 51 (2009), pp.13-30.

109 Gignac, A, "Le Christ, τέλος de la loi(Rm 10:4)", ScE 46 (1994), pp.55-81, p.57.

110 Cranfield, C. E. B., *Romans II*, ICC, Edinburgh, 2004(=1975), p.515.

111 Burchard, Ch, *Studien zur Theologie, Sprache und Umwelt des Neuen Testaments*, WUNT 107, Tübingen, 1998, pp.254-262.

112 Avemarie, F, "Israels rätselhafter Ungehorsam. Römer 10 als Anatomie eines von Gott provozierten Unglaubens", in: Wilk, F./ Wagner, J.R, (ed.), *Between Gospel and Election. Explorations in the Interpretation of Romans 9-11*, WUNT 257, Tübingen, 2010, pp.299-320, p.309; Haacker, K., *Der Brief des Paulus an die Römer*, ThHK 6, Leipzig, 2012(4판), p.248; Theobald, M, Studien zum Römerbrief, WUNT 136, Tübingen, 2001, p.215.

113 Hofius, O., "Zu Römer 10:4: τέλος γὰρ νόμου Χριστὸς", in: ders., *Exegetische Studien*, WUNT 223, Tübingen, 2008, pp.95-101.

114 Hofius, O., Zu Römer 10,4: τέλος γὰρ νόμου Χριστὸς, in: ders., *Exegetische Studien*, WUNT 223, Tübingen, 2008, pp.95-101, p.99; Wolter, M., *Der Brief an die Römer: Teilband 2: Röm 9-16*, EKK, Neukirchen-Vluyn, 2019, p.111, 주79.

115 Burchard, Ch, *Studien zur Theologie, Sprache und Umwelt des Neuen Testaments*, WUNT 107, Tübingen, 1998, pp.254-262, p.255.

116 Wolter, M., *Der Brief an die Römer: Teilband 2: Röm 9-16*, EKK, Neukirchen-Vluyn, 2019, p.112.

117 Wolter, M., *Der Brief an die Römer: Teilband 1: Röm 1-8*, EKK, Neukirchen-Vluyn, 2014, p.117.271.

118 Sanders, E.P., *Paul and Palestinian Judaism*, London, 1977, p.552.

119 Koch, D. -A., *Die Schrift als Zeuge des Evangeliums*, BHTh 69, Tübingen, 1986, p.294.

120 Wilckens, U., *Der Brief an die Römer*, EKK, Bd 6/2, Zürich/ Neukirchen-Vluyn, 1980, p.224; Wehr, L, "'Nahe ist dir das Wort'.

Die paulinische Schriftinterpretation vor dem Hintergrund frühjüdischer Parallelen am Beispiel von Röm 10:5-10", in: Hainz, J. (Hg.), *Unterwegs mit Paulus. Otto Kuss zum 100. Geburtstag*, Regensburg, 2007(2판), pp.192-206, p.195.

121 Wilckens, U., *Der Brief an die Römer*, EKK, Bd 6/2, Zürich/ Neukirchen-Vluyn, 1980, p.224; Dunn, J. D. G., *Romans II*, WBC 38A-B, Dallas, 1988, p.602; Eckstein, H-J., "'Nahe ist dir das Wort'. Exegetische Erwägungen zu Röm 10:8", ZNW 79 (1988), pp.204-220, p.207.

122 Howard, G.E, "Christ the End of the Law:The Meaning of Romans 10:4ff", JBL 88 (1969), pp.331-337, p.331; Hays, R.B., *Echoes of Scripture in the Letters of Paul*, New Haven/London, 1989, p.76; Wagner, J.R, *Heralds of the Good News. Isaiah and Paul "In Concert" in The Letter to the Romans*, NT.S 101, Leiden u.a., 2002, p.160.

123 Cranfield, C. E. B., *Romans II*, ICC, Edinburgh, 2004(=1975), p.522; Hays, R.B., *Echoes of Scripture in the Letters of Paul*, New Haven/ London, 1989, p.79.

124 Stowers, S.K., *A Rereading of Romans*, New Haven/London, 1994, p.309; Tobin, Th.T, *Paul's Rhetoric in Its Contexts. The Argument of Romans*, Peabody, 2004, p.343.

125 Käsemann, E., *An die Römer*, HNT 8, Tübingen, 1974(2판), p.276; Ito, A, "The Written Torah and the Oral Gospel:Romans 10:5-13 in the Dynamic Tension between Orality and Literacy", NT 48 (2006), pp.234-260.

126 Dunn, J. D.G., *Romans II*, WBC 38B, Dallas, 1988, p.602; Jewett,

R., *Romans:A Commentary*, Hermeneia, Minneapolis, 2006, p.626; Mohrmann, D.C, "Boast not in Your Righteousness from the Law:A New Reading of Romans 10:6-8", JGRChJ 2 (2001-2005), pp.76-99, p.80.

127 Michel, O., *Der Brief an die Römer*, KEK 4, Göttingen, 1978(5판), p.328; Moo, D.J., *The Epistle to the Romans*, NIC, Grand Rapids, 1996, p.650.

128 Wolter, M., *Das Lukasevangelium*, HNT 5, Tübingen, 2008, p.319.

129 Wehr, L, "'Nahe ist dir das Wort'. Die paulinische Schriftinterpretation vor dem Hintergrund frühjüdischer Parallelen am Beispiel von Röm 10:5-10", in: Hainz, J. (Hg.), *Unterwegs mit Paulus. Otto Kuss zum 100. Geburtstag*, Regensburg, 2007(2판), pp.192-206, p.197.

130 Wolter, M., *Der Brief an die Römer: Teilband 2: Röm 9-16*, EKK, Neukirchen-Vluyn, 2019, p.121.

131 Käsemann, E., *An die Römer*, HNT 8, Tübingen, 1974(2판), p.281; Fitzmyer, J. A., *Romans*, AncB 33, London/New York, 1993, p.591.

132 Cranfield, C. E. B., *Romans II*, ICC, Edinburgh, 2004(=1975), p.526.

133 Haacker, K., *Der Brief des Paulus an die Römer*, ThHK 6, Leipzig, 2012(4판), p.241; Wagner, J.R, *Heralds of the Good News. Isaiah and Paul "In Concert" in The Letter to the Romans*, NT.S 101, Leiden u.a., 2002, p.167.

134 Michel, O., *Der Brief an die Römer*, KEK 4, Göttingen, 1978(5판), p.330; Wilckens, U., *Der Brief an die Römer*, EKK, Bd 6/2, Zürich/Neukirchen-Vluyn, 1980, p. 227; Dunn, J. D.G., *Romans II*, WBC 38B, Dallas, 1988, p.608.

135 Wolter, M., *Der Brief an die Römer: Teilband 2: Röm 9-16*, EKK,

Neukirchen-Vluyn, 2019, p.125.

136 Wolter, M., *Paulus:Ein Grundriss seiner Theologie*, Neukirchen-Vluyn, 2015(2판), p.87.

137 Wright, N.T, *Paul in Fresh Perspective*, Minneapolis, 2005, p.69; Fantin, J.D, *The Lord of the Entire World:Lord Jesus, a Challenge to Lord Caesar?*, NTMo 31, Sheffield, 2011, p.265.

138 Wolter, M., *Paulus: Ein Grundriss seiner Theologie*, Neukirchen-Vluyn, 2015(2판), p.84, p.350, p.383.

139 Wolter, M., *Der Brief an die Römer: Teilband 1: Röm 1-8*, EKK, Neukirchen-Vluyn, 2014, p.50.

140 Gaston, L., *Paul and the Torah*, Vancouver, 1987, p.143; Johnson, E.E, *The Function of Apocalyptic and Wisdom Tradition in Romans 9-11*, SBL.DS 109, Atlanta, 1989, p.154; Johnson, L.T, *Reading Romans*, New York, 1997, p.161.

141 Wolter, M., "Der Reichtum Gottes", JBTh 21 (2006), pp.145-160, p.152.

142 Cranfield, C. E. B., *Romans II*, ICC, Edinburgh, 2004(=1975), p.533; Michel, O., *Der Brief an die Römer*, KEK 4, Göttingen, 1978(5판), p.333.

143 Wolter, M., *Der Brief an die Römer: Teilband 2: Röm 9-16*, EKK, Neukirchen-Vluyn, 2019, p.130.

144 Koch, D. -A., *Die Schrift als Zeuge des Evangeliums*, BHTh 69, Tübingen, 1986, p.66; Wilk, F., *Die Bedeutung des Jesajabuches für Paulus*, FRLANT 179, Göttingen, 1998, p.24.

145 Koch, D. -A., *Die Schrift als Zeuge des Evangeliums*, BHTh 69, Tübingen, 1986, p.66; Stanley, Ch.D, *Paul and the Language of Scripture*, SNTSMS 69, Cambridge, 1992, p.135; Wagner, J.R, *Heralds*

of the Good News. Isaiah and Paul "In Concert" in The Letter to the Romans, NT.S 101, Leiden u.a., 2002, p.170.

146   Wolter, M., *Der Brief an die Römer: Teilband 1: Röm 1-8*, EKK, Neukirchen-Vluyn, 2014, p.92.

147   Wolter, M., *Der Brief an die Römer: Teilband 2: Röm 9-16*, EKK, Neukirchen-Vluyn, 2019, p.134, 주9.

148   Hofius, O., *Paulusstudien I*, WUNT 51, Tübingen, 1994, p.176, 주 5; Kraus, W., *Das Volk Gottes. Zur Grundlegung der Ekklesiologie bei Paulus*, WUNT 85, Tübingen, 1996, p.307; Sänger, D, *Die Verkündigung des Gekreuzigten und Israel*, WUNT 75, Tübingen, 1994, p.160.

149   Klappert, B, "Traktat für Israel(Römer 9-11)", in: Stöhr, M. (Hg.), *Jüdische Existenz und die Erneuerung der christlichen Theologie*, ACJD 11, München, 1981, pp.58-137, p.72.

150   Wolter, M., *Der Brief an die Römer: Teilband 2: Röm 9-16*, EKK, Neukirchen-Vluyn, 2019, p.140, 주41.

151   Wolter, M., *Der Brief an die Römer: Teilband 2: Röm 9-16*, EKK, Neukirchen-Vluyn, 2019, p.32.

152   Dunn, J. D. G., *Romans II*, WBC 38B, Dallas 1988, p.635; Lietzmann, H., *An die Römer*, HNT 8, Tübingen, 1971(5판), p.101; Zeller, D, *Juden und Heiden in der Mission des Paulus*, FzB 1, Stuttgart, 1973, p.127.

153   Lindemann, A., "Paulus und Elia. Zur Argumentation in Röm 11:1-12", in: *Logos - Logik - Lyrik*(FS Haacker, K), Leipzig, 2007, pp.201-218, p.205; Barclay, J.M.G, *Paul and the Gift*, Grand Rapids, 2015, p.544.

154   Schmeller, Th, *Paulus und die "Diatribe"*, NTA NF 19, Münster,

1987, p.291.

155 Koch, D. -A., *Die Schrift als Zeuge des Evangeliums*, BHTh 69, Tübingen, 1986, p.147.

156 Koch, D. -A., *Die Schrift als Zeuge des Evangeliums*, BHTh 69, Tübingen, 1986, p.306; Lindemann, A., "Paulus und Elia. Zur Argumentation in Röm 11:1-12", in; *Logos - Logik - Lyrik*(FS Haacker, K), Leipzig, 2007, pp.201-218, p.207.

157 Schlier, H., *Der Römerbrief*, HKNT 6, Freiburg, 1977, p.323; Zeller, D., *Der Brief an die Römer*, RNT, Regensburg, 1985, p.191.

158 Wilckens, U., *Der Brief an die Römer*, EKK, Bd 6/2, Zürich/ Neukirchen-Vluyn, 1980, p.237.

159 Lindemann, A., "Paulus und Elia. Zur Argumentation in Röm 11:1-12", in; *Logos - Logik - Lyrik*. (FS Haacker, K), Leipzig, 2007, pp.201-218, p.208; Wagner, J.R, *Heralds of the Good News. Isaiah and Paul "In Concert" in The Letter to the Romans*, NT.S 101, Leiden u.a., 2002, p.235, 주60.

160 Plutarch, Mor. 435c.

161 Alciphro, Ep. 2,36,1.

162 Barrett, C.K., *The Epistle to the Romans*, BNTC, Grand Rapids, 2011, p.195; Dunn, J. D. G., *Romans II*, WBC 38B, Dallas, 1988, p.640.

163 Wolter, M., *Der Brief an die Römer: Teilband 2: Röm 9-16*, EKK, Neukirchen-Vluyn, 2019, p.151.

164 Gadenz, P.T, *Called from the Jews and from the Gentiles. Pauline Ecclesiology in Romans 9-11*, WUNT II 267, Tübingen, 2009, p.207, 주144.

165 Popkes, E.E, "Jes 6,9f. MT als impliziter Reflexionshintergrund der

paulinischen Verstockungsvorstellung", in: Schnelle, U.,(ed.), *The Letter to the Romans*, BEThL 226, Leuven u.a., 2009, pp.755-769.

166 Wagner, J.R, *Heralds of the Good News. Isaiah and Paul "In Concert" in The Letter to the Romans*, NT.S 101, Leiden u.a., 2002, p.244.

167 Wilk, F., *Die Bedeutung des Jesajabuches für Paulus*, FRLANT 179, Göttingen, 1998, p.443.

168 Wilckens, U., *Der Brief an die Römer*, EKK, Bd 6/2, Zürich/Neukirchen-Vluyn, 1980, p.240; Röhser, G, *Prädestination und Verstockung. Untersuchungen zur frühjüdischen, Paulinischen und johanneischen Theologie*, TANZ 14, Tübingen/Basel, 1994, p.141.

169 Hofius, O., *Paulusstudien I*, WUNT 51, Tübingen, 1994, p.141; Wolter, M., *Der Brief an die Römer: Teilband 2: Röm 9-16*, EKK, Neukirchen-Vluyn, 2019, p.153.

170 Koch, D. -A., *Die Schrift als Zeuge des Evangeliums*, BHTh 69, Tübingen, 1986, p.170; Stanley, Ch.D, *Paul and the Language of Scripture*, SNTSMS 69, Cambridge, 1992, p.158.

171 Wagner, J.R, *Heralds of the Good News. Isaiah and Paul "In Concert" in The Letter to the Romans*, NT.S 101, Leiden u.a., 2002, p.244; Wengst, K., *"Freut euch, ihr Völker, mit Gottes Volk!":Israel und die Völker als Thema des Paulus - ein Gang durch den Römerbrief*, Stuttgart, 2008, p.353.

172 Wolter, M., *Der Brief an die Römer: Teilband 2: Röm 9-16*, EKK, Neukirchen-Vluyn, 2019, p.154.

173 Hossfeld, F.-L/Zenger, E, *Psalmen 51-100*, Freiburg u.a., 2000, p.277.

174 Käsemann, E., *An die Römer*, HNT 8, Tübingen, 1974(2판), p.292;

Stuhlmacher, P., *Der Brief an die Römer*, NTD 6, Göttingen, 1998(2판), p.149; Wilckens, U., *Der Brief an die Römer*, EKK, Bd 6/2, Zürich/ Neukirchen-Vluyn, 1980, p.239.

175 Barrett, C.K., *The Epistle to the Romans*, BNTC, Grand Rapids, 2011, p. 195; Jewett, R., *Romans:A Commentary*, Hermeneia, Minneapolis, 2006, p.664.

176 Wolter, M., *Der Brief an die Römer: Teilband 2: Röm 9-16*, EKK, Neukirchen-Vluyn, 2019, p.160.

177 Jewett, R., *Romans:A Commentary*, Hermeneia, Minneapolis, 2006, p.669.

178 Dunn, J. D. G., *Romans II*, WBC 38B, Dallas, 1988, p.653; Moo, D.J., *The Epistle to the Romans*, NIC, Grand Rapids, 1996, p.687; Byrne, B., *Romans*, SacPaSe 6, Collegeville, 1996(2판), p.344.

179 Wolter, M., *Der Brief an die Römer: Teilband 2: Röm 9-16*, EKK, Neukirchen-Vluyn, 2019, p.162, 주16.

180 Lietzmann, H., *An die Römer*, HNT 8, Tübingen, 1971(5판), p.103; Barrett, C.K., *The Epistle to the Romans*, BNTC, Grand Rapids, 2011, p.198; Moo, D.J., *The Epistle to the Romans*, NIC, Grand Rapids, 1996, p.686.

181 Gadenz, P.T, *Called from the Jews and from the Gentiles. Pauline Ecclesiology in Romans 9-11*, WUNT II 267, Tübingen, 2009, p.242, 주265.

182 Wolter, M., *Der Brief an die Römer: Teilband 2: Röm 9-16*, EKK, Neukirchen-Vluyn, 2019, p.161, 주5; p.165.

183 Cranfield, C. E. B., *Romans II*, ICC, Edinburgh, 2004(=1975), p.557.

184 Wilckens, U., *Der Brief an die Römer*, EKK, Bd 6/2, Zürich/

Neukirchen-Vluyn, 1980, p.243; Jewett, R., *Romans:A Commentary*, Hermeneia, Minneapolis, 2006, p.677; Lohse, E., *Der Brief an Die Römer*, KEK, Göttingen, 2003, p.311.

185 Luz, U., *Das Geschichtsverständnis des Paulus*, BEvTh 49, München, 1968, p.393; Donaldson, T.L, *Paul and the Gentiles*, Minneapolis, 1997, p.222.

186 Wolter, M., *Der Brief an die Römer: Teilband 2: Röm 9-16*, EKK, Neukirchen-Vluyn, 2019, p.165.

187 Donaldson, T.L, *Paul and the Gentiles*, Minneapolis, 1997, p.221.

188 Wolter, M., *Der Brief an die Römer: Teilband 1: Röm 1-8*, EKK, Neukirchen-Vluyn, 2014, p.80.

189 Stuhlmacher, P., *Der Brief an die Römer*, NTD 6, Göttingen, 1998(2 판), p.151; Keller, W, *"Gottes Treue-Israels Heil. Röm 11:25-27. Die These vom:Sonderweg" in der Diskussion*, SBB 40, Stuttgart, 1998, p.189, p.192; Baker, M, "Paul and the Salvation of Israel", CBQ 67 (2005), pp.469-484, p.471.

190 Wolter, M., *Der Brief an die Römer: Teilband 2: Röm 9-16*, EKK, Neukirchen-Vluyn, 2019, p.168, 주53.

191 Gadenz, P.T, *Called from the Jews and from the Gentiles. Pauline Ecclesiology in Romans 9-11*, WUNT II 267, Tübingen, 2009, p.249.

192 Wolter, M., *Der Brief an die Römer: Teilband 2: Röm 9-16*, EKK, Neukirchen-Vluyn, 2019, p.169.

193 Jegher-Bucher, V, "Erwählung und Verwerfung im Römerbrief? Eine Untersuchtung von Röm 11:11-15", ThZ 47 (1991), pp.326-336, p.334; Wengst, K., *"Freut euch, ihr Völker, mit Gottes Volk!":Israel und die Völker als Thema des Paulus - ein Gang durch den Römerbrief*,

Stuttgart, 2008, p.361.

194 Haacker, K., *Der Brief des Paulus an die Römer*, ThHK 6, Leipzig, 2012(4판), p.272, 주20.

195 Schaller, B, "APOBOLÊ – PROSLÊMPSIS. Zur Übersetzung und Deutung von Röm 11:15", in: Kraus, W./Niebuhr, K.-W, (Hg.), *Frühjudentum und Neues Testament im Horizont Biblischer Theologie*, WUNT 162, Tübingen, 2003, pp.135-150; Lohse, E., *Der Brief an Die Römer*, KEK, Göttingen, 2003, p.313; Haacker, K., *Der Brief des Paulus an die Römer*, ThHK 6, Leipzig, 2012(4판), p.273.

196 Wolter, M., *Der Brief an die Römer: Teilband 2: Röm 9-16*, EKK, Neukirchen-Vluyn, 2019, p.169.

197 Käsemann, E., *An die Römer*, HNT 8, Tübingen, 1974(2판), p.298; Wilckens, U., *Der Brief an die Römer*, EKK, Bd 6/2, Zürich/ Neukirchen-Vluyn, 1980, p.246; Wengst, K., *"Freut euch, ihr Völker, mit Gottes Volk!":Israel und die Völker als Thema des Paulus-ein Gang durch den Römerbrief*, Stuttgart, 2008, p.362.

198 Barrett, C.K., *The Epistle to the Romans*, BNTC, Grand Rapids, 2011, p.200; Bohlen, M, *Sanctorum Communio. Die Christen als "Heilige" bei Paulus*, BZNW 183, Berlin/New York, 2011, p.204; White, J, *Die Erstlingsgabe im Neuen Testament*, TANZ 45, Tübingen/Basel, 2007, p.108.

199 Bell, R.H, *Provoked to Jealousy. The origin and Purpose of the Jealousy Motif in Romans 9-11*, WUNT 63, Tübingen, 1994, p.118; Gadenz, P.T, *Called from the Jews and from the Gentiles. Pauline Ecclesiology in Romans 9-11*, WUNT II 267, Tübingen, 2009, p.259.

200 Barth, K., *Kirchliche Dogmatik, II/2. Die Lehre von Gott*, Zürich,

1942, p.314; Starnitzke, D, *Die Struktur paulinischen Denkens im Römerbrief*, BWANT 163, Stuttgart u.a., 2004, p.352.

201 Wolter, M., *Der Brief an die Römer: Teilband 2: Röm 9-16*, EKK, Neukirchen-Vluyn, 2019, p.174.

202 Käsemann, E., *An die Römer*, HNT 8, Tübingen, 1974(2판), p.295; Räisänen, H., "Römer 9-11: Analyse eindes geistigen Ringens", ANRW II, 25/4 (1987), pp.2891-2939, p.2913; Sanders, E.P., *Paul, the Law, and the Jewish People*, London, 1985, p.198.

203 Esler, Ph.F, "Ancient Oleiculture and Ethnic Differentiation:The Meaning of the Olive-Tree Image in Romans 11", JSNT 26 (2003), pp.103-124, p.123.

204 Green, P.S, "A Revision of Olea L.(Oleaceae)", Kew Bulletin 57 (2002), pp.91-140.

205 Foxhall, L, *Cultivation in Ancient Greece*, Oxford, 2007, pp.109-112.

206 Lietzmann, H., *An die Römer*, HNT 8, Tübingen, 1971, 5판, p.105; Fitzmyer, J. A., *Romans*, AncB 33, London/New York, 1993, p.614.

207 Hartung, M, "Die kultische bzw. agrartechnisch-biologische Logik der Gleichnisse von der Teighebe und vom Ölbaum in Röm 11:16-24 und die sich daraus ergebenden theologischen Konsequenzen", NTS 45 (1999), pp.127-140, p.138; Esler, Ph.F, "Ancient Oleiculture and Ethnic Differentiation:The Meaning of the Olive-Tree Image in Romans 11", JSNT 26 (2003), pp.103-124, p.120.

208 Wilckens, U., *Der Brief an die Römer*, EKK, Bd 6/2, Zürich/Neukirchen-Vluyn, 1980, p.246; Theobald, M., *Der Römerbrief*, SKK 6/1, Stuttgart, 2002(3판), p.298; Mussner, F, *Die Kraft der Wurzel*, SBB 13, Freiburg u.a., 1989(2판), p.154.

209 Barth, K., *Kirchliche Dogmatik*, II/2. *Die Lehre von Gott*, Zürich, 1942, p.314; Neubrand, M./Seidel, J, "'Eingepfropft in den edlen Ölbaum'(Röm 11:24): Der Ölbaum ist nicht Israel", BN 105 (2000), pp.61-76, p.70; Wengst, K., *"Freut euch, ihr Völker, mit Gottes Volk!":* *Israel und die Völker als Thema des Paulus - ein Gang durch den Römerbrief*, Stuttgart, 2008, p.364.

210 Walter, N, "Zur Interpretation von Römer 9-11", ZThK 81 (1984), pp.172-195, p.180; Windsor, LJ, *Paul and the Vocation of Israel*, BZNW 205, Berlin/Boston, 2014, p.52.

211 Schwindt, R, "Mehr Wurzel als Stam und Krone. Zur Bildrede vom Ölbaum in Röm 11:16-24", Bib.88 (2007), pp.64-91, p.82.

212 Fitzmyer, J. A., *Romans*, AncB 33, London/New York, 1993, p.610; Schreiner, Th. R., *Romans*, BECNT 6, Grand Rapids, 1998, p.605.

213 Käsemann, E., *An die Römer*, HNT 8, Tübingen, 1974(2판), p.298; Neubrand, M./Seidel, J, "'Eingepfropft in den edlen Ölbaum'(Röm 11:24): Der Ölbaum ist nicht Israel", BN 105 (2000), pp.61-76, p.64; Theissen, G,/v. Gemünden, *Der Römerbrief. Rechenschaft eines Reformators*, Göttingen, 2016, p.209.

214 Walter, N, "Zur Interpretation von Römer 9-11", ZThK 81 (1984), pp.172-195, p.180; Barclay, J.M.G, *Paul and the Gift*, Grand Rapids, 2015, p.550.

215 Starnitzke, D., *Die Struktur paulinischen Denkens im Römerbrief* BWANT 163, Stuttgart u.a., 2004, p.352; Wright, N.T, *Paul and the Faithfulness of God II*, Minneapolis, 2013, p.684; Khobnya, S, "The Root" in Paul's Olive Tree Metaphor(Romans 11:16-24), TynB 64 (2013), pp.257-273, p.265.

216 Barrett, C.K., *The Epistle to the Romans*, BNTC, Grand Rapids, 2011, p.201; v. d. Osten-Sacken, P, *Evangelium und Tora. Aufsätze zu Paulus*, TB 77, München, 1987, p.303.

217 Zeigan, H, "Die Wurzel des Ölbaums (Röm 11:18)", PzB 15 (2006), pp.119-132, p.127.

218 Mussner, F, *Traktat über die Juden*, München, 1979, p.69; Klappert, B, "Traktat für Israel (Römer 9-11)", in: Stöhr, M. (Hg.), *Jüdische Existenz und die Erneuerung der christlichen Theologie*, ACJD 11, München, 1981, pp.58-137, p.92.

219 Haacker, K., *Der Brief des Paulus an die Römer*, ThHK 6, Leipzig, 2012(4판), p.278; Wolter, M., *Der Brief an die Römer:*Teilband 2: Röm 9-16, EKK, Neukirchen-Vluyn, 2019, p.184; Wolter, M., *Paulus: Ein Grundriss seiner Theologie*, Neukirchen-Vluyn, 2015(2판), p.306.

220 Theissen, G,/v. Gemünden, *Der Römerbrief. Rechenschaft eines Reformators*, Göttingen, 2016, p.209.

221 Wolter, M., *Der Brief an die Römer: Teilband 2: Röm 9-16*, EKK, Neukirchen-Vluyn, 2019, p.185, 주45.

222 Wilckens, U., *Der Brief an die Römer*, EKK, Bd 6/2, Zürich/ Neukirchen-Vluyn, 1980, p.246.

223 Dunn, J. D. G., *Romans II*, WBC 38B, Dallas, 1988, p.661; Jewett, R., *Romans:A Commentary*, Hermeneia, Minneapolis, 2006, p.685.

224 Schlier, H., *Der Römerbrief*, HKNT 6, Freiburg, 1977, p.333; Wolter, M., *Der Brief an die Römer: Teilband 2: Röm 9-16*, EKK, Neukirchen-Vluyn, 2019, p.185.

225 Dunn, J. D. G., *Romans II*, WBC 38B, Dallas, 1988, p.662; Jewett, R., *Romans:A Commentary*, Hermeneia, Minneapolis, 2006, p.686; Moo,

D.J., *The Epistle to the Romans*, NIC, Grand Rapids, 1996, p.703.

226 Wolter, M., *Der Brief an die Römer: Teilband 2: Röm 9-16*, EKK, Neukirchen-Vluyn, 2019, p.186, 주51.

227 Byrne, B., *Romans*, SacPaSe 6, Collegeville, 1996(2판), p.347; Siegert, F, *Argumentation bei Paulus. Gezeigt an Römer 9-11*, WUNT 34, Tübingen, 1985, p.169; Dobbeler, A, *Glaube als Teilhabe*, WUNT II, 22, Tübingen, 1987, p.184.

228 Wolter, M., *Der Brief an die Römer: Teilband 2: Röm 9-16*, EKK, Neukirchen-Vluyn, 2019, p.188.

229 Jewett, R., *Romans:A Commentary*, Hermeneia, Minneapolis, 2006, p.688.

230 Wolter, M., *Der Brief an die Römer: Teilband 1: Röm 1-8*, EKK, Neukirchen-Vluyn, 2014, p.495.

231 Mussner, F, "'Wenn sie nicht im Unglauben verharren'. Bemerkungen zu Röm 11:23", TThZ 111 (2002), pp.62-67, p.66; Müller, K, "Von der Last kanonischer Erinnerungen. Das Dilemma des Paulus angesichts der Frage nach Israels Rettung in Römer 9-11", in: *"Für alle Zeiten zur Erinnerung"* (Jos 4:7) (FS Mussner, F), SBS 209, Stuttgart, 2006, pp.203-253, p.231.

232 Hofius, O., *Paulusstudien I*, WUNT 51, Tübingen, 1994, p.188; p.301; Sänger, D, *Die Verkündigung des Gekreuzigten und Israel*, WUNT 75, Tübingen, 1994, p.178.

233 Keller, W, *Gottes Treue - Israels Heil. Röm 11:25-27. Die These vom "Sonderweg" in der Diskussion*, SBB 40, Stuttgart, 1998, p.211.

234 Wolter, M., *Der Brief an die Römer: Teilband 2: Röm 9-16*, EKK, Neukirchen-Vluyn, 2019, p.196.

235 Wolter, M., *Theologie und Ethos im frühen Christentum:Studien zu Jesus, Paulus und Lukas*, WUNT 236, Tübingen, 2017, pp.429-452; Johnson, E.E, *The Function of Apocalyptic and Wisdom Tradition in Romans 9-11*, SBL.DS 109, Atlanta, 1989, p.129.

236 Flebbe, J., *Solus Deus. Untersuchungen zur Rede von Gott im Brief des Paulus an die Römer*, BZNW 158, Berlin/New York, 2008, p.365; Wilckens, U., *Der Brief an die Römer*, EKK, Bd 6/2, Zürich/ Neukirchen-Vluyn, 1980, p.254.

237 Kim, S, "The 'Mystery' of Rom 11:25-6 Once More", NTS 43 (1997), pp.412-429; Dunn, J. D. G., *Romans II*, WBC 38B, Dallas, 1988, p.679; Theobald, M, *Der Römerbrief*, EdF 294, Darmstadt, 2000, p.279.

238 Zeller, D., *Der Brief an die Römer*, RNT, Regensburg, 1985, p.198; Müller, U.B, *Prophetie und Predigt im Neuen Testament*, StNT 10, Gütersloh, 1975, p.229.

239 Hofius, O., *Paulusstudien I*, WUNT 51, Tübingen, 1994, p.200; Hübner, H., *Gottes Ich und Israel. Zum Schriftgebrauch des Paulus in Römer 9-11*, FRLANT 136, Göttingen, 1984, p.121; Sandnes, K.O, *Paul-One of the Prophets?*, WUNT II, 43, Tübingen, 1991, p.181.

240 Sänger, D, *Die Verkündigung des Gekreuzigten und Israel*, WUNT 75, Tübingen, 1994, p.192; Keller, W, *Gottes Treue-Israels Heil. Röm 11:25-27. Die These vom:Sonderweg" in der Diskussion*, SBB 40, Stuttgart, 1998, p.124; Schöttler, H.-G, "Röm 11:25-27 und die Wahrheitsfrage im christlich-jüdischen Dialog:, in: Florian, B./ und Dausner, R. (Hg.), *Im Angesicht der Anderen. Gespräche zwischen christlicher Theologie und jüdischem Denken*(FS Wohlmuth, J.), SJC 25, Paderborn u.a., 2013, pp.141-166, p.152.

241 Wolter, M., *Der Brief an die Römer: Teilband 2: Röm 9-16*, EKK, Neukirchen-Vluyn, 2019, p.203.

242 Wolter, M., *Der Brief an die Römer: Teilband 2: Röm 9-16*, EKK, Neukirchen-Vluyn, 2019, p.31.

243 Käsemann, E., *An die Römer*, HNT 8, Tübingen, 1974(2판), p.303; Barrett, C.K., *The Epistle to the Romans*, BNTC, Grand Rapids, 2011, p.206.

244 Lohse, E., *Der Brief an Die Römer*, KEK, Göttingen, 2003, p.319; Moo, D.J., *The Epistle to the Romans*, NIC, Grand Rapids, 1996, p.717.

245 Jeremias, J, "Einige vorwiegend sprachliche Beobachtungen zu Röm 11:25-36", in: De Lorenzi, L. (Hg.), *Die Israelfrage nach Röm 9-11*, SMBen.BE 3, Rom, 1977, pp.193-216, p.196; Müller, K, *"Ein notwendiger Abschied:kein 'Sonderweg' für Israel nach Röm 11:25-27"*, in: Franz, Th. /Sauer, H. (Hg.), *Glaube in der Welt heute II*, *Würzburg*, 2006, pp.244-262, p.205.

246 Zeller, D., *Der Brief an die Römer*, RNT, Regensburg, 1985, p.198; Haacker, K., *Der Brief des Paulus an die Römer*, ThHK 6, Leipzig, 2012(4판), p.284.

247 Stuhlmann, R, *Das eschatologische Mass im Neuen Testament*, FRLANT 132, Göttingen, 1983.

248 Walter, N, "Zur Interpretation von Römer 9-11", ZThK 81 (1984), pp.172-195, p.183.

249 Käsemann, E., *An die Römer*, HNT 8, Tübingen, 1974(2판), p.303; Dunn, J. D. G., *Romans II*, WBC 38B, Dallas, 1988, p.680; Moo, D.J., *The Epistle to the Romans*, NIC, Grand Rapids, 1996, p.718.

250 Wilckens, U., *Der Brief an die Römer*, EKK, Bd 6/2, Zürich/

Neukirchen-Vluyn, 1980, p.255; Hofius, O., *Paulusstudien I*, WUNT 51, Tübingen, 1994, p.191.

251 Jeremias, J, "Einige vorwiegend sprachliche Beobachtungen zu Röm 11:25-36", in: De Lorenzi, L. (Hg.), *Die Israelfrage nach Röm 9-11*, SMBen.BE 3, Rom, 1977, pp.193-216, p.197; Wengst, K., *"Freut euch, ihr Völker, mit Gottes Volk!":Israel und die Völker als Thema des Paulus-ein Gang durch den Römerbrief*, Stuttgart, 2008, p.370.

252 Wolter, M., *Der Brief an die Römer: Teilband 2: Röm 9-16*, EKK, Neukirchen-Vluyn, 2019, p.206; Walter, N, "Zur Interpretation von Römer 9-11", ZThK 81 (1984), pp.172-195, p.185.

253 Calvin 247, 27-39; Barth, K., *Kirchliche Dogmatik*, II/2. Die Lehre von Gott, Zürich, 1942, p.330; Schnelle, U., "Der Römerbrief und die Aporien des paulinischen Denkens", in: Schnelle, U.,(ed.), *The Letter to the Romans*, BEThL 226, Leuven u.a., 2009, pp.3-23, p.16; Wright, N.T, *Paul and the Faithfulness of God II*, Minneapolis, 2013, p.689.

254 Wolter, M., *Der Brief an die Römer: Teilband 2: Röm 9-16*, EKK, Neukirchen-Vluyn, 2019, p.207, 주35.

255 Hofius, O., *Paulusstudien I*, WUNT 51, Tübingen, 1994, p.196.

256 V. Oorschot, J, *Hoffnung für Israel. Eine Studie zu Römer 11:25-32*, Giessen/Basel, 1988, p.24; Schöttler, H.-G, "Röm 11:25-27 und die Wahrheitsfrage im christlich-jüdischen Dialog:, in: Florian, B./und Dausner, R. (Hg.), *Im Angesicht der Anderen. Gespräche zwischen christlicher Theologie und jüdischem Denken*(FS Wohlmuth, J.), SJC 25, Paderborn u.a., 2013, pp.141-166, p.145; Du Toit, Ph. la G, "The Salvation of 'all Israel' in Romans 11:25-27 as The Salvation of Inner-Elect, Historical Israel in Christ", Neotest. 49 (2015), pp.417-

452, p.434.

257　Jeremias, J, "Einige vorwiegend sprachliche Beobachtungen zu Röm 11:25-36", in: De Lorenzi, L. (Hg.), *Die Israelfrage nach Röm 9-11*, SMBen.BE 3, Rom, 1977, pp.193-216, p.198; Hofius, O., *Paulusstudien I*, WUNT 51, Tübingen, 1994, p.193; Mussner, F, "'Ganz Israel wird gerettet werden'(Röm 11:26)", Kairos 18 (1976), pp.241-255, p.243.

258　Wolter, M., *Der Brief an die Römer: Teilband 2: Röm 9-16*, EKK, Neukirchen-Vluyn, 2019, p.207.

259　Käsemann, E., *An die Römer*, HNT 8, Tübingen, 1974(2판), p.303; Schreiner, Th. R., *Romans*, BECNT 6, Grand Rapids, 1998, p.618.

260　Haacker, K., *Der Brief des Paulus an die Römer*, ThHK 6, Leipzig, 2012(4판), p.286; Grindheim, S, *The Crux of Election. Paul's Critique of the Jewish Confidence in the Election of Israel*, WUNT II, 202, Tübingen, 2005, p.165; Nicklas, T, "Paulus und die Errettung Israels:Röm 11:25-36 in der exegetischen Diskussion und im jüdisch-christlichen Dialog", EChr 2 (2011), pp.173-197, p.181.

261　Wilckens, U., *Der Brief an die Römer*, EKK, Bd 6/2, Zürich/ Neukirchen-Vluyn, 1980, p.255; Theobald, M., *Der Römerbrief*, SKK 6/1, Stuttgart, 2002(3판), p.303; Thyen, H, "Das Mysterium Israel(Röm 11:25-32)", in: *Das Gesetz im frühen Judentum und im Neuen Testament*. (FS Burchard, Ch.), NTOA 57, Göttingen, 2006, pp.304-318, p.310; Barclay, J.M.G, *Paul and the Gift*, Grand Rapids, 2015, p.555.

262　Hofius, O., *Paulusstudien I*, WUNT 51, Tübingen, 1994, p.192; Hvalvik, R, "A 'Sonderweg' for Israel. A Critical Examination of a Current Interpretation of Romans 11:25-27", JSNT 38 (1990), pp.87-

107, p.97.

263 Wolter, M., *Der Brief an die Römer: Teilband 2: Röm 9-16*, EKK, Neukirchen-Vluyn, 2019, p.210.

264 Wolter, M., *Der Brief an die Römer: Teilband 2: Röm 9-16*, EKK, Neukirchen-Vluyn, 2019, p.211.

265 Dunn, J. D. G., *Romans II*, WBC 38B, Dallas, 1988, p.682; Keller, W, *Gottes Treue-Israels Heil. Röm 11:25-27. Die These vom "Sonderweg" in der Diskussion*, SBB 40, Stuttgart, 1998, p.267; Kirk, J.R.D, "Why Does the Deliverer Come ἐκ Σιών?(Romans 11:26)", JSNT 33 (2010), pp.81-99, p.86.

266 Schaller, B, "ἥξει ἐκ Σιών ὁ ῥυόμενος. Zur Textgestalt von Jes 59:20f. in Röm 11:26f", in: Ders., *Fundamenta Judaica*, StUNT 25, Göttingen, 2001, pp.162-166; Wilk, F., *Die Bedeutung des Jesajabuches für Paulus*, FRLANT 179, Göttingen, 1998, p.40.

267 Koch, D. -A., *Die Schrift als Zeuge des Evangeliums*, BHTh 69, Tübingen, 1986, p.176.

268 Wolter, M., *Der Brief an die Römer: Teilband 2: Röm 9-16*, EKK, Neukirchen-Vluyn, 2019, p.211.

269 Räisänen, H, "Römer 9-11: Analyse eines geistigen Ringens", ANRW II, 25/4 (1987), pp.2891-2939, p.2919; Wengst, K., *"Freut euch, ihr Völker, mit Gottes Volk!":Israel und die Völker als Thema des Paulus-ein Gang durch den Römerbrief*, Stuttgart, 2008, p.373.

270 Käsemann, E., *An die Römer*, HNT 8, Tübingen, 1974, 2판, p.304; Wilckens, U., *Der Brief an die Römer*, EKK, Bd 6/2, Zürich/ Neukirchen-Vluyn, 1980, p.256; Haacker, K., *Der Brief des Paulus an die Römer*, ThHK 6, Leipzig, 2012(4판), p.286.

271 Jewett, R., *Romans:A Commentary*, Hermeneia, Minneapolis, 2006, p.703; Mussner, F, "Ganz Israel' wird gerettet werden"(Röm 11:26), Kairos 18 (1976), pp.241-255, p.250; Flebbe, J., *Solus Deus. Untersuchungen zur Rede von Gott im Brief des Paulus an die Römer*, BZNW 158, Berlin/New York, 2008, p.366.

272 Becker, J., *Paulus. Der Apostel der Völker*, Tübingen, 1998(3판), p.501; Hvalvik, R, "A 'Sonderweg' for Israel. A Critical Examination of a Current Interpretation of Romans 11:25-27", JSNT 38 (1990), pp.87-107, p.92.

273 Aageson, "Scripture and Structure in the Development of the Argument in Romans 9-11", CBQ 48 (1986), pp.265-289, p.285.

274 Wright, N.T, *Paul and the Faithfulness of God II*, Minneapolis, 2013, p.692.

275 Haacker, K., *Der Brief des Paulus an die Römer*, ThHK 6, Leipzig, 2012(4판), p.286; Käsemann, E., *An die Römer*, HNT 8, Tübingen, 1974(2판), p.304; Hofius, O., *Paulusstudien I*, WUNT 51, Tübingen, 1994, p.196.

276 Wolter, M., *Der Brief an die Römer: Teilband 2: Röm 9-16*, EKK, Neukirchen-Vluyn, 2019, p.213, 주58.

277 Hvalvik, R, "A 'Sonderweg' for Israel. A Critical Examination of a Current Interpretation of Romans 11:25-27", JSNT 38 (1990), pp.87-107, p.95.

278 Lohse, E., *Der Brief an Die Römer*, KEK, Göttingen, 2003, p.322; Michel, O., *Der Brief an die Römer*, KEK 4, Göttingen, 1978(5판), p.357.

279 Haacker, K., *Der Brief des Paulus an die Römer*, ThHK 6, Leipzig,

2012(4판), p.289; Nicklas, T, "Paulus und die Errettung Israels: Röm 11:25-36 in der exegetischen Diskussion und im jüdisch-christlichen Dialog", EChr 2 (2011), pp.173-197. p.187.

280 Cranfield, C. E. B., *Romans II*, ICC, Edinburgh, 2004(=1975), p.583; Fitzmyer, J. A., *Romans*, AncB 33, London/New York, 1993, p.627; Bell, R.H, *Provoked to Jealousy. The origin and Purpose of the Jealousy Motif in Romans 9-11*, WUNT 63, Tübingen, 1994, p.148.

281 Wolter, M., *Der Brief an die Römer: Teilband 2: Röm 9-16*, EKK, Neukirchen-Vluyn, 2019, p.221.

282 Michel, O., *Der Brief an die Römer*, KEK 4, Göttingen, 1978(5판), p.358; Schlier, H., *Der Römerbrief*, HKNT 6, Freiburg, 1977, p.343; Zeller, D., *Der Brief an die Römer*, RNT, Regensburg, 1985, p.200.

283 Lietzmann, H., *An die Römer*, HNT 8, Tübingen, 1971(5판), p.106; Kuss, O., *Der Römerbrief*. 2 Bände, RNT 6, Regensburg, 1963, p.817.

284 Käsemann, E., *An die Römer*, HNT 8, Tübingen, 1974(2판), p.306; Wilckens, U., *Der Brief an die Römer*, EKK, Bd 6/2, Zürich/Neukirchen-Vluyn, 1980, p.261; Jeremias, J, "Einige vorwiegend sprachliche Beobachtungen zu Röm 11:25-36", in: De Lorenzi, L. (Hg.), *Die Israelfrage nach Röm 9-11*, SMBen.BE 3, Rom, 1977, pp.193-216, p.203.

285 Wolter, M., *Der Brief an die Römer: Teilband 2: Röm 9-16*, EKK, Neukirchen-Vluyn, 2019, p.222.

286 Vollenweider, S, "Hymnus, Enkomion oder Psalm? Schattengefechte in der neutestamentlichen Wissenschaft", NTS 56 (2010), pp.208-231, p.223; Deichgräber, R, *Gotteshymnus und Christushymnus in der frühen Christenheit*, StUNT 6, Göttingen, 1967, p.61.

287 Vollenweider, S, "Hymnus, Enkomion oder Psalm? Schattengefechte in der neutestamentlichen Wissenschaft", NTS 56 (2010), pp.208-231, p.223; Naselli, A.D, *From Typology to Doxology. Paul's Use of Isaiah and Job in Romans 11:34-35*, Eugene, 2012, p.30.

288 Jewett, R., *Romans:A Commentary*, Hermeneia, Minneapolis, 2006, p.713; Johnson, E.E, *The Function of Apocalyptic and Wisdom Tradition in Romans 9-11*, SBLDS 109, Atlanta, 1989, p.172.

289 Schaller, B, "ἥξει ἐκ Σιὼν ὁ ῥυόμενος. Zur Textgestalt von Jes 59:20f. in Röm 11:26f", in: Ders., *Fundamenta Judaica*, StUNT 25, Göttingen, 2001, pp.162-166; Koch, D. -A., *Die Schrift als Zeuge des Evangeliums*, BHTh 69, Tübingen, 1986, p.72.

290 Bornkamm, G., "Der Lobpreis Gottes. Röm 11:33-36", in: Ders., *Das Ende des Gesetzes. Paulusstudien*, BEvTh 16, München, 1966, pp.70-75, p.72.

291 Wolter, M., *Der Brief an die Römer: Teilband 2: Röm 9-16*, EKK, Neukirchen-Vluyn, 2019, p.234.

292 *Metaph.* 1,3; *Phys.* 2,3.

293 *Ep.Mor.* 65,12.

294 Wolter, M., *Der Brief an die Römer: Teilband 2: Röm 9-16*, EKK, Neukirchen-Vluyn, 2019, p.236.

295 Käsemann, E., *An die Römer*, HNT 8, Tübingen, 1974(2판), p.300; Grässer, E., *Der Alte Bund im Neuen. Exegetische Studien zur Israelfrage im Neuen Testament*, WUNT 35, Tübingen, 1985, p.223.

296 Walter, N, "Zur Interpretation von Römer 9-11", ZThK 81 (1984), pp.172-195, p.176; Konradt, M, "Die historisch-kritische Exegese und das reformatorische Schriftprinzip", ZNT 39/40, (2017), pp.105-

125, p.121.

5부 예수 믿는 사람의 실천

1   Vielhauer, Ph, *Geschichte der urchristlichen Literatur*, Berlin/New York, 1975, p.56.

2   Wolter, M., *Theologie und Ethos im frühen Christentum:Studien zu Jesus, Paulus und Lukas*, WUNT 236, Tübingen, 2017, pp.127-140.

3   Wolter, M., *Paulus:Ein Grundriss seiner Theologie*, Neukirchen-Vluyn, 2015(2판), p.336.

4   Ep.Mor. 90,3.

5   Betz, H.D, "Das Problem der Grundlagen der paulinischen Ethik(Röm 12:1-2)", ZThK 85 (1988), pp.199-218, p.209; Theobald, M., *Der Römerbrief*, SKK 6/2, Stuttgart, 2001(2판), p.15.

6   Wolter, M., *Der Brief an die Römer: Teilband 2: Röm 9-16*, EKK, Neukirchen-Vluyn, 2019, p.251.

7   Bohlen, M, *Sanctorum Communio. Die Christen als "Heilige" bei Paulus*, BZNW 183, Berlin/New York, 2011, p.24.

8   Wolter, M., *Der Brief an die Römer: Teilband 2: Röm 9-16*, EKK, Neukirchen-Vluyn, 2019, p.252.

9   Epiktet, *Diss*. 2,9,2.

10 Seneca, *Fragm*. 123.

11 Käsemann, E., *An die Römer*, HNT 8, Tübingen, 1974(2판), p.313; Wilckens, U., *Der Brief an die Römer*, EKK, Bd 6/3, Zürich/Neukirchen-Vluyn, 1982, p.1; Dunn, J. D. G., *Romans* II, WBC 38B, Dallas, 1988, p.707.

12   Wolter, M., *Der Brief an die Römer: Teilband 2: Röm 9-16*, EKK, Neukirchen-Vluyn, 2019, p.255.

13   Peterson, D, "Worship and Ethics in Romans 12", TynB 44 (1993), pp.271-288; Reichert, A, "Gottes universaler Heilswille und der kommunikative Gottesdienst", in: *Paulus, Apostel Jesu Christi*(FS Klein, G.), Tübingen, 1998, pp.79-95.

14   Seneca, *Ep. Mor.* 94,48.

15   Wolter, M., *Paulus:Ein Grundriss seiner Theologie*, Neukirchen-Vluyn, 2015(2판), pp.320-325.

16   Wolter, M., *Der Brief an die Römer: Teilband 1: Röm 1-8*, EKK, Neukirchen-Vluyn, 2014, p.391.

17   Käsemann, E., An die Römer, HNT 8, Tübingen, 1974(2판), p.323; Ortkemper, F.-J, *Leben aus dem Glauben. Christliche Grundhaltungen nach Römer 12-13*, NTA 14, Münster, 1980, p.45; Morgan, T, *Roman Faith and Christian Faith*, Oxford, 2015, p.245.

18   Wilckens; U., *Der Brief an die Römer*, EKK, Bd 6/3, Zürich/Neukirchen-Vluyn, 1982, p.12; Middendorf, M.P, *Romans* 2, St. Louis, 2016, p.1225; Dunson, B.C, "Faith in Romans:The Salvation of the Individual or Life in Community?", JSNT 34 (2011), pp.19-46, p.36.

19   Vanhoye, A, "The Problematic Reception of πίστις in Romans 12:3, 6", in: *What Is It That the Schripture Says?*(FS Wansbrough, H), LNTS 316, London, 2006, pp.102-110; Poirier, J.C, "The Measure of Stewardship: Πίστις in Romans 12:3", TynB 59 (2008), pp.145-152; Thompson, M, *Clothed with Christi:The Example and Teaching of Jesus in Romans 12:1-15:13*, JSNT.S 59, Sheffield, 1991, p.88.

20   Wolter, M., *Der Brief an die Römer: Teilband 2: Röm 9-16*, EKK, Neukirchen-Vluyn, 2019, p.266.

21   Thorsteinsson, R.M, "Paul and Roman Stoicism:Romans 12 and Contemporary Stoic Ethics", JSNT 29 (2006), pp. 139-161.

22   Plato, Resp. 462c-e; Aristoteles, Resp. 1302b34-1303a1;Seneca, Ep.Mor. 95, 51-52.

23   Plutarch, *Coriol.* 6.3-4.

24   Lindemann, A, "Die Kirche als Leib", in: *Paulus, Apostel und Lehrer der Kirche*, Tübingen, 1999, pp.132-157.

25   Berding, K, "Romans 12:4-8: One Sentence or Two?", NTS 52 (2006), pp.433-439; Njiru, P.K, *Charisms and the Holy Spirit's Activity in the Body of Christ*, TG.T 86, Rom, 2002, pp.207-302, p.247.

26   Berding, K, "Confusing Word and Concept in 'Spiritual Gifts'", JETS 43 (2000), pp.37-51.

27   Hentschel, A, *Diakonia im Neuen Testament*, WUNT II, 226, Tübingen, 2007, p.34.

28   Hentschel, A, *Diakonia im Neuen Testament*, WUNT II, 226, Tübingen, 2007, p.145; Gielen, M, "Frauen als Diakone in paulinischen Gemeinden", in: Winkler, D.W. (Hg.), *Diakonat der Frau*, Wien u.a. 2010, pp.11-40, p.17.

29   Wilckens, U., *Der Brief an die Römer*, EKK, Bd 6/3, Zürich/ Neukirchen-Vluyn, 1982, p.16.

30   Wolter, M., *Der Brief an die Römer: Teilband 2: Röm 9-16*, EKK, Neukirchen-Vluyn, 2019, p.274.

31   Käsemann, E., *An die Römer*, HNT 8, Tübingen, 1974, 2판, p.330; Schlier, H., *Der Römerbrief*, HKNT 6, Freiburg, 1977, p.371.

32 Moo, D.J., *The Epistle to the Romans*, NIC, Grand Rapids, 1996, p.768;
Njiru, P.K, *Charisms and the Holy Spirit's Activity in the Body of
Christ*, TG.T 86, Rom, 2002, p.274.

33 Ortkemper, F.-J, *Leben aus dem Glauben. Christliche
Grundhaltungen nach Römer 12-13*, NTA 14, Münster, 1980, p.80;
van Unnik, W.C, "The Interpretation of Romans 12:8", in: Ders.,
Sparsa Collecta IV, NT.S 156, Leiden/Boston, 2014, pp.42-56.

34 Söding, Th., *Das Liebesgebot bei Paulus*, NTS.NF 26, Münster, 1995,
p.241; Wilson, W.T, *Love without Pretense: Romans 12:9-21 and
hellenistic-Jewish Wisdom Literature*, WUNT II, 46, Tübingen, 1991,
p.150.

35 Thorsteinsson, R.M, "Paul and Roman Stoicism: Romans 12 and
Contemporary Stoic Ethics", JSNT 29 (2006), pp. 139-161, p.145;
Peng, K.-W, *Hate the Evil, Hold Fast to the Good. Structuring
Romans 12:1-15:1*, LNTSt 300, London/New York, 2006, pp.45-67.

36 Schmithals, W, *Der Römerbrief*, Gütersloh, 1988, p.444.

37 Theobald, M., *Der Römerbrief*, SKK 6/2, Stuttgart, 2001(2판), p.64.

38 Walter, N, "Paulus und die urchristliche Jesustradition", NTS 31 (1985),
pp.498-522, p.501; Neirynck, F, "Paul and the Sayings of Jesus", in
Vanhoye, A (ed), *L'Apôtre Paul:Personalité, style et conception du
ministère*, BEThL 73, Leuven, 1986, pp. 265-321, p.295.

39 Wolter, M., *Der Brief an die Römer: Teilband 2: Röm 9-16*, EKK,
Neukirchen-Vluyn, 2019, p.281.

40 Wolter, M., *Der Brief an die Römer: Teilband 2: Röm 9-16*, EKK,
Neukirchen-Vluyn, 2019, p.245.

41 Aristoteles, *Eth. Nic.* 1118a8; Plutarch, Sol. 29,6.

42   Plutarch, *Mor.* 478a-492d.

43   Schäfer, K, *Gemeinde als "Bruderschaft"*, EHS.T 333, Frankfurt a.M. u.a., 1989; Aasgaard, R, *"My beloved Brothers and Sisters!"*. *Christen Siblingsship in Paul*, JSNT.S 265, London/New York, 2004, p.170.

44   Cranfield, C. E. B., *Romans II*, ICC, Edinburgh, 2004(=1975), p.632; Jewett, R., *Romans:A Commentary*, Hermeneia, Minneapolis, 2006, p.761.

45   Wilckens, U., *Der Brief an die Römer*, EKK, Bd 6/2, Zürich/ Neukirchen-Vluyn, 1980, p.20; Fitzmyer, J. A., *Romans*, AncB 33, London/New York, 1993, p.654.

46   Engberg-Pedersen, T, "The Relationship with Others:Similarities and Differences Between Paul and Stoicism", ZNW 96 (2005), pp.35-60, p.56.

47   Wolter, M., "Die Entwirklung des paulinischen Christentums von einer Bekehrungsreligion zu einer Traditionsreligion", EChr 1 (2010), pp.15-40, p.17.

48   Fitzmyer, J. A., *Romans*, AncB 33, London/New York, 1993, p.654; Paffenroth, K, "Romans 12:9-21", IBS 14 (1992), pp.89-99, p.91.

49   Aristoteles, *Eth. Nic.* 1159b31.

50   Klauck, H.-J, *Gemeinde zwischen Haus und Stadt*, Freiburg u.a., 1992, pp.95-123.

51   Hiltbrunner, O, *Gastfreundschaft in der Antike und im frühen Christentum*, Darmstadt, 2005, p.217.

52   Neirynck, F, "Paul and the Sayings of Jesus", in Vanhoye, A (ed), *L'Apôtre Paul:Personalité, style et conception du ministère*, BEThL 73, Leuven, 1986, pp. 265-321, pp.295-300; Wolter, M, "Jesus bei

Paulus", Rothschild, C.K./Schröter, J (ed.), *The Rise and Expansion of Christianity in the First Three Centuries of the Common Era*, WUNT 301, Tübingen, 2013, pp.205-232, p.221; Jacobi, Ch, *Jesusüberlieferung bei Paulus?*, BZNW 213, Berlin/Boston, 2015, p.87, pp.92-96.

53 Lohse, E., *Der Brief an Die Römer*, KEK, Göttingen, 2003, p.347; Wilckens, U., *Der Brief an die Römer*, EKK, Bd 6/2, Zürich/ Neukirchen-Vluyn, 1980, p.23.

54 Käsemann, E., *An die Römer*, HNT 8, Tübingen, 1974(2판), p.335; Wright, N.T, *Paul and the Faithfulness of God II*, Minneapolis, 2013, p.714; Ortkemper, F.-J, *Leben aus dem Glauben. Christliche Grundhaltungen nach Römer 12-13*, NTA 14, Münster, 1980, p.103.

55 Wolter, M., *Der Brief an die Römer: Teilband 2: Röm 9-16*, EKK, Neukirchen-Vluyn, 2019, p.293.

56 Becker, E.-M, *Der Begriff der Demut bei Paulus*, Tübingen, 2015, p.147.

57 Broer, I, "Das Ius Talionis im Neuen Testament", NTS 40 (1994), pp.1-21.

58 Wolter, M., *Der Brief an die Römer: Teilband 2: Röm 9-16*, EKK, Neukirchen-Vluyn, 2019, p.296.

59 Käsemann, E., *An die Römer*, HNT 8, Tübingen, 1974(2판), p.336; Wilckens, U., *Der Brief an die Römer*, EKK, Bd 6/2, Zürich/ Neukirchen-Vluyn, 1980, p.24.

60 Haacker, K., *Der Brief des Paulus an die Römer*, ThHK 6, Leipzig, 2012(4판), p.308; Reichert, A, *Der Römerbrief* als Gratwanderung, FRLANT 194, Göttingen, 2001, p.265.

61   Breytenbach, C, "Vormarkinische Logientradition. Parallelen in der urchristlichen Briefliteratur", in: *The Four Gospels*(FS Neirynck, F), BEThL 100, Leuven, 1992, pp.725-749, p.735; Moo, DJ., *The Epistle to the Romans*, NIC, Grand Rapids, 1996, p.785.

62   Wischmeyer, O, "Das Adjektiv ἀγαπητός in den paulinischen Briefen", NTS 32 (1986), pp.476-480, p.478.

63   Gerber, Ch, *Paulus und seine Kinder*, BZNW 136, Berlin/New York, 2005, p.205.

64   Zeller, D, *Neues Testament und hellenistische Umwelt*, BBB 150, Hamburg, 2006, p.222.

65   Fernandez Marcos, N, *The Septuagint in Context*, Leiden u.a., 2000, p.138; Koch, D. -A., *Die Schrift als Zeuge des Evangeliums*, BHTh 69, Tübingen, 1986, p.240, 주3.

66   Theissen, Gerd, Soziologie der Jesusbewegung, TEH 194, München, 1997(7판), p.94.

67   Augustin, *Doctr. Chr.* 3,56; Thomas v. Aquin, *Lect. ad Rom.* 1014; Luther II, 322/323.

68   Zeller, D., *Der Brief an die Römer*, RNT, Regensburg, 1985, p.212; Haacker, K., *Der Brief des Paulus an die Römer*, ThHK 6, Leipzig, 2012(4판), p.310; Day, J.N, "'Coals of Fire' in Romans 12:19-20", BS 160 (2003), pp.414-420.

69   Morenz, S, "Feurige Kohlen auf dem Haupt", ThLZ 78 (1953), pp.187- 192.

70   Wolter, M., *Der Brief an die Römer: Teilband 2: Röm 9-16*, EKK, Neukirchen-Vluyn, 2019, p.302, 주107.

71   Winter, B, "Roman law and Society in Romans 12-15", in: Oakes, P,

(ed.), *Rome in the Bible and the Early Church*, Grand Rapids, 2002, pp.67-102, p.80.

72 Lampe, P, "Menschliche Würde in frühchristlicher Perspektive", in: Herms, E. (Hg.), *Menschenbild und Menschwürde*, VWGTh 17, Gütersloh, 2001, pp.288-304, p.298.

73 Engberg-Pedersen, T, "Paul's Stoicizing Politics in Romans 12-13; The Role of 13:1-10 in the Argument", JSNT 29 (2006), pp.163-172, p.168; Krauter, S, "Auf dem Weg zu einer theologischen Würdigung von Röm 13:1-7", ZThK 109 (2012), pp.287-306, p.247.

74 Käsemann, E., *An die Römer*, HNT 8, Tübingen, 1974(2판), p.339; Horrell, D.G, "The Product of a Petrine Circle?", JSNT 86 (2002), pp.29-60, p.36.

75 Käsemann, E., *An die Römer*, HNT 8, Tübingen, 1974(2판), p.342; Dunn, J. D. G., Romans II, WBC 38B, Dallas, 1988, 760; Schreiner, Th. R., Romans, BECNT 6, Grand Rapids, 1998, p.682.

76 Strobel, A, "Zum Verständnis von Rm 13", ZNW 47 (1956), pp.67-93, p.79.

77 Krauter, S, *Studien zu Röm 13:1-7*(WUNT 243), Tübingen, 2009, p.173; Walker, R, *Studie zu Römer 13:1-7*(TEH.NF 132), München, 1966, p.12.

78 Porter, S.E, "Romans 13:1-7 as Pauline Political Rhetoric", FNT 3 (1990), pp.115-139, p.123.

79 Wolter, M., *Der Brief an die Römer: Teilband 2: Röm 9-16*, EKK, Neukirchen-Vluyn, 2019, p.310.

80 Käsemann, E., *An die Römer*, HNT 8, Tübingen, 1974(2판), p.342.

81 Krauter, S, *Studien zu Röm 13:1-7* (WUNT 243), Tübingen, 2009, p.176.

82 Krauter, S, *Studien zu Röm 13:1-7* (WUNT 243), Tübingen, 2009,

pp.179-191; Krauter, S, "'Es ist keine Gewalt ausser von Gott'. Röm 13:1 im Kontext des politischen Diskurses der neronischen Zeit", in: Schnelle, U.,(ed.), *The Letter to the Romans*, BEThL 226, Leuven u.a., 2009, pp.371-401.

83 Krauter, S, "'Es ist keine Gewalt ausser von Gott'. Röm 13:1 im Kontext des politischen Diskurses der neronischen Zeit", in: Schnelle, U.,(ed.), *The Letter to the Romans*, BEThL 226, Leuven u.a., 2009, pp.371-401, p.392.

84 Strobel, A, "Zum Verständnis von Rm 13", ZNW 47 (1956), pp.67-93, p.86.

85 Friedrich, J./Pöhlmann, W./Stuhkmacher, P. Zur historischen Situation und Intention von Röm 13:1-7, ZThK 73 (1976) pp.131-166, pp.136-140; Krauter, S, *Studien zu Röm 13:1-7* (WUNT 243), Tübingen, 2009, p.191.

86 Wolter, M., *Theologie und Ethos im frühen Christentum:Studien zu Jesus, Paulus und Lukas*, WUNT 236, Tübingen, 2017, pp.241-257.

87 Friedrich, J./Pöhlmann, W./Stuhkmacher, P. Zur historischen Situation und Intention von Röm 13:1-7, ZThK 73 (1976), pp.131-166, p.162.

88 Wolter, M., *Der Brief an die Römer: Teilband 2: Röm 9-16*, EKK, Neukirchen-Vluyn, 2019, p.313.

89 Friedrich, J./Pöhlmann, W./Stuhkmacher, P. Zur historischen Situation und Intention von Röm 13:1-7, ZThK 73 (1976), pp.131-166, p.163.

90 Xenophon, *Oeconom.* 9,14; Plutarch, Mor. 779b.

91 van Unnik, W.C, "Lob und Strafe durch die Obrigkeit. Hellenistisches

zu Röm 13:3-4", in: Ders., *Sparsa Collecta IV* (NT.S 156), Leiden/
Boston, 2014, pp.57-65; Krauter, S, *Studien zu Röm 13:1-7* (WUNT
243), Tübingen, 2009, p.193.

92 Winter, B.W, "The Public Honouring of Christian Benefactors", JSNT
34 (1988), pp.87-103.

93 Jewett, R., *Romans:A Commentary*, Hermeneia, Minneapolis,
2006, p.795; Elliott, N, "Romans 13:1-7 in the Context of Imperial
Propaganda", in: Horsley, R.A. (ed.), *Paul and Empire:Religion and
Power in Roman Imperial Society*, Harrisburg 1997, pp.184-204,
201; Elliott, N, *The Arrogance of nations. Reading Romans in the
Shadow of Empire*, Minneapolis, 2008, p.155.

94 Delling, G, *Römer 13:1-7 innerhalb der Briefe des Neuen
Testaments*, Berlin, 1962, p.59.

95 Krauter, S, "Auf dem Weg zu einer theologischen Würdigung von
Röm 13:1-7", ZThK 109 (2012), pp.287-306, p.301, 주64.

96 Käsemann, E., *An die Römer*, HNT 8, Tübingen, 1974, 2판, p.345;
Wolter, M., *Der Brief an die Römer: Teilband 2: Röm 9-16*, EKK,
Neukirchen-Vluyn, 2019, p.317.

97 Wilckens, U., *Der Brief an die Römer*, EKK, Bd 6/3, Zürich/
Neukirchen-Vluyn, 1982, p.35; Haacker, K., *Der Brief des Paulus an
die Römer*, ThHK 6, Leipzig, 2012(4판), p.318; Krauter, S, Studien
zu Röm 13:1-7 (WUNT 243), Tübingen, 2009, p.195.

98 Käsemann, E., "Grundsätzliches zur Interpretation von Röm 13", in:
Ders., *Exegetische Versuche und Besinnungen II*, Göttingen, 1968(3
판), pp.204-222, p.220.

99 Walker, R, *Studie zu Römer 13:1-7* (TEH.NF 132), München, 1966, p.8.

100 Wolter, M., *Der Brief an die Römer: Teilband 2: Röm 9-16*, EKK, Neukirchen-Vluyn, 2019, p.318.

101 Theobald, M., *Der Römerbrief*, SKK 6/2, Stuttgart, 2001(2판), 90; Bailey, J.N, "Paul's Political Paraenesis in Romans 13:1-7", RestQ 46 (2004) pp.11-28, p.22.

102 Dunn, J. D. G., *Romans II*, WBC 38B, Dallas, 1988, p.766; Moo, D.J., *The Epistle to the Romans*, NIC, Grand Rapids, 1996, p.804; Stein, R.H, "The Argument of Romans 13:1-7", NT 31 (1989), pp.325-343, p.341.

103 Friedrich, J./Pöhlmann, W./Stuhkmacher, P. "Zur historischen Situation und Intention von Röm 13:1-7", ZThK 73 (1976), pp.131-166, p.164; Bammel, E, "Romans 13", in: Bammel, E./Moule, C.F.D, (ed.), *Jesus and the Politics of His Day*, Cambridge, 1984, pp.365-383, p.371; Coleman, Th.M, "Binding Obligations in Romans 13:7", TynB 48 (1997), pp.307-327, p.313.

104 Neesen, L, *Untersuchungen zu den direkten Staatsabgaben der römischen Kaiserzeit (27 v.Chr-284 n.Chr)* (Ant. I, 32), Bonn, 1980, p.264; Wolters, R, "Vectigal, Tributum und Stipendium-Abgabeformen in römischer Republik und Kaiserzeit", in: Klinkott, H. u.a. (Hg.), *Geschenke und Steuern, Zölle und Tribute. Antike Abgabeformen in Anspruch und Wirklichkeit*, Leiden/Boston, 2007, pp.407-430.

105 Günther, S, *"Vectigalia nervos esse rei publicae". Die indirekten Steuern in der Römischen Kaiserzeit von Augustinus bis Diokletian* (Philippika 26), Wiesbaden, 2008.

106 Tacitus, *Ann.* 13,50-51; Sueton, *Vit. Caes. Nero* 10,1.

107 Friedrich, J./Pöhlmann, W./Stuhkmacher, P. "Zur historischen Situation und Intention von Röm 13:1-7", ZThK 73 (1976), pp.131-

166, p.157.

108   Wolter, M., *Der Brief an die Römer: Teilband 2: Röm 9-16*, EKK, Neukirchen-Vluyn, 2019, p.320, 주58.

109   Coleman, Th.M, "Binding Obligations in Romans 13:7", TynB 48 (1997), pp.307-327, p.309; Merklein, H, "Sinn und Zweck von Röm 13:1-7", in: Ders., *Studien* zu Jesus und paulus II (WUNT 105), Tübingen, 1998, pp.405-437, p.418, 주39.

110   Botermann, H, "Die Massnahmen gegen die stadtrömischen Juden im Jahre 19 n.Chr.", Historia 52 (2003), pp.410-435, p.416.

111   Michel, O., *Der Brief an die Römer*, KEK 4, Göttingen, 1978(5판), p.392; Dunn, J. D. G., *Romans II*, WBC 38B, Dallas, 1988, p.767.

112   Heiligenthal, R, "Strategien konformer Ethik im Neuen Testament am Beispiel von Röm 13:1-7", NTS 29 (1983), pp.55-61, p.58; Krauter, S, "Auf dem Weg zu einer theologischen Würdigung von Röm 13:1-7", ZThK 109 (2012), pp.287-306, p.305.

113   Wilckens, U., *Der Brief an die Römer*, EKK, Bd 6/3, Zürich/Neukirchen-Vluyn, 1982, pp.43-66; Merklein, H, "Sinn und Zweck von Röm 13:1-7", in: Ders., *Studien* zu Jesus und paulus II (WUNT 105), Tübingen, 1998, pp.405-437, p.405, 주1,2.

114   Wolter, M., *Der Brief an die Römer: Teilband 2: Röm 9-16*, EKK, Neukirchen-Vluyn, 2019, p.327.

115   Käsemann, E., *An die Römer*, HNT 8, Tübingen, 1974(2판), p.338, 344; Käsemann, E., "Grundsätzliches zur Interpretation von Röm 13", in: Ders., *Exegetische Versuche und Besinnungen II*, Göttingen, 1968(3판), pp.204-222, p.216.

116   George, R.T, "'Be subject to the Governing Authorities':Reading

Romans 13:1-7 in the Matrix of Roman Patronage", DoThJ 3 (2006), pp.105-126, p.108; Jewett, R, "Reinterpreting Romans 13 within Its Broader Context", in: *Celebrating Paul*(FS Jerome Murphy-O'Connor and Joseph A. Fitzmyer, (CBQ.MS 48), Washington, 2011, pp.265-274, p.268; Kroger, D, "Paul and the Civil Authorities", AJTh 7 (1993), pp.344-366, p.352.

117 Coleman, Th.M, "Binding Obligations in Romans 13:7", TynB 48 (1997), pp.307-327, p.325; Friedrich, J./Pöhlmann, W./Stuhkmacher, P. "Zur historischen Situation und Intention von Röm 13:1-7", ZThK 73 (1976), pp.131-166, p.156; Theobald, M, *Der Römerbrief*, EdF 294, Darmstadt, 2000, p.309.

118 Wolter, M., *Der Brief an die Römer: Teilband 1: Röm 1-8*, EKK, Neukirchen-Vluyn, 2014, p.40, pp.42-56.

119 Wolter, M., *Der Brief an die Römer: Teilband 2: Röm 9-16*, EKK, Neukirchen-Vluyn, 2019, p.329.

120 Sanders, E.P., *Paul. The Apostle's Life, Letters, and Thought*, Minneapolis, 2015, pp.694-695.

121 Baumert, N, *Der Dativ bei Paulus* (EFNT 7), Cordoba, 2005; Giesen, H, "Nächstenliebe und Heilsvollendung. Zu Röm 13:8-14", SNUT.A 33 (2008) pp.67-97, pp.67-70.

122 Wolter, M., *Der Brief an die Römer: Teilband 2: Röm 9-16*, EKK, Neukirchen-Vluyn, 2019, p.331.

123 Haacker, K., *Der Brief des Paulus an die Römer*, ThHK 6, Leipzig, 2012(4판), p.322.

124 Wolter, M., *Der Brief an die Römer: Teilband 1: Röm 1-8*, EKK, Neukirchen-Vluyn, 2014, p.480.

125 Konradt, M, "Menschen- oder Bruderliebe? Beobachtungen zum Liebesgebot in den Testamenten der Zwölf Patriarchen", ZNW 88 (1997), pp.296-310.

126 Wischmeyer, O, "Das Gebot der Nächstenliebe bei Paulus. Eine traditionsgeschichtliche Untersuchtung", BZ NF 30 (1986), pp.161-187, p.184, p.187.

127 Dunn, J. D. G., *Romans II*, WBC 38B, Dallas, 1988, p.785; Wilckens, U., *Der Brief an die Römer*, EKK, Bd 6/3, Zürich/Neukirchen-Vluyn, 1982, p.75; Hultgren, A. J., *Paul's Letter to the Romans*, Grand Rapids/Cambridge, 2011, p.489.

128 Käsemann, E., *An die Römer*, HNT 8, Tübingen, 1974(2판), p.350.

129 Wolter, M., *Der Brief an die Römer: Teilband 2: Röm 9-16*, EKK, Neukirchen-Vluyn, 2019, p.340.

130 Moo, D.J., *The Epistle to the Romans*, NIC, Grand Rapids, 1996, 821; Lohse, E., *Der Brief an Die Römer*, KEK, Göttingen, 2003, p.364.

131 Augustinus, *Conf.* 8,12,29.

132 Wolter, M., *Der Brief an die Römer: Teilband 1: Röm 1-8*, EKK, Neukirchen-Vluyn, 2014, p.156.

133 Horn, F.W, *Paullusstudien* (NET 22), Tübingen, 2017, p.297.

134 Wolter, M., *Der Brief an die Römer: Teilband 1: Röm 1-8*, EKK, Neukirchen-Vluyn, 2014, p.430.

135 Dautzenberg, G, Was bleibt von der Naherwartung? Zu Röm 13:11-14, in: *Biblische Randbemerkungen* (FS Schnackenburg, R.), Würzburg, 1974, pp.361-374; Vögtle, A, "Röm 13:11-14, und die 'Nah'-Erwartung", in: *Rechtfertigung*, (FS Käsemann, E.), Tübingen, 1976, pp.557-573; Ortkemper, F.-J, *Leben aus dem Glauben. Christliche*

Grundhaltungen nach Römer 12-13, NTA 14, Münster, 1980, p.132.

136 Toney, C.N, *Paul's Inclusive Ethic. Resolving Community Conflicts and Promoting Mission in Romans 14-15* (WUNT II, 252), Tübingen, 2008, p.89; Gäckle, V, *Die Starken und die Schwachen in Korinth und in Rom* (WUNT II, 200), Tübingen, 2004, pp.363-374.

137 Rauer, M, *Die 'Schwachen' in Korinth und in Rom* (BSt(F) 21:2-3), Freiburg, 1923, p.165.

138 Schmithals, W, *Der Römerbrief*, Gütersloh, 1988, p.103; Das, A.A, *Solving the Romans Debate*, Minneapolis, 2007, p.106; Lampe, P, *Die stadtrömischen Christen in den ersten beiden Jahrhunderten* (WUNT II, 18), Tübingen, 1989(2판), p.56.

139 Theissen, G,/v. Gemünden, *Der Römerbrief. Rechenschaft eines Reformators*, Göttingen, 2016, p.347, p.349.

140 Sueton, *Vit. Caes. Claudius* 38,2; Nero, 16,2.

141 Wolter, M., *Der Brief an die Römer: Teilband 2: Röm 9-16*, EKK, Neukirchen-Vluyn, 2019, p.348, 주4.

142 Nanos, M.D, *The Mystery of Romans*, Minneapolis, 1996, pp.85-165.

143 Weiss, H, "Paul and the Judging of Days", ZNW 86 (1995), pp.137-153.

144 Bolton, D.L, "Who Are You Calling 'Weak'?", in: Schnelle, U.,(ed.), *The Letter to the Romans*, BEThL 226, Leuven u.a., 2009, pp.617-629; Pitta, A, "The Strong, the Weak and the Mosaic Law in the Christian Communities of Rome (Rom 14:1-15:13)", in: Zangenberg, J./Labahn, M, (ed.), *Christians as a Religious Minority in a Multicultural City* (JSNT. S 243) London, 2004, pp.90-102.

145 Reasoner, M, *The Strong and the Weak. Romans 14:1-15:13 in*

Context (MSSNTS 103), Cambridge, 1999, p.86.

146 Thorsteinsson, R.M, *Roman Christianity and Roman Stoicism*, Oxford, 2010, p.91; Wengst, K., *"Freut euch, ihr Völker, mit Gottes Volk!":Israel und die Völker als Thema des Paulus-ein Gang durch den Römerbrief*, Stuttgart, 2008, p.407; Wolter, M., *Der Brief an die Römer: Teilband 1: Röm 1-8*, EKK, Neukirchen-Vluyn, 2014, pp.51-54.

147 Gäckle, V, *Die Starken und die Schwachen in Korinth und in Rom* (WUNT II. 200), Tübingen, 2004, p.110.

148 Oestreich, B, *Performanzkritik der Paulusbriefe* (WUNT 296), Tübingen, 1992, p.141.

149 Berger, K./Colpe, C. (Hg.), *Religionsgeschichtliches Textbuch zum Neuen Testament* (TNT 1), Göttingen, p.1987, 243

150 Zeller, D, *Der erste Brief an die Korinther* (KEK 5), Göttingen, 2010, p.125.

151 Stowers, S.K, "Paul on the Use and Abuse of Reason", in: *Greeks, Romans, and Christians*(FS Malherbe, A.J.), Minneapolis, 1990, pp.253-286, p.282.

152 Diogenes, *Laertius* 8.38; Philostratus, Vit. Apoll. 1.8.

153 Wolter, M., *Der Brief an die Römer: Teilband 2: Röm 9-16*, EKK, Neukirchen-Vluyn, 2019, p.354, 주30.

154 Bolton, D.L, "Who Are You Calling 'Weak?'", in: Schnelle, U.,(ed.), *The Letter to the Romans*, BEThL 226, Leuven u.a., 2009, pp.617-629, p.620.

155 Jewett, R., *Romans:A Commentary*, Hermeneia, Minneapolis, 2006, p.838.

156 Spicq, C, *Theological Lexicon of the New Testament II*, Peabody, 1994, p.384.

157 Wilckens, U., *Der Brief an die Römer*, EKK, Bd 6/3, Zürich/ Neukirchen-Vluyn, 1982, p.82; Gäckle, V, *Die Starken und die Schwachen in Korinth und in Rom* (WUNT II, 200), Tübingen, 2004, p.409.

158 Dunn, J. D. G., *Romans* II, WBC 38B, Dallas, 1988, p.804.

159 Käsemann, E., *An die Römer*, HNT 8, Tübingen, 1974(2판), p.357; Lohse, E., *Der Brief an Die Römer*, KEK, Göttingen, 2003, p.370.

160 Byrne, B., *Romans*, SacPaSe 6, Collegeville, 1996(2판), p.409.

161 Josephus, *Ant.* 11,346.

162 Weiss, B, *Der Brief an die Römer* (KEK 4), Göttingen, 1899(9판), p.550; Zahn, Th, *Der Brief des Paulus an die Römer ausgelegt* (KNT 6), Leipzig, 1925(3판), p.573.

163 Wolter, M., *Der Brief an die Römer: Teilband 2: Röm 9-16*, EKK, Neukirchen-Vluyn, 2019, p.360.

164 Robinson, J.M, "Die Hodojot-Formel in Gebet und Hymnus des Frühchristentums", in: *Apophoreta* (FS Haenchen E,) (BZNW 30), Berlin, 1964, pp.194-235.

165 Wolter, M., *Paulus:Ein Grundriss seiner Theologie*, Neukirchen- Vluyn, 2015(2판), p.75.

166 Theobald, M, "Der Einsamkeit des Selbst entnommen-dem Herrn gehörig. Ein christologisches Lehrstück(Röm 14:7-9)", in: Ders, *Studien zum Römerbrief*, WUNT 136, Tübingen, 2001, pp.142-161, p.142.

167 Michel, O., *Der Brief an die Römer*, KEK 4, Göttingen, 1978(5판), p.428.

168 Theobald, M, "Der Einsamkeit des Selbst entnommen-dem Herrn gehörig. Ein christologisches Lehrstück(Röm 14:7-9)", in: Ders, *Studien zum Römerbrief*, WUNT 136, Tübingen, 2001, pp.142-161, p.142.

169 Strecker, G./Schnelle, U. (Hg.), *Neuer Wettstein* II/1, Berlin/New York, 1996, pp.216-218; Zeller, D, *Neues Testament und hellenistische Umwelt* (BBB 150), Hamburg, 2006, pp.201-203; Haacker, K., *Der Brief des Paulus an die Römer*, ThHK 6, Leipzig, 2012(4판), p.337.

170 Wolter, M., *Der Brief an die Römer: Teilband 2: Röm 9-16*, EKK, Neukirchen-Vluyn, 2019, pp.361-362.

171 Wolter, M., *Theologie und Ethos im frühen Christentum:Studien zu Jesus, Paulus und Lukas*, WUNT 236, Tübingen, 2017, p.41.

172 Stanley, Ch.D, *Paul and the Language of Scripture*, SNTSMS 69, Cambridge, 1992, p.177, 주320; Wagner, J.R, *Heralds of the Good News. Isaiah and Paul "In Concert" in The Letter to the Romans*, NTS 101, Leiden u.a., 2002, p.37, 주121.

173 Wilckens, U., *Der Brief an die Römer*, EKK, Bd 6/3, Zürich/ Neukirchen-Vluyn, 1982, p.85.

174 Wolter, M., *Der Brief an die Römer: Teilband 2: Röm 9-16*, EKK, Neukirchen-Vluyn, 2019, p.367.

175 Fitzmyer, J. A., *Romans*, AncB 33, London/New York, 1993, 692; Haacker, K., *Der Brief des Paulus an die Römer*, ThHK 6, Leipzig, 2012(4판), p.339.

176 Wolter, M., *Das Lukasevangelium*, HNT 5, Tübingen, 2008, p.546.

177 Theobald, M, "Erkenntnis und Liebe. Kriterien glaubenskonformen Handelns nach Röm 14:13-23", in: Ders, *Studien zum Römerbrief*, WUNT 136, Tübingen, 2001, pp.481-510, p.483.

178 Wolter, M., *Der Brief an die Römer: Teilband 2: Röm 9-16*, EKK, Neukirchen-Vluyn, 2019, p.372, 주13.

179 Dunn, J. D. G., *Romans II*, WBC 38B, Dallas, 1988, 818; Thompson, M, *Clothed with Christi:The Example and Teaching of Jesus in Romans 12:1-15:13*, JSNT.S 59, Sheffield, 1991, p.174.

180 Wolter, M., *Der Brief an die Römer: Teilband 2: Röm 9-16*, EKK, Neukirchen-Vluyn, 2019, p.373, 주16.

181 Wilckens, U., *Der Brief an die Römer*, EKK, Bd 6/3, Zürich/ Neukirchen-Vluyn, 1982, p.91; Theobald, M, "Erkenntnis und Liebe. Kriterien glaubenskonformen Handelns nach Röm 14:13-23", in: Ders, *Studien zum Römerbrief*, WUNT 136, Tübingen, 2001, pp.481- 510, p.493.

182 Dunn, J. D. G., *Romans II*, WBC 38B, Dallas, 1988, p.818; Haacker, K., *Der Brief des Paulus an die Römer*, ThHK 6, Leipzig, 2012(4판), p.340; Jewett, R., *Romans:A Commentary*, Hermeneia, Minneapolis, 2006, p.858.

183 Jacobi, Ch, *Jesusüberlieferung bei Paulus?*, BZNW 213, Berlin/ Boston, 2015, p.299; Hiestermann, H, *Paul and the Synoptic Tradition* (ABIG 58), Leipzig, 2017, pp.151-154.

184 Wilckens, U., *Der Brief an die Römer*, EKK, Bd 6/3, Zürich/ Neukirchen-Vluyn, 1982, p.91; Theobald, M, "Erkenntnis und Liebe. Kriterien glaubenskonformen Handelns nach Röm 14:13-23", in: Ders, *Studien zum Römerbrief*, WUNT 136, Tübingen, 2001, pp.481- 510, p.493.

185 Reichert, A, Der *Römerbrief* als Gratwanderung, FRLANT 194, Göttingen, 2001, p.288.

186 Engberg-Pedersen, T., "'Everything is clean' and 'Everything that is Not of faith is Sin':The Logic of Pauline Casuistry in Romans 14:1- 15:13", in: *Paul, Grace and Freedom*(FS Riches, J.K), London/New York, 2009, pp.22-38, p.25.

187 Epikter, Ench. 5.

188 Billerbeck, P, *Kommentar zum Neuen Testament aus Talmud und Midrasch Bd. 1: Das Evangelium nach Matthäus*, München, 1978(10 판), p.719.

189 Wolter, M., *Der Brief an die Römer: Teilband 2: Röm 9-16*, EKK, Neukirchen-Vluyn, 2019, p.379.

190 Wilckens, U., *Der Brief an die Römer*, EKK, Bd 6/3, Zürich/ Neukirchen-Vluyn, 1982, p.93; Hultgren, A. J., *Paul's Letter to the Romans*, Grand Rapids/Cambridge, 2011, 518; Middendorf, M.P, *Romans 2*, St. Louis, 2016, p.1427.

191 Reichert, A, Der *Römerbrief als* Gratwanderung, FRLANT 194, Göttingen, 2001, p.290; Theobald, M, "Erkenntnis und Liebe. Kriterien glaubenskonformen Handelns nach Röm 14:13-23", in: Ders, *Studien zum Römerbrief*, WUNT 136, Tübingen, 2001, pp.481- 510, p.499; Gäckle, V, *Die Starken und die Schwachen in Korinth und in Rom* (WUNT II, 200), Tübingen, 2004, p.414.

192 Wilckens, U., *Der Brief an die Römer*, EKK, Bd 6/3, Zürich/ Neukirchen-Vluyn, 1982, p.93.

193 Becker, J., *Paulus. Der Apostel der Völker*, Tübingen, 1998(3판), p.303; Theobald, M, "Erkenntnis und Liebe. Kriterien glaubenskonformen Handelns nach Röm 14:13-23", in: Ders, *Studien zum Römerbrief*, WUNT 136, Tübingen, 2001, pp.481-510, p.489.

194 Wolter, M., *Der Brief an die Römer: Teilband 2: Röm 9-16*, EKK, Neukirchen-Vluyn, 2019, p.380, 주42.

195 Smit, P.-B, "A Symposium in Rom. 14:17?", NT 49 (2007), pp.40-53, p.47.

196 Wolter, M., *Theologie und Ethos im frühen Christentum: Studien zu Jesus, Paulus und Lukas*, WUNT 236, Tübingen, 2017, p.128.

197 Wilckens, U., *Der Brief an die Römer*, EKK, Bd 6/3, Zürich/Neukirchen-Vluyn, 1982, p.94; Theobald, M, "Erkenntnis und Liebe. Kriterien glaubenskonformen Handelns nach Röm 14:13-23", in: Ders, *Studien zum Römerbrief*, WUNT 136, Tübingen, 2001, pp.481-510, p.500.

198 Moo, D.J., *The Epistle to the Romans*, NIC, Grand Rapids, 1996, p.858; Jewett, R., *Romans:A Commentary*, Hermeneia, Minneapolis, 2006, p.864.

199 Käsemann, E., *An die Römer*, HNT 8, Tübingen, 1974(2판), p.365; Dunn, J. D. G., *Romans* II, WBC 38B, Dallas, 1988, p.825; Theobald, M, "Erkenntnis und Liebe. Kriterien glaubenskonformen Handelns nach Röm 14:13-23", in: Ders, *Studien zum Römerbrief*, WUNT 136, Tübingen, 2001, pp.481-510, p.501.

200 Wilckens, U., *Der Brief an die Römer*, EKK, Bd 6/3, Zürich/Neukirchen-Vluyn, 1982, p.95; Zeller, D., *Der Brief an die Römer*, RNT, Regensburg, 1985, p.228; Gäckle, V, *Die Starken und die Schwachen in Korinth und in Rom* (WUNT II, 200), Tübingen, 2004, p.418.

201 Wolter, M., *Der Brief an die Römer: Teilband 1: Röm 1-8*, EKK, Neukirchen-Vluyn, 2014, p.93; Wolter, M., *Paulus: Ein Grundriss*

seiner Theologie, Neukirchen-Vluyn, 2015(2판), p.75.

202   Barrett, C.K., *The Epistle to the Romans*, BNTC, Grand Rapids, 2011, p.244; Dunn, J. D. G., Romans II, WBC 38B, Dallas, 1988, p.826; Käsemann, E., *An die Römer*, HNT 8, Tübingen, 1974(2판), p.365.

203   Wolter, M., *Der Brief an die Römer: Teilband 2: Röm 9-16*, EKK, Neukirchen-Vluyn, 2019, p.386, 주69.

204   Stuhlmacher, P., *Der Brief an die Römer*, NTD 6, Göttingen, 1998(2판), p.203; Theobald, M, "Erkenntnis und Liebe. Kriterien glaubenskonformen Handelns nach Röm 14:13-23", in: Ders, *Studien zum Römerbrief*, WUNT 136, Tübingen, 2001, pp.481-510, p.502.

205   Reichert, A, *Der Römerbrief* als Gratwanderung, FRLANT 194, Göttingen, 2001, p.293.

206   Fitzmyer, J. A., *Romans*, AncB 33, London/New York, 1993, p.698; Haacker, K., *Der Brief des Paulus an die Römer*, ThHK 6, Leipzig, 2012(4판), p.334.

207   Jewett, R., *Romans:A Commentary*, Hermeneia, Minneapolis, 2006, p.871; Hultgren, A. J., *Paul's Letter to the Romans*, Grand Rapids/ Cambridge, 2011, p.521: Theobald, M, "Erkenntnis und Liebe. Kriterien glaubenskonformen Handelns nach Röm 14:13-23", in: Ders, *Studien zum Römerbrief*, WUNT 136, Tübingen, 2001, pp.481-510, p.503.

208   Wolter, M., *Der Brief an die Römer: Teilband 2: Röm 9-16*, EKK, Neukirchen-Vluyn, 2019, p.389.

209   Luther, M, *Vorlesung über den Römerbrief 1515/1516*. Lateinische-deutsche Ausgabe, 2Bde., Darmstadt, 1960, p.410.

210 Haacker, K., *Der Brief des Paulus an die Römer*, ThHK 6, Leipzig, 2012(4판), p.334, p.346; Theobald, M, "Erkenntnis und Liebe. Kriterien glaubenskonformen Handelns nach Röm 14:13-23", in: Ders, *Studien zum Römerbrief*, WUNT 136, Tübingen, 2001, pp.481-510, p.504.

211 Cranfield, C. E. B., *Romans II*, ICC, Edinburgh, 2004(=1975), p.729.

212 Wilckens, U., *Der Brief an die Römer*, EKK, Bd 6/3, Zürich/ Neukirchen-Vluyn 1982, p.97; Dunn, J. D. G., *Romans II*, WBC 38B, Dallas, 1988, p.828.

213 Wolter, M., *Der Brief an die Römer: Teilband 2: Röm 9-16*, EKK, Neukirchen-Vluyn, 2019, p.391.

214 Aristoteles, *Eth. Nic.* 1166b3; Epiktet, Diss. 2,18,19.

215 Aristoteles, *Magn. Mor.* 1292b33.

216 Reichert, A, *Der Römerbrief als Gratwanderung*, FRLANT 194, Göttingen, 2001, p.296.

217 Käsemann, E., *An die Römer*, HNT 8, Tübingen, 1974(2판), p.368; Theobald, M., *Der Römerbrief*, SKK 6/2, Stuttgart, 2001(2판), p.182; Hafemann, S, "Eschatology and Ethics. The Future of Israel and the Nations in Romans 15:1-13", TynB 51 (2000), pp.161-192, p.164.

218 Wolter, M., *Der Brief an die Römer: Teilband 2: Röm 9-16*, EKK, Neukirchen-Vluyn, 2019, p.397.

219 Burchard, Ch, *Studien zur Theologie, Sprache und Umwelt des Neuen Testaments*, WUNT 107, Tübingen, 1998, p.176.

220 Hossfeld, F.-L/Zenger, E, *Psalmen 51-100*, Freiburg u.a., 2000, p.277.

221 Haacker, K., *Der Brief des Paulus an die Römer*, ThHK 6, Leipzig, 2012(4판), p.348; Böhm, Ch, *Die Rezeption des Psalmen in den*

*Qumranschriften, bei Philo von Alexandrien und im Corpus
Paulinum* (WUNT II, 437), Tübingen, 2017, p.190.

222 Hafemann, S, "Eschatology and Ethics. The Future of Israel and the
Nations in Romans 15:1-13", TynB 51 (2000), pp.161-192, p.164;
Lanzinger, D, Ein *"unerträliches philologisches Possenspiel?"* (NTOA/
StUNT 112), Göttingen, 2016, p.297.

223 Wolter, M., *Der Brief an die Römer: Teilband 2: Röm 9-16*, EKK,
Neukirchen-Vluyn, 2019, p.398.

224 Käsemann, E., *An die Römer*, HNT 8, Tübingen, 1974(2판), p.370;
Dunn, J. D. G., *Romans II*, WBC 38B, Dallas, 1988, p.840; Moo, D.J.,
The Epistle to the *Romans*, NIC, Grand Rapids, 1996, p.871.

225 Dunn, J. D. G., *Romans II*, WBC 38B, Dallas, 1988, 841; Moo, D.J.,
The Epistle to the Romans, NIC, Grand Rapids, 1996, p.872.

226 Wolter, M., *Der Brief an die Römer: Teilband 2: Röm 9-16*, EKK,
Neukirchen-Vluyn, 2019, p.403.

227 Wolter, M., *Der Brief an die Römer: Teilband 1: Röm 1-8*, EKK,
Neukirchen-Vluyn, 2014, p.53

228 Lietzmann, H., *An die Römer*, HNT 8, Tübingen, 1971(5판), p.119;
Byrne, B., *Romans*, SacPaSe 6, Collegeville, 1996(2판), 429; Zeller, D,
Juden und Heiden in der Mission des Paulus, FzB 1, Stuttgart, 1973,
p.219.

229 Wolter, M., *Der Brief an die Römer: Teilband 2: Röm 9-16*, EKK,
Neukirchen-Vluyn, 2019, p.404.

230 Das, A.A, "'Praise the Lord, All You Gentiles':The Encoded Audience
of Romans 15:7-13", JSNT 34 (2011), pp.90-110, p.97.

231 Wilckens, U., *Der Brief an die Römer*, EKK, Bd 6/3, Zürich/

Neukirchen–Vluyn, 1982, p.106; Haacker, K., *Der Brief des Paulus an die Römer*, ThHK 6, Leipzig, 2012(4판), p.352; Wengst, K., *"Freut euch, ihr Völker, mit Gottes Volk!":Israel und die Völker als Thema des Paulus-ein Gang durch den Römerbrief*, Stuttgart, 2008, p.422.

232 Käsemann, E., *An die Römer*, HNT 8, Tübingen, 1974(2판), p.372; Sass, G, "Röm 15:7-13 - als Summe des Römerbriefs gelesen", EvTh 53 (1993), pp.510-527, p.515; Schaller, B, "Christus, der Diener der Beschneidung···, auf ihn werden die Völker hoffen'", in: *Das Gesetz im frühen Judentum und im Neuen Testament*(FS Burchard, Ch,) (NTOA 57), Fribourg/Göttingen, 2006, pp.261-285, p.266.

233 Wolter, M., *Der Brief an die Römer: Teilband 2: Röm 9-16*, EKK, Neukirchen–Vluyn, 2019, p.406.

234 Byrne, B., *Romans*, SacPaSe 6, Collegeville, 1996(2판), p.439; Lambrecht, J, "Syntactical and Logical Remarks on Romans 15:8-9a", NT 42 (2000), pp.257-261, p.260; Das, A.A, ""Praise the Lord, All You Gentiles":The Encoded Audience of Romans 15:7-13", JSNT 34 (2011), pp.90-110, p.96.

235 Käsemann, E., *An die Römer*, HNT 8, Tübingen, 1974(2판), p.372; Haacker, K., *Der Brief des Paulus an die Römer*, ThHK 6, Leipzig, 2012, 4판, p.351; Theobald, M., *Der Römerbrief*, SKK 6/2, Stuttgart, 2001(2판), p.188.

236 Wolter, M., *Der Brief an die Römer: Teilband 1: Röm 1-8*, EKK, Neukirchen–Vluyn, 2014, p.129, p.250, p.472.

237 Wolter, M., *Der Brief an die Römer: Teilband 2: Röm 9-16*, EKK, Neukirchen–Vluyn, 2019, p.409.

238 Keck, L.E, "Christology, Soteriology, and the Praise of God(Romans

15:7-13)", in: *The Conversation Continues*(FS Martyn, L,), Nashville, 1990, pp.85-97, p.90.

239 Wilckens, U., *Der Brief an die Römer*, EKK, Bd 6/3, Zürich/ Neukirchen-Vluyn, 1982, p.108; Novenson, M.V, "The Jewish Messiahs, the Pauline Christ, and the Gentile Question", JBL 128 (2009), pp.357-373, p.369; Heil, J.P, "The Voices of Scripture and Paul's Rhetorical Strategy of Hope in Romans 15:7-13", Theoforum 33 (2002), pp.187-211, p.200, 주33.

240 Dunn, J. D. G., *Romans II*, WBC 38B, Dallas, 1988, p.849; Schreiner, Th. R., *Romans*, BECNT 6, Grand Rapids, 1998, p.757; Das, A.A, "'Praise the Lord, All You Gentiles':The Encoded Audience of Romans 15:7-13", JSNT 34 (2011), pp.90-110, p.99.

241 Käsemann, E., *An die Römer*, HNT 8, Tübingen, 1974(2판), p.373; Theobald, M., *Der Römerbrief*, SKK 6/2, Stuttgart, 2001(2판), p.192; Böhm, Ch, *Die Rezeption des Psalmen in den Qumranschriften, bei Philo von Alexandrien und im Corpus Paulinum* (WUNT II, 437), Tübingen, 2017, p.195.

242 Lohse, E., *Der Brief an Die Römer*, KEK, Göttingen, 2003, p.388; Hultgren, A. J., *Paul's Letter to the Romans*, Grand Rapids/ Cambridge, 2011, p.532; Koch, D. -A., *Die Schrift als Zeuge des Evangeliums*, BHTh 69, Tübingen, 1986, p.282.

243 Heil, J.P, "The Voices of Scripture and Paul's Rhetorical Strategy of Hope in Romans 15:7-13", Theoforum 33 (2002), pp.187-211, p.200.

244 Schaller, B, "Christus, 'der Diener der Beschneidung···, auf ihn werden die Völker hoffen'", in: *Das Gesetz im frühen Judentum und im Neuen Testament*(FS Burchard, Ch,) (NTOA 57), Fribourg/

Göttingen, 2006, pp.261-285, p.278.

245 Käsemann, E., *An die Römer*, HNT 8, Tübingen, 1974(2판), p.374; Wilckens, U., *Der Brief an die Römer*, EKK, Bd 6/3, Zürich/ Neukirchen-Vluyn, 1982, p.108; Wilk, F., *Die Bedeutung des Jesajabuches für Paulus*, FRLANT 179, Göttingen, 1998, p.169.

246 Cranfield, C. E. B., *Romans II*, ICC, Edinburgh, 2004(=1975), p.747; Schreiner, Th. R., *Romans*, BECNT 6, Grand Rapids, 1998, p.758; Zeller, D, *Juden und Heiden in der Mission des Paulus*, FzB 1, Stuttgart, 1973, p.220.

247 Wolter, M., *Der Brief an die Römer: Teilband 2: Röm 9-16*, EKK, Neukirchen-Vluyn, 2019, p.413.

248 Wolter, M., *Der Brief an die Römer: Teilband 1:Röm 1-8*, EKK, Neukirchen-Vluyn, 2014, p.486.

후기와 끝인사

1 Wolter, M., *Der Brief an die Römer: Teilband 1: Röm 1-8*, EKK, Neukirchen-Vluyn, 2014, p.76; Weima, J., "Preaching the Gospel in Rome. A Study of the Epistolary Framework of Romans", in: *Gospel in Paul. Studies on Corinthians, Galatians and Romans*(FS Longenecker, R. N), JSNTS 108, Sheffield, 1994, pp.337-366, p.354.

2 Zeller, D, *Juden und Heiden in der Mission des Paulus*, FzB 1, Stuttgart, 1973, p.66, 주115; Olson, S.N, "Pauline Expressions of Confidence in His Addressees", CBQ 47 (1985), pp.282-295, p.282.

3 Plato, *Gorg.* 500b; Aristoteles, *Eth. Nic.* 1095a14.

4 Wilckens, U., *Der Brief an die Römer*, EKK, Bd 6/3, Zürich/

Neukirchen-Vluyn, 1982, p.117; Dunn, J. D. G., *Romans* II, WBC 38B, Dallas, 1988, p.858; Moo, D.J., *The Epistle to the Romans*, NIC, Grand Rapids, 1996, p.888.

5   Wolter, M., *Der Brief an die Römer: Teilband 2: Röm 9-16*, EKK, Neukirchen-Vluyn, 2019, p.421.

6   Aristoteles, Rhet. 1,2,3-6.

7   Gupta, N.K, *Worship that Makes Sense to Paul* (BNZW 175), Berlin/New York, 2010, p.129.

8   Vorholt, R, "Paulus als Priester", IKaZ 38 (2009), pp.67-81, p.72.

9   Strack, W, *Kultische Terminologie in ekklesiologischen Kontexten in den Briefen des Paulus* (BBB 92), Weinheim, 1994, p.47.

10   Strauss, S, "Missions Theology in Romans 15:14-33", BS 160 (2003) pp.457-474, p.459; Strack, W, *Kultische Terminologie in ekklesiologischen Kontexten in den Briefen des Paulus* (BBB 92), Weinheim, 1994, p.73.

11   Radl, W, "Kult und Evangelium bei Paulus", BZ NF 31 (1987), pp.58-75, p.75.

12   Haacker, K., *Der Brief des Paulus an die Römer*, ThHK 6, Leipzig, 2012(4판), p.360; Dabelstein, R, *Die Beurteilung der "Heiden" bei Paulus* (BET 14), Frankfurt a.M. u.a, 1981, p.112.

13   Downs, D.J, *The Offering of the Gentiles* (WUNT. II 248), Tübingen, 2008, pp.146-157; Whittle, S, *Covenant Renewal and the Consecration of the Gentiles in Romans* (MSSNTS 161), Cambridge, 2015, p.176.

14   Wilckens, U., *Der Brief an die Römer*, EKK, Bd 6/3, Zürich/Neukirchen-Vluyn, 1982, p.118.

15   Scott, J. M, *Paul and the Nations* (WUNT 84), Tübingen, 1995, p.136;
      Theobald, M, *Israel-Vergessenheit in den Pastoralbriefen* (SBS 229),
      Stuttgart, 2016, p.138

16   Wolter, M., *Der Brief an die Römer: Teilband 2: Röm 9-16*, EKK,
      Neukirchen-Vluyn, 2019, p.432, 주67.

17   Käsemann, E., *An die Römer*, HNT 8, Tübingen, 1974(2판), p.381;
      Reichert, A, Der *Römerbrief* als Gratwanderung, FRLANT 194,
      Göttingen 2001, p.86, 주13.

18   Wright, N.T, *Paul and the Faithfulness of God II*, Minneapolis, 2013,
      p.755; Wagner, J.R, *Heralds of the Good News. Isaiah and Paul "In
      Concert" in The Letter to the Romans*, NT.S 101, Leiden u.a., 2002,
      p.335.

19   Dunn, J. D. G., *Romans II*, WBC 38B, Dallas, 1988, p.866; Haacker, K.,
      Der Brief des Paulus an die Römer, ThHK 6, Leipzig, 2012(4판), p.366.

20   Vielhauer, Ph, *Geschichte der urchristlichen Literatur*, Berlin/New
      York, 1975, p.184; Schnelle, U., "Der Römerbrief und die Aporien
      des paulinischen Denkens", in: Schnelle, U.,(ed.), *The Letter to the
      Romans*, BEThL 226, Leuven u.a., 2009, pp.3-23, p.5.

21   Wolter, M., *Der Brief an die Römer: Teilband 2: Röm 9-16*, EKK,
      Neukirchen-Vluyn, 2019, p.439.

22   Dunn, J. D. G., *Romans II*, WBC 38B, Dallas, 1988, p.872; Jewett, R.,
      Romans:A Commentary, Hermeneia, Minneapolis, 2006, p.924.

23   Das, A.A, "Paul of Tarshish:Isaiah 66:19 and the Spanish Mission of
      Romans 15:24, 28", NTS 54(2008), pp.60-73; Chapple, A, "Why Spain?
      Paul and his Mission Plans", JStPL 2 (2011), pp.193-212, p.202.

24   Riesner, R, *Die Frühzeit des Apostels Paulus* (WUNT 71), Tübingen,

1994, p.224.

25 Ellis, E.E, "Das Ende der Erde'(Apg 1,8)", in: *Der Treue Gottes trauen*. (FS Schneider, G,), Freburg u.a., 1991, pp.277-287; Chapple, A, "Why Spain? Paul and his Mission Plans", JStPL 2 (2011), pp.193-212, p.204.

26 Schnelle, U., "Der Römerbrief und die Aporien des paulinischen Denkens", in: Schnelle, U.,(ed.), *The Letter to the Romans*, BEThL 226, Leuven u.a., 2009, pp.3-23, p.6.

27 Wolter, M., *Der Brief an die Römer: Teilband 2: Röm 9-16*, EKK, Neukirchen-Vluyn, 2019, p.440.

28 Käsemann, E., *An die Römer*, HNT 8, Tübingen, 1974(2판), p.383; Dunn, J. D. G., *Romans* II, WBC 38B, Dallas, 1988, p.872.

29 Koch, D. -A., *Geschichte des Urchritentums*, Göttingen, 2014(2판), pp.331-343; Lindemann, A, "Hilfe für die Armen. Die Jerusalem-Kollekte des Paulus als 'diakonisches Unternehmen'", in: Ders., *Glauben, Handeln, Verstehen. Studien zur Auslegung des Neuen Testaments II* (WUNT 282), Tübingen, 2011, pp.253-283.

30 Bohlen, M, *Sanctorum Communio. Die Christen als "Heilige" bei Paulus*, BZNW 183, Berlin/New York, 2011, p.93.

31 Koch, D. -A., *Geschichte des Urchritentums*, Göttingen, 2014(2판), p.332.

32 Koch, D. -A., *Geschichte des Urchritentums*, Göttingen, 2014(2판), p.339.

33 Wolter, M., *Paulus: Ein Grundriss seiner Theologie*, Neukirchen-Vluyn, 2015(2판), p.41.

34 Lietzmann, H., *An die Römer*, HNT 8, Tübingen, 1971(5판), p.123; Peterman, G.W, "Social Reciprocity and Gentile Debt to Jews in

Romans 15:26-27", JETS 50 (2007), pp.735-746, p.742.

35 Wilckens, U., *Der Brief an die Römer*, EKK, Bd 6/3, Zürich/ Neukirchen-Vluyn, 1982, 주614.

36 Lohse, E., *Der Brief an Die Römer*, KEK, Göttingen, 2003, p.400; Jewett, R., *Romans:A Commentary*, Hermeneia, Minneapolis, 2006, p.931.

37 Wolter, M., *Der Brief an die Römer: Teilband 2: Röm 9-16*, EKK, Neukirchen-Vluyn, 2019, p.445.

38 Aristoteles, *Eth. Nic.* 1164b26.

39 Barclay, J.M.G, *Paul and the Gift*, Grand Rapids, 2015, p.24, p.576; Joubert, S, *Paul as Benefactor* (WUNT II, 124), Tübingen, 2000, p.128.

40 Dunn, J. D. G., *Romans II*, WBC 38B, Dallas, 1988, p.877; Schnabel, E.J, *Der Brief des Paulus an die Römer II*, Wuppertal, 2016, p.841.

41 Käsemann, E., *An die Römer*, HNT 8, Tübingen, 1974(2판), p.387.

42 Georgi, D, *Der Armen zu gedenken. Die Geschichte der Kollekte des Paulus für Jerusalem*, Neukirchen-Vluyn, 1994(2판), p.86; Zeller, D., *Der Brief an die Römer*, RNT, Regensburg, 1985, p.241.

43 Schnider,F./Stenger, W, (Hg.), *Studien zum neutestamentlichen Briefformular* (NTTS 11), Leiden u.a., 1987, p.78.

44 Michel, O., *Der Brief an die Römer*, KEK 4, Göttingen, 1978(5판), p.467; Schreiner, Th. R., *Romans*, BECNT 6, Grand Rapids, 1998, p.782.

45 Wolter, M., *Der Brief an die Römer: Teilband 2: Röm 9-16*, EKK, Neukirchen-Vluyn, 2019, p.451.

46 Cranfield, C. E. B., *Romans II*, ICC, Edinburgh, 2004(=1975), p.779, 주1.

47 Wolter, M., *Der Brief an die Römer: Teilband 2: Röm 9-16*, EKK,

Neukirchen-Vluyn, 2019, p.452, 주93.

48 Wolter, M., *Der Brief an die Römer: Teilband 1: Röm 1-8*, EKK, Neukirchen-Vluyn, 2014, pp.41-56.

49 Klauck, H.-J, *Die antike Briefliteratur und das Neue Testament*, Paderborn u.a., 1998, p.75; Arzt-Grabner, P., "Neues zu Paulus aus den Papyri des römischen Alltags", EChr 1 (2010), pp.131-157, p.137.

50 Head, P.M, "Named Letter-Carriers among the Oxyrhynchus Papyri", JSNT 31 (2009), pp.279-299, p.283.

51 Schüssler Fiorenza, E, "Missionaries, Apostles, Coworkers:Romans 16 and the Reconstruction of Women's Early Christian History", WorWor 6 (1986), pp.420-433, p.426; Hentschel, A, *Diakonia im Neuen Testament*, WUNT II, 226, Tübingen, 2007, p.168; Schnabel, E.J, *Der Brief des Paulus an die Römer II*, Wuppertal, 2016, p.857.

52 Wagener, U, "Phoebe", in: Keuchen M, u.a. (Hg.), *Die besten Nebenrollen, 50 Porträs biblischer Randfiguren*, Leipzig, 2006, pp.266-271, p.268; Merz, A, "Phöbe, Diakon(in) der Gemeinde von Kenchreä-eine wichtige Mitstreiterin des Paulus neu entdeckt", in: v. Hauff, A.M. (Hg.), *Frauen gestalten Diakonie I*, Stuttgart u.a., 2007, pp.125-140.

53 Wolter, M., *Der Brief an die Römer: Teilband 2: Röm 9-16*, EKK, Neukirchen-Vluyn, 2019, p.458, 주9.

54 Mathew, S, *Women in the Greetings of Romans 16:1-16* (LNTS 471), London u.a., 2013, p.68.

55 Jewett, R., "Paul, Phoebe, and the Spanish Mission", in: *The Social World of Formative Christianity and Judaism* (FS Kee, H.C.), Philadelphia, 1988, pp.142-161, p.148; Gielen, M, "Die

Wahrnehmung gemeindlicher Leitungsfunktionen durch Frauen im Spiegel der Paulusbriefe", In: Schmeller, Th. u. a. (Hg.), *Neutestamentliche Ämtermodelle im Kontext* (QD 239), Freiburg. u. a., 2010, pp.129-165, p.142.

56   Wolter, M., *Der Brief an die Römer: Teilband 2: Röm 9-16*, EKK, Neukirchen-Vluyn, 2019, p.459.

57   Dunn, J. D. G., *Romans II*, WBC 38B, Dallas, 1988, p.886; Mathew, S, *Women in the Greetings of Romans 16:1-16* (LNTS 471), London u.a., 2013, p.71; Miller, J.D, "What Can We Say about Phoebe?", PriPap 25 (2011), pp.16-21, p.17.

58   Collins, J.N, *Diakonia*, Oxford, 1990, p.224.

59   Merz, A, "Phöbe, Diakon(in) der Gemeinde von Kenchreä-eine wichtige Mitstreiterin des Paulus neu entdeckt", in: v. Hauff, A.M. (Hg.), *Frauen gestalten Diakonie I*, Stuttgart u.a., 2007, pp.125-140, p.134; Hentschel, A, *Diakonia im Neuen Testament*, WUNT II, 226, Tübingen, 2007, p.172.

60   Gielen, M, "Frauen als Diakone in paulinischen Gemeinden", in: Winkler, D.W. (Hg.), *Diakonat der Frau*, Wien u.a., 2010, pp.11-40, p.15, 주15.

61   Wolter, M., *Paulus: Ein Grundriss seiner Theologie*, Neukirchen-Vluyn, 2015(2판), p.239.

62   Schüssler Fiorenza, E, "Missionaries, Apostles, Coworkers:Romans 16 and the Reconstruction of Women's Early Christian History", WorWor 6 (1986), pp.420-433, p.426; Ernst, M, "Die Funktionen der Phöbe (Röm 16:1f) in der Gemeinde von Kenchreai", ProBi 1 (1992), pp.135-147, p.146.

63   Bieringer, R, "Women and Leadership in Romans 16", EAPR 44 (2007),
       pp.221-237, p.231; MacGillivray, E.D, "Romans 16:2, προστάτις/
       προστάτης, and the Application of Reciprocal Relationships to New
       Testament Texts", NT 53 (2011), pp.183-199, p.184.

64   Klauck, H.-J, "Junia Theodora und die Gemeinde von Korinth", in:
       Kirche und Volk Gottes. (FS Roloff, J,), Neukirchen-Vluyn, 2000, pp.42-
       57, pp.44-47.

65   Weima, J., *Neglected Endings. The Significance of the Pauline Letter
       Closings*(JSNT.S 101), Sheffield, 1994, pp.43-45.

66   Lampe, P, *Die stadtrömischen Christen in den ersten beiden
       Jahrhunderten*(WUNT II, 18), Tübingen, 1989(2판), p.127.

67   Lampe, P, *Die stadtrömischen Christen in den ersten beiden
       Jahrhunderten*(WUNT II, 18), Tübingen, 1989(2판), pp.135-153.

68   Wolter, M., *Der Brief an die Römer: Teilband 1: Röm 1-8*, EKK,
       Neukirchen-Vluyn, 2014, pp.33-38.

69   Wolter, M., *Paulus: Ein Grundriss seiner Theologie*, Neukirchen-
       Vluyn, 2015(2판), p.10.

70   Bauer, W., *Wörterbuch zum Neuen Testament Griechisch-Deutsches
       Wörterbuch zu den Schriften des Neuen Testaments und der
       frühchristlichen Literatur*. Berlin/New York, 1988(6판), p.1508.

71   Ollrog, W.-H, *Paulus und seine Mitarbeiter*(WMANT 50), Neukirchen-
       Vluyn, 1979, p.26.

72   Lampe, P, *Die stadtrömischen Christen in den ersten beiden
       Jahrhunderten*(WUNT II, 18), Tübingen, 1989(2판), pp.156-164;
       Meggitt, J.J, *Paul, Poverty and Survival*, Edinburgh, 1998, pp.132-
       135.

73   Lehmeier, K, *Oikos und Oikonomia. Antike Konzepte derr Haushaltsführung und der Bau der Gemeinde bei Paulus*(MThSt 92), Marburg, 2006, p.307.

74   Wolter, M., *Der Brief an die Römer: Teilband 1: Röm 1-8*, EKK, Neukirchen-Vluyn, 2014, p.40.

75   Gielen, M, "Zur Interpretation der paulinischen Formel ἡ κατ' οἶκον ἐκκλησία", ZNW 77 (1986), pp.109-125, p.121).

76   Jewett, R., *Romans:A Commentary*, Hermeneia, Minneapolis, 2006, p.961; Lampe, P, *Die stadtrömischen Christen in den ersten beiden Jahrhunderten*(WUNT II, 18), Tübingen, 1989(2판), p.146.

77   Mathew, S, *Women in the Greetings of Romans 16:1-16* (LNTS 471), London u.a., 2013, p.109; Schreiber, S, "Arbeit mit der Gemeinde(Röm 16:6, 12). Zur versunkenen Möglichkeit der Gemeindeleitung durch Frauen", NTS 46 (2000), pp.204-226, p.224.

78   Scherer, H, "Die Mühe der Frauen. 'Charismatische Gemeindeleitung' in Röm 16:6, 12", BZ 60 (2016), pp.264-276.

79   Wilckens, U., *Der Brief an die Römer*, EKK, Bd 6/3, Zürich/Neukirchen-Vluyn, 1982, p.135; Theobald, M., *Der Römerbrief*, SKK 6/2, Stuttgart, 2001, 2판, p.228; Ollrog, W.-H, *Paulus und seine Mitarbeiter*(WMANT 50), Neukirchen-Vluyn, 1979, p.75.

80   Wolter, M., *Der Brief an die Römer: Teilband 2: Röm 9-16*, EKK, Neukirchen-Vluyn, 2019, p.472, 주40.

81   Bauckham, R, *Gospel Women*, Grand Rapids/Cambridge, 2002, pp.165-202; Haacker, K., *Der Brief des Paulus an die Römer*, ThHK 6, Leipzig, 2012(4판), p.379; Witherington, B, "Joanna, Apostle of the Lord - or Jailbait?" BiRe 21 (2005), pp.12-14, p.46-47.

82   Bauckham, R, *Gospel Women*, Grand Rapids/Cambridge, 2002, p.198.

83   Witherington, B, "Joanna, Apostle of the Lord-or Jailbait?" BiRe 21
      (2005), pp.12-14, pp.46-47, p.46.

84   Schnabel, E.J, *Der Brief des Paulus an die Römer II*, Wuppertal,
      2016. p.888.

85   Johannes *Chrysostomos, Hom. in Rom.* p.32.

86   Luther, *WA* 56,150,1.

87   Lietzmann, H., *An die Römer*, HNT 8, Tübingen, 1971(5판), p.125;
      Käsemann, E., *An die Römer*, HNT 8, Tübingen, 1974(2판), p.398.

88   Cervin, R.S, "A Note regarding the Name 'Junis(s)' in Romans 16:7",
      NTS 40 (1994), pp.464-470, p.466.

89   Thorley, J, "Junia, a Woman Apostle", NT 38 (1996), pp.18-29, p.24;
      Cervin, R.S, "A Note regarding the Name 'Junis(s)' in Romans 16:7",
      NTS 40 (1994), pp.464-470, pp.467-469.

90   Burer,M.H./Wallace,D.B, "Was Junia really an Apostle? A Re-
      examination of Rom 16:7", NTS 47 (2001), pp.76-91, p.81;
      Middendorf, M.P, *Romans 2*, St. Louis 2016, 1562; Huttar, D, "Did
      Paul Call Andronicus an Apostle in Romans 16:7?", JETS 52 (2009),
      pp.747-778.

91   Bauckham, R, *Gospel Women*, Grand Rapids/Cambridge, 2002,
      pp.172-180; Belleville, L, "ουνίαν ... ἐπίσημοι ἐν τοῖς ἀποστόλοις",
      NTS 51 (2005), pp.231-249; Epp, E.J, *Junia:The First Woman Apostle*,
      Minneapolis, 2005, pp.72-78.

92   Fábrega, V, "War Junia(s), der hervorragende Apostel(Rom 16:7), eine
      Frau?",JAC 27/28 (1985), pp.47-64, p.51.

93   Wolter, M., *Der Brief an die Römer: Teilband 1: Röm 1-8*, EKK,

Neukirchen-Vluyn, 2014, p.80.

94 Jewett, R., *Romans:A Commentary*, Hermeneia, Minneapolis, 2006, p.966; Schnabel, E.J, *Der Brief des Paulus an die Römer II*, Wuppertal, 2016, p.891.

95 Eck, W, Art. "Narcissus 1", DNP 8 (2000) pp.710-711.

96 Wolter, M., *Der Brief an die Römer: Teilband 2: Röm 9-16*, EKK, Neukirchen-Vluyn, 2019, p.479.

97 Cranfield, C. E. B., *Romans I-II*, ICC, Edinburgh, 2004(=1975), p.793.

98 Plutarch, *Mor.* 244a,265d.

99 Wolter, M., *Der Brief an die Römer: Teilband 2: Röm 9-16*, EKK, Neukirchen-Vluyn, 2019, p.481.

100 Klassen, W, "The Sacred Kiss in the New Testament", NTS 39 (1993), pp.122-135, p.132.

101 Justin, *1Apol.* 65,2.

102 Lampe, P, *Die stadtrömischen Christen in den ersten beiden Jahrhunderten*(WUNT II. 18), Tübingen, 1989(2판), p.126; Weima, J., *Neglected Endings. The Significance of the Pauline Letter Closings* (JSNT.S 101), Sheffield, 1994, p.227; Schnabel, E.J, *Der Brief des Paulus an die Römer II*, Wuppertal, 2016, p.900.

103 Bernheim, P.-A, "Interpolations in Romans:Loisy, O'Neill and Others revisited", in: Schnelle, U.,(ed.), *The Letter to the Romans*, BEThL 226, Leuven u.a., 2009, pp.827-838.

104 Schnelle, U., *Einleitung in das Neue Testament, Göttingen*, 2017(9판), p.146; Theobald, M, *Studien zum Römerbrief*, WUNT 136, Tübingen, 2001, p.19; Jewett, R., *Romans:A Commentary*, Hermeneia, Minneapolis, 2006, p.986.

105 Wolter, M., *Der Brief an die Römer: Teilband 1: Röm 1-8*, EKK, Neukirchen-Vluyn, 2014, p.26; Wolter, M., *Der Brief an die Römer: Teilband 2: Röm 9-16*, EKK, Neukirchen-Vluyn, 2019, p.485.

106 Plutarch, *Mor.* 479a; 마카베오상 3:29.

107 Plutarch, *Mor.* 525c.

108 Wolter, M., *Der Brief an die Römer: Teilband 2: Röm 9-16*, EKK, Neukirchen-Vluyn, 2019, p.488.

109 Plato, *Resp.* 400d.

110 Arzt-Grabner, P, *Philemon*(PKNT 1), Göttingen, 2003, p.267.

111 Weima, J., *Neglected Endings. The Significance of the Pauline Letter Closings* (JSNT.S 101), Sheffield, 1994, p.80.

112 Lampe, P, *Die stadtrömischen Christen in den ersten beiden Jahrhunderten* (WUNT II. 18), Tübingen, 1989(2판), p.128.

113 Ollrog, W.-H, *Paulus und seine Mitarbeiter*(WMANT 50), Neukirchen-Vluyn, 1979, p.21.

114 Wolter, M., *Der Brief an die Römer: Teilband 2: Röm 9-16*, EKK, Neukirchen-Vluyn, 2019, p.497.

115 Koch, D. -A., *Geschichte des Urchritentums*, Göttingen, 2014(2판), p.340.

116 Wilckens, U., *Der Brief an die Römer*, EKK, Bd 6/3, Zürich/ Neukirchen-Vluyn, 1982, p.146; Dunn, J. D. G., Romans II, WBC 38B, Dallas, 1988, p.909; Schnabel, E.J, *Der Brief des Paulus an die Römer II*, Wuppertal, 2016, p.915.

117 Wolter, M., *Der Brief an die Römer: Teilband 2: Röm 9-16*, EKK, Neukirchen-Vluyn, 2019, p.497.

118 Cicero, *Art.* 5,20,9; Richards, E.R, *The Secterary in the Letters of Paul*

(WUNT II, 42), Tübingen, 1991, p.76.

119   Solin, H, *Die stadtrömischen Sklavennamen I*, Stuttgart, 1996, p.152.

120   Wolter, M., *Der Brief an die Römer: Teilband 2: Röm 9-16*, EKK, Neukirchen-Vluyn, 2019, p.497.

121   Wolter, M., *Paulus:Ein Grundriss seiner Theologie*, Neukirchen-Vluyn, 2015(2판), p.239.

122   Jewett, R., *Romans:A Commentary*, Hermeneia, Minneapolis, 2006, p.979; Richards, E.R, *The Secterary in the Letters of Paul*(WUNT II, 42), Tübingen, 1991, p.170.

123   Elmer, I.J, "Tertius:Secterary or Co-Author of Romans", ABR 56 (2008), pp.45-60.

124   Jewett, R., *Romans:A Commentary*, Hermeneia, Minneapolis, 2006, p.980; Moo, D.J., *The Epistle to the Romans*, NIC, Grand Rapids, 1996, p.935; Schnabel, E.J, *Der Brief des Paulus an die Römer II*, Wuppertal, 2016, p.921.

125   Kloppenborg, J.S, "Gaius the Roman Guest", NTS 63 (2017), pp.534-549, p.547, 주54.

126   Wolter, M., *Der Brief an die Römer: Teilband 2: Röm 9-16*, EKK, Neukirchen-Vluyn, 2019, p.499.

127   Käsemann, E., *An die Römer*, HNT 8, Tübingen, 1974(2판), p.405; Wilckens, U., *Der Brief an die Römer*, EKK, Bd 6/3, Zürich/ Neukirchen-Vluyn, 1982, p.146; Schlier, H., *Der Römerbrief*, HKNT 6, Freiburg, 1977, p.451.

128   Dunn, J. D. G., *Romans II*, WBC 38B, Dallas, 1988, p.910; Haacker, K., *Der Brief des Paulus an die Römer*, ThHK 6, Leipzig, 2012(4판), p.388; Lohse, E., *Der Brief an Die Römer*, KEK, Göttingen, 2003, p.416.

129   Wolter, M., *Der Brief an die Römer: Teilband 2: Röm 9-16*, EKK, Neukirchen-Vluyn, 2019, p.500.

130   Wolter, M., *Der Brief an die Römer: Teilband 1: Röm 1-8*, EKK, Neukirchen-Vluyn, 2014, pp.18-20.

131   Wolter, M., *Der Brief an die Römer: Teilband 1: Röm 1-8*, EKK, Neukirchen-Vluyn, 2014, p.20.

132   Wolter, M., *Der Brief an die Römer: Teilband 2: Röm 9-16*, EKK, Neukirchen-Vluyn, 2019, p.505.

133   Stuhlmacher, P., *Der Brief an die Römer*, NTD 6, Göttingen, 1998(2판), p.225; Wright, N.T, *Paul and the Faithfulness of God II*, Minneapolis, 2013, p.767; Schnabel, E.J, *Der Brief des Paulus an die Römer II*, Wuppertal, 2016, p.925.

134   Hurtado, L.W, "The Doxology at the End of Romans", in: *New Testament Textual Criticism*(FS Metzger, B.M.), Oxford, 1981, pp.185-199; Marshall, I.H, "Romans 16:25-27 - An Apt Conclusion", in: *Romans and the People of God*(FS Fee, G.D.), Grand Rapids/ Cambridge, 1999, pp.170-184.

135   Marshall, I.H, "Romans 16:25-27 - An Apt Conclusion", in: *Romans and the People of God*(FS Fee, G.D.), Grand Rapids/ Cambridge, 1999, pp.170-184, p.180.

136   Wolter, M., "Verborgene Weisheit und Heil für die Heiden. Zur Traditionsgeschichte und Intention des 'Revelationsschemas'", ZThK 84 (1987), pp.297-319; Hellholm, D, "The 'Revelation-Schema' and Its Adaptation in the Coptic Gnostic Apocalypse of Peter", SEA 63 (1998), pp.233-248.

137   Bockmeuhl, M.N.A, *Revelation and Mystery in Ancient Judaism and*

Pauline Christianity(WUNT II, 36), Tübingen, 1990, p.24.

138 Käsemann, E., *An die Römer*, HNT 8, Tübingen, 1974(2판), p.410; Wilckens, U., *Der Brief an die Römer*, EKK, Bd 6/3, Zürich/ Neukirchen-Vluyn, 1982, p.150; Lohse, E., *Der Brief an Die Römer*, KEK, Göttingen, 2003, p.418.

139 Jonas, M, *Mikroliturgie. Liturgische Kleinformeln im frühen Christentum* (STAC 98), Tübingen, 2015, pp.43-48.

주석서

Barrett, C.K., *The Epistle to the Romans*, BNTC, Grand Rapids, 2011.

Barth, K., *Der Römerbrief*, München 1922=Zürich, 2011.

Byrne, B., *Romans*, SacPaSe 6, Collegeville, 1996(2판).

Cranfield, C. E. B., *Romans I-II*, ICC, Edinburgh, 2004(=1975).

Dodd, C.H., *The Epistle of Paul to the Romans*, London, 1932(=1954).

Dunn, J. D. G., *Romans I-II*, WBC 38A-B, Dallas, 1988.

Fitzmyer, J. A., *Romans*, AncB 33, London/New York, 1993.

Haacker, K., *Der Brief des Paulus an die Römer*, ThHK 6, Leipzig, 2012(4판).

Hultgren, A. J., *Paul's Letter to the Romans*, Grand Rapids/Cambridge, 2011.

Ioannis Calvini Opera Omnia. Ser. II. Opera Exegetica Veteris et Novi Testameni. XIII. Commentarius in Epistolam Pauli et ad Romanos, *ed*. T.H.L. Parker/ D.C. Parker, Genf, 1999.

Jewett, R., *Romans:A Commentary*, Hermeneia, Minneapolis 2006.

Käsemann, E., *An die Römer*, HNT 8, Tübingen, 1974(2판).

Keck, L.E., *Romans*, ANTC, Nashville, 2005.

Klaiber, W., *Der Römerbrief*, Neukirchen-Vluyn, 2009.

Kuss, O., *Der Römerbrief*. 2 Bände, RNT 6, Regensburg, 1963.

Lietzmann, H., *An die Römer*, HNT 8, Tübingen, 1971(5판).

Lohse, E., *Der Brief an Die Römer*, KEK, Göttingen, 2003.

Luther, M, *Vorlesung über den Römerbrief 1515/1516.* Lateinische-deutsche Ausgabe, 2Bde., Darmstadt, 1960.

Matera, F.J., *Romans*, Grand Rapids, 2010.

Michel, O., *Der Brief an die Römer*, KEK 4, Göttingen, 1978(5판).

Middendorf, M.P, *Romans 2*, St. Louis, 2016.

Moo, D.J., *The Epistle to the Romans*, NIC, Grand Rapids, 1996.

Schlier, H., *Der Römerbrief*, HKNT 6, Freiburg, 1977.

Schmithals, W, *Der Römerbrief*, Gütersloh, 1988.

Schnabel, E.J, *Der Brief des Paulus an die Römer II*, Wuppertal, 2016.

Schreiner, Th. R., *Romans*, BECNT 6, Grand Rapids, 1998.

Stuhlmacher, P., *Der Brief an die Römer*, NTD 6, Göttingen, 1998(2판).

Theobald, M., *Der Römerbrief*, SKK 6/1-2, Stuttgart, 2002(3판)/2001(2판).

Weiss, B, *Der Brief an die Römer* (KEK 4), Göttingen, 1899(9판).

Wilckens, U., *Der Brief an die Römer*, EKK, Bd 6/1-3, Zürich/Neukirchen-Vluyn, 1978/1980/1982.

Wolter, M., *Der Brief an die Römer: Teilband 1: Röm 1-8*, EKK, Neukirchen-Vluyn, 2014.

Wolter, M., *Der Brief an die Römer: Teilband 2: Röm 9-16*, EKK, Neukirchen-Vluyn, 2019.

Wright, N. T., *The Letter to the Romans*, TNI X, Nashville, 2002.

Zahn, Th, *Der Brief des Paulus an die Römer ausgelegt* (KNT 6), Leipzig, 1925(3판).

Zeller, D., *Der Brief an die Römer*, RNT, Regensburg, 1985.

인용 문헌

Aageson, "Scripture and Structure in the Development of the Argument in Romans 9-11", CBQ 48(1986), pp.265-289.

Aasgaard, R, *"My beloved Brothers and Sisters!"*. *Christen Siblingsship in Paul*, JSNTS 265, London/New York, 2004.

Abasciano, B.J, *Paul's Use of the Old Testament in Romans 9:1-9*, LNTS 301, London/New York, 2005.

Agersnap, S, *Baptism and the New Life. A Study of Roamns 6:1-14*, Aarhus, 1999.

Albl, M.C., "And Scripture Cannot Be Broken". The Form and Function of the Early Christiam *Testimonia* Collections(NTS 96), Leiden u.a. 1999.

Aletti, J.-N, "Romans 8:The Incarnation and its redemptive Impact", in: Davis, S.T. u.a.(ed.), *The Incarnation*, Oxford, 2002, pp.93-115.

Arzt-Grabner, P., "The 'Epistolary Introductory Thanksgiving' in the Papyri and in Paul", NT 36(1994), pp.29-46.

Arzt-Grabner, P., "Neues zu Paulus aus den Papyri des römischen Alltags", EChr 1 (2010), pp.131-157.

Arzt-Grabner, P., *Philemon*, PKNT 1, Göttingen, 2003.

Avemarie, F, "Israels rätselhafter Ungehorsam. Römer 10 als Anatomie eines von Gott provozierten Unglaubens", in: Wilk, F./Wagner, J.R, (ed.), *Between Gospel and Election. Explorations in the Interpretation of*

Romans 9-11, WUNT 257, Tübingen, 2010, pp.299-320.

Badenas, R, *Christ the End of the Law. Romans 10:4 in Pauline Perspective*, JSNT.S 10, Sheffield, 1985.

Bailey, J.N, "Paul's Political Paraenesis in Romans 13:1-7", RestQ 46 (2004), pp.11-28.

Baker, M, "Paul and the Salvation of Israel", CBQ 67(2005), pp.469-484.

Balz, H.R, *Heilsvertrauen und Welterfahrung. Strukturen der paulinischen Eschatologie nach Römer 8:18-39*, BEvTh 59, München, 1971.

Bammel, E, "Romans 13", in: Bammel, E./Moule, C.F.D, (ed.), *Jesus and the Politics of His Day*, Cambridge, 1984, pp.365-383.

Barclay, J.M.G, *Paul and the Gift*, Grand Rapids, 2015.

Barth, G, *Die Taufe in frühchristlicher Zeit*, Neukirchen-Vluyn, 2002(2판).

Barth, G., *Der Tod Jesu Jesu Christi im Versätndnis des Neuen Testaments*, Neukirchen-Vluyn, 1992.

Barth, K., *Kirchliche Dogmatik*, II/2. *Die Lehre von Gott*, Zürich, 1942.

Barth, K., *Kirchliche Dogmatik*, IV/1. Die Lehre von der Versöhnung 1. Teil, Zürich, 1982(4판).

Basta, P., "Paul and the gezerah shawah:A Judaic Method in the Service of Justification by Faith", in: Casey, Th.G./ Taylor, J (ed.), Pauls Jewish Matrix, Rom, 2011, pp.123-165.

Bauckham, R, *Gospel Women*, Grand Rapids/Cambridge, 2002.

Bauer, W., *Wörterbuch zum Neuen Testament Griechisch-Deutsches Wörterbuch zu den Schriften des Neuen Testaments und der frühchristlichen Literatur*. Berlin/ New York, 1988(6판).

Baumert, N, *Der Dativ bei Paulus* (EFNT 7), Cordoba, 2005.

Bechtler, S.R, "Christ, the Τέλος of the Law:The Goal of Romans 10:4",

CBQ 56 (1994), pp.288-308.

Becker, E.-M, *Der Begriff der Demut bei Paulus*, Tübingen, 2015.

Becker, J., *Auferstehung der Toten im Urchristentum*, SBS 82, Stuttgart, 1976.

Becker, J., *Paulus. Der Apostel der Völker*, Tübingen, 1998(3판).

Bell, R.H, "Sacrifice and Christology in Paul", JThS 53(2002), pp.1-27.

Bell, R.H, *Provoked to Jealousy. The origin and Purpose of the Jealousy Motif in Romans 9-11*, WUNT 63, Tübingen, 1994.

Bell, R.H., *No one seeks for God. An exegetical and Theological Study of Romans 1:18-3:20*, WUNT 106, Tübingen, 1998.

Belleville, L, "ουνίαν ... ἐπίσημοι ἐν τοῖς ἀποστόλοις", NTS 51(2005), pp.231-249.

Belli, F, *Argumentation and Use of Scripture in Romans 9-11*, AnBib 183, Rom, 2010.

Berding, K, "Confusing Word and Concept in 'Spiritual Gifts'", JETS 43 (2000), pp.37-51.

Berding, K, "Romans 12:4-8: One Sentence or Two?", NTS 52 (2006), pp.433-439.

Berger, Klaus, *Formgeschichte des Neuen Testaments*, Heidelberg, 1984.

Berger, K./Colpe, C. (Hg.), *Religionsgeschichtliches Textbuch zum Neuen Testament* (TNT 1), Göttingen, 1987.

Bernheim, P.-A, "Interpolations in Romans: Loisy, O'Neill and Others revisited", in: Schnelle, U.,(ed.), *The Letter to the Romans*, BEThL 226, Leuven u.a. 2009, pp.827-838.

Betz, H.D, "Das Problem der Grundlagen der paulinischen Ethik (Röm 12:1-2)", ZThK 85(1988), pp.199-218.

Bieringer, R, "Women and Leadership in Romans 16", EAPR 44(2007), pp.221-237.

Billerbeck, P, *Kommentar zum Neuen Testament aus Talmud und Midrasch Bd. 1: Das Evangelium nach Matthäus*, München, 1978(10 판).

Bird, M.F./ Sprinkle,P.M (ed.), *The Faith of Jesus Christ. Exegetical, Biblical, and Theological Studies*, Peabody/Milton Keynes, 2009.

Blackwell, B.C., "Immortal Glory and the Problem of Death in Romans 3,23", JSNT 32(2010), pp.285-308.

Blaschke, A., Beschneidung. *Zeugnisse der Bibel und verwandter Texte*, TANZ 28, Tübingen/Basel, 1998.

Bockmuehl, M.N.A, *Revelation and Mystery in Ancient Judaism and Pauline Christianity*(WUNT II. 36), Tübingen, 1990.

Böhm, Ch, *Die Rezeption des Psalmen in den Qumranschriften, bei Philo von Alexandrien und im Corpus Paulinum*(WUNT II. 437), Tübingen, 2017.

Bohlen, M, *Sanctorum Communio. Die Christen als "Heilige" bei Paulus*, BZNW 183, Berlin/New York, 2011.

Bolton, D.L, "Who Are You Calling 'Weak?'", in: Schnelle, U.,(ed.), *The Letter to the Romans*, BEThL 226, Leuven u.a. 2009, pp.617-629.

Bornkamm, G., "Der Lobpreis Gottes. Röm 11:33-36", in: Ders., *Das Ende des Gesetzes. Paulusstudien*, BEvTh 16, München, 1966, pp.70-75.

Bornkamm, G., "Theologie als Teufelkunst. Römer 3:1-9", in: ders., *Geschichte und Glaube* II, BEvTh 53, München, 1971, pp.140-148.

Botermann, H, "Die Massnahmen gegen die stadtrömischen Juden im Jahre 19 n.Chr.", Historia 52(2003), pp.410-435.

Botha, P.H., /F. van Rensburg, "Homosexuality as 'Against Nature': An Interpretation of Romans 1:26-27", APB 15(2004), pp.38-56.

Bousset, W, *Christos. Geschichte des Christusglaubens von den Anfängen des Christtentums bis Irenaeus*, FRLANT 21, Göttingen, 1921(2판)/1965(5판).

Brandenburger. E., *Adam und Christus. Exegetisch-religionsgeschichtliche Untersuchung zu Röm 5:12-21*(1. Kor. 15), WMANT 7, Neukirchen, 1962.

Brandenburger, E, "Paulinische Schriftauslegung in der Kontroverse um das Verheissungswort Gottes(Röm 9)", ZThK 82(1985), pp.1-47.

Breytenbach, C, "Liberation of Enslaved Bodies:Christian Expectancy According to Rom 8:18-30", in: Tuckett, C.M. (ed.), *2 Thessalonians and Pauline Eschatology*, Leuven, 2013, pp.197-214.

Breytenbach, C, "Vormarkinische Logientradition. Parallelen in der urchristlichen Briefliteratur", in: *The Four Gospels 1992*(FS Neirynck, F), BEThL 100, Leuven, 1992, pp.725-749.

Breytenbach, C, *Grace, Reconciliation, Concord. The Death of Christ in Graeco-Roman Metaphors*, NTS 135, Leiden/Boston, 2010.

Broer, I, "Das Ius Talionis im Neuen Testament", NTS 40(1994), pp.1-21.

Brooten, B.J., *Love Between Women*, Chicago/London, 1996.

Bultmann, R, "Römer 7 und die Anthropoligie des Paulus", in:ders., Exegetica, Dinkler, E. (Hg.), Tübingen, 1967, pp.198-209.

Bultmann, R, *Der Stil der paulinischen Predigt und die kynisch-stoische Diatribe*, FRLANT 13, Göttingen, 1910(=1984).

Bultmann, R., *Exegetica:Aufsätze zur Erforschung des Neuen Testaments*, in: Dinkler, E.,(Hg.), Tübingen, 1967.

Bultmann, R., "Christus des Gesetzes Ende", in:ders., *Glauben und Verstehen* II, 1968(5판), pp.32-58.

Bultmann, Rudolf, *Glauben und Verstehen* IV, Tübingen, 1967(2판).

Bultmann, R., *Theologie des Neuen Testaments*, Tübingen, 1968(6판).

Burchard, Ch, "Röm 7:2-3 im Kontext", in: Kollmann, B, u.a.(Hg.) *Antikes Judentum und frühes Christentum*(FS Stegemann, H), BZNW 97, Berlin/New York, 1999, pp.443-456.

Burchard, Ch, *Studien zur Theologie, Sprache und Umwelt des Neuen Testaments*, WUNT 107, Tübingen, 1998.

Burer, M.H./Wallace,D.B, "Was Junia really an Apostle? A Re-examination of Rom 16.7", NTS 47(2001), pp.76-91.

Busch, A, "The Figure of Eve in Romans 7:5-25", BibInt 12(2004), pp.1-36.

Byrne, B., "The Type of the One to Come"(Rom 5:14):Fate and Responsibility in Romans 5:12-21, ABR 36(1988), pp.19-30.

Byrne, B, 'Sons of God'-'Seed of Abraham'. *A Study of the Idea of the Sonship of God of All Christians in Paul against the Jewish Background*, AnBib 83, Rom, 1979.

Calvert-Koyzis, N., Paul, *Monotheism and the people of God. The Significance of Abraham Traditions for Early Judaism and Christianity* JSNTS 273, London/New York, 2004.

Campbell, D. A., "Romans 1:17-A Crux Interpretum for the Πίστις Χριστοῦ Debate", JBL 113 (1994), pp.265-285.

Campbell, D.A., *The Rhetoric of Gighteousness in Romans 3:21-26*, JSNT 65, Sheffield, 1992.

Carraway, G, *Christ Is God Over All. Romans 9:5 in the Context of Romans 9-11*, LNTSt 489, London u.a. 2013.

Cervin, R,S, "A Note regarding the Name 'Junis(s)' in Romans 16:7", NTS
40(1994), pp.464-470.

Chapple, A, "Why Spain? Paul and his Mission Plans", JStPL 2(2011),
pp.193-212.

Christoffersson, O, *The Earnest Expectation of the Creature. The Flood-Tradition as Matrix of Romans 8:18-27*, Stockholm, 1990.

Christoph, M, *Pneuma und das neue Sein des Glaubenden. Studien zur
Semantik und Pragmatik der Rede von Pneuma in Röm 8*, EHS.T 813,
Frankfurt u. a. 2005.

Coleman, Th,M, "Binding Obligations in Romans 13:7", TynB 48 (1997),
pp.307-327.

Collins, J,N, *Diakonia*, Oxford, 1990.

Cranford, M, "Election and Ethnicity: Paul's View of Israel in Romans 9:1-13", JSNT 50(1993), pp.27-41.

Dabelstein, R., *Die Beurteilung der ⟨Heiden⟩ bei Paulus*, BET, Frankfurt u,a
1981.

Das, A,A, "Paul of Tarshish: Isaiah 66:19 and the Spanish Mission of
Romans 15:24, 28", NTS 54(2008), pp.60-73.

Das, A,A, "Praise the Lord, All You Gentiles:The Encoded Audience of
Romans 15:7-13", JSNT 34(2011), pp.90-110.

Das, A,A, *Solving the Romans Debate*, Minneapolis, 2007.

Dautzenberg, G, Was bleibt von der Naherwartung? Zu Röm 13:11-14,
in; *Biblische Randbemerkungen*(FS Schnackenburg, R.), Würzburg, 1974,
pp.361-374.

Day, J,N, "'Coals of Fire' in Romans 12:19-20", BS 160(2003), pp.414-420.

Debel, H., "An Admonition on Sexual Affairs. A Reconsideration of Rom

1:26-27", LouvSt 34(2009/10), pp.39-64.

Deichgräber, R, *Gotteshymnus und Christushymnus in der frühen Christenheit*, StUNT 6, Göttingen, 1967.

Delling, G, *Römer 13:1-7 innerhalb der Briefe des Neuen Testaments*, Berlin, 1962.

Despotis, A, Die *"New Perspective on Paul" und die griechisch-orthodoxe Paulusinterpretation*, VIOT 11, Sankt Ottilien, 2014.

Dickson, J. P., "Gospel as News:εὐαγγελ-from Aristophanes to the Apostle Paul", NTS 51(2005), pp.212-230.

Dihle, A, *Der Kanon der zwei Tugenden*, Köln/Opladen, 1968.

v. Dobbeler, A, *Glaube als Teilhabe*, WUNT II, 22, Tübingen, 1987.

Dochhorn, J, *Schriftgelehrte Prophetie: Der Eschatologische Teufelsfall in apc joh 12 und Seine Bedeutung für das Verständnis der Johannesoffenbarung*, WUNT 268, Tübingen, 2010.

Dohmen, Ch, *Exodus 19-40*, Freiburg u.a. 2004.

Donaldson, T.L, *Paul and the Gentiles*, Minneapolis, 1997.

Downs, D.J, *The Offering of the Gentiles*(WUNT, II 248), Tübingen, 2008.

Dunn, J.D.G., *The New Perspective on Paul*, Grand Rapids/Cambridge, 2007.

Dunson, B.C, "Faith in Romans: The Salvation of the Individual or Life in Community?", JSNT 34(2011), pp.19-46.

Du Toit, Ph. la G, "The Salvation of 'all Israel' in Romans 11:25-27 as The Salvation of Inner-Elect, Historical Israel in Christ", Neotest. 49(2015), pp.417-452.

Eastman, S.G, "Israel and the Mercy of God:A Re-Reading of Galatians 6:16 and Romans 9-11", NTS 56(2010), pp.367-395

Eastman, S.G, "Whose Apocalypse? The identity of the Sons of God in Romans 8:19", JBL 121(2002), pp.263-277.

Ebner, M, *Leidenslisten und Apostelbrief*, fzb 66, Würzburg 1991.

Ebner, M., Schreiber, S.,(Hg.), *Einleitung in das Neue Testament*, 2013, 2판.

Eck, W, Art. "Narcissus 1", DNP 8(2000), pp.710-711.

Eckstein, H-J., *Der Begriff Syneidesis bei Paulus*, WUNT 10, Tübingen, 1983.

Eckstein, H-J., "'Nahe ist dir das Wort'. Exegetische Erwägungen zu Röm 10:8", ZNW 79 (1988), pp.204-220.

Elliott, N, "Romans 13:1-7 in the Context of Imperial Propaganda", in: Horsley, R.A. (ed.), *Paul and Empire:Religion and Power in Roman Imperial Society*, Harrisburg, 1997, pp.184-204.

Elliott, N, *The Arrogance of nations. Reading Romans in the Shadow of Empire*, Minneapolis, 2008.

Ellis, E.E, "'Das Ende der Erde'(Apg 1,8)", in:Der Treue Gottes trauen. (FS Schneider, G.), Freburg u.a. 1991, pp.277-287.

Elmer, I.J, "Tertius:Secterary or Co-Author of Romans", ABR 56 (2008), pp.45-60.

Engberg-Pedersen, T, "'Everything is clean and Everything that is Not of faith is Sin':The Logic of Pauline Casuistry in Romans 14:1 - 15:13", in:*Paul, Grace and Freedom*(FS Riches, J.K), London/New York, 2009, pp.22-38.

Engberg-Pedersen, T, "The Reception of Greco-Roman Culture in the New Testament:The Case of Romans 7:7-25", in: Müller,M/Tronier,H (ed.), *The New Testament as Recption*, JSNTS 230, Sheffield, 2002, pp.32-57.

Engberg-Pedersen, T, "Paul's Stoicizing Politics in Romans 12-13; The Role of 13:1-10 in the Argument", JSNT 29(2006), pp.163-172.

Engberg-Pedersen, T, "The Relationship with Others:Similarities and Differences Between Paul and Stoicism", ZNW 96(2005), pp.35-60.

Epp, EJ, "Jewish-Gentile Continuity in Paul:Torah and/or Faith(Röm 9:1-5)", HThR 79(1986), pp.80-90.

Epp, EJ. *Junia: The First Woman Apostle*, Minneapolis, 2005.

Ernst, M, "Die Funktionen der Phöbe (Röm 16:1f) in der Gemeinde von Kenchreai", ProBi 1(1992), pp.135-147.

Eschner, C., *Gestorben und hingegeben "für" die Sünder* I, WMANT 122, Neukirchen-Vluyn, 2010.

Esler, Ph.F, "Ancient Oleiculture and Ethnic Differentiation:The Meaning of the Olive-Tree Image in Romans 1", JSNT 26(2003), pp.103-124.

Fantin, J.D, *The Lord of the Entire World: Lord Jesus, a Challenge to Lord Caesar?*, NTMo 31, Sheffield, 2011.

Feldmeier, R.,/Spieckermann, H., *Der Gott der Lebendigen*, Tübingen, 2011.

Fernandez Marcos, N, *The Septuagint in Context*, Leiden u.a. 2000.

Ferrari, Schiefer, *Die Sprache des Leids in den paulinischen Peristasenkatalogen*, SBB 23, Stuttgart, 1991.

Findeis, H.-J, "Von der Knechtschaft der Vergänglichkeit zur Freiheit der Herrlichkeit. Zur Hoffnungsperspektive der Schöpfung nach Röm 8:19-22", in: Söding, Thomas (Hg.), *Der lebendige Gott* (FS Thüsing, W), NTA.NF 31, Münster 1996, pp.196-225.

Fitzmyer, J.A., "The Consecutive Meaning of ἐφ' ᾧ in Romans 5:12", NTS 39(1993), pp.321-339.

Flebbe, J., *Solus Deus. Untersuchungen zur Rede von Gott im Brief des Paulus an die Römer*, BZNW 158, Berlin/New York, 2008.

Fohrer, G, *Studien zum Buche Hiob*, Gütersloh, 1963.

Foxhall, L, *Cultivation in Ancient Greece*, Oxford, 2007.

Fredrickson, D.E., "Natural and Unnatural Use in Romans 1:24-27", in: Balch, D.L.(ed.), Homosexuality, *Science, and the "Plain Sense" of Scripture*, Grand Rapids, 2000, pp.197-222.

Frevel, Ch, "Epochen und Daten der Geschichte in Israel/Palästina in biblischer Zeit", in:Zenger, E, u.a. (Hg.), Einleitung in das Alte Testament, Stuttgart, 2016(9판), pp.711-718.

Frey, J, "Die paulinische Antithese von 'Fleisch' und 'Geist' und die palästinisch-jüdische Weisheitstradition", ZNW 90(1999), pp.45-77.

Friedrich, J./Pöhlmann, W./Stuhkmacher, P. Zur historischen Situation und Intention von Röm 13:1-7, ZThK 73(1976), pp.131-166.

Friedrich, G., "Das Gesetz des Glaubens Röm 3:27", in: *ders., Auf das Wort kommt es an*, Göttingen, 1978, pp.107-122.

Fuchs, E., *Die Freiheit des Glaubens. Römer 5-8 ausgelegt*, BEvTh 14, München, 1949.

Gadenz, P.T, *Called from the Jews and from the Gentiles. Pauline Ecclesiology in Romans 9-11*, WUNT II 267, Tübingen, 2009.

Gäckle, V, *Die Starken und die Schwachen in Korinth und in Rom* (WUNT II, 200), Tübingen, 2004.

Gager, J.G., *The Origins of Anti-Semitism*, New York/Oxford, 1983.

Gaston, L., *Paul and the Torah*, Vancouve,r 1987.

Gathercole, S.J., *Where Is Boasting? Early Jewish Soteriology and Paul's Response in Romans 1-5*, Grand Rapids/ Cambridge, 2002.

Gathercole, S.J., *The Composition of the Gospel of Thomas*, Cambridge, 2012.

Gaventa, B.R, "Interpreting the Death of Jesus Apocalyptically: Reconsidering Romans 8:32", in: Still, T. (ed.), *Jesus and Paul Reconnected*, Grand Rapids, 2007. pp.125-145.

Gebauer, R, *Das Gebet bei Paulus*, Giessen/Basel, 1989.

George, R.T, "'Be subject to the Governing Authorities':Reading Romans 13:1-7 in the Matrix of Roman Patronage", DoThJ 3(2006), pp.105-126.

Georgi, D, *Der Armen zu gedenken. Die Geschichte der Kollekte des Paulus für Jerusalem*, Neukirchen-Vluyn, 1994(2판).

Gerber, Ch, *Paulus und seine Kinder*, BZNW 136, Berlin/New York, 2005.

Gielen, M, "Frauen als Diakone in paulinischen Gemeinden", in:Winkler, D.W. (Hg.), *Diakonat der Frau*, Wien u.a. 2010, pp.11-40.

Gielen, M, "Zur Interpretation der paulinischen Formel ἡ κατ' οἶκον ἐκκλησία", ZNW 77(1986), pp.109-125.

Gielen, M, "Die Wahrnehmung gemeindlicher Leitungsfunktionen durch Frauen im Spiegel der Paulusbriefe", In: Schmeller, Th. u. a. (Hg.), *Neutestamentliche Ämtermodelle im Kontext*(QD 239), Freiburg. u. a. 2010, pp.129-165.

Gieniusz, A, "'Debtors to the Spirit' in Romans 8:12? Reasons for the Silence", NTS 59(2013), pp.61-72.

Gieniusz, A, *Romans 8:18-30:"Suffering Does Not Thwart the Future Glory"*, Atlanta, 1999.

Giesen, H, "Befreiung des Gesetzes aus der Sklaverei der Sünde als Ermöglichung der Gesetzeserfüllung (Röm 8:1-4)", BZ 53(2009), pp.179-211.

Giesen, H, "Nächstenliebe und Heilsvollendung. Zu Röm 13:8-14", SNUT.
A 33(2008), pp.67-97.

Gignac, A, "Le Christ, τέλος de la loi(Röm 10:4)", ScE 46(1994), pp.55-81.

Grässer, E., "Der ruhmlose Abraham(Röm 4:2). Nachdenkliches zu Gesetz
und Sünde bei Paulus", in: *Paulus. Apostel Jesu Christi*(FS Klein, G),
Tübingen, 1998, pp.3-22.

Grässer, E., *Der Alte Bund im Neuen. Exegetische Studien zur Israelfrage
im Neuen Testament*, WUNT 35, Tübingen, 1985.

Grässer, E, *An die Hebräer I*, EKK 17/1, Zürich, 1990.

Green, P.S, "A Revision of Olea L.(Oleaceae)", Kew Bulletin 57(2002), pp.91-
140.

Grindheim, S, *The Crux of Election. Paul's Critique of the Jewish
Confidence in the Election of Israel*, WUNT II, 202, Tübingen, 2005.

Grünwaldt, K., *Exil und Identität. Beschneidung, Passa und Sabbat in
der Priesterschrift*, BBB 85, Frankfurt a.M 1992.

Günther, S, *"Vectigalia nervos esse rei publicae". Die indirekten Steuern
in der Römischen Kaiserzeit von Augustinus bis Diokletian* (Philippika
26), Wiesbaden, 2008.

Gundry, R. H, "The Moral Frustration of Paul Before His Conversion.
Sexual Lust in Romans 7:7-25", in:*Pauline Studies*(FS Bruce, F.F), Exeter
1980, pp.228-245.

Gupta, N.K, *Worship that Makes Sense to Paul*(BNZW 175), Berlin/New
York, 2010.

Haacker, K., "'Ende des Gesetzes' und kein Ende? Zur Diskussion über
τέλος νόμου in Röm 10:4", in:*Ja und Nein. Christliche Theologie im
Angesicht Israels*(FS Schrage, W), Neukirchen-Vluyn 1998, pp.127-138.

Hafemann, S, "Eschatology and Ethics. The Future of Israel and the Nations in Romans 15:1-13", TynB 51(2000), pp.161-192.

Hahn, F., *Christologische Hoheitstitel. Ihre Geschichte im frühen Christentum*, Tübingen, 1995(5판).

Hahn, F., "Das Gesetzesversätndnis im Römer und Galaterbrief", ZNW 67(1976), pp.29-63.

Hahne, H.A, *The Corruption and Redemption of Creation. Nature in Romans 8:19-22 and Jewish Apocalyptic Literature*, LNTSt 336, London/New York, 2006.

Hall, D.R., "Romans 3:1-8 Reconsidered", NTS 29(1983), pp.183-197.

Harris, M.J, *Jesus as God:The New Testament Use of Theos in Reference to Jesus*, Grand Rapids, 1992.

Hartung, M, "Die kultische bzw. agrartechnisch-biologische Logik der Gleichnisse von der Teighebe und vom Ölbaum in Röm 11:16-24 und die sich daraus ergebenden theologischen Konsequenzen", NTS 45(1999), pp.127-140.

Hays, R. B., *The Conversion of the Imagination:Paul as Interpreter of Israel's Scripture*, Grand Rapids/Cambridge, 2005.

Hays, R.B., Echoes of Scripture in the Letters of Paul, New Haven/London, 1989.

Hays, R.B., *The Faith of Jesus Christ. The Narrative Substructure of Galatians 3:1-4:11*, Grand Rapids, 2002(2판).

Hays, R. B., *The Moral Vision of the New Testament*, San Francisco, 1996.

Head, P.M, "Named Letter-Carriers among the Oxyrhynchus Papyri", JSNT 31(2009), pp.279-299.

Heckel, Th. K, *Der Innere Mensch*, WUNT II 53, Tübingen, 1993.

Heil, J.P, "From Remnant to Seed of Hope for Israel:Romans 9:27-29",
CBQ 64(2002), pp.703-720.

Heil, J.P, "Christ, the Termination of the Law (Romans 9:30-10:8)", CBQ
63(2001), pp.484-498.

Heil, J.P, "The Voices of Scripture and Paul's Rhetorical Strategy of Hope
in Romans 15:7-13", Theoforum 33(2002), pp.187-211.

Heiligenthal, R, "Strategien konformer Ethik im Neuen Testament am
Beispiel von Röm 13:1-7", NTS 29(1983), pp.55-61.

Hellholm, D., "Universalität und Partikularität. Die amplikatorische
Struktur von Römer 5:12-21", in:Sänger, D.,/Mell, U., (Hg.), *Paulus und
Johannes:Exegetische Studien zur paulinischen und johanneischen
Theologie und Literatur*, WUNT 198, Tübingen, 2006, pp.217-269.

Hellholm, D, "Die Argumentative Funktion von Römer 7:1-6", NTS
43(1997), pp.385-411.

Hellholm, D, "The 'Revelation-Schema' and Its Adaptation in the Coptic
Gnostic Apocalypse of Peter", SEA 63(1998), pp.233-248.

Hengel, M, "'Setze dich zu meiner Rechten!'. Die Intrinisation Christi zur
Rechten Gottes und Psalm 110:1", in:Ders, *Kleine Schriften IV. Studien
zur Christologie*, WUNT 201, Tübingen, 2006, pp.281-367.

Hentschel, A, *Diakonia im Neuen Testament*, WUNT II, 226, Tübingen,
2007.

Hiestermann, H, *Paul and the Synoptic Tradition*(ABIG 58), Leipzig, 2017.

Hiltbrunner, O, *Gastfreundschaft in der Antike und im frühen
Christentum*, Darmstadt, 2005.

Hofius, O, "Der Mensch im Schatten Adams. Römer 7:7-25a", in:Ders,
Paulusstudien II, WUNT 143, Tübingen, 2002, pp.104-154.

Hofius, O., "Zu Römer 10,4: τέλος γὰϱ νόμου Χϱιστὸς", in:ders., *Exegetische Studien*, WUNT 223, Tübingen, 2008, pp.95-101.

Hofius, O., *Paulusstudien* I, WUNT 51, Tübingen, 1994.

Hofius, O., *Paulusstudien* II, WUNT 143, Tübingen, 2002.

Horn, F.W., "Götzendienst, Tempelräuber und Betrüger. Polemik gegen Heiden, Juden und Judenchristen im Römerbrief", in:Wischmeyer(Hg.)., *Polemik in der frühchristlichen Literatur*, BZNW 170, Berlin/New York, 2010, pp.209-232.

Horn, F. W., *Das Angeld des Geistes*, FRLANT 154, Göttingen, 1992.

Horn, F.W, *Paullusstudien*(NET 22), Tübingen, 2017.

Horrell, D.G, "The Product of a Petrine Circle?", JSNT 86(2002), pp.29-60.

Hossfeld, F.-L/Zenger, E, *Die Psalmen I*, NEB.AT 29, Würzburg, 1993.

Hossfeld, F.-L/Zenger, E, *Psalmen 51-100*, Freiburg u.a. 2000.

Howard, G.E, "Christ the End of the Law:The Meaning of Romans 10:4ff", JBL 88(1969), pp.331-337.

Hübner, H., *Das Gesetz bei Paulus*, FRLANT 119, Göttingen, 1978.

Hübner, H., *Gottes Ich und Israel. Zum Schriftgebrauch des Paulus in Römer 9-11*, FRLANT 136, Göttingen, 1984.

Hurtado, L.W, "The Doxology at the End of Romans", in: *New Testament Textual Criticism*(FS Metzger, B.M,), Oxford, 1981, pp.185-199.

Huttar, D, "Did Paul Call Andronicus an Apostle in Romans 16:7?", JETS 52(2009), pp.747-778.

Hvalvik, R, "A 'Sonderweg' for Israel. A Critical Examination of a Current Interpretation of Romans 11:25-27", JSNT 38(1990), pp.87-107.

Irons, Ch.L, "The Object of the Law is Realized in Christ: Romans 10:4 and Paul's Justification Teaching", JStPL 6(2016), pp.33-54.

Ito, A, "The Written Torah and the Oral Gospel: Romans 10:5-13 in the Dynamic Tension between Orality and Literacy", NT 48(2006), pp.234-260.

Jacobi, Ch, *Jesusüberlieferung bei Paulus?*, BZNW 213, Berlin/Boston, 2015.

Janowski, B, *Ecce Homo*, BThSt 84, Neukirchen-Vluyn, 2009(2판).

Jegher-Bucher, V, "Erwählung und Verwerfung im Römerbrief? Eine Untersuchtung von Röm 11:11-15", ThZ 47(1991), pp.326-336.

Jeremias, J., *Abba: Studien zur neutestamentlichen Theologie und Zeitgeschichte*, Göttingen, 1966.

Jeremias, J., "Paulus als Hillelit", in: *Neotestamentica et Semitica*(FS Black, M), Edinburgh, 1969, pp.88-94.

Jeremias, J, "Einige vorwiegend sprachliche Beobachtungen zu Röm 11:25-36", in: De Lorenzi, L. (Hg.), *Die Israelfrage nach Röm 9-11*, SMBen.BE 3, Rom, 1977, pp.193-216.

Jeremias, Joachim, *Neutestamentliche Theologie* I :*Die Verkündigung Jesu*, Gütersloh, 1988(4판).

Jervis, L.A, "'The Commandment which is for Life'(Romans 7:10):Sin's Use of the Obedience of Faith", JSNT 27(2004), pp.193-216.

Jewett, R, "Reinterpreting Romans 13 within Its Broader Context", in: *Celebrating Paul*(FS Jerome Murphy-O'Connor and Joseph A. Fitzmyer) (CBQ.MS 48), Washington, 2011, pp.265-274.

Jewett, R., "Paul, Phoebe, and the Spanish Mission", in: *The Social World of Formative Christianity and Judaism*(FS Kee, H.C.), Philadelphia, 1988, pp.142-161.

Jonas, M, *Mikroliturgie. Liturgische Kleinformeln im frühen Christentum*

(STAC 98), Tübingen, 2015.

Johnson, E.E, *The Function of Apocalyptic and Wisdom Tradition in Romans 9-11*, SBLDS 109, Atlanta, 1989.

Johnson, L.T, *Reading Romans*, New York, 1997.

Jolivet, I, "Christ the τέλος in Romans 10:4 as Both Fulfillment and Termination of the Law", RestQ 51(2009), pp.13-30.

Joubert, S, *Paul as Benefactor*(WUNT II, 124), Tübingen, 2000.

Jüngel, E, "Das gesetz zwischen Adam und Christus", in:Ders, *Unterwegs zur Sache*(BEvTh 61), München, 1972, pp.145-172.

Juncker, G.H, "'Children of Promise':Spiritual Paternity and Patriarch Typology in Galatians and Romans", BBR 17(2007), pp.131-160.

Käsemann, E., "Zum Versätndnis von Römer 3:24-26", in:ders., *Exegetische Versuche und Besinnungen I*, Göttingen, 1970(6판), pp.96-100.

Käsemann, E., "Grundsätzliches zur Interpretation von Röm 13", in:Ders., *Exegetische Versuche und Besinnungen 2*, Göttingen, 1968(3판), pp.204-222.

Käsemann, E, *Paulinische Perspektiven*, Tübingen, 1972(2판).

Kammler, H.-Ch, "Die Prädikation Jesu Christi als 'Gott' und die paulinische Christologie. Erwägungen zur Exegese von Röm 9:5b", ZNW 94(2003), pp.164-180.

Karrer, M, Der Gesalbte. *Die Grundlagen des Christustitels*, FRLANT 151, Göttingen, 1991.

Keck, L.E., "The Function of Rom 3:10-18", in: *God's Christ and His People*(FS Dahl, N. A), Oslo u.a. 1977, pp.141-157.

Keck, L.E., "'The Post-Pauline Interpretation of Jesus' Death in Rom 5:6-7", in: *Theologia Crucis–Signum Crucis*(FS Dinkler, E), Tübingen, 1979, pp.237-248.

Keck, L.E, "Christology, Soteriology, and the Praise of God(Romans 15:7-13)", in: *The Conversation Continues*(FS Martyn, L.), Nashville, 1990, pp.85-97.

Keller, W, *Gottes Treue-Israels Heil. Röm 11:25-27. Die These vom "Sonderweg" in der Diskussion*, SBB 40, Stuttgart, 1998.

Kellermann, U., *Das Achtzehn-Bitten-Gebet:Jüdischer Glaube in neutestamentlicher Zeit*, Neukirchen-Vluyn, 2007.

Khobnya, S, "The Root" in Paul's Olive Tree Metaphor(Romans 11:16-24), TynB 64(2013), pp.257-273.

Kim, S, "The 'Mystery' of Rom 11:25-6 Once More", NTS 43(1997), pp.412-429.

Kirk, J.R.D, "Appointed Son(s):An Exegetical Note on Romans 1:4 and 8:29", BBR 14(2004), pp.241-242.

Kirk, J.R.D, "Why Does the Deliverer Come ἐκ Σιών?(Romans 11:26)", JSNT 33(2010), pp.81-99.

Klappert, B, "Traktat für Israel(Römer 9-11)", in:Stöhr, M. (Hg.), *Jüdische Existenz und die Erneuerung der christlichen Theologie*, ACJD 11, München, 1981, pp.58-137.

Klassen, W, "The Sacred Kiss in the New Testament", NTS 39(1993), pp.122-135.

Klauck, H.-J, "Junia Theodora und die Gemeinde von Korinth", in: *Kirche und Volk Gottes*(FS Roloff, J.), Neukirchen-Vluyn, 2000, pp.42-57.

Klauck, H.-J, *Gemeinde zwischen Haus und Stadt*, Freiburg u.a. 1992.

Klauck, H.-J, *Die antike Briefliteratur und das Neue Testament*, Paderborn u.a. 1998.

Klein, G., *Rekonstruktion und Interpretation*, BEvTh 50, München, 1969.

Klein, G., "Sündenverständnis und theologia crucis bei Paulus", in: *Theologia crucis-Signum crucis*(FS Dinkler, E), Tübingen, 1979, pp.249-282.

Kloppenborg, J.S, "Gaius the Roman Guest", NTS 63(2017), pp. 534-549.

Klumbies, P.G., *Die Rede von Gott bei Paulus in ihrem zeitgeschichtlichen Kontext*, FRLANT 155, Göttingen, 1997.

Koch, D. -A., *Hellenistisches Christentum*, NTOA 65, Göttingen, 2008.

Koch, D. -A., *Die Schrift als Zeuge des Evangeliums*, BHTh 69, Tübingen, 1986.

Koch, D. -A., *Geschichte des Urchritentums*, Göttingen, 2014(2판).

Konradt, M, "Die historisch-kritische Exegese und das reformatorische Schriftprinzip", ZNT 39/40(2017), pp.105-125.

Konradt, M, "Menschen-oder Bruderliebe? Beobachtungen zum Liebesgebot in den Testamenten der Zwölf Patriarchen", ZNW 88(1997), pp. 296-310.

Kraus, W., "Der Erweis der Gerechtigkeit Gottes im Tod Jesu nach Röm 3:21-26", in:Doering, L.u.a.(Hg.), *Judaistik und neutestamentliche Wissenschaft*, FRLANT 226, Göttingen, 2008, pp.192-216.

Kraus, W., *Der Tod Jesu als Heiligtumsweihe. Eine Untersuchung zum Umfeld der Sühnevorstellung in Römer 3:25-26a*, WMANT 66, Neukirchen-Vluyn, 1991.

Kraus, W., *Das Volk Gottes. Zur Grundlegung der Ekklesiologie bei Paulus*, WUNT 85, Tübingen, 1996.

Krauter, S, "'Wenn das Gesetz nicht gesagt hätte, …'. Röm 7:7b und antike Äusserungen zu paradoxen Wirkungen von Gesetzen", ZThK 108(2011), pp.1-15.

Krauter, S, "'Es ist keine Gewalt ausser von Gott'. Röm 13:1 im Kontext des politischen Diskurses der neronischen Zeit", in:Schnelle, U.,(ed.), *The Letter to the Romans*, BEThL 226, Leuven u.a. 2009, pp.371-401.

Krauter, S, "Auf dem Weg zu einer theologischen Würdigung von Röm 13,1-7", ZThK 109(2012), pp.287-306.

Krauter, S, "Eva in Röm 7", ZNW 99(2008), pp.1-17.

Krauter, S, "Röm 7:Adam oder Eva?", ZNW 101(2010), pp.145-147.

Krauter, S, *Studien zu Röm 13:1-7*(WUNT 243), Tübingen, 2009.

Kroger, D, "Paul and the Civil Authorities", AJTh 7(1993), pp.344-366.

Kühschelm, R, "Das sehnsüchtige Harren der Schöpfung. Exegetische und bibeltheologische Erwägungen zu Röm 8:18-22", in:Mantler, N. R, (Hg.), *Variationen zur Schöpfung der Welt*(FS Schulte, R), Innsbruck 1995, pp.251-284.

Kümmel, W.G., "Πάρεσις und ἔνδειξις", in:ders., *Heilsgeschehen und Geschichte*, MThSt 3, Marburg, 1965, pp.260-270.

Kümmel, W. G, *Römer 7 und das Bild des Menschen im Neuen Testament*, TB 53, München, 1973.

Kundert, L, "Christus als Inkorporation der Tora. τέλος γὰρ νόμου Χριστός. Röm 10:4 vor dem Hintergrund einer erstaunlichen rabbinischen Argumentation", ThZ 55(1999), pp.76-89.

Kunkel, W., *Kleine Schriften*, Weimar, 1974.

Kuhr, F., "Römer 2:14f. und die Verheißung bei Jeremia 31:31ff", ZNW 55(1964), pp.243-261.

Lambrecht, J, "Eschatological Newness in Romans 7:1-6", in:Schmeller, Thomas (Hg.), *Neutestamentliche Exegese im 21. Jahrhundert* (FS Gnilka, J), Freiburg u.a. 2008, pp.114-124.

Lambrecht, J, "Syntactical and Logical Remarks on Romans 15:8-9a", NT 42(2000), pp.257-261.

Lambrecht, J, *The Wretched "I" and Its Liberation*, LThPM 14, Louvain, 1992.

Lampe, P, "Menschliche Würde in frühchristlicher Perspektive", in:Herms, E. (Hg.), *Menschenbild und Menschwürde*, VWGTh 17, Gütersloh 2001, pp.288-304.

Lampe, P, *Die stadtrömischen Christen in den ersten beiden Jahrhunderten* (WUNT II, 18), Tübingen, 1989, 2판.

Landmesser, Ch., "Umstrittener Paulus", ZThK 105(2008), pp.387-410.

Lanzinger, D, *Ein "unerträliches philologisches Possenspiel?"* (NTOA/StUNT 112), Göttingen, 2016.

Lehmeier, K, *Oikos und Oikonomia. Antike Konzepte derr Haushaltsführung und der Bau der Gemeinde bei Paulus*(MThSt 92), Marburg, 2006.

Lichtenberger, H, *Das Ich Adams und Das Ich der Menschheit. Studien zum Menschenbild in Römer 7*, WUNT 164, Tübingen, 2004.

Lindemann, A, "Die Kirche als Leib", in:Ders, *Paulus, Apostel und Lehrer der Kirche*, Tübingen 1999, pp.132-157.

Lindemann, A., *Paulus, Apostel und Lehrer der Kirche.* Tübingen, 1999.

Liebers, R, *Das Gesetz als Evangelium. Untersuchungen zur Gesetzeskritik des Paulus*, AThANT 75, Zürich, 1989.

Lindemann, A., "Paulus und Elia. Zur Argumentation in Röm 11:1-12", in: *Logos-Logik-Lyrik*(FS Haacker, K), Leipzig 2007, pp.201-218.

Lindemann, A, "Hilfe für die Armen. Die Jerusalem-Kollekte des Paulus als 'diakonisches Unternehmen'", in:Ders., *Glauben, Handeln,*

Verstehen. Studien zur Auslegung des Neuen Testaments II(WUNT 282), Tübingen 2011, pp.253-283.

Lohmeyer, E., "Probleme paulinischer Theologie", ZNW 26(1927), pp.158-173.

Lohse, E., *Märtyrer und Gottesknecht. Untersuchungen zur urchristlichen Verkündigung vom Sühntod Jesu Christi*, FRLANT 64, Göttingen, 1955.

Lorenzen, S, *Das paulinische Eikon-Konzept*, WUNT II 250, Tübingen, 2008.

Luz, U., "Zum Aufbau von Röm. 1-8", ThZ 25(1969), pp.161-181.

Luz, U., *Das Geschichtsverständnis des Paulus*, BEvTh 49, München, 1968.

MacGillivray, E.D, "Romans 16:2, προστάτις/ προστάτης, and the Application of Reciprocal Relationships to New Testament Texts", NT 53(2011), pp.183-199.

Markschies, C, "Die platonische Metapher vom 'inneren Menschen'", ZKG 105(1994), pp.1-17.

Marshall, I.H, "Romans 16:25-27-An Apt Conclusion", in: *Romans and the People of God*(FS Fee, G.D,), Grand Rapids/Cambridge, 1999, pp.170-184.

Martin, B. L, "Some Reflections on the Identity of ἐγώ in Rom. 7:14-25", SJTh 34(1981), pp.39-47.

Martin, T.W, "The Good as God(Romans 5:7)", JSNT 40(1990), pp.81-96.

Mathew, S, *Women in the Greetings of Romans 16:1-16*(LNTS 471), London u.a. 2013.

Meadors, E.P, "Idolatry and the Hardening of the Heart in Romans 1-2", Proceedings EGL and MWBS 21(2001), pp.15-30.

Meggitt, J.J, *Paul, Poverty and Survival*, Edinburgh 1998.

Merklein, H, "Sinn und Zweck von Röm 13:1-7", in:Ders., *Studien zu Jesus und paulus II* (WUNT 105), Tübingen, 1998, pp.405-437.

Merz, A, "Phöbe, Diakon(in) der Gemeinde von Kenchreä-eine wichtige Mitstreiterin des Paulus neu entdeckt", in:v. Hauff, A.M. (Hg.), *Frauen gestalten Diakonie I*, Stuttgart u.a. 2007, pp.125-140.

Miller, J.D, What Can We Say about Phoebe?, PriPap 25(2011), pp.16-21.

Mohrmann, D.C, "Boast not in Your Righteousness from the Law:A New Reading of Romans 10:6-8", JGRChJ 2(2001-2005), pp.76-99.

Moo, D.J, "Israel and Paul in Romans 7:7-12", NTS 32(1986), pp.122-135.

Morenz, S, "Feurige Kohlen auf dem Haupt", ThLZ 78(1953), pp.187-192.

Morgan, F, *A Study of Romans 6:5a. United to a Death Like Christ's*, San Francisco 1992.

Morgan, F, "Romans 6:5a:United to a Death Like Christ's", EThL 59(1983), pp.267-302.

Morgan, T, *Roman Faith and Christian Faith*, Oxford, 2015.

Mühling, A., *"Blickt auf Abraham, euren Vater". Abraham als Identifikationsfigur des Judentums in der Zeit des Exils und des Zweiten Tempels*, FRLANT 236, Göttingen, 2011.

Müller, C., *Gottes Gerechtigkeit und Gottes Volk. Eine Untersuchung zu Römer 9-11*, FRLANT 86, Göttingen, 1964.

Müller, J, *Willensschwäche in Antike und Mitteralter*, Leuven, 2009.

Müller, K, "Von der Last kanonischer Erinnerungen. Das Dilemma des Paulus angesichts der Frage nach Israels Rettung in Römer 9-11", in:*"Für alle Zeiten zur Erinnerung"*(Jos 4:7), (FS Mussner, F), SBS 209, Stuttgart, 2006, pp.203-253.

Müller, K, *"Ein notwendiger Abschied: kein 'Sonderweg' für Israel nach Röm 11:25-27"*, in:Franz, Th. /Sauer, H. (Hg.), Glaube in der Welt heute

II, Würzburg, 2006, pp.244-262.

Müller, U.B, *Prophetie und Predigt im Neuen Testament*, StNT 10, Gütersloh, 1975.

Mullins, T. Y, "Disclosure. A Literary Form in the New Testament", NT 7(1964/65), pp.44-50.

Mullins, T. Y., "Formulas in New Testament Epistles", JBL 91(1972), pp.380-390.

Mussner, F, "'Ganz Israel wird gerettet werden'(Röm 11:26)", Kairos 18(1976), pp.241-255.

Mussner, F, "'Wenn sie nicht im Unglauben verharren', Bemerkungen zu Röm 11:23", TThZ 111(2002), pp.62-67.

Mussner, F, *Traktat über die Juden*, München, 1979.

Mussner, F, *Die Kraft der Wurzel*, SBB 13, Freiburg u.a. 1989(2판).

Nanos, M.D, *The Mystery of Romans*, Minneapolis, 1996.

Naselli, A.D, *From Typology to Doxology. Paul's Use of Isaiah and Job in Romans 11:34-35*, Eugene, 2012.

Neesen, L, *Untersuchungen zu den direkten Staatsabgaben der römischen Kaiserzeit (27 v.Chr - 284 n.Chr)* (Ant. I, 32), Bonn, 1980.

Neirynck, F, "Paul and the Sayings of Jesus", in Vanhoye, A (ed), *L'Apôtre Paul: Personalité, style et conception du ministère*, BEThL 73, Leuven, 1986, pp.265-321.

Neubrand M, *Abraham-Vater von Juden und Nichtjuden:Eine exegetische Studie zu Röm 4*, Würzburg, 1997.

Neubrand, M./Seidel, J, "'Eingepfropft in den edlen Ölbaum'(Röm 11:24): Der Ölbaum ist nicht Israel", BN 105(2000), pp.61-76.

Njiru, P.K, *Charisms and the Holy Spirit's Activity in the Body of Christ*,

TG.T 86, Rom, 2002.

Novenson, M.V, "The Jewish Messiahs, the Pauline Christ, and the Gentile Question", JBL 128(2009), pp.357-373.

Nicklas, T, "Paulus und die Errettung Israels:Röm 11:25-36 in der exegetischen Diskussion und im jüdisch-christlichen Dialog", EChr 2 (2011), pp.173-197.

Ochsenmeier, E., "Romans 1:20; Knowing God Through His Acts in History", ZNW 100(2009), pp.45-58.

Oegema, G.S, "Versöhnung ohne Vollendu,ng? Römer 10:4 und die Tora der messinischen Zeit", in:Avemarie, F./Lichtenberger, H, (Hg.), Bund und Tora, WUNT 92, Tübingen 1996, pp.229-261.

Oestreich, B, *Performanzkritik der Paulusbriefe*(WUNT 296), Tübingen, 1992.

Ollrog, W.-H, *Paulus und seine Mitarbeiter*(WMANT 50), Neukirchen-Vluyn, 1979.

Olson, S.N, "Pauline Expressions of Confidence in His Addressees", CBQ 47(1985), pp.282-295.

v. Oorschot, J, *Hoffnung für Israel. Eine Studie zu Römer 11:25-32*, Giessen/Basel, 1988.

Oropeza, B.J, "Paul and Theodicy: Intertextual Thoughts on God's Justice and Faithfulness to Israel in Roamns 9-11", NTS 53(2007), pp.57-80.

Ortkemper, F.-J, *Leben aus dem Glauben. Christliche Grundhaltungen nach Römer 12-13*, NTA 14, Münster, 1980.

Osburn, C.D, "The Interpretation of Romans 8:28", WThJ 44(1982), pp.99-109.

v. d. Osten-Sacken, P, *Römer 8 als Beispiel paulinischer Soteriologie*,

FRLANT 112, Göttingen, 1975.

v. d. Osten-Sacken, P, *Evangelium und Tora. Aufsätze zu Paulus*, TB 77, München, 1987.

Ostmeyer, K, -H., *Taufe und Typos*, WUNT II, 118, Tübingen, 2000.

Parker, B. F, "Romans 7 and the Split between Judaism and Christianity", JGRCJ 3(2006), pp.110-136.

Paffenroth, K, "Romans 12:9-21", IBS 14(1992), pp.89-99.

Paulsen, H, *Überlieferung und Auslegung in Römer 8*, WMANT 43, Neukirchen-Vluyn, 1974.

Pedersen, S., "Theologische Überlegungen zur Isagogik des Römerbriefs", ZNW 76(1985), pp.47-67.

Peng, K.-W, *Hate the Evil, Hold Fast to the Good. Structuring Romans 12:1-15:1*, LNTSt 300, London/New York, 2006.

Peterman, G.W, "Social Reciprocity and Gentile Debt to Jews in Romans 15:26-27", JETS 50(2007), pp.735-746.

Peterson, D, "Worship and Ethics in Romans 12", TynB 44(1993), pp.271-288.

Piper, J, *The Justification of God. An Exegetical and Theological Study of Romans 9:1-23*, Grand Rapids, 1993(2판).

Pitta, A, "The Strong, the Weak and the Mosaic Law in the Christian Communities of Rome(Rom 14:1-15:13)", in:Zangenberg, J./Labahn, M, (ed.), *Christians as a Religious Minority in a Multicultural City* (JSNTS 243) London, 2004, pp.90-102.

Plag, Ch., "Paulus und die Gezera schawa", Jud. 50(1994), pp.135-140.

Pohlenz, M, "Paulus und die Stoa", in:Rengstorf, K.H (Hg.), *Das Paulusbild in der neueren deutschen Forschung*, WdF 24, Darmstadt, 1969, pp.522-564.

Poirier, J.C, "The Measure of Stewardship:Πίστις in Romans 12:3", TynB 59(2008), pp.145-152.

Popkes, E.E, "Jes 6,9f. MT als impliziter Reflexionshintergrund der paulinischen Verstockungsvorstellung", in:Schnelle, U.,(ed.), *The Letter to the Romans*, BEThL 226, Leuven u.a. 2009, pp.755-769.

Poplutz, U, *Äthlet des Evangeliums. Eine motivgeschichtliche Studie zur Wettkampf metaphorik bei Paulus*, HBS 43, Freiburg u.a. 2004.

Porter, S.E, "Romans 13:1-7 as Pauline Political Rhetoric", FNT 3(1990), pp.115-139.

Pulcini, Th., "In Right Relationship with God:Present Experience and Future Fulfillment:An Exegesis of Romans 5:1-11", SVTQ 36(1992), pp.61-85.

Quarles, Ch. L., "From Faith to Faith:A Fresh Examination of the Prepositional Series in Roamns 1:17", NT 45(2003), pp.1-21.

Radl, W, "Kult und Evangelium bei Paulus", BZ NF 31(1987), pp.58-75.

Räisänen, H, "Das 'Gesetz des Glaubens'(Röm 3:27) und das 'Gesetz des Geistes'(Röm 8:2)", NTS 26(1979/80), pp.101-117.

Räisänen, H., "Paul, God, and Israel:Romans 9-11 in Recent Research", in: *The Social World of Formative Christianity and Judaism.* (FS Kee, H.C), Philadelphia 1988, pp.178-206.

Räisänen, H., "Zum Versätndnis von Röm 3:1-8", in:ders, *The Torah and Christ*, SES 45, Helsinki 1986, pp.185-203.

Räisänen, H, "Römer 9-11:Analyse eines geistigen Ringens", ANRW II, 25/4 (1987), pp.2891-2939.

Räisänen, H., *The Torah and Christ*, SESJ 45, Helsinki, 1986.

Rauer, M, *Die 'Schwachen' in Korinth und in Rom(BStF 21:2-3)*, Freiburg, 1923.

Reasoner, M, *Romans in Full Circle. A History of Interpretation*, Louisville, 2005.

Reasoner, M, *The Strong and the Weak. Romans 14:1-15:13 in Context* (MSSNTS 103), Cambridge, 1999.

Reichert, A, "Gottes universaler Heilswille und der kommunikative Gottesdienst", in: *Paulus, Apostel Jesu Christi*(FS Klein, G.), Tübingen, 1998, pp.79-95.

Reichert, A, Der *Römerbrief* als Gratwanderung, FRLANT 194, Göttingen, 2001.

Reinbold, W, "Zur Bedeutung des Begriffes 'Israel' in Römer 9-11", in:Wilk, F./Wagner, R (ed.), *Between Gospel and Election. Explorations in the Interpretation of Romans 9-11*, WUNT 257, Tübingen, 2010, pp.401-416.

Reinbold, W, "Das Ziel des Gesetzes nach Röm 10:4-13", in:Doering, L, u.a. (Hg.), *Judaistik und neutestamentliche Wissenschaft*, FRLANT 226, Göttingen 2008, pp.297-312.

Rese, M, "Die Vorzüge Israels in Röm 9:4f und Eph 2:12", ThZ 31 (1975), pp.211-222.

Richards, E.R, *The Secterary in the Letters of Paul*(WUNT II, 42), Tübingen, 1991.

Riesner, R, *Die Frühzeit des Apostels Paulus*(WUNT 71), Tübingen, 1994.

Robinson, J.M, "Die Hodojot-Formel in Gebet und Hymnus des Frühchristentums", in:*Apophoreta* (FS Haenchen E,) (BZNW 30), Berlin, 1964, pp.194-235.

Röhser, G, Prädestination und Verstockung. Untersuchungen zur frühjüdischen, Paulinischen und johanneischen Theologie, TANZ 14, Tübingen/Basel, 1994.

Sabou, S, Between Horror and Hope. Paul's metaphorical Language of Death in Romans 6:1-11, Milton Keynes 2005.

Sabou, S, "A Note on Romans 6:5; The Representation (ὁμοιώμα) of His Death", TynB 55(2004), pp.219-229.

Sänger, D, Die Verkündigung des Gekreuzigten und Israel, WUNT 75, Tübingen 1994.

Sanders, E.P., Paul and Palestinian Judaism, London 1977.

Sanders, E.P., Paul, the Law, and the Jewish People, London 1985.

Sanders, E.P., Paul. The Apostle's Life, Letters, and Thought, Minneapolis, 2015.

Sandnes, K.O, Paul-One of the Prophets?, WUNT II, 43, Tübingen, 1991.

Sass, G, Leben aus den Verheissungen. Tradationsgeschichtliche und biblisch-theologische Untersuchtungen zur Rede von Gottes Verheissungen im Frühjudentum und beim Apostel Paulus, FRLANT 164, Göttingen, 1995.

Sass, G, "Röm 15:7-13 - als Summe des Römerbriefs gelesen", EvTh 53(1993), pp.510-527.

Schäfer, K, Gemeinde als "Bruderschaft", EHS.T 333, Frankfurt a.M. u.a. 1989.

Schaller, B, "APOBOLÊ -PROSLÊMPSIS. Zur Übersetzung und Deutung von Röm 11:15", in:Kraus, W./Niebuhr, K.-W, (Hg.), Frühjudentum und Neues Testament im Horizont Biblischer Theologie, WUNT 162, Tübingen, 2003, pp.135-150.

Schaller, B, "ἥξει ἐκ Σιὼν ὁ ῥυόμενος. Zur Textgestalt von Jes 59:20f. in Röm 11:26f", in: Ders., *Fundamenta Judaica*, StUNT 25, Göttingen, 2001, pp.162-166.

Schaller, B, "Christus, 'der Diener der Beschneidung…, auf ihn werden die Völker hoffen'", in: *Das Gesetz im frühen Judentum und im Neuen Testament*(FS Burchard, Ch.) (NTOA 57), Fribourg/Göttingen, 2006, 261-285.

Schelbert, *Abba Vater. Der literarische Befund vom Altaramäischen bis zu den späten Midrasch- und Haggada-Werken in Auseinandersetzung mit den Thesen Joachim Jeremias*, NTOA 81, Göttingen, 2011.

Schelkle, K.H., *Paulus, Lehrer der Väter. Die altkirchliche Auslegung von Römer 1-11*, Düsseldorf, 1956.

Scherer, H, "Die Mühe der Frauen. 'Charismatische Gemeindeleitung' in Röm 16:6, 12", BZ 60(2016), pp.264-276.

Schmeller, Th, *Paulus und die "Diatribe"*, NTA NF 19, Münster, 1987.

Schnelle, U., "Der Römerbrief und die Aporien des paulinischen Denkens", in:Schnelle, U.,(ed.), *The Letter to the Romans*, BEThL 226, Leuven u.a. 2009, pp.3-23.

Schnelle, U.,(ed.), *The Letter to the Romans*, BEThL 226, Leuven u.a. 2009.

Schnelle, U., *Paulus: Leben und Denken*, Berlin/Boston, 2014(2판).

Schnelle, U., *Einleitung in das Neue Testament*, Göttingen, 2017(9판).

Schnider,F./Stenger, W, (Hg.), *Studien zum neutestamentlichen Briefformular* (NTTS 11), Leidenu.a. 1987.

Schöttler, H.-G, "Röm 11:25-27 und die Wahrheitsfrage im christlich-jüdischen Dialog:", in:Florian, B./ und Dausner, R. (Hg.), *Im Angesicht der Anderen. Gespräche zwischen christlicher Theologie und jüdischem Denken*(FS Wohlmuth, J.), SJC 25, Paderborn u.a. 2013, pp.141-166.

Schrage, W., *Unterwegs zur Einheit und Einzigkeit Gottes. Zum 'Monotheismus' des Paulus und seiner alttestamentlich-frühjüdischen Traditionen*, BThSt 48, Neukirchen-Vluyn, 2002.

Schreiber, S, "Arbeit mit der Gemeinde(Röm 16:6, 12). Zur versunkenen Möglichkeit der Gemeindeleitung durch Frauen", NTS 46(2000), pp.204-226.

Schreiber, S., "Lebensdaten des Paulus", in:Ebner, M/Schreiber, S,(Hg.), *Einleitung in das Neue Testament*, 2판, Stuttgart, 2013, pp.269-280.

Schreiber, S., "Das Weihegeschenk Gottes. Eine Deutung des Todes Jesu in Rm 3:25", ZNW 97(2006), pp.88-110.

Schreiner, Th.R., "Works of Law" in Paul, NT 33(1991). pp.217-244.

Schröter, J, "Der Mensch zwischen Wollen und Tun. Erwägungen zu Römer 7 im Licht der 'New Perspective on Paul'", in: *Paulus-Werk und Wirkung* (FS Lindemann, Andreas), Tübingen, 2013, pp. 195-223.

Schüssler Fiorenza, E, "Missionaries, Apostles, Coworkers:Romans 16 and the Reconstruction of Women's Early Christian History", WorWor 6 (1986), pp.420-433.

Schumacher, Th., "Der Begriff πίστις im paulinischen Sprachgebrauch", in:Schnelle, U.,(ed.), *The Letter to the Romans*, BEThL 226, Leuven u.a. 2009, pp.487-501.

Schwindt, R, "Mehr Wurzel als Stam und Krone. Zur Bildrede vom Ölbaum in Röm 11:16-24", Bib.88(2007), pp.64-91.

Scott, J. M., *Adoption as Sons of God*, WUNT 2-48, Tübingen, 1992.

Scott, J. M, *Paul and the Nations* (WUNT 84), Tübingen, 1995.

Seifrid, M.A, "Answered Lament:Paul's Gospel, Israel, and the Scriptures", in:Wilk, F./Öhler, M (Hg.), *Paulinische Schriftrezeption*, FRLANT 268, Göttingen, 2017, pp.175-215.

Seitz, E., "Korrigiert sich Paulus? Zu Röm 5:6-8", ZNW 91(2000), pp.279-287.

Seitz, E, "λόγον συντέμνων-eine Gerichtankündigung?", Bn 109(2001), pp.56-82.

Siegert, F, *Argumentation bei Paulus. Gezeigt an Römer 9-11*, WUNT 34, Tübingen 1985.

Smit, P.-B, "A Symposium in Rom 14:17?", NT 49(2007), pp.40-53.

Snodgrass, K.R., "Justification by Grace-to the Doers:An Analysis of the Place of Romans 2 in the Theology of Paul", NTS 32(1986), pp.72-93.

Söding, Th., "Davidssohn und Gottessohn. Zur paulinischen Christologie von Röm 1:3f", in: *Religionsgeschichte des Neuen Testaments* (FS Berger, K), Tübingen/Basel, 2000, pp.325-356.

Söding, Th., *Das Liebesgebot bei Paulus*, NTS.NF 26, Münster, 1995.

Spicq, C, *Theological Lexicon of the New Testament II*, Peabody, 1994.

Solin, H, *Die stadtrömischen Sklavennamen I*, Stuttgart, 1996.

Spitaler, P, "Analogic Reasoning in Romans 7:2-4", JBL 125(2006), pp.715-747.

Stanley, Ch.D, *Paul and the Language of Scripture*, SNTSMS 69, Cambridge, 1992.

Starnitzke, D., *Die Struktur paulinischen Denkens im Römerbrief* BWANT 163, Stuttgart u.a., 2004.

Stegemann, E.W, Der Römerbrief:Brennpunkte der Rezeption, Zürich, 2012.

Stein, R.H, "The Argument of Romans 13:1-7", NT 31(1989), pp.325-343.

Stemberger, G., *Einleitung in Talmud und Midrasch*, München, 2011(9판).

Stowers, S.K., "Paul's Dialogue with a Fellow Jew in Romans 3:1-9", CBQ 46(1984), pp.707-722.

Stowers, S.K, "Paul on the Use and Abuse of Reason", in: *Greeks, Romans, and Christians*(FS Malherbe, A.J.), Minneapolis, 1990, pp.253-286.

Stowers, S.K., *A Rereading of Romans*, New Haven/London, 1994.

Strack, W, *Kultische Terminologie in ekklesiologischen Kontexten in den Briefen des Paulus* (BBB 92), Weinheim, 1994.

Strauss, S, "Missions Theology in Romans 15:14-33", BS 160(2003), pp.457-474.

Strecker, G/Schnelle, U (Hg.), *Neuer Wettstein* II/1, Berlin/New York, 1996.

Strobel, A, "Zum Verständnis von Rm 13", ZNW 47(1956), pp.67-93.

Stuhlmacher, P, *Gerechtigkeit Gottes bei Paulus*, FRLANT 87, Göttingen, 1965.

Stuhlmacher, P., *Versöhnung, Gesetz und Gerechtigkeit. Aufsätze zur biblischen Theologie*, Göttingen, 1981.

Stuhlmacher, P., "Das paulinische Evangelium", in:ders.(Hg.), *Das Evangelium und die Evangelien*, WUNT 28, Tübingen, 1983, pp.157-182.

Stuhlmacher, P., "Zur neueren Exegese von Röm 3:24-26", in: *Jesus und Paulus* (FS Kümmel, W. G), Tübingen, 1975, pp.313-333.

Stuhlmann, R, *Das eschatologische Mass im Neuen Testament*, FRLANT 132, Göttingen, 1983.

Taylor, J. W., "From Faith to Faith: Romans 1:17 in the Light of Greek Idiom", NTS 50(2004), pp.337-348.

Theissen, G, Röm 9-11 - Eine Auseinandersetzung des Paulus mit Israel und mit sich selbst, in:Fair Play(FS Räisänen, H), NT.S 103, Leiden u.a. 2002, pp.311-341.

Theissen, Gerd, *Psychologische Aspekte paulinischer Theologie*, FRLANT 131, Göttingen, 1993(2판).

Theissen, Gerd, Soziologie der Jesusbewegung, TEH 194, München, 1997(7판).

Theissen, G,/v. Gemünden, *Der Römerbrief. Rechenschaft eines Reformators*, Göttingen, 2016.

Theobald, M, "Der Einsamkeit des Selbst entnommen-dem Herrn gehörig. Ein christologisches Lehrstück(Röm 14:7-9)", in:Ders, *Studien zum Römerbrief*, WUNT 136, Tübingen, 2001, pp.142-161.

Theobald, M, "Erkenntnis und Liebe. Kriterien glaubenskonformen Handelns nach Röm 14:13-23", in:Ders, *Studien zum Römerbrief*, WUNT 136, Tübingen, 2001, pp.481-510.

Theobald, M, "Unterschiedliche Gottesbilder in Röm 9-11? Die Israel-Kapitel als Anfrage an die Einheit des theologischen Diskurses bei Paulus", in: Schnelle, U. (ed.), *The Letter to the Romans*, BEThL 226, Leuven u.a. 2009, pp.135-177.

Theobald, M, *Der Römerbrief*, EdF 294, Darmstadt, 2000.

Theobald, M, *Studien zum Römerbrief*, WUNT 136, Tübingen, 2001.

Theobald, M, *Israel-Vergessenheit in den Pastoralbriefen*(SBS 229), Stuttgar,t 2016.

Theobald, M., *Die überströmende Gnade. Studien zu einem paulinischen Motivfeld*, fzb 22, Würzburg, 1982.

Thiessen, J, "Zorndemonstration Gottes mit Heilsabsicht? Zur Problematik der Syntax und der Bedeutung von Römer 9:22-23", FNT 23(2010), pp.37-72.

Thompson, M, *Clothed with Christi: The Example and Teaching of Jesus in Romans 12:1-15:13*, JSNTS 59, Sheffield, 1991.

Thorley, J, "Junia, a Woman Apostle", NT 38(1996) pp.18-29.

Thorsteinsson, R.M, "Paul and Roman Stoicism: Romans 12 and Contemporary Stoic Ethics", JSNT 29(2006), pp.139-161.

Thorsteinsson, R.M, *Roman Christianity and Roman Stoicism*, Oxford, 2010.

Thyen, H, "Das Mysterium Israel(Röm 11:25-32)", in: *Das Gesetz im frühen Judentum und im Neuen Testament*(FS Burchard, Ch.), NTOA 57, Göttingen, 2006, pp.304-318.

Tobin, Th.H., "What Shall We Say that Abraham Found? The Controversy behind Romans 4", HThR 88(1995), pp.437-452.

Tobin, Th.T, *Paul's Rhetoric in Its Contexts. The Argument of Romans*, Peabody, 2004.

van Unnik, W.C, "The Interpretation of Romans 12:8", in:Ders., *Sparsa Collecta IV*, NTS 156, Leiden/Boston, 2014, pp.42-56.

Toney, C.N, *Paul's Inclusive Ethic. Resolving Community Conflicts and Promoting Mission in Romans 14-15* (WUNT II, 252), Tübingen, 2008.

van Unnik, W.C, "Lob und Strafe durch die Obrigkeit. Hellenistisches zu Röm 13:3-4", in:Ders., *Sparsa Collecta IV*(NTS 156), Leiden/Boston, 2014, pp.57-65.

Vanhoye, A, "The Problematic Reception of πίστις in Romans 12:3, 6", in:*What Is It That the Schripture Says?*(FS Wansbrough, H), LNTS 316, London, 2006, pp.102-110.

Vermes, Geza, *The Religion of Jesus the Jew*, London, 1993.

Vielhauer, Ph, *Geschichte der urchristlichen Literatur*, Berlin/New York, 1975.

Vögtle, A, "Die Schöpfungsaussagen Röm 8:19-22", in:Ders, *Das Neue Testament und die Zukunft des Kosmos*, Düsseldorf, 1970, pp.183-208.

Vögtle, A, "Röm 13:11-14, und die 'Nah'-Erwartung", in:*Rechtfertigung*, (FS Käsemann, E.), Tübingen, 1976, pp.557-573.

Vogt, K., "Die frühe stoische Theorie des Wertes", in:Bormann,F.J./ C. Schröer (Hg.), *Abwägende Vernunft*, Berlin, 2004, pp.61-77.

Vollenweider, S, "Hymnus, Enkomion oder Psalm? Schattengefechte in der neutestamentlichen Wissenschaft", NTS 56(2010), pp.208-231.

Vollenweider, S, *Freiheit als neue Schöpfung*, FRLANT 147, Göttingen, 1989.

Vorholt, R, "Paulus als Priester", IKaZ 38(2009), pp.67-81.

Wagener, U, "Phoebe", in:Keuchen M, u.a. (Hg.), *Die besten Nebenrollen, 50 Porträs biblischer Randfiguren*, Leipzig, 2006, pp.266-271.

Wagner, G, *Das religionsgeschichtliche Problem von Römer 6:1-11*, AThANT 39, Zürich/Stuttgart 1962.

Wagner, J.R, *Heralds of the Good News. Isaiah and Paul "In Concert" in the Letter to the Romans*, NT.S 101, Leiden u.a. 2002.

Walker, R, *Studie zu Römer 13:1-7* (TEH.NF 132), München, 1966.

Wallis, I. G., *The Faith of Jesus Christ in Early Christian Traditions* MSSNTS 84, Cambridge, 1995.

Walter, N, "Paulus und die urchristliche Jesustradition", NTS 3(1985), pp.498-522.

Walter, N, "Zur Interpretation von Römer 9-11", ZThK 81(1984), pp.172-195.

Watson, F., Paul, *Judaism, and the Gentiles*, Grand Rapids/Cambridge, 2007(2판).

Wehr, L, "'Nahe ist dir das Wort'. Die paulinische Schriftinterpretation vor dem Hintergrund frühjüdischer Parallelen am Beispiel von Röm 10:5-10", in: Hainz, J. (Hg.), *Unterwegs mit Paulus. Otto Kuss zum 100. Geburtstag*, Regensburg, 2007(2판), pp.192-206.

Weima, J., *Neglected Endings. The Significance of the Pauline Letter Closings* (JSNTS 101), Sheffield, 1994.

Weima, J., "Preaching the Gospel in Rome. A Study of the Epistolary Framework of Romans", in: *Gospel in Paul. Studies on Corinthians, Galatians and Romans* (FS Longenecker, R. N), JSNTS 108, Sheffield, 1994, pp.337-366.

Weiss, H, "Paul and the Judging of Days", ZNW 86(1995), pp. 137-153.

Weiss, J., *Der erste Korintherbrief*, KEK V, Neukirchen-Vluyn, 1920(9판) (=1997).

Wengst, K., *Christologische Formeln und Lieder des Urchristentums*, Gütersloh, 1972.

Wengst, K., *"Freut euch, ihr Völker, mit Gottes Volk!":Israel und die Völker als Thema des Paulus-ein Gang durch den Römerbrief*, Stuttgart, 2008.

Wengst, K, "'Sind denn nicht alle aus Israel eben Israel?'(Röm 9:6b)", in: *Dem Tod nicht glauben*(FS Schottroff, L), Gütersloh, 2004, pp.376-393.

Wengst, K., "Paulus und die Homosexualität. Überlegungen zu Rom 1,26f.", ZEE 31(1987), pp.72-81.

White, J, *Die Erstlingsgabe im Neuen Testament*, Tübingen 2007.

Whittle, S, *Covenant Renewal and the Consecration of the Gentiles in Romans*(MSSNTS 161), Cambridge, 2015.

Wilckens, U., *Rechtfertigung als Freiheit. Paulusstudien*, Neukirchen-Vluyn, 1974.

Wilk, F., "Ruhm *coram Deo* bei Paulus?", ZNW 101(2010), pp.55-77.

Wilk, F., *Die Bedeutung des Jesajabuches für Paulus*, FRLANT 179, Göttingen, 1998.

Wilson, W.T, *Love without Pretense:Romans 12:9-21 and hellenistic-Jewish Wisdom Literature*, WUNT II, 46, Tübingen, 1991.

Windsor, LJ, *Paul and the Vocation of Israel*, BZNW 205, Berlin/Boston, 2014.

Winter, B, "Roman law and Society in Romans 12-15", in:Oakes, P, (ed.), *Rome in the Bible and the Early Church*, Grand Rapids, 2002, pp.67-102.

Winter, B.W, "The Public Honouring of Christian Benefactors", JSNT 34(1988), pp.87-103.

Wischmeyer, O, "Das Adjektiv ἀγαπητός in den paulinischen Briefen", NTS 32(1986), pp.476-480.

Wischmeyer, O, "Das Gebot der Nächstenliebe bei Paulus. Eine traditionsgeschichtliche Untersuchung", BZ NF 30(1986), pp. 161-187.

Wischmeyer, O., "Römer 2:1-24 als Teil der Gerichtrede des Paulus gegen die Menschen", NTS 52(2006), pp.356-376.

Witherington, B, "Joanna, Apostle of the Lord - or Jailbait?" BiRe 21 (2005), pp.12-14, 46-47.

Wolff, H. W, *Anthropologie des Alten Testaments*, Janowski, B(Hg.),

Gütersloh, 2010.

Wolter, M., "Die Entwirklung des paulinischen Christentums von einer Bekehrungsreligion zu einer Traditionsreligion", EChr 1(2010), pp.15-40.

Wolter, M., "Das Geschriebene tötet, der Geist aber macht lebendig" (2 Kor 3,6), in: *Der zweite Korintherbrief* (FS Koch, D-A), FRLANT 250, Göttingen, 2012, pp.355-379.

Wolter, M, "Jesus bei Paulus", Rothschild, C.K./Schröter, J (ed.), *The Rise and Expansion of Christianity in the First Three Centuries of the Common Era*, WUNT 301, Tübingen, 2013, pp.205-232.

Wolter, M., "Verborgene Weisheit und Heil für die Heiden. Zur Traditionsgeschichte und Intention des 'Revelationsschemas'", ZThK 84(1987), pp.297-319.

Wolter, M., "Der Reichtum Gottes", JBTh 21(2006), pp.145-160.

Wolter, M., "'It Is Not as Though the Word of God Has Failed':God's Faithfulness and God's Free Sovereignty in Romans 9:6-29", in: Still, T.D. (ed.), *God and Israel. Providence and Purpose in Romans 9-11*, Waco, 2017, pp.27-47.

Wolter, M., *Paulus:Ein Grundriss seiner Theologie*, Neukirchen-Vluyn, 2015(2판).

Wolter, M., *Rechtfertigung und zukünftiges Heil:Untersuchungen zu Römer 5,1-11*, BZNW 43, Berlin/New York, 1978.

Wolter, M., "Der Reichtum Gottes", JBTh 21(2006), pp.145-160.

Wolter, M., *Das Lukasevangelium*, HNT 5, Tübingen, 2008.

Wolter, Michael, *Der Brief an die Römer: Teilband 1: Röm 1-8*, EKK VI/1, Neukirchen-Vluyn, 2014.

Wolter, M., *Theologie und Ethos im frühen Christentum: Studien zu Jesus, Paulus und Lukas*, WUNT 236, Tübingen, 2017.

Wolters, R, "Vectigal, Tributum und Stipendium-Abgabeformen in römischer Republik und Kaiserzeit", in:Klinkott, H. u.a. (Hg.), *Geschenke und Steuern, Zölle und Tribute. Antike Abgabeformen in Anspruch und Wirklichkeit*, Leiden/Boston, 2007, pp.407-430.

Wright, N.T., "The Law in Romans 2", in:Dunn, J.D.G.(ed.), *Paul and the Mosaic Law*, WUNT 89, Tübingen, 1996, pp.131-150.

Wright, N.T, *Paul in Fresh Perspective*, Minneapolis 2005.

Wright, N.T, *Paul and the Faithfulness of God II*, Minneapolis, 2013.

Zeigan, H, "Die Wurzel des Ölbaums (Röm 11:18)", PzB 15(2006), pp.119-132.

Zeller, D., "Gottes Gerechtigkeit und die Sühne im Blut Christi: Neuerlicher Versuch zu Röm 3:21-26", in:Heinz, J. (Hg.), *Unterwegs mit Paulus*. Otto Kuss zum 100. Geburtstag, Regensburg, 2007(2판), 57-69.

Zeller, D, "Die Mysterienkulte und die paulinische Soteriologie(Röm 6,1-11)", in:Ders, *Neues Testament und hellenistische Umwelt*, BBB 150, Hamburg, 2006, pp.173-187.

Zeller, D, *Juden und Heiden in der Mission des Paulus*, FzB 1, Stuttgart, 1973.

Zeller, D, *Neues Testament und hellenistische Umwelt*, BBB 150, Hamburg, 2006.

Zeller, D, *Der erste Brief an die Korinther*(KEK 5), Göttingen, 2010.

Zenger, E, "Das Buch Hosea", in:Zenger, E, u.a. (Hg.), *Einleitung in das Alte Testament*, Stuttgart, 2016(9판), pp.635-643.

Ziesler, J. A, "The Role of the Tenth Commandment in Romans 7", JSNT

33(1988), pp.43-56.

Zimmermann, Ch., *Die Namen Des Vaters:Studien Zu Ausgewählten Neutestamentlichen Gottesbezeichnungen:Studien Zu Ausgewahlten Neutestamentlichen Gottesbezeichnungen*, AJEC 69, Leiden/Boston, 2007.

로마서 주석

—

초판 1쇄 발행 2022년 4월 5일

지은이 김근수
펴낸이 한종호
디자인 임현주
제 작 JK프린팅

펴낸곳 꽃자리
출판등록 2012년 12월 13일
주소 경기도 의왕시 백운중앙로 45, 207동 503호(학의동, 효성해링턴플레이스)
전자우편 amabi@hanmail.net
블로그 http://fzari.tistory.com

—

ISBN 979-11-86910-36-8 93230
값 30,000원